JILPT 調査シリーズ No.190
2019年3月

日本企業のグローバル戦略に関する研究

独立行政法人　労働政策研究・研修機構
The Japan Institute for Labour Policy and Training

まえがき

　わが国企業が海外進出を始めてから、すでに久しい。国際化という言葉が用いられた海外進出初期には、あくまでも国内市場を中心としながら、「海外への市場にも事業を拡大する」という姿勢であったと思われるが、グローバル化という言葉に変わった現在では、その競争は激化し、様相がまったく変わってきている。日々刻々と変わる環境の中で、企業は様々な資源を活用しつつ、その競争を勝ち抜くための戦略を立て、事業を推進している。経営資源としてのヒト、カネ、モノ、そして、事業展開するエリアも、すべて事業戦略に「最適な」ものが選ばれるのが今日の姿であろう。それを突き詰めた究極には、どのような企業の姿が見られるのであろうか。

　進出先において、事業活動のために最適なモノ、カネを調達することは、むろん容易なことではないと思われるが、それでも、より難しいのはヒトの問題であろう。わが国企業の大多数が本社機能を日本国内においている現状では、進出先へと派遣されたスタッフが、ローカル・スタッフと共にオペレーションを実施している。派遣されたスタッフは、適確でもっとも効率的な、すばやい対応を常に求められる。

　彼らは、現地スタッフに対する指示・指導を行う実務の責任者であり、本社との関係においては、調整しつつ仲介をせねばならない。期待されている重層的な役割を十分果たせているのか、その支援体制は十分なものであるのか、さらには、企業組織全体がそうしたグローバル戦略に相応しい組織体制となっているのかが問われている。そのためには、本社と進出先との関係性を整備・充実させるだけではなく、外国人従業員を含めた本社内部の組織編成を戦略にもっとも相応しい形にしていくことが求められよう。

　かねてより指摘され続けてきたわが国企業の「現地化」は、進出先と本社との関係性を含めて、現在、どのような状況になっているのか、そして、それらを効果的に支援できるような社内の組織が編成・整備されているのか、本書は、そうした課題を本社の側から探った調査結果の報告である。

　本報告が、今後のグローバル戦略を考えるための基礎資料として多少なりとも参考になれば、幸いである。

2019 年 3 月

独立行政法人　労働政策研究・研修機構

理事長　樋口　美雄

執筆担当者（五十音順）

氏　名	所　属	執筆章
そのだ かおる 園田　薫	東京大学大学院人文社会系研究科	第4章
なかむら りょうじ 中村　良二	（独）労働政策研究・研修機構副統括研究員	第1〜3章、第5章

目　　次

第1章　はじめに ··· 1

　第1節　本研究のねらいと背景 ······································· 1

　　1　本研究のねらい ··· 1

　　2　対外直接投資と海外生産比率の現状 ····························· 1

　第2節　グローバル化をみる視点 ····································· 3

　　1　「現地化」再考 ··· 3

　　2　権限の委譲とコミュニケーション ······························· 6

　　3　内なるグローバル化 ··· 7

　第3節　小括と本書の構成 ··· 8

第2章　調査結果概要 ··· 10

　第1節　調査対象のプロファイル ····································· 10

　第2節　基本的な雇用システム ······································· 15

　第3節　中国の現地法人に対する見方 ································· 16

　　1　現地法人の経営上のメリット ··································· 16

　　2　現地法人の課題 ··· 17

　　3　採用に関する問題点 ··· 18

　　4　人材の流出 ··· 19

　第4節　「経営の現地化」と今後の事業展開 ··························· 20

　　1　「経営の現地化」の進展 ··· 20

　　2　今後、重要となる要素 ··· 21

　　3　今後の3年間の事業展開と従業員数の計画 ······················· 22

　第5節　現地法人との関係性 ··· 23

　　1　本社と現地の決定権限 ··· 23

　　2　本社承認不要で、現地が独自に決定できる項目 ··················· 24

　　3　現地法人との意思疎通の状況 ··································· 24

　　4　新たに海外進出をはかる際の重要要素 ··························· 25

　　5　今後3年間の海外事業展開予定 ································· 26

　　6　今後、中心的に展開するエリア ································· 26

　　7　中心的に展開する国・地域の経営上のメリット ··················· 27

　第6節　国内・本社内でのグローバル対応 ····························· 28

　　1　新入社員に必要な要素・資質 ··································· 28

　　2　グローバル化対応の必要性 ····································· 28

3　グローバル化への対応と準備の状況‥‥‥‥‥‥‥‥‥‥‥‥‥‥‥‥29

　　4　外国人に対する社会の認識‥‥‥‥‥‥‥‥‥‥‥‥‥‥‥‥‥‥‥30

　　5　本社内での外国人雇用に対する考え方‥‥‥‥‥‥‥‥‥‥‥‥‥31

第3章　本社と現地法人との関係性−本社からみる現地法人の現状と課題、コミュニケー
　　　　ション−‥‥‥‥‥‥‥‥‥‥‥‥‥‥‥‥‥‥‥‥‥‥‥‥‥‥‥33

　第1節　基本的な認識−決定権限とコミュニケーション‥‥‥‥‥‥‥‥‥33

　　1　決定権限の所在‥‥‥‥‥‥‥‥‥‥‥‥‥‥‥‥‥‥‥‥‥‥‥33

　　2　コミュニケーションに対する認識‥‥‥‥‥‥‥‥‥‥‥‥‥‥‥34

　　3　現地で判断可能なこと‥‥‥‥‥‥‥‥‥‥‥‥‥‥‥‥‥‥‥‥36

　第2節　経営上のメリットと課題‥‥‥‥‥‥‥‥‥‥‥‥‥‥‥‥‥‥36

　　1　経営上のメリット‥‥‥‥‥‥‥‥‥‥‥‥‥‥‥‥‥‥‥‥‥‥37

　　2　経営上の課題‥‥‥‥‥‥‥‥‥‥‥‥‥‥‥‥‥‥‥‥‥‥‥‥37

　第3節　人材の採用と流出‥‥‥‥‥‥‥‥‥‥‥‥‥‥‥‥‥‥‥‥‥39

　　1　採用‥‥‥‥‥‥‥‥‥‥‥‥‥‥‥‥‥‥‥‥‥‥‥‥‥‥‥‥39

　　2　流出‥‥‥‥‥‥‥‥‥‥‥‥‥‥‥‥‥‥‥‥‥‥‥‥‥‥‥‥41

　第4節　現地化の現状と今後の進展‥‥‥‥‥‥‥‥‥‥‥‥‥‥‥‥‥42

　　1　現地化の現状‥‥‥‥‥‥‥‥‥‥‥‥‥‥‥‥‥‥‥‥‥‥‥‥42

　　2　今後の発展のために必要な要素‥‥‥‥‥‥‥‥‥‥‥‥‥‥‥‥44

　第5節　小括‥‥‥‥‥‥‥‥‥‥‥‥‥‥‥‥‥‥‥‥‥‥‥‥‥‥‥46

第4章　日本企業の「内なるグローバル化」志向について‥‥‥‥‥‥‥‥‥47

　第1節　基礎的な分析‥‥‥‥‥‥‥‥‥‥‥‥‥‥‥‥‥‥‥‥‥‥‥47

　　1　「内なるグローバル化」変数の設定とその関係性‥‥‥‥‥‥‥‥47

　　2　検討すべき企業の諸変数と「内なるグローバル化」変数との関係性‥‥‥‥51

　　3　企業の諸変数間の関係性について‥‥‥‥‥‥‥‥‥‥‥‥‥‥‥61

　第2節　「内なるグローバル化」志向変数を用いた重回帰分析‥‥‥‥‥‥65

　　1　独立変数の設定と基礎統計量‥‥‥‥‥‥‥‥‥‥‥‥‥‥‥‥‥65

　　2　グローバル化対応変数を従属変数とする重回帰分析‥‥‥‥‥‥‥66

　　3　外国人意識変数を従属変数とする重回帰分析‥‥‥‥‥‥‥‥‥‥69

　第3節　小括‥‥‥‥‥‥‥‥‥‥‥‥‥‥‥‥‥‥‥‥‥‥‥‥‥‥‥71

第5章　むすびにかえて‥‥‥‥‥‥‥‥‥‥‥‥‥‥‥‥‥‥‥‥‥‥‥73

【付属資料】

調査票‥‥‥‥‥‥‥‥‥‥‥‥‥‥‥‥‥‥‥‥‥‥‥‥‥‥‥‥‥‥‥79

集計表‥‥‥‥‥‥‥‥‥‥‥‥‥‥‥‥‥‥‥‥‥‥‥‥‥‥‥‥‥‥‥93

第1章　はじめに

第1節　本研究のねらいと背景

1　本研究のねらい

　本研究の目的は、わが国企業が現在、どのような認識からいかなるグローバル戦略を選択し、その際、どういった課題を抱えているのかを探ることにある。

　わが国の雇用システムの実態を把握しようとすれば、その内容はむろんのこと、企業を取り巻く環境の変化にも目配りしていくことがきわめて重要である。現在すでに展開しつつあるAIやITを中心とした技術革新が、仕事の進め方そのものを根本から変え、さらに、わが国国内と国外との関係も急速に変えようとしている。現在から今後にわたり、海外関係の中で、とりわけアジア地域との関係緊密化がいっそう進展することは確実であろう。こうした関係が緊密になるプロセスがよりスムースに進行し、わが国の雇用や労働、ひいては、経済社会全体の発展に寄与するような方向性を検討するためには、グローバル化の中でのわが国企業の戦略と、海外、とりわけ、アジアの国々の経済・労働社会に関する適確な状況把握がぜひとも必要である。

　その意味で、わが国企業が、グローバルに事業展開をする中で今後、短期的、中長期的にどういった戦略を採用し遂行しようとしているのかを詳細に検討していくことがさらに重要となってきている。

　事業戦略を根本で支える技術、人々の働き方や意識、国内・国外の市場そのものが、量的にも質的にも急速に変化しつつある時、今後の経営と雇用のシステムの中でもっとも重要な要素の一つとなるわが国企業のグローバル戦略を検討することが本書の目的である。

　本章では、以下のような順番で検討を進めていく。まずは企業が海外で事業展開してきた状況を素描する。対外直接投資や海外生産比率の推移からそれらを簡単に確認した上で、グローバル化をみる基本的な視座をまとめておく。そして、本書で報告する内容の方向性を示すことにしたい。

2　対外直接投資と海外生産比率の現状

　わが国企業が事業をいかにグローバル展開しているのかを捉えるために、その結果の一つともなる対外直接投資と製造業における海外生産比率の推移を見ておくことにしたい。

　まず、対外直接投資の推移であるが、図表1-1にみるように、2017年現在で、1兆6857億8700ドルとなっている。2008年以降はリーマン・ショックによる落ち込みが見られるが、その後はまた増加し、現在に至っている。2017年の投資額を2000年と比べると、およそ5.3倍にもなっている。この20年弱の間に、海外直接投資が急激に増加していることが、このデータからも明らかである。

図表 1-1　対外直接投資の推移（100万ドル）

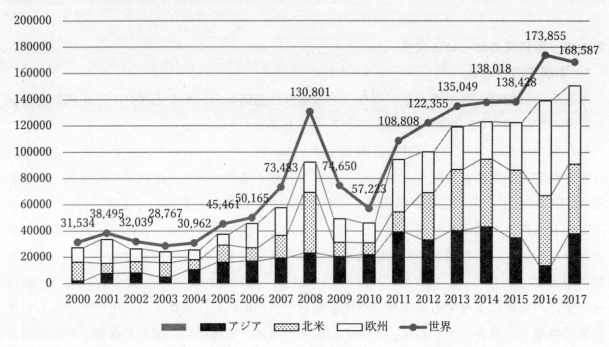

出所：https://www.jetro.go.jp/world/japan/stats/fdi/

　地域別の比率をみると、2008年頃を例外とすれば、アジア、北米、欧州で全体の8～9割ほどを占めている（図表1-2参照）。

図表 1-2　対外直接投資の地域別比率（％）

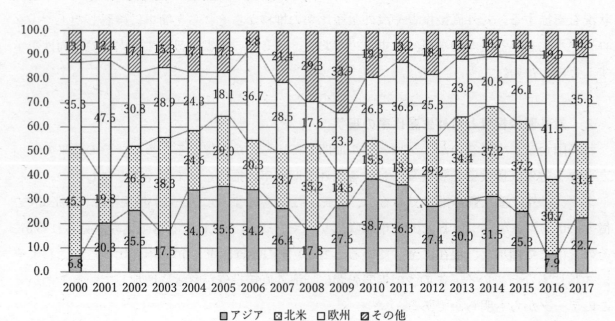

次に、製造業における海外生産比率の推移をみる。

この10年ほどで、その比率は緩やかに上昇し、2016年度における製造業全体の海外生産比率は、23.8％である。業種別にみると、平均よりも比率が高いのは、「輸送機械」（46.1％、2016年度数値。以下、同じ）、「はん用機械」（32.9％）、「情報通信機械」（27.3％）である。逆に、「繊維」（11.1％）に代表される、海外生産比率が高いというイメージのある業種では、全体平均よりも低い水準にある（図表1-3参照）。

いずれにせよ、製造業においては、生産全体の約1/4を海外で生産しているのが現状である。今後、その比率が極端に下降する事態は想像しにくい。わが国企業がグローバル展開している一つの証である。

図表1-3 製造業における海外生産比率の推移（％）

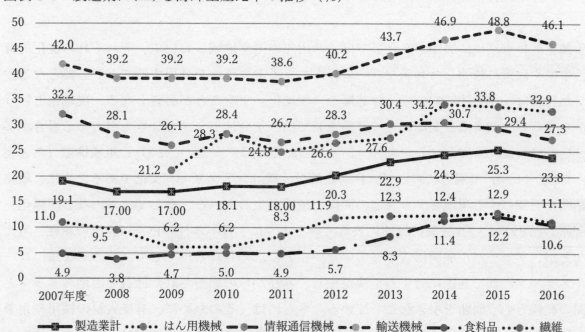

出所：経済産業省『第47回海外事業活動基本調査概要』（2018年4月5日）, p.12より作成。

第2節 グローバル化をみる視点

1 「現地化」再考

このような状況を踏まえた上で、グローバル化をいかに検討していくのか、その視点について簡単にまとめておきたい。

グローバル化やそれ以前の国際化という言葉が用いられるようになってすでに久しいが、企業が海外事業を積極的に展開するに従い変容する人的資源管理について、長く検討されてきた。それらについては以前にまとめているため、そちらも参照していただきたい（中村、2007）。グローバル戦略、その中の人的資源管理と一口に言っても、その中には実に幅広い

内容が含まれている。それらを一つの大きなまとまりとして検討することはむろん重要である。しかしながら、ここであらためて言うまでもなく、それらは容易いことではない。その前段階として当然のことながら必要となるのは、それぞれの国、エリアでは、いかに齟齬を極小化しながら、効率的なオペレーションを行っているのかという、それぞれのエリア・状況にいかに適合しているのか、という現状の把握である。それらを緻密に行ってから初めて、各々の適合・適応をまとめて全体的なグローバル戦略として捉え得るのかが検討される。この分野における研究は、そうした検討を繰り返してきた。様々な視点から検討されてきたこれまでの膨大な量の研究をあえてまとめるなら、国際化、グローバル化の研究とはほぼすべて、この2つの問題を検討してきたと言って過言ではなかろう。古沢（2007）は、わが国企業の人的資源管理の現状と特色をあらためて、現地化に代表される「現地適応」、そして、「グローバル統合」という点から跡づけている。その骨子は以下のとおりである。

　活動をグローバルに展開する企業では、進出先の国や地域において、それぞれの文化的背景、市場や政策に精通した有能なローカルのホワイトカラーを登用することが必要となる。そのためには、子会社において、幹部層を「現地化」することが必要となる。現地化という点から見ると、欧米系企業に比べて日系企業では、子会社トップを日本人が占める場合が多い。その原因は、異文化コミュニケーション（たとえば、安室、1982）、組織構造（たとえば、石田、1994）の双方において、日本企業が「高コンテクスト」文化であるために、職務の範囲を明確にする現地スタッフとの間に、齟齬が生じている。そして、「内なる国際化」（吉原、1989）という言葉に端的に表れているように、日本本社の内部で、その組織、考え方などが、グローバル展開に適応していないことに求められる。そして、その影響は、ローカルスタッフ内部で昇進に対する不満が生じ、本社からの派遣された社員と現地スタッフとの間の軋轢という問題を引き起こしている。さらには、そのために、有能人材の採用や定着にも関連している。換言すれば、現地化がなかなか進まない最大の原因は、日本本社にあると、吉原は述べている。

　グローバル統合という面では、企業理念に代表される価値観によって、全体をいかに統合するのかという規範的な側面（石田、1994など）と、世界共通の評価基準などに代表される制度的側面（産労総合研究所、1998など）から、検討を行っている。それらの点でも、本社から派遣された社員はさておき、ローカルスタッフには十分に企業理念が浸透していないことや、本社によって、優秀なローカルスタッフを評価していないことなどが、明らかにされている。

　その上で、古沢は、今後、日本企業に求められる変革として、まずは「現地化」を推進することが先決であり、その上で、規範的な面と制度的な面を連動させながら、統合を強化することを述べている。ここでは、特に、現地化の側面を中心に考えてゆくことにしたい。むろん、グローバル展開に伴う、その全体的統合は重要であるに違いないが、進出先でのオペ

レーションを考えれば、まず考えるべきは、現地化の問題だからである。

　さらに、古沢（2008）では、「『現地化問題』の再検討」という1章を設けて、その検討を続けている。現地化に関する問題は、「構造的視点」から検討されるべき問題であり、今後は、「自らの文化や社会構造に起因する『特殊性』を意識した上で、職務や責任・権限の明確化を図り、『公式化』の組織能力の強化と『低コンテクスト』なコミュニケーション環境の創造に注力するとともに、『内なる国際化』を推進することが求められると言えよう」（古沢、2008、p.85）と述べている。さらに、ローカルのトップが果たすべき役割に触れながら、「『現地化』を超えた国際人的資源管理の必要性」について検討している。それはすなわち、ローカルの環境の中に埋め込まれ、暗黙的になりがちな複雑な知識をローカルはもとより、グローバルなネットワーク全体で共有しうるソーシャル・キャピタルへと昇華させることや、世界中に分散している有能人材を統一的に管理し、異動・配置させるための「グローバルに統合された」人事制度を確立していくことなどである（同上、pp.86-88）。

　こうした理論的な枠組みの検討は今後もさらに続けられよう。あらためて言うまでもなく、企業を取り巻く経済環境も、企業内で働く従業員の意識・行動は、さらに変化していくからである。

　研究サイドからの検討と共に、われわれが検討すべきなのは、まさに現場のオペレーションを自ら経験した上で、それをあらためて検討したグローバル・オペレーションに対する知見である。その観点から、田中（2013）は、現地化に関する、より詳細な検討を行っている。

　現地化とは、「企業のグローバル戦略のもとで、海外子会社の事業の採算性と現地適合を実現するための経営手段として、現実的に捉えるべきもの」であり、「事業戦略実現のための手段であって、目的そのものでは」ない。必要となる経営資源の中で、「親会社から持ち込むものと、現地において調達するもの」を峻別した上で、前者を徐々に減らしていくことこそが、現地化であると田中は述べている。さらには、「現地調達率が100％となった場合に、経営の現地化は達成されたことになり・・・それは現地法人が親会社の支配下の従属的経営から自立した経営に進化したことを意味」するのである（田中、2013、p.227）。

　そうした変化のプロセスを示したのが、図表1-4である。現地化が本当の意味で成功するか否かは、図の第3段階から第4段階への移行が鍵となる。単に製品が高品質であれば売れるのではなく、その市場や購買層に最適であるのか否かが重要であり、現地化のプロセスの中で考えれば、「調達部品を現地化し、設計を現地化し、製品仕様を現地適合に変更する『3つの現地化』が実現され」なければ、そのプロセスは成功しない（同上、p.233）。現地化は、基本的には、「本社から持ち込む経営資源を、現地において入手できる、より安価で良質なものに置き換えていくプロセス」と考えられよう。しかしながら、そうしたプロセスが着実に遂行されたとしても、それですべての問題が解決できる訳ではない。

図表1-4　内部化と現地化の進行

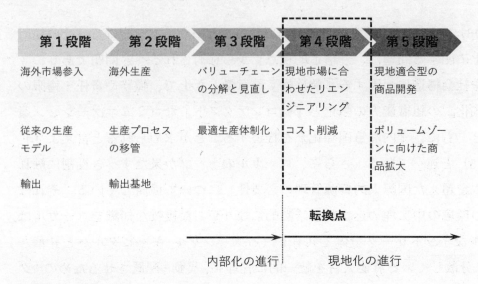

出所：田中（2018、p.229）

2　権限の委譲とコミュニケーション

　この問題は、むろん、現地化のプロセスとも密接に関わる問題であるが、実際のオペレーションに関して、その最終的な決定権限を誰が握るのかは、あらためて検討すべき問題であろう。それは、わが国企業のもっとも基本的な戦略とその背景となる価値観や考え方に関わる問題だからである。

　本社と現地法人との間で綿密な打ち合わせと準備のもとで事業計画を決定し遂行する際、ほぼ現地側にすべてを委ねることが可能であったとしても、当然のことながら、現地側から本社への報告とそれに対するフォローは必須である。その頻度と内容がどのような様相であるのかが、次の問題となる。四半期、月次、あるいは、週単位のやりとりとなるのかによって、場合によっては、現地に任せるというよりむしろ、結局は本社側がコントロールをする体制となってしまう事態も考えられる。

　そうした権限委譲とコミュニケーションが重要となるのは、それらが実は、現地側の経営を誰に任せるのかという問題とリンクしているからである。これまでにも、日本企業は「現地スタッフに経営を任せたいのだが、任せられないからこそ、頻繁なコミュニケーションを取ることになる」と指摘されることが少なくなかった。だがそのままでは、濃密なコミュニケーションの下で、最終的な決定権限を日本人、日本本社からの派遣スタッフが握る体制や仕組みは変わっていくことはないであろう。そうした状況が、誰にとって、どういった観点からよいことであるのか、それをあらためて検討すべき段階に入っているように思われる。

　石田光男氏が座談会の中で、「日本は、非常に濃密なコミュニケーションと部門間調整をする世界ですが、他の国に行ったときにどういうマネジメントをするのかというテーマは今、真正面から明らかにしていかなくてはならないと僕は思っています」（『日本労働研究雑誌』、

2015、No.665、p.20）と言われた内容こそ、今後の日本企業のオペレーションを考える際、きわめて重要な論点として捉えるべきであろう。上で紹介した田中（2013、pp.247-248）では、頻繁なコミュニケーションとフォローは、「海外子会社の責任者の権限を侵害し、その事業運営方針を混乱させ」かねず、「経営の現地化の阻害要因は、日本本社の内部か指向性の強さにあ」り、そうした指向性は、国際経営を考える限りには「汎用性はないことをあらためて理解したうえで、発想の転換を図ることが必要」と指摘している。これらの問題も、かねてより指摘され、今なお重要な課題であり続けている。

3　内なるグローバル化

　昨今、ダイバーシティ経営という言葉が用いられることも多くなってきたが、それらは、これまで主たる戦力としては取り上げられなかった人々に着目し、そうした人々に十分力を発揮してもらうということが、その主たる骨子となっている。女性や高齢者、そして、外国人社員などが取り上げられていることは周知のとおりである。

　外国人社員を雇用すれば、即座に本社内での国際化、グローバル化が進む訳ではむろんない。上でも検討したとおり、最終決定権限を基軸とした経営の仕組みを、今後は変えていくのか否かという、大きな課題とも密接に関わるからである。そうした経営の全体に関わる大きなシステム変更がきわめて重要な課題であることは明らかであるが、それと同時に、外国人労働者・就労者が、どのような意識から何を重視して働き、生活しているのか、しようとしているのかも、喫緊の課題である。貴重な戦力として位置づけ、企業に迎え入れたとしても、そうした生活の根本的なフィロソフィーの部分で、日本人従業員との離齬が存在し解決していなければ、彼らが一定期間定着して、文字どおりの戦力となってはいかない可能性が高いからである。そうした問題に対し、園田（2017a、2017b）では、日本企業で働いている専門的外国人労働者にヒアリング調査を実施し、企業と国家と家族の狭間でキャリアを選択・設計しようとしている外国人の姿を描きだしている。高度人材たる外国人社員本人が納得できる雇用システムはもちろんのこと、その家族が安心して暮らせる生活環境、教育環境まで含めて、日本社会が変化していくのか、その点が今後、さらに重要性を増していくことは確実である。

　いずれにせよ、これまで一定程度、成功裏に機能してきた経営システム全体を今後、いかに変えていこうとしているのか、いくべきなのか、その検討は相当以前から続けられてきた。しかしながら、基本的な状況が変わっているとは思われない。今でもなお、わが国においては、「高度外国人材の獲得競争で遅れを取り、そうした人材を獲得するためには、日本型雇用からの変革が必要」と、経済産業省は発信している（経済産業省、2016）。

　わが国の代表的な企業のトップに外国人経営者が就くことも今では珍しいことではない。一部の企業では、大胆な雇用や就業の仕組みが変化してきたことも事実であろう。ただ、それらがわが国企業のどれくらいの比率で、どの程度の深さをもって浸透してきているのか、

それが問題であろう。そうした変革が、わが国を代表する企業の大多数にわたり、そこで働く従業員のほとんどが、以前とは異なるシステムの中で働いているとは、少なくとも現時点では思われない。こうした点も、決定権限の所在や委譲、そして、従業員構成の実情とも合わせて、検討していかなくてはならない課題である。

第3節　小括と本書の構成

　ここまでで課題の背景と軸となる視点について、簡単に検討してきた。その検討を通して気づくのは、これまで実態としてのオペレーションもその研究も積み重ねられてきた現在でさえ、以前と同じか、もしくは極めて類似した問題が俎上に上げられ続けていることである。

　それらは、解決すべき課題であるのにも関わらず、依然として様々な理由からその解決が図られてはこなかったのか、あるいは、少なくとも表面上はきわめて似た問題や状況であるが、その内容は相当程度変わっているためなのか、そうした視点からも検討をしていく必要がある。解決すべき問題がただ単に未解決のまま放置されているのか、あるいは、言葉は同じでもその内容じたいが変容しているのか、さらには、現実のオペレーションを考える限り、指摘とは異なり実はそうした問題にあまり重要性が認められなかったのかなど、そうした点を確認し、整理する必要があろう。そうした過程を経て、こんにち、より重要な問題は何であり、その解決の糸口がどこにあるのかを検討することが可能となる。抽象度の高いモデルを構築することも重要であるが、それと同時に、企業の現実のオペレーションを継続的に検討し続けることが必須である。

　本研究では、今述べたような認識から、現在のわが国企業のグローバル化を捉えるために調査を実施した。現地化や権限委譲、そして、内部の国際化・グローバル化を考えるためには、日本側本社はもちろんのこと、もう一つの主体となる現地側の状況を調査する必要がある。本社と現地からの双方からの知見を合わせて検討することこそが重要である。本書はその第一歩である。

　ここで考えようとしていることをまとめれば、それらは

　①本社は現地の現状と課題をどのようにみているのか

　　本社は現地とどのようなコミュニケーションを取っているのか

　②本社の内側の体制は現状どのようになっているのか

の大きくは2点となる。

　以下では、まず本章で、全体のねらいと構成を提示した上で、第2章では、今回われわれが実施した調査結果の概要を提示する。基本的には単純集計結果を用いる。第3章では、上記課題の①を中心に検討し、第4章では同じく課題の②について考察する。その上で、簡単なまとめをしてむすびに代えたい。

なお、調査実施概要は以下のとおりである。

・期間：2018 年 9 月 18 日〜10 月 12 日

・対象：東京証券取引所一部・二部に上場する企業 2,608 社

・回収数（率）：171 票（6.6%）

【参考文献】

石田英夫編著　1994　『国際人事』、中央経済社

経済産業省　2016　『「内なる国際化研究会」報告書（概要）』

産労総合研究所　1998　『賃金実務』（12 月 1 日号）

園田薫　2017a　「日本で働く専門的外国人における企業選択と国家選択の交錯」、『ソシオロゴス』No.41

園田薫　2017b　「外国人の定着/離職意向に影響する日本企業内の諸要因−専門的外国人の内的キャリアに着目して−」、『Transactions of the Academic Association for Organizational Science』,Vol.6, No.2,pp.1-6.

田中孝明　2013　『グローバルプロフェッショナルの基礎知識』、日経 BP 社.

中村良二　2007　「人的資源管理の国際比較に向けて」、JIL ディスカッション・ペーパー 07-06

古沢昌之　2007　「グローバル企業の人的資源管理」、安室編（2007）所収.

−−−−　2008　『グローバル人的資源管理論−「規範的統合」と制度的統合』による人材マネジメント』、白桃書房.

安室憲一　2003　『中国企業の競争力−「世界の工場」のビジネスモデル』、日本経済新聞社.

−−−−編　2007　『新グローバル経営論』、白桃書房.

吉原英樹　1989　『現地人社長と内なる国際化』東洋経済新報社.

第2章 調査結果概要

ここでは、基本的に、単純集計の結果から調査結果の全体像を素描する。

第1節 調査対象のプロファイル

①会社の創業年

全体では、比較的、歴史のある企業が多く、1950年以前で過半数となっている。業種別には、製造業のほうがより社歴が長い。1950年以前で約3/4となる一方で、非製造業では、1981年以降で約3割、1951年以降で、約6割となっている（図表2-1参照）。

図表2-1 創業年（％）

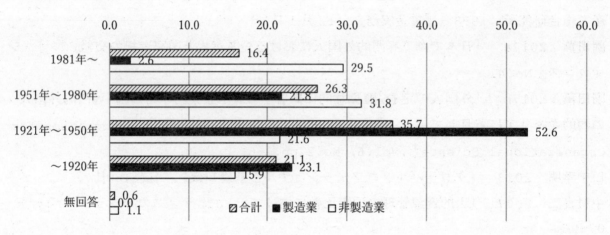

②業種

業種は、図表2-2にみるように、製造業では、化学工業、機器製造、非製造業では、卸売・小売、サービス業が多くなっている。

図表2-2 業種（％）

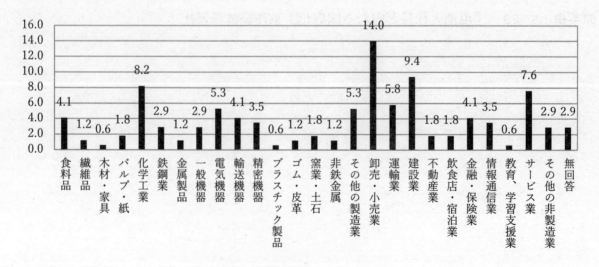

－10－

③従業員数

比較的大規模企業が多い。1,000人以上規模で約4割を占める。平均は、2745.11人である（図表2-3参照）。

図表2-3　従業員数（%）

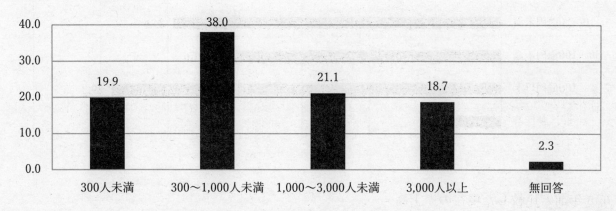

④売上高（2017年度）

売上高は、図表2-4にみるように、300億円未満で1/3強、1,000億円以上で約4割となっている。平均は3962.85億円である。

図表2-4　売上高（%）

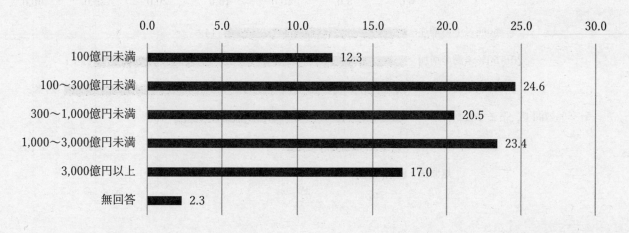

⑤経常利益（2017年度）

経常利益をみると、業績が好調な企業が多い。100億以上で約3割、30億円以上で過半数となっている（図表2-5参照）。

図表 2-5　経常利益（%）

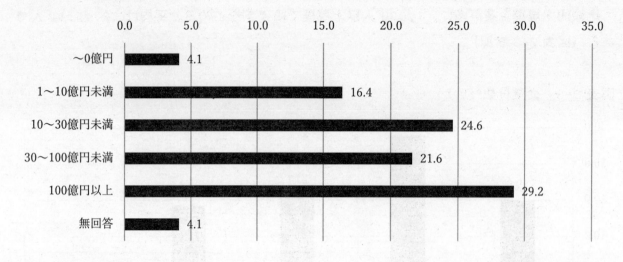

⑥5年前と比較した現在の売上高

　この設問からみても、好調な企業が多いことがわかる。20%以上増加した企業が全体の約4割を占め、その中でも50%以上の増加という企業が、約15%となっている。一方で、「あまり変動はない」は2割ほど、「減少傾向」が約1割となっている（図表2-6参照）。

図表 2-6　5年前と比較した現在の売上高（%）

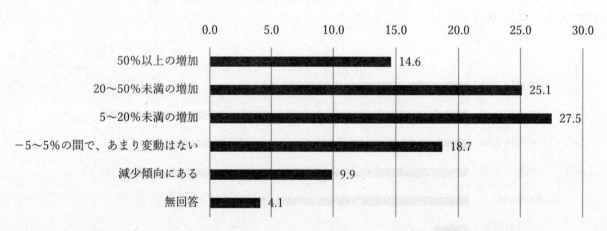

⑦役職者の構成

　役職者の平均構成人数は、図表2-7にみるとおりである。

　課長以上層がそれぞれ全体で占める比率をみると、「役員・取締役」は0.8%、「部長」が3.5%、「課長」が13.6%となっている。

　それぞれの層で、外国籍社員、女性社員が占める比率をみると、「役員・取締役」では外国籍が0.6%、女性社員が3.3%となっている。同様に、「部長」ではその順で0.2%、2.1%、「課長」では0.1%、6.6%となっている。管理職以上に昇進している外国籍社員、女性社

員は、かなり少数であることがわかる。その中にあっては、「役員・取締役」における外国籍社員の占める比率は、相対的に高いと言えよう。

図表 2-7　役職別の平均従業員数（人）

		合計	うち外国籍	うち女性
A	役員・取締役	17.19	0.10	0.56
B	部長	75.61	0.14	1.60
C	課長	295.27	0.41	19.35
D	一般従業員	1490.98	13.24	312.62
D	一般従業員（非正規）	288.64	-	-
E	合計	2167.68	13.70	351.72

⑧連結対象となる法人

　日本本社の連結対象となる海外現地法人数、日本本社直轄の支社・支店数はそれぞれ平均で、16.40社、7.53拠点である。

⑨主たる進出地域と進出年

　現在、海外で進出している地域を訪ねた結果が、図表 2-8 にまとめられている。そこにみるように、中国や東南アジアに進出している企業が相対的に多くなっている。ヨーロッパでは、進出している企業の方が1割ほど少なく、北米ではわずかながら、進出している企業の方が多くなっている。中東・アフリカ、中南米・オセアニアでは、進出企業が少数派である。

図表 2-8　現在進出している地域（％）

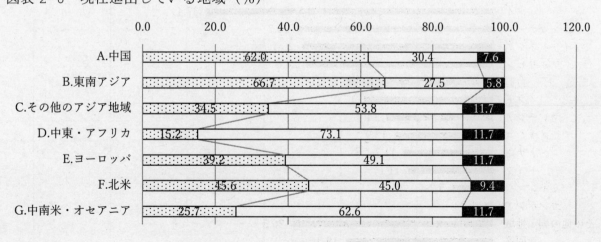

□進出している　□進出していない　■無回答

各エリア別に、進出の時期を見たのが、図表2-9である。平均を見れば、もっとも早いのは北米の1984年であるが、もっとも早く進出をしているのは、アジア地域である。1905年に中国に進出し、100年以上経過している企業もある。

図表2-9　進出年

	平均	最も早い	最も最近
A.中国(N=90)	1995.2	1905	2016
B.東南アジア(99)	1993.8	1910	2018
C.その他のアジア地域(49)	1993.9	1932	2017
D.中東・アフリカ(18)	1993.8	1938	2015
E.ヨーロッパ(53)	1990.3	1930	2016
F.北米(66)	1984.6	1926	2018
G.中南米・オセアニア(36)	1992.8	1938	2017

そして、進出しているエリアの中でも、中心的に展開しているのはどこかを尋ねた結果が、図表2-10である。トップが「中国」で54.4%であり、「アメリカ」(41.5%)、「タイ」(37.4%)が続いている。アメリカを除くと、現在の進出先はアジア地域が中心となっている。

図表2-10　中心的に展開している地域（M.A.、%）

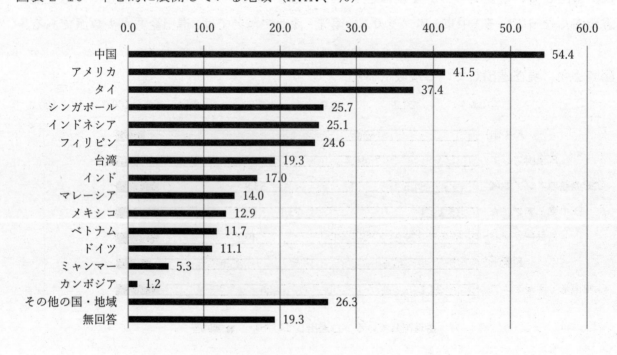

第2節 基本的な雇用システム

次に、対象企業が適用している雇用システムについてみていく。どのような制度が、どの範囲の従業員に適用されているのかを見たのが、図表2-11である。

正社員については、「新卒採用を中心とした人材調達」（89.5%）を筆頭に、「職能資格に基づく昇進・評価の人事制度」（86.0%）、「寮・社宅や家賃補助などの福利厚生」（85.4%）、「中長期的な雇用保障」（83.0%）などが、8割以上で続く。

ただ、「職務を限定しない採用」や「ローテーションを核とする人材育成制度」など、これまで、わが国の雇用システムの中核と考えられてきた制度の適用が、相対的にこれまでよりは低い水準に留まっている傾向がみられる。

そして、限定正社員では、そうした制度の適用は、著しく率が低下する。もっとも高いのは「職能資格に基づく昇進・評価の人事制度」であるが、適用率は26.9%にとどまっている。次点は、「中長期的な雇用保障」（25.7%）である。さらに、非正規社員の場合には、もっとも高いのが、「フレックスタイム制」であるが、12.3%のレベルに留まっている。

また、「こうした制度はない」という回答をみると、「企業内の労働組合」（25.1%）、「年功序列的な賃金制度」（23.4%）の2項目が、全体の1/4ほどとなっている。このような側面から、従来の雇用システムが徐々に変化しつつあることを示唆しているように思われる。

図表2-11 雇用システムの適用範囲（M.A.、%）

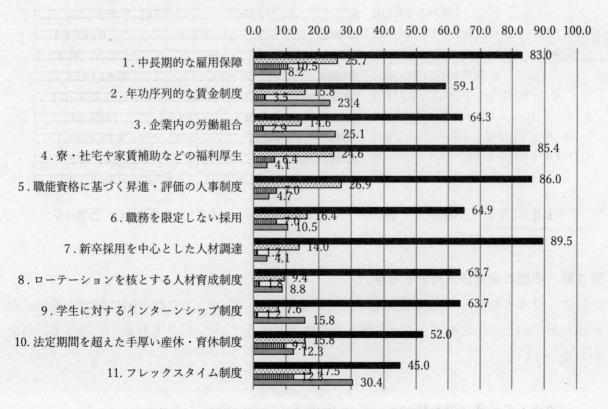

さらに、これらのシステムに関する今後の方針を聞いた結果が、図表 2-12 である。

そこにみるように、全体を概括的にみれば、わが国企業は、現在の雇用システムを基本的には維持しようとしていると考えられよう。変化する場合でも、「廃止」というよりは、「拡大」の方向である。「拡大したい」と「現状維持」の 2 項目を合わせた比率は、ほぼ 7 割以上の水準にある。これまで伝統的な仕組みと考えられてきた中でも、「中長期的な雇用保障」、「寮や社宅などの福利厚生」などのように、「現状維持」が相当程度を占める場合と、「ローテーションを核とする人材育成制度」のように、より「拡大」を目指す場合と、その濃淡には差異がある。

ただ、そうした全体の方向性の中で、突出して異なる傾向をみせるのが「年功序列的な賃金制度」である。「拡大」+「維持」は、1/3 強の水準にあり、「修正したい」もほぼ 3 割となっている。この賃金システムは、程度の差こそあれ、修正の方向にあると考えられる。また、「フレックスタイム制度」は、「拡大」+「維持」が過半数とはなっているものの、制度そのものがないという場合も約 3 割となっていて、今後の趨勢をみていく必要があろう。

図表 2-12 雇用システム変更の方針（%）

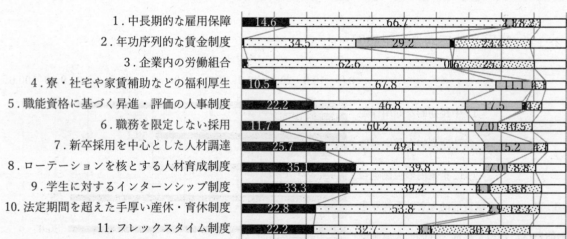

第3節　中国の現地法人に対する見方

次に、日本本社からみた現地法人の状況を検討していく。ここでは中国に限定するが、現地法人がどのような状況にあり、どのような課題を抱えていると、「本社側が」思っているのかを探っていく。

1　現地法人の経営上のメリット

まず、中国における現地法人を設立するメリットである。その結果が、図表 2-13 である。

-16-

そこにみるとおり、本社側がもっとも重要視しているのは、中国という市場の規模と、今後の発展見込みである。「市場規模が大きい」(77.4%)、「今後、さらに発展が見込める」(65.1%)の2項目が突出している。第3位に「部品・原材料、商品が調達しやすい」が入っているが、3割弱の水準に留まっている。以下、図表2-17までは、N=106である。

図表2-13 現地法人の経営上のメリット（M.A.、%、N=106）

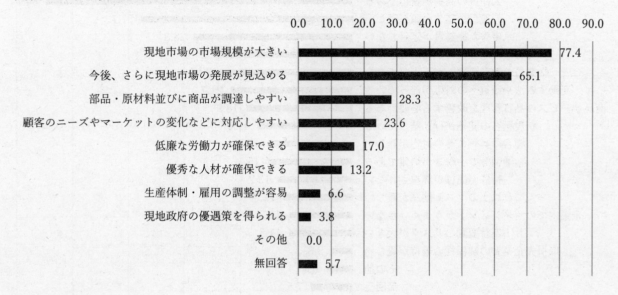

2 現地法人の課題

次に、現在、現地が抱える課題を尋ねると、現在の中国の状況が浮かび上がってきている。指摘がもっとも多かったのは、「人件費の高騰が負担である」(54.7%)で、第2位が「競合企業の台頭が著しい」(37.7%)である。はるか以前から、中国における人件費の急激な上昇は指摘されてきたが、現在でもなお、この状況は変わっていない。そして、日系を含む外資系企業のみならず、中国国内の企業が力をつけることで、競争が激しくなっている状況が明らかになっている。

第3、4位は共に、人材の採用や定着に関する課題である。3、4位の「優秀な従業員が定着しない」(28.3%)、「優秀な現地の人材が採用できない」(24.5%)は2つとも、中国において長らく指摘されてきた問題であった。そして、第5位に「従業員の教育・訓練が不十分である」(23.6%)という育成の問題があげられている。現地採用の、その中でも優秀な人材をいかに採用し、育成し、定着させていくのかという問題は、重要な問題であり続けている。ただ、上で見た競争環境の激化に伴う問題に比べると、相対的に、こうした問題の比重が低下しているとも考えられよう。

また、以前は、中国における特有な問題として、しばしば取り上げられてきた問題は、その指摘の水準が低下しているように思われる。「変動する法や政策への対応が滞っている」(21.7%)、「通関等の手続きが煩雑である」(15.1%)、「特許・商標が尊重されない」(13.2%)

といった点は、今も指摘されている課題ではあるものの、全体からすれば、その特殊性は低下していると思われる（図表2-14参照）。

図表2-14　現地法人の課題（M.A.、%）

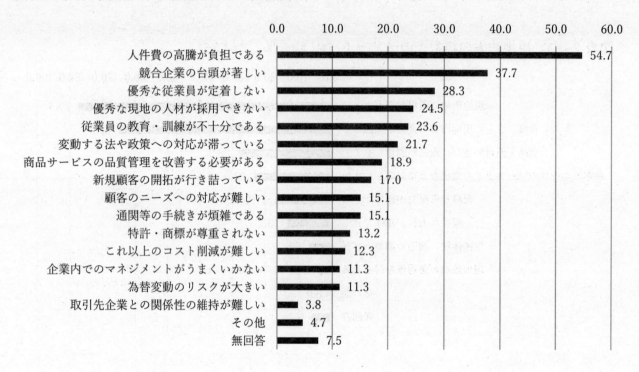

3　採用に関する問題点

上で、経営課題全体の中で、採用関連の問題を検討したが、さらに、ホワイトカラー、ブルーカラーに分けて、採用に関する問題を検討したのが、図表2-15である。

ホワイトカラーからみていくと、もっとも多かったのは、「人材確保競争が激しく、欲しい人材が採れない」（31.1%）であった。そして、第2位に「優秀な人材が応募してくれない」（23.6%）が続いている。企業が欲しがる、優秀な人材の採用が容易ではないことが表れているが、その一方で、「特に問題はない」（22.6%）も、全体の2割強の水準にある。人材、特に優秀な人材の採用は重要であり続けているが、相対的に、その重要性・緊急性が高くはない面があることが想起される。

ブルーカラーに関しては、「人材確保競争が激しく、欲しい人材が採れない」が2割ほどとなっている。他にも、優秀な人材の応募、応募数の少なさがあげられているが、それらは「特に問題はない」と、同率である。

ホワイト、ブルーを問わず、現地における採用に関しては、「採用は現地に一任しているため、わからない」が25%ほどにのぼっていることを考え合わせると、採用に関する問題は、少なくとも日本本社側としては、喫緊の課題とは認識されていないように思われる。

図表2-15 採用に関する問題（M.A.、％）

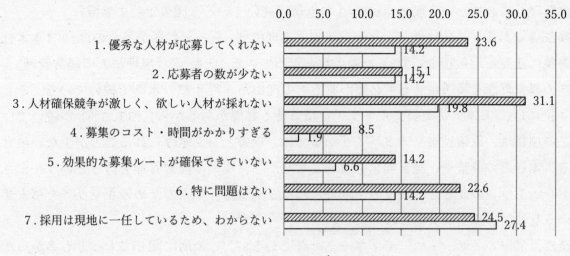

4 人材の流出

さらに、人材の流出についてみたのが、図表2-16である。そこにみるとおり、かつてきわめて重要であったこの問題も、現在では、あまり大きな課題とは認識されていない。「特に問題はない」が約3割、「わからない」も、それよりもやや低い水準にある。「現場の主任」などの層が指摘されているものの、その比率は1割を超える水準に留まっている。

図表2-16 人材の流出（M.A.、％）

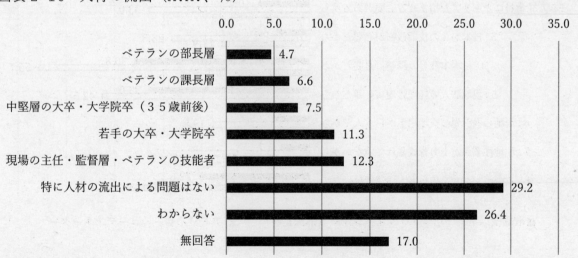

⑤現地に日本人社員を派遣する理由

次に、日本本社から現地法人へと社員が派遣される理由を、階層別にみていく。

まず、取締役以上層については、もっとも多いのが「日本本社の経営理念・経営手法を浸透させる必要があるから」（48.1％）で、ほぼ半数の指摘となっている。こうした幹部層を派

遣するのは、まず、第一にこうした理由からであった。それに、「本社との調整」、「現地法人の経営管理」に必要という理由が約1/3の水準で続いている（図表2-17参照）。

部課長層であるラインマネージャーを派遣する理由は、もっとも多かったのは、「日本本社との調整に必要だから」（55.7％）で過半数となっている。そして、「現地法人の経営管理」、「本社の経営理念を浸透させる」必要があるとの理由が、約4割の水準で続いている。そして第4位には、「日本人従業員にキャリアを積ませる必要があるから」（33.0％）が続いている。この項目は、取締役層やアドバイザー層では、理由として挙げられることが少ない項目である。本社との調整や、経営理念を浸透させながら、現地の経営管理を行うという、まさにオペレーションの要としての役割を期待されると同時に、本人のためのキャリアを積ませるという意味で、派遣が実施されている。

最後に、アドバイザー・コーディネーター層であるが、この層に関してもっとも多かったのは、「日本からの技術移転が必要だから」（17.9％）であるが、2割弱の水準に留まっている。「キャリアを積ませる」、「日本との調整」に必要なども指摘されているが、その比率は高くない。「このポジションの派遣者はいない」が1/3強であることを考え合わせると、技術や専門的な必要に伴って派遣されるポジションと考えられよう。

図表2-17　現地に日本人を派遣する理由（M.A.、％）

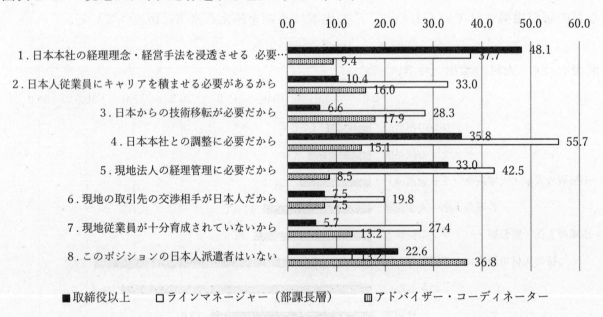

第4節　「経営の現地化」と今後の事業展開

1　「経営の現地化」の進展

「経営の現地化」は、これまで日系企業の中で、なかなか進展しないとしばしば指摘されてきた問題点である。現在の状況をみたのが、図表2-18である。おしなべて、現地化は進

んでいると、日本本社は考えている。

　肯定的な回答(「進んでいる」と「やや進んでいる」を合計した数値)の水準をみると、「本社の指示を待たない自律的な意思決定」を除いたすべての項目が半数を超えている。その中でも特に、現地化が進展していると考えられるのは、「現地人材の採用・育成」(75.5%。(「進んでいる」と「やや進んでいる」を合計した数値。以下、同じ)、「現地従業員との円滑な関係の構築」(75.5%)の2項目である。肯定的な回答が全体の約3/4となっている。それに、「現地従業員への権限譲渡・管理職化」(64.1%)、「現地にあわせた組織内の制度変革」(56.7%)、「企業外の規制・制約への対応」(56.6%)が、過半数で続いている。

　逆に、相対的に進展していないと考えられるのは、「本社の指示を待たない自立的な意思決定」(41.5%、「あまり進んでいない」と「進んでいない」を合計した数値。以下、同じ)、「モノ、カネの現地調達」(38.7%)、「海外展開のノウハウやマニュアルの蓄積」(36.8%)、「企業外の規制・制約への対応」(32.1%)、「現地にあわせた組織内の制度変革」(31.8%)が3割を超える水準となっている。進展状況の濃淡はあるものの、本社が認識している経営の現地化は進展していると考えられよう。

図表2-18　「経営の現地化」の進展

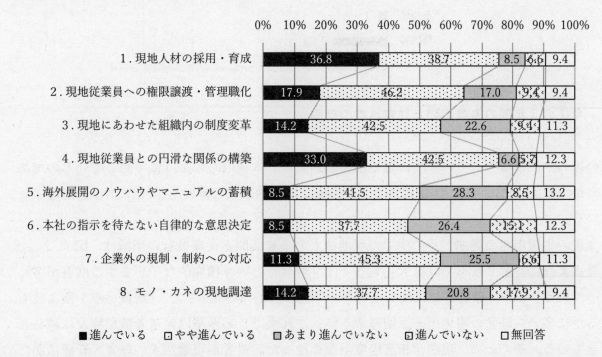

2　今後、重要となる要素

　そうした状況を踏まえた上で、今後の発展のためには、どういった要素が重要となるのかを検討する。

　今後、より重要となるのは、「現地人材の採用・育成」(62.3%)、「現地従業員への権限譲

渡・管理職化」（51.9％）の2項目である。そして、それに「現地従業員との円滑な関係の構築」（31.1％）、「海外展開のノウハウやマニュアルの蓄積」（30.2％）の2項目が3割を超える水準で続いている。トップの2項目は、上でみたように、現地化が相対的により進んでいる項目と重なっている。その意味で、今後、より重要となる現地化の項目は、少なくとも現時点で、比較的スムースに進んでいると考えられる（図表2-19参照）。

図表2-19 現地法人が今後、発展していくために必要な要素（M.A.、％）

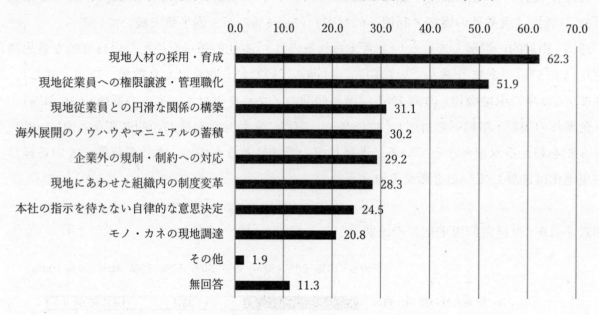

3 今後の3年間の事業展開と従業員数の計画

今後の中国市場や、その中での現地法人の動向を、本社はどのように予想しているのであろうか。概括的にいえば、中国市場も、その中での現地法人の経営も、「拡大」予想がなされている。

今後の中国市場の展開、その中での現地法人の事業展開と従業員数の増減は、図表2-20に見るように、おしなべて「拡大」もしくは「増員」という積極的な予想をする回答が多くなっている。日本人派遣者数に関してのみ、「現状維持」が約2/3で、「増員」の1割よりもはるかに多い。経営の現地化とも関連するが、これまで日系企業は派遣者数を徐々に減らしてきている。そのため、現在、相当程度少なくなった派遣者が現地法人の経営・管理にあたっているものと考えられる。

図表 2-20　今後 3 年間の動向予想（％）

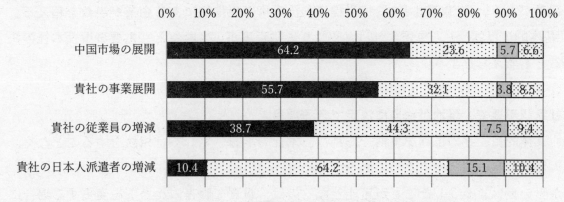

第 5 節　現地法人との関係性

次に、本社側から見た現地法人との関係性について検討する。本社と現地との間で、どのような場合に、どちらがより重要な決定権限を持つのかは、経営の現地化を考えるうえでもきわめて重要な点であった。まずは、基本的な認識から検討する。

1　本社と現地の決定権限

基本的には現地がすべてを決定するのか、あるいは、ほぼすべてを本社が決定するのか、その中間的な位置づけなのかをみたのが、図表 2-21 である。

そこにみるように、「基本的には現地」、「基本的には本社」がそれぞれ、20.5％、24.0％と、大きな差異はない。「基本的には本社が決定するが、現地側の裁量が大きい」は、全体の約 1/3 程度である。

図表 2-21　決定権限の所在（％）

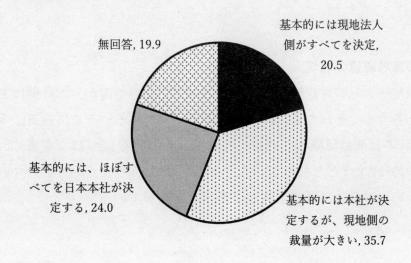

「基本的には本社が決定するが、現地側の裁量が大きい」をいかに捉えるのかが問題となろう。「裁量が大きい」を重視すれば、相当程度の決定権が現地側にある企業が半数を超える。また、「基本的には本社」を重視すれば、やはり6割程度が、少なくとも重要事項は本社の決定となるとも考えられよう。

2　本社承認不要で、現地が独自に決定できる項目

では、具体的に、どのような事柄であれば、本社の承認、もしくは相談をすることなく、現地法人側が独自に決定できるのであろうか。

結論からいえば、そうしたことが可能となるのは、購買・販売のルートを変更する場合にほぼ限られるといえよう（図表2-22参照）。部材などの購入先、製品などの販売先を変更することは現地法人側のみの判断で可能と、ほぼ半数の企業が回答している。ただ、これらの項目でも「決定できる」との回答は、あくまでもほぼ半数の水準である。残りのほぼ半数の企業は、こうした場合でも「独自の判断はできない」のである。また、次点となる「追加的投資」や「現地従業員の役員への昇進」などは1割に満たない。

図表2-22　現地で独自に決定できる項目（M.A.、％）

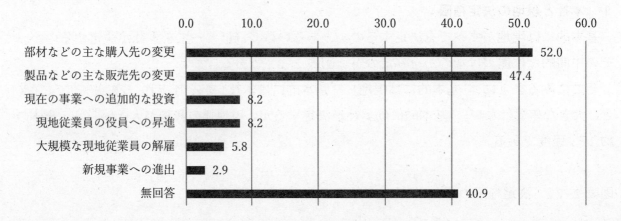

3　現地法人との意思疎通の状況

現在、本社と現地法人との意思疎通はうまくいっているのか否か、本社側はどのように認識しているのであろうか。それを見たのが、図表2-23である。そこにみるように、概ねうまくいっていると、本社側は認識している。「うまくいっている」と「ほぼうまくいっている」の合計は、全体の約2/3ほどとなっている。その一方で、「うまくいっていない」、「あまりうまくいっていない」の合計がほぼ全体の1割ほどとなっている。

図表 2-23　現地法人との意思疎通（％）

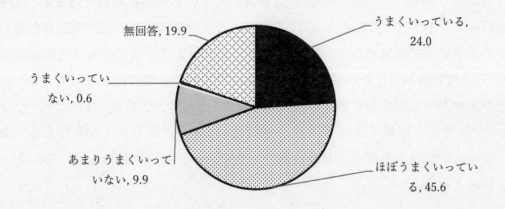

4　新たに海外進出をはかる際の重要要素

　次に、新たに海外進出をはかるとすれば、どのような要素が重要となるのかを尋ねた結果が図表 2-24 である。もっとも多かったのは、「現地人材の採用・育成」（65.5％）で、全体の約 2/3 となっている。そして、「現地従業員との円滑な関係の構築」（46.8％）、「現地従業員への権限譲渡・管理職化」（42.1％）、「海外展開のノウハウやマニュアルの蓄積」（39.8％）、「現地にあわせた組織内の制度変革」（37.4％）が 4 割ほどで続いている。

　先ほど上でみた経営の現地化の現状とも合わせると、やはり重要なのは、現地人材を採用・育成し、円滑な関係を構築していくこと、権限を譲渡し管理職へと昇進させていくことであり、日系企業は、そうした点が一定程度うまくいっていると認識している。

　一方で、たとえば、「本社の指示を待たない自律的な意思決定」（19.3％）などは、今後もあまり重要な要素としては認識されていない。

図表 2-24　新たな進出の際、重要となる要素（M.A.、％）

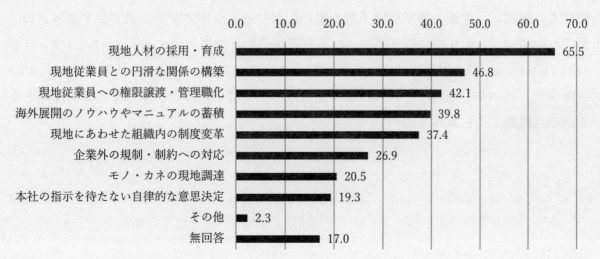

5　今後3年間の海外事業展開予定

今後3年間に、どのエリアへの事業展開を検討しているのかを尋ねた結果が、図表2-25にまとめられている。そこにみるように、積極的「拡大・展開する」という回答が多いのは、東南アジア、東アジア地域である。特に、東南アジアエリアでは、そうした回答が過半数となっている。「現状維持」との回答は、すべてのエリアで、2割前後となっている。その一方で、上記の2つのエリアを除くと、その他のアジア、中東・アフリカ、ヨーロッパ、北米、中南米・オセアニアの各地域では、「展開の予定はない」という回答が4割を超える水準となっている。この回答からみる限り、日系企業の海外事業は、アジア地域を主たる対象としていることが想起される。

図表2-25　今後3年間の海外事業展開予定（％）

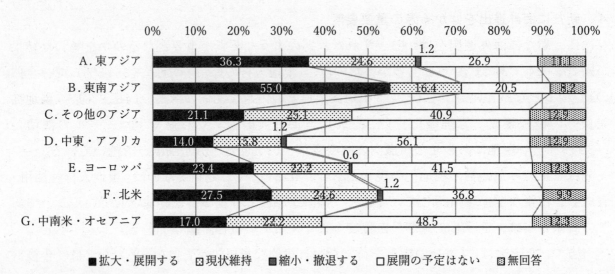

6　今後、中心的に展開するエリア

続けて、国別に、今後の事業展開予想を聞いたところ、東南アジア、東アジア地域という上記でみた傾向が、よりいっそう鮮明になる。第1位の「中国」（36.8％）から、「フィリピン」（31.6％）など、アジア地域の国々が並んでいる。「アメリカ」（26.3％）、「ドイツ」（8.2％）、「メキシコ」（5.8％）を除くと、具体的な国名が上がっているのは、すべてアジア地域となっている（図表2-26参照）。

図表2-26　今後、中心的に展開するエリア（M.A.、％）

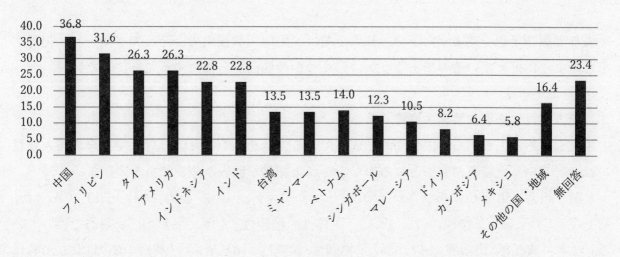

7　中心的に展開する国・地域の経営上のメリット

　こうした国・地域が持つ経営上のメリットとは、やはり、発展の見込みと現地市場の規模である。「今後、さらに現地市場の発展が見込める」という回答は6割を超え、第2位の「現地市場の規模が大きい」も過半数となっている（図表2-27参照）。それに加えて、「周辺地域でのビジネスで重要な拠点となる」(28.1％)、「すでに事業のノウハウが蓄積されている」(18.1％)という点も、上記2点よりは少ないものの、メリットとして認識されている。

　逆に、これまで、特に製造業を中心とした海外展開では、きわめて重要な要素となっていた「低廉な労働力が確保できる」などは、1割に満たない。

図表2-27　中心的に展開する国・エリアの経営上のメリット（M.A.、％）

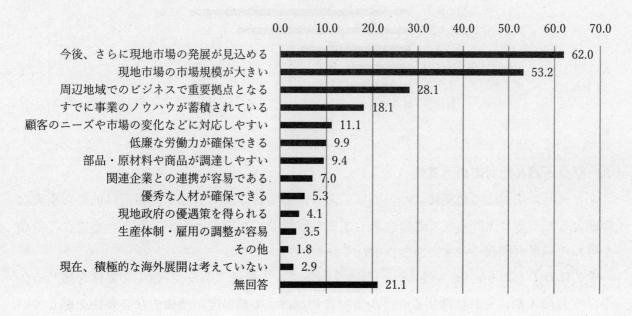

第6節　国内・本社内でのグローバル化対応

　海外展開の予想を踏まえた上で、日系企業は、国内・本社内で、今後のグローバル化対応をどのように捉えているのであろうか。いくつかの側面から検討することにしたい。

1　新入社員に必要な要素・資質
　現在もさることながら、中長期的に適応できる体制をつくるという意味で、今の新入社員には、どういった資質が必要となるのかを尋ねた結果が図表2-28である。
　8割を超えて第1位に指摘されたのは、「コミュニケーション能力」（82.5%）であった。そして、「チャレンジ精神」（78.9%）、「主体性・積極性」（77.2%）が、8割弱で続いている。以下、「責任感・使命感」（67.8%）、「協調性・柔軟性」（61.4%）、「英語の能力」（55.0%）までが過半数となっている。主体的にチャレンジしていくこと、その際、コミュニケーションを取れる能力を持つこと、責任感・使命感をもって業務に携わることが、より長いスパンでも重要と認識されている。逆に、全体としてみたときに、「日本人としてのアイデンティティー」や「英語以外の能力」などは、あまり重要ではないと考えられている。

図表2-28　新入社員に必要な要素・資質（M.A.、%）

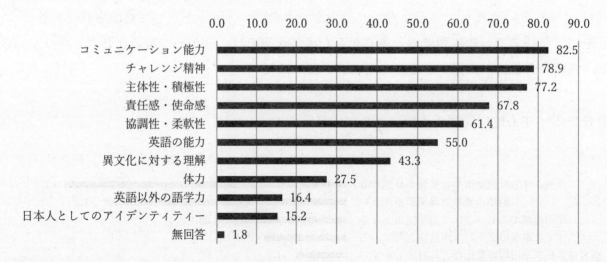

2　グローバル化対応の必要性
　グローバル化対応の必要性については、あらためて言うまでもなく、相当以前から重要な課題として、取り上げられてきた。あくまでも意識レベルではあるが、あらためて、この点を尋ねた結果が図表2-29にまとめられている。
　そこにみるとおり、「必要性なし」という回答は、少数派であり、「強く必要性を感じる」のみでも約4割、それに準ずるレベルまで含めれば、7割程度が積極的な必要性を感じている。

図表2-29　グローバル化対応の必要性（％）

全く必要性はない	←			ある程度必要である		→		強く必要性を感じる		無回答
1.8	2.3	3.5	3.5	17.0	9.9	22.2	20.5	18.1		1.2

3　グローバル化への対応と準備の状況

意識レベルでは、グローバル化対応の必要性が強く認識されていたが、それらを具体的な項目別にみたのが、図表2-30である。その全体を概括的にまとめるなら、次のようになろう。すなわち、グローバル化への対応は重要であり、早急に検討すべき課題である。そのためには、外国人社員の採用やこれまでのシステムの修正、さらには、一般とは異なるグローバル人材が必要である。ただ、そうしたグローバル人材は現時点では十分に確保できておらず、その候補生としての若い社員を十分に育成できていない。

肯定的な回答（「そう思う」と「ややそう思う」を加えた数値。以下、同じ）を高いほうからみていくと、「一般の社員だけでなく、特別なミッションをもつ『グローバル人材』が必要である」（60.9％）を筆頭に、「企業内のグローバル化は、早急に取り組むべき課題である」

図表2-30　グローバル化への対応と準備の内容（％）

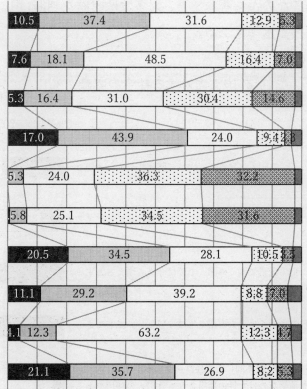

—29—

（56.8％）、「グローバル化対応には、伝統的な企業内のシステムの修正が必要不可欠である」（55.0％）、「外国人の人材を多く採用する必要がある」（47.9％）と続く。

反対に、否定的な回答（「そう思わない」と「あまりそう思わない」を加えた数値。以下、同じ）のほうが多いのは、「『グローバル人材』を自社で十分に確保できている」（68.5％）、「『グローバル人材』となりうる若い社員を、自社で十分に育成できている」（66.1％）、そして、「外国人は日本人と異なる存在として扱う必要がある」（45.0％）である。

「どちらともいえない」が多く、肯定的、否定的回答がほぼ同じレベルにあるのは、「管理職に外国人を多く登用する必要がある」、「同じ能力を持つ人材を新規採用するなら、外国人よりも日本人のほうが望ましい」の2項目であった。

4 外国人に対する社会の認識

次に、労働者としての外国人労働者と、日本社会における外国人労働者の存在に関して、企業の本社がどうように認識しているのかを尋ねた。それらの結果をまとめると、今後、外国人の労働者は増え、そのことは概ね望ましいと思っていることがわかる（図表2-31参照）。同時に、外国人の雇用は難しいことであり、日本人に比べた場合、どちらかといえば離職しやすいという認識が広がっているように思われる。

今後、企業経営を抜本的に見直さなければならない時、キーとなるのは女性なのか外国人労働者なのかを尋ねると、大多数は明確な判断はしていない。「どちらともいえない」が7割を超える水準にある。

図表2-31 外国人に対する社会の認識（％）

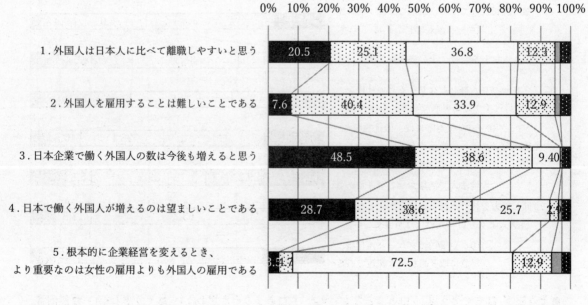

5 本社内での外国人雇用に対する考え方

　社内で外国人を雇用することについての意見をみたのが、図表2-32である。全体を概括的にまとめれば、外国人への期待をみてとることができよう。より強い肯定的な見解がみられるのは、「優秀な外国人を定着させることは企業にとって、重要な要素だと思う」（「そう思う」28.7％、「そう思う」と「ややそう思う」の合計、71.4％。以下、同じ）が第1位となっている。そして、「外国人を雇用・定着させるためには、今までの企業のシステムを変えていく必要がある」（19.9％、53.8％）、「日本にいる優秀な留学生を労働力として確保したい」（17.0％、53.3％）が第2、3位となっている。

　そして、「そう思う」の比率はやや低いものの、「外国人には企業内での新たな役割を期待している」（12.3％、53.8％）、「外国人を雇用する積極的な理由がある」（12.3％、44.5％）、そして、「将来的には日本本社のなかで中核的な役割を担う外国人を雇用したい」（11.1％、41.5％）が続いている。

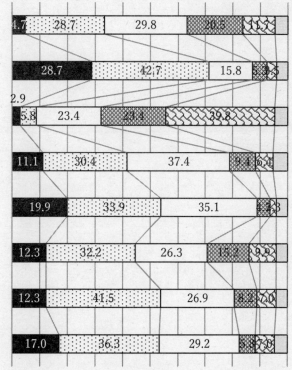

図表2-32　本社内での外国人雇用に対する考え方（％）

　その一方で、否定的な見解が多数を占めたのは、「現在、日本本社のなかで中核的な役割を担うような外国人を雇っている」（「そう思わない」39.8％、「そう思わない」と「あまりそう思わない」の合計、63.2％。以下、同じ）である。そして、「このような外国人を雇用し

たいという明確なイメージをもっている」（11.7％、32.2％）、「外国人を雇用する積極的な理由がある」（9.9％、25.1％）が続いている。

　このように、留学生出身者など、優秀な外国人人材が、企業内で新たな役割を果たしてくれるのではないか、そうした人材には定着してほしい、そのためには、既存のシステムを変えていく必要があると、企業は考えている。同時に、少なくとも現時点では、中核的な外国人人材が社内にいる訳ではなく、また、「優秀な外国人人材のイメージ」が明確になっている訳ではない。ただ、そのような状況の中でも、「中核的な外国人人材を既に雇用している」企業が、1割には満たないが存在する。より明確な方針や戦略は、今後の課題と考えられよう。

第3章　本社と現地法人との関係性
　-本社からみる現地法人の現状と課題、コミュニケーション-

　ここでは、本社が現地法人の状況をどのように見ているのか、相互のコミュニケーションをどのように捉えているのかを、検討していく。冒頭でみたように、「現地化」の問題は、長らく重要課題であり、現在から今後にかけても、最重要課題の一つであり続けている。それらがいかに進展しているのかを考えるためにも、まずは、本社側がそれらをどのように認識しているのか、そして、現在の状況とどの程度一致しているのか、あるいは、乖離があるのかをデータから検討することはきわめて重要である。その全体像に関しては、第2章で検討した。その上で本章では、業種による差異を中心に、詳しく検討していくことにしたい。

第1節　基本的な認識-決定権限とコミュニケーション-

1　決定権限の所在

　まずは、基本的な認識から確認することにしたい。本社側と現地法人側とで、最終的な決定をする権限をどちらが持っているのかを尋ねたのが、図表 3-1 である（図表 2-21 と同じ）。そこにみるように、「基本的には現地法人側で決定」というのは、約2割である。「基本的には本社が決定するが、現地側の裁量が大きい」が約 36％、「基本的には、ほぼすべてを本社が決定する」が 24％となっている。現地側の裁量が一定程度あるとしても、「基本的には本社側が決定」する企業が約6割を占めている。

図表 3-1　決定権限の所在（％）

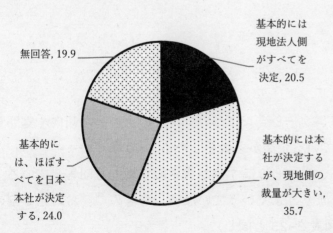

　そして、いくつかの属性からさらにみたのが、図表 3-2 である。
　各々の場合で、「基本的には、現地側がすべてを決定する」比率はあまり大きく変わらないが、「現地側の裁量が大きい」という回答の比率は、創業年別には古い企業ほど、そして、業

-33-

種別には、製造業のほうが高くなっている。また、日本本社の従業員規模別にみると、従業員数が多いほど、「ほぼすべてを本社が決定する」比率が高くなっている。3,000人以上規模では、「基本的には現地側がすべてを決定」するのは、1割に満たない。

図表3-2　決定権限の所在②（%）

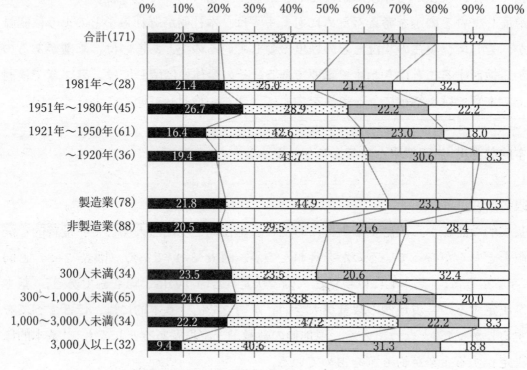

2　コミュニケーションに対する認識

次に、本社側と現地法人側とのコミュニケーションについて、その全般的な傾向や雰囲気を尋ねた。「うまくいっている」と感じている企業が多数をしめる。「うまくいっている」が24.0%、「ほぼうまくいっている」が45.6%で、ほぼ7割が肯定的な傾向を回答している。一方で、「うまくいっていない」は、「あまりうまくいっていない」も含めて、およそ1割の水準に留まっている（図表3-3参照。図表2-23と同じ）

図表3-3　本社側と現地側との全般的なコミュニケーション（％）

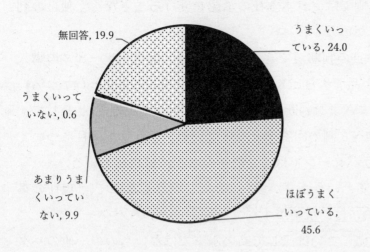

　それらも、さらに詳しくみると、まず、決定権限の所在別には、「基本的に現地法人側がすべてを決定する」場合に、「うまくいっている」との回答が多くなっている。創業年別にみた場合、事業継続年数が長いほど「うまくいっている」わけではないが、1920年までに創業した、かなり社歴の長い企業では、「うまくいっている」企業が1/3を超えている。

　業種別にみた場合、「うまく」＋「ほぼうまく」いっている比率は製造業では9割近くに達しているが、非製造業では、半数をやや超える水準にあり、「あまりうまくいっていない」比率も1割を超えている（図表3-4参照）。

図表3-4　本社側と現地側との全般的なコミュニケーション②（％）

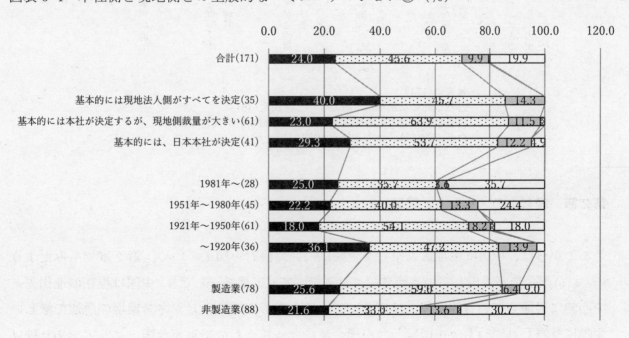

3 現地で判断可能なこと

このような状況の下で、実際に現地側では、日本本社の承認を受けることなく、独自の判断ができるのは、どのようなことなのだろうか。

図表3-5にみるように、現地側で独自の判断ができるのは、ほぼ「部材・サービスの購入先の変更」(52.0%、全体の比率)、「製品・サービス・商品の主な販売先の変更」(47.4%)の2項目と考えられよう。やはり、さまざまな判断を「基本的にはすべて現地で」、そして、「現地側の裁量が大きい」場合には、7～8割の回答率となっている。こうした項目についても、「基本的には、本社が決定」というパターンでは、2割強の水準に留まっている。

他の項目については、ほとんど不可能という回答が多い。ただ、そうした中で、「現在の事業への追加的融資」をみると、「基本的には、現地がすべてを決定」というパターンでは、2割を超える回答となっている。その数値じたいは決して高い水準ではないものの、他のパターンと比べた場合、こうしたきわめて重要な事柄であっても、決定権限の所在によっては可能となる場合がある。

図表3-5　本社の承認なく現地で判断可能なこと（%）

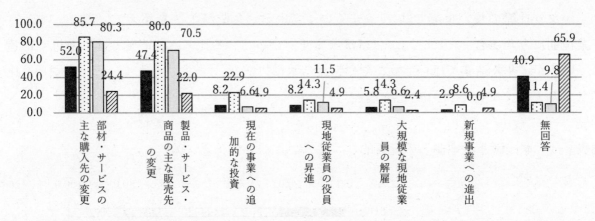

第2節　経営上のメリットと課題

ここからは、中国に現地法人をもつ企業について検討を加えていく。第2章でもみたように、わが国企業が進出している海外のエリアで、アジア地域、中でも、中国は現在の進出先、中心的に展開している地域で、ほぼトップの座を占めている。ビジネス環境の急速で激しい変動に見舞われつつも、中国は、わが国企業にとってきわめて重要な国・エリアであり続けている。

1 経営上のメリット

　中国において現地法人を設立する利点・メリットを尋ねた結果が図表 3-5 である。「現地市場の市場規模が大きい」(77.4%。合計の数値)、「今後、さらに現地市場の発展が見込める」(65.1%)の2項目が双璧である。第3位は「部品・原材料並びに商品が調達しやすい」(28.3%)であるが、第1、2位の半数から1/3程度の水準にある。

　「市場規模」がメリットであるとする回答を筆頭に、さまざまな項目でメリットを回答しているのは、全般的に製造業のほうである。非製造業における第1、2位はそれぞれ、約67%、53%となっている。逆に、非製造業のほうが製造業よりも回答率が高いのは、「顧客のニーズやマーケットの変化などに対応しやすい」の1項目のみである。

図表 3-6　経営上のメリット（%, M.A.）

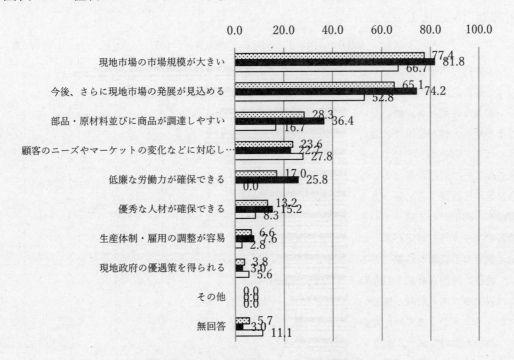

2 経営上の課題

　続けて、経営上の課題については、「人件費の高騰が負担である」が全体で唯一過半数となった項目である。特に、製造業では約6割となっている。この点は、さまざまな媒体で伝えられてきたことであるが、収益に少なくない影響を及ぼす重要な点として、確認しておくことは重要である。そして、全体では約4割弱の回答となった第2位は「競合企業の台頭が著しい」であるが、これは、製造業でより高くなっている（43.9%）。以下、合計では、「優秀な人材が定着しない」(28.3%)、「優秀な現地の人材が採用できない」(24.5%)、「従業員の教育・訓練が不十分である」(23.6%)と、人材に関する課題が2割を超える水準の回答

率となっている。

こうした人的資源や人事管理に関する課題は、「定着」に関しては製造業のほうが、「採用」に関しては非製造業での回答が多くなっている。さらに、非製造業のほうがより高い回答率となっているが、「新規顧客の開拓が行き詰まっている」（非製造業：25.0％、製造業：13.6％）である。

これまでの進出の状況を考えれば、全般的に進出してからの期間がより長い製造業においては、中国地場企業も含め、より厳しい競争環境においてオペレーションをする状況が浮かびあがる。それと共に、「採用」問題も解決した訳ではないが、優秀人材の「定着」が課題である。一方で、進出からの期間が相対的に短い非製造業では、人材の「採用」や新規顧客の開拓がきわめて重要な課題である。

図表 3-7　経営課題（％、M.A.）

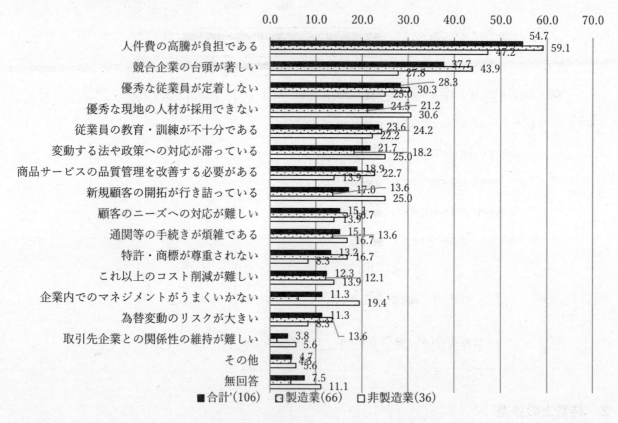

また、決定権限の所在別にみたのが、図表 3-7 である。そこにみるように、人材の採用や定着に関しては、各タイプで大きな差異が見られないが、第1、2位の2つの項目では、いくつかの興味深い点がみられる。第1位の「人件費の高騰が負担」をみると、各カテゴリーの中で、他との比べると、「基本的に現地側が決定」というパターンがもっとも回答率が低く、半数以下の水準にある。このデータのみで、その理由が明確になる訳ではないが、こうした人件費の負担についても「現地側の裁量」の課題であって、それらも含めて、本社側は現地に任せているという意味なのであろうか。ただ、「本社が決定するが、現地側裁量が大きい」

－38－

パターンでは6割超の回答率となっていることを考えると、さらなる検討が必要となる。

　第2位の「競合企業の台頭」に関しては、「基本的には、本社が決定」というパターンで、回答がもっとも少なくなっている。コンペティターの存在は、経営上、きわめて重要な点であろう。この点に関して、その回答率が低くなっているのは、そうした存在に関しても、本社側が十分な検討をして対策を考えているからこそ、こうした傾向が見られるのであろうか。これも上記の「人件費の高騰」の問題と合わせて、今後、さらに検討すべき課題であるように思われる。

図表3-8　決定権限の所在別・経営課題（％）

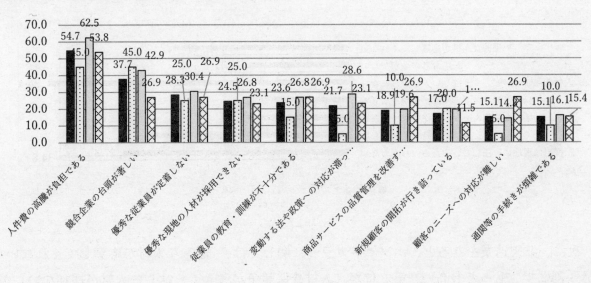

第3節　人材の採用と流出

　次に、人材の採用と流出を検討する。これらの問題も、特に、中国に進出した日系企業にとっては、きわめて重要な課題であった。

1　採用

　現在の採用に関する課題を、ホワイトカラー、ブルーカラーのそれぞれでみたのが、図表3-9である。全般的な状況は、すでに第2章でみている。ホワイトカラー、ブルーカラーの双方とも、「人材確保競争が激しく、欲しい人材が採れない」と「優秀な人材が応募してくれない」の回答率が高く、優秀な人材の採用が容易ではないが、その一方で、「特に問題はない」も、ほぼ同じ水準の比率となっていた。優秀な人材の採用は重要であり続けているが、相対

的にその重要性・緊急性が高くはない。また、「採用は現地に一任しているため、わからない」も 25％ほどにのぼり、日本本社側では、喫緊の課題とは認識されていないように思われる。

それらを、業種別にみたのが、図表 3-9～10 である。製造業からみると、ホワイトカラーでもっとも問題となるのは、「人材確保競争が激しく、欲しい人材が採れない」（36.4％）である。ブルーカラーに関しても、第 1 位は同じ項目であるが、2 割強の水準にある。そして、ホワイト、ブルーカラー双方で、「現地に一任しているため、わからない」が相対的に高い水準にある。製造業においては、特にこうした回答が多い。

図表 3-9　人材の採用に関する課題・製造業（％）

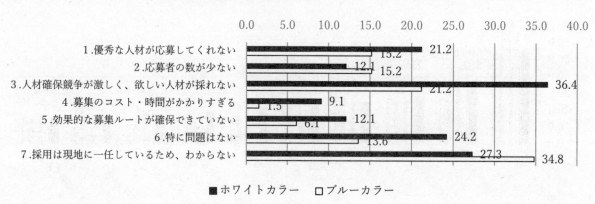

次に、非製造業をみると、ホワイトカラーに関しては、「優秀な人材が応募してくれない」が 3 割弱で、もっとも高い。第 2 位が「人材確保競争が激しく、欲しい人材が採れない」が 2 割強で続いている。ブルーカラーに関しては、もっとも高いのが、「人材確保競争が激しく、欲しい人材が採れない」であるが、16.7％の水準に留まっている。

「特に問題はない」、「現地に一任しているため、わからない」も、ホワイトカラーで約 2 割程度、ブルーカラーで 14～17％程度となっている。製造業と比べると、「現地に任せる」というパターンは相対的に少ない。

図表 3-10　人材の採用に関する課題・非製造業（％）

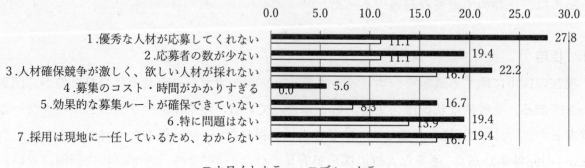

2 流出

次に、流出に関して、属性による差異をみていく。この点に関しても、第2章でみたように、もっとも多かったのは、「特に人材の流出による問題はない」で3割弱となっていた。

図表3-11 人材の流出（％）

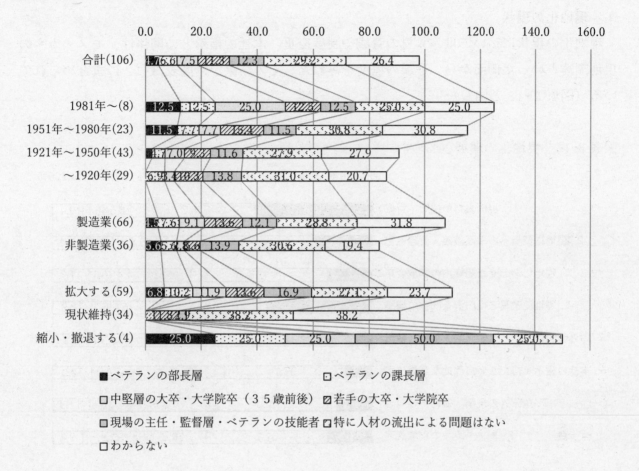

図表3-11にみるように、創業年別には社歴が短い企業ほど、人材の流出に関する問題を抱えていることがわかる。全体の結果と比較すると、「ベテランの部長層」と「中堅層の大卒・大学院卒」に関する回答率が高い。業種別には、非製造業に比べると製造業において、「若手の大卒・大学院卒」に関する回答が多くなっている。さらに、今後の展開の方向性別にみると、やはり、「拡大」を目指す場合に、こうした人材流出に関する問題の回答が多い。それに比べて、現状維持を志向する限り、あまり大きな課題とは捉えられていない。

総じて、より新しい企業や、今後、拡大を志向している企業で、事業遂行の核となる人材を確保しようとしつつ、同時に、こうした人材流出の流出に直面しているのではないかと考えられよう。

第4節　現地化の現状と今後の進展

次に、現地化の現状と、今後の進展のために、どういった要素が重要になると考えているのか、それらの点を検討していく。

1　現地化の現状

現地化の現状については、人材の育成や制度変更、本社の指示との関係性、モノ・カネの現地調達といった側面から、進展の程度を尋ねた。その結果が、図表3-12にまとめられている（図表2-18と同じ）。

図表3-12　現地化の進展（％）

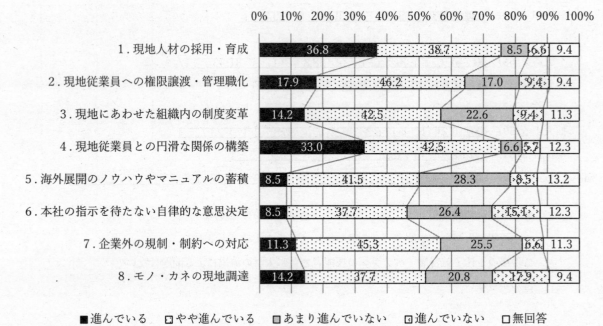

そこにみるように、日本本社側からみた時、一定程度進展していると考えられているのは、「現地人材の採用・育成」と「現地従業員との円滑な関係の構築」であり、「進んでいる」と「やや進んでいる」を合わせた肯定的な回答は、両者とも7割を超える水準にある。その一方で、「本社の指示を待たない自律的意思決定」や「モノ、カネの現地調達」などについては、否定的な回答がほぼ4割の水準にあった。

これらをさらに、業種別にみたのが、図表3-13である。今、上でみたように、全体としては進展していると思われる「現地人材の採用・育成」と「現地従業員との円滑な関係の構築」でも、製造業と非製造業では、やや状況が異なっていることがわかる。製造業においては、肯定的な回答がほぼ8割の水準にあるのに対して、非製造業では、むろん、肯定的回答が多いものの、否定的な回答も4割ほどの水準に達している。

-42-

図表3-13　業種別・現地化の進展（％）

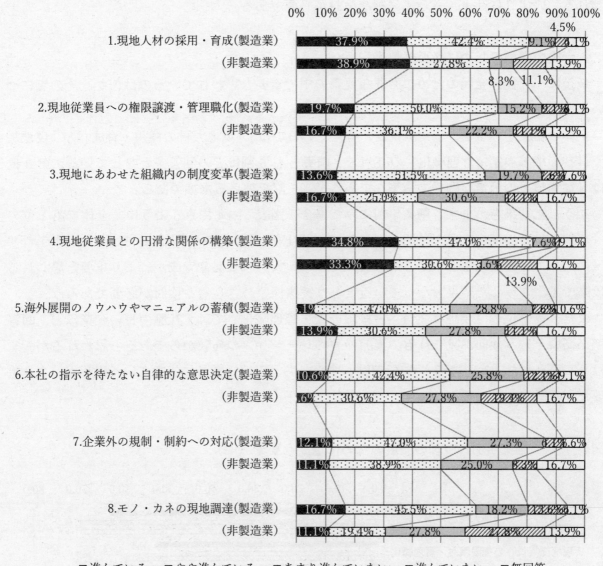

　この2項目に端的に表れているように、全般的に、製造業よりも非製造業において、否定的な回答が多い傾向が見られる。特に、「本社の指示を待たない自律的な意思決定」（57.2％。「進んでいない」＋「あまり進んでいない」の合計値。以下、同じ）、「モノ・カネの現地調達」（55.8％）では、半数を超える水準にあり、さらに、「企業外の規制・制約への対応」（43.3％）、「現地に合わせた組織内の制度変更」（41.7％）が4割を超えている。

　これらの結果を構造的に明らかにするためには、さらなるデータの蓄積が必要となるが、製造業と非製造業との差異を見ただけでも、現地化の進展には、いくつかの段階があり、少なくとも、製造業ではこれまでのプロセスの中で相当程度、進展してきたと考えられよう。その一方で、非製造業では、全般的に、進出からの時間が相対的に短いことが影響しているとは思われるが、採用や従業員との関係構築などの初期段階の課題と、モノ・カネの現地調

達など、中期段階以降の課題に対して、同時並行で対応していかなければならないように思われる。いずれにせよ、さらに詳細な検討が必要である。

2　今後の発展のために必要な要素

　最後に、今後の発展のために必要な要素の中で重要と思われているのは何か、その点について検討していく。

　全体の結果をみると、企業が重要と考えているのは、「現地人材の採用・育成」と「現地従業員への権限委譲・管理職化」の2点で、両者とも6割ほどの回答率となっている。第3位は「従業員との円滑な関係の構築」であるが、3割を超える水準である。

　こうした結果を、まず、創業年別にみた場合、図表3-14にみるように、全体で第1位の「現地人材の採用・育成」に関して、もっとも社歴の短い、新しい企業では、他のカテゴリーに比して、相当程度低い回答率となっている。人材の確保や育成が、より重要と思われる段階でも、こうした結果となっていることは興味深い。さらなる検討が必要であろう。

　また、第2位の「現地従業員への権限委譲・管理職化」では、社歴の長い企業ほど、回答率が高いという傾向が見られる。実際のオペレーションの経験からであると思われるが、やはり、こうした「ヒトに関する現地化」、すなわち、現地従業員に任せていく過程が、より重要だと認識されている。

図表3-14　創業年別・今後の発展のために重要な要素（％）

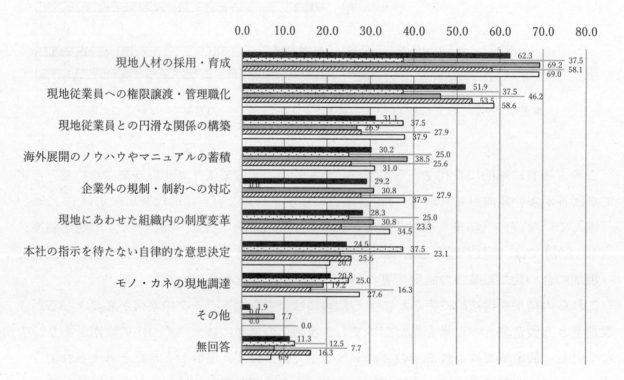

また、これらの重要な要素を、決定権限の所在別にみたのが、図表3-15である。

全体で第1位の「現地人材の採用・育成」に関して、「基本的に本社が決定、現地側の裁量が大きい」パターンで、もっとも高いことが興味深い。その解釈が即座に可能となる訳ではないが、「現地側への期待」ということなのであろうか。

第2位の「現地従業員への権限委譲・管理職化」から、第3位の「従業員との円滑な関係の構築」、そして第4位の「海外展開のノウハウやマニュアルの蓄積」では、同じ傾向をみることができる。「基本的に、日本本社が決定」パターンでもっとも高く、「基本的に本社が決定、現地側の裁量が大きい」、「基本的には、現地側が決定」が続く。

図表3-15 決定権限の所在別・今後の発展のために重要な要素（％）

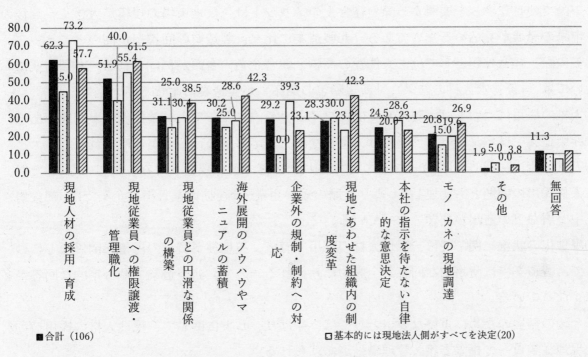

こうした傾向は、第2位の項目内容そのものではあるが、「基本的には、日本本社が決定」するからこそ、こうした企業で、より権限委譲や現地での従業員にとの円滑な関係が意識されているように思われる。海外展開のノウハウ・マニュアルに関しては、本社が決定する責任感の表れとも捉えられよう。このように、現段階で現地化が進んでいない場合では、そうであるからこそ、より現地化を進めることを意識している可能性が高い。そうした意識が今後、どのように変化し、さらに実際の制度や仕組みが果たして変わっていくのかを、さらに検討していく必要があろう。

第5節　小括

本章で明らかになった主要な点は、以下のとおりである。

①決定権限に関しては、おおまかに言えば、「基本的には本社が決定」という企業が、約6割を占める。その中で、「現地側の裁量が大きい」のが、約1/3となっている。この「現地側の裁量が大きい」のは、社歴の長い企業、非製造業よりも製造業企業で多い。

②本社と現地側のコミュニケーション全般に関しては、「うまくいっている」との認識が、約7割でみられる。製造業の大多数が「うまくいっている」と認識しているのに対し、非製造業では、半数を超える水準に留まっている。

③本社の承認を受けずに現地で決定できるのは、「部材・サービスの主な購入先の変更」、「製品・サービス・商品の主な販売先の変更」の2点と考えられる。

④中国でのビジネスを展開する際の経営上のメリットは、現地市場の規模が大きく、今後の市場の発展が見込めるためである。非製造業に比べ、製造業の回答率が高い。

⑤その際、経営課題としては、人件費の高騰、競合企業の台頭があげられる。非製造業においては、「優秀な人材の確保」、「新規顧客の開拓」が製造業に比して高い。

⑥人材の採用については、製造業ではホワイトカラーに関して人材確保競争が問題であり、非製造業ではホワイトカラーでは、優秀な人材の応募がないことがあげられる。

⑦人材の流出に関しては、かつて取りざたされたほどの緊急課題とはみられていない。ただ、人材採用の問題とも関連して、より社歴の短い企業、今後拡大を目指す企業では、部長層、中堅層などの流出が問題となっている。

⑧現地化の状況に関しては、現地人材の採用・育成、現地従業員との円滑な関係などについて、製造業では肯定的な回答が全般的にみられる一方で、非製造業では否定的な回答が多くなっている。

⑨今後の発展のために重要な要素としては、やはり、ヒトに関して、現地人材の採用・育成、現地従業員への権限委譲・管理職化があげられる。

ここではまず検討の第一歩として業種別の分析結果をまとめたが、その結果と傾向が、今後どのように変化していくのかを続けて検討すると共に、社歴や決定権限の所在などの要素も含めて、さらなる検討をしていきたい。

第4章　日本企業の「内なるグローバル化」志向について

　本章では、国内において日本企業がどの程度企業内の国際化を心がけているのかを「内なるグローバル化」志向と呼び、この志向が日本企業でどのようにみられるのかという点を考察していく。企業内の国際化とは、日本本社に外国人社員を雇用すること、外国人に限らずとも本社に国際的な能力を持った「グローバル人材」を確保することなどによって、多様化する業務や国内外の情勢に対応していこうとする態度を指す。企業の「内なるグローバル化」志向は、本調査の質問票からどのように確認できるのか。そしてこの志向はいったいどのような日本企業に強くみられるのか。「内なるグローバル化」志向を規定する企業の要因とは何なのか。以降の節では、この3点に注目しながら「日本企業本社のグローバル化対応に関する調査」データを分析していく。

第1節　　基礎的な分析

1　　「内なるグローバル化」変数の設定とその関係性

　最初に、「内なるグローバル化」志向を示す変数を、本調査データにて日本国内のグローバル化への対応について尋ねた問13（以下、「グローバル化対応変数」と呼称する）、そして日本企業で働く外国人従業員について尋ねた問14（以下、「外国人意識変数」と呼称する）の各項目と設定する。グローバル化対応変数と外国人意識変数の単純集計に関しては第2章を参照していただくこととし、以下の分析ではこれらの質問項目を用いて「内なるグローバル化」志向を示す意識変数間の関係性、さらに企業の様々な変数によって「内なるグローバル化」志向がどのように異なっているのかを総体的に把握することを目的とする。

　まずは「内なるグローバル化」志向を示す変数同士がどのように関連しているのかを検討する。2変数の関連性を吟味するにあたって様々な方法が想定されるが、たとえばすべての変数についてクロス表を載せるといった方法は、紙幅の関係上むずかしい。そこで、グローバル化対応変数と外国人意識変数の各質問項目それぞれとの相関係数を掲載することで、広く項目間の関係がどうなっているのかを鳥瞰する。各質問項目は連続変数ではないため、カテゴリカルな変数間の相関関係を示すのに適したスピアマンの順位相関係数 ρ を用いる。順位相関係数の値の絶対値が1に近いほど、2変数は強く連関していることを示す。

　グローバル化対応変数の各質問項目から検討していこう。この変数同士の相関関係を示したのが図表4-1である。分析に際して関連性が有意水準5%で統計的に有意となるものに限定して相関係数の数値を掲載し、さらに1%水準で有意になるものは**をつけて表示した（以下の分析においても同様とする）。図表4-1から確認できるのは、各変数の

間で有意な関連性が多くみられるという点である。数値を解釈するにあたって言及する必要があるのは、相関係数の正負である。問 13(1)の「グローバル化の必要性」に関しては数値が高いほど必要性を感じていることを示しているが、問 13(2) 以下の各変数は「そう思う」が 1、「そう思わない」が 5 となっているため、少ない数値のほうが質問文への肯定的な意思を示している。一例を挙げると、グローバル化の必要性を感じている企業は、外国人の採用・管理職化やグローバル人材の必要性を感じ、グローバル化対策は早急に行うべきであり企業内のシステムを修正する必要があると考え、本社の外国人を現地で活躍させるべきであり、同じ能力なら外国人よりも日本人を採用するとは限らないという傾向が統計的に有意であった。なかでもグローバル化の必要性と強い相関を示したのが、グローバル化対策を早急に行うべきという意思（相関係数-0.632）や外国人管理職化の必要性（相関係数-0.554）、外国人管理職化の必要性（相関係数-0.488）であった。

図表 4-1　グローバル化対応変数の順位相関係数

	グローバル化の必要性	外国人人材採用の必要性	外国人管理職化の必要性	外国人は日本人と別扱いすべき	グローバル人材の必要性	グローバル人材の確保具合	グローバル人材の育成具合	グローバル化には企業内システムの修正が必要	本社の外国人を現地で活躍させるべき	外国人採用よりも日本人採用	グローバル化対策を早急に行うべき
グローバル化の必要性	1										
外国人人材採用の必要性	-0.488**	1									
外国人管理職化の必要性	-0.554**	0.765**	1								
外国人は日本人と別扱いすべき				1							
グローバル人材の必要性	-0.421**	0.422**	0.401**		1						
グローバル人材の確保具合			0.216**		-0.204**	1					
グローバル人材の育成具合		0.175*	0.240**			0.781**	1				
グローバル化には企業内システムの修正が必要	-0.277**	0.181*	0.174*		0.311**	-0.243**	-0.194*	1			
本社の外国人を現地で活躍させるべき	-0.229**	0.309**	0.312**		0.238**			0.318**	1		
外国人採用よりも日本人採用	0.217**	-0.206**	-0.250**	0.264**						1	
グローバル化対策を早急に行うべき	-0.632**	0.479**	0.523**		0.379**			0.339**	0.316**	-0.224**	1

*: 5%有意　　**: 1%有意

　このように残りの変数に関しても目を移すと、大きく 2 つの質問群に分類できる。「外国人は日本人と別扱いすべき」「外国人採用よりも日本人採用」という 2 つの質問と、それ以外の項目である。前者は基本的にグローバル化への意欲が高いほど数値が高くなる傾向があり、後者はグローバル化への意欲が高いほど数値が低くなる傾向がある。この

前提を置くとき、特筆すべきはグローバル人材を必要だと思う企業はグローバル人材を確保できていないと感じており（相関係数-0.204）、グローバル化には企業内システムの修正が必要だと考える企業はグローバル人材の確保・育成が進んでいないと感じている（それぞれ相関係数-0.243、-0.194）ことだろう。ここにはグローバル化の推進に前向きな企業ほど、グローバル人材の確保・育成には満足していない現状が示唆されている。グローバル化対応変数のなかで強い相関関係を示していたのは、グローバル人材の確保具合と育成具合（相関係数 0.781）、外国人の採用と管理職化の必要性（相関係数 0.765）、グローバル化の必要性とグローバル化対策を早急に行うべきという意思（相関係数-0.632）などであった。

図表 4-2　外国人意識変数の順位相関係数

	外国人は日本人より離職しやすい	外国人の雇用は難しい	外国人労働者は今後増える	外国人労働者の増加は望ましい	女性雇用より外国人雇用	雇いたい外国人のイメージがある	優秀な外国人の定着は重要だ	中核的役割の外国人を雇っている	中核的役割の外国人を雇いたい	外国人雇用のために企業のシステムを変える必要がある	外国人雇用の積極的理由がある	外国人に新たな役割を期待	優秀な留学生を労働力としたい
外国人は日本人より離職しやすい	1												
外国人の雇用は難しい	0.417**	1											
外国人労働者は今後増える	0.217**		1										
外国人労働者の増加は望ましい			0.405**	1									
女性雇用より外国人雇用					1								
雇いたい外国人のイメージがある				0.226**		1							
優秀な外国人の定着は重要だ			0.316**	0.339**		0.356**	1						
中核的役割の外国人を雇っている	-0.177*					0.350**		1					
中核的役割の外国人を雇いたい			0.230**	0.474**		0.409**	0.537**	0.217**	1				
外国人雇用のために企業のシステムを変える必要がある	0.172*	0.330**	0.270**	0.385**			0.417**		0.377**	1			
外国人雇用の積極的理由がある				0.404**	0.179*	0.572**	0.489**	0.248**	0.621**	0.314**	1		
外国人に新たな役割を期待			0.265**	0.432**	0.174*	0.542**	0.507**	0.220**	0.612**	0.383**	0.652**	1	
優秀な留学生を労働力としたい			0.266**	0.351**		0.488**	0.477**		0.557**	0.342**	0.639**	0.606**	1

*: 5%有意　　**: 1%有意

　図表 4-2 は、外国人意識変数同士の有意な相関関係を示したものである。外国人意識変数においても同様に、各変数の間での有意な関連性が多く確認された。図表 4-2 からは、中核的役割を担う外国人を雇っていると考える企業は「外国人は日本人より離職しやすい」とは考えていないという関連を除いて、統計的に有意な変数間にはすべて正の相関が存在することがわかる。興味深いのは、外国人を雇用するために企業のシステム

を変える必要があると考える企業には、外国人労働者は今後増えるしそれは望ましいことだが、その雇用は難しく、日本人よりも離職しやすい存在だと考える傾向があることである。こうした外国人一般に対するイメージを強く抱く企業のほうが、企業内のシステムを変更していかなければならないという意識をもっていると解釈できる。

　さらに、実際に中核的な役割の外国人を雇っていると感じる企業は、雇いたい外国人の明確なイメージがあり（相関係数 0.350）、外国人を雇う積極的理由があり（相関係数 0.248）、彼らに企業内の新たな役割を期待している（相関係数 0.220）。このように、企業側が外国人に対して明確な位置付けや役割を与えて雇用していることが「外国人は日本人より離職しやすい」わけではないという意識につながっているとすれば、非常に示唆的な知見であろう。外国人意識変数のなかで強い相関関係を示していたのは、「外国人雇用の積極的理由がある」と「外国人に新たな役割を期待する」（相関係数 0.652）、「外国人雇用の積極的理由がある」と「優秀な留学生を労働力としたい」（相関係数 0.639）、「外国人雇用の積極的理由がある」と「中核的役割の外国人を雇いたい」（相関係数 0.621）などであった。

図表 4-3　グローバル化対応変数と外国人意識変数の順位相関係数

	外国人は日本人より離職しやすい	外国人の雇用は難しい	外国人労働者は今後増える	外国人労働者の増加は望ましい	女性雇用より外国人雇用	雇いたい外国人のイメージがある	優秀な外国人の定着は重要だ	中核的役割の外国人を雇っている	中核的役割の外国人を雇いたい	外国人雇用のために企業のシステムを変える必要がある	外国人雇用の積極的理由がある	外国人に新たな役割を期待	優秀な留学生を労働力としたい
グローバル化の必要性			-0.224**	-0.378**		-0.348**	-0.430**	-0.175*	-0.422**	-0.294**	-0.473**	-0.346**	-0.434**
外国人人材採用の必要性			0.231**	0.414**	0.178*	0.391**	0.388**		0.434**	0.283**	0.456**	0.454**	0.464**
外国人管理職化の必要性				0.376**	0.174*	0.393**	0.380**	0.158*	0.525**	0.276**	0.516**	0.448**	0.454**
外国人は日本人と別扱いすべき													
グローバル人材の必要性			0.236**	0.302**	0.208**	0.174*	0.294**		0.344**	0.283**	0.306**	0.340**	0.225**
グローバル人材の確保具合	-0.300**	-0.311**	-0.287**			0.193*		0.278**		-0.199*	0.168*		
グローバル人材の育成具合		-0.259**	-0.206**			0.320**		0.375**		-0.195*	0.196*		
グローバル化には企業内システムの修正が必要				0.236**	0.220**		0.263**		0.217**	0.556**	0.197*	0.269**	0.235**
本社の外国人を現地で活躍させるべき		0.171*	0.227**	0.241**		0.369**	0.404**	0.275**	0.271**	0.295**	0.331**	0.363**	0.403**
外国人採用よりも日本人採用							-0.164*		-0.217**		-0.211**		
グローバル化対策を早急に行うべき			0.244**	0.356**		0.294**	0.483**		0.482**	0.406**	0.481**	0.378**	0.464**

*: 5%有意　　**: 1%有意

　グローバル化対応変数と外国人意識変数の間の関係性を示したのが図表 4-3 である。この表の行にグローバル化対応変数、列に外国人意識変数を入れてその関係性をみてみ

ると、やはり多くの変数間で相関関係があることが確認できる。特筆すべき点は、グローバル人材を確保・育成できていると感じる企業は、外国人は離職しやすいわけではなく、外国人の雇用は難しいとも考えないが、今後外国人労働者が増えるとは予想していないことである。実際にグローバル人材や中核的役割の外国人を雇用する企業は外国人が離職しやすいというステレオタイプをもっていないこと、そしてグローバル人材を確保・育成する企業ほど安易に日本で働く外国人労働者が増えることはないと考えているのは注目に値する点だろう。図表 4-3 のなかで強い相関関係を示していたのは、グローバル化には企業内システムの修正が必要だという態度と外国人雇用のために企業のシステムを変える必要があるという態度（相関係数 0.556）、外国人の管理職化の必要性と外国人雇用に積極的理由があること（相関係数 0.516）、そしてグローバル化対策を早急に行うべきとする態度と優秀な外国人の定着は重要だという考え（相関係数 0.483）などであった。

2　検討すべき企業の諸変数と「内なるグローバル化」変数との関係性

　「内なるグローバル化」志向変数内の関係性を確認したところで、次は分析したい企業側の変数を設定し、「内なるグローバル化」志向変数との関係を確認していく。まずは「内なるグローバル化」志向変数との関連を吟味すべきものとして、企業属性を示す変数が考えられる。本調査データにおける基礎的な企業属性として、企業の創業開始年（問1-1）、企業の業種（問 1-2）、従業員数（問 1-3）、前年度の売上高（問 1-4）などの変数が挙げられる。そして本社で働く外国人従業員の数（問 1-7）、海外現地法人の数（問 2-1）、海外進出先の地域のバリエーション（問 2-2）などの変数に関しても、国内外のグローバル化への顕在的な対応を示す 1 つの指標だと捉え、分析の対象とする。以上の企業属性変数に加えて、「内なるグローバル化」志向との関連を考慮すべき重要な変数として、日本的な制度・システムの適用具合（問 3-1）、新入社員に対して求める能力（問 12）が挙げられる。前者は日本的な制度・システムが「内なるグローバル化」志向を妨げる要因となるのか、後者はグローバル化への対応が迫られる昨今、企業が新入社員に求める能力が「内なるグローバル化」志向と関係しているのかを検討すべきだと考えたためである。

　これらの変数と「内なるグローバル化」志向変数との関連をみていこう。グローバル化対応変数と外国人意識変数の各質問項目は順位データとなっており、また必ずしも企業属性の変数[1]は偏差の正規分布を仮定することができないため、この分析も同様にスピアマンの順位相関係数 ρ を用いて 2 変数の相関関係を示す。

---

[1] これらの実数値の分布を見ると、売上高や従業員数などは特に対数分布や指数分布のような形状に近く、正規分布を仮定することが難しいため、スピアマンの順位相関係数を用いるのは都合がよいと考えた。

図表 4-4　グローバル化対応変数と企業属性変数の順位相関係数

	創業年	従業員数	売上高	外国人従業員数	海外現地法人数	進出地域数	製造業ダミー
グローバル化の必要性		0.195*	0.284**	0.426**	0.441**	0.474**	0.222*
外国人人材採用の必要性		-0.224**	-0.159*	-0.232*	-0.196*	-0.210**	
外国人管理職化の必要性		-0.256**	-0.284**	-0.305**	-0.315**	-0.322**	
外国人は日本人と別扱いすべき							
グローバル人材の必要性		-0.172*		-0.221*	-0.234**	-0.157*	
グローバル人材の確保具合					-0.170*	-0.269**	
グローバル人材の育成具合					-0.200*	-0.284**	
グローバル化には企業内システムの修正が必要	0.212**	-0.188*	-0.235**	-0.276**	-0.269**	-0.180*	
本社の外国人を現地で活躍させるべき			-0.161*	-0.291**			
外国人採用よりも日本人採用					0.220**	0.231**	
グローバル化対策を早急に行うべき	0.200*	-0.320**	-0.411**	-0.502**	-0.455**	-0.369**	-0.311*

*: 5%有意　　**: 1%有意

　図表 4-4 はグローバル化対応変数の各質問と企業属性変数との相関関係を示したものである。2 変数の関係性をみるにあたって、業種や海外進出先の地域のバリエーションという変数はそのまま分析に用いることが難しかったため、以下の操作で変数化した。業種は、質問項目の 1 から 18 までの製造業を 1 （53.01%となる 88 社が該当）、質問項目の 19 から 30 までの非製造業を 0 （46.99%となる 78 社が該当）となるような「製造業ダミー」変数とした。海外進出先の地域のバリエーションに関しては、回答項目の「中国、東南アジア、その他のアジア地域、中東・アフリカ、ヨーロッパ、北米、中南米・オセアニア」を統合し、7 地域のなかでいくつの地域に進出しているのかを 0 から 7 までの尺度で表す「進出地域数」変数とした。それぞれの値に該当するのは、0 地域が 18.07%の 30 社、1 地域が 16.87%の 28 社、2 地域が 13.24%の 22 社、3 地域が 11.45%の 19 社、

4地域が 10.84%の 18 社、5 地域が 12.65%の 21 社、6 地域が 4.82%の 8 社、7 つすべて
の地域に進出しているのが 12.05%の 20 社となっている。

　図表 4-4 を解釈すると、どの変数も何らかの形でグローバル化対応変数と関連してい
ることがわかる。創業年が早いほど、従業員数が多いほど、売上高が高いほど、外国人従
業員数が多いほど、海外現地法人数が多いほど、海外の進出地域数が多いほど、製造業
ほど、国内のグローバル化への対応に必要性を感じている傾向がみてとれる。たとえば
グローバル化対策を早急に行うべきという変数は、7 つの企業属性変数すべてと相関し
ていた。他にも多くの企業属性変数と相関していたのは、グローバル化の必要性、外国
人の採用・管理職化の必要性、そしてグローバル化には企業内システムの修正が必要だ
とする態度である。グローバル化の必要性を強く感じているのは、従業員数、売上高、外
国人従業員数、海外現地法人数、進出地域数が多い企業であり、非製造業よりも製造業
に特徴的である。外国人人材を採用する必要性をより感じているのは、従業員数が多い
企業、売上高が高い企業、外国人従業員数が多い企業、海外現地法人数が多い企業、海外
の進出地域数が多い企業である。外国人の人材を採用し、管理職に登用することの必要
性と相関しているのは、企業の従業員数、売上高、外国人従業員数、海外現地法人数、進
出地域数であった。グローバル化には企業内システムの修正が必要だと考えるのは、創
業年が古く、従業員数、売上高、外国人従業員数、海外現地法人数、進出地域数が多い企
業である。図表 4-4 のなかで強い相関がみられたのは、グローバル化対策を早急に行う
べきとする態度と外国人従業員数（相関係数は-0.502）、グローバル化の必要性と進出地
域数（相関係数は 0.474）、グローバル化対策を早急に行うべきとする態度と海外現地法
人数（相関係数は-0.455）などであった。

　続いて図表 4-5 は外国人意識変数に対する企業属性変数との相関関係を示したもので
ある。先ほど同様に、どの変数も外国人意識変数との相関関係がみられた。創業年の早
さ、従業員数や売上高、外国人従業員数、海外現地法人数、進出地域数の多さ、そして製
造業であることが、外国人従業員に対する質問への肯定的な態度と相関している傾向が
確認される。図表 4-5 から導かれる興味深い知見として、従業員数が多い企業のほうが
外国人は日本人より離職しやすく、外国人労働者は今後増えるだろうと考える傾向があ
る。従業員数の多い企業は、外国人労働者は流動的で活発な移動をする存在だとイメー
ジしがちであると解釈できるだろう。この 2 つの変数は従業員数のみが相関している要
素であり、それ以外の変数は複数の企業属性との有意な相関がみられた。図表 4-5 のな
かで強い相関が生じていたのは、外国人従業員数と優秀な留学生を労働力としたいとい
う態度（相関係数は-0.467）、外国人従業員数と外国人雇用の積極的理由があるという考
え（相関係数は-0.431）、外国人従業員数と中核的な役割を担う外国人を雇用したいとい
う考え（相関係数は-0.364）であった。

-53-

図表 4-5 外国人意識変数と企業属性変数の順位相関係数

	創業年	従業員数	売上高	外国人従業員数	海外現地法人数	進出地域数	製造業ダミー
外国人は日本人より離職しやすい		-0.167*					
外国人の雇用は難しい							
外国人労働者は今後増える		-0.158*					
外国人労働者の増加は望ましい		-0.267**	-0.319**	-0.206*	-0.188*		
女性雇用より外国人雇用							
雇いたい外国人のイメージがある				-0.264**	-0.160*	-0.185*	-0.169*
優秀な外国人の定着は重要だ		-0.170*	-0.256**	-0.281**	-0.268**		
中核的役割の外国人を雇っている				-0.280**	-0.155*	-0.228**	-0.178*
中核的役割の外国人を雇いたい		-0.229**	-0.290**	-0.364**	-0.293**	-0.253**	
外国人雇用のために企業のシステムを変える必要がある	0.210**	-0.195*	-0.286**	-0.265**	-0.251**		
外国人雇用の積極的理由がある		-0.233**	-0.240**	-0.431**	-0.271**	-0.258**	
外国人に新たな役割を期待				-0.339**	-0.202*	-0.205*	
優秀な留学生を労働力としたい		-0.322**	-0.308**	-0.467**	-0.271**	-0.302**	

*: 5%有意　　**: 1%有意

　図表 4-4 と 4-5 からわかることを整理する。まず、分析に含めたどの企業属性変数も、2変数の関係では「内なるグローバル化」志向変数と何らかの相関関係を有していた。その一方で、「内なるグローバル化」志向のどの変数とも相関しているような属性変数もまた存在しないことがわかった。つまり、どの属性変数も、「内なるグローバル化」意識に対して部分的に効果を及ぼしているということである。次に、2変数の関係でみたとき、

ほとんどの場合、複数の要因が同時に「内なるグローバル化」意識へ影響していた。複合的な要因によって企業の「内なるグローバル化」意識が規定されているという知見は、複数の要因がどのように交絡しているのかを探る必要があることを意味している（この点は後述する）。

つづいて、日本的な制度・システムの適用具合と「内なるグローバル化」志向変数との相関関係について検討していく。日本的な制度・システムに関しては、項目ごとにその制度やシステムがどの範囲まで適用されているのかを「正社員、限定正社員、非正規社員」の3つから答える質問となっている。日本的なシステム・制度に関する項目となっているのは、かつてアベグレンが三種の神器と呼んだ「中長期的な雇用保障、年功序列的な賃金制度、企業内の労働組合」に加え、日本企業の特徴としてよく挙げられる「寮・社宅や家賃補助などの福利厚生、職能資格に基づく昇進・評価の人事制度、職務を限定しない採用、新卒採用を中心とした人材調達、ローテーションを核とする人材育成制度」、さらに近年少しずつ日本企業にみられるようになってきた「学生に対するインターンシップ制度、法定期間を超えた手厚い産休・育休制度、フレックスタイム制度」である。今回の分析においては、「正社員、限定正社員、非正規社員」のどれを選択するかにはウェイトをかけず、項目ごとにその選択した数に応じて0から3までの尺度を作成し、どれほど該当する制度・システムが従業員の雇用形態に適用されているのかを示す変数として用いた。

図表4-6はグローバル化対応変数と日本的なシステム・制度に関する変数との相関関係を示したものである。興味深いのは、どのシステム・制度も「内なるグローバル化」志向変数との関連がみられる点である。たとえばグローバル化の必要性の実感は、企業内の労働組合[2]とフレックスタイム制度が広く適用される企業に有意な相関があった。この結果を解釈すれば、企業内労働組合のある企業の方が、今後のグローバル化の必要性を強く感じている。フレックスタイム制度を導入する企業のほうが、よりグローバル化に適しているのではないかと日本企業が考えている新たなシステムの構築を目指しており、グローバル化の必要性も強く感じているということになろうか。同様に解釈していくと、新たな制度・システムとしての手厚い産休・育休制度とフレックスタイム制度の導入は、外国人の人材採用や登用、グローバル人材の必要性、グローバル化に際して企業内システムを修正する必要があるという意識や企業内グローバル化を早急に行うべきという意識との相関関係がみられ、国内のグローバル化志向を表す多くの変数と相関していることがわかる。

その一方で、現在におけるいわゆる「日本的雇用慣行」の適用状況も、国内のグローバ

---

[2] 企業内労働組合の有無とグローバル化の必要性はどちらも従業員数と強い相関があるため（それぞれ相関係数 0.319 と 0.441）、企業内労働組合の適用具合がグローバル化の必要性意識に与える直接的な影響に関しては検討の余地がある。

ル化意識と関連していた。中長期的な雇用保障のある企業は外国人を管理職に登用する必要性を強く感じており、グローバル化には企業内システムの修正が必要だと考えるのは年功的な賃金体系などの伝統的な雇用システムを保持する企業に特徴的であった。後者の点は、日本的な雇用制度・システムを持つ企業が、それを修正してでもグローバル化対策をとる必要性を感じていると解釈するのが妥当だろう。職務の非限定性、**OJT** の要素に関しても「グローバル化には企業内システムの修正が必要」「グローバル化対策を早急に行うべき」という意識と結びついている傾向がみられ、この知見を部分的に支持している。

図表 4-6　グローバル化対応変数と日本的なシステム・制度に関する変数の順位相関係数

	中長期的な雇用保障	年功賃金	企業内労働組合	手厚い福利厚生	職能に基づく人事制度	職務の非限定性	新卒一括採用	OJT	インターンシップ	手厚い産休・育休	フレックスタイム
グローバル化の必要性			0.164*								0.269**
外国人人材採用の必要性										-0.160*	
外国人管理職化の必要性	-0.167*									-0.186*	-0.219**
外国人は日本人と別扱いすべき					-0.161*						
グローバル人材の必要性											-0.187*
グローバル人材の確保具合				-0.219**			-0.175*		-0.190*		
グローバル人材の育成具合				-0.269**			-0.171*		-0.222**	-0.196*	
グローバル化には企業内システムの修正が必要		-0.232**	-0.211**			-0.197*		-0.262**		-0.225**	-0.277**
本社外国人を現地で活躍させるべき											
外国人採用よりも日本人採用											
グローバル化対策を早急に行うべき			-0.219**			-0.171*		-0.195*		-0.240**	-0.370**

*: 5%有意　　**: 1%有意

また興味深いのは、グローバル人材の確保・育成具合には手厚い福利厚生、新卒一括採用、インターンシップ制度という 3 つの要素が関連している点である。手厚い福利厚生を保障する企業のほうがグローバル人材を確保・育成していると感じているのは、そうした企業がグローバル人材を確保・育成できている実感を得ていることに他ならない。また新卒一括採用やインターンシップの制度が整っている企業は、グローバル人材をし

っかり採用し、定着させることに成功していると考えているのだろうか。確かにグローバル人材の代理指標として外国人労働者数との相関関係をみてみると、手厚い福利厚生との相関係数は 0.278 で 1%有意、新卒一括採用との相関係数は 0.191 で 5%有意、インターンシップ制度との相関係数は 0.195 で 5%有意となっている。これは注目に値する点である。さらに、職能資格に基づく昇進・評価の人事制度を保持している企業ほど、外国人は日本人と異なる存在として扱う必要があると考える傾向があった。業務遂行のために発揮できる能力を評価の指標とする職能資格制度のある企業は、外国人を日本人同様の尺度で測定すべきではなく、別の枠組みで評価すべきだと考えているのだろうか。この点に関しても、今後の考察の余地があろう。

図表 4-7　外国人意識変数と日本的なシステム・制度に関する変数の順位相関係数

	中長期的な雇用保障	年功賃金	企業内労働組合	手厚い福利厚生	職能に基づく人事制度	職務の非限定性	新卒一括採用	OJT	インターンシップ	手厚い産休・育休	フレックスタイム
外国人は日本人より離職しやすい											-0.179*
外国人の雇用は難しい					0.192*				0.170*		
外国人労働者は今後増える			0.158*								
外国人労働者の増加は望ましい											
女性雇用より外国人雇用									0.161*		
雇いたい外国人のイメージがある											
優秀な外国人の定着は重要だ			-0.259**							-0.160*	-0.330**
中核的役割の外国人を雇っている							-0.161*				
中核的役割の外国人を雇いたい											-0.192*
外国人雇用のために企業のシステムを変える必要がある			-0.182*					-0.171*		-0.173*	-0.208**
外国人雇用の積極的理由がある											-0.222**
外国人に新たな役割を期待											-0.167*
優秀な留学生を労働力としたい			-0.191*								-0.211**

*: 5%有意　　**: 1%有意

図表 4-7 は外国人意識変数と日本的なシステム・制度に関する変数との相関関係を示している。先ほどの図表 4-6 の結果同様、いわゆる「日本的雇用慣行」の要素がみられる企業、そして新しい制度・システムの導入を図る企業のどちらも外国人意識変数との相関関係が存在した。企業内労働組合のある企業には、優秀な外国人の定着は重要である、外国人の雇用・定着のために既存の企業のシステムを変えていく必要がある、優秀な留学生を労働力としたいといった外国人雇用への積極的な態度との有意な相関がみられた。同時に、外国人雇用への積極的な態度は特にフレックスタイム制度や手厚い産休・育休制度を導入する企業にも特徴的である。「日本的雇用慣行」の要素が多くみられる日本企業、そして新しい制度・システムの導入を図る日本企業という両極に属する 2 タイプの企業がどちらも内なるグローバル化への意識が高いとすると、相対的に企業の制度が伝統的−革新的かどうかという軸とグローバル化への肯定的態度には 2 次関数のような関係が想定できるのではないか。この点は今後の検討課題としていきたい。

　さらに図表 4-7 からは 4 つの興味深い点が読みとれる。第 1 に、フレックスタイム制度を導入している企業のほうが、一般的に外国人は日本人よりも離職しやすいと考えている。外国人労働者は今後重要になる存在であり、同時に離職しやすいなどの扱いづらさがあるからこそ、企業内のシステムを変えてでも外国人雇用に対応しなければならないと新しい制度・システムの導入を図る企業は考えているのかもしれない。第 2 に、職能資格に基づく人事制度やインターンシップ制度をもつ企業ほど、外国人の雇用は難しいことではないと考える傾向がある。先述の通り、インターンシップ制度をもつ企業ほど外国人労働者が多いという相関関係があるので、外国人を多く雇っている企業はその雇用に対して困難を感じていないとも解釈できる。しかし職能資格による人事制度を保持する企業は、「外国人は日本人と異なる存在として扱うべき」であり、「外国人の雇用は難しいことではない」と考えている。この結果は解釈が非常に難しく、今後の課題としたい。第 3 に、手厚い福利厚生を保障する企業は、外国人労働者が今後増えるとは考えない傾向がある。手厚い福利厚生と外国人労働者数との正の相関関係を考慮すると、外国人労働者を多く雇っている企業ほど外国人を雇うことの難しさを知り、今後容易には日本で働く外国人労働者が増えないだろうと予想している可能性はある。第 4 に、新卒一括採用を広く適用させている企業ほど、日本本社で中核的な役割を担う外国人を雇っているという意識をもっている。これも解釈が難しい。新卒一括採用によってうまく中核的な役割を担う外国人を採用できるとは限らないが、そうした外国人を採用・雇用している企業ほどグローバル化に関する企業調査に協力的であるために、本調査の質問に回答しているという生存バイアスによって知見は部分的に説明されるかもしれない。

　最後に、新入社員に求める能力と「内なるグローバル化」志向変数との相関関係を検討する。新入社員に求める能力は、「英語の能力、英語以外の語学力、コミュニケーション能力、主体性・積極性、協調性・柔軟性、責任感・使命感、チャレンジ精神、体力、異

文化に対する理解、日本人としてのアイデンティティ」の 10 項目から当てはまるものをすべて選択する質問であり、それぞれの項目は 1 か 0 の 2 値変数となっている。

図表 4-8　グローバル化対応変数と新入社員に求める能力の順位相関係数

	英語	英語以外の言語	コミュニケーション能力	主体性・積極性	協調性・柔軟性	責任感・使命感	チャレンジ精神	体力	異文化理解	日本人アイデンティティ
グローバル化の必要性	0.293**	0.252**					0.167*		0.295**	
外国人人材採用の必要性	-0.168*	-0.194*					-0.194*		-0.342**	
外国人管理職化の必要性		-0.166*					-0.169*		-0.336**	
外国人は日本人と別扱いすべき										
グローバル人材の必要性								0.175*	-0.177*	
グローバル人材の確保具合										
グローバル人材の育成具合										
グローバル化には企業内システムの修正が必要			-0.163*				-0.180*			
本社外国人を現地で活躍させるべき			-0.169*				-0.284**		-0.189*	
外国人採用よりも日本人採用		0.170*								
グローバル化対策を早急に行うべき		-0.156*					-0.255**		-0.328**	

*: 5%有意　　**: 1%有意

　図表 4-8 はグローバル化対応変数と新入社員に求める能力の相関を示したものである。国内のグローバル化に対する肯定的な態度と結びついているのは、英語や英語以外の言語能力、コミュニケーション能力、チャレンジ精神、異文化に対する理解であった。この結果は非常に解釈しやすい。英語能力、英語以外の言語能力、コミュニケーション能力はすべて人々とのやりとりを円滑にする道具的なものであり、日本人以外との交流を活発化させるものである。一方、チャレンジ精神と異文化に対する理解は人々の行動に影響を与える態度や姿勢を指しており、グローバル化という新たな局面に対応していくための能力だと考えられる。これらの要素はグローバル化の必要性、外国人の採用・管理職化の必要性、グローバル人材の必要性、グローバル化への対応を早急に行う必要性といった要素との相関があり、グローバル化に際して企業内システムを修正する必要があるという考えや本社の外国人を現地で活躍させるべきという考えとも相関している。ま

た、英語以外の言語能力を求める企業は、同じ能力を持っているならば外国人よりも日本人を採用するという意見に対して否定的である。ただ、こうした傾向から外れている相関関係がある。新入社員に体力を求める企業[3]は、そうでない企業に比べてグローバル人材の必要性を感じていないという結果である。体力があればグローバル人材は要らないと考えているのだろうか。その解釈は定かではないが、非常に興味深い知見である。

図表 4-9　外国人意識変数と新入社員に求める能力の順位相関係数

	英語	英語以外の言語	コミュニケーション能力	主体性・積極性	協調性・柔軟性	責任感・使命感	チャレンジ精神	体力	異文化理解	日本人アイデンティティ
外国人は日本人より離職しやすい										
外国人の雇用は難しい										
外国人労働者は今後増える							-0.194*			
外国人労働者の増加は望ましい							-0.241**		-0.160*	
女性雇用より外国人雇用										
雇いたい外国人のイメージがある	-0.200*									
優秀な外国人の定着は重要だ		-0.164*					-0.208**		-0.252**	
中核的役割の外国人を雇っている										
中核的役割の外国人を雇いたい		-0.202*					-0.268**		-0.184*	
外国人雇用のために企業のシステムを変える必要がある		-0.182*					-0.221**			
外国人雇用の積極的理由がある							-0.220**		-0.235**	
外国人に新たな役割を期待							-0.216**		-0.227**	
優秀な留学生を労働力としたい		-0.195*		-0.160*		-0.205**	-0.240**		-0.244**	

*: 5%有意　　**: 1%有意

　図表 4-9 は外国人意識変数と新入社員に求める能力の関係を示したものである。図表4-8同様、この表からも言語能力やチャレンジ精神、異文化に対する理解が外国人雇用への肯定的な態度と相関していることがわかる。特に英語以外の言語、チャレンジ精神、

---

[3] 新入社員に体力を求める企業の属性的な偏りを検討したが、他の要素には見られないような企業属性の特徴は見られなかった。この点は今後の課題としたい。

異文化理解の要素は外国人従業員に対する多くの質問項目と有意な相関関係を示している。英語以外の言語を新入社員に求める企業は、優秀な外国人の定着は重要であり、中核的役割の外国人や優秀な留学生を雇いたいと考え、そのためには現在の企業のシステムを変える必要があるとも考えていると解釈できる。チャレンジ精神を求める企業に関しては、上記の要素に加えて外国人労働者は今後増え、その増加は望ましいことだと考える傾向があり、外国人を雇う積極的な理由もあり、外国人に企業内の新たな役割を期待している。また、新入社員に求める能力として英語を挙げる企業は、そうでない企業に比べて雇いたい外国人のイメージが明確に存在するという知見は示唆に富んでいる。

3 企業の諸変数間の関係性について

続いて、先の分析で用いた企業の諸変数同士の関係性がどうなっているのかを考察する。先ほどまでは、あくまで「内なるグローバル化」志向変数との2者関係において相関がみられるのかという点を検討しており、企業の属性変数や日本的なシステム・制度に関する変数、新入社員に求める能力といった変数間の関係性は考慮していなかった。おそらく大企業は創業年も古く、従業員数が多く、日本的なシステムが温存されていることが多いだろう。従業員数が多い企業のほうが外国人従業員の数は多く、その社員を養えるような十分な売上高もあるだろう。つまり、「内なるグローバル化」志向変数と関連していた変数同士もまた互いに強く相関している可能性が高いのである。そこで、基礎的な変数同士の相関関係を検討することで、お互いの変数がどの程度関連しているのかを確かめる必要がある。先ほどの分析同様、偏差の正規分布を仮定するのが難しいため、スピアマンの順位相関係数を用いて変数間の相関関係を明らかにしていく。

図表 4-10　企業の属性変数間の順位相関係数

	創業年	従業員数	売上高	外国人従業員数	海外現地法人数	進出地域数	製造業ダミー
創業年	1						
従業員数	-0.271**	1					
売上高	-0.438**	0.758**	1				
外国人従業員数	-0.201*	0.595**	0.569**	1			
海外現地法人数	-0.323**	0.461**	0.615**	0.470**	1		
進出地域数	-0.358**	0.392**	0.572**	0.419**	0.847**	1	
製造業ダミー	-0.219*				0.319**	0.377**	1

*: 5%有意　　**: 1%有意

図表 4-10 は、企業の属性変数同士の相関関係を示したものである。一見してわかるように、これらの変数は互いに強く関連した傾向を示している。創業が早い老舗の企業ほど従業員数は多く、売上や製造業の割合は高く、外国人従業員数、海外現地法人、展開地域は多くなっている。従業員数の多い大企業ほど売上が高く、外国人従業員数も海外現地法人数も海外展開地域も多い傾向が確認される。さらに売上高の多い企業ほど外国人従業員数、海外現地法人数、海外展開地域が多い。日本国内の外国人従業員数が多いほど海外現地法人の数も多く、また海外展開地域も多いという傾向もみられる。海外の現地法人数と展開地域数に関しては、相関係数 0.847 という非常に強い相関関係がみられた。非製造業に比べて製造業のほうが、海外に展開する現地法人数、地域数ともに多くなっている。図表 4-10 からは、これら 7 つの変数が非常に複雑に関連している様子が明らかになった。

図表 4-11　日本的なシステム・制度に関する変数間の順位相関係数

	中長期的な雇用保障	年功賃金	企業内労働組合	手厚い福利厚生	職能に基づく人事制度	職務の非限定性	新卒一括採用	OJT	インターンシップ	手厚い産休・育休	フレックスタイム
中長期的な雇用保障	1										
年功賃金	0.361**	1									
企業内労働組合	0.294**	0.370**	1								
手厚い福利厚生	0.464**	0.241**	0.451**	1							
職能に基づく人事制度	0.387**		0.285**	0.444**	1						
職務の非限定性	0.348**	0.260**	0.403**	0.369**	0.465**	1					
新卒一括採用	0.455**	0.254**	0.284**	0.398**	0.365**	0.387**	1				
OJT	0.442**	0.341**	0.292**	0.411**	0.283	0.423**	0.532**	1			
インターンシップ	0.248**		0.161*	0.264**	0.202**	0.199**	0.428**	0.375**	1		
手厚い産休・育休	0.296**		0.165*	0.271**			0.270**	0.365**	0.351**	1	
フレックスタイム	0.240**		0.303**	0.250**		0.188*	0.256**	0.261**	0.317**	0.304**	1

*: 5%有意　　**: 1%有意

　次に日本的なシステム・制度に関する変数同士の順位相関係数を表したものが図表 4-11 である。こちらも互いの変数は強く相関していることがわかる。特に中長期的な雇用保障、企業内労働組合、手厚い福利厚生、新卒一括採用、OJT といった要素は、その他すべての要素と相関関係にあった。なかでも OJT と新卒一括採用（相関係数 0.532）、職能に基づく人事制度と職務の非限定性（相関係数 0.465）、中長期的な雇用保障と手厚い福利厚生（相関係数 0.464）、中長期的な雇用保障と新卒一括採用（相関係数 0.455）、企業内労働組合と手厚い福利厚生（相関係数 0.451）などの要素は強い相関関係がみられた。図表 4-6 と図表 4-7 を改めて眺めてみると、図表 4-11 にて強い相関を示している変数が、同時にある「内なるグローバル化」志向変数へ影響しているわけではないことに気づく。グローバル化には企業内システムの修正が必要、グローバル化対策を早急に行

-62-

うべきという変数においてともに相関関係をもっていた職務の非限定性と手厚い産休・育休制度に関しては、図表 4-11 においてそれらに有意な相関関係がないことがわかる。

　さらに、新入社員に求める能力同士の関係性も確かめていく。この質問は、当てはまる項目をすべて選択する多重回答方式をとっているため、どの項目も Yes か No の 2 値に割り振ることができる。この 2 値変数間の関係性は、2×2 のクロス表において関連性の強さを示す指標である φ 係数[4]の値を使用して計測する。φ 係数によって変数間の関連性を示したものが図表 4-12 である。英語、主体性・積極性、日本人アイデンティティを除けば、それ以外の要素はすべて互いに有意な関連性がある。特に強い関連性を示したのは、協調性・柔軟性と責任感・使命感（φ 係数 0.492）、協調性・柔軟性と体力（φ 係数 0.428）、英語以外の言語と異文化理解（φ 係数 0.408）、英語と英語以外の言語（φ 係数 0.397）、体力と日本人アイデンティティ（φ 係数 0.393）などであった。多くの「内なるグローバル化」変数に対して同時に相関を示していた英語以外の言語と異文化理解という 2 つの変数は、図表 4-12 からも強く関連していることが確認された。

図表 4-12　新入社員に求める能力の φ 係数

	英語	英語以外の言語	コミュニケーション能力	主体性・積極性	協調性・柔軟性	責任感・使命感	チャレンジ精神	体力	異文化理解	日本人アイデンティティ
英語	1									
英語以外の言語	0.397**	1								
コミュニケーション能力		0.196*	1							
主体性・積極性				1						
協調性・柔軟性		0.214**	0.197*	0.255**	1					
責任感・使命感		0.196*	0.268**	0.341**	0.492**	1				
チャレンジ精神		0.181*	0.232**	0.290**	0.236**	0.317**	1			
体力	0.259**	0.362**	0.201**	0.164*	0.428**	0.274**	0.175*	1		
異文化理解	0.304**	0.408**	0.225**		0.167*	0.179*	0.258**	0.302**	1	
日本人アイデンティティ	0.214**	0.339**						0.393**	0.317**	1

*: 5%有意　　**: 1%有意

　最後に、これまで扱ってきた変数すべてを対象とし、その相関係数を示す。しかし紙幅の関係上、日本的なシステム・制度に関する変数と新入社員に求める能力の変数をすべて投入し、その他の変数との関連性をみることは難しい。そのため、これらの変数を縮約して比較しやすい変数に加工する必要がある。

　そこで日本的なシステム・制度に関する変数は、「内なるグローバル化」志向変数との

---

[4] 周辺度数があらかじめ決まっているわけではないので、連関性を示す φ 係数を用いた。この値が 0 に近いほど 2 変数の独立性が高く、1 に近いほど関連性が強い。

関連性や相互の関連性、そして「日本的な雇用慣行・システム」という意味内容に妥当な変数を鑑みて、「正社員に対して中長期的な雇用保障、年功的な賃金体系、企業内の労働組合、手厚い福利厚生、職務を限定しない採用、新卒一括採用、OJT をすべて適用させているかどうか」を指標として新たに変数を作成した。この変数を「日本的システム」変数と呼び、その日本企業が正社員に対して従来の日本的な雇用制度・システムを当てはめているのかどうかの指標とする。正社員に対して「日本的システム」をすべて適用させている企業は 1、これに該当するのは 89 社（有効サンプルのなかで 52.66%）であった。そうでない企業は 0 となり、これに該当するのは 80 社（有効サンプルのなかで 47.34%）であった。

新入社員に求める能力の変数も同様に、「内なるグローバル化」志向変数との関連性や相互の関連性から考えて、「内なるグローバル化」志向変数と密接に結びついている能力だと考えられる「英語、英語以外の言語能力、コミュニケーション能力、チャレンジ精神、異文化に対する理解」のなかから該当する項目をすべて合計したものを作成した。これをグローバルな能力を求めている指標として「求める能力」変数と呼ぶ。この指数が高ければ高いほどグローバル化に対する積極性が増すことが想定される。これら 5 つの能力を 1 つも求めない企業は 4 社（有効サンプルのなかで 2.38%）、1 つ求める企業は 22 社（有効サンプルのなかで 13.10%）、2 つ求める企業は 51 社（有効サンプルのなかで 30.36%）、3 つ求める企業は 41 社（有効サンプルのなかで 24.40%）、4 つ求める企業は 25 社（有効サンプルのなかで 14.88%）、そして 5 つすべてを求める企業は 25 社（有効サンプルのなかで 14.88%）となっていた。

図表 4-13　分析に用いた変数間の順位相関係数

	創業年	従業員数	売上高	外国人従業員数	海外現地法人数	進出地域数	製造業ダミー	日本的システム	求める能力
創業年	1								
従業員数	-0.271**	1							
売上高	-0.438**	0.758**	1						
外国人従業員数	-0.201*	0.595**	0.569**	1					
海外現地法人数	-0.323**	0.461**	0.615**	0.470**	1				
進出地域数	-0.358**	0.392**	0.572**	0.419**	0.847**	1			
製造業ダミー	-0.219*				0.319**	0.377**	1		
日本的システム	-0.323**	0.315**	0.332**	0.235*	0.201*			1	
求める能力		0.269**	0.426**	0.274**	0.326**	0.326**		0.347**	1

*: 5%有意　　**: 1%有意

新たに作成した 2 つの変数を用いて、本節の分析に用いた変数間の相関関係を示したものが図表 4-13 である。日本的システム変数と求める能力変数が他の要素とどのように関連しているのかをみてみると、やはりその他の変数との相関関係が確認された。日本的な雇用システムを保持している企業は、創業年が古く、従業員数や売上高が多い大企業に特徴的であり、外国人従業員数や海外現地法人数も多くなっていることがわかる。またグローバルな能力を新入社員に求める企業ほど、従業員数や売上高は多い傾向があり、外国人従業員数、海外現地法人数、進出地域数というグローバル化への顕在的な対応を示す変数と相関があることが確認された。さらに、日本的な雇用システムを保持する企業ほど、新入社員に対してグローバルな能力を求めていることも明らかになった。

第 2 節　　「内なるグローバル化」志向変数を用いた重回帰分析

　前節では、「内なるグローバル化」志向変数と企業の諸変数との 2 者関係において、多くの有意な関連性が存在することが確認された。それと同時に、企業の属性変数はそれぞれが独立の要素ではなく、互いに強く相関していることがわかった。前節までの分析では、大企業ほど「内なるグローバル化」志向が強い、海外に展開する企業ほど「内なるグローバル化」志向が強いなどの知見が示唆されるものの、具体的にどの変数が「内なるグローバル化」志向を規定しているのかという点は定かではない。そこで、前節で用いた諸変数を独立変数に投入し、「内なるグローバル化」志向変数を従属変数とした重回帰分析を行うことで、それぞれの独立変数の効果を統制し、そのうえでどの変数が「内なるグローバル化」志向に大きな影響を及ぼしているのかを検討していく。

1　　独立変数の設定と基礎統計量

　独立変数としては、創業年、従業員数、売上高、外国人従業員数、海外現地法人数、海外進出地域数、製造業ダミー、日本的システムの有無、新入社員に求める能力という 9 つの変数を設定する。ただ、このまま連続変数の値を独立変数として投入するのは望ましくない。その理由は 2 点ある。第 1 に、お互いの変数間での相関が強すぎるため、多重共線性の問題が発生してしまうからである。第 2 に、これらの連続変数は正規分布しておらず、特に外れ値の影響を強く受けて分散が非常に大きくなっているからである。そこで、1 節では独立変数として扱っていた変数を、カテゴリカルな変数に変換して用いる必要がある[5]。カテゴリー変数に変換するのは、創業年、従業員数、売上高、外国人従業員数、海外現地法人数の 5 つである。

---

[5] 連続変数として用いた諸変数は、カテゴリカルなものとしてスピアマンの順位相関係数をとっても「内なるグローバル化志向」変数との関連性は変わらなかった。その一方で、独立変数間の関連を示す順位相関係数の値は減少する傾向にあった。

創業年に関しては、創業開始が 1920 年以前を 1、1921 年から 1950 年までを 2、1951 年から 1980 年までを 3、1981 年以降を 4 とするカテゴリー変数とした。それぞれの分布は 1 が 36 社（全体の 21.30%）、2 が 61 社（全体の 36.09%）、3 が 45 社（全体の 26.63%）、4 が 27 社（全体の 15.98%）となっている。従業員数に関しては、社員が 300 人未満の会社を 1、300 人から 999 人までを 2、1000 人から 2999 人までを 3、そして 3000 人以上を 4 として変数化した。それぞれ 1 が 34 社（全体の 20.36 %）、2 が 65 社（全体の 38.92%）、3 が 36 社（全体の 21.56%）、4 が 32 社（全体の 19.16%）となっている。売上高は 100 億未満を 1、100 億から 299 億までを 2、300 億から 999 億までを 3、1000 億から 2999 億までを 4、そして 3000 億以上を 5 として変数化した。それぞれ 1 が 21 社（全体の 12.57 %）、2 が 42 社（全体の 25.15%）、3 が 35 社（全体の 20.96%）、4 が 40 社（全体の 23.95%）、5 が 29 社（全体の 17.37%）となっている。外国人従業員数と海外現地法人数の変数に関しては、いくつかのカテゴリーを作成できるほど回答が綺麗に分散していなかったため、1 人もしくは 1 社以上それが存在するかどうかのダミー変数とした。

図表 4-14　分析に用いた独立変数の基礎統計量

	N	平均	標準偏差	最小値	最大値
展開地域	166	2.976	2.333	0	7
現地法人の有無	168	0.750	0.434	0	1
外国人社員の有無	132	0.705	0.458	0	1
日本的システム	169	0.527	0.501	0	1
売上高	167	3.084	1.301	1	5
従業員数	167	2.395	1.018	1	4
創業年数	169	2.373	0.993	1	4
製造業ダミー	166	0.470	0.501	0	1
求める能力	168	2.81	1.327	0	5

図表 4-14 が以下の分析に用いた独立変数の基礎統計量となっている。以上の変数を独立変数とし、諸変数が「内なるグローバル化」志向変数とどのような関係にあるのかを検討していく。

2　グローバル化対応変数を従属変数とする重回帰分析

まずは、それぞれの独立変数がグローバル化対応変数にどのような影響を与えているのかを分析する。図表 4-15 がその重回帰分析の結果を示している。1 つ 1 つの目的変数に対して、結果を解釈していこう。

図表 4-15 グローバル化対応変数を従属変数とする重回帰分析

	創業年数		従業員数		売上高		外国人社員の有無		現地法人の有無		展開地域数		製造業ダミー		日本的システム		求める能力		切片		N
	β	S.E.	β	S.E.	β	S.E.	β	S.E.	β	S.E.	β	S.E.	β	S.E.	β	S.E.	β	S.E.	β	S.E.	
グローバル化の必要性	0.306 †	0.170	-0.152	0.201	0.038	0.173	0.791 *	0.361	0.696	0.425	0.292 **	0.083	0.161	0.324	-0.203	0.312	0.332 **	0.117	3.327 ***	0.743	118
外国人人材採用の必要性	0.116	0.109	-0.074	0.129	0.141	0.110	-0.227	0.231	-0.243	0.272	-0.057	0.053	0.369 †	0.207	0.288	0.199	-0.190 *	0.075	2.869 ***	0.475	119
外国人管理職化の必要性	-0.012	0.098	0.073	0.116	-0.075	0.099	-0.205	0.208	-0.147	0.244	-0.092 †	0.048	0.065	0.186	0.019	0.179	-0.117 †	0.067	3.994 ***	0.428	119
外国人は日本人と別扱いすべき	0.045	0.126	-0.209	0.149	0.073	0.128	0.479 †	0.268	0.024	0.315	0.051	0.062	-0.019	0.240	-0.234	0.231	0.124	0.086	2.658 ***	0.551	119
グローバル人材の必要性	-0.017	0.101	-0.144	0.119	0.165	0.103	-0.182	0.215	-0.842 **	0.253	0.027	0.049	0.206	0.193	-0.009	0.185	-0.032	0.069	2.925 ***	0.442	119
グローバル人材の確保員合	-0.072	0.094	0.077	0.111	0.095	0.096	0.037	0.200	-0.024	0.236	-0.181 ***	0.046	0.270	0.180	-0.146	0.173	-0.016	0.065	4.257 ***	0.412	119
グローバル人材の育成員合	-0.029	0.099	0.044	0.117	0.100	0.100	0.016	0.210	0.044	0.247	-0.189 ***	0.048	0.256	0.188	0.029	0.181	-0.023	0.068	4.087 ***	0.432	119
グローバル化には企業内システムの修正が必要	0.008	0.113	-0.014	0.134	-0.088	0.117	-0.353	0.241	-0.421	0.284	0.039	0.055	-0.082	0.217	-0.262	0.207	0.036	0.077	3.143 ***	0.496	118
本社外国人を現地で活躍させるべき	-0.038	0.114	0.119	0.135	-0.123	0.094	-0.278	0.243	-0.290	0.286	0.022	0.056	-0.217	0.220	-0.095	0.211	-0.063	0.078	3.503 ***	0.499	117
外国人採用よりも日本人採用	0.096	0.090	-0.247 *	0.106	0.148 †	0.094	0.283	0.191	-0.174	0.225	0.093 *	0.044	-0.050	0.173	-0.100	0.166	0.114 †	0.061	2.260 ***	0.393	117
グローバル化対策を早急に行うべき	-0.027	0.094	-0.034	0.111	-0.251 *	0.098	-0.546 **	0.199	-0.554	0.235	0.028	0.046	-0.509 **	0.181	0.180	0.173	-0.080	0.064	4.320 ***	0.410	117

*** 0.1%有意   ** 1%有意   * 5%有意   † 10%有意

グローバル化をどの程度必要だと考えているのかという変数に対して、有意な関係を示したのは創業年数（有意水準10%）、外国人社員の有無（有意水準5%）、展開地域数（有意水準1%）、求める能力（有意水準1%）であった。つまり創業年数の新しい企業、本社に外国人社員がいる企業、海外への展開地域が多い企業、グローバルな能力を新入社員に求める企業がグローバル化の必要性を感じているという結果となった。非常に興味深いのは、企業規模や日本的システムを持っているかなどの諸条件を統制したとき、創業年数の新しい企業のほうがグローバル化の必要性を感じているという知見である。これは有意水準10%で支持される結果なので頑健であるとは言い難いが、少なくとも企業の諸条件を統制したときに若い企業ほどグローバル化の必要性を感じているという結果は、創業年数が古いほど「内なるグローバル化」思考が強まるという前節の結果と異なっている。この点については今後詳細な検討が必要になるだろう。続いて外国人の人材を採用すべきであるという質問に対しては、製造業ダミー（有意水準10%）と求める能力（有意水準5%）が有意な関連を示し、管理職にすべきという質問に対しては、展開地域数（有意水準10%）と求める能力（有意水準10%）が有意な関連を示した。グローバルな能力を求める企業は、外国人の人材を採用すべきであり、管理職にすべきであると考える傾向があることを示している。そして外国人の採用に関しては非製造業が、管理職化に関しては展開地域の多い企業がそれぞれ肯定的な態度を示した。また外国人は日本人と異なる存在として扱うべきかどうかに関しては、外国人社員のいる企業の否定的な傾向のみが有意な関連をもっていた。

　グローバル人材に関する質問は、その必要性には現地法人の有無（有意水準1%）が、確保と育成の具合には展開地域数（有意水準0.1%）がそれぞれ有意に影響していた。条件を統制したとき、グローバル人材の必要性を強く感じているのは現地法人を持っている企業であり、グローバル人材を自社で確保・育成できていると感じるのは広い範囲に海外展開する企業であると解釈できる。グローバル化には企業内システムの修正が必要だという質問、本社で育てた外国人を現地法人で活躍させるべきという質問は、それぞれ回答の傾向は程よくバラついていたにもかかわらず、どの変数とも有意な関係性は見出せなかった。同じ能力を持った人材を採用するならば外国人よりも日本人が望ましいという質問に対しては、従業員数（有意水準5%）は有意に肯定的な傾向を、売上高（有意水準10%）と展開地域数（有意水準5%）と求める能力（有意水準10%）は有意に否定的な傾向を示した。つまり条件を統制したときに、従業員が多い企業ほど日本人を求め、売上高の多い、展開地域の多い、グローバル能力をより求める企業ほど日本人が望ましいとは考えない傾向がみられるということである。当該質問の分布や有意水準を考慮すれば頑健な結果であるとは言い難いが、この知見は興味深い。最後に企業内のグローバル化は早急に取り組むべき課題かという問いに対しては、売上高（有意水準5%）、外国人社員の有無（有意水準1%）、現地法人の有無（有意水準5%）、製造業ダミー（有意水準1%）

がそれぞれ有意な関係性を示した。売上高の多い、外国人社員がいる、現地法人がある企業のほうが早急にグローバル化対策に乗り出すべきだと考える傾向にあり、この点は非製造業と比べて製造業に強くみられる傾向であった。

3　外国人意識変数を従属変数とする重回帰分析

　つづいて外国人意識変数に与える影響について検討していく[6]。図表 4-16 はその結果を示したものである。さっそく社会の一般的傾向に対する質問から分析結果をみてみると、外国人は日本人よりも離職しやすいかという問いに対して有意な関係を示したのが、外国人社員の有無（有意水準 5%）であった。その他の条件が同じであった場合、実際に外国人社員を本社に雇っている企業ほど、外国人が日本人よりも離職しやすいと感じやすい。これはおそらく自社の経験を社会の一般的な傾向に敷衍させて解釈していると考えられる。外国人の雇用は難しいかという質問に対しては、売上高（有意水準 5%）が有意な関係性をもっていた。売上が多い企業ほど、外国人の雇用に対して困難を感じているということである。外国人労働者は今後も増えるかという点に関しては、従業員数（有意水準 10%）が有意な傾向を示した。従業員数が多い企業ほど、外国人労働者の将来的な増加を予想していることが示唆される。外国人労働者が増えることは望ましいと思うかという質問に対して有意になった項目は、売上高（有意水準 5%）であった。先述の点と合わせると、売上の多い企業は外国人の雇用に困難を感じながらも、社会全体の外国人労働者の増加は歓迎しているという知見が導かれる。

　自社の外国人雇用について尋ねた質問を分析すると、まずは諸条件を統制したとき、雇いたい外国人の明確なイメージがあるかどうか、優秀な外国人の定着は重要な要素だと思うかという 2 つの質問は有意な関連性が現れてこなかった。特に前者の問いに対しては、回答の分散が他の質問に比べて大きかったにもかかわらず、投入した独立変数がその分散を説明していないのは少々意外な結果であった。中核的な役割を担うような外国人を雇っているか、もしくは雇いたいかという質問に統計的に有意な関係を示したのは、外国人社員の有無（それぞれ有意水準 5%、10%）である。将来的に中核的な役割を担う外国人を雇用したいと考える企業は、実際に本社で外国人社員を雇っており、その社員が本社のなかで中核的役割を担っていると実感していると考えられる。次に外国人を雇用・定着させるために今までの企業のシステムを変えていく必要があるという項目に対しては、売上高（有意水準 10%）が統計的に有意であった。売上の多い企業ほど、外国人雇用のために企業のシステムを変える必要があると考えている。外国人を雇用する積極的な理由があると考えるのは、外国人社員のいる企業（有意水準 1%）に特徴的であり、こう

6　「根本的に企業経営を変えるとき、より重要なのは女性の雇用よりも外国人の雇用である」という質問に関しては、ほとんどの回答が「どちらともいえない」に偏っていたため、今回の分析からは除外した。

—69—

図表 4-16 外国人意識変数を従属変数とする重回帰分析

	創業年数 β	S.E.	従業員数 β	S.E.	売上高 β	S.E.	外国人社員の有無 β	S.E.	現地法人の有無 β	S.E.	展開地域数 β	S.E.	製造業ダミー β	S.E.	日本的システム β	S.E.	求める能力 β	S.E.	切片 β	S.E.	N
外国人は日本人より離職しやすい	-0.045	0.109	-0.201	0.129	-0.063	0.111	0.589 *	0.231	-0.007	0.272	0.000	0.053	-0.006	0.208	0.195	0.201	-0.074	0.075	2.838 ***	0.475	117
外国人の雇用は難しい	0.027	0.094	0.031	0.111	-0.190 *	0.096	0.092	0.198	-0.054	0.234	0.034	0.046	-0.009	0.179	0.034	0.172	0.096	0.064	2.530 ***	0.408	117
外国人労働者は今後増える	-0.023	0.077	-0.156 †	0.090	0.041	0.078	0.075	0.162	-0.065	0.192	0.001	0.037	0.204	0.145	0.145	0.140	-0.030	0.052	1.760 ***	0.334	118
外国人労働者の増加は望ましい	-0.077	0.091	-0.068	0.107	-0.221 *	0.092	0.080	0.193	-0.187	0.227	0.007	0.044	0.144	0.173	0.247	0.166	-0.060	0.062	3.125 ***	0.397	118
雇いたい外国人のイメージがある	-0.009	0.124	0.036	0.145	0.045	0.125	-0.328	0.262	-0.380	0.309	-0.071	0.060	-0.127	0.234	0.244	0.226	-0.078	0.084	3.826 ***	0.539	118
優秀な外国人の定着は重要だ	-0.111	0.112	-0.027	0.131	-0.140	0.113	-0.339	0.236	-0.335	0.278	0.013	0.054	-0.147	0.211	-0.138	0.204	-0.079	0.076	3.647 ***	0.486	118
中核的役割の外国人を雇っている	-0.018	0.114	-0.023	0.134	0.086	0.115	-0.622 *	0.241	-0.133	0.285	-0.078	0.055	-0.305	0.216	0.254	0.208	0.071	0.078	4.480 ***	0.497	118
中核的役割の外国人を雇いたい	-0.065	0.102	-0.111	0.121	-0.087	0.105	-0.371 †	0.217	-0.230	0.255	-0.061	0.050	0.054	0.195	0.270	0.189	-0.051	0.070	3.989 ***	0.446	117
外国人雇用のために企業のシステムを変える必要がある	0.113	0.096	0.062	0.113	-0.168 †	0.097	-0.325	0.203	-0.259	0.239	0.031	0.047	0.220	0.182	-0.174	0.175	-0.008	0.065	2.715 ***	0.417	118
外国人雇用の積極的理由がある	0.028	0.120	-0.120	0.141	0.114	0.121	-0.832 **	0.253	-0.390	0.299	-0.073	0.058	-0.076	0.227	-0.036	0.218	-0.130	0.082	4.263 ***	0.521	118
外国人に新たな役割を期待	-0.053	0.117	-0.033	0.138	0.111	0.118	-0.277	0.248	-0.443	0.293	-0.100 †	0.057	0.208	0.222	-0.058	0.214	-0.046	0.080	3.287 ***	0.511	118
優秀な留学生を労働力としたい	0.003	0.112	-0.146	0.131	0.007	0.113	-0.635 **	0.236	0.003	0.279	-0.095 †	0.054	0.120	0.212	0.020	0.204	-0.137 †	0.076	3.846 ***	0.487	118

*** 0.1%有意　　** 1%有意　　* 5%有意　　† 10%有意

した意識は実際に外国人を雇う企業の行動と直結しているのだと示唆される。外国人に新たな役割を期待するかという点に関しては、展開地域数（有意水準10%）に有意な関連が見出された。広範囲にわたって展開している企業は、外国人に企業内の新たな役割を期待している傾向があることを意味している。最後に、日本にいる優秀な留学生を労働力として確保したいと考えているかを従属変数としたとき、有意となるのは外国人社員の有無（有意水準1%）、展開地域数（有意水準10%）、求める能力（有意水準10%）であった。留学生を採用したいと考えるのは外国人社員を実際に雇っている企業、広い範囲に海外展開する企業、グローバル能力を社員に求める企業だと考えられる。

第3節　　小括

　本章の分析が明らかにした知見をまとめ、本章の締めとしたい。1節の分析からは以下の結果が得られた。まず、「内なるグローバル化」志向変数は互いに強く相関していた。一例を挙げると、グローバル化の推進に前向きな企業ほどグローバル人材の確保・育成には満足していない傾向や、実際にグローバル人材や中核的役割を担う外国人を雇用している企業ほど外国人の雇用に明確なビジョンをもっており、また外国人に対する偏見や雇用の困難を感じていない傾向がみられた。加えて企業の条件に着目すると、従業員の多い企業ほど外国人は日本人より離職しやすい、外国人労働者は今後増えるというイメージを強く抱きやすいなどの知見が導かれた。日本企業のもつ雇用慣行・システムとの関連を分析すると、伝統的な雇用慣行やシステムを有するか、日本企業にとって革新的であるような雇用慣行・システムを導入している企業は、そうでない企業に比べて国内のグローバル化の必要性を強く感じていることが明らかになった。そしてグローバル化志向の強い企業は、語学力やコミュニケーション能力などの道具的手段、チャレンジ精神や異文化への理解などの態度・姿勢を新入社員に求める傾向があった。

　以上の知見を踏まえ、2節では独立変数を投入した重回帰分析を行い、「内なるグローバル化」志向変数との関連を検討した。これにより、独立変数間の条件を統制したうえで、ある変数が「内なるグローバル化」志向変数に与える純粋な効果を確かめた。その結果、ほとんどの独立変数が「内なるグローバル化」志向を部分的に高める要因となっていた。つまり従業員数が多いほど、売上高が高いほど、外国人従業員数が多いほど、海外現地法人数が多いほど、海外の進出地域数が多いほど、製造業ほど、そして新入社員にグローバル能力を求めるほど、「内なるグローバル化」志向が高まる傾向があった。その例外として、どの変数とも有意な関連性を示さなかった日本的システムの有無、そして「内なるグローバル化」志向変数の一部に対して1節の結果とは異なる傾向を示した創業年数、従業員数、製造業ダミーが挙げられる。具体的には、創業年数が若いほどグローバル化の必要性を感じるという傾向、従業員が増えると「同じ能力であれば外国人より

-71-

も日本人を採用したい」という傾向、そして製造業は非製造業に比べて「外国人を採用する必要性を感じていない」という傾向にみられた。重回帰分析において統計的に有意であった結果を、以下に示す。

① 創業年数が短いほど、グローバル化は必要だと考えていた。

② 従業員数が多い企業は、(1)同じ能力ならば外国人よりも日本人を採用したい、(2)外国人労働者は今後増えていくだろうと考える傾向があった。

③ 売上高が多い企業には、(1)同じ能力ならば日本人を採用するとは限らない、(2)グローバル化対応は早急に行うべき、(3)外国人労働者の増加は望ましい、(4)外国人雇用のために企業のシステムを変える必要があるなどと「内なるグローバル化」への肯定的な傾向がみられた一方で、(5)外国人雇用は難しいことであるとも感じていた。

④ 外国人社員を雇う企業は、(1)よりグローバル化の必要性を感じており、(2)グローバル化対策を早急に行うべきだという意識や、(3)中核的な役割を担う外国人を現在雇っており、(4)将来的にも中核的な役割を担う外国人を雇いたいとする態度、さらには(5)外国人雇用の積極的な理由があり、(6)優秀な留学生を労働力としたいなどの「内なるグローバル化」に対する積極的な姿勢がみられた。その一方で、こうした企業は、(7)外国人を異なる存在として扱うべきではない、(8)外国人は日本人より離職しやすいとみなしていた。

⑤ 海外現地法人のある企業には、そうでない企業に比べて(1)グローバル化の必要性を感じ、(2)グローバル化対策を早急に行うべきだと考える傾向が見出された。

⑥ 広範囲に海外展開している企業は、(1)グローバル化の必要性を感じ、(2)グローバル人材を育成・確保できていると感じていた。また(3)外国人を管理職に登用する必要があるとも考えており、(4)外国人に企業内の新たな役割を期待していた。ほかにも(5)優秀な留学生を労働力としたい、(6)同じ能力ならば日本人を採用するとは限らないなどの「内なるグローバル化」志向がみられた。

⑦ 非製造業に比べると、製造業は(1)グローバル化対策を早急に行うべきだと考える一方で、(2)外国人を採用する必要性を感じていないことが明らかになった。

⑧ 新入社員にグローバルな能力を求めるほど、(1)グローバル化の必要性、(2)外国人の採用・管理職化の必要性を感じており、(3)優秀な留学生を労働力としたい、さらには(4)同じ能力ならば日本人を採用するとは限らないと考える傾向があった。

　本章で得られた知見には、その妥当性や頑健性に疑問のある結果も多い。得られたサンプルサイズも大きくなく、この結果がどの程度一般化できるのかは定かではない。しかし、得られた知見は今後の調査に重要な示唆を与えるものばかりであり、将来的な研究の可能性を多く秘めている。本調査の知見が、さらなる調査や検証の呼び水として活用されることを願うばかりである。

第5章　むすびにかえて

　最後に、簡単なまとめをした上で、今後の課題を整理し、むすびにかえたい。

　今回の報告では、冒頭でも述べたとおり、

　ⅰ）本社は現地の現状と課題をどのようにみているのか

　　　本社は現地とどのようなコミュニケーションを取っているのか

　ⅱ）本社の内側の体制は現状どのようになっているのか

という観点から、グローバル化の現状と課題を検討してきた。

　本社と現地法人との関係性に関しては、次のような点が明らかとなった。

①決定権限に関しては、おおまかに言えば、「基本的には本社が決定」という企業が、約6割を占める。その中で、「現地側の裁量が大きい」のが、約1/3となっている。この「現地側の裁量が大きい」のは、社歴の長い企業、非製造業よりも製造業企業で多い。

②本社と現地側のコミュニケーション全般に関しては、「うまくいっている」との認識が、約7割でみられる。製造業の大多数が「うまくいっている」と認識しているのに対し、非製造業では、半数を超える水準に留まっている。

③本社の承認を受けずに現地で決定できるのは、「部材・サービスの主な購入先の変更」、「製品・サービス・商品の主な販売先の変更」の2点と考えられる。

④中国でのビジネスを展開する際の経営上のメリットは、現地市場の規模が大きく、今後の市場の発展が見込めるためである。非製造業に比べ、製造業の回答率が高い。

⑤その際、経営課題としては、人件費の高騰、競合企業の台頭があげられる。非製造業においては、「優秀な人材の確保」、「新規顧客の開拓」が製造業に比して高い。

⑥人材の採用については、製造業ではホワイトカラーに関して人材確保競争が問題であり、非製造業ではホワイトカラーでは、優秀な人材の応募がないことがあげられる。

⑦人材の流出に関しては、かつて取りざたされたほどの緊急課題とはみられていない。ただ、人材採用の問題とも関連して、より社歴の短い企業、今後拡大を目指す企業では、部長層、中堅層などの流出が問題となっている。

⑧現地化の状況に関しては、現地人材の採用・育成、現地従業員との円滑な関係などについて、製造業では肯定的な回答が全般的にみられる一方で、非製造業では否定的な回答が多くみられた。

⑨今後の発展のために重要な要素としては、やはり、ヒトに関して、現地人材の採用・育成、現地従業員への権限委譲・管理職化があげられる。

　内なるグローバル化に関しては、その志向を示す変数は、互いに強く相関していた。一例を挙げると、グローバル化の推進に前向きな企業ほどグローバル人材の確保・育成には満足

していない傾向や、実際にグローバル人材や中核的役割を担う外国人を雇用している企業ほど外国人雇用に明確なビジョンをもっており、また外国人に対する偏見や雇用の困難を感じていない傾向がみられた。

（企業の属性を説明変数とする重回帰分析の結果）
① 創業年数が短いほど、グローバル化は必要だと考えていた。
② 従業員数が多い企業は、(1)同じ能力ならば外国人よりも日本人を採用したい、(2)外国人労働者は今後増えていくだろうと考える傾向があった。
③ 売上高が多い企業には、(1)同じ能力ならば日本人を採用するとは限らない、(2)グローバル化対応は早急に行うべき、(3)外国人労働者の増加は望ましい、(4)外国人雇用のために企業のシステムを変える必要があるなどと「内なるグローバル化」への肯定的な傾向がみられた一方で、(5)外国人雇用は難しいことであるとも感じていた。
④ 外国人社員を雇う企業には、(1)よりグローバル化の必要性を感じており、(2)グローバル化対策を早急に行うべきだという意識や、(3)中核的な役割を担う外国人を現在雇っており、(4)将来的にも中核的な役割を担う外国人を雇いたいとする態度、さらには(5)外国人雇用の積極的な理由があり、(6)優秀な留学生を労働力としたいなどの「内なるグローバル化」に対する積極的な姿勢がみられた。その一方で、こうした企業は、(7)外国人を異なる存在として扱うべきではない、(8)外国人は日本人より離職しやすいとみなしていた。
⑤ 海外現地法人のある企業には、そうでない企業に比べて(1)グローバル化の必要性を感じ、(2)グローバル化対策を早急に行うべきだと考える傾向が見出された。
⑥ 広範囲に海外展開している企業は、(1)グローバル化の必要性を感じ、(2)グローバル人材を育成・確保できていると感じていた。また(3)外国人を管理職に登用する必要があるとも考えており、(4)外国人に企業内の新たな役割を期待していた。ほかにも(5)優秀な留学生を労働力としたい、(6)同じ能力ならば日本人を採用するとは限らないなどの「内なるグローバル化」志向がみられた。
⑦ 非製造業に比べると、製造業は(1)グローバル化対策を早急に行うべきだと考える一方で、(2)外国人を採用する必要性を感じていないことが明らかになった。
⑧ 新入社員にグローバルな能力を求めるほど、(1)グローバル化の必要性、(2)外国人の採用・管理職化の必要性を感じており、(3)優秀な留学生を労働力としたい、さらには(4)同じ能力ならば日本人を採用するとは限らないと考える傾向があった。

このような知見を踏まえたうえで、今後の課題と研究の方向性に関して、簡単にまとめておきたい。

ⅰ）現地化に関する認識

冒頭でも述べたように、「現地化」とは、経営に必要な資源を本社から持ち込む比率を下げて、より安価でより良質な現地の資源に「置き換えて」いくプロセスである。現在、そうした資源の何をどの程度「置き換えて」いるのかを考えると、以前から指摘されてきた「ヒト」の問題は、今でも変わらずに重要でありながらも、相対的にその重要性が低下しているように思われる。それは、一つには、今後の発展のためにも重要であると指摘されてきた「現地人材の育成、権限委譲」が一定程度進展してきた結果とも考えられよう。他方、その他の経営資源である「モノ、カネの調達」、そして、「本社に頼らない自律的な意思決定」といった部分は、あまり進展が見られないという結果であった。

ⅱ）内なるグローバル化

ここで明らかにした日本側・本社内のグローバル化対応の状況については、しばしば指摘される、いわゆる「グローバル展開企業」のイメージと、大きく外れるものではなかった。

しかしながら同時に、そうしたイメージや想定と、少しずつ「ズレ」が生じている部分も見受けられた。たとえば、従業員数の多い企業では、今後外国人が増加するであろうと予想し、外国人従業員を雇用したいと考えると同時に、そうした外国人を特別扱いすべきと考え、さらに、外国人従業員は離職しやすいと考えていることが明らかとなった。こうした、一見すると矛盾するような結果が、なぜ表れてくるのかを、詳細に検討していくことが必要となろう。

ⅲ）今後の方向性

また、あらためて、わが国企業がグローバル戦略を考える際、そのエリアとして、中国がきわめて重要な存在であることが再確認された。グローバル化に伴う働き方や雇用の問題を考える際には、今回のように、本社側の体制や認識を検討すると同時に、現地で実際にオペレーションを実施している側からも、情報を収集する必要がある。本社側と現地側とで、はたして認識が一致しているのか、何らかの齟齬が生じているのか、その点を確認していく必要があろう。

それらは、単に、よくマスコミ報道でみられるような、本社と現地との意思疎通におけるズレを声高に取り上げるためでは、もちろんない。本社から現地に派遣されたスタッフは、常に、現地法人と本社との「間」におかれる存在である。「仲介人」であり、「調整役」であり「実務実行者」という派遣者が、本社側とのコミュニケーションのズレにより、より厳しい状況に置かれ、それらが最終的には、企業全体の経営に影響を及ぼすことがないのか、

その点をもっとも危惧するためである。

　今後、外国人従業員に代表される本社内の人員構成や仕組みを、より収益が上がり、従業員がムリなく働けるような体制に変化させていくためには、そして同時に、本社とさまざまなエリアに進出している海外拠点とのコミュニケーションに齟齬が生じないように、現地に派遣されたスタッフの負担がなるべく軽減されるようにするためには、いったい何をどのように変えていけばいいのか、それらを総合的に検討していく必要がある。そのための一つの重要な手がかりは、現地でのオペレーションの現状と課題を明らかにすることであろう。海外調査に関しては、近年、実に多くの制約状況が明らかになってきている。それらを含め、今後、グローバル化に関する問題の全体像を明らかにするための検討を続けていきたい。

【付属資料】

調査票

集計表

調　査　票

(整 理 番 号)				

日本企業本社のグローバル化対応に関する調査

2018年 9月

<ご記入にあたってのお願い>

1．この調査は、日本企業を対象として実施しています。設問中の「貴現地法人」には、支社・支店を含みます。事業活動を行っていない駐在員事務所は含みません。

2．2018年9月1日現在の状況でご回答ください。

3．質問や回答の区分が、実態に即さない場合もあると考えられますが、その場合は適宜、実態に近いものをお選びの上、ご回答ください。

4．ご回答は質問に応じ、選択肢に○印をつけるか、数字を該当欄にご記入ください。なお、数字に関する質問では正確な回答が困難な場合にも、概数または推定の数値で結構ですので、ぜひご記入ください。

5．ご記入の終わった調査票は、10月5日（金）までに、同封の返信用封筒に入れ、ご返送ください。

6．この調査は統計的に処理されますので、貴社やご回答者のお名前などが外に出ることは絶対にありません。なお、調査票の配布・回収は、株式会社サーベイリサーチセンターに委託しております。この調査結果はとりまとめ次第、当機構ホームページ http://www.jil.go.jp/institute/tyousa/ に公開する予定です。

7．この調査に関するお問い合わせは、下記の担当者までお願いいたします。

○この調査についてのご照会先
【 調査票の記入方法・締め切りなど実査について 】

【 調査の趣旨・目的について 】

【本社・現地法人の基本概要についてお尋ねします】

問1 貴社の日本本社の概要についてうかがいます。

（1）貴社の操業開始年：　西暦 ☐☐☐☐ 年

（2）貴社の主たる業種：以下のコード表から、あてはまる番号に**1つだけ**○をつけてください。

≪業種コード表≫

＜製造業＞						＜非製造業＞		
1	食料品	7	鉄鋼業	13	石油・石炭製品	19	農林漁業	25	飲食店・宿泊業
2	繊維品	8	金属製品	14	プラスチック製品	20	鉱業	26	金融・保険業
3	木材・家具	9	一般機器	15	ゴム・皮革	21	卸売・小売業	27	情報通信業
4	パルプ・紙	10	電気機器	16	窯業・土石	22	運輸業	28	教育、学習支援業
5	出版・印刷	11	輸送機器	17	非鉄金属	23	建設業	29	サービス業
6	化学工業	12	精密機器	18	その他の製造業	24	不動産業	30	その他の非製造業

18, 30 の「その他」を選択された場合は、以下に具体的な事業内容をご記入ください。
（「その他」具体的に：　　　　　　　　　　　　　　　　　　　　　　　　　　　　　　　　）

（3）貴社の日本本社の従業員数：☐☐☐☐☐ 人

（4）2017 年度の売上高：☐|☐☐☐☐ 億円
　　　　　　　　　　　　　兆　千 百 十 一

（5）2017 年度の経常利益：☐|☐☐☐☐ 億円
　　　　　　　　　　　　　兆　千 百 十 一

（6）5年前と比較した、現在の売上高：あてはまる番号に**1つだけ**○をつけてください。
　　　（設立後5年未満の場合は、設立年を基準にお答えください）

1	50%以上の増加
2	20～50%以上の増加
3	5～20%の増加
4	-5～5%の間で、あまり変動はない
5	減少傾向にある

（7）貴社の日本本社における、各役職の国籍・性別の構成人数はどのようになっていますか。

	合計	うち外国籍	うち女性
A　役員・取締役	約　　　　人	約　　　　人	約　　　　人
B　部長	約　　　　人	約　　　　人	約　　　　人
C　課長	約　　　　人	約　　　　人	約　　　　人
D　一般従業員	約　　　　人	約　　　　人	約　　　　人
E　合計	約　　　　人	約　　　　人	約　　　　人

問2 貴社の日本本社の連結対象となる海外現地法人、および日本本社直轄の支社・支店について
うかがいます（駐在員事務所は除きます）。

（1） 貴社は、海外にどれくらいの海外現地法人および支社・支店を持っていますか。それぞれについて、数値でお答えください。

　　　a） 日本本社の連結対象となる海外現地法人の数： ☐☐☐☐ 社

　　　b） 日本本社直轄の支社・支店の数： ☐☐☐ 社

（2） 貴社が主に進出している地域と、進出している場合にはその最初に進出した年について、それぞれお答えください。

				進出年度（西暦）	
A　中国	1 進出していない	2 進出している	→		年
B　東南アジア	1 進出していない	2 進出している	→		年
C　その他のアジア地域	1 進出していない	2 進出している	→		年
D　中東・アフリカ	1 進出していない	2 進出している	→		年
E　ヨーロッパ	1 進出していない	2 進出している	→		年
F　北米	1 進出していない	2 進出している	→		年
G　中南米・オセアニア	1 進出していない	2 進出している	→		年

（3） 現在、貴社が中心的に展開している地域はどこですか。あてはまる番号すべてに○をつけてください（○はいくつでも）。

1	中国	6	カンボジア	11	インド
2	台湾	7	マレーシア	12	アメリカ
3	タイ	8	シンガポール	13	ドイツ
4	ベトナム	9	インドネシア	14	メキシコ
5	フィリピン	10	ミャンマー	15	その他の国・地域

15の「その他の国・地域」を選択された場合は、以下に具体的な国名・地域名をご記入ください。
（具体的に： 　　　　　　　　　　　　　　　　　　　　　　　　　　）

問3 貴社における雇用制度・システムについてうかがいます。

（1） 貴社は、以下の制度・システムをどの程度適用していますか。従業員の雇用形態それぞれについて、あてはまる番号すべてに○をつけてください **（○はいくつでも）。**

	正社員	限定正社員	非正規社員
1 中長期的な雇用保障	1	2	3
2 年功序列的な賃金制度	1	2	3
3 企業内の労働組合	1	2	3
4 寮・社宅や家賃補助などの福利厚生	1	2	3
5 職能資格に基づく昇進・評価の人事制度	1	2	3
6 職務を限定しない採用	1	2	3
7 新卒採用を中心とした人材調達	1	2	3
8 ローテーションを核とする人材育成制度	1	2	3
9 学生に対するインターンシップ制度	1	2	3
10 法定期間を超えた手厚い産休・育休制度	1	2	3
11 フレックスタイム制度	1	2	3

（2） 貴社における以下の制度・システムを、今後どのように維持または変更していきたいと考えていますか。あてはまる番号にそれぞれ**1つだけ**○をつけてください。

	拡大したい	現状維持	修正したい	廃止したい	こうした制度はない
1 中長期的な雇用保障	1	2	3	4	5
2 年功序列的な賃金制度	1	2	3	4	5
3 企業内の労働組合	1	2	3	4	5
4 寮・社宅や家賃補助などの福利厚生	1	2	3	4	5
5 職能資格に基づく昇進・評価の人事制度	1	2	3	4	5
6 職務を限定しない採用	1	2	3	4	5
7 新卒採用を中心とした人材調達	1	2	3	4	5
8 ローテーションを核とする人材育成制度	1	2	3	4	5
9 学生に対するインターンシップ制度	1	2	3	4	5
10 法定期間を超えた手厚い産休・育休制度	1	2	3	4	5
11 フレックスタイム制度	1	2	3	4	5

【中国の貴現地法人とその経営についてお尋ねします】
（現在中国に現地法人がない場合、8ページに進んでください）

問4 貴社の中国現地法人における経営上の利点・課題についてうかがいます。

（1）現在、中国における貴現地法人の現地経営上の利点（メリット）は何ですか。あてはまる番号すべてに○をつけてください **（○はいくつでも）。**

1	低廉な労働力が確保できる
2	生産体制・雇用の調整が容易
3	優秀な人材が確保できる
4	現地市場の市場規模が大きい
5	今後、さらに現地市場の発展が見込める
6	顧客のニーズやマーケットの変化などに対応しやすい
7	部品・原材料並びに商品が調達しやすい
8	現地政府の優遇策を得られる
9	その他（具体的に：　　　　　　　　　　　　　　　　　）

（2）現在、中国の貴現地法人にはどのような経営上の課題がありますか。あてはまる番号すべてに○をつけてください **（○はいくつでも）。**

1	商品サービスの品質管理を改善する必要がある
2	これ以上のコスト削減が難しい
3	人件費の高騰が負担である
4	従業員の教育・訓練が不十分である
5	優秀な現地の人材が採用できない
6	優秀な従業員が定着しない
7	企業内でのマネジメントがうまくいかない
8	新規顧客の開拓が行き詰っている
9	顧客のニーズへの対応が難しい
10	取引先企業との関係性の維持が難しい
11	競合企業の台頭が著しい
12	特許・商標が尊重されない
13	変動する法や政策への対応が滞っている
14	為替変動のリスクが大きい
15	通関等の手続きが煩雑である
16	その他（具体的に：　　　　　　　　　　　　　　　　　）

（3）中国における従業員の採用では、どのような問題がありますか。**ホワイトカラー・ブルーカラーそれぞれについて**、あてはまる番号すべてに○をつけてください（**○はいくつでも**）。

	ホワイトカラー	ブルーカラー
1　優秀な人材が応募してくれない	1	2
2　応募者の数が少ない	1	2
3　人材確保競争が激しく、欲しい人材が採れない	1	2
4　募集のコスト・時間がかかりすぎる	1	2
5　効果的な募集ルートが確保できていない	1	2
6　特に問題はない	1	2
7　採用は現地に一任しているため、わからない	1	2

（4）人材の退職・流出に関してうかがいます。中国において下記の従業員の移動・流出は起こっていますか。あてはまる番号すべてに○をつけてください（**○はいくつでも**）。

> **1**　ベテランの部長層
> **2**　ベテランの課長層
> **3**　中堅層の大卒・大学院卒（３５歳前後）
> **4**　若手の大卒・大学院卒
> **5**　現場の主任・監督層・ベテランの技能者
> **6**　特に人材の流出による問題はない
> **7**　わからない

問5　現在、中国の貴現地法人に日本人が派遣されている主な理由は何ですか。**取締役以上、ラインマネージャー（部課長層）、アドバイザー・コーディネーターのそれぞれについて**、あてはまる番号すべてに○をつけてください（**○はいくつでも**）。

	取締役以上の日本人派遣者	ラインマネージャー（部課長層）の日本人派遣者	アドバイザー・コーディネーターの日本人派遣者
1　日本本社の経理理念・経営手法を浸透させる必要があるから	1	2	3
2　日本人従業員にキャリアを積ませる必要があるから	1	2	3
3　日本からの技術移転が必要だから	1	2	3
4　日本本社との調整に必要だから	1	2	3
5　現地法人の経理管理に必要だから	1	2	3
6　現地の取引先の交渉相手が日本人だから	1	2	3
7　現地従業員が十分育成されていないから	1	2	3
8　このポジションの日本人派遣者はいない	1	2	3

問6 中国の貴現地法人における「経営の現地化」についてうかがいます。

（1） 中国の貴現地法人において、以下の要素はどの程度進んでいますか。あてはまる番号にそれぞれ **1つだけ**○をつけてください。

	進んで いる	やや 進んでいる	あまり 進んでいない	進んで いない
1　現地人材の採用・育成	1	2	3	4
2　現地従業員への権限譲渡・管理職化	1	2	3	4
3　現地にあわせた組織内の制度変革	1	2	3	4
4　現地従業員との円滑な関係の構築	1	2	3	4
5　海外展開のノウハウやマニュアルの蓄積	1	2	3	4
6　本社の指示を待たない自律的な意思決定	1	2	3	4
7　企業外の規制・制約への対応	1	2	3	4
8　モノ・カネの現地調達	1	2	3	4

（2）中国の貴現地法人が今後中国で発展していくにあたって、重要になると思う要素は何ですか。あてはまる番号すべてに○をつけてください **（○はいくつでも)。**

> **1** 現地人材の採用・育成
> **2** 現地従業員への権限譲渡・管理職化
> **3** 現地にあわせた組織内の制度変革
> **4** 現地従業員との円滑な関係の構築
> **5** 海外展開のノウハウやマニュアルの蓄積
> **6** 本社の指示を待たない自律的な意思決定
> **7** 企業外の規制・制約への対応
> **8** モノ・カネの現地調達
> **9** その他（具体的に：　　　　　　　　　　　　　　　　　　）

問7 貴社の中国における今後3年間の事業展開と従業員数計画についてうかがいます。あてはまる番号にそれぞれ **1つだけ**○をつけてください。

		1	**2**	**3**
A	今後3年間の中国市場の展開を どのように考えていますか。	**1** 拡大基調となる	**2** 現状維持	**3** 縮小基調となる
B	今後3年間の貴現地法人の事業展開を どのように考えていますか。	**1** 拡大する	**2** 現状維持	**3** 縮小・撤退する
C	今後3年間の貴現地法人の現地従業員数の増減を どのように考えていますか。	**1** 増員する	**2** 現状維持	**3** 削減する
D	今後3年間の貴現地法人の日本人派遣者数の増減を どのように考えていますか。	**1** 増員する	**2** 現状維持	**3** 削減する

【貴社の海外展開について一般的にお尋ねします】

問8 貴社の日本本社と現地法人との関係性についてうかがいます。

（1）以下のなかで、貴社の現地法人の経営方針に最も近いのはどれですか。あてはまる番号に **1つだけ**○をつけてください。

1	きわめて重要な案件を除けば、基本的には現地法人側がすべてを決定する
2	基本的には本社が決定しているが、現地側の裁量の余地が大きい
3	基本的には、ほぼすべてを日本本社が決定している

（2）以下のなかで、日本本社の承認を受ける（または相談する）ことなく、貴社の現地法人が独自の判断で決定できる項目はありますか。あてはまる番号すべてに○をつけてください **（○はいくつでも）**。

1	新規事業への進出	**4**	現地従業員の役員への昇進
2	現在の事業への追加的な投資	**5**	部材・サービスの主な購入先の変更
3	大規模な現地従業員の解雇	**6**	製品・サービス・商品の主な販売先の変更

（3）貴社にとって、現地法人との意思疎通はうまくいっていると思われますか。あてはまる番号に **1つだけ**○をつけてください。

1	うまくいっている
2	ほぼうまくいっている
3	あまりうまくいっていない
4	うまくいっていない

問9 貴社の海外展開において想定している「経営の現地化」についてうかがいます。貴社が今後新たに海外進出を図るうえで、重要になると思う要素は何ですか。あてはまる番号に○をつけてください **（○はいくつでも）**。

1	現地人材の採用・育成
2	現地従業員への権限譲渡・管理職化
3	現地にあわせた組織内の制度変革
4	現地従業員との円滑な関係の構築
5	海外展開のノウハウやマニュアルの蓄積
6	本社の指示を待たない自律的な意思決定
7	企業外の規制・制約への対応
8	モノ・カネの現地調達
9	その他（具体的に：　　　　　　　　　　　　　　　　　　　　）

問10 貴社の今後3年間の海外事業展開についてうかがいます。あてはまる番号にそれぞれ**1つだけ**○をつけてください。

	拡大・展開する	現状維持	縮小・撤退する	展開の予定はない
A 東アジア地域	1	2	3	4
B 東南アジア地域	1	2	3	4
C その他のアジア地域	1	2	3	4
D 中東・アフリカ	1	2	3	4
E ヨーロッパ	1	2	3	4
F 北米	1	2	3	4
G 中南米・オセアニア	1	2	3	4

問11 貴社の今後の海外展開についてうかがいます。

（1）今後、貴社が中心的に展開していきたいと考えている国・地域はありますか。あてはまる番号すべてに○をつけてください **（○はいくつでも）**。

1	中国	6	カンボジア	11	インド
2	台湾	7	マレーシア	12	アメリカ
3	タイ	8	シンガポール	13	ドイツ
4	ベトナム	9	インドネシア	14	メキシコ
5	フィリピン	10	ミャンマー	15	その他の国・地域

15の「その他の国・地域」を選択された場合は、以下に具体的な国名・地域名をご記入ください。
（具体的に：   ）

（2）上の（1）で選択した国・地域について、そこで事業展開をしたいと考える経営上の利点（メリット）はありますか。あてはまる番号すべてに○をつけてください **（○はいくつでも）**。

1	低廉な労働力が確保できる
2	生産体制・雇用の調整が容易
3	優秀な人材が確保できる
4	現地市場の市場規模が大きい
5	今後、さらに現地市場の発展が見込める
6	顧客のニーズやマーケットの変化などに対応しやすい
7	部品・原材料並びに商品が調達しやすい
8	現地政府の優遇策を得られる
9	周辺地域でのビジネスを行ううえで重要な拠点となる
10	関連企業との連携が容易である
11	すでに事業のノウハウが蓄積されている
12	その他（具体的に： ）
13	現在、積極的な海外展開は考えていない

【貴社の日本国内におけるグローバル化への対応についてお尋ねします】

問12 以下の要素のなかで、貴社の新入社員に必要だと思われるものはありますか。あてはまる番号すべてに○をつけてください **(○はいくつでも)**。

1	英語の能力	6	責任感・使命感
2	英語以外の語学力	7	チャレンジ精神
3	コミュニケーション能力	8	体力
4	主体性・積極性	9	異文化に対する理解
5	協調性・柔軟性	10	日本人としてのアイデンティティー

問13 日本国内における貴社のグローバル化への対応についてうかがいます。

（1）現在、貴社が感じているグローバル化の必要性について、あてはまる番号に **1つだけ**○をつけてください。

全く必要性はない	←			ある程度必要である	→		強く必要性を感じる	
1	2	3	4	5	6	7	8	9

（2）今後のグローバル化の対応について、あなたの意見をうかがいます。あてはまる番号にそれぞれ **1つだけ**○をつけてください。

		そう思う	ややそう思う	どちらともいえない	あまりそう思わない	そう思わない
1	外国人の人材を多く採用する必要がある	1	2	3	4	5
2	管理職に外国人を多く登用する必要がある	1	2	3	4	5
3	外国人は日本人と異なる存在として扱う必要がある	1	2	3	4	5
4	一般の社員だけでなく、特別なミッションをもった「グローバル人材」が必要になる	1	2	3	4	5
5	「グローバル人材」を自社で十分に確保できている	1	2	3	4	5
6	「グローバル人材」となりうる若い社員を、自社で十分に育成できている	1	2	3	4	5
7	グローバル化に対応するためには、伝統的な企業内のシステムの修正が必要不可欠である	1	2	3	4	5
8	本社で育てた外国人を現地法人で活躍させるべきである	1	2	3	4	5
9	同じ能力を持った人材を新たに採用するならば、外国人よりも日本人のほうが望ましい	1	2	3	4	5
10	企業内のグローバル化は、早急に取り組むべき課題である	1	2	3	4	5

問14 日本企業で働く外国人従業員についてうかがいます。

（1）日本社会の一般的な傾向として、以下の項目をどのように考えますか。あてはまる番号に**1つ**
だけ○をつけてください。

	そう思う	ややそう思う	どちらともいえない	あまりそう思わない	そう思わない
1　外国人は日本人に比べて離職しやすいと思う	1	2	3	4	5
2　外国人を雇用することは難しいことである	1	2	3	4	5
3　日本企業で働く外国人の数は今後も増えると思う	1	2	3	4	5
4　日本で働く外国人が増えるのは望ましいことである	1	2	3	4	5
5　根本的に企業経営を変えるとき、より重要なのは女性の雇用よりも外国人の雇用である	1	2	3	4	5

（2）貴社の日本本社では、外国人の雇用についてどのように考えていますか。あてはまる番号に**1つ**
だけ○をつけてください。

	そう思う	ややそう思う	どちらともいえない	あまりそう思わない	そう思わない
1　このような外国人を雇用したいという明確なイメージをもっている	1	2	3	4	5
2　優秀な外国人を定着させることは企業にとって重要な要素だと思う	1	2	3	4	5
3　現在、日本本社のなかで中核的な役割を担うような外国人を雇っている	1	2	3	4	5
4　将来的には日本本社のなかで中核的な役割を担う外国人を雇用したい	1	2	3	4	5
5　外国人を雇用・定着させるには、今までの企業のシステムを変えていく必要がある	1	2	3	4	5
6　外国人を雇用する積極的な理由がある	1	2	3	4	5
7　外国人には企業内での新たな役割を期待している	1	2	3	4	5
8　日本にいる優秀な留学生を労働力として確保したい	1	2	3	4	5

◎最後に、この調査について何かご意見ございましたら、ご自由にお書きください。

サマリーの送付について

調査結果の送付をご希望の方は、「1　希望する」を選択のうえ、下記「ご連絡先」のご記入をお願いいたします。

| 1　希望する | 2　希望しない |

ヒアリング調査へのご協力のお願い

本アンケート調査終了後、企業内のグローバル化戦略と外国人従業員についてより詳しく実態を把握するため、ご回答いただいたなかから数社を訪問させて頂き、1時間程度お話を伺いたいと考えております。お忙しいことと存じますが、ご協力いただけますと幸いです。

ご協力いただける場合は、「1　協力できる」を選択のうえ、下記「ご連絡先」のご記入をお願いいたします。

なお、ヒアリング調査で取得しました情報は研究目的でのみ使用し、社名、ご担当者名等は全て匿名化し、個々の状況とヒアリング対象が特定されることはありません。

| 1　協力できる | 2　協力できない |

ご連絡先

貴社名	
お名前	
部署名	
ご連絡先	Mail：
	TEL：（　　　　　　）　　　　－
	〒　　　－

調査は以上です。
お忙しいなかご協力いただき、誠にありがとうございました。
同封の返信用封筒（切手不要）にてご返送ください。

集 計 表

日本企業本社のグローバル化対応に関する調査
問1.日本本社概要
問1(1)創業開始年

	調査数	1981年〜	1951年〜1980	1921年〜1950	〜1920年	無回答	平均
全 体	171 100.0	28 16.4	45 26.3	61 35.7	36 21.1	1 0.6	1945.26
問1（1）創業開始年							
1981年〜	28 100.0	28 100.0	－ －	－ －	－ －	－ －	1996.96
1951年〜1980年	45 100.0	－ －	45 100.0	－ －	－ －	－ －	1965.76
1921年〜1950年	61 100.0	－ －	－ －	61 100.0	－ －	－ －	1939.10
〜1920年	36 100.0	－ －	－ －	－ －	36 100.0	－ －	1889.89
問1（2）主たる業種							
食料品、繊維品、木材・家具、パルプ・紙	13 100.0	1 7.7	3 23.1	6 46.2	3 23.1	－ －	1943.23
化学工業	14 100.0	－ －	2 14.3	7 50.0	5 35.7	－ －	1924.07
鉄鋼業、金属製品	7 100.0	－ －	－ －	5 71.4	2 28.6	－ －	1933.71
機器製造(一般、電気、輸送、精密)	27 100.0	1 3.7	9 33.3	15 55.6	2 7.4	－ －	1945.78
プラスチック製品、ゴム・皮革、窯業・土石、非鉄金属	8 100.0	－ －	－ －	4 50.0	4 50.0	－ －	1925.88
その他の製造業	9 100.0	－ －	3 33.3	4 44.4	2 22.2	－ －	1941.11
卸売・小売り	24 100.0	5 20.8	8 33.3	6 25.0	5 20.8	－ －	1939.54
運輸業	10 100.0	3 30.0	1 10.0	3 30.0	3 30.0	－ －	1952.50
建設業	16 100.0	1 6.3	3 18.8	7 43.8	5 31.3	－ －	1927.06
不動産業	3 100.0	3 100.0	－ －	－ －	－ －	－ －	2002.00
飲食店・宿泊業	3 100.0	2 66.7	1 33.3	－ －	－ －	－ －	1986.33
金融・保険業	7 100.0	2 28.6	1 14.3	3 42.9	1 14.3	－ －	1954.43
情報通信業	6 100.0	2 33.3	4 66.7	－ －	－ －	－ －	1972.17
教育、学習支援業	1 100.0	1 100.0	－ －	－ －	－ －	－ －	1983.00
サービス業	13 100.0	5 38.5	8 61.5	－ －	－ －	－ －	1977.69
その他の非製造業	5 100.0	2 40.0	2 40.0	－ －	－ －	1 20.0	1984.25
問1（2）主たる業種							
製造業	78 100.0	2 2.6	17 21.8	41 52.6	18 23.1	－ －	1937.79
非製造業	88 100.0	26 29.5	28 31.8	19 21.6	14 15.9	1 1.1	1954.21
問1（3）日本本社の従業員数							
300人未満	34 100.0	12 35.3	7 20.6	9 26.5	6 17.6	－ －	1952.21
300〜1,000人未満	65 100.0	12 18.5	18 27.7	23 35.4	11 16.9	1 1.5	1950.23
1,000〜3,000人未満	36 100.0	1 2.8	10 27.8	19 52.8	6 16.7	－ －	1940.42
3,000人以上	32 100.0	2 6.3	9 28.1	9 28.1	12 37.5	－ －	1932.00

日本企業本社のグローバル化対応に関する調査
問1.日本本社概要
問1(1)創業開始年

	調査数	1981年～	1951年～1980	1921年～1950	～1920年	無回答	平均
全体	171 100.0	28 16.4	45 26.3	61 35.7	36 21.1	1 0.6	1945.26
問1（4）2017年度の売上高							
100億円未満	21 100.0	7 33.3	5 23.8	6 28.6	3 14.3	－ －	1960.86
100～300億円未満	42 100.0	11 26.2	13 31.0	15 35.7	2 4.8	1 2.4	1953.34
300～1,000億円未満	35 100.0	4 11.4	11 31.4	11 31.4	9 25.7	－ －	1944.97
1,000～3,000億円未満	40 100.0	3 7.5	12 30.0	18 45.0	7 17.5	－ －	1943.78
3,000億円以上	29 100.0	2 6.9	3 10.3	9 31.0	15 51.7	－ －	1923.52
問1（5）2017年度の経常利益							
～0億円	7 100.0	1 14.3	2 28.6	4 57.1	－ －	－ －	1956.57
1～10億円未満	28 100.0	8 28.6	9 32.1	8 28.6	3 10.7	－ －	1948.86
10～30億円未満	42 100.0	11 26.2	11 26.2	14 33.3	5 11.9	1 2.4	1956.95
30～100億円未満	37 100.0	3 8.1	11 29.7	14 37.8	9 24.3	－ －	1942.76
100億円以上	50 100.0	3 6.0	10 20.0	18 36.0	19 38.0	－ －	1931.26
問1（6）5年前と比較した現在の売上高							
50%以上の増加	25 100.0	13 52.0	4 16.0	6 24.0	2 8.0	－ －	1972.28
20～50%以上の増加	43 100.0	7 16.3	16 37.2	11 25.6	9 20.9	－ －	1946.42
5～20%の増加	47 100.0	3 6.4	12 25.5	21 44.7	11 23.4	－ －	1938.79
－5～5%の間で、あまり変動はない	32 100.0	3 9.4	7 21.9	12 37.5	9 28.1	1 3.1	1938.39
減少傾向にある	17 100.0	1 5.9	5 29.4	8 47.1	3 17.6	－ －	1938.18
問1（7）外国籍社員							
いる	75 100.0	9 12.0	19 25.3	27 36.0	20 26.7	－ －	1942.39
いない	39 100.0	7 17.9	11 28.2	15 38.5	6 15.4	－ －	1942.72
問7B．今後3年間の現地法人の事業展開意向							
拡大する	59 100.0	5 8.5	16 27.1	21 35.6	17 28.8	－ －	1934.73
現状維持	34 100.0	2 5.9	8 23.5	15 44.1	9 26.5	－ －	1940.68
縮小・撤退する	5 100.0	1 20.0	1 20.0	2 40.0	1 20.0	－ －	1927.00
問8（1）現地法人の経営方針							
きわめて重要な案件を除けば、基本的には現地法人側がすべてを決定する	35 100.0	6 17.1	12 34.3	10 28.6	7 20.0	－ －	1952.71
基本的には本社が決定しているが、現地側の裁量の余地が大きい	61 100.0	7 11.5	13 21.3	26 42.6	15 24.6	－ －	1937.52
基本的には、ほぼすべてを日本本社が決定している	41 100.0	6 14.6	10 24.4	14 34.1	11 26.8	－ －	1937.12
問8（3）現地法人との意志疎通状況							
うまくいっている	41 100.0	7 17.1	10 24.4	11 26.8	13 31.7	－ －	1936.54
ほぼうまくいっている	78 100.0	10 12.8	18 23.1	33 42.3	17 21.8	－ －	1943.55
あまりうまくいっていない	17 100.0	1 5.9	6 35.3	5 29.4	5 29.4	－ －	1935.88
うまくいっていない	1 100.0	－ －	－ －	1 100.0	－ －	－ －	1929.00

日本企業本社のグローバル化対応に関する調査
問1.日本本社概要
問1(2)主たる業種

	調査数	食料品、繊維品、木材・家具、パルプ・紙	化学工業	鉄鋼業、金属製品	機器製造（一般、電気、輸送、精密）	プラスチック製品、ゴム・皮革、窯業・土石、非鉄金属	その他の製造業	卸売・小売り	運輸業	建設業	不動産業
全 体	171	13	14	7	27	8	9	24	10	16	3
	100.0	7.6	8.2	4.1	15.8	4.7	5.3	14.0	5.8	9.4	1.8
問1（1）創業開始年											
1981年～	28	1	-	-	1	-	-	5	3	1	3
	100.0	3.6	-	-	3.6	-	-	17.9	10.7	3.6	10.7
1951年～1980年	45	3	2	-	9	-	3	8	1	3	-
	100.0	6.7	4.4	-	20.0	-	6.7	17.8	2.2	6.7	-
1921年～1950年	61	6	7	5	15	4	4	6	3	7	-
	100.0	9.8	11.5	8.2	24.6	6.6	6.6	9.8	4.9	11.5	-
～1920年	36	3	5	2	2	4	2	5	3	5	-
	100.0	8.3	13.9	5.6	5.6	11.1	5.6	13.9	8.3	13.9	-
問1（2）主たる業種											
食料品、繊維品、木材・家具、パルプ・紙	13	13	-	-	-	-	-	-	-	-	-
	100.0	100.0	-	-	-	-	-	-	-	-	-
化学工業	14	-	14	-	-	-	-	-	-	-	-
	100.0	-	100.0	-	-	-	-	-	-	-	-
鉄鋼業、金属製品	7	-	-	7	-	-	-	-	-	-	-
	100.0	-	-	100.0	-	-	-	-	-	-	-
機器製造(一般、電気、輸送、精密)	27	-	-	-	27	-	-	-	-	-	-
	100.0	-	-	-	100.0	-	-	-	-	-	-
プラスチック製品、ゴム・皮革、窯業・土石、非鉄金属	8	-	-	-	-	8	-	-	-	-	-
	100.0	-	-	-	-	100.0	-	-	-	-	-
その他の製造業	9	-	-	-	-	-	9	-	-	-	-
	100.0	-	-	-	-	-	100.0	-	-	-	-
卸売・小売り	24	-	-	-	-	-	-	24	-	-	-
	100.0	-	-	-	-	-	-	100.0	-	-	-
運輸業	10	-	-	-	-	-	-	-	10	-	-
	100.0	-	-	-	-	-	-	-	100.0	-	-
建設業	16	-	-	-	-	-	-	-	-	16	-
	100.0	-	-	-	-	-	-	-	-	100.0	-
不動産業	3	-	-	-	-	-	-	-	-	-	3
	100.0	-	-	-	-	-	-	-	-	-	100.0
飲食店・宿泊業	3	-	-	-	-	-	-	-	-	-	-
	100.0	-	-	-	-	-	-	-	-	-	-
金融・保険業	7	-	-	-	-	-	-	-	-	-	-
	100.0	-	-	-	-	-	-	-	-	-	-
情報通信	6	-	-	-	-	-	-	-	-	-	-
	100.0	-	-	-	-	-	-	-	-	-	-
教育、学習支援業	1	-	-	-	-	-	-	-	-	-	-
	100.0	-	-	-	-	-	-	-	-	-	-
サービス業	13	-	-	-	-	-	-	-	-	-	-
	100.0	-	-	-	-	-	-	-	-	-	-
その他の非製造業	5	-	-	-	-	-	-	-	-	-	-
	100.0	-	-	-	-	-	-	-	-	-	-
問1（2）主たる業種											
製造業	78	13	14	7	27	8	9	-	-	-	-
	100.0	16.7	17.9	9.0	34.6	10.3	11.5	-	-	-	-
非製造業	88	-	-	-	-	-	-	24	10	16	3
	100.0	-	-	-	-	-	-	27.3	11.4	18.2	3.4
問1（3）日本本社の従業員数											
300人未満	34	1	3	2	4	1	2	10	2	-	2
	100.0	2.9	8.8	5.9	11.8	2.9	5.9	29.4	5.9	-	5.9
300～1,000人未満	65	7	6	3	10	3	6	1	4	5	1
	100.0	10.8	9.2	4.6	15.4	4.6	9.2	1.5	6.2	7.7	1.5
1,000～3,000人未満	36	1	4	2	8	2	-	7	1	8	-
	100.0	2.8	11.1	5.6	22.2	5.6	-	19.4	2.8	22.2	-
3,000人以上	32	3	1	-	4	2	1	6	3	3	-
	100.0	9.4	3.1	-	12.5	6.3	3.1	18.8	9.4	9.4	-

日本企業本社のグローバル化対応に関する調査
問1.日本本社概要
問1(2)主たる業種

	調査数	飲食店・宿泊業	金融・保険業	情報通信業	教育、学習支援業	サービス業	その他の非製造業	無回答
全 体	171 100.0	3 1.8	7 4.1	6 3.5	1 0.6	13 7.6	5 2.9	5 2.9
問1(1)創業開始年								
1981年～	28 100.0	2 7.1	2 7.1	2 7.1	1 3.6	5 17.9	2 7.1	－ －
1951年～1980年	45 100.0	1 2.2	1 2.2	4 8.9	－ －	8 17.8	2 4.4	－ －
1921年～1950年	61 100.0	－ －	3 4.9	－ －	－ －	－ －	－ －	1 1.6
～1920年	36 100.0	－ －	1 2.8	－ －	－ －	－ －	－ －	4 11.1
問1(2)主たる業種								
食料品、繊維品、木材・家具、パルプ・紙	13 100.0	－ －	－ －	－ －	－ －	－ －	－ －	－ －
化学工業	14 100.0	－ －	－ －	－ －	－ －	－ －	－ －	－ －
鉄鋼業、金属製品	7 100.0	－ －	－ －	－ －	－ －	－ －	－ －	－ －
機器製造(一般、電気、輸送、精密)	27 100.0	－ －	－ －	－ －	－ －	－ －	－ －	－ －
プラスチック製品、ゴム・皮革、窯業・土石、非鉄金属	8 100.0	－ －	－ －	－ －	－ －	－ －	－ －	－ －
その他の製造業	9 100.0	－ －	－ －	－ －	－ －	－ －	－ －	－ －
卸売・小売り	24 100.0	－ －	－ －	－ －	－ －	－ －	－ －	－ －
運輸業	10 100.0	－ －	－ －	－ －	－ －	－ －	－ －	－ －
建設業	16 100.0	－ －	－ －	－ －	－ －	－ －	－ －	－ －
不動産業	3 100.0	－ －	－ －	－ －	－ －	－ －	－ －	－ －
飲食店・宿泊業	3 100.0	3 100.0	－ －	－ －	－ －	－ －	－ －	－ －
金融・保険業	7 100.0	－ －	7 100.0	－ －	－ －	－ －	－ －	－ －
情報通信業	6 100.0	－ －	－ －	6 100.0	－ －	－ －	－ －	－ －
教育、学習支援業	1 100.0	－ －	－ －	－ －	1 100.0	－ －	－ －	－ －
サービス業	13 100.0	－ －	－ －	－ －	－ －	13 100.0	－ －	－ －
その他の非製造業	5 100.0	－ －	－ －	－ －	－ －	－ －	5 100.0	－ －
問1(2)主たる業種								
製造業	78 100.0	－ －	－ －	－ －	－ －	－ －	－ －	－ －
非製造業	88 100.0	3 3.4	7 8.0	6 6.8	1 1.1	13 14.8	5 5.7	－ －
問1(3)日本本社の従業員数								
300人未満	34 100.0	1 2.9	－ －	2 5.9	－ －	3 8.8	1 2.9	－ －
300～1,000人未満	65 100.0	2 3.1	5 7.7	3 4.6	1 1.5	5 7.7	2 3.1	1 1.5
1,000～3,000人未満	36 100.0	－ －	1 2.8	－ －	－ －	1 2.8	－ －	1 2.8
3,000人以上	32 100.0	－ －	1 3.1	1 3.1	－ －	3 9.4	1 3.1	3 9.4

日本企業本社のグローバル化対応に関する調査
問1.日本本社概要
問1(2)主たる業種

	調査数	食料品、繊維品、パルプ・木材・家具・紙	化学工業	鉄鋼業、金属製品	機器製造(一般、電気、輸送、精密)	石・ムプラスチック製品、皮革、非鉄金属窯業・土ゴ	その他の製造業	卸売・小売り	運輸業	建設業	不動産業
全体	171	13	14	7	27	8	9	24	10	16	3
	100.0	7.6	8.2	4.1	15.8	4.7	5.3	14.0	5.8	9.4	1.8
問1(4)2017年度の売上高											
100億円未満	21	2	1	1	2	-	2	6	-	-	-
	100.0	9.5	4.8	4.8	9.5	-	9.5	28.6	-	-	-
100～300億円未満	42	2	5	1	10	1	2	6	-	2	1
	100.0	4.8	11.9	2.4	23.8	2.4	4.8	14.3	-	4.8	2.4
300～1,000億円未満	35	4	3	2	3	3	3	3	3	4	1
	100.0	11.4	8.6	5.7	8.6	8.6	8.6	8.6	8.6	11.4	2.9
1,000～3,000億円未満	40	3	3	2	8	2	1	5	3	6	1
	100.0	7.5	7.5	5.0	20.0	5.0	2.5	12.5	7.5	15.0	2.5
3,000億円以上	29	2	2	-	4	2	1	4	4	4	-
	100.0	6.9	6.9	-	13.8	6.9	3.4	13.8	13.8	13.8	-
問1(5)2017年度の経常利益											
～0億円	7	-	-	-	2	-	-	3	-	-	-
	100.0	-	-	-	28.6	-	-	42.9	-	-	-
1～10億円未満	28	1	2	1	4	1	3	6	-	1	1
	100.0	3.6	7.1	3.6	14.3	3.6	10.7	21.4	-	3.6	3.6
10～30億円未満	42	5	4	1	8	2	2	6	3	3	-
	100.0	11.9	9.5	2.4	19.0	4.8	4.8	14.3	7.1	7.1	-
30～100億円未満	37	4	3	2	5	1	2	2	3	6	1
	100.0	10.8	8.1	5.4	13.5	2.7	5.4	5.4	8.1	16.2	2.7
100億円以上	50	3	5	1	8	4	2	6	4	6	1
	100.0	6.0	10.0	2.0	16.0	8.0	4.0	12.0	8.0	12.0	2.0
問1(6)5年前と比較した現在の売上高											
50%以上の増加	25	-	-	-	5	-	-	5	4	4	2
	100.0	-	-	-	20.0	-	-	20.0	16.0	16.0	8.0
20～50%以上の増加	43	7	4	-	7	2	3	4	1	2	1
	100.0	16.3	9.3	-	16.3	4.7	7.0	9.3	2.3	4.7	2.3
5～20%の増加	47	2	5	3	8	4	5	4	4	7	-
	100.0	4.3	10.6	6.4	17.0	8.5	10.6	8.5	8.5	14.9	-
－5～5%の間で、あまり変動はない	32	4	4	3	5	1	1	4	1	1	-
	100.0	12.5	12.5	9.4	15.6	3.1	3.1	12.5	3.1	3.1	-
減少傾向にある	17	-	-	-	2	1	-	7	-	1	-
	100.0	-	-	-	11.8	5.9	-	41.2	-	5.9	-
問1(7)外国籍社員											
いる	75	4	8	3	12	7	7	8	5	8	-
	100.0	5.3	10.7	4.0	16.0	9.3	9.3	10.7	6.7	10.7	-
いない	39	3	1	3	6	-	1	10	2	2	2
	100.0	7.7	2.6	7.7	15.4	-	2.6	25.6	5.1	5.1	5.1
問7B.今後3年間の現地法人の事業展開意向											
拡大する	59	8	8	1	12	5	6	7	2	2	1
	100.0	13.6	13.6	1.7	20.3	8.5	10.2	11.9	3.4	3.4	1.7
現状維持	34	1	3	5	8	3	-	2	5	2	-
	100.0	2.9	8.8	14.7	23.5	8.8	-	5.9	14.7	5.9	-
縮小・撤退する	5	1	-	-	1	-	-	2	-	-	-
	100.0	20.0	-	-	20.0	-	-	40.0	-	-	-
問8(1)現地法人の経営方針											
きわめて重要な案件を除けば、基本的には現地法人側がすべてを決定する	35	4	4	1	6	-	2	6	2	3	-
	100.0	11.4	11.4	2.9	17.1	-	5.7	17.1	5.7	8.6	-
基本的には本社が決定しているが、現地側の裁量の余地が大きい	61	4	5	4	12	6	4	6	5	6	1
	100.0	6.6	8.2	6.6	19.7	9.8	6.6	9.8	8.2	9.8	1.6
基本的には、ほぼすべてを日本本社が決定している	41	3	4	1	7	2	1	7	1	4	1
	100.0	7.3	9.8	2.4	17.1	4.9	2.4	17.1	2.4	9.8	2.4
問8(3)現地法人との意志疎通状況											
うまくいっている	41	5	4	2	6	2	1	5	1	4	2
	100.0	12.2	9.8	4.9	14.6	4.9	2.4	12.2	2.4	9.8	4.9
ほぼうまくいっている	78	6	8	4	17	6	5	12	3	7	-
	100.0	7.7	10.3	5.1	21.8	7.7	6.4	15.4	3.8	9.0	-
あまりうまくいっていない	17	-	1	-	2	-	2	1	3	2	-
	100.0	-	5.9	-	11.8	-	11.8	5.9	17.6	11.8	-
うまくいっていない	1	-	-	-	-	-	-	-	-	1	-
	100.0	-	-	-	-	-	-	-	-	100.0	-

日本企業本社のグローバル化対応に関する調査
問1.日本本社概要
問1(2)主たる業種

	調査数	飲食店・宿泊業	金融・保険業	情報通信業	教育、学習支援業	サービス業	その他の非製造業	無回答
全体	171 100.0	3 1.8	7 4.1	6 3.5	1 0.6	13 7.6	5 2.9	5 2.9
問1（4）2017年度の売上高								
100億円未満	21 100.0	－ －	1 4.8	3 14.3	－ －	2 9.5	1 4.8	－ －
100～300億円未満	42 100.0	3 7.1	1 2.4	1 2.4	1 2.4	5 11.9	1 2.4	－ －
300～1,000億円未満	35 100.0	－ －	－ －	1 2.9	－ －	3 8.6	－ －	2 5.7
1,000～3,000億円未満	40 100.0	－ －	2 5.0	1 2.5	－ －	2 5.0	1 2.5	－ －
3,000億円以上	29 100.0	－ －	2 6.9	－ －	－ －	－ －	1 3.4	3 10.3
問1（5）2017年度の経常利益								
～0億円	7 100.0	2 28.6	－ －	－ －	－ －	－ －	－ －	－ －
1～10億円未満	28 100.0	－ －	1 3.6	4 14.3	－ －	2 7.1	1 3.6	－ －
10～30億円未満	42 100.0	1 2.4	－ －	－ －	1 2.4	5 11.9	1 2.4	－ －
30～100億円未満	37 100.0	－ －	1 2.7	1 2.7	－ －	3 8.1	1 2.7	2 5.4
100億円以上	50 100.0	－ －	4 8.0	1 2.0	－ －	1 2.0	1 2.0	3 6.0
問1（6）5年前と比較した現在の売上高								
50%以上の増加	25 100.0	1 4.0	1 4.0	－ －	－ －	2 8.0	1 4.0	－ －
20～50%以上の増加	43 100.0	－ －	2 4.7	3 7.0	－ －	4 9.3	1 2.3	2 4.7
5～20%の増加	47 100.0	－ －	1 2.1	－ －	－ －	3 6.4	－ －	1 2.1
－5～5%の間で、あまり変動はない	32 100.0	－ －	1 3.1	2 6.3	1 3.1	2 6.3	2 6.3	－ －
減少傾向にある	17 100.0	2 11.8	1 5.9	1 5.9	－ －	1 5.9	－ －	1 5.9
問1（7）外国籍社員								
いる	75 100.0	1 1.3	1 1.3	3 4.0	－ －	6 8.0	1 1.3	1 1.3
いない	39 100.0	－ －	1 2.6	3 7.7	1 2.6	2 5.1	1 2.6	1 2.6
問7B. 今後3年間の現地法人の事業展開意向								
拡大する	59 100.0	－ －	1 1.7	－ －	－ －	5 8.5	－ －	1 1.7
現状維持	34 100.0	－ －	－ －	1 2.9	－ －	3 8.8	－ －	1 2.9
縮小・撤退する	5 100.0	－ －	－ －	－ －	－ －	1 20.0	－ －	－ －
問8（1）現地法人の経営方針								
きわめて重要な案件を除けば、基本的には現地法人側がすべてを決定する	35 100.0	－ －	3 8.6	1 2.9	1 2.9	2 5.7	－ －	－ －
基本的には本社が決定しているが、現地側の裁量の余地が大きい	61 100.0	－ －	－ －	－ －	－ －	6 9.8	2 3.3	－ －
基本的には、ほぼすべてを日本本社が決定している	41 100.0	1 2.4	－ －	2 4.9	－ －	2 4.9	1 2.4	4 9.8
問8（3）現地法人との意志疎通状況								
うまくいっている	41 100.0	－ －	2 4.9	1 2.4	1 2.4	1 2.4	2 4.9	2 4.9
ほぼうまくいっている	78 100.0	－ －	1 1.3	－ －	－ －	5 6.4	1 1.3	3 3.8
あまりうまくいっていない	17 100.0	1 5.9	－ －	1 5.9	－ －	4 23.5	－ －	－ －
うまくいっていない	1 100.0	－ －	－ －	－ －	－ －	－ －	－ －	－ －

日本企業本社のグローバル化対応に関する調査
問1.日本本社概要
問1(2)主たる業種

	調査数	製造業	非製造業	無回答
全 体	171 100.0	78 45.6	88 51.5	5 2.9
問1（1）創業開始年				
1981年～	28 100.0	2 7.1	26 92.9	－ －
1951年～1980年	45 100.0	17 37.8	28 62.2	－ －
1921年～1950年	61 100.0	41 67.2	19 31.1	1 1.6
～1920年	36 100.0	18 50.0	14 38.9	4 11.1
問1（2）主たる業種				
食料品、繊維品、木材・家具、パルプ・紙	13 100.0	13 100.0	－ 	－
化学工業	14 100.0	14 100.0	－ 	－
鉄鋼業、金属製品	7 100.0	7 100.0	－ 	－
機器製造(一般、電気、輸送、精密)	27 100.0	27 100.0	－ 	－
プラスチック製品、ゴム・皮革、窯業・土石、非鉄金属	8 100.0	8 100.0	－ 	－
その他の製造業	9 100.0	9 100.0	－ 	－
卸売・小売り	24 100.0	－ 	24 100.0	－
運輸業	10 100.0	－ 	10 100.0	－
建設業	16 100.0	－ 	16 100.0	－
不動産業	3 100.0	－ 	3 100.0	－
飲食店・宿泊業	3 100.0	－ 	3 100.0	－
金融・保険業	7 100.0	－ 	7 100.0	－
情報通信業	6 100.0	－ 	6 100.0	－
教育、学習支援業	1 100.0	－ 	1 100.0	－
サービス業	13 100.0	－ 	13 100.0	－
その他の非製造業	5 100.0	－ 	5 100.0	－
問1（2）主たる業種				
製造業	78 100.0	78 100.0	－ －	－ －
非製造業	88 100.0	－ －	88 100.0	－ －
問1（3）日本本社の従業員数				
300人未満	34 100.0	13 38.2	21 61.8	－ －
300～1,000人未満	65 100.0	35 53.8	29 44.6	1 1.5
1,000～3,000人未満	36 100.0	17 47.2	18 50.0	1 2.8
3,000人以上	32 100.0	11 34.4	18 56.3	3 9.4

日本企業本社のグローバル化対応に関する調査
問1.日本本社概要
問1(2)主たる業種

	調査数	製造業	非製造業	無回答
全 体	171 100.0	78 45.6	88 51.5	5 2.9
問1(4)2017年度の売上高				
100億円未満	21 100.0	8 38.1	13 61.9	－
100～300億円未満	42 100.0	21 50.0	21 50.0	－
300～1,000億円未満	35 100.0	18 51.4	15 42.9	2 5.7
1,000～3,000億円未満	40 100.0	19 47.5	21 52.5	－
3,000億円以上	29 100.0	11 37.9	15 51.7	3 10.3
問1(5)2017年度の経常利益				
～0億円	7 100.0	2 28.6	5 71.4	－
1～10億円未満	28 100.0	12 42.9	16 57.1	－
10～30億円未満	42 100.0	22 52.4	20 47.6	－
30～100億円未満	37 100.0	17 45.9	18 48.6	2 5.4
100億円以上	50 100.0	23 46.0	24 48.0	3 6.0
問1(6)5年前と比較した現在の売上高				
50%以上の増加	25 100.0	5 20.0	20 80.0	－
20～50%以上の増加	43 100.0	23 53.5	18 41.9	2 4.7
5～20%の増加	47 100.0	27 57.4	19 40.4	1 2.1
－5～5%の間で、あまり変動はない	32 100.0	18 56.3	14 43.8	－
減少傾向にある	17 100.0	3 17.6	13 76.5	1 5.9
問1(7)外国籍社員				
いる	75 100.0	41 54.7	33 44.0	1 1.3
いない	39 100.0	14 35.9	24 61.5	1 2.6
問7B.今後3年間の現地法人の事業展開意向				
拡大する	59 100.0	40 67.8	18 30.5	1 1.7
現状維持	34 100.0	20 58.8	13 38.2	1 2.9
縮小・撤退する	5 100.0	2 40.0	3 60.0	－
問8(1)現地法人の経営方針				
きわめて重要な案件を除けば、基本的には現地法人側がすべてを決定する	35 100.0	17 48.6	18 51.4	－
基本的には本社が決定しているが、現地側の裁量の余地が大きい	61 100.0	35 57.4	26 42.6	－
基本的には、ほぼすべてを日本本社が決定している	41 100.0	18 43.9	19 46.3	4 9.8
問8(3)現地法人との意志疎通状況				
うまくいっている	41 100.0	20 48.8	19 46.3	2 4.9
ほぼうまくいっている	78 100.0	46 59.0	29 37.2	3 3.8
あまりうまくいっていない	17 100.0	5 29.4	12 70.6	－
うまくいっていない	1 100.0	－ －	1 100.0	－

－101－

日本企業本社のグローバル化対応に関する調査
問1.日本本社概要
問1(3)日本本社の従業員数

	調査数	300人未満	300～1,000人未満	1,000～3,000人未満	3,000人以上	無回答	平均	標準偏差
全体	171	34	65	36	32	4	2745.11	6457.78
	100.0	19.9	38.0	21.1	18.7	2.3		
問1(1)創業開始年								
1981年～	28	12	12	1	2	1	2832.89	10646.96
	100.0	42.9	42.9	3.6	7.1	3.6		
1951年～1980年	45	7	18	10	9	1	2597.66	4438.90
	100.0	15.6	40.0	22.2	20.0	2.2		
1921年～1950年	61	9	23	19	9	1	2123.87	4434.34
	100.0	14.8	37.7	31.1	14.8	1.6		
～1920年	36	6	11	6	12	1	3994.49	7116.49
	100.0	16.7	30.6	16.7	33.3	2.8		
問1(2)主たる業種								
食料品、繊維品、木材・家具、パルプ・紙	13	1	7	1	3	1	1491.08	1514.67
	100.0	7.7	53.8	7.7	23.1	7.7		
化学工業	14	3	6	4	1	－	1107.29	1296.16
	100.0	21.4	42.9	28.6	7.1	－		
鉄鋼業、金属製品	7	2	3	2	－	－	777.00	592.01
	100.0	28.6	42.9	28.6	－	－		
機器製造(一般、電気、輸送、精密)	27	4	10	8	4	1	3725.42	8715.38
	100.0	14.8	37.0	29.6	14.8	3.7		
プラスチック製品、ゴム・皮革、窯業・土石、非鉄金属	8	1	3	2	2	－	2820.00	3779.18
	100.0	12.5	37.5	25.0	25.0	－		
その他の製造業	9	2	6	－	1	－	914.44	1101.93
	100.0	22.2	66.7	－	11.1	－		
卸売・小売り	24	10	1	7	6	－	2036.33	2648.79
	100.0	41.7	4.2	29.2	25.0	－		
運輸業	10	2	4	1	3	－	8496.60	16586.66
	100.0	20.0	40.0	10.0	30.0	－		
建設業	16	－	5	8	3	－	2571.13	2866.59
	100.0	－	31.3	50.0	18.8	－		
不動産業	3	2	1	－	－	－	234.67	194.23
	100.0	66.7	33.3	－	－	－		
飲食店・宿泊業	3	1	2	－	－	－	550.67	179.50
	100.0	33.3	66.7	－	－	－		
金融・保険業	7	－	5	1	1	－	1012.57	927.65
	100.0	－	71.4	14.3	14.3	－		
情報通信業	6	2	3	－	1	－	1097.33	1519.75
	100.0	33.3	50.0	－	16.7	－		
教育、学習支援業	1	－	1	－	－	－	484.00	0.00
	100.0	－	100.0	－	－	－		
サービス業	13	3	5	1	3	1	3962.25	6382.56
	100.0	23.1	38.5	7.7	23.1	7.7		
その他の非製造業	5	1	2	－	1	1	4401.50	6989.11
	100.0	20.0	40.0	－	20.0	20.0		
問1(2)主たる業種								
製造業	78	13	35	17	11	2	2190.59	5463.94
	100.0	16.7	44.9	21.8	14.1	2.6		
非製造業	88	21	29	18	18	2	2984.20	6986.95
	100.0	23.9	33.0	20.5	20.5	2.3		
問1(3)日本本社の従業員数								
300人未満	34	34	－	－	－	－	144.24	91.75
	100.0	100.0	－	－	－	－		
300～1,000人未満	65	－	65	－	－	－	564.03	198.36
	100.0	－	100.0	－	－	－		
1,000～3,000人未満	36	－	－	36	－	－	1814.78	566.23
	100.0	－	－	100.0	－	－		
3,000人以上	32	－	－	－	32	－	10985.50	11465.59
	100.0	－	－	－	100.0	－		

日本企業本社のグローバル化対応に関する調査
問1.日本本社概要
問1(3)日本本社の従業員数

	調査数	300人未満	300〜1,000人未満	1,000〜10,000人未満	10,000人以上	無回答	平均	標準偏差
全 体	171 100.0	34 19.9	65 38.0	36 21.1	32 18.7	4 2.3	2745.11	6457.78
問1(4)2017年度の売上高								
100億円未満	21 100.0	15 71.4	6 28.6	− −	− −	− 	182.05	137.11
100〜300億円未満	42 100.0	12 28.6	25 59.5	3 7.1	2 4.8	− 	628.88	744.80
300〜1,000億円未満	35 100.0	3 8.6	19 54.3	10 28.6	2 5.7	1 2.9	1373.85	2100.20
1,000〜3,000億円未満	40 100.0	4 10.0	8 20.0	18 45.0	9 22.5	1 2.5	2776.23	3815.19
3,000億円以上	29 100.0	− −	5 17.2	5 17.2	19 65.5	− 	9377.17	12523.91
問1(5)2017年度の経常利益								
〜0億円	7 100.0	3 42.9	2 28.6	1 14.3	1 14.3	− 	800.43	946.91
1〜10億円未満	28 100.0	13 46.4	14 50.0	1 3.6	− −	− 	333.00	294.86
10〜30億円未満	42 100.0	9 21.4	27 64.3	3 7.1	2 4.8	1 2.4	854.32	1447.94
30〜100億円未満	37 100.0	6 16.2	13 35.1	16 43.2	2 5.4	− 	1761.08	3588.25
100億円以上	50 100.0	1 2.0	7 14.0	15 30.0	26 52.0	1 2.0	6890.33	10257.54
問1(6)5年前と比較した現在の売上高								
50%以上の増加	25 100.0	6 24.0	8 32.0	5 20.0	6 24.0	− −	2525.68	3221.54
20〜50%以上の増加	43 100.0	10 23.3	18 41.9	7 16.3	6 14.0	2 4.7	2091.32	4418.24
5〜20%の増加	47 100.0	4 8.5	20 42.6	15 31.9	8 17.0	− 	3935.43	9579.78
−5〜5%の間で、あまり変動はない	32 100.0	8 25.0	11 34.4	6 18.8	7 21.9	− 	2743.72	6507.38
減少傾向にある	17 100.0	6 35.3	6 35.3	3 17.6	2 11.8	− 	990.12	1301.03
問1(7)外国籍社員								
いる	75 100.0	12 16.0	26 34.7	21 28.0	16 21.3	− 	2620.64	4186.53
いない	39 100.0	15 38.5	21 53.8	1 2.6	2 5.1	− 	604.67	826.88
問7B.今後3年間の現地法人の事業展開意向								
拡大する	59 100.0	9 15.3	21 35.6	12 20.3	16 27.1	1 1.7	3497.10	6734.61
現状維持	34 100.0	5 14.7	11 32.4	13 38.2	4 11.8	1 2.9	1921.36	2913.19
縮小・撤退する	5 100.0	2 40.0	2 40.0	1 20.0	− 	− 	761.00	1009.28
問8(1)現地法人の経営方針								
きわめて重要な案件を除けば、基本的には現地法人側がすべてを決定する	35 100.0	8 22.9	16 45.7	8 22.9	3 8.6	− 	1331.40	2324.72
基本的には本社が決定しているが、現地側の裁量の余地が大きい	61 100.0	8 13.1	22 36.1	17 27.9	13 21.3	1 1.6	2775.12	4865.99
基本的には、ほぼすべてを日本本社が決定している	41 100.0	7 17.1	14 34.1	8 19.5	10 24.4	2 4.9	3222.97	6592.49
問8(3)現地法人との意志疎通状況								
うまくいっている	41 100.0	6 14.6	21 51.2	6 14.6	8 19.5	− 	2647.37	4875.98
ほぼうまくいっている	78 100.0	14 17.9	22 28.2	25 32.1	14 17.9	3 3.8	2636.87	5589.50
あまりうまくいっていない	17 100.0	3 17.6	8 47.1	2 11.8	4 23.5	− 	3032.88	5482.29
うまくいっていない	1 100.0	− −	1 100.0	− −	− −	− 	723.00	0.00

日本企業本社のグローバル化対応に関する調査
問1.日本本社概要
問1(4)2017年度の売上高(億円))

	調査数	100億円未満	100〜300億円未満	300〜1,000億円未満	1,000〜3,000億円未満	3,000億円以上	無回答	平均	標準偏差
全 体	171 100.0	21 12.3	42 24.6	35 20.5	40 23.4	29 17.0	4 2.3	3862.85	10986.38
問1(1)創業開始年									
1981年〜	28 100.0	7 25.0	11 39.3	4 14.3	3 10.7	2 7.1	1 3.6	3132.93	10704.17
1951年〜1980年	45 100.0	5 11.1	13 28.9	11 24.4	12 26.7	3 6.7	1 2.2	1844.59	4559.45
1921年〜1950年	61 100.0	6 9.8	15 24.6	11 18.0	18 29.5	9 14.8	2 3.3	2012.86	3925.69
〜1920年	36 100.0	3 8.3	2 5.6	9 25.0	7 19.4	15 41.7	- 	10009.33	19343.95
問1(2)主たる業種									
食料品、繊維品、木材・家具、パルプ・紙	13 100.0	2 15.4	2 15.4	4 30.8	3 23.1	2 15.4	- 	1643.85	2737.90
化学工業	14 100.0	1 7.1	5 35.7	3 21.4	3 21.4	2 14.3	- 	1051.64	1170.50
鉄鋼業、金属製品	7 100.0	1 14.3	1 14.3	2 28.6	2 28.6	- 	1 14.3	634.83	520.22
機器製造(一般、電気、輸送、精密)	27 100.0	2 7.4	10 37.0	3 11.1	8 29.6	4 14.8	- 	5437.85	18010.34
プラスチック製品、ゴム・皮革、窯業・土石、非鉄金属	8 100.0	- 	1 12.5	3 37.5	2 25.0	2 25.0	- 	2306.13	2350.43
その他の製造業	9 100.0	2 22.2	2 22.2	3 33.3	1 11.1	1 11.1	- 	894.00	1180.56
卸売・小売り	24 100.0	6 25.0	6 25.0	3 12.5	5 20.8	4 16.7	- 	5145.67	12275.58
運輸業	10 100.0	- 	- 	3 30.0	3 30.0	4 40.0	- 	5541.70	6683.15
建設業	16 100.0	- 	2 12.5	4 25.0	6 37.5	4 25.0	- 	2934.56	3705.27
不動産業	3 100.0	- 	1 33.3	1 33.3	1 33.3	- 	- 	1125.67	1246.39
飲食店・宿泊業	3 100.0	- 	3 100.0	- 	- 	- 	- 	143.00	9.42
金融・保険業	7 100.0	1 14.3	1 14.3	- 	2 28.6	2 28.6	1 14.3	17829.33	23820.67
情報通信業	6 100.0	3 50.0	1 16.7	1 16.7	1 16.7	- 	- 	656.33	1027.38
教育、学習支援業	1 100.0	- 	1 100.0	- 	- 	- 	- 	137.00	0.00
サービス業	13 100.0	2 15.4	5 38.5	3 23.1	2 15.4	- 	1 7.7	607.92	900.74
その他の非製造業	5 100.0	1 20.0	1 20.0	- 	1 20.0	1 20.0	1 20.0	6825.25	11077.28
問1(2)主たる業種									
製造業	78 100.0	8 10.3	21 26.9	18 23.1	19 24.4	11 14.1	1 1.3	2769.08	10956.70
非製造業	88 100.0	13 14.8	21 23.9	15 17.0	21 23.9	15 17.0	3 3.4	4415.52	10697.25
問1(3)日本本社の従業員数									
300人未満	34 100.0	15 44.1	12 35.3	3 8.8	4 11.8	- 	- 	320.82	595.12
300〜1,000人未満	65 100.0	6 9.2	25 38.5	19 29.2	8 12.3	5 7.7	2 3.1	2504.76	9132.51
1,000〜3,000人未満	36 100.0	- 	3 8.3	10 27.8	18 50.0	5 13.9	- 	2102.17	2941.51
3,000人以上	32 100.0	- 	2 6.3	2 6.3	9 28.1	19 59.4	- 	12427.03	19009.88

—104—

日本企業本社のグローバル化対応に関する調査
問1.日本本社概要
問1(4)2017年度の売上高(億円))

	調査数	100億円未満	100～300億円未満	300～1,000億円未満	1,000～3,000億円未満	3,000億円以上	無回答	平均	標準偏差
全 体	171	21	42	35	40	29	4	3862.85	10986.38
	100.0	12.3	24.6	20.5	23.4	17.0	2.3		
問1（4）2017年度の売上高									
100億円未満	21	21	–	–	–	–	–	52.81	33.93
	100.0	100.0	–	–	–	–	–		
100～300億円未満	42	–	42	–	–	–	–	176.14	59.85
	100.0	–	100.0						
300～1,000億円未満	35	–	–	35	–	–	–	500.43	187.95
	100.0	–		100.0					
1,000～3,000億円未満	40	–	–	–	40	–	–	2027.15	641.72
	100.0	–	–	–	100.0				
3,000億円以上	29	–	–	–	–	29	–	18551.31	20741.56
	100.0	–	–	–		100.0			
問1（5）2017年度の経常利益									
～0億円	7	2	4	1	–	–	–	203.57	189.22
	100.0	28.6	57.1	14.3	–	–			
1～10億円未満	28	12	15	1	–	–	–	117.57	79.90
	100.0	42.9	53.6	3.6	–	–			
10～30億円未満	42	5	20	16	1	–	–	282.19	277.34
	100.0	11.9	47.6	38.1	2.4	–			
30～100億円未満	37	–	3	17	16	1	–	1145.54	886.43
	100.0	–	8.1	45.9	43.2	2.7			
100億円以上	50	–	–	–	22	28	–	11672.46	17745.69
	100.0	–	–		44.0	56.0			
問1（6）5 年前と比較した現在の売上高									
50%以上の増加	25	4	5	3	11	2	–	1649.52	1983.17
	100.0	16.0	20.0	12.0	44.0	8.0			
20～50%以上の増加	43	7	12	6	10	8	–	3588.93	9703.08
	100.0	16.3	27.9	14.0	23.3	18.6			
5～20%の増加	47	1	8	14	13	11	–	5012.79	11253.18
	100.0	2.1	17.0	29.8	27.7	23.4			
－5～5%の間で、あまり変動はない	32	5	12	6	4	5	–	4722.78	16675.74
	100.0	15.6	37.5	18.8	12.5	15.6			
減少傾向にある	17	4	5	5	1	1	1	2173.81	6735.37
	100.0	23.5	29.4	29.4	5.9	5.9	5.9		
問1（7）外国籍社員									
いる	75	7	16	17	18	17	–	3648.83	8104.97
	100.0	9.3	21.3	22.7	24.0	22.7	–		
いない	39	10	13	9	5	–	2	396.24	532.05
	100.0	25.6	33.3	23.1	12.8	–	5.1		
問7B. 今後3 年間の現地法人の事業展開意向									
拡大する	59	4	10	17	12	15	1	6231.84	15915.21
	100.0	6.8	16.9	28.8	20.3	25.4	1.7		
現状維持	34	–	8	6	15	5	–	2256.00	3253.37
	100.0	–	23.5	17.6	44.1	14.7			
縮小・撤退する	5	2	2	1	–	–	–	153.00	123.47
	100.0	40.0	40.0	20.0					
問8（1）現地法人の経営方針									
きわめて重要な案件を除けば、基本的には現地法人側がすべてを決定する	35	6	8	8	7	6	–	4261.97	11834.08
	100.0	17.1	22.9	22.9	20.0	17.1			
基本的には本社が決定しているが、現地側の裁量の余地が大きい	61	2	10	12	22	13	2	3110.71	5510.38
	100.0	3.3	16.4	19.7	36.1	21.3	3.3		
基本的には、ほぼすべてを日本本社が決定している	41	3	13	10	7	8	–	5977.71	16844.73
	100.0	7.3	31.7	24.4	17.1	19.5			
問8（3）現地法人との意志疎通状況									
うまくいっている	41	3	9	9	12	8	–	6014.51	12977.05
	100.0	7.3	22.0	22.0	29.3	19.5			
ほぼうまくいっている	78	6	18	17	20	15	2	4230.55	12631.21
	100.0	7.7	23.1	21.8	25.6	19.2	2.6		
あまりうまくいっていない	17	2	3	4	3	5	–	2468.71	3616.16
	100.0	11.8	17.6	23.5	17.6	29.4			
うまくいっていない	1	–	–	–	1	–	–	315.00	0.00
	100.0	–	–		100.0				

日本企業本社のグローバル化対応に関する調査
問1.日本本社概要
問1(5)2017年度の経常利益(億円))

	調査数	～0億円	1～10億円未満	10～30億円未満	30～100億円未満	100億円以上	無回答	平均	標準偏差
全体	171	7	28	42	37	50	7	307.24	877.50
	100.0	4.1	16.4	24.6	21.6	29.2	4.1		
問1(1)創業開始年									
1981年～	28	1	8	11	3	3	2	296.81	909.86
	100.0	3.6	28.6	39.3	10.7	10.7	7.1		
1951年～1980年	45	2	9	11	11	10	2	89.42	170.05
	100.0	4.4	20.0	24.4	24.4	22.2	4.4		
1921年～1950年	61	4	8	14	14	18	3	198.38	586.14
	100.0	6.6	13.1	23.0	23.0	29.5	4.9		
～1920年	36	－	3	5	9	19	－	758.19	1428.44
	100.0	－	8.3	13.9	25.0	52.8	－		
問1(2)主たる業種									
食料品、繊維品、木材・家具、パルプ・紙	13	－	1	5	4	3	－	62.77	66.86
	100.0	－	7.7	38.5	30.8	23.1	－		
化学工業	14	－	2	4	3	5	－	175.93	347.26
	100.0	－	14.3	28.6	21.4	35.7	－		
鉄鋼業、金属製品	7	－	1	1	2	1	2	67.80	81.61
	100.0	－	14.3	14.3	28.6	14.3	28.6		
機器製造(一般、電気、輸送、精密)	27	2	4	8	5	8	－	375.22	1241.80
	100.0	7.4	14.8	29.6	18.5	29.6	－		
プラスチック製品、ゴム・皮革、窯業・土石、非鉄金属	8	－	1	2	1	4	－	680.00	1277.79
	100.0	－	12.5	25.0	12.5	50.0	－		
その他の製造業	9	－	3	2	2	2	－	73.67	113.40
	100.0	－	33.3	22.2	22.2	22.2	－		
卸売・小売り	24	3	6	6	2	6	1	306.96	893.47
	100.0	12.5	25.0	25.0	8.3	25.0	4.2		
運輸業	10	－	－	3	3	4	－	462.30	992.92
	100.0	－	－	30.0	30.0	40.0	－		
建設業	16	－	1	3	6	6	－	276.31	485.78
	100.0	－	6.3	18.8	37.5	37.5	－		
不動産業	3	－	1	－	1	1	－	174.67	223.31
	100.0	－	33.3	－	33.3	33.3	－		
飲食店・宿泊業	3	2	－	1	－	－	－	6.33	8.96
	100.0	66.7	－	33.3	－	－	－		
金融・保険業	7	－	1	－	1	4	1	1546.83	1844.36
	100.0	－	14.3	－	14.3	57.1	14.3		
情報通信業	6	－	4	－	1	1	－	38.00	56.93
	100.0	－	66.7	－	16.7	16.7	－		
教育、学習支援業	1	－	－	1	－	－	－	25.00	0.00
	100.0	－	－	100.0	－	－	－		
サービス業	13	－	2	5	3	1	2	39.36	64.00
	100.0	－	15.4	38.5	23.1	7.7	15.4		
その他の非製造業	5	－	1	1	1	1	1	247.00	377.66
	100.0	－	20.0	20.0	20.0	20.0	20.0		
問1(2)主たる業種									
製造業	78	2	12	22	17	23	2	261.21	884.55
	100.0	2.6	15.4	28.2	21.8	29.5	2.6		
非製造業	88	5	16	20	18	24	5	332.55	879.86
	100.0	5.7	18.2	22.7	20.5	27.3	5.7		
問1(3)日本本社の従業員数									
300人未満	34	3	13	9	6	1	2	18.97	33.42
	100.0	8.8	38.2	26.5	17.6	2.9	5.9		
300～1,000人未満	65	2	14	27	13	7	2	183.84	725.77
	100.0	3.1	21.5	41.5	20.0	10.8	3.1		
1,000～3,000人未満	36	1	1	3	16	15	－	117.14	96.89
	100.0	2.8	2.8	8.3	44.4	41.7	－		
3,000人以上	32	1	－	2	2	26	1	1090.90	1488.19
	100.0	3.1	－	6.3	6.3	81.3	3.1		

日本企業本社のグローバル化対応に関する調査
問1.日本本社概要
問1(5)2017年度の経常利益(億円))

	調査数	～0億円	1～10億円未満	10～30億円未満	30～100億円未満	100億円以上	無回答	平均	標準偏差
全 体	171 100.0	7 4.1	28 16.4	42 24.6	37 21.6	50 29.2	7 4.1	307.24	877.50
問1（4）2017年度の売上高									
100億円未満	21 100.0	2 9.5	12 57.1	5 23.8	－ －	－ －	2 9.5	6.00	5.08
100～300億円未満	42 100.0	4 9.5	15 35.7	20 47.6	3 7.1	－ －	－ －	10.98	13.79
300～1,000億円未満	35 100.0	1 2.9	1 2.9	16 45.7	17 48.6	－ －	－ －	31.54	22.05
1,000～3,000億円未満	40 100.0	－ －	－ －	1 2.5	16 40.0	22 55.0	1 2.5	165.08	145.51
3,000億円以上	29 100.0	－ －	－ －	－ －	1 3.4	28 96.6	－ －	1457.59	1642.06
問1（5）2017年度の経常利益									
～0億円	7 100.0	7 100.0	－ －	－ －	－ －	－ －	－ －	-10.57	14.99
1～10億円未満	28 100.0	－ －	28 100.0	－ －	－ －	－ －	－ －	4.61	2.18
10～30億円未満	42 100.0	－ －	－ －	42 100.0	－ －	－ －	－ －	16.67	5.37
30～100億円未満	37 100.0	－ －	－ －	－ －	37 100.0	－ －	－ －	53.54	17.85
100億円以上	50 100.0	－ －	－ －	－ －	－ －	50 100.0	－ －	953.02	1387.19
問1（6）5年前と比較した現在の売上高									
50%以上の増加	25 100.0	－ －	3 12.0	8 32.0	6 24.0	7 28.0	1 4.0	94.92	119.10
20～50%以上の増加	43 100.0	－ －	13 30.2	8 18.6	6 14.0	15 34.9	1 2.3	332.74	834.47
5～20%の増加	47 100.0	－ －	5 10.6	8 17.0	17 36.2	17 36.2	－ －	433.00	1023.00
－5～5%の間で、あまり変動はない	32 100.0	－ －	5 15.6	15 46.9	4 12.5	7 21.9	1 3.1	281.16	1123.78
減少傾向にある	17 100.0	7 41.2	2 11.8	3 17.6	3 17.6	1 5.9	1 5.9	138.31	502.50
問1（7）外国籍社員									
いる	75 100.0	1 1.3	11 14.7	19 25.3	15 20.0	28 37.3	1 1.3	326.96	796.28
いない	39 100.0	3 7.7	11 28.2	11 28.2	9 23.1	1 2.6	4 10.3	22.94	32.85
問7B.今後3年間の現地法人の事業展開意向									
拡大する	59 100.0	－ －	3 5.1	19 32.2	13 22.0	23 39.0	1 1.7	518.33	1199.22
現状維持	34 100.0	－ －	3 8.8	7 20.6	13 38.2	11 32.4	－ －	100.59	110.76
縮小・撤退する	5 100.0	1 20.0	2 40.0	1 20.0	－ －	－ －	1 20.0	-6.00	22.55
問8（1）現地法人の経営方針									
きわめて重要な案件を除けば、基本的には現地法人側がすべてを決定する	35 100.0	1 2.9	8 22.9	10 28.6	7 20.0	9 25.7	－ －	306.71	951.33
基本的には本社が決定しているが、現地側の裁量の余地が大きい	61 100.0	－ －	4 6.6	13 21.3	18 29.5	23 37.7	3 4.9	325.29	686.26
基本的には、ほぼすべてを日本本社が決定している	41 100.0	3 7.3	5 12.2	12 29.3	7 17.1	13 31.7	1 2.4	360.90	1153.49
問8（3）現地法人との意志疎通状況									
うまくいっている	41 100.0	1 2.4	7 17.1	10 24.4	7 17.1	16 39.0	－ －	446.66	1005.27
ほぼうまくいっている	78 100.0	1 1.3	7 9.0	21 26.9	21 26.9	25 32.1	3 3.8	341.60	972.45
あまりうまくいっていない	17 100.0	2 11.8	2 11.8	3 17.6	5 29.4	5 29.4	・	107.94	138.97
うまくいっていない	1 100.0	－ －	－ －	1 100.0	－ －	－ －	－ －	17.00	0.00

日本企業本社のグローバル化対応に関する調査
問1.日本本社概要
問1(5)2017年度の経常利益(億円))

日本企業本社のグローバル化対応に関する調査
問1.日本本社概要
問1(6)5年前と比較した現在の売上高

	調査数	50%以上の増加	20〜50%以上の増加	5〜20%の増加	ー5〜5%の間で、あまり変動はない	減少傾向にある	無回答
全 体	171 100.0	25 14.6	43 25.1	47 27.5	32 18.7	17 9.9	7 4.1
問1(1)創業開始年							
1981年〜	28 100.0	13 46.4	7 25.0	3 10.7	3 10.7	1 3.6	1 3.6
1951年〜1980年	45 100.0	4 8.9	16 35.6	12 26.7	7 15.6	5 11.1	1 2.2
1921年〜1950年	61 100.0	6 9.8	11 18.0	21 34.4	12 19.7	8 13.1	3 4.9
〜1920年	36 100.0	2 5.6	9 25.0	11 30.6	9 25.0	3 8.3	2 5.6
問1(2)主たる業種							
食料品、繊維品、木材・家具、パルプ・紙	13 100.0	− −	7 53.8	2 15.4	4 30.8	− −	− −
化学工業	14 100.0	− −	4 28.6	5 35.7	4 28.6	− −	1 7.1
鉄鋼業、金属製品	7 100.0	− −	− −	3 42.9	3 42.9	− −	1 14.3
機器製造(一般、電気、輸送、精密)	27 100.0	5 18.5	7 25.9	8 29.6	5 18.5	2 7.4	− −
プラスチック製品、ゴム・皮革、窯業・土石、非鉄金属	8 100.0	− −	2 25.0	4 50.0	1 12.5	1 12.5	− −
その他の製造業	9 100.0	− −	3 33.3	5 55.6	1 11.1	− −	− −
卸売・小売り	24 100.0	5 20.8	4 16.7	4 16.7	4 16.7	7 29.2	− −
運輸業	10 100.0	4 40.0	1 10.0	4 40.0	1 10.0	− −	− −
建設業	16 100.0	4 25.0	2 12.5	7 43.8	1 6.3	1 6.3	1 6.3
不動産業	3 100.0	2 66.7	1 33.3	− −	− −	− −	− −
飲食店・宿泊業	3 100.0	1 33.3	− −	− −	− −	2 66.7	− −
金融・保険業	7 100.0	1 14.3	2 28.6	1 14.3	1 14.3	1 14.3	1 14.3
情報通信業	6 100.0	− −	3 50.0	− −	2 33.3	1 16.7	− −
教育、学習支援業	1 100.0	− −	− −	− −	1 100.0	− −	− −
サービス業	13 100.0	2 15.4	4 30.8	3 23.1	2 15.4	1 7.7	1 7.7
その他の非製造業	5 100.0	1 20.0	1 20.0	− −	2 40.0	− −	1 20.0
問1(2)主たる業種							
製造業	78 100.0	5 6.4	23 29.5	27 34.6	18 23.1	3 3.8	2 2.6
非製造業	88 100.0	20 22.7	18 20.5	19 21.6	14 15.9	13 14.8	4 4.5
問1(3)日本本社の従業員数							
300人未満	34 100.0	6 17.6	10 29.4	4 11.8	8 23.5	6 17.6	− −
300〜1,000人未満	65 100.0	8 12.3	18 27.7	20 30.8	11 16.9	6 9.2	2 3.1
1,000〜3,000人未満	36 100.0	5 13.9	7 19.4	15 41.7	6 16.7	3 8.3	− −
3,000人以上	32 100.0	6 18.8	6 18.8	8 25.0	7 21.9	2 6.3	3 9.4

日本企業本社のグローバル化対応に関する調査
問1.日本本社概要
問1(6)5年前と比較した現在の売上高

問1(6)5年前と比較した現在の売上高	調査数	50%以上の増加	20〜50%以上の増加	5〜20%の増加	一5〜5%の間で、あまり変動はない	減少傾向にある	無回答
全体	171 100.0	25 14.6	43 25.1	47 27.5	32 18.7	17 9.9	7 4.1
問1(4)2017年度の売上高							
100億円未満	21 100.0	4 19.0	7 33.3	1 4.8	5 23.8	4 19.0	− −
100〜300億円未満	42 100.0	5 11.9	12 28.6	8 19.0	12 28.6	5 11.9	− −
300〜1,000億円未満	35 100.0	3 8.6	6 17.1	14 40.0	6 17.1	5 14.3	1 2.9
1,000〜3,000億円未満	40 100.0	11 27.5	10 25.0	13 32.5	4 10.0	1 2.5	1 2.5
3,000億円以上	29 100.0	2 6.9	8 27.6	11 37.9	5 17.2	1 3.4	2 6.9
問1(5)2017年度の経常利益							
〜0億円	7 100.0	− −	− −	− −	− −	7 100.0	− −
1〜10億円未満	28 100.0	3 10.7	13 46.4	5 17.9	5 17.9	2 7.1	− −
10〜30億円未満	42 100.0	8 19.0	8 19.0	8 19.0	15 35.7	3 7.1	− −
30〜100億円未満	37 100.0	6 16.2	6 16.2	17 45.9	4 10.8	3 8.1	1 2.7
100億円以上	50 100.0	7 14.0	15 30.0	17 34.0	7 14.0	1 2.0	3 6.0
問1(6)5年前と比較した現在の売上高							
50%以上の増加	25 100.0	25 100.0	− −	− −	− −	− −	− −
20〜50%以上の増加	43 100.0	− −	43 100.0	− −	− −	− −	− −
5〜20%の増加	47 100.0	− −	− −	47 100.0	− −	− −	− −
一5〜5%の間で、あまり変動はない	32 100.0	− −	− −	− −	32 100.0	− −	− −
減少傾向にある	17 100.0	− −	− −	− −	− −	17 100.0	− −
問1(7)外国籍社員							
いる	75 100.0	11 14.7	19 25.3	26 34.7	12 16.0	5 6.7	2 2.7
いない	39 100.0	5 12.8	11 28.2	7 17.9	7 17.9	8 20.5	1 2.6
問7B.今後3年間の現地法人の事業展開意向							
拡大する	59 100.0	8 13.6	19 32.2	19 32.2	8 13.6	4 6.8	1 1.7
現状維持	34 100.0	5 14.7	4 11.8	15 44.1	9 26.5	1 2.9	− −
縮小・撤退する	5 100.0	− −	2 40.0	− −	1 20.0	2 40.0	− −
問8(1)現地法人の経営方針							
きわめて重要な案件を除けば、基本的には現地法人側がすべてを決定する	35 100.0	3 8.6	13 37.1	10 28.6	6 17.1	3 8.6	− −
基本的には本社が決定しているが、現地側の裁量の余地が大きい	61 100.0	11 18.0	14 23.0	21 34.4	8 13.1	3 4.9	4 6.6
基本的には、ほぼすべてを日本本社が決定している	41 100.0	4 9.8	10 24.4	8 19.5	12 29.3	6 14.6	1 2.4
問8(3)現地法人との意志疎通状況							
うまくいっている	41 100.0	7 17.1	13 31.7	9 22.0	9 22.0	2 4.9	1 2.4
ほぼうまくいっている	78 100.0	9 11.5	21 26.9	25 32.1	14 17.9	5 6.4	4 5.1
あまりうまくいっていない	17 100.0	1 5.9	3 17.6	6 35.3	2 11.8	5 29.4	− −
うまくいっていない	1 100.0	− −	− −	− −	1 100.0	− −	− −

日本企業本社のグローバル化対応に関する調査
問1(7)従業員数【合計】
A.役員・取締役

	調査数	平均
全 体	132 100.0	17.19
問1（1）創業開始年		
1981年～	20 15.2	10.45
1951年～1980年	33 25.0	15.48
1921年～1950年	50 37.9	18.74
～1920年	28 21.2	21.61
問1（2）主たる業種		
食料品、繊維品、木材・家具、パルプ・紙	10 7.6	15.20
化学工業	10 7.6	15.50
鉄鋼業、金属製品	6 4.5	12.50
機器製造（一般、電気、輸送、精密）	22 16.7	14.95
プラスチック製品、ゴム・皮革、窯業・土石、非鉄金属	8 6.1	19.00
その他の製造業	9 6.8	13.11
卸売・小売り	18 13.6	15.22
運輸業	7 5.3	21.43
建設業	12 9.1	33.08
不動産業	3 2.3	17.67
飲食店・宿泊業	2 1.5	9.00
金融・保険業	3 2.3	19.00
情報通信業	6 4.5	12.67
教育、学習支援業	1 0.8	11.00
サービス業	9 6.8	17.56
その他の非製造業	4 3.0	14.25
問1（2）主たる業種		
製造業	65 49.2	15.09
非製造業	65 49.2	19.25
問1（3）日本本社の従業員数		
300人未満	30 22.7	9.90
300～1,000人未満	57 43.2	13.63
1,000～3,000人未満	24 18.2	22.29
3,000人以上	21 15.9	31.43

日本企業本社のグローバル化対応に関する調査
問1(7)従業員数【合計】
A.役員・取締役

	調査数	平均
全 体	132 100.0	17.19
問1(4)2017年度の売上高		
100億円未満	19 14.4	8.74
100〜300億円未満	35 26.5	11.23
300〜1,000億円未満	27 20.5	14.59
1,000〜3,000億円未満	30 22.7	20.73
3,000億円以上	19 14.4	35.00
問1(5)2017年度の経常利益		
〜0億円	5 3.8	10.60
1〜10億円未満	25 18.9	8.56
10〜30億円未満	35 26.5	13.63
30〜100億円未満	28 21.2	16.86
100億円以上	34 25.8	29.29
問1(6)5年前と比較した現在の売上高		
50%以上の増加	19 14.4	14.79
20〜50%以上の増加	34 25.8	14.03
5〜20%の増加	37 28.0	21.05
−5〜5%の間で、あまり変動はない	25 18.9	14.72
減少傾向にある	14 10.6	19.36
問1(7)外国籍社員		
いる	75 56.8	20.73
いない	39 29.5	11.10
問7B.今後3年間の現地法人の事業展開意向		
拡大する	49 37.1	18.04
現状維持	25 18.9	19.92
縮小・撤退する	4 3.0	9.25
問8(1)現地法人の経営方針		
きわめて重要な案件を除けば、基本的には現地法人側がすべてを決定する	27 20.5	17.70
基本的には本社が決定しているが、現地側の裁量の余地が大きい	53 40.2	20.42
基本的には、ほぼすべてを日本本社が決定している	28 21.2	15.04
問8(3)現地法人との意志疎通状況		
うまくいっている	32 24.2	19.41
ほぼうまくいっている	60 45.5	18.33
あまりうまくいっていない	15 11.4	18.27
うまくいっていない	1 0.8	7.00

日本企業本社のグローバル化対応に関する調査
問1(7)従業員数【合計】
B.部長

	調査数	平均
全 体	132 100.0	75.61
問1(1)創業開始年		
1981年〜	20 15.2	13.00
1951年〜1980年	33 25.0	52.79
1921年〜1950年	50 37.9	83.60
〜1920年	28 21.2	134.75
問1(2)主たる業種		
食料品、繊維品、木材・家具、パルプ・紙	10 7.6	78.10
化学工業	10 7.6	38.70
鉄鋼業、金属製品	6 4.5	17.33
機器製造(一般、電気、輸送、精密)	22 16.7	94.09
プラスチック製品、ゴム・皮革、窯業・土石、非鉄金属	8 6.1	52.25
その他の製造業	9 6.8	30.33
卸売・小売り	18 13.6	38.78
運輸業	7 5.3	65.86
建設業	12 9.1	259.42
不動産業	3 2.3	20.00
飲食店・宿泊業	2 1.5	7.00
金融・保険業	3 2.3	56.67
情報通信業	6 4.5	57.67
教育、学習支援業	1 0.8	18.00
サービス業	9 6.8	46.78
その他の非製造業	4 3.0	89.00
問1(2)主たる業種		
製造業	65 49.2	62.05
非製造業	65 49.2	87.03
問1(3)日本本社の従業員数		
300人未満	30 22.7	9.43
300〜1,000人未満	57 43.2	26.23
1,000〜3,000人未満	24 18.2	93.42
3,000人以上	21 15.9	283.81

—112—

日本企業本社のグローバル化対応に関する調査
問1(7)従業員数【合計】
B.部長

	調査数	平均
全 体	132 100.0	75.61
問1（4）2017年度の売上高		
100億円未満	19 14.4	7.21
100～300億円未満	35 26.5	16.37
300～1,000億円未満	27 20.5	31.26
1,000～3,000億円未満	30 22.7	98.37
3,000億円以上	19 14.4	284.84
問1（5）2017年度の経常利益		
～0億円	5 3.8	11.60
1～10億円未満	25 18.9	10.64
10～30億円未満	35 26.5	21.80
30～100億円未満	28 21.2	38.75
100億円以上	34 25.8	225.74
問1（6）5 年前と比較した現在の売上高		
50%以上の増加	19 14.4	76.89
20～50%以上の増加	34 25.8	45.62
5～20%の増加	37 28.0	104.38
ー5～5%の間で、あまり変動はない	25 18.9	71.92
減少傾向にある	14 10.6	55.64
問1（7）外国籍社員		
いる	75 56.8	95.87
いない	39 29.5	19.44
問7B. 今後3 年間の現地法人の事業展開意向		
拡大する	49 37.1	106.24
現状維持	25 18.9	60.20
縮小・撤退する	4 3.0	13.75
問8（1）現地法人の経営方針		
きわめて重要な案件を除けば、基本的には現地法人側がすべてを決定する	27 20.5	62.89
基本的には本社が決定しているが、現地側の裁量の余地が大きい	53 40.2	100.36
基本的には、ほぼすべてを日本本社が決定している	28 21.2	82.64
問8（3）現地法人との意志疎通状況		
うまくいっている	32 24.2	124.38
ほぼうまくいっている	60 45.5	77.68
あまりうまくいっていない	15 11.4	60.80
うまくいっていない	1 0.8	13.00

日本企業本社のグローバル化対応に関する調査
問1(7)従業員数【合計】
C.課長

	調査数	平均
全 体	132 100.0	295.27
問1(1)創業開始年		
1981年～	20 15.2	31.90
1951年～1980年	33 25.0	222.88
1921年～1950年	50 37.9	308.56
～1920年	28 21.2	553.71
問1(2)主たる業種		
食料品、繊維品、木材・家具、パルプ・紙	10 7.6	129.90
化学工業	10 7.6	111.80
鉄鋼業、金属製品	6 4.5	60.83
機器製造(一般、電気、輸送、精密)	22 16.7	464.55
プラスチック製品、ゴム・皮革、窯業・土石、非鉄金属	8 6.1	175.00
その他の製造業	9 6.8	196.44
卸売・小売り	18 13.6	192.61
運輸業	7 5.3	248.86
建設業	12 9.1	902.00
不動産業	3 2.3	46.00
飲食店・宿泊業	2 1.5	66.00
金融・保険業	3 2.3	142.67
情報通信業	6 4.5	127.67
教育、学習支援業	1 0.8	40.00
サービス業	9 6.8	323.56
その他の非製造業	4 3.0	428.25
問1(2)主たる業種		
製造業	65 49.2	248.77
非製造業	65 49.2	340.95
問1(3)日本本社の従業員数		
300人未満	30 22.7	20.00
300～1,000人未満	57 43.2	70.56
1,000～3,000人未満	24 18.2	234.71
3,000人以上	21 15.9	1367.62

日本企業本社のグローバル化対応に関する調査
問1(7)従業員数【合計】
C.課長

	調査数	平均
全 体	132 100.0	295.27
問1(4)2017年度の売上高		
100億円未満	19 14.4	19.89
100～300億円未満	35 26.5	37.69
300～1,000億円未満	27 20.5	101.30
1,000～3,000億円未満	30 22.7	277.00
3,000億円以上	19 14.4	1367.89
問1(5)2017年度の経常利益		
～0億円	5 3.8	48.80
1～10億円未満	25 18.9	26.04
10～30億円未満	35 26.5	55.77
30～100億円未満	28 21.2	149.50
100億円以上	34 25.8	929.06
問1(6)5年前と比較した現在の売上高		
50%以上の増加	19 14.4	140.95
20～50%以上の増加	34 25.8	134.18
5～20%の増加	37 28.0	508.11
ー5～5%の間で、あまり変動はない	25 18.9	170.36
減少傾向にある	14 10.6	258.79
問1(7)外国籍社員		
いる	75 56.8	354.15
いない	39 29.5	53.08
問7B.今後3年間の現地法人の事業展開意向		
拡大する	49 37.1	453.73
現状維持	25 18.9	196.60
縮小・撤退する	4 3.0	12.75
問8(1)現地法人の経営方針		
きわめて重要な案件を除けば、基本的には現地法人 側がすべてを決定する	27 20.5	150.41
基本的には本社が決定しているが、現地側の裁量の 余地が大きい	53 40.2	514.00
基本的には、ほぼすべてを日本本社が決定している	28 21.2	210.29
問8(3)現地法人との意志疎通状況		
うまくいっている	32 24.2	373.47
ほぼうまくいっている	60 45.5	353.87
あまりうまくいっていない	15 11.4	312.33
うまくいっていない	1 0.8	40.00

日本企業本社のグローバル化対応に関する調査
問1(7)従業員数【合計】
D.一般従業員(正規雇用)

	調査数	平均
全 体	132 100.0	1490.98
問1(1)創業開始年		
1981年～	20 15.2	664.55
1951年～1980年	33 25.0	1537.36
1921年～1950年	50 37.9	1421.26
～1920年	28 21.2	2192.64
問1(2)主たる業種		
食料品、繊維品、木材・家具、パルプ・紙	10 7.6	1087.80
化学工業	10 7.6	661.60
鉄鋼業、金属製品	6 4.5	484.00
機器製造(一般、電気、輸送、精密)	22 16.7	1973.55
プラスチック製品、ゴム・皮革、窯業・土石、非鉄金属	8 6.1	1505.38
その他の製造業	9 6.8	674.22
卸売・小売り	18 13.6	505.11
運輸業	7 5.3	2208.86
建設業	12 9.1	1566.67
不動産業	3 2.3	151.00
飲食店・宿泊業	2 1.5	595.50
金融・保険業	3 2.3	331.33
情報通信業	6 4.5	898.67
教育、学習支援業	1 0.8	400.00
サービス業	9 6.8	2674.11
その他の非製造業	4 3.0	3870.00
問1(2)主たる業種		
製造業	65 49.2	1260.42
非製造業	65 49.2	1405.09
問1(3)日本本社の従業員数		
300人未満	30 22.7	91.57
300～1,000人未満	57 43.2	429.28
1,000～3,000人未満	24 18.2	1272.33
3,000人以上	21 15.9	6621.76

日本企業本社のグローバル化対応に関する調査
問1(7)従業員数【合計】
D.一般従業員(正規雇用)

	調査数	平均
全 体	132 100.0	1490.98
問1（4）2017年度の売上高		
100億円未満	19 14.4	129.00
100～300億円未満	35 26.5	350.23
300～1,000億円未満	27 20.5	919.07
1,000～3,000億円未満	30 22.7	1701.43
3,000億円以上	19 14.4	5542.16
問1（5）2017年度の経常利益		
～0億円	5 3.8	233.00
1～10億円未満	25 18.9	284.24
10～30億円未満	35 26.5	640.54
30～100億円未満	28 21.2	747.50
100億円以上	34 25.8	4217.38
問1（6）5年前と比較した現在の売上高		
50%以上の増加	19 14.4	1203.74
20～50%以上の増加	34 25.8	1651.85
5～20%の増加	37 28.0	1892.03
－5～5%の間で、あまり変動はない	25 18.9	1445.88
減少傾向にある	14 10.6	454.00
問1（7）外国籍社員		
いる	75 56.8	1968.08
いない	39 29.5	320.79
問7B. 今後3年間の現地法人の事業展開意向		
拡大する	49 37.1	1786.16
現状維持	25 18.9	1755.20
縮小・撤退する	4 3.0	233.00
問8（1）現地法人の経営方針		
きわめて重要な案件を除けば、基本的には現地法人側がすべてを決定する	27 20.5	1021.63
基本的には本社が決定しているが、現地側の裁量の余地が大きい	53 40.2	1890.68
基本的には、ほぼすべてを日本本社が決定している	28 21.2	1379.32
問8（3）現地法人との意志疎通状況		
うまくいっている	32 24.2	2161.22
ほぼうまくいっている	60 45.5	1568.00
あまりうまくいっていない	15 11.4	1645.00
うまくいっていない	1 0.8	663.00

日本企業本社のグローバル化対応に関する調査
問1(7)従業員数【合計】
D.一般従業員（非正規雇用）

一般従業員	調査数	平均
全 体	132 100.0	288.64
問1（1）創業開始年		
1981年～	20 15.2	0.75
1951年～1980年	33 25.0	725.91
1921年～1950年	50 37.9	191.54
～1920年	28 21.2	162.64
問1（2）主たる業種		
食料品、繊維品、木材・家具、パルプ・紙	10 7.6	0.00
化学工業	10 7.6	472.10
鉄鋼業、金属製品	6 4.5	4.00
機器製造（一般、電気、輸送、精密）	22 16.7	0.55
プラスチック製品、ゴム・皮革、窯業・土石、非鉄金属	8 6.1	1068.38
その他の製造業	9 6.8	0.33
卸売・小売り	18 13.6	404.33
運輸業	7 5.3	0.00
建設業	12 9.1	65.00
不動産業	3 2.3	0.00
飲食店・宿泊業	2 1.5	0.00
金融・保険業	3 2.3	1.00
情報通信業	6 4.5	0.67
教育、学習支援業	1 0.8	15.00
サービス業	9 6.8	1857.11
その他の非製造業	4 3.0	0.00
問1（2）主たる業種		
製造業	65 49.2	204.72
非製造業	65 49.2	381.45
問1（3）日本本社の従業員数		
300人未満	30 22.7	0.10
300～1,000人未満	57 43.2	16.28
1,000～3,000人未満	24 18.2	183.63
3,000人以上	21 15.9	1560.14

日本企業本社のグローバル化対応に関する調査
問1(7)従業員数【合計】
D.一般従業員（非正規雇用）

	調査数	平均
全 体	132 100.0	288.64
問1（4）2017年度の売上高		
100億円未満	19 14.4	3.16
100〜300億円未満	35 26.5	86.26
300〜1,000億円未満	27 20.5	2.52
1,000〜3,000億円未満	30 22.7	771.13
3,000億円以上	19 14.4	622.11
問1（5）2017年度の経常利益		
〜0億円	5 3.8	551.80
1〜10億円未満	25 18.9	2.52
10〜30億円未満	35 26.5	7.34
30〜100億円未満	28 21.2	618.36
100億円以上	34 25.8	422.24
問1（6）5年前と比較した現在の売上高		
50%以上の増加	19 14.4	206.11
20〜50%以上の増加	34 25.8	378.21
5〜20%の増加	37 28.0	492.49
−5〜5%の間で、あまり変動はない	25 18.9	10.28
減少傾向にある	14 10.6	200.21
問1（7）外国籍社員		
いる	75 56.8	181.81
いない	39 29.5	200.26
問7B. 今後3年間の現地法人の事業展開意向		
拡大する	49 37.1	600.29
現状維持	25 18.9	31.64
縮小・撤退する	4 3.0	0.00
問8（1）現地法人の経営方針		
きわめて重要な案件を除けば、基本的には現地法人側がすべてを決定する	27 20.5	154.56
基本的には本社が決定しているが、現地側の裁量の余地が大きい	53 40.2	209.13
基本的には、ほぼすべてを日本本社が決定している	28 21.2	717.32
問8（3）現地法人との意志疎通状況		
うまくいっている	32 24.2	27.84
ほぼうまくいっている	60 45.5	239.70
あまりうまくいっていない	15 11.4	1114.47
うまくいっていない	1 0.8	0.00

日本企業本社のグローバル化対応に関する調査
問1(7)従業員数【合計】
E.合計

	調査数	平均
全 体	132 100.0	2167.68
問1(1)創業開始年		
1981年〜	20 15.2	720.65
1951年〜1980年	33 25.0	2554.42
1921年〜1950年	50 37.9	2023.70
〜1920年	28 21.2	3065.36
問1(2)主たる業種		
食料品、繊維品、木材・家具、パルプ・紙	10 7.6	1311.00
化学工業	10 7.6	1299.70
鉄鋼業、金属製品	6 4.5	578.67
機器製造(一般、電気、輸送、精密)	22 16.7	2547.68
プラスチック製品、ゴム・皮革、窯業・土石、非鉄金属	8 6.1	2820.00
その他の製造業	9 6.8	914.44
卸売・小売り	18 13.6	1156.06
運輸業	7 5.3	2545.00
建設業	12 9.1	2826.17
不動産業	3 2.3	234.67
飲食店・宿泊業	2 1.5	677.50
金融・保険業	3 2.3	550.67
情報通信業	6 4.5	1097.33
教育、学習支援業	1 0.8	484.00
サービス業	9 6.8	4919.11
その他の非製造業	4 3.0	4401.50
問1(2)主たる業種		
製造業	65 49.2	1791.05
非製造業	65 49.2	2233.77
問1(3)日本本社の従業員数		
300人未満	30 22.7	131.00
300〜1,000人未満	57 43.2	555.98
1,000〜3,000人未満	24 18.2	1806.38
3,000人以上	21 15.9	9864.76

－120－

日本企業本社のグローバル化対応に関する調査
問1(7)従業員数【合計】
E.合計

	調査数	平均
全 体	132 100.0	2167.68
問1(4)2017年度の売上高		
100億円未満	19 14.4	168.00
100～300億円未満	35 26.5	501.77
300～1,000億円未満	27 20.5	1068.74
1,000～3,000億円未満	30 22.7	2868.67
3,000億円以上	19 14.4	7852.00
問1(5)2017年度の経常利益		
～0億円	5 3.8	855.80
1～10億円未満	25 18.9	332.00
10～30億円未満	35 26.5	739.09
30～100億円未満	28 21.2	1570.96
100億円以上	34 25.8	5823.71
問1(6)5年前と比較した現在の売上高		
50%以上の増加	19 14.4	1642.47
20～50%以上の増加	34 25.8	2223.88
5～20%の増加	37 28.0	3018.05
－5～5%の間で、あまり変動はない	25 18.9	1713.16
減少傾向にある	14 10.6	988.00
問1(7)外国籍社員		
いる	75 56.8	2620.64
いない	39 29.5	604.67
問7B.今後3年間の現地法人の事業展開意向		
拡大する	49 37.1	2964.47
現状維持	25 18.9	2063.56
縮小・撤退する	4 3.0	268.75
問8(1)現地法人の経営方針		
きわめて重要な案件を除けば、基本的には現地法人側がすべてを決定する	27 20.5	1407.19
基本的には本社が決定しているが、現地側の裁量の余地が大きい	53 40.2	2734.58
基本的には、ほぼすべてを日本本社が決定している	28 21.2	2404.61
問8(3)現地法人との意志疎通状況		
うまくいっている	32 24.2	2706.31
ほぼうまくいっている	60 45.5	2257.58
あまりうまくいっていない	15 11.4	3150.87
うまくいっていない	1 0.8	723.00

日本企業本社のグローバル化対応に関する調査
問1(7)従業数【うち外国籍】
A.役員・取締役

	調査数	平均
全 体	112 100.0	0.10
問1（1）創業開始年		
1981年〜	17 15.2	0.18
1951年〜1980年	29 25.9	0.03
1921年〜1950年	40 35.7	0.03
〜1920年	25 22.3	0.24
問1（2）主たる業種		
食料品、繊維品、木材・家具、パルプ・紙	8 7.1	0.13
化学工業	9 8.0	0.00
鉄鋼業、金属製品	6 5.4	0.00
機器製造（一般、電気、輸送、精密）	18 16.1	0.00
プラスチック製品、ゴム・皮革、窯業・土石、非鉄金属	5 4.5	0.00
その他の製造業	7 6.3	0.00
卸売・小売り	16 14.3	0.19
運輸業	7 6.3	0.14
建設業	10 8.9	0.20
不動産業	2 1.8	0.00
飲食店・宿泊業	2 1.8	0.00
金融・保険業	2 1.8	1.50
情報通信業	6 5.4	0.00
教育、学習支援業	1 0.9	0.00
サービス業	8 7.1	0.00
その他の非製造業	3 2.7	0.00
問1（2）主たる業種		
製造業	53 47.3	0.02
非製造業	57 50.9	0.16
問1（3）日本本社の従業員数		
300人未満	26 23.2	0.12
300〜1,000人未満	49 43.8	0.10
1,000〜3,000人未満	20 17.9	0.05
3,000人以上	17 15.2	0.12

日本企業本社のグローバル化対応に関する調査
問1(7)従業数【うち外国籍】
A.役員・取締役

	調査数	平均
全 体	112 100.0	0.10
問1（4）2017年度の売上高		
100億円未満	17 15.2	0.06
100〜300億円未満	29 25.9	0.10
300〜1,000億円未満	25 22.3	0.04
1,000〜3,000億円未満	23 20.5	0.00
3,000億円以上	16 14.3	0.38
問1（5）2017年度の経常利益		
〜0億円	5 4.5	0.00
1〜10億円未満	20 17.9	0.00
10〜30億円未満	31 27.7	0.16
30〜100億円未満	23 20.5	0.00
100億円以上	28 25.0	0.21
問1（6）5年前と比較した現在の売上高		
50%以上の増加	16 14.3	0.00
20〜50%以上の増加	30 26.8	0.07
5〜20%の増加	32 28.6	0.16
−5〜5%の間で、あまり変動はない	19 17.0	0.16
減少傾向にある	12 10.7	0.00
問1（7）外国籍社員		
いる	70 62.5	0.16
いない	39 34.8	0.00
問7B．今後3年間の現地法人の事業展開意向		
拡大する	41 36.6	0.05
現状維持	21 18.8	0.00
縮小・撤退する	4 3.6	0.00
問8（1）現地法人の経営方針		
きわめて重要な案件を除けば、基本的には現地法人側がすべてを決定する	24 21.4	0.33
基本的には本社が決定しているが、現地側の裁量の余地が大きい	45 40.2	0.04
基本的には、ほぼすべてを日本本社が決定している	23 20.5	0.00
問8（3）現地法人との意志疎通状況		
うまくいっている	28 25.0	0.18
ほぼうまくいっている	50 44.6	0.10
あまりうまくいっていない	13 11.6	0.08
うまくいっていない	1 0.9	0.00

日本企業本社のグローバル化対応に関する調査
問1(7)従業数【うち外国籍】
B.部長

	調査数	平均
全 体	111 100.0	0.14
問1（1）創業開始年		
1981年～	16 14.4	0.06
1951年～1980年	29 26.1	0.14
1921年～1950年	41 36.9	0.20
～1920年	24 21.6	0.13
問1（2）主たる業種		
食料品、繊維品、木材・家具、パルプ・紙	8 7.2	0.00
化学工業	9 8.1	0.22
鉄鋼業、金属製品	6 5.4	0.00
機器製造(一般、電気、輸送、精密)	18 16.2	0.33
プラスチック製品、ゴム・皮革、窯業・土石、非鉄金属	6 5.4	0.17
その他の製造業	7 6.3	0.29
卸売・小売り	16 14.4	0.00
運輸業	7 6.3	0.14
建設業	10 9.0	0.20
不動産業	2 1.8	0.00
飲食店・宿泊業	2 1.8	0.00
金融・保険業	2 1.8	0.00
情報通信業	5 4.5	0.00
教育、学習支援業	1 0.9	0.00
サービス業	8 7.2	0.25
その他の非製造業	3 2.7	0.00
問1（2）主たる業種		
製造業	54 48.6	0.20
非製造業	56 50.5	0.09
問1（3）日本本社の従業員数		
300人未満	25 22.5	0.00
300～1,000人未満	49 44.1	0.10
1,000～3,000人未満	20 18.0	0.25
3,000人以上	17 15.3	0.35

日本企業本社のグローバル化対応に関する調査
問1（7）従業数【うち外国籍】
B.部長

	調査数	平均
全 体	111 100.0	0.14
問1（4）2017年度の売上高		
100億円未満	16 14.4	0.06
100〜300億円未満	29 26.1	0.03
300〜1,000億円未満	25 22.5	0.16
1,000〜3,000億円未満	23 20.7	0.22
3,000億円以上	16 14.4	0.31
問1（5）2017年度の経常利益		
〜0億円	5 4.5	0.00
1〜10億円未満	19 17.1	0.11
10〜30億円未満	31 27.9	0.13
30〜100億円未満	23 20.7	0.04
100億円以上	28 25.2	0.32
問1（6）5年前と比較した現在の売上高		
50%以上の増加	16 14.4	0.25
20〜50%以上の増加	29 26.1	0.31
5〜20%の増加	32 28.8	0.03
−5〜5%の間で、あまり変動はない	19 17.1	0.05
減少傾向にある	12 10.8	0.08
問1（7）外国籍社員		
いる	69 62.2	0.23
いない	39 35.1	0.00
問7B. 今後3年間の現地法人の事業展開意向		
拡大する	42 37.8	0.19
現状維持	21 18.9	0.19
縮小・撤退する	4 3.6	0.00
問8（1）現地法人の経営方針		
きわめて重要な案件を除けば、基本的には現地法人側がすべてを決定する	24 21.6	0.25
基本的には本社が決定しているが、現地側の裁量の余地が大きい	46 41.4	0.15
基本的には、ほぼすべてを日本本社が決定している	23 20.7	0.13
問8（3）現地法人との意志疎通状況		
うまくいっている	27 24.3	0.19
ほぼうまくいっている	51 45.9	0.16
あまりうまくいっていない	13 11.7	0.23
うまくいっていない	1 0.9	0.00

日本企業本社のグローバル化対応に関する調査
問1(7)従業数【うち外国籍】
C.課長

	調査数	平均
全 体	111 100.0	0.41
問1（1）創業開始年		
1981年～	16 14.4	0.00
1951年～1980年	30 27.0	0.07
1921年～1950年	41 36.9	0.27
～1920年	23 20.7	1.43
問1（2）主たる業種		
食料品、繊維品、木材・家具、パルプ・紙	8 7.2	0.13
化学工業	8 7.2	0.13
鉄鋼業、金属製品	6 5.4	0.00
機器製造（一般、電気、輸送、精密）	18 16.2	0.17
プラスチック製品、ゴム・皮革、窯業・土石、非鉄金属	5 4.5	0.40
その他の製造業	7 6.3	0.43
卸売・小売り	17 15.3	0.71
運輸業	7 6.3	1.00
建設業	10 9.0	1.70
不動産業	2 1.8	0.00
飲食店・宿泊業	2 1.8	0.00
金融・保険業	2 1.8	0.00
情報通信業	6 5.4	0.00
教育、学習支援業	1 0.9	0.00
サービス業	8 7.2	0.00
その他の非製造業	3 2.7	0.00
問1（2）主たる業種		
製造業	52 46.8	0.19
非製造業	58 52.3	0.62
問1（3）日本本社の従業員数		
300人未満	25 22.5	0.04
300～1,000人未満	49 44.1	0.16
1,000～3,000人未満	21 18.9	0.48
3,000人以上	16 14.4	1.69

－126－

日本企業本社のグローバル化対応に関する調査
問1(7)従業数【うち外国籍】
C.課長

	調査数	平均
全 体	111 100.0	0.41
問1（4）2017年度の売上高		
100億円未満	16 14.4	0.00
100〜300億円未満	30 27.0	0.07
300〜1,000億円未満	25 22.5	0.20
1,000〜3,000億円未満	24 21.6	0.29
3,000億円以上	14 12.6	2.29
問1（5）2017年度の経常利益		
〜0億円	5 4.5	0.00
1〜10億円未満	21 18.9	0.05
10〜30億円未満	30 27.0	0.07
30〜100億円未満	24 21.6	0.29
100億円以上	26 23.4	1.38
問1（6）5 年前と比較した現在の売上高		
50%以上の増加	15 13.5	0.40
20〜50%以上の増加	28 25.2	0.11
5〜20%の増加	32 28.8	0.44
一5〜5%の間で、あまり変動はない	20 18.0	0.15
減少傾向にある	13 11.7	0.77
問1（7）外国籍社員		
いる	69 62.2	0.67
いない	39 35.1	0.00
問7B. 今後3 年間の現地法人の事業展開意向		
拡大する	39 35.1	0.62
現状維持	22 19.8	0.36
縮小・撤退する	4 3.6	0.00
問8（1）現地法人の経営方針		
きわめて重要な案件を除けば、基本的には現地法人側がすべてを決定する	23 20.7	0.26
基本的には本社が決定しているが、現地側の裁量の余地が大きい	46 41.4	0.76
基本的には、ほぼすべてを日本本社が決定している	23 20.7	0.17
問8（3）現地法人との意志疎通状況		
うまくいっている	27 24.3	0.63
ほぼうまくいっている	50 45.0	0.40
あまりうまくいっていない	13 11.7	0.69
うまくいっていない	1 0.9	0.00

日本企業本社のグローバル化対応に関する調査
問1(7)従業数【うち外国籍】
D.一般従業員

	調査数	平均
全 体	111 100.0	13.24
問1（1）創業開始年		
1981年～	16 14.4	39.38
1951年～1980年	30 27.0	4.93
1921年～1950年	41 36.9	9.02
～1920年	24 21.6	13.42
問1（2）主たる業種		
食料品、繊維品、木材・家具、パルプ・紙	7 6.3	5.86
化学工業	8 7.2	5.75
鉄鋼業、金属製品	6 5.4	1.83
機器製造（一般、電気、輸送、精密）	18 16.2	9.67
プラスチック製品、ゴム・皮革、窯業・土石、非鉄金属	6 5.4	4.50
その他の製造業	8 7.2	8.50
卸売・小売り	18 16.2	3.11
運輸業	7 6.3	21.29
建設業	10 9.0	23.20
不動産業	2 1.8	0.00
飲食店・宿泊業	1 0.9	2.00
金融・保険業	2 1.8	7.50
情報通信業	6 5.4	2.17
教育、学習支援業	1 0.9	0.00
サービス業	8 7.2	78.25
その他の非製造業	2 1.8	5.00
問1（2）主たる業種		
製造業	53 47.7	6.92
非製造業	57 51.4	19.35
問1（3）日本本社の従業員数		
300人未満	27 24.3	1.19
300～1,000人未満	47 42.3	4.00
1,000～3,000人未満	21 18.9	16.00
3,000人以上	16 14.4	57.13

－128－

日本企業本社のグローバル化対応に関する調査
問1(7)従業数【うち外国籍】
D.一般従業員

	調査数	平均
全 体	111 100.0	13.24
問1（4）2017年度の売上高		
100億円未満	17 15.3	1.65
100〜300億円未満	29 26.1	3.24
300〜1,000億円未満	26 23.4	26.08
1,000〜3,000億円未満	23 20.7	13.39
3,000億円以上	14 12.6	25.86
問1（5）2017年度の経常利益		
〜0億円	4 3.6	0.50
1〜10億円未満	22 19.8	2.41
10〜30億円未満	30 27.0	23.53
30〜100億円未満	24 21.6	4.58
100億円以上	26 23.4	23.00
問1（6）5年前と比較した現在の売上高		
50%以上の増加	16 14.4	49.94
20〜50%以上の増加	27 24.3	6.44
5〜20%の増加	33 29.7	8.12
一5〜5%の間で、あまり変動はない	19 17.1	4.53
減少傾向にある	13 11.7	3.92
問1（7）外国籍社員		
いる	72 64.9	20.42
いない	39 35.1	0.00
問7B. 今後3年間の現地法人の事業展開意向		
拡大する	40 36.0	23.78
現状維持	23 20.7	12.00
縮小・撤退する	4 3.6	0.25
問8（1）現地法人の経営方針		
きわめて重要な案件を除けば、基本的には現地法人側がすべてを決定する	24 21.6	9.54
基本的には本社が決定しているが、現地側の裁量の余地が大きい	46 41.4	23.20
基本的には、ほぼすべてを日本本社が決定している	23 20.7	6.17
問8（3）現地法人との意志疎通状況		
うまくいっている	26 23.4	5.65
ほぼうまくいっている	53 47.7	21.42
あまりうまくいっていない	12 10.8	12.42
うまくいっていない	1 0.9	0.00

日本企業本社のグローバル化対応に関する調査
問1(7)従業数【うち外国籍】
E.合計

	調査数	平均
全 体	114 100.0	13.70
問1(1)創業開始年		
1981年～	16 14.0	39.63
1951年～1980年	30 26.3	5.17
1921年～1950年	42 36.8	9.29
～1920年	26 22.8	14.73
問1(2)主たる業種		
食料品、繊維品、木材・家具、パルプ・紙	7 6.1	6.14
化学工業	9 7.9	7.56
鉄鋼業、金属製品	6 5.3	1.83
機器製造(一般、電気、輸送、精密)	18 15.8	10.17
プラスチック製品、ゴム・皮革、窯業・土石、非鉄金属	7 6.1	4.29
その他の製造業	8 7.0	9.13
卸売・小売り	18 15.8	3.94
運輸業	7 6.1	22.57
建設業	10 8.8	25.30
不動産業	2 1.8	0.00
飲食店・宿泊業	1 0.9	2.00
金融・保険業	2 1.8	9.00
情報通信業	6 5.3	2.17
教育、学習支援業	1 0.9	0.00
サービス業	8 7.0	78.50
その他の非製造業	2 1.8	5.00
問1(2)主たる業種		
製造業	55 48.2	7.42
非製造業	57 50.0	20.23
問1(3)日本本社の従業員数		
300人未満	27 23.7	1.33
300～1,000人未満	47 41.2	4.38
1,000～3,000人未満	22 19.3	16.86
3,000人以上	18 15.8	52.72

日本企業本社のグローバル化対応に関する調査
問1(7)従業数【うち外国籍】
E.合計

	調査数	平均
全 体	114 100.0	13.70
問1（4）2017年度の売上高		
100億円未満	17 14.9	1.76
100～300億円未満	29 25.4	3.45
300～1,000億円未満	26 22.8	26.46
1,000～3,000億円未満	23 20.2	13.91
3,000億円以上	17 14.9	24.94
問1（5）2017年度の経常利益		
～0億円	4 3.5	0.50
1～10億円未満	22 19.3	2.55
10～30億円未満	30 26.3	23.90
30～100億円未満	24 21.1	4.92
100億円以上	29 25.4	23.03
問1（6）5 年前と比較した現在の売上高		
50%以上の増加	16 14.0	50.56
20～50%以上の増加	30 26.3	6.90
5～20%の増加	33 28.9	8.73
－5～5%の間で、あまり変動はない	19 16.7	4.89
減少傾向にある	13 11.4	4.77
問1（7）外国籍社員		
いる	75 65.8	20.83
いない	39 34.2	0.00
問7B. 今後3 年間の現地法人の事業展開意向		
拡大する	42 36.8	23.90
現状維持	23 20.2	12.52
縮小・撤退する	4 3.5	0.25
問8（1）現地法人の経営方針		
きわめて重要な案件を除けば、基本的には現地法人側がすべてを決定する	25 21.9	10.72
基本的には本社が決定しているが、現地側の裁量の余地が大きい	47 41.2	23.64
基本的には、ほぼすべてを日本本社が決定している	23 20.2	6.48
問8（3）現地法人との意志疎通状況		
うまくいっている	27 23.7	6.44
ほぼうまくいっている	55 48.2	21.58
あまりうまくいっていない	12 10.5	13.50
うまくいっていない	1 0.9	0.00

日本企業本社のグローバル化対応に関する調査
問1(7)従業数【うち外国籍】
問1(7)外国籍社員

	調査数	いる
全 体	171 100.0	75 43.9
問1(1)創業開始年		
1981年～	28 100.0	9 32.1
1951年～1980年	45 100.0	19 42.2
1921年～1950年	61 100.0	27 44.3
～1920年	36 100.0	20 55.6
問1(2)主たる業種		
食料品、繊維品、木材・家具、パルプ・紙	13 100.0	4 30.8
化学工業	14 100.0	8 57.1
鉄鋼業、金属製品	7 100.0	3 42.9
機器製造(一般、電気、輸送、精密)	27 100.0	12 44.4
プラスチック製品、ゴム・皮革、窯業・土石、非鉄金属	8 100.0	7 87.5
その他の製造業	9 100.0	7 77.8
卸売・小売り	24 100.0	8 33.3
運輸業	10 100.0	5 50.0
建設業	16 100.0	8 50.0
不動産業	3 100.0	－ －
飲食店・宿泊業	3 100.0	1 33.3
金融・保険業	7 100.0	1 14.3
情報通信業	6 100.0	3 50.0
教育、学習支援業	1 100.0	－ －
サービス業	13 100.0	6 46.2
その他の非製造業	5 100.0	1 20.0
問1(2)主たる業種		
製造業	78 100.0	41 52.6
非製造業	88 100.0	33 37.5
問1(3)日本本社の従業員数		
300人未満	34 100.0	12 35.3
300～1,000人未満	65 100.0	26 40.0
1,000～3,000人未満	36 100.0	21 58.3
3,000人以上	32 100.0	16 50.0

日本企業本社のグローバル化対応に関する調査
問1（7）従業数【うち外国籍】
問1（7）外国籍社員

	調査数	いる
全 体	171 100.0	75 43.9
問1（4）2017年度の売上高		
100億円未満	21 100.0	7 33.3
100～300億円未満	42 100.0	16 38.1
300～1,000億円未満	35 100.0	17 48.6
1,000～3,000億円未満	40 100.0	18 45.0
3,000億円以上	29 100.0	17 58.6
問1（5）2017年度の経常利益		
～0億円	7 100.0	1 14.3
1～10億円未満	28 100.0	11 39.3
10～30億円未満	42 100.0	19 45.2
30～100億円未満	37 100.0	15 40.5
100億円以上	50 100.0	28 56.0
問1（6）5年前と比較した現在の売上高		
50％以上の増加	25 100.0	11 44.0
20～50％以上の増加	43 100.0	19 44.2
5～20％の増加	47 100.0	26 55.3
－5～5％の間で、あまり変動はない	32 100.0	12 37.5
減少傾向にある	17 100.0	5 29.4
問1（7）外国籍社員		
いる	75 100.0	75 100.0
いない	39 100.0	－ －
問7B. 今後3年間の現地法人の事業展開意向		
拡大する	59 100.0	35 59.3
現状維持	34 100.0	18 52.9
縮小・撤退する	5 100.0	1 20.0
問8（1）現地法人の経営方針		
きわめて重要な案件を除けば、基本的には現地法人側がすべてを決定する	35 100.0	19 54.3
基本的には本社が決定しているが、現地側の裁量の余地が大きい	61 100.0	37 60.7
基本的には、ほぼすべてを日本本社が決定している	41 100.0	13 31.7
問8（3）現地法人との意志疎通状況		
うまくいっている	41 100.0	17 41.5
ほぼうまくいっている	78 100.0	44 56.4
あまりうまくいっていない	17 100.0	9 52.9
うまくいっていない	1 100.0	－ －

日本企業本社のグローバル化対応に関する調査
問1(7)従業数【うち女性】
A.役員・取締役

	調査数	平均
全 体	121 100.0	0.56
問1（1）創業開始年		
1981年～	19 15.7	0.74
1951年～1980年	32 26.4	0.75
1921年～1950年	43 35.5	0.35
～1920年	26 21.5	0.58
問1（2）主たる業種		
食料品、繊維品、木材・家具、パルプ・紙	10 8.3	0.40
化学工業	9 7.4	0.44
鉄鋼業、金属製品	5 4.1	0.00
機器製造（一般、電気、輸送、精密）	21 17.4	0.33
プラスチック製品、ゴム・皮革、窯業・土石、非鉄金属	6 5.0	0.50
その他の製造業	7 5.8	0.43
卸売・小売り	17 14.0	0.53
運輸業	7 5.8	0.86
建設業	12 9.9	0.58
不動産業	3 2.5	1.33
飲食店・宿泊業	2 1.7	0.00
金融・保険業	2 1.7	1.00
情報通信業	6 5.0	1.17
教育、学習支援業	1 0.8	2.00
サービス業	9 7.4	0.56
その他の非製造業	3 2.5	1.67
問1（2）主たる業種		
製造業	58 47.9	0.36
非製造業	62 51.2	0.76
問1（3）日本本社の従業員数		
300人未満	27 22.3	0.26
300～1,000人未満	52 43.0	0.52
1,000～3,000人未満	23 19.0	0.43
3,000人以上	19 15.7	1.26

日本企業本社のグローバル化対応に関する調査
問1(7)従業数【うち女性】
A.役員・取締役

	調査数	平均
全 体	121 100.0	0.56
問1（4）2017年度の売上高		
100億円未満	18 14.9	0.28
100〜300億円未満	32 26.4	0.50
300〜1,000億円未満	25 20.7	0.20
1,000〜3,000億円未満	27 22.3	0.74
3,000億円以上	17 14.0	1.29
問1（5）2017年度の経常利益		
〜0億円	5 4.1	0.40
1〜10億円未満	22 18.2	0.36
10〜30億円未満	33 27.3	0.45
30〜100億円未満	26 21.5	0.23
100億円以上	30 24.8	1.23
問1（6）5年前と比較した現在の売上高		
50%以上の増加	18 14.9	0.61
20〜50%以上の増加	30 24.8	0.47
5〜20%の増加	34 28.1	0.56
−5〜5%の間で、あまり変動はない	24 19.8	0.67
減少傾向にある	12 9.9	0.50
問1（7）外国籍社員		
いる	70 57.9	0.64
いない	38 31.4	0.29
問7B. 今後3年間の現地法人の事業展開意向		
拡大する	46 38.0	0.61
現状維持	22 18.2	0.59
縮小・撤退する	4 3.3	0.25
問8（1）現地法人の経営方針		
きわめて重要な案件を除けば、基本的には現地法人側がすべてを決定する	25 20.7	0.48
基本的には本社が決定しているが、現地側の裁量の余地が大きい	49 40.5	0.61
基本的には、ほぼすべてを日本本社が決定している	26 21.5	0.73
問8（3）現地法人との意志疎通状況		
うまくいっている	30 24.8	0.93
ほぼうまくいっている	53 43.8	0.47
あまりうまくいっていない	15 12.4	0.40
うまくいっていない	1 0.8	0.00

日本企業本社のグローバル化対応に関する調査
問1(7)従業数【うち女性】
B.部長

	調査数	平均
全 体	123 100.0	1.60
問1(1)創業開始年		
1981年〜	19 15.4	1.16
1951年〜1980年	32 26.0	2.31
1921年〜1950年	44 35.8	1.30
〜1920年	27 22.0	1.59
問1(2)主たる業種		
食料品、繊維品、木材・家具、パルプ・紙	10 8.1	1.50
化学工業	9 7.3	2.33
鉄鋼業、金属製品	5 4.1	0.20
機器製造(一般、電気、輸送、精密)	21 17.1	1.19
プラスチック製品、ゴム・皮革、窯業・土石、非鉄金属	7 5.7	0.43
その他の製造業	7 5.7	1.00
卸売・小売り	17 13.8	0.41
運輸業	7 5.7	2.29
建設業	12 9.8	0.75
不動産業	3 2.4	2.00
飲食店・宿泊業	2 1.6	1.50
金融・保険業	2 1.6	2.50
情報通信業	5 4.1	5.00
教育、学習支援業	1 0.8	1.00
サービス業	9 7.3	4.89
その他の非製造業	4 3.3	1.75
問1(2)主たる業種		
製造業	59 48.0	1.22
非製造業	62 50.4	1.98
問1(3)日本本社の従業員数		
300人未満	27 22.0	0.41
300〜1,000人未満	52 42.3	0.83
1,000〜3,000人未満	23 18.7	1.00
3,000人以上	21 17.1	5.71

—136—

日本企業本社のグローバル化対応に関する調査
問1(7)従業数【うち女性】
B.部長

	調査数	平均
全 体	123 100.0	1.60
問1(4)2017年度の売上高		
100億円未満	18 14.6	0.44
100～300億円未満	32 26.0	0.41
300～1,000億円未満	25 20.3	0.68
1,000～3,000億円未満	27 22.0	2.89
3,000億円以上	19 15.4	4.21
問1(5)2017年度の経常利益		
～0億円	5 4.1	0.60
1～10億円未満	22 17.9	0.32
10～30億円未満	33 26.8	0.52
30～100億円未満	26 21.1	2.19
100億円以上	32 26.0	3.44
問1(6)5年前と比較した現在の売上高		
50%以上の増加	19 15.4	0.95
20～50%以上の増加	31 25.2	0.87
5～20%の増加	34 27.6	2.68
一5～5%の間で、あまり変動はない	24 19.5	2.00
減少傾向にある	12 9.8	0.92
問1(7)外国籍社員		
いる	71 57.7	1.37
いない	38 30.9	0.39
問7B. 今後3年間の現地法人の事業展開意向		
拡大する	47 38.2	2.83
現状維持	22 17.9	1.09
縮小・撤退する	4 3.3	0.00
問8(1)現地法人の経営方針		
きわめて重要な案件を除けば、基本的には現地法人側がすべてを決定する	25 20.3	1.52
基本的には本社が決定しているが、現地側の裁量の余地が大きい	50 40.7	1.38
基本的には、ほぼすべてを日本本社が決定している	26 21.1	3.12
問8(3)現地法人との意志疎通状況		
うまくいっている	31 25.2	1.81
ほぼうまくいっている	54 43.9	1.20
あまりうまくいっていない	15 12.2	4.47
うまくいっていない	1 0.8	0.00

日本企業本社のグローバル化対応に関する調査
問1(7)従業数【うち女性】
C.課長

	調査数	平均
全 体	125 100.0	19.35
問1(1)創業開始年		
1981年～	18 14.4	4.22
1951年～1980年	33 26.4	38.64
1921年～1950年	46 36.8	11.02
～1920年	27 21.6	20.70
問1(2)主たる業種		
食料品、繊維品、木材・家具、パルプ・紙	9 7.2	4.33
化学工業	8 6.4	14.13
鉄鋼業、金属製品	5 4.0	0.40
機器製造(一般、電気、輸送、精密)	22 17.6	12.50
プラスチック製品、ゴム・皮革、窯業・土石、非鉄金属	8 6.4	3.88
その他の製造業	8 6.4	12.75
卸売・小売り	16 12.8	14.75
運輸業	7 5.6	9.71
建設業	12 9.6	22.83
不動産業	3 2.4	9.00
飲食店・宿泊業	2 1.6	8.50
金融・保険業	3 2.4	14.33
情報通信業	6 4.8	8.17
教育、学習支援業	1 0.8	5.00
サービス業	9 7.2	118.00
その他の非製造業	4 3.2	15.75
問1(2)主たる業種		
製造業	60 48.0	9.37
非製造業	63 50.4	29.27
問1(3)日本本社の従業員数		
300人未満	27 21.6	1.07
300～1,000人未満	54 43.2	4.89
1,000～3,000人未満	23 18.4	10.00
3,000人以上	21 16.8	90.29

—138—

日本企業本社のグローバル化対応に関する調査
問1(7)従業数【うち女性】
C.課長

	調査数	平均
全　体	125 100.0	19.35
問1(4)2017年度の売上高		
100億円未満	17 13.6	1.00
100～300億円未満	34 27.2	2.06
300～1,000億円未満	26 20.8	6.23
1,000～3,000億円未満	28 22.4	47.18
3,000億円以上	18 14.4	46.28
問1(5)2017年度の経常利益		
～0億円	5 4.0	5.20
1～10億円未満	24 19.2	0.83
10～30億円未満	32 25.6	2.59
30～100億円未満	27 21.6	44.85
100億円以上	32 25.6	32.97
問1(6)5年前と比較した現在の売上高		
50%以上の増加	18 14.4	8.22
20～50%以上の増加	30 24.0	5.10
5～20%の増加	36 28.8	42.64
－5～5%の間で、あまり変動はない	24 19.2	6.83
減少傾向にある	14 11.2	17.36
問1(7)外国籍社員		
いる	73 58.4	13.49
いない	37 29.6	3.86
問7B.今後3年間の現地法人の事業展開意向		
拡大する	45 36.0	40.16
現状維持	23 18.4	6.30
縮小・撤退する	4 3.2	1.25
問8(1)現地法人の経営方針		
きわめて重要な案件を除けば、基本的には現地法人側がすべてを決定する	25 20.0	5.08
基本的には本社が決定しているが、現地側の裁量の余地が大きい	50 40.0	21.00
基本的には、ほぼすべてを日本本社が決定している	27 21.6	43.59
問8(3)現地法人との意志疎通状況		
うまくいっている	31 24.8	15.32
ほぼうまくいっている	55 44.0	12.82
あまりうまくいっていない	15 12.0	78.20
うまくいっていない	1 0.8	5.00

－139－

日本企業本社のグローバル化対応に関する調査
問1(7)従業数【うち女性】
D.一般従業員

	調査数	平均
全 体	123 100.0	312.62
問1(1)創業開始年		
1981年～	20 16.3	199.75
1951年～1980年	33 26.8	352.55
1921年～1950年	43 35.0	258.56
～1920年	27 22.0	433.52
問1(2)主たる業種		
食料品、繊維品、木材・家具、パルプ・紙	9 7.3	333.89
化学工業	7 5.7	239.43
鉄鋼業、金属製品	5 4.1	59.80
機器製造(一般、電気、輸送、精密)	21 17.1	297.43
プラスチック製品、ゴム・皮革、窯業・土石、非鉄金属	8 6.5	264.50
その他の製造業	7 5.7	261.71
卸売・小売り	18 14.6	184.56
運輸業	7 5.7	328.14
建設業	12 9.8	400.83
不動産業	3 2.4	74.67
飲食店・宿泊業	2 1.6	168.50
金融・保険業	3 2.4	143.67
情報通信業	6 4.9	194.67
教育、学習支援業	1 0.8	150.00
サービス業	9 7.3	710.78
その他の非製造業	3 2.4	634.00
問1(2)主たる業種		
製造業	57 46.3	266.21
非製造業	64 52.0	328.72
問1(3)日本本社の従業員数		
300人未満	29 23.6	20.69
300～1,000人未満	50 40.7	118.28
1,000～3,000人未満	23 18.7	270.48
3,000人以上	21 17.1	1224.62

—140—

日本企業本社のグローバル化対応に関する調査
問1(7)従業数【うち女性】
D.一般従業員

	調査数	平均
全 体	123 100.0	312.62
問1（4）2017年度の売上高		
100億円未満	18 14.6	20.39
100～300億円未満	31 25.2	96.13
300～1,000億円未満	26 21.1	241.69
1,000～3,000億円未満	28 22.8	407.64
3,000億円以上	18 14.6	953.22
問1（5）2017年度の経常利益		
～0億円	5 4.1	64.00
1～10億円未満	23 18.7	73.35
10～30億円未満	31 25.2	179.32
30～100億円未満	27 22.0	219.26
100億円以上	32 26.0	760.72
問1（6）5 年前と比較した現在の売上高		
50％以上の増加	19 15.4	323.63
20～50％以上の増加	30 24.4	280.23
5～20％の増加	34 27.6	429.00
－5～5％の間で、あまり変動はない	23 18.7	245.17
減少傾向にある	14 11.4	130.71
問1（7）外国籍社員		
いる	72 58.5	392.58
いない	38 30.9	91.97
問7B. 今後3 年間の現地法人の事業展開意向		
拡大する	45 36.6	470.69
現状維持	23 18.7	273.74
縮小・撤退する	4 3.3	114.25
問8（1）現地法人の経営方針		
きわめて重要な案件を除けば、基本的には現地法人側がすべてを決定する	25 20.3	168.60
基本的には本社が決定しているが、現地側の裁量の余地が大きい	50 40.7	430.82
基本的には、ほぼすべてを日本本社が決定している	26 21.1	351.54
問8（3）現地法人との意志疎通状況		
うまくいっている	31 25.2	369.90
ほぼうまくいっている	55 44.7	343.35
あまりうまくいっていない	14 11.4	439.36
うまくいっていない	1 0.8	0.00

日本企業本社のグローバル化対応に関する調査
問1(7)従業数【うち女性】
E.合計

	調査数	平均
全 体	124 100.0	351.72
問1（1）創業開始年		
1981年〜	20 16.1	205.35
1951年〜1980年	33 26.6	394.15
1921年〜1950年	43 34.7	271.98
〜1920年	28 22.6	528.71
問1（2）主たる業種	− −	−
食料品、繊維品、木材・家具、パルプ・紙	9 7.3	340.33
化学工業	8 6.5	536.88
鉄鋼業、金属製品	5 4.0	60.40
機器製造（一般、電気、輸送、精密）	21 16.9	312.00
プラスチック製品、ゴム・皮革、窯業・土石、非鉄金属	8 6.5	269.13
その他の製造業	7 5.6	277.71
卸売・小売り	18 14.5	198.56
運輸業	7 5.6	341.00
建設業	12 9.7	425.00
不動産業	3 2.4	87.00
飲食店・宿泊業	2 1.6	178.50
金融・保険業	3 2.4	160.33
情報通信業	6 4.8	208.17
教育、学習支援業	1 0.8	158.00
サービス業	9 7.3	834.22
その他の非製造業	3 2.4	658.00
問1（2）主たる業種	− −	−
製造業	58 46.8	315.67
非製造業	64 51.6	360.14
問1（3）日本本社の従業員数	− −	−
300人未満	29 23.4	22.31
300〜1,000人未満	50 40.3	124.86
1,000〜3,000人未満	24 19.4	373.58
3,000人以上	21 16.9	1321.76

−142−

日本企業本社のグローバル化対応に関する調査
問1(7)従業数【うち女性】
E.合計

	調査数	平均
全 体	124 100.0	351.72
問1(4)2017年度の売上高		
100億円未満	18 14.5	22.06
100〜300億円未満	31 25.0	99.16
300〜1,000億円未満	26 21.0	248.77
1,000〜3,000億円未満	28 22.6	458.32
3,000億円以上	19 15.3	1082.89
問1(5)2017年度の経常利益		
〜0億円	5 4.0	70.20
1〜10億円未満	23 18.5	74.83
10〜30億円未満	31 25.0	182.90
30〜100億円未満	27 21.8	266.44
100億円以上	33 26.6	849.30
問1(6)5年前と比較した現在の売上高		
50%以上の増加	19 15.3	332.95
20〜50%以上の増加	31 25.0	357.52
5〜20%の増加	34 27.4	477.32
一5〜5%の間で、あまり変動はない	23 18.5	254.96
減少傾向にある	14 11.3	149.29
問1(7)外国籍社員		
いる	73 58.9	436.63
いない	38 30.6	96.42
問7B.今後3年間の現地法人の事業展開意向		
拡大する	46 37.1	557.17
現状維持	23 18.5	281.65
縮小・撤退する	4 3.2	115.75
問8(1)現地法人の経営方針		
きわめて重要な案件を除けば、基本的には現地法人側がすべてを決定する	26 21.0	264.38
基本的には本社が決定しているが、現地側の裁量の余地が大きい	50 40.3	453.80
基本的には、ほぼすべてを日本本社が決定している	26 21.0	400.62
問8(3)現地法人との意志疎通状況		
うまくいっている	31 25.0	387.94
ほぼうまくいっている	56 45.2	395.73
あまりうまくいっていない	14 11.3	528.29
うまくいっていない	1 0.8	5.00

日本企業本社のグローバル化対応に関する調査
問2.日本本社の連結対象となる海外現地法人、および日本本社直轄の支社・支店について
問2(1-a)日本本社の連結対象となる海外現地法人（社）

	調査数	平均
全 体	168 100.0	16.40
問1（1）創業開始年		
1981年～	28 16.7	14.93
1951年～1980年	45 26.8	7.87
1921年～1950年	61 36.3	11.82
～1920年	33 19.6	38.24
問1（2）主たる業種		
食料品、繊維品、木材・家具、パルプ・紙	13 7.7	7.77
化学工業	14 8.3	9.50
鉄鋼業、金属製品	7 4.2	4.43
機器製造（一般、電気、輸送、精密）	27 16.1	41.63
プラスチック製品、ゴム・皮革、窯業・土石、非鉄金属	8 4.8	15.50
その他の製造業	9 5.4	11.56
卸売・小売り	23 13.7	6.26
運輸業	10 6.0	20.90
建設業	16 9.5	9.94
不動産業	3 1.8	13.00
飲食店・宿泊業	3 1.8	0.67
金融・保険業	7 4.2	35.29
情報通信業	6 3.6	0.50
教育、学習支援業	1 0.6	3.00
サービス業	13 7.7	17.54
その他の非製造業	5 3.0	1.60
問1（2）主たる業種		
製造業	78 46.4	20.73
非製造業	87 51.8	11.98
問1（3）日本本社の従業員数		
300人未満	34 20.2	5.18
300～1,000人未満	65 38.7	8.48
1,000～3,000人未満	36 21.4	13.25
3,000人以上	29 17.3	52.90

-144-

日本企業本社のグローバル化対応に関する調査
問2.日本本社の連結対象となる海外現地法人、および日本本社直轄の支社・支店について
問2(1-a)日本本社の連結対象となる海外現地法人(社)

	調査数	平均
全 体	168 100.0	16.40
問1（4）2017年度の売上高		
100億円未満	21 12.5	1.38
100〜300億円未満	42 25.0	3.52
300〜1,000億円未満	35 20.8	9.26
1,000〜3,000億円未満	40 23.8	14.95
3,000億円以上	26 15.5	63.58
問1（5）2017年度の経常利益		
〜0億円	7 4.2	1.57
1〜10億円未満	28 16.7	1.25
10〜30億円未満	42 25.0	7.71
30〜100億円未満	37 22.0	8.24
100億円以上	47 28.0	44.06
問1（6）5年前と比較した現在の売上高		
50%以上の増加	25 14.9	17.92
20〜50%以上の増加	41 24.4	12.00
5〜20%の増加	46 27.4	16.78
一5〜5%の間で、あまり変動はない	32 19.0	26.78
減少傾向にある	17 10.1	5.59
問1（7）外国籍社員		
いる	74 44.0	16.57
いない	39 23.2	2.33
問7B. 今後3年間の現地法人の事業展開意向		
拡大する	58 34.5	33.64
現状維持	34 20.2	15.47
縮小・撤退する	5 3.0	4.60
問8（1）現地法人の経営方針		
きわめて重要な案件を除けば、基本的には現地法人側がすべてを決定する	35 20.8	16.69
基本的には本社が決定しているが、現地側の裁量の余地が大きい	61 36.3	17.93
基本的には、ほぼすべてを日本本社が決定している	39 23.2	26.95
問8（3）現地法人との意志疎通状況		
うまくいっている	39 23.2	12.15
ほぼうまくいっている	77 45.8	26.62
あまりうまくいっていない	17 10.1	12.59
うまくいっていない	1 0.6	2.00

日本企業本社のグローバル化対応に関する調査
問2.日本本社の連結対象となる海外現地法人、および日本本社直轄の支社・支店について
問2(1-b)日本本社直轄の支社・支店の数(社)

	調査数	平均
全 体	160 100.0	7.53
問1（1）創業開始年		
1981年～	28 17.5	0.50
1951年～1980年	42 26.3	10.64
1921年～1950年	58 36.3	9.74
～1920年	31 19.4	5.74
問1（2）主たる業種		
食料品、繊維品、木材・家具、パルプ・紙	12 7.5	5.50
化学工業	12 7.5	3.67
鉄鋼業、金属製品	7 4.4	4.86
機器製造（一般、電気、輸送、精密）	26 16.3	5.12
プラスチック製品、ゴム・皮革、窯業・土石、非鉄金属	7 4.4	10.43
その他の製造業	9 5.6	2.78
卸売・小売り	22 13.8	6.36
運輸業	9 5.6	43.56
建設業	16 10.0	3.44
不動産業	3 1.9	1.33
飲食店・宿泊業	3 1.9	37.67
金融・保険業	7 4.4	0.14
情報通信業	6 3.8	0.67
教育、学習支援業	1 0.6	0.00
サービス業	12 7.5	8.67
その他の非製造業	5 3.1	1.60
問1（2）主たる業種		
製造業	73 45.6	5.14
非製造業	84 52.5	9.77
問1（3）日本本社の従業員数		
300人未満	31 19.4	5.71
300～1,000人未満	64 40.0	2.03
1,000～3,000人未満	35 21.9	16.43
3,000人以上	27 16.9	11.93

日本企業本社のグローバル化対応に関する調査
問2.日本本社の連結対象となる海外現地法人、および日本本社直轄の支社・支店について
問2(1-b)日本本社直轄の支社・支店の数(社)

	調査数	平均
全 体	160 100.0	7.53
問1（4）2017年度の売上高		
100億円未満	20 12.5	1.70
100〜300億円未満	40 25.0	4.85
300〜1,000億円未満	35 21.9	2.31
1,000〜3,000億円未満	36 22.5	11.08
3,000億円以上	25 15.6	19.84
問1（5）2017年度の経常利益		
〜0億円	7 4.4	17.71
1〜10億円未満	25 15.6	1.20
10〜30億円未満	42 26.3	2.07
30〜100億円未満	36 22.5	5.81
100億円以上	43 26.9	17.30
問1（6）5 年前と比較した現在の売上高		
50%以上の増加	23 14.4	3.91
20〜50%以上の増加	39 24.4	6.23
5〜20%の増加	44 27.5	13.82
−5〜5%の間で、あまり変動はない	31 19.4	3.29
減少傾向にある	16 10.0	9.50
問1（7）外国籍社員		
いる	71 44.4	9.27
いない	39 24.4	3.67
問7B. 今後3 年間の現地法人の事業展開意向		
拡大する	57 35.6	6.49
現状維持	30 18.8	17.43
縮小・撤退する	5 3.1	3.60
問8（1）現地法人の経営方針		
きわめて重要な案件を除けば、基本的には現地法人側がすべてを決定する	34 21.3	15.91
基本的には本社が決定しているが、現地側の裁量の余地が大きい	57 35.6	4.88
基本的には、ほぼすべてを日本本社が決定している	37 23.1	6.11
問8（3）現地法人との意志疎通状況		
うまくいっている	36 22.5	3.72
ほぼうまくいっている	74 46.3	10.14
あまりうまくいっていない	16 10.0	9.94
うまくいっていない	1 0.6	2.00

日本企業本社のグローバル化対応に関する調査
問2(2)地域別、進出状況
A.中国

	調査数	進出していない	進出している	無回答
全 体	171 100.0	52 30.4	106 62.0	13 7.6
問1（1）創業開始年				
1981年～	28 100.0	14 50.0	8 28.6	6 21.4
1951年～1980年	45 100.0	15 33.3	26 57.8	4 8.9
1921年～1950年	61 100.0	16 26.2	43 70.5	2 3.3
～1920年	36 100.0	6 16.7	29 80.6	1 2.8
問1（2）主たる業種				
食料品、繊維品、木材・家具、パルプ・紙	13 100.0	3 23.1	10 76.9	－ －
化学工業	14 100.0	1 7.1	13 92.9	－ －
鉄鋼業、金属製品	7 100.0	1 14.3	6 85.7	－ －
機器製造(一般、電気、輸送、精密)	27 100.0	4 14.8	22 81.5	1 3.7
プラスチック製品、ゴム・皮革、窯業・土石、非鉄金属	8 100.0	－ －	8 100.0	－ －
その他の製造業	9 100.0	2 22.2	7 77.8	－ －
卸売・小売り	24 100.0	8 33.3	11 45.8	5 20.8
運輸業	10 100.0	2 20.0	7 70.0	1 10.0
建設業	16 100.0	8 50.0	5 31.3	3 18.8
不動産業	3 100.0	－ －	1 33.3	2 66.7
飲食店・宿泊業	3 100.0	3 100.0	－ －	－ －
金融・保険業	7 100.0	5 71.4	2 28.6	－ －
情報通信業	6 100.0	5 83.3	1 16.7	－ －
教育、学習支援業	1 100.0	1 100.0	－ －	－ －
サービス業	13 100.0	4 30.8	9 69.2	－ －
その他の非製造業	5 100.0	4 80.0	－ －	1 20.0
問1（2）主たる業種				
製造業	78 100.0	11 14.1	66 84.6	1 1.3
非製造業	88 100.0	40 45.5	36 40.9	12 13.6
問1（3）日本本社の従業員数				
300人未満	34 100.0	13 38.2	17 50.0	4 11.8
300～1,000人未満	65 100.0	24 36.9	36 55.4	5 7.7
1,000～3,000人未満	36 100.0	7 19.4	27 75.0	2 5.6
3,000人以上	32 100.0	6 18.8	24 75.0	2 6.3

日本企業本社のグローバル化対応に関する調査
問2（2）地域別、進出状況
A.中国

	調査数	進出していない	進出している	無回答
全 体	171 100.0	52 30.4	106 62.0	13 7.6
問1（4）2017年度の売上高				
100億円未満	21 100.0	13 61.9	6 28.6	2 9.5
100〜300億円未満	42 100.0	15 35.7	22 52.4	5 11.9
300〜1,000億円未満	35 100.0	7 20.0	25 71.4	3 8.6
1,000〜3,000億円未満	40 100.0	8 20.0	29 72.5	3 7.5
3,000億円以上	29 100.0	6 20.7	23 79.3	−
問1（5）2017年度の経常利益				
〜0億円	7 100.0	4 57.1	1 14.3	2 28.6
1〜10億円未満	28 100.0	16 57.1	9 32.1	3 10.7
10〜30億円未満	42 100.0	10 23.8	28 66.7	4 9.5
30〜100億円未満	37 100.0	8 21.6	27 73.0	2 5.4
100億円以上	50 100.0	10 20.0	39 78.0	1 2.0
問1（6）5年前と比較した現在の売上高				
50%以上の増加	25 100.0	5 20.0	13 52.0	7 28.0
20〜50%以上の増加	43 100.0	11 25.6	28 65.1	4 9.3
5〜20%の増加	47 100.0	12 25.5	35 74.5	−
−5〜5%の間で、あまり変動はない	32 100.0	12 37.5	20 62.5	−
減少傾向にある	17 100.0	9 52.9	6 35.3	2 11.8
問1（7）外国籍社員				
いる	75 100.0	15 20.0	59 78.7	1 1.3
いない	39 100.0	16 41.0	15 38.5	8 20.5
問7B. 今後3年間の現地法人の事業展開意向				
拡大する	59 100.0	− −	59 100.0	− −
現状維持	34 100.0	− −	34 100.0	− −
縮小・撤退する	5 100.0	1 20.0	4 80.0	− −
問8（1）現地法人の経営方針				
きわめて重要な案件を除けば、基本的には現地法人側がすべてを決定する	35 100.0	12 34.3	20 57.1	3 8.6
基本的には本社が決定しているが、現地側の裁量の余地が大きい	61 100.0	5 8.2	56 91.8	−
基本的には、ほぼすべてを日本本社が決定している	41 100.0	9 22.0	26 63.4	6 14.6
問8（3）現地法人との意志疎通状況				
うまくいっている	41 100.0	8 19.5	27 65.9	6 14.6
ほぼうまくいっている	78 100.0	12 15.4	64 82.1	2 2.6
あまりうまくいっていない	17 100.0	5 29.4	12 70.6	−
うまくいっていない	1 100.0	− −	1 100.0	−

日本企業本社のグローバル化対応に関する調査
問2（2）地域別、進出年度
A.中国

	調査数	平均
全　体	90 100.0	1995.18
問1（1）創業開始年		
1981年～	6 6.7	2007.67
1951年～1980年	23 25.6	2001.35
1921年～1950年	40 44.4	1997.08
～1920年	21 23.3	1981.24
問1（2）主たる業種		
食料品、繊維品、木材・家具、パルプ・紙	8 8.9	1996.75
化学工業	13 14.4	1990.00
鉄鋼業、金属製品	6 6.7	2004.83
機器製造（一般、電気、輸送、精密）	19 21.1	1993.42
プラスチック製品、ゴム・皮革、窯業・土石、非鉄金属	7 7.8	1997.71
その他の製造業	5 5.6	1992.40
卸売・小売り	8 8.9	2004.13
運輸業	6 6.7	1991.33
建設業	5 5.6	1972.40
不動産業	1 1.1	2008.00
飲食店・宿泊業	－ －	－
金融・保険業	1 1.1	1986.00
情報通信業	1 1.1	2009.00
教育、学習支援業	－ －	－
サービス業	8 8.9	2007.75
その他の非製造業	－ －	－
問1（2）主たる業種		
製造業	58 64.4	1994.72
非製造業	30 33.3	1996.93
問1（3）日本本社の従業員数		
300人未満	14 15.6	2000.43
300～1,000人未満	31 34.4	1995.29
1,000～3,000人未満	26 28.9	1995.85
3,000人以上	18 20.0	1989.50

日本企業本社のグローバル化対応に関する調査
問2(2)地域別、進出年度
A.中国

	調査数	平均
全 体	90 100.0	1995.18
問1(4)2017年度の売上高		
100億円未満	5 5.6	2000.80
100〜300億円未満	21 23.3	1998.00
300〜1,000億円未満	22 24.4	1996.32
1,000〜3,000億円未満	25 27.8	1997.52
3,000億円以上	16 17.8	1983.31
問1(5)2017年度の経常利益		
〜0億円	1 1.1	1995.00
1〜10億円未満	8 8.9	1991.75
10〜30億円未満	26 28.9	2002.35
30〜100億円未満	22 24.4	1994.91
100億円以上	31 34.4	1989.16
問1(6)5年前と比較した現在の売上高		
50%以上の増加	10 11.1	2001.00
20〜50%以上の増加	23 25.6	1995.96
5〜20%の増加	31 34.4	1992.45
−5〜5%の間で、あまり変動はない	19 21.1	1994.79
減少傾向にある	3 3.3	2000.00
問1(7)外国籍社員		
いる	52 57.8	1996.00
いない	14 15.6	1992.00
問7B. 今後3年間の現地法人の事業展開意向		
拡大する	50 55.6	1995.48
現状維持	29 32.2	1995.03
縮小・撤退する	4 4.4	1995.75
問8(1)現地法人の経営方針		
きわめて重要な案件を除けば、基本的には現地法人側がすべてを決定する	17 18.9	1992.12
基本的には本社が決定しているが、現地側の裁量の余地が大きい	49 54.4	1995.63
基本的には、ほぼすべてを日本本社が決定している	22 24.4	1996.55
問8(3)現地法人との意志疎通状況		
うまくいっている	24 26.7	1991.08
ほぼうまくいっている	52 57.8	1996.54
あまりうまくいっていない	11 12.2	1997.45
うまくいっていない	1 1.1	1998.00

日本企業本社のグローバル化対応に関する調査
問2(2)地域別、進出状況
B.東南アジア

	調査数	進出していない	進出している	無回答
全 体	171 100.0	47 27.5	114 66.7	10 5.8
問1(1)創業開始年				
1981年～	28 100.0	9 32.1	15 53.6	4 14.3
1951年～1980年	45 100.0	17 37.8	26 57.8	2 4.4
1921年～1950年	61 100.0	14 23.0	44 72.1	3 4.9
～1920年	36 100.0	6 16.7	29 80.6	1 2.8
問1(2)主たる業種				
食料品、繊維品、木材・家具、パルプ・紙	13 100.0	5 38.5	7 53.8	1 7.7
化学工業	14 100.0	1 7.1	13 92.9	－ －
鉄鋼業、金属製品	7 100.0	2 28.6	5 71.4	－ －
機器製造(一般、電気、輸送、精密)	27 100.0	5 18.5	21 77.8	1 3.7
プラスチック製品、ゴム・皮革、窯業・土石、非鉄金属	8 100.0	2 25.0	6 75.0	－ －
その他の製造業	9 100.0	2 22.2	7 77.8	－ －
卸売・小売り	24 100.0	8 33.3	12 50.0	4 16.7
運輸業	10 100.0	1 10.0	8 80.0	1 10.0
建設業	16 100.0	3 18.8	13 81.3	－ －
不動産業	3 100.0	－ －	2 66.7	1 33.3
飲食店・宿泊業	3 100.0	3 100.0	－ －	－ －
金融・保険業	7 100.0	3 42.9	4 57.1	－ －
情報通信業	6 100.0	4 66.7	2 33.3	－ －
教育、学習支援業	1 100.0	－ －	1 100.0	－ －
サービス業	13 100.0	6 46.2	7 53.8	－ －
その他の非製造業	5 100.0	2 40.0	2 40.0	1 20.0
問1(2)主たる業種				
製造業	78 100.0	17 21.8	59 75.6	2 2.6
非製造業	88 100.0	30 34.1	51 58.0	7 8.0
問1(3)日本本社の従業員数				
300人未満	34 100.0	13 38.2	18 52.9	3 8.8
300～1,000人未満	65 100.0	23 35.4	39 60.0	3 4.6
1,000～3,000人未満	36 100.0	5 13.9	30 83.3	1 2.8
3,000人以上	32 100.0	4 12.5	25 78.1	3 9.4

日本企業本社のグローバル化対応に関する調査
問2(2)地域別、進出状況
B.東南アジア

	調査数	進出していない	進出している	無回答
全 体	171 100.0	47 27.5	114 66.7	10 5.8
問1(4)2017年度の売上高				
100億円未満	21 100.0	15 71.4	4 19.0	2 9.5
100～300億円未満	42 100.0	16 38.1	23 54.8	3 7.1
300～1,000億円未満	35 100.0	9 25.7	24 68.6	2 5.7
1,000～3,000億円未満	40 100.0	2 5.0	36 90.0	2 5.0
3,000億円以上	29 100.0	3 10.3	25 86.2	1 3.4
問1(5)2017年度の経常利益				
～0億円	7 100.0	4 57.1	1 14.3	2 28.6
1～10億円未満	28 100.0	17 60.7	9 32.1	2 7.1
10～30億円未満	42 100.0	13 31.0	26 61.9	3 7.1
30～100億円未満	37 100.0	5 13.5	31 83.8	1 2.7
100億円以上	50 100.0	5 10.0	44 88.0	1 2.0
問1(6)5年前と比較した現在の売上高				
50%以上の増加	25 100.0	6 24.0	14 56.0	5 20.0
20～50%以上の増加	43 100.0	12 27.9	29 67.4	2 4.7
5～20%の増加	47 100.0	9 19.1	38 80.9	－
－5～5%の間で、あまり変動はない	32 100.0	11 34.4	20 62.5	1 3.1
減少傾向にある	17 100.0	8 47.1	7 41.2	2 11.8
問1(7)外国籍社員				
いる	75 100.0	19 25.3	54 72.0	2 2.7
いない	39 100.0	13 33.3	21 53.8	5 12.8
問7B.今後3年間の現地法人の事業展開意向				
拡大する	59 100.0	9 15.3	49 83.1	1 1.7
現状維持	34 100.0	5 14.7	28 82.4	1 2.9
縮小・撤退する	5 100.0	1 20.0	4 80.0	－
問8(1)現地法人の経営方針				
きわめて重要な案件を除けば、基本的には現地法人側がすべてを決定する	35 100.0	9 25.7	25 71.4	1 2.9
基本的には本社が決定しているが、現地側の裁量の余地が大きい	61 100.0	5 8.2	55 90.2	1 1.6
基本的には、ほぼすべてを日本本社が決定している	41 100.0	9 22.0	29 70.7	3 7.3
問8(3)現地法人との意志疎通状況				
うまくいっている	41 100.0	7 17.1	30 73.2	4 9.8
ほぼうまくいっている	78 100.0	10 12.8	67 85.9	1 1.3
あまりうまくいっていない	17 100.0	5 29.4	12 70.6	－
うまくいっていない	1 100.0	－ －	1 100.0	－

－153－

日本企業本社のグローバル化対応に関する調査
問2（2）地域別、進出年度
B.東南アジア

	調査数	平均
全 体	99 100.0	1993.83
問1（1）創業開始年		
1981年～	13 13.1	2009.00
1951年～1980年	22 22.2	2003.32
1921年～1950年	40 40.4	1993.08
～1920年	24 24.2	1978.17
問1（2）主たる業種		
食料品、繊維品、木材・家具、パルプ・紙	6 6.1	1997.00
化学工業	13 13.1	1986.38
鉄鋼業、金属製品	5 5.1	1996.80
機器製造（一般、電気、輸送、精密）	18 18.2	1989.17
プラスチック製品、ゴム・皮革、窯業・土石、非鉄金属	5 5.1	1988.20
その他の製造業	6 6.1	1986.00
卸売・小売り	8 8.1	2005.00
運輸業	7 7.1	1988.71
建設業	12 12.1	1986.08
不動産業	2 2.0	2011.50
飲食店・宿泊業	－ －	－
金融・保険業	3 3.0	2000.00
情報通信業	2 2.0	2011.00
教育、学習支援業	1 1.0	2014.00
サービス業	6 6.1	2007.00
その他の非製造業	2 2.0	2016.00
問1（2）主たる業種		
製造業	53 53.5	1989.64
非製造業	43 43.4	1998.30
問1（3）日本本社の従業員数		
300人未満	15 15.2	1998.27
300～1,000人未満	35 35.4	1998.09
1,000～3,000人未満	27 27.3	1990.07
3,000人以上	20 20.2	1987.90

日本企業本社のグローバル化対応に関する調査
問2(2)地域別、進出年度
B.東南アジア

	調査数	平均
全 体	99 100.0	1993.83
問1(4)2017年度の売上高		
100億円未満	3 3.0	1993.33
100～300億円未満	22 22.2	2003.41
300～1,000億円未満	22 22.2	1993.82
1,000～3,000億円未満	31 31.3	1993.42
3,000億円以上	19 19.2	1982.26
問1.(5)2017年度の経常利益		
～0億円	1 1.0	1987.00
1～10億円未満	8 8.1	1997.88
10～30億円未満	24 24.2	2003.04
30～100億円未満	26 26.3	1993.92
100億円以上	37 37.4	1986.08
問1(6)5年前と比較した現在の売上高		
50%以上の増加	11 11.1	1994.91
20～50%以上の増加	25 25.3	1994.20
5～20%の増加	34 34.3	1993.82
－5～5%の間で、あまり変動はない	19 19.2	1991.89
減少傾向にある	4 4.0	2002.50
問1(7)外国籍社員		
いる	49 49.5	1990.53
いない	19 19.2	2001.84
問7B.今後3年間の現地法人の事業展開意向		
拡大する	41 41.4	1989.46
現状維持	24 24.2	1992.21
縮小・撤退する	4 4.0	1997.00
問8(1)現地法人の経営方針		
きわめて重要な案件を除けば、基本的には現地法人側がすべてを決定する	21 21.2	1993.19
基本的には本社が決定しているが、現地側の裁量の余地が大きい	49 49.5	1992.98
基本的には、ほぼすべてを日本本社が決定している	26 26.3	1995.04
問8(3)現地法人との意志疎通状況		
うまくいっている	28 28.3	1997.18
ほぼうまくいっている	56 56.6	1991.34
あまりうまくいっていない	11 11.1	1996.09
うまくいっていない	1 1.0	1991.00

日本企業本社のグローバル化対応に関する調査
問2(2)地域別、進出状況
C.その他のアジア地域

	調査数	進出していない	進出している	無回答
全 体	171 100.0	92 53.8	59 34.5	20 11.7
問1(1)創業開始年				
1981年～	28 100.0	16 57.1	6 21.4	6 21.4
1951年～1980年	45 100.0	28 62.2	11 24.4	6 13.3
1921年～1950年	61 100.0	33 54.1	23 37.7	5 8.2
～1920年	36 100.0	14 38.9	19 52.8	3 8.3
問1(2)主たる業種				
食料品、繊維品、木材・家具、パルプ・紙	13 100.0	7 53.8	4 30.8	2 15.4
化学工業	14 100.0	6 42.9	8 57.1	－
鉄鋼業、金属製品	7 100.0	5 71.4	2 28.6	－
機器製造(一般、電気、輸送、精密)	27 100.0	10 37.0	14 51.9	3 11.1
プラスチック製品、ゴム・皮革、窯業・土石、非鉄金属	8 100.0	5 62.5	3 37.5	－
その他の製造業	9 100.0	3 33.3	5 55.6	1 11.1
卸売・小売り	24 100.0	14 58.3	4 16.7	6 25.0
運輸業	10 100.0	6 60.0	4 40.0	－
建設業	16 100.0	6 37.5	7 43.8	3 18.8
不動産業	3 100.0	－ －	－ －	3 100.0
飲食店・宿泊業	3 100.0	3 100.0	－ －	－
金融・保険業	7 100.0	5 71.4	2 28.6	－
情報通信業	6 100.0	6 100.0	－ －	－
教育、学習支援業	1 100.0	－ －	1 100.0	－
サービス業	13 100.0	10 76.9	3 23.1	－
その他の非製造業	5 100.0	4 80.0	－ －	1 20.0
問1(2)主たる業種				
製造業	78 100.0	36 46.2	36 46.2	6 7.7
非製造業	88 100.0	54 61.4	21 23.9	13 14.8
問1(3)日本本社の従業員数				
300人未満	34 100.0	23 67.6	7 20.6	4 11.8
300～1,000人未満	65 100.0	40 61.5	16 24.6	9 13.8
1,000～3,000人未満	36 100.0	14 38.9	18 50.0	4 11.1
3,000人以上	32 100.0	11 34.4	18 56.3	3 9.4

日本企業本社のグローバル化対応に関する調査
問2(2)地域別、進出状況
C.その他のアジア地域

	調査数	進出していない	進出している	無回答
全 体	171 100.0	92 53.8	59 34.5	20 11.7
問1（4）2017年度の売上高				
100億円未満	21 100.0	16 76.2	3 14.3	2 9.5
100～300億円未満	42 100.0	28 66.7	8 19.0	6 14.3
300～1,000億円未満	35 100.0	17 48.6	13 37.1	5 14.3
1,000～3,000億円未満	40 100.0	19 47.5	15 37.5	6 15.0
3,000億円以上	29 100.0	8 27.6	20 69.0	1 3.4
問1（5）2017年度の経常利益				
～0億円	7 100.0	5 71.4	－ －	2 28.6
1～10億円未満	28 100.0	24 85.7	1 3.6	3 10.7
10～30億円未満	42 100.0	23 54.8	13 31.0	6 14.3
30～100億円未満	37 100.0	18 48.6	14 37.8	5 13.5
100億円以上	50 100.0	16 32.0	31 62.0	3 6.0
問1（6）5年前と比較した現在の売上高				
50%以上の増加	25 100.0	10 40.0	8 32.0	7 28.0
20～50%以上の増加	43 100.0	23 53.5	14 32.6	6 14.0
5～20%の増加	47 100.0	23 48.9	22 46.8	2 4.3
－5～5%の間で、あまり変動はない	32 100.0	19 59.4	10 31.3	3 9.4
減少傾向にある	17 100.0	12 70.6	3 17.6	2 11.8
問1（7）外国籍社員				
いる	75 100.0	36 48.0	36 48.0	3 4.0
いない	39 100.0	25 64.1	5 12.8	9 23.1
問7B. 今後3年間の現地法人の事業展開意向				
拡大する	59 100.0	22 37.3	33 55.9	4 6.8
現状維持	34 100.0	17 50.0	15 44.1	2 5.9
縮小・撤退する	5 100.0	4 80.0	－ －	1 20.0
問8（1）現地法人の経営方針				
きわめて重要な案件を除けば、基本的には現地法人側がすべてを決定する	35 100.0	17 48.6	15 42.9	3 8.6
基本的には本社が決定しているが、現地側の裁量の余地が大きい	61 100.0	27 44.3	30 49.2	4 6.6
基本的には、ほぼすべてを日本本社が決定している	41 100.0	20 48.8	14 34.1	7 17.1
問8（3）現地法人との意志疎通状況				
うまくいっている	41 100.0	16 39.0	16 39.0	9 22.0
ほぼうまくいっている	78 100.0	37 47.4	35 44.9	6 7.7
あまりうまくいっていない	17 100.0	9 52.9	8 47.1	－ －
うまくいっていない	1 100.0	1 100.0	－ －	－ －

日本企業本社のグローバル化対応に関する調査
問2(2)地域別、進出年度
C.その他のアジア地域

	調査数	平均
全 体	49 100.0	1993.94
問1(1)創業開始年		
1981年～	5 10.2	2010.60
1951年～1980年	8 16.3	2001.13
1921年～1950年	22 44.9	1996.14
～1920年	14 28.6	1980.43
問1(2)主たる業種		
食料品、繊維品、木材・家具、パルプ・紙	4 8.2	1999.00
化学工業	7 14.3	1984.86
鉄鋼業、金属製品	2 4.1	2006.00
機器製造(一般、電気、輸送、精密)	13 26.5	1990.31
プラスチック製品、ゴム・皮革、窯業・土石、非鉄金属	3 6.1	1997.33
その他の製造業	4 8.2	1997.25
卸売・小売り	1 2.0	2011.00
運輸業	4 8.2	2009.25
建設業	6 12.2	1977.83
不動産業	－ －	－
飲食店・宿泊業	－ －	－
金融・保険業	1 2.0	2007.00
情報通信業	－ －	－
教育、学習支援業	1 2.0	2007.00
サービス業	2 4.1	2013.50
その他の非製造業	－ －	－
問1(2)主たる業種		
製造業	33 67.3	1992.64
非製造業	15 30.6	1997.07
問1(3)日本本社の従業員数		
300人未満	4 8.2	2001.25
300～1,000人未満	14 28.6	1998.79
1,000～3,000人未満	17 34.7	1995.12
3,000人以上	14 28.6	1985.57

－158－

日本企業本社のグローバル化対応に関する調査
問2(2)地域別、進出年度
C.その他のアジア地域

	調査数	平均
全体	49 100.0	1993.94
問1（4）2017年度の売上高		
100億円未満	2 4.1	1996.50
100〜300億円未満	7 14.3	2004.86
300〜1,000億円未満	11 22.4	2001.55
1,000〜3,000億円未満	14 28.6	1996.29
3,000億円以上	15 30.6	1980.73
問1（5）2017年度の経常利益		
〜0億円	− −	−
1〜10億円未満	1 2.0	1982.00
10〜30億円未満	11 22.4	2003.91
30〜100億円未満	12 24.5	2002.25
100億円以上	25 51.0	1986.04
問1（6）5年前と比較した現在の売上高		
50%以上の増加	7 14.3	1999.29
20〜50%以上の増加	10 20.4	1995.30
5〜20%の増加	19 38.8	1993.00
−5〜5%の間で、あまり変動はない	10 20.4	1990.20
減少傾向にある	1 2.0	1990.00
問1（7）外国籍社員		
いる	32 65.3	1995.56
いない	4 8.2	2001.75
問7B.今後3年間の現地法人の事業展開意向		
拡大する	25 51.0	1989.64
現状維持	15 30.6	2000.40
縮小・撤退する	− −	−
問8（1）現地法人の経営方針		
きわめて重要な案件を除けば、基本的には現地法人側がすべてを決定する	13 26.5	1996.92
基本的には本社が決定しているが、現地側の裁量の余地が大きい	25 51.0	1995.68
基本的には、ほぼすべてを日本本社が決定している	11 22.4	1986.45
問8（3）現地法人との意志疎通状況		
うまくいっている	14 28.6	1991.07
ほぼうまくいっている	29 59.2	1993.21
あまりうまくいっていない	6 12.2	2004.17
うまくいっていない	− −	−

日本企業本社のグローバル化対応に関する調査
問2(2)地域別、進出状況
D.中東・アフリカ

	調査数	進出していない	進出している	無回答
全 体	171 100.0	125 73.1	26 15.2	20 11.7
問1（1）創業開始年				
1981年～	28 100.0	20 71.4	1 3.6	7 25.0
1951年～1980年	45 100.0	35 77.8	4 8.9	6 13.3
1921年～1950年	61 100.0	48 78.7	8 13.1	5 8.2
～1920年	36 100.0	21 58.3	13 36.1	2 5.6
問1（2）主たる業種				
食料品、繊維品、木材・家具、パルプ・紙	13 100.0	10 76.9	1 7.7	2 15.4
化学工業	14 100.0	11 78.6	3 21.4	－ －
鉄鋼業、金属製品	7 100.0	7 100.0	－ －	－ －
機器製造（一般、電気、輸送、精密）	27 100.0	17 63.0	8 29.6	2 7.4
プラスチック製品、ゴム・皮革、窯業・土石、非鉄金属	8 100.0	7 87.5	1 12.5	－ －
その他の製造業	9 100.0	7 77.8	2 22.2	－ －
卸売・小売り	24 100.0	16 66.7	2 8.3	6 25.0
運輸業	10 100.0	6 60.0	3 30.0	1 10.0
建設業	16 100.0	8 50.0	4 25.0	4 25.0
不動産業	3 100.0	－ －	－ －	3 100.0
飲食店・宿泊業	3 100.0	3 100.0	－ －	－ －
金融・保険業	7 100.0	6 85.7	1 14.3	－ －
情報通信業	6 100.0	6 100.0	－ －	－ －
教育、学習支援業	1 100.0	1 100.0	－ －	－ －
サービス業	13 100.0	13 100.0	－ －	－ －
その他の非製造業	5 100.0	4 80.0	－ －	1 20.0
問1（2）主たる業種				
製造業	78 100.0	59 75.6	15 19.2	4 5.1
非製造業	88 100.0	63 71.6	10 11.4	15 17.0
問1（3）日本本社の従業員数				
300人未満	34 100.0	28 82.4	2 5.9	4 11.8
300～1,000人未満	65 100.0	51 78.5	5 7.7	9 13.8
1,000～3,000人未満	36 100.0	27 75.0	5 13.9	4 11.1
3,000人以上	32 100.0	15 46.9	14 43.8	3 9.4

日本企業本社のグローバル化対応に関する調査
問2(2)地域別、進出状況
D.中東・アフリカ

	調査数	進出していない	進出している	無回答
全 体	171 100.0	125 73.1	26 15.2	20 11.7
問1（4）2017年度の売上高				
100億円未満	21 100.0	19 90.5	－ －	2 9.5
100～300億円未満	42 100.0	34 81.0	2 4.8	6 14.3
300～1,000億円未満	35 100.0	27 77.1	2 5.7	6 17.1
1,000～3,000億円未満	40 100.0	28 70.0	7 17.5	5 12.5
3,000億円以上	29 100.0	13 44.8	15 51.7	1 3.4
問1（5）2017年度の経常利益				
～0億円	7 100.0	5 71.4	－ －	2 28.6
1～10億円未満	28 100.0	25 89.3	－ －	3 10.7
10～30億円未満	42 100.0	34 81.0	1 2.4	7 16.7
30～100億円未満	37 100.0	27 73.0	6 16.2	4 10.8
100億円以上	50 100.0	28 56.0	19 38.0	3 6.0
問1（6）5 年前と比較した現在の売上高				
50%以上の増加	25 100.0	13 52.0	4 16.0	8 32.0
20～50%以上の増加	43 100.0	33 76.7	4 9.3	6 14.0
5～20%の増加	47 100.0	36 76.6	10 21.3	1 2.1
－5～5%の間で、あまり変動はない	32 100.0	23 71.9	6 18.8	3 9.4
減少傾向にある	17 100.0	14 82.4	1 5.9	2 11.8
問1（7）外国籍社員				
いる	75 100.0	55 73.3	16 21.3	4 5.3
いない	39 100.0	29 74.4	1 2.6	9 23.1
問7B. 今後3 年間の現地法人の事業展開意向				
拡大する	59 100.0	41 69.5	14 23.7	4 6.8
現状維持	34 100.0	24 70.6	9 26.5	1 2.9
縮小・撤退する	5 100.0	4 80.0	－ －	1 20.0
問8（1）現地法人の経営方針				
きわめて重要な案件を除けば、基本的には現地法人側がすべてを決定する	35 100.0	26 74.3	6 17.1	3 8.6
基本的には本社が決定しているが、現地側の裁量の余地が大きい	61 100.0	44 72.1	13 21.3	4 6.6
基本的には、ほぼすべてを日本本社が決定している	41 100.0	26 63.4	7 17.1	8 19.5
問8（3）現地法人との意志疎通状況				
うまくいっている	41 100.0	26 63.4	5 12.2	10 24.4
ほぼうまくいっている	78 100.0	56 71.8	17 21.8	5 6.4
あまりうまくいっていない	17 100.0	13 76.5	4 23.5	－ －
うまくいっていない	1 100.0	1 100.0	－ －	－ －

日本企業本社のグローバル化対応に関する調査
問2(2)地域別、進出年度
D.中東・アフリカ

	調査数	平均
全体	18 100.0	1993.83
問1(1)創業開始年		
1981年～	－ －	－
1951年～1980年	3 16.7	2012.00
1921年～1950年	7 38.9	1992.14
～1920年	8 44.4	1988.50
問1(2)主たる業種		
食料品、繊維品、木材・家具、パルプ・紙	1 5.6	2010.00
化学工業	3 16.7	2000.33
鉄鋼業、金属製品	－ －	－
機器製造(一般、電気、輸送、精密)	6 33.3	1994.83
プラスチック製品、ゴム・皮革、窯業・土石、非鉄金属	1 5.6	1982.00
その他の製造業	1 5.6	1982.00
卸売・小売り	－ －	－
運輸業	3 16.7	2011.00
建設業	3 16.7	1970.67
不動産業	－ －	－
飲食店・宿泊業	－ －	－
金融・保険業	－ －	－
情報通信業	－ －	－
教育、学習支援業	－ －	－
サービス業	－ －	－
その他の非製造業	－ －	－
問1(2)主たる業種		
製造業	12 66.7	1995.33
非製造業	6 33.3	1990.83
問1(3)日本本社の従業員数		
300人未満	2 11.1	2011.50
300～1,000人未満	2 11.1	2003.00
1,000～3,000人未満	5 27.8	2000.00
3,000人以上	9 50.0	1984.44

－162－

日本企業本社のグローバル化対応に関する調査
問2(2)地域別、進出年度
D.中東・アフリカ

	調査数	平均
全 体	18 100.0	1993.83
問1（4）2017年度の売上高		
100億円未満	– –	–
100〜300億円未満	2 11.1	2008.50
300〜1,000億円未満	1 5.6	1995.00
1,000〜3,000億円未満	6 33.3	1998.00
3,000億円以上	9 50.0	1987.67
問1（5）2017年度の経常利益		
〜0億円	– –	–
1〜10億円未満	– –	–
10〜30億円未満	1 5.6	2006.00
30〜100億円未満	4 22.2	1996.25
100億円以上	13 72.2	1992.15
問1（6）5年前と比較した現在の売上高		
50%以上の増加	2 11.1	1989.50
20〜50%以上の増加	2 11.1	2010.00
5〜20%の増加	8 44.4	1993.88
－5〜5%の間で、あまり変動はない	5 27.8	1992.80
減少傾向にある	– –	–
問1（7）外国籍社員		
いる	12 66.7	1995.08
いない	1 5.6	2011.00
問7B. 今後3年間の現地法人の事業展開意向		
拡大する	9 50.0	1986.89
現状維持	8 44.4	2004.00
縮小・撤退する	– –	–
問8（1）現地法人の経営方針		
きわめて重要な案件を除けば、基本的には現地法人側がすべてを決定する	5 27.8	1999.80
基本的には本社が決定しているが、現地側の裁量の余地が大きい	8 44.4	1988.50
基本的には、ほぼすべてを日本本社が決定している	5 27.8	1996.40
問8（3）現地法人との意志疎通状況		
うまくいっている	3 16.7	1994.33
ほぼうまくいっている	12 66.7	1992.00
あまりうまくいっていない	3 16.7	2000.67
うまくいっていない	– –	–

日本企業本社のグローバル化対応に関する調査
問2(2)地域別、進出状況
E.ヨーロッパ

	調査数	進出していない	進出している	無回答
全 体	171 100.0	84 49.1	67 39.2	20 11.7
問1(1)創業開始年				
1981年～	28 100.0	13 46.4	8 28.6	7 25.0
1951年～1980年	45 100.0	28 62.2	11 24.4	6 13.3
1921年～1950年	61 100.0	29 47.5	27 44.3	5 8.2
～1920年	36 100.0	13 36.1	21 58.3	2 5.6
問1(2)主たる業種				
食料品、繊維品、木材・家具、パルプ・紙	13 100.0	6 46.2	5 38.5	2 15.4
化学工業	14 100.0	8 57.1	6 42.9	－ －
鉄鋼業、金属製品	7 100.0	5 71.4	2 28.6	－ －
機器製造(一般、電気、輸送、精密)	27 100.0	8 29.6	17 63.0	2 7.4
プラスチック製品、ゴム・皮革、窯業・土石、非鉄金属	8 100.0	1 12.5	7 87.5	－ －
その他の製造業	9 100.0	2 22.2	7 77.8	－ －
卸売・小売り	24 100.0	13 54.2	5 20.8	6 25.0
運輸業	10 100.0	1 10.0	8 80.0	1 10.0
建設業	16 100.0	10 62.5	2 12.5	4 25.0
不動産業	3 100.0	－ －	－ －	3 100.0
飲食店・宿泊業	3 100.0	3 100.0	－ －	－ －
金融・保険業	7 100.0	6 85.7	1 14.3	－ －
情報通信業	6 100.0	6 100.0	－ －	－ －
教育、学習支援業	1 100.0	1 100.0	－ －	－ －
サービス業	13 100.0	9 69.2	4 30.8	－ －
その他の非製造業	5 100.0	4 80.0	－ －	1 20.0
問1(2)主たる業種				
製造業	78 100.0	30 38.5	44 56.4	4 5.1
非製造業	88 100.0	53 60.2	20 22.7	15 17.0
問1(3)日本本社の従業員数				
300人未満	34 100.0	18 52.9	12 35.3	4 11.8
300～1,000人未満	65 100.0	37 56.9	19 29.2	9 13.8
1,000～3,000人未満	36 100.0	16 44.4	16 44.4	4 11.1
3,000人以上	32 100.0	10 31.3	19 59.4	3 9.4

日本企業本社のグローバル化対応に関する調査
問2(2)地域別、進出状況
E.ヨーロッパ

	調査数	進出していない	進出している	無回答
全 体	171 100.0	84 49.1	67 39.2	20 11.7
問1（4）2017年度の売上高				
100億円未満	21 100.0	16 76.2	3 14.3	2 9.5
100～300億円未満	42 100.0	23 54.8	13 31.0	6 14.3
300～1,000億円未満	35 100.0	17 48.6	12 34.3	6 17.1
1,000～3,000億円未満	40 100.0	17 42.5	18 45.0	5 12.5
3,000億円以上	29 100.0	7 24.1	21 72.4	1 3.4
問1（5）2017年度の経常利益				
～0億円	7 100.0	4 57.1	1 14.3	2 28.6
1～10億円未満	28 100.0	22 78.6	3 10.7	3 10.7
10～30億円未満	42 100.0	20 47.6	15 35.7	7 16.7
30～100億円未満	37 100.0	16 43.2	17 45.9	4 10.8
100億円以上	50 100.0	16 32.0	31 62.0	3 6.0
問1（6）5年前と比較した現在の売上高				
50%以上の増加	25 100.0	7 28.0	10 40.0	8 32.0
20～50%以上の増加	43 100.0	20 46.5	17 39.5	6 14.0
5～20%の増加	47 100.0	24 51.1	22 46.8	1 2.1
－5～5%の間で、あまり変動はない	32 100.0	17 53.1	12 37.5	3 9.4
減少傾向にある	17 100.0	10 58.8	5 29.4	2 11.8
問1（7）外国籍社員				
いる	75 100.0	34 45.3	37 49.3	4 5.3
いない	39 100.0	22 56.4	8 20.5	9 23.1
問7B. 今後3年間の現地法人の事業展開意向				
拡大する	59 100.0	18 30.5	37 62.7	4 6.8
現状維持	34 100.0	12 35.3	21 61.8	1 2.9
縮小・撤退する	5 100.0	3 60.0	1 20.0	1 20.0
問8（1）現地法人の経営方針				
きわめて重要な案件を除けば、基本的には現地法人側がすべてを決定する	35 100.0	19 54.3	13 37.1	3 8.6
基本的には本社が決定しているが、現地側の裁量の余地が大きい	61 100.0	22 36.1	35 57.4	4 6.6
基本的には、ほぼすべてを日本本社が決定している	41 100.0	17 41.5	16 39.0	8 19.5
問8（3）現地法人との意志疎通状況				
うまくいっている	41 100.0	22 53.7	9 22.0	10 24.4
ほぼうまくいっている	78 100.0	24 30.8	49 62.8	5 6.4
あまりうまくいっていない	17 100.0	11 64.7	6 35.3	－ －
うまくいっていない	1 100.0	－ －	1 100.0	－ －

日本企業本社のグローバル化対応に関する調査
問2(2)地域別、進出年度
E.ヨーロッパ

	調査数	平均
全体	53 100.0	1990.30
問1(1)創業開始年		
1981年～	6 11.3	1996.50
1951年～1980年	9 17.0	1992.78
1921年～1950年	24 45.3	1988.75
～1920年	14 26.4	1988.71
問1(2)主たる業種		
食料品、繊維品、木材・家具、パルプ・紙	3 5.7	2009.33
化学工業	6 11.3	1993.50
鉄鋼業、金属製品	2 3.8	1996.50
機器製造(一般、電気、輸送、精密)	15 28.3	1984.87
プラスチック製品、ゴム・皮革、窯業・土石、非鉄金属	6 11.3	1986.67
その他の製造業	5 9.4	1994.80
卸売・小売り	2 3.8	2010.00
運輸業	7 13.2	1982.29
建設業	2 3.8	1971.00
不動産業	－ －	－
飲食店・宿泊業	－ －	－
金融・保険業	－ －	－
情報通信業	－ －	－
教育、学習支援業	－ －	－
サービス業	3 5.7	2001.67
その他の非製造業	－ －	－
問1(2)主たる業種		
製造業	37 69.8	1990.51
非製造業	14 26.4	1988.79
問1(3)日本本社の従業員数		
300人未満	9 17.0	1991.78
300～1,000人未満	14 26.4	1998.07
1,000～3,000人未満	16 30.2	1986.81
3,000人以上	14 26.4	1985.57

日本企業本社のグローバル化対応に関する調査
問2(2)地域別、進出年度
E.ヨーロッパ

	調査数	平均
全 体	53 100.0	1990.30
問1(4)2017年度の売上高		
100億円未満	2 3.8	1995.50
100～300億円未満	12 22.6	2002.75
300～1,000億円未満	9 17.0	1993.11
1,000～3,000億円未満	15 28.3	1985.87
3,000億円以上	15 28.3	1982.40
問1(5)2017年度の経常利益		
～0億円	1 1.9	2015.00
1～10億円未満	2 3.8	1995.50
10～30億円未満	13 24.5	2003.62
30～100億円未満	13 24.5	1984.92
100億円以上	24 45.3	1984.54
問1(6)5年前と比較した現在の売上高		
50%以上の増加	7 13.2	1991.57
20～50%以上の増加	13 24.5	2000.38
5～20%の増加	19 35.8	1980.95
ー5～5%の間で、あまり変動はない	11 20.8	1990.27
減少傾向にある	2 3.8	1999.50
問1(7)外国籍社員		
いる	31 58.5	1992.00
いない	7 13.2	1993.00
問7B. 今後3年間の現地法人の事業展開意向		
拡大する	28 52.8	1990.57
現状維持	17 32.1	1986.41
縮小・撤退する	1 1.9	2015.00
問8(1)現地法人の経営方針		
きわめて重要な案件を除けば、基本的には現地法人側がすべてを決定する	10 18.9	1994.30
基本的には本社が決定しているが、現地側の裁量の余地が大きい	29 54.7	1989.86
基本的には、ほぼすべてを日本本社が決定している	12 22.6	1990.08
問8(3)現地法人との意志疎通状況		
うまくいっている	7 13.2	1984.14
ほぼうまくいっている	38 71.7	1992.13
あまりうまくいっていない	5 9.4	1988.80
うまくいっていない	1 1.9	1996.00

日本企業本社のグローバル化対応に関する調査
問2(2)地域別、進出状況
F.北米

	調査数	進出していない	進出している	無回答
全 体	171 100.0	77 45.0	78 45.6	16 9.4
問1(1)創業開始年				
1981年～	28 100.0	14 50.0	7 25.0	7 25.0
1951年～1980年	45 100.0	25 55.6	14 31.1	6 13.3
1921年～1950年	61 100.0	25 41.0	35 57.4	1 1.6
～1920年	36 100.0	12 33.3	22 61.1	2 5.6
問1(2)主たる業種				
食料品、繊維品、木材・家具、パルプ・紙	13 100.0	6 46.2	7 53.8	－
化学工業	14 100.0	6 42.9	8 57.1	－
鉄鋼業、金属製品	7 100.0	3 42.9	4 57.1	－
機器製造(一般、電気、輸送、精密)	27 100.0	6 22.2	20 74.1	1 3.7
プラスチック製品、ゴム・皮革、窯業・土石、非鉄金属	8 100.0	2 25.0	6 75.0	－
その他の製造業	9 100.0	3 33.3	6 66.7	－
卸売・小売り	24 100.0	12 50.0	7 29.2	5 20.8
運輸業	10 100.0	2 20.0	7 70.0	1 10.0
建設業	16 100.0	8 50.0	4 25.0	4 25.0
不動産業	3 100.0	－ 	－ 	3 100.0
飲食店・宿泊業	3 100.0	3 100.0	－ 	－
金融・保険業	7 100.0	5 71.4	2 28.6	－
情報通信業	6 100.0	5 83.3	1 16.7	－
教育、学習支援業	1 100.0	1 100.0	－ 	－
サービス業	13 100.0	10 76.9	3 23.1	－
その他の非製造業	5 100.0	4 80.0	－ 	1 20.0
問1(2)主たる業種				
製造業	78 100.0	26 33.3	51 65.4	1 1.3
非製造業	88 100.0	50 56.8	24 27.3	14 15.9
問1(3)日本本社の従業員数				
300人未満	34 100.0	18 52.9	12 35.3	4 11.8
300～1,000人未満	65 100.0	38 58.5	21 32.3	6 9.2
1,000～3,000人未満	36 100.0	11 30.6	22 61.1	3 8.3
3,000人以上	32 100.0	8 25.0	21 65.6	3 9.4

日本企業本社のグローバル化対応に関する調査
問2(2)地域別、進出状況
F.北米

	調査数	進出していない	進出している	無回答
全 体	171 100.0	77 45.0	78 45.6	16 9.4
問1(4)2017年度の売上高				
100億円未満	21 100.0	16 76.2	3 14.3	2 9.5
100～300億円未満	42 100.0	26 61.9	11 26.2	5 11.9
300～1,000億円未満	35 100.0	15 42.9	16 45.7	4 11.4
1,000～3,000億円未満	40 100.0	11 27.5	25 62.5	4 10.0
3,000億円以上	29 100.0	5 17.2	23 79.3	1 3.4
問1(5)2017年度の経常利益				
～0億円	7 100.0	4 57.1	2 28.6	1 14.3
1～10億円未満	28 100.0	21 75.0	4 14.3	3 10.7
10～30億円未満	42 100.0	22 52.4	15 35.7	5 11.9
30～100億円未満	37 100.0	12 32.4	22 59.5	3 8.1
100億円以上	50 100.0	12 24.0	35 70.0	3 6.0
問1(6)5年前と比較した現在の売上高				
50%以上の増加	25 100.0	7 28.0	10 40.0	8 32.0
20～50%以上の増加	43 100.0	20 46.5	19 44.2	4 9.3
5～20%の増加	47 100.0	17 36.2	29 61.7	1 2.1
-5～5%の間で、あまり変動はない	32 100.0	16 50.0	14 43.8	2 6.3
減少傾向にある	17 100.0	11 64.7	5 29.4	1 5.9
問1(7)外国籍社員				
いる	75 100.0	33 44.0	39 52.0	3 4.0
いない	39 100.0	22 56.4	9 23.1	8 20.5
問7B.今後3年間の現地法人の事業展開意向				
拡大する	59 100.0	19 32.2	38 64.4	2 3.4
現状維持	34 100.0	6 17.6	27 79.4	1 2.9
縮小・撤退する	5 100.0	3 60.0	1 20.0	1 20.0
問8(1)現地法人の経営方針				
きわめて重要な案件を除けば、基本的には現地法人側がすべてを決定する	35 100.0	16 45.7	17 48.6	2 5.7
基本的には本社が決定しているが、現地側の裁量の余地が大きい	61 100.0	22 36.1	37 60.7	2 3.3
基本的には、ほぼすべてを日本本社が決定している	41 100.0	14 34.1	20 48.8	7 17.1
問8(3)現地法人との意志疎通状況				
うまくいっている	41 100.0	19 46.3	16 39.0	6 14.6
ほぼうまくいっている	78 100.0	23 29.5	50 64.1	5 6.4
あまりうまくいっていない	17 100.0	8 47.1	9 52.9	- -
うまくいっていない	1 100.0	1 100.0	- -	- -

日本企業本社のグローバル化対応に関する調査
問2(2)地域別、進出年度
F.北米

	調査数	平均
全 体	66 100.0	1984.64
問1(1)創業開始年		
1981年～	5 7.6	1995.20
1951年～1980年	12 18.2	1989.83
1921年～1950年	32 48.5	1982.97
～1920年	17 25.8	1981.00
問1(2)主たる業種		
食料品、繊維品、木材・家具、パルプ・紙	5 7.6	1982.40
化学工業	8 12.1	1985.38
鉄鋼業、金属製品	4 6.1	1990.25
機器製造(一般、電気、輸送、精密)	18 27.3	1981.89
プラスチック製品、ゴム・皮革、窯業・土石、非鉄金属	5 7.6	1987.60
その他の製造業	5 7.6	1983.20
卸売・小売り	5 7.6	1999.80
運輸業	6 9.1	1978.83
建設業	4 6.1	1968.75
不動産業	－ －	－
飲食店・宿泊業	－ －	－
金融・保険業	1 1.5	2015.00
情報通信業	1 1.5	1994.00
教育、学習支援業	－ －	－
サービス業	2 3.0	1999.50
その他の非製造業	－ －	－
問1(2)主たる業種		
製造業	45 68.2	1984.09
非製造業	19 28.8	1987.11
問1(3)日本本社の従業員数		
300人未満	10 15.2	1993.70
300～1,000人未満	17 25.8	1993.65
1,000～3,000人未満	22 33.3	1982.27
3,000人以上	16 24.2	1973.13

日本企業本社のグローバル化対応に関する調査
問2(2)地域別、進出年度
F.北米

	調査数	平均
全 体	66 100.0	1984.64
問1（4）2017年度の売上高		
100億円未満	3 4.5	1989.33
100～300億円未満	10 15.2	1994.40
300～1,000億円未満	14 21.2	1988.36
1,000～3,000億円未満	22 33.3	1983.95
3,000億円以上	17 25.8	1975.88
問1（5）2017年度の経常利益		
～0億円	2 3.0	1997.00
1～10億円未満	3 4.5	1989.00
10～30億円未満	14 21.2	1994.36
30～100億円未満	19 28.8	1985.58
100億円以上	28 42.4	1977.79
問1（6）5年前と比較した現在の売上高		
50%以上の増加	7 10.6	1989.00
20～50%以上の増加	15 22.7	1984.00
5～20%の増加	27 40.9	1985.85
ー5～5%の間で、あまり変動はない	13 19.7	1980.31
減少傾向にある	3 4.5	1985.67
問1（7）外国籍社員		
いる	34 51.5	1988.50
いない	9 13.6	1988.56
問7B. 今後3年間の現地法人の事業展開意向		
拡大する	31 47.0	1982.68
現状維持	23 34.8	1986.26
縮小・撤退する	1 1.5	2013.00
問8（1）現地法人の経営方針		
きわめて重要な案件を除けば、基本的には現地法人側がすべてを決定する	14 21.2	1989.14
基本的には本社が決定しているが、現地側の裁量の余地が大きい	33 50.0	1986.03
基本的には、ほぼすべてを日本本社が決定している	16 24.2	1980.31
問8（3）現地法人との意志疎通状況		
うまくいっている	14 21.2	1986.64
ほぼうまくいっている	41 62.1	1984.34
あまりうまくいっていない	8 12.1	1987.63
うまくいっていない	－ －	－

日本企業本社のグローバル化対応に関する調査
問2(2)地域別、進出状況
G.中南米・オセアニア

	調査数	進出していない	進出している	無回答
全 体	171 100.0	107 62.6	44 25.7	20 11.7
問1(1)創業開始年				
1981年～	28 100.0	17 60.7	4 14.3	7 25.0
1951年～1980年	45 100.0	31 68.9	8 17.8	6 13.3
1921年～1950年	61 100.0	39 63.9	17 27.9	5 8.2
～1920年	36 100.0	19 52.8	15 41.7	2 5.6
問1(2)主たる業種				
食料品、繊維品、木材・家具、パルプ・紙	13 100.0	8 61.5	3 23.1	2 15.4
化学工業	14 100.0	10 71.4	4 28.6	－ －
鉄鋼業、金属製品	7 100.0	6 85.7	1 14.3	－ －
機器製造(一般、電気、輸送、精密)	27 100.0	14 51.9	11 40.7	2 7.4
プラスチック製品、ゴム・皮革、窯業・土石、非鉄金属	8 100.0	2 25.0	6 75.0	－ －
その他の製造業	9 100.0	7 77.8	2 22.2	－ －
卸売・小売り	24 100.0	13 54.2	5 20.8	6 25.0
運輸業	10 100.0	7 70.0	2 20.0	1 10.0
建設業	16 100.0	9 56.3	3 18.8	4 25.0
不動産業	3 100.0	－ －	－ －	3 100.0
飲食店・宿泊業	3 100.0	3 100.0	－ －	－ －
金融・保険業	7 100.0	5 71.4	2 28.6	－ －
情報通信業	6 100.0	6 100.0	－ －	－ －
教育、学習支援業	1 100.0	1 100.0	－ －	－ －
サービス業	13 100.0	10 76.9	3 23.1	－ －
その他の非製造業	5 100.0	4 80.0	－ －	1 20.0
問1(2)主たる業種				
製造業	78 100.0	47 60.3	27 34.6	4 5.1
非製造業	88 100.0	58 65.9	15 17.0	15 17.0
問1(3)日本本社の従業員数				
300人未満	34 100.0	25 73.5	5 14.7	4 11.8
300～1,000人未満	65 100.0	48 73.8	8 12.3	9 13.8
1,000～3,000人未満	36 100.0	20 55.6	12 33.3	4 11.1
3,000人以上	32 100.0	10 31.3	19 59.4	3 9.4

－172－

日本企業本社のグローバル化対応に関する調査
問2(2)地域別、進出状況
G.中南米・オセアニア

	調査数	進出していない	進出している	無回答
全 体	171 100.0	107 62.6	44 25.7	20 11.7
問1（4）2017年度の売上高				
100億円未満	21 100.0	18 85.7	1 4.8	2 9.5
100～300億円未満	42 100.0	29 69.0	7 16.7	6 14.3
300～1,000億円未満	35 100.0	24 68.6	5 14.3	6 17.1
1,000～3,000億円未満	40 100.0	22 55.0	13 32.5	5 12.5
3,000億円以上	29 100.0	10 34.5	18 62.1	1 3.4
問1（5）2017年度の経常利益				
～0億円	7 100.0	5 71.4	－ －	2 28.6
1～10億円未満	28 100.0	23 82.1	2 7.1	3 10.7
10～30億円未満	42 100.0	28 66.7	7 16.7	7 16.7
30～100億円未満	37 100.0	24 64.9	9 24.3	4 10.8
100億円以上	50 100.0	21 42.0	26 52.0	3 6.0
問1（6）5年前と比較した現在の売上高				
50%以上の増加	25 100.0	10 40.0	7 28.0	8 32.0
20～50%以上の増加	43 100.0	28 65.1	9 20.9	6 14.0
5～20%の増加	47 100.0	32 68.1	14 29.8	1 2.1
－5～5%の間で、あまり変動はない	32 100.0	19 59.4	10 31.3	3 9.4
減少傾向にある	17 100.0	12 70.6	3 17.6	2 11.8
問1（7）外国籍社員				
いる	75 100.0	45 60.0	26 34.7	4 5.3
いない	39 100.0	28 71.8	2 5.1	9 23.1
問7B. 今後3年間の現地法人の事業展開意向				
拡大する	59 100.0	32 54.2	23 39.0	4 6.8
現状維持	34 100.0	19 55.9	14 41.2	1 2.9
縮小・撤退する	5 100.0	4 80.0	－ －	1 20.0
問8（1）現地法人の経営方針				
きわめて重要な案件を除けば、基本的には現地法人側がすべてを決定する	35 100.0	21 60.0	11 31.4	3 8.6
基本的には本社が決定しているが、現地側の裁量の余地が大きい	61 100.0	37 60.7	20 32.8	4 6.6
基本的には、ほぼすべてを日本本社が決定している	41 100.0	20 48.8	13 31.7	8 19.5
問8（3）現地法人との意志疎通状況				
うまくいっている	41 100.0	22 53.7	9 22.0	10 24.4
ほぼうまくいっている	78 100.0	43 55.1	30 38.5	5 6.4
あまりうまくいっていない	17 100.0	12 70.6	5 29.4	－ －
うまくいっていない	1 100.0	1 100.0	－ －	－ －

日本企業本社のグローバル化対応に関する調査
問2(2)地域別、進出状況
G.中南米・オセアニア

日本企業本社のグローバル化対応に関する調査
問2(2)地域別、進出年度
G.中南米・オセアニア

	調査数	平均
全 体	36 100.0	1992.75
問1(1)創業開始年		
1981年～	3 8.3	1996.00
1951年～1980年	6 16.7	2000.67
1921年～1950年	15 41.7	1993.73
～1920年	12 33.3	1986.75
問1(2)主たる業種		
食料品、繊維品、木材・家具、パルプ・紙	2 5.6	1985.50
化学工業	4 11.1	1982.75
鉄鋼業、金属製品	1 2.8	2012.00
機器製造(一般、電気、輸送、精密)	9 25.0	1992.89
プラスチック製品、ゴム・皮革、窯業・土石、非鉄金属	5 13.9	1989.60
その他の製造業	2 5.6	1994.50
卸売・小売り	3 8.3	1998.00
運輸業	2 5.6	2014.50
建設業	3 8.3	1969.67
不動産業	－ －	－
飲食店・宿泊業	－ －	－
金融・保険業	1 2.8	2008.00
情報通信業	－ －	－
教育、学習支援業	－ －	－
サービス業	3 8.3	2004.00
その他の非製造業	－ －	－
問1(2)主たる業種		
製造業	23 63.9	1990.74
非製造業	12 33.3	1996.00
問1(3)日本本社の従業員数		
300人未満	4 11.1	1999.00
300～1,000人未満	7 19.4	1994.57
1,000～3,000人未満	11 30.6	1998.82
3,000人以上	14 38.9	1985.29

日本企業本社のグローバル化対応に関する調査
問2(2)地域別、進出年度
G.中南米・オセアニア

	調査数	平均
全 体	36 100.0	1992.75
問1（4）2017年度の売上高		
100億円未満	1 2.8	1982.00
100〜300億円未満	6 16.7	1997.50
300〜1,000億円未満	5 13.9	1998.80
1,000〜3,000億円未満	11 30.6	1999.36
3,000億円以上	13 36.1	1983.46
問1（5）2017年度の経常利益		
〜0億円	− −	−
1〜10億円未満	1 2.8	1982.00
10〜30億円未満	7 19.4	1999.86
30〜100億円未満	8 22.2	1999.00
100億円以上	20 55.6	1988.30
問1（6）5年前と比較した現在の売上高		
50%以上の増加	6 16.7	2003.33
20〜50%以上の増加	7 19.4	1998.43
5〜20%の増加	12 33.3	1994.08
−5〜5%の間で、あまり変動はない	9 25.0	1977.00
減少傾向にある	1 2.8	2008.00
問1（7）外国籍社員		
いる	23 63.9	1993.78
いない	2 5.6	1997.00
問7B.今後3年間の現地法人の事業展開意向		
拡大する	18 50.0	1988.28
現状維持	12 33.3	1999.33
縮小・撤退する	− −	−
問8（1）現地法人の経営方針		
きわめて重要な案件を除けば、基本的には現地法人側がすべてを決定する	9 25.0	1999.56
基本的には本社が決定しているが、現地側の裁量の余地が大きい	17 47.2	1989.47
基本的には、ほぼすべてを日本本社が決定している	10 27.8	1992.20
問8（3）現地法人との意志疎通状況		
うまくいっている	7 19.4	1991.43
ほぼうまくいっている	24 66.7	1990.79
あまりうまくいっていない	5 13.9	2004.00
うまくいっていない	− −	−

日本企業本社のグローバル化対応に関する調査
問2.日本本社の連結対象となる海外現地法人、および日本本社直轄の支社・支店について
問2(3)現在、中心的に展開している地域

	調査数	中国	台湾	タイ	フィリピン	ベトナム	カンボジア	マレーシア	シンガポール	インドネシア	ミャンマー
全体	171	93	33	64	42	20	2	24	44	43	9
	100.0	54.4	19.3	37.4	24.6	11.7	1.2	14.0	25.7	25.1	5.3
問1（1）創業開始年											
1981年〜	28	5	5	5	6	3	1	–	6	3	–
	100.0	17.9	17.9	17.9	21.4	10.7	3.6	–	21.4	10.7	–
1951年〜1980年	45	23	6	10	5	5	–	3	7	9	5
	100.0	51.1	13.3	22.2	11.1	11.1	–	6.7	15.6	20.0	11.1
1921年〜1950年	61	38	10	28	16	8	1	10	13	18	2
	100.0	62.3	16.4	45.9	26.2	13.1	1.6	16.4	21.3	29.5	3.3
〜1920年	36	27	12	21	15	4	–	11	18	13	2
	100.0	75.0	33.3	58.3	41.7	11.1	–	30.6	50.0	36.1	5.6
問1（2）主たる業種											
食料品、繊維品、木材・家具、パルプ・紙	13	10	2	4	3	–	–	1	–	3	
	100.0	76.9	15.4	30.8	23.1	–	–	7.7	–	23.1	
化学工業	14	11	5	7	3	4	–	5	6	8	
	100.0	78.6	35.7	50.0	21.4	28.6	–	35.7	42.9	57.1	
鉄鋼業、金属製品	7	5	–	3	2	2	–	1	–	2	
	100.0	71.4	–	42.9	28.6	28.6	–	14.3	–	28.6	
機器製造（一般、電気、輸送、精密）	27	20	9	14	9	2	–	4	6	8	
	100.0	74.1	33.3	51.9	33.3	7.4	–	14.8	22.2	29.6	
プラスチック製品、ゴム・皮革、窯業・土石、非鉄金属	8	7	–	1	2	1	–	2	1	1	
	100.0	87.5	–	12.5	25.0	12.5	–	25.0	12.5	12.5	
その他の製造業	9	7	3	6	3	1	–	2	3	4	
	100.0	77.8	33.3	66.7	33.3	11.1	–	22.2	33.3	44.4	
卸売・小売り	24	10	3	4	2	1	–	1	6	2	1
	100.0	41.7	12.5	16.7	8.3	4.2	–	4.2	25.0	8.3	4.2
運輸業	10	6	4	5	2	1	–	4	6	3	
	100.0	60.0	40.0	50.0	20.0	10.0	–	40.0	60.0	30.0	
建設業	16	3	3	8	6	3	1	3	7	4	6
	100.0	18.8	18.8	50.0	37.5	18.8	6.3	18.8	43.8	25.0	37.5
不動産業	3	1	–	–	2	–	1	–	–	1	
	100.0	33.3	–	–	66.7	–	33.3	–	–	33.3	
飲食店・宿泊業	3	–	–	1	1	1	–	–	–	1	
	100.0	–	–	33.3	33.3	33.3	–	–	–	33.3	
金融・保険業	7	1	–	2	1	1	–	–	–	2	
	100.0	14.3	–	28.6	14.3	14.3	–	–	–	28.6	
情報通信業	6	1	–	1	1	1	–	–	2	1	
	100.0	16.7	–	16.7	16.7	16.7	–	–	33.3	16.7	
教育、学習支援業	1	–	1	–	–	–	–	–	1	–	
	100.0	–	100.0	–	–	–	–	–	100.0	–	
サービス業	13	7	2	3	2	2	–	–	3	1	1
	100.0	53.8	15.4	23.1	15.4	15.4	–	–	23.1	7.7	7.7
その他の非製造業	5	–	–	1	1	–	–	–	–	1	1
	100.0	–	–	20.0	20.0	–	–	–	–	20.0	20.0
問1（2）主たる業種											
製造業	78	60	19	35	22	10	–	15	16	26	–
	100.0	76.9	24.4	44.9	28.2	12.8	–	19.2	20.5	33.3	–
非製造業	88	29	13	25	18	10	2	8	25	16	9
	100.0	33.0	14.8	28.4	20.5	11.4	2.3	9.1	28.4	18.2	10.2
問1（3）日本本社の従業員数											
300人未満	34	15	8	6	5	5	–	2	9	5	
	100.0	44.1	23.5	17.6	14.7	14.7	–	5.9	26.5	14.7	
300〜1,000人未満	65	34	10	23	17	8	1	6	10	15	2
	100.0	52.3	15.4	35.4	26.2	12.3	1.5	9.2	15.4	23.1	3.1
1,000〜3,000人未満	36	22	8	19	9	2	1	10	15	15	4
	100.0	61.1	22.2	52.8	25.0	5.6	2.8	27.8	41.7	41.7	11.1
3,000人以上	32	20	6	14	10	4	–	5	9	6	3
	100.0	62.5	18.8	43.8	31.3	12.5	–	15.6	28.1	18.8	9.4

日本企業本社のグローバル化対応に関する調査
問2.日本本社の連結対象となる海外現地法人、および日本本社直轄の支社・支店について
問2(3)現在、中心的に展開している地域

	調査数	インド	アメリカ	ドイツ	メキシコ	その他の国・地域	無回答
全体	171 100.0	29 17.0	71 41.5	19 11.1	22 12.9	45 26.3	33 19.3
問1(1)創業開始年							
1981年～	28 100.0	1 3.6	6 21.4	2 7.1	－ －	7 25.0	9 32.1
1951年～1980年	45 100.0	6 13.3	13 28.9	3 6.7	3 6.7	12 26.7	11 24.4
1921年～1950年	61 100.0	13 21.3	31 50.8	8 13.1	11 18.0	13 21.3	10 16.4
～1920年	36 100.0	9 25.0	21 58.3	6 16.7	8 22.2	13 36.1	2 5.6
問1(2)主たる業種							
食料品、繊維品、木材・家具、パルプ・紙	13 100.0	1 7.7	5 38.5	1 7.7	1 7.7	4 30.8	2 15.4
化学工業	14 100.0	2 14.3	9 64.3	3 21.4	1 7.1	3 21.4	－ －
鉄鋼業、金属製品	7 100.0	3 42.9	2 28.6	1 14.3	4 57.1	－ －	1 14.3
機器製造(一般、電気、輸送、精密)	27 100.0	7 25.9	20 74.1	6 22.2	6 22.2	9 33.3	3 11.1
プラスチック製品、ゴム・皮革、窯業・土石、非鉄金属	8 100.0	2 25.0	5 62.5	2 25.0	3 37.5	3 37.5	－ －
その他の製造業	9 100.0	5 55.6	5 55.6	5 55.6	1 11.1	3 33.3	1 11.1
卸売・小売り	24 100.0	1 4.2	7 29.2	－ －	1 4.2	3 12.5	8 33.3
運輸業	10 100.0	3 30.0	6 60.0	－ －	2 20.0	5 50.0	1 10.0
建設業	16 100.0	2 12.5	3 18.8	－ －	1 6.3	6 37.5	2 12.5
不動産業	3 100.0	－ －	－ －	－ －	－ －	－ －	1 33.3
飲食店・宿泊業	3 100.0	－ －	－ －	－ －	－ －	－ －	2 66.7
金融・保険業	7 100.0	1 14.3	2 28.6	－ －	－ －	1 14.3	3 42.9
情報通信業	6 100.0	－ －	1 16.7	－ －	－ －	－ －	4 66.7
教育、学習支援業	1 100.0	－ －	－ －	－ －	－ －	1 100.0	－ －
サービス業	13 100.0	1 7.7	2 15.4	1 7.7	－ －	3 23.1	3 23.1
その他の非製造業	5 100.0	－ －	－ －	－ －	－ －	1 20.0	2 40.0
問1(2)主たる業種							
製造業	78 100.0	20 25.6	46 59.0	18 23.1	16 20.5	22 28.2	7 9.0
非製造業	88 100.0	8 9.1	21 23.9	1 1.1	4 4.5	20 22.7	26 29.5
問1(3)日本本社の従業員数							
300人未満	34 100.0	4 11.8	13 38.2	3 8.8	2 5.9	6 17.6	13 38.2
300～1,000人未満	65 100.0	9 13.8	18 27.7	4 6.2	4 6.2	14 21.5	14 21.5
1,000～3,000人未満	36 100.0	7 19.4	20 55.6	7 19.4	9 25.0	9 25.0	1 2.8
3,000人以上	32 100.0	8 25.0	19 59.4	5 15.6	6 18.8	15 46.9	4 12.5

日本企業本社のグローバル化対応に関する調査
問2.日本本社の連結対象となる海外現地法人、および日本本社直轄の支社・支店について
問2(3)現在、中心的に展開している地域

	調査数	中国	台湾	タイ	フィリピン	ベトナム	カンボジア	マレーシア	シンガポール	インドネシア	ミャンマー
全体	171	93	33	64	42	20	2	24	44	43	9
	100.0	54.4	19.3	37.4	24.6	11.7	1.2	14.0	25.7	25.1	5.3
問1（4）2017年度の売上高											
100億円未満	21	7	4	3	2	2	–	1	1	2	–
	100.0	33.3	19.0	14.3	9.5	9.5	–	4.8	4.8	9.5	–
100～300億円未満	42	19	5	11	7	5	–	–	6	5	1
	100.0	45.2	11.9	26.2	16.7	11.9	–	–	14.3	11.9	2.4
300～1,000億円未満	35	21	9	9	10	2	–	6	12	8	1
	100.0	60.0	25.7	25.7	28.6	5.7	–	17.1	34.3	22.9	2.9
1,000～3,000億円未満	40	27	6	20	12	7	2	6	10	17	3
	100.0	67.5	15.0	50.0	30.0	17.5	5.0	15.0	25.0	42.5	7.5
3,000億円以上	29	18	9	19	10	4	–	10	15	10	4
	100.0	62.1	31.0	65.5	34.5	13.8	–	34.5	51.7	34.5	13.8
問1（5）2017年度の経常利益											
～0億円	7	1	–	2	2	1	–	–	–	1	–
	100.0	14.3	–	28.6	28.6	14.3	–	–	–	14.3	–
1～10億円未満	28	10	2	6	1	1	–	1	2	2	1
	100.0	35.7	7.1	21.4	3.6	3.6	–	3.6	7.1	7.1	3.6
10～30億円未満	42	24	8	8	10	5	–	2	6	6	–
	100.0	57.1	19.0	19.0	23.8	11.9	–	4.8	14.3	14.3	–
30～100億円未満	37	23	8	14	8	4	1	6	15	11	2
	100.0	62.2	21.6	37.8	21.6	10.8	2.7	16.2	40.5	29.7	5.4
100億円以上	50	33	14	31	19	8	1	14	20	22	6
	100.0	66.0	28.0	62.0	38.0	16.0	2.0	28.0	40.0	44.0	12.0
問1（6）5年前と比較した現在の売上高											
50%以上の増加	25	10	7	5	4	1	1	2	6	5	1
	100.0	40.0	28.0	20.0	16.0	4.0	4.0	8.0	24.0	20.0	4.0
20～50%以上の増加	43	27	9	20	9	6	–	6	11	9	3
	100.0	62.8	20.9	46.5	20.9	14.0	–	14.0	25.6	20.9	7.0
5～20%の増加	47	30	9	20	12	6	1	10	15	15	4
	100.0	63.8	19.1	42.6	25.5	12.8	2.1	21.3	31.9	31.9	8.5
－5～5%の間で、あまり変動はない	32	17	4	10	12	4	–	2	6	9	–
	100.0	53.1	12.5	31.3	37.5	12.5	–	6.3	18.8	28.1	–
減少傾向にある	17	6	2	4	2	1	–	1	3	2	–
	100.0	35.3	11.8	23.5	11.8	5.9	–	5.9	17.6	11.8	–
問1（7）外国籍社員											
いる	75	54	21	34	19	7	–	15	25	22	6
	100.0	72.0	28.0	45.3	25.3	9.3	–	20.0	33.3	29.3	8.0
いない	39	13	6	10	9	3	–	3	6	5	1
	100.0	33.3	15.4	25.6	23.1	7.7	–	7.7	15.4	12.8	2.6
問7B．今後3年間の現地法人の事業展開意向											
拡大する	59	52	19	23	14	4	1	13	20	18	2
	100.0	88.1	32.2	39.0	23.7	6.8	1.7	22.0	33.9	30.5	3.4
現状維持	34	29	6	17	13	8	–	7	11	14	2
	100.0	85.3	17.6	50.0	38.2	23.5	–	20.6	32.4	41.2	5.9
縮小・撤退する	5	3	1	3	3	1	–	–	1	–	–
	100.0	60.0	20.0	60.0	60.0	20.0	–	–	20.0	–	–
問8（1）現地法人の経営方針											
きわめて重要な案件を除けば、基本的には現地法人側がすべてを決定する	35	18	9	14	5	2	–	5	10	9	–
	100.0	51.4	25.7	40.0	14.3	5.7	–	14.3	28.6	25.7	–
基本的には本社が決定しているが、現地側の裁量の余地が大きい	61	47	13	29	20	8	1	12	20	20	6
	100.0	77.0	21.3	47.5	32.8	13.1	1.6	19.7	32.8	32.8	9.8
基本的には、ほぼすべてを日本本社が決定している	41	24	10	18	16	10	–	7	12	12	3
	100.0	58.5	24.4	43.9	39.0	24.4	–	17.1	29.3	29.3	7.3
問8（3）現地法人との意志疎通状況											
うまくいっている	41	26	10	16	17	9	1	6	10	14	4
	100.0	63.4	24.4	39.0	41.5	22.0	2.4	14.6	24.4	34.1	9.8
ほぼうまくいっている	78	54	20	39	19	9	–	15	27	22	4
	100.0	69.2	25.6	50.0	24.4	11.5	–	19.2	34.6	28.2	5.1
あまりうまくいっていない	17	11	3	8	6	2	–	3	6	6	1
	100.0	64.7	17.6	47.1	35.3	11.8	–	17.6	35.3	35.3	5.9
うまくいっていない	1	–	–	–	–	–	–	–	–	–	–
	100.0	–	–	–	–	–	–	–	–	–	–

日本企業本社のグローバル化対応に関する調査
問2.日本本社の連結対象となる海外現地法人、および日本本社直轄の支社・支店について
問2(3)現在、中心的に展開している地域

	調査数	インド	アメリカ	ドイツ	メキシコ	その他の国・地域	無回答
全 体	171 100.0	29 17.0	71 41.5	19 11.1	22 12.9	45 26.3	33 19.3
問1（4）2017年度の売上高							
100億円未満	21 100.0	2 9.5	2 9.5	2 9.5	1 4.8	2 9.5	13 61.9
100～300億円未満	42 100.0	3 7.1	14 33.3	2 4.8	1 2.4	8 19.0	12 28.6
300～1,000億円未満	35 100.0	5 14.3	13 37.1	4 11.4	4 11.4	9 25.7	4 11.4
1,000～3,000億円未満	40 100.0	10 25.0	21 52.5	8 20.0	7 17.5	10 25.0	2 5.0
3,000億円以上	29 100.0	8 27.6	21 72.4	3 10.3	8 27.6	16 55.2	－ －
問1（5）2017年度の経常利益							
～0億円	7 100.0	－ －	2 28.6	－ －	－ －	－ －	4 57.1
1～10億円未満	28 100.0	2 7.1	4 14.3	2 7.1	2 7.1	2 7.1	14 50.0
10～30億円未満	42 100.0	4 9.5	14 33.3	3 7.1	3 7.1	11 26.2	7 16.7
30～100億円未満	37 100.0	5 13.5	19 51.4	6 16.2	2 5.4	12 32.4	3 8.1
100億円以上	50 100.0	17 34.0	32 64.0	8 16.0	14 28.0	20 40.0	1 2.0
問1（6）5 年前と比較した現在の売上高							
50％以上の増加	25 100.0	3 12.0	9 36.0	2 8.0	1 4.0	6 24.0	8 32.0
20～50％以上の増加	43 100.0	6 14.0	19 44.2	4 9.3	7 16.3	9 20.9	6 14.0
5～20％の増加	47 100.0	13 27.7	25 53.2	7 14.9	8 17.0	16 34.0	5 10.6
－5～5％の間で、あまり変動はない	32 100.0	4 12.5	12 37.5	6 18.8	4 12.5	10 31.3	6 18.8
減少傾向にある	17 100.0	1 5.9	5 29.4	－ －	1 5.9	2 11.8	7 41.2
問1（7）外国籍社員							
いる	75 100.0	19 25.3	38 50.7	13 17.3	12 16.0	24 32.0	5 6.7
いない	39 100.0	2 5.1	9 23.1	2 5.1	3 7.7	7 17.9	17 43.6
問7B. 今後3 年間の現地法人の事業展開意向							
拡大する	59 100.0	15 25.4	37 62.7	12 20.3	9 15.3	19 32.2	－ －
現状維持	34 100.0	8 23.5	22 64.7	4 11.8	10 29.4	11 32.4	－ －
縮小・撤退する	5 100.0	－ －	1 20.0	－ －	－ －	1 20.0	1 20.0
問8（1）現地法人の経営方針							
きわめて重要な案件を除けば、基本的には現地法人側がすべてを決定する	35 100.0	5 14.3	17 48.6	1 2.9	3 8.6	10 28.6	1 2.9
基本的には本社が決定しているが、現地側の裁量の余地が大きい	61 100.0	14 23.0	31 50.8	11 18.0	9 14.8	21 34.4	－ －
基本的には、ほぼすべてを日本本社が決定している	41 100.0	8 19.5	18 43.9	5 12.2	9 22.0	13 31.7	4 9.8
問8（3）現地法人との意志疎通状況							
うまくいっている	41 100.0	9 22.0	17 41.5	4 9.8	7 17.1	10 24.4	－ －
ほぼうまくいっている	78 100.0	17 21.8	45 57.7	13 16.7	13 16.7	29 37.2	2 2.6
あまりうまくいっていない	17 100.0	2 11.8	6 35.3	1 5.9	2 11.8	4 23.5	1 5.9
うまくいっていない	1 100.0	－ －	－ －	－ －	－ －	1 100.0	－ －

日本企業本社のグローバル化対応に関する調査
問3(1)適用している制度・システム
1.中長期的な雇用保障

	調査数	正社員	限定正社員	非正規社員	こうした制度はない	無回答
全 体	171 100.0	142 83.0	44 25.7	18 10.5	14 8.2	14 8.2
問1（1）創業開始年						
1981年～	28 100.0	20 71.4	6 21.4	3 10.7	5 17.9	3 10.7
1951年～1980年	45 100.0	37 82.2	11 24.4	5 11.1	2 4.4	6 13.3
1921年～1950年	61 100.0	51 83.6	16 26.2	4 6.6	5 8.2	4 6.6
～1920年	36 100.0	33 91.7	11 30.6	6 16.7	2 5.6	1 2.8
問1（2）主たる業種						
食料品、繊維品、木材・家具、パルプ・紙	13 100.0	11 84.6	2 15.4	2 15.4	－ －	1 7.7
化学工業	14 100.0	13 92.9	4 28.6	1 7.1	－ －	1 7.1
鉄鋼業、金属製品	7 100.0	7 100.0	1 14.3	－ －	－ －	－ －
機器製造(一般、電気、輸送、精密)	27 100.0	18 66.7	4 14.8	1 3.7	6 22.2	3 11.1
プラスチック製品、ゴム・皮革、窯業・土石、非鉄金属	8 100.0	8 100.0	3 37.5	2 25.0	－ －	－ －
その他の製造業	9 100.0	9 100.0	1 11.1	1 11.1	－ －	－ －
卸売・小売り	24 100.0	22 91.7	7 29.2	2 8.3	1 4.2	1 4.2
運輸業	10 100.0	10 100.0	2 20.0	2 20.0	－ －	－ －
建設業	16 100.0	14 87.5	8 50.0	1 6.3	1 6.3	1 6.3
不動産業	3 100.0	2 66.7	1 33.3	1 33.3	－ －	1 33.3
飲食店・宿泊業	3 100.0	2 66.7	－ －	－ －	－ －	1 33.3
金融・保険業	7 100.0	5 71.4	5 71.4	4 57.1	1 14.3	1 14.3
情報通信業	6 100.0	4 66.7	1 16.7	－ －	1 16.7	1 16.7
教育、学習支援業	1 100.0	1 100.0	－ －	－ －	－ －	－ －
サービス業	13 100.0	7 53.8	3 23.1	－ －	3 23.1	3 23.1
その他の非製造業	5 100.0	5 100.0	1 20.0	－ －	－ －	－ －
問1（2）主たる業種						
製造業	78 100.0	66 84.6	15 19.2	7 9.0	6 7.7	5 6.4
非製造業	88 100.0	72 81.8	28 31.8	10 11.4	7 8.0	9 10.2
問1（3）日本本社の従業員数						
300人未満	34 100.0	26 76.5	8 23.5	1 2.9	3 8.8	5 14.7
300～1,000人未満	65 100.0	54 83.1	13 20.0	9 13.8	7 10.8	3 4.6
1,000～3,000人未満	36 100.0	32 88.9	13 36.1	3 8.3	2 5.6	2 5.6
3,000人以上	32 100.0	27 84.4	8 25.0	5 15.6	2 6.3	3 9.4

日本企業本社のグローバル化対応に関する調査
問3(1)適用している制度・システム
1.中長期的な雇用保障

	調査数	正社員	限定正社員	非正規社員	こうした制度はない	無回答
全 体	171 100.0	142 83.0	44 25.7	18 10.5	14 8.2	14 8.2
問1（4）2017年度の売上高						
100億円未満	21 100.0	17 81.0	3 14.3	1 4.8	2 9.5	2 9.5
100〜300億円未満	42 100.0	34 81.0	12 28.6	4 9.5	5 11.9	2 4.8
300〜1,000億円未満	35 100.0	30 85.7	6 17.1	2 5.7	3 8.6	2 5.7
1,000〜3,000億円未満	40 100.0	33 82.5	10 25.0	4 10.0	1 2.5	6 15.0
3,000億円以上	29 100.0	26 89.7	11 37.9	7 24.1	2 6.9	1 3.4
問1（5）2017年度の経常利益						
〜0億円	7 100.0	5 71.4	－ 	－ 	1 14.3	1 14.3
1〜10億円未満	28 100.0	25 89.3	10 35.7	3 10.7	1 3.6	1 3.6
10〜30億円未満	42 100.0	35 83.3	6 14.3	3 7.1	6 14.3	1 2.4
30〜100億円未満	37 100.0	30 81.1	8 21.6	2 5.4	3 8.1	4 10.8
100億円以上	50 100.0	43 86.0	18 36.0	9 18.0	2 4.0	5 10.0
問1（6）5 年前と比較した現在の売上高						
50%以上の増加	25 100.0	19 76.0	7 28.0	4 16.0	3 12.0	3 12.0
20〜50%以上の増加	43 100.0	35 81.4	12 27.9	7 16.3	3 7.0	4 9.3
5〜20%の増加	47 100.0	41 87.2	13 27.7	3 6.4	3 6.4	3 6.4
－5〜5%の間で、あまり変動はない	32 100.0	29 90.6	5 15.6	3 9.4	2 6.3	1 3.1
減少傾向にある	17 100.0	13 76.5	4 23.5	－ 	3 17.6	1 5.9
問1（7）外国籍社員						
いる	75 100.0	68 90.7	24 32.0	9 12.0	4 5.3	3 4.0
いない	39 100.0	30 76.9	7 17.9	4 10.3	5 12.8	3 7.7
問7B. 今後3 年間の現地法人の事業展開意向						
拡大する	59 100.0	50 84.7	17 28.8	8 13.6	5 8.5	4 6.8
現状維持	34 100.0	30 88.2	10 29.4	4 11.8	3 8.8	1 2.9
縮小・撤退する	5 100.0	2 40.0	1 20.0	1 20.0	1 20.0	1 20.0
問8（1）現地法人の経営方針						
きわめて重要な案件を除けば、基本的には現地法人側がすべてを決定する	35 100.0	31 88.6	11 31.4	7 20.0	2 5.7	2 5.7
基本的には本社が決定しているが、現地側の裁量の余地が大きい	61 100.0	53 86.9	16 26.2	7 11.5	4 6.6	3 4.9
基本的には、ほぼすべてを日本本社が決定している	41 100.0	33 80.5	11 26.8	3 7.3	5 12.2	3 7.3
問8（3）現地法人との意志疎通状況						
うまくいっている	41 100.0	31 75.6	8 19.5	4 9.8	4 9.8	5 12.2
ほぼうまくいっている	78 100.0	71 91.0	27 34.6	10 12.8	5 6.4	2 2.6
あまりうまくいっていない	17 100.0	14 82.4	3 17.6	1 5.9	2 11.8	1 5.9
うまくいっていない	1 100.0	1 100.0	－ 	1 100.0	－ 	－

—181—

日本企業本社のグローバル化対応に関する調査
問3（1）適用している制度・システム
2.年功序列的な賃金制度

	調査数	正社員	限定正社員	非正規社員	こうした制度はない	無回答
全 体	171 100.0	101 59.1	27 15.8	6 3.5	40 23.4	30 17.5
問1（1）創業開始年						
1981年～	28 100.0	5 17.9	2 7.1	－ －	12 42.9	11 39.3
1951年～1980年	45 100.0	24 53.3	7 15.6	2 4.4	9 20.0	12 26.7
1921年～1950年	61 100.0	43 70.5	11 18.0	2 3.3	12 19.7	6 9.8
～1920年	36 100.0	28 77.8	7 19.4	2 5.6	7 19.4	1 2.8
問1（2）主たる業種						
食料品、繊維品、木材・家具、パルプ・紙	13 100.0	9 69.2	2 15.4	－ －	2 15.4	2 15.4
化学工業	14 100.0	12 85.7	2 14.3	－ －	1 7.1	1 7.1
鉄鋼業、金属製品	7 100.0	7 100.0	1 14.3	1 14.3	－ －	－ －
機器製造（一般、電気、輸送、精密）	27 100.0	16 59.3	3 11.1	1 3.7	7 25.9	4 14.8
プラスチック製品、ゴム・皮革、窯業・土石、非鉄金属	8 100.0	7 87.5	2 25.0	－ －	1 12.5	－ －
その他の製造業	9 100.0	5 55.6	1 11.1	－ －	1 11.1	3 33.3
卸売・小売り	24 100.0	12 50.0	3 12.5	2 8.3	8 33.3	4 16.7
運輸業	10 100.0	7 70.0	1 10.0	1 10.0	2 20.0	1 10.0
建設業	16 100.0	12 75.0	8 50.0	1 6.3	4 25.0	－ －
不動産業	3 100.0	－ －	－ －	－ －	1 33.3	2 66.7
飲食店・宿泊業	3 100.0	－ －	－ －	－ －	1 33.3	2 66.7
金融・保険業	7 100.0	4 57.1	2 28.6	－ －	2 28.6	1 14.3
情報通信業	6 100.0	2 33.3	－ －	－ －	1 16.7	3 50.0
教育、学習支援業	1 100.0	－ －	－ －	－ －	－ －	1 100.0
サービス業	13 100.0	2 15.4	－ －	－ －	7 53.8	4 30.8
その他の非製造業	5 100.0	3 60.0	1 20.0	－ －	1 20.0	1 20.0
問1（2）主たる業種						
製造業	78 100.0	56 71.8	11 14.1	2 2.6	12 15.4	10 12.8
非製造業	88 100.0	42 47.7	15 17.0	4 4.5	27 30.7	19 21.6
問1（3）日本本社の従業員数						
300人未満	34 100.0	18 52.9	6 17.6	2 5.9	9 26.5	7 20.6
300～1,000人未満	65 100.0	36 55.4	7 10.8	3 4.6	13 20.0	16 24.6
1,000～3,000人未満	36 100.0	25 69.4	9 25.0	－ －	9 25.0	2 5.6
3,000人以上	32 100.0	19 59.4	4 12.5	1 3.1	8 25.0	5 15.6

日本企業本社のグローバル化対応に関する調査
問3(1)適用している制度・システム
2.年功序列的な賃金制度

	調査数	正社員	限定正社員	非正規社員	こうした制度はない	無回答
全体	171 100.0	101 59.1	27 15.8	6 3.5	40 23.4	30 17.5
問1（4）2017年度の売上高						
100億円未満	21 100.0	12 57.1	3 14.3	1 4.8	5 23.8	4 19.0
100～300億円未満	42 100.0	21 50.0	8 19.0	1 2.4	12 28.6	9 21.4
300～1,000億円未満	35 100.0	24 68.6	2 5.7	1 2.9	6 17.1	5 14.3
1,000～3,000億円未満	40 100.0	26 65.0	8 20.0	2 5.0	6 15.0	8 20.0
3,000億円以上	29 100.0	16 55.2	4 13.8	－ －	9 31.0	4 13.8
問1（5）2017年度の経常利益						
～0億円	7 100.0	4 57.1	－ －	－ －	1 14.3	2 28.6
1～10億円未満	28 100.0	16 57.1	6 21.4	1 3.6	7 25.0	5 17.9
10～30億円未満	42 100.0	22 52.4	3 7.1	1 2.4	10 23.8	10 23.8
30～100億円未満	37 100.0	24 64.9	8 21.6	2 5.4	8 21.6	5 13.5
100億円以上	50 100.0	31 62.0	8 16.0	－ －	11 22.0	8 16.0
問1（6）5年前と比較した現在の売上高						
50%以上の増加	25 100.0	9 36.0	4 16.0	2 8.0	9 36.0	7 28.0
20～50%以上の増加	43 100.0	24 55.8	4 9.3	－ －	9 20.9	10 23.3
5～20%の増加	47 100.0	32 68.1	9 19.1	1 2.1	8 17.0	7 14.9
－5～5%の間で、あまり変動はない	32 100.0	20 62.5	5 15.6	1 3.1	8 25.0	4 12.5
減少傾向にある	17 100.0	11 64.7	3 17.6	1 5.9	4 23.5	2 11.8
問1（7）外国籍社員						
いる	75 100.0	48 64.0	14 18.7	－ －	18 24.0	9 12.0
いない	39 100.0	20 51.3	5 12.8	6 15.4	9 23.1	10 25.6
問7B. 今後3年間の現地法人の事業展開意向						
拡大する	59 100.0	37 62.7	9 15.3	2 3.4	11 18.6	11 18.6
現状維持	34 100.0	23 67.6	7 20.6	1 2.9	8 23.5	3 8.8
縮小・撤退する	5 100.0	2 40.0	1 20.0	1 20.0	3 60.0	－ －
問8（1）現地法人の経営方針						
きわめて重要な案件を除けば、基本的には現地法人側がすべてを決定する	35 100.0	22 62.9	6 17.1	2 5.7	6 17.1	7 20.0
基本的には本社が決定しているが、現地側の裁量の余地が大きい	61 100.0	37 60.7	10 16.4	2 3.3	14 23.0	10 16.4
基本的には、ほぼすべてを日本本社が決定している	41 100.0	24 58.5	7 17.1	2 4.9	12 29.3	5 12.2
問8（3）現地法人との意志疎通状況						
うまくいっている	41 100.0	22 53.7	4 9.8	1 2.4	7 17.1	12 29.3
ほぼうまくいっている	78 100.0	51 65.4	17 21.8	2 2.6	19 24.4	8 10.3
あまりうまくいっていない	17 100.0	9 52.9	2 11.8	1 5.9	5 29.4	3 17.6
うまくいっていない	1 100.0	1 100.0	－ －	1 100.0	－ －	－ －

－183－

日本企業本社のグローバル化対応に関する調査
問3(1)適用している制度・システム
3.企業内の労働組合

	調査数	正社員	限定正社員	非正規社員	こうした制度はない	無回答
全 体	171 100.0	110 64.3	25 14.6	5 2.9	43 25.1	17 9.9
問1(1)創業開始年						
1981年～	28 100.0	6 21.4	－ －	1 3.6	17 60.7	5 17.9
1951年～1980年	45 100.0	19 42.2	5 11.1	3 6.7	17 37.8	8 17.8
1921年～1950年	61 100.0	51 83.6	12 19.7	－ －	7 11.5	3 4.9
～1920年	36 100.0	34 94.4	8 22.2	1 2.8	2 5.6	－ －
問1(2)主たる業種						
食料品、繊維品、木材・家具、パルプ・紙	13 100.0	8 61.5	1 7.7	－ －	5 38.5	－ －
化学工業	14 100.0	12 85.7	1 7.1	－ －	1 7.1	1 7.1
鉄鋼業、金属製品	7 100.0	7 100.0	1 14.3	－ －	－ －	－ －
機器製造(一般、電気、輸送、精密)	27 100.0	21 77.8	3 11.1	－ －	3 11.1	2 7.4
プラスチック製品、ゴム・皮革、窯業・土石、非鉄金属	8 100.0	8 100.0	2 25.0	－ －	－ －	－ －
その他の製造業	9 100.0	6 66.7	－ －	－ －	3 33.3	－ －
卸売・小売り	24 100.0	11 45.8	5 20.8	2 8.3	9 37.5	4 16.7
運輸業	10 100.0	8 80.0	2 20.0	－ －	2 20.0	－ －
建設業	16 100.0	12 75.0	6 37.5	－ －	3 18.8	1 6.3
不動産業	3 100.0	1 33.3	－ －	1 33.3	1 33.3	1 33.3
飲食店・宿泊業	3 100.0	－ －	－ －	－ －	1 33.3	2 66.7
金融・保険業	7 100.0	5 71.4	2 28.6	1 14.3	1 14.3	1 14.3
情報通信業	6 100.0	2 33.3	－ －	－ －	3 50.0	1 16.7
教育、学習支援業	1 100.0	－ －	－ －	－ －	1 100.0	－ －
サービス業	13 100.0	3 23.1	1 7.7	1 7.7	8 61.5	2 15.4
その他の非製造業	5 100.0	1 20.0	－ －	－ －	2 40.0	2 40.0
問1(2)主たる業種						
製造業	78 100.0	62 79.5	8 10.3	－ －	12 15.4	3 3.8
非製造業	88 100.0	43 48.9	16 18.2	5 5.7	31 35.2	14 15.9
問1(3)日本本社の従業員数						
300人未満	34 100.0	13 38.2	4 11.8	－ －	13 38.2	8 23.5
300～1,000人未満	65 100.0	40 61.5	5 7.7	2 3.1	19 29.2	5 7.7
1,000～3,000人未満	36 100.0	28 77.8	9 25.0	2 5.6	6 16.7	2 5.6
3,000人以上	32 100.0	27 84.4	7 21.9	1 3.1	4 12.5	1 3.1

日本企業本社のグローバル化対応に関する調査
問3(1)適用している制度・システム
3.企業内の労働組合

	調査数	正社員	限定正社員	非正規社員	こうした制度はない	無回答
全 体	171 100.0	110 64.3	25 14.6	5 2.9	43 25.1	17 9.9
問1(4)2017年度の売上高						
100億円未満	21 100.0	8 38.1	1 4.8	− −	9 42.9	4 19.0
100〜300億円未満	42 100.0	21 50.0	5 11.9	1 2.4	16 38.1	5 11.9
300〜1,000億円未満	35 100.0	22 62.9	3 8.6	− −	9 25.7	3 8.6
1,000〜3,000億円未満	40 100.0	29 72.5	8 20.0	2 5.0	7 17.5	4 10.0
3,000億円以上	29 100.0	28 96.6	8 27.6	2 6.9	1 3.4	− −
問1(5)2017年度の経常利益						
〜0億円	7 100.0	3 42.9	− −	− −	1 14.3	3 42.9
1〜10億円未満	28 100.0	13 46.4	3 10.7	1 3.6	12 42.9	3 10.7
10〜30億円未満	42 100.0	23 54.8	2 4.8	− −	15 35.7	3 7.1
30〜100億円未満	37 100.0	25 67.6	8 21.6	1 2.7	9 24.3	3 8.1
100億円以上	50 100.0	43 86.0	11 22.0	3 6.0	3 6.0	4 8.0
問1(6)5年前と比較した現在の売上高						
50%以上の増加	25 100.0	11 44.0	3 12.0	1 4.0	11 44.0	3 12.0
20〜50%以上の増加	43 100.0	24 55.8	6 14.0	1 2.3	15 34.9	3 7.0
5〜20%の増加	47 100.0	37 78.7	9 19.1	2 4.3	6 12.8	4 8.5
−5〜5%の間で、あまり変動はない	32 100.0	23 71.9	5 15.6	1 3.1	6 18.8	3 9.4
減少傾向にある	17 100.0	11 64.7	1 5.9	− −	3 17.6	3 17.6
問1(7)外国籍社員						
いる	75 100.0	53 70.7	15 20.0	2 2.7	19 25.3	2 2.7
いない	39 100.0	19 48.7	4 10.3	− −	14 35.9	6 15.4
問7B.今後3年間の現地法人の事業展開意向						
拡大する	59 100.0	45 76.3	8 13.6	2 3.4	14 23.7	− −
現状維持	34 100.0	29 85.3	9 26.5	2 5.9	3 8.8	1 2.9
縮小・撤退する	5 100.0	3 60.0	− −	− −	2 40.0	− −
問8(1)現地法人の経営方針						
きわめて重要な案件を除けば、基本的には現地法人側がすべてを決定する	35 100.0	23 65.7	5 14.3	1 2.9	7 20.0	4 11.4
基本的には本社が決定しているが、現地側の裁量の余地が大きい	61 100.0	44 72.1	9 14.8	2 3.3	17 27.9	− −
基本的には、ほぼすべてを日本本社が決定している	41 100.0	31 75.6	7 17.1	2 4.9	8 19.5	2 4.9
問8(3)現地法人との意志疎通状況						
うまくいっている	41 100.0	26 63.4	6 14.6	2 4.9	12 29.3	2 4.9
ほぼうまくいっている	78 100.0	61 78.2	13 16.7	2 2.6	14 17.9	3 3.8
あまりうまくいっていない	17 100.0	12 70.6	2 11.8	1 5.9	4 23.5	1 5.9
うまくいっていない	1 100.0	1 100.0	− −	− −	− −	− −

日本企業本社のグローバル化対応に関する調査
問3(1)適用している制度・システム
4.寮・社宅や家賃補助などの福利厚生

	調査数	正社員	限定正社員	非正規社員	こうした制度はない	無回答
全体	171 100.0	146 85.4	42 24.6	11 6.4	7 4.1	16 9.4
問1（1）創業開始年						
1981年～	28 100.0	15 53.6	8 28.6	2 7.1	5 17.9	6 21.4
1951年～1980年	45 100.0	37 82.2	14 31.1	3 6.7	1 2.2	7 15.6
1921年～1950年	61 100.0	57 93.4	13 21.3	2 3.3	1 1.6	3 4.9
～1920年	36 100.0	36 100.0	7 19.4	4 11.1	− −	− −
問1（2）主たる業種						
食料品、繊維品、木材・家具、パルプ・紙	13 100.0	13 100.0	3 23.1	1 7.7	− −	− −
化学工業	14 100.0	13 92.9	2 14.3	− −	− −	1 7.1
鉄鋼業、金属製品	7 100.0	7 100.0	2 28.6	1 14.3	− −	− −
機器製造（一般、電気、輸送、精密）	27 100.0	24 88.9	3 11.1	1 3.7	1 3.7	2 7.4
プラスチック製品、ゴム・皮革、窯業・土石、非鉄金属	8 100.0	8 100.0	3 37.5	1 12.5	− −	− −
その他の製造業	9 100.0	8 88.9	− −	1 11.1	− −	1 11.1
卸売・小売り	24 100.0	18 75.0	4 16.7	1 4.2	1 4.2	5 20.8
運輸業	10 100.0	10 100.0	2 20.0	− −	− −	− −
建設業	16 100.0	16 100.0	7 43.8	3 18.8	− −	− −
不動産業	3 100.0	1 33.3	2 66.7	− −	1 33.3	− −
飲食店・宿泊業	3 100.0	1 33.3	2 66.7	− −	− −	1 33.3
金融・保険業	7 100.0	7 100.0	3 42.9	− −	− −	− −
情報通信業	6 100.0	4 66.7	1 16.7	− −	1 16.7	1 16.7
教育、学習支援業	1 100.0	− −	− −	− −	1 100.0	− −
サービス業	13 100.0	8 61.5	6 46.2	2 15.4	2 15.4	3 23.1
その他の非製造業	5 100.0	3 60.0	2 40.0	− −	− −	2 40.0
問1（2）主たる業種						
製造業	78 100.0	73 93.6	13 16.7	5 6.4	1 1.3	4 5.1
非製造業	88 100.0	68 77.3	29 33.0	6 6.8	6 6.8	12 13.6
問1（3）日本本社の従業員数						
300人未満	34 100.0	22 64.7	6 17.6	1 2.9	5 14.7	6 17.6
300～1,000人未満	65 100.0	57 87.7	13 20.0	3 4.6	2 3.1	5 7.7
1,000～3,000人未満	36 100.0	33 91.7	12 33.3	4 11.1	− −	3 8.3
3,000人以上	32 100.0	31 96.9	10 31.3	3 9.4	− −	1 3.1

日本企業本社のグローバル化対応に関する調査
問3(1)適用している制度・システム
4.寮・社宅や家賃補助などの福利厚生

	調査数	正社員	限定正社員	非正規社員	こうした制度はない	無回答
全体	171 100.0	146 85.4	42 24.6	11 6.4	7 4.1	16 9.4
問1(4)2017年度の売上高						
100億円未満	21 100.0	16 76.2	1 4.8	− −	2 9.5	3 14.3
100〜300億円未満	42 100.0	31 73.8	11 26.2	1 2.4	4 9.5	6 14.3
300〜1,000億円未満	35 100.0	30 85.7	8 22.9	4 11.4	1 2.9	3 8.6
1,000〜3,000億円未満	40 100.0	37 92.5	12 30.0	5 12.5	− −	3 7.5
3,000億円以上	29 100.0	29 100.0	8 27.6	1 3.4	− −	− −
問1(5)2017年度の経常利益						
〜0億円	7 100.0	4 57.1	2 28.6	− −	1 14.3	1 14.3
1〜10億円未満	28 100.0	22 78.6	5 17.9	− −	2 7.1	4 14.3
10〜30億円未満	42 100.0	34 81.0	6 14.3	3 7.1	2 4.8	6 14.3
30〜100億円未満	37 100.0	33 89.2	11 29.7	5 13.5	1 2.7	2 5.4
100億円以上	50 100.0	48 96.0	16 32.0	2 4.0	− −	2 4.0
問1(6)5年前と比較した現在の売上高						
50%以上の増加	25 100.0	20 80.0	6 24.0	5 20.0	1 4.0	4 16.0
20〜50%以上の増加	43 100.0	37 86.0	9 20.9	− −	3 7.0	2 4.7
5〜20%の増加	47 100.0	43 91.5	13 27.7	3 6.4	− −	4 8.5
−5〜5%の間で、あまり変動はない	32 100.0	26 81.3	6 18.8	2 6.3	2 6.3	4 12.5
減少傾向にある	17 100.0	14 82.4	5 29.4	1 5.9	1 5.9	1 5.9
問1(7)外国籍社員						
いる	75 100.0	68 90.7	21 28.0	7 9.3	3 4.0	4 5.3
いない	39 100.0	30 76.9	7 17.9	2 5.1	3 7.7	5 12.8
問7B.今後3年間の現地法人の事業展開意向						
拡大する	59 100.0	57 96.6	14 23.7	4 6.8	1 1.7	1 1.7
現状維持	34 100.0	33 97.1	12 35.3	4 11.8	− −	1 2.9
縮小・撤退する	5 100.0	2 40.0	− −	− −	2 40.0	1 20.0
問8(1)現地法人の経営方針						
きわめて重要な案件を除けば、基本的には現地法人側がすべてを決定する	35 100.0	28 80.0	6 17.1	1 2.9	3 8.6	4 11.4
基本的には本社が決定しているが、現地側の裁量の余地が大きい	61 100.0	59 96.7	19 31.1	5 8.2	1 1.6	1 1.6
基本的には、ほぼすべてを日本本社が決定している	41 100.0	34 82.9	12 29.3	3 7.3	1 2.4	4 9.8
問8(3)現地法人との意志疎通状況						
うまくいっている	41 100.0	36 87.8	10 24.4	1 2.4	1 2.4	3 7.3
ほぼうまくいっている	78 100.0	71 91.0	22 28.2	8 10.3	2 2.6	5 6.4
あまりうまくいっていない	17 100.0	14 82.4	5 29.4	− −	2 11.8	− −
うまくいっていない	1 100.0	1 100.0	− −	− −	− −	− −

日本企業本社のグローバル化対応に関する調査
問3(1)適用している制度・システム
5.職能資格に基づく昇進・評価の人事制度

	調査数	正社員	限定正社員	非正規社員	こうした制度はない	無回答
全体	171 100.0	147 86.0	46 26.9	12 7.0	8 4.7	14 8.2
問1（1）創業開始年						
1981年～	28 100.0	21 75.0	7 25.0	3 10.7	2 7.1	3 10.7
1951年～1980年	45 100.0	38 84.4	14 31.1	5 11.1	2 4.4	5 11.1
1921年～1950年	61 100.0	55 90.2	14 23.0	3 4.9	2 3.3	4 6.6
～1920年	36 100.0	32 88.9	11 30.6	1 2.8	2 5.6	2 5.6
問1（2）主たる業種						
食料品、繊維品、木材・家具、パルプ・紙	13 100.0	10 76.9	2 15.4	－ －	1 7.7	2 15.4
化学工業	14 100.0	12 85.7	3 21.4	－ －	1 7.1	1 7.1
鉄鋼業、金属製品	7 100.0	6 85.7	1 14.3	－ －	－ －	1 14.3
機器製造（一般、電気、輸送、精密）	27 100.0	22 81.5	2 7.4	－ －	2 7.4	3 11.1
プラスチック製品、ゴム・皮革、窯業・土石、非鉄金属	8 100.0	7 87.5	2 25.0	1 12.5	1 12.5	－ －
その他の製造業	9 100.0	9 100.0	1 11.1	2 22.2	－ －	－ －
卸売・小売り	24 100.0	22 91.7	6 25.0	1 4.2	－ －	2 8.3
運輸業	10 100.0	9 90.0	4 40.0	1 10.0	－ －	1 10.0
建設業	16 100.0	16 100.0	10 62.5	2 12.5	－ －	－ －
不動産業	3 100.0	1 33.3	2 66.7	1 33.3	1 33.3	－ －
飲食店・宿泊業	3 100.0	2 66.7	2 66.7	1 33.3	－ －	－ －
金融・保険業	7 100.0	7 100.0	2 28.6	－ －	－ －	－ －
情報通信業	6 100.0	5 83.3	1 16.7	－ －	1 16.7	－ －
教育、学習支援業	1 100.0	1 100.0	－ －	－ －	－ －	－ －
サービス業	13 100.0	10 76.9	5 38.5	3 23.1	1 7.7	2 15.4
その他の非製造業	5 100.0	4 80.0	2 40.0	－ －	－ －	1 20.0
問1（2）主たる業種						
製造業	78 100.0	66 84.6	11 14.1	3 3.8	5 6.4	7 9.0
非製造業	88 100.0	77 87.5	34 38.6	9 10.2	3 3.4	6 6.8
問1（3）日本本社の従業員数						
300人未満	34 100.0	25 73.5	10 29.4	4 11.8	1 2.9	7 20.6
300～1,000人未満	65 100.0	60 92.3	13 20.0	3 4.6	1 1.5	3 4.6
1,000～3,000人未満	36 100.0	34 94.4	14 38.9	2 5.6	1 2.8	1 2.8
3,000人以上	32 100.0	24 75.0	8 25.0	3 9.4	5 15.6	3 9.4

日本企業本社のグローバル化対応に関する調査
問3(1)適用している制度・システム
5.職能資格に基づく昇進・評価の人事制度

	調査数	正社員	限定正社員	非正規社員	こうした制度はない	無回答
全体	171 100.0	147 86.0	46 26.9	12 7.0	8 4.7	14 8.2
問1(4)2017年度の売上高						
100億円未満	21 100.0	19 90.5	5 23.8	2 9.5	－ 	2 9.5
100～300億円未満	42 100.0	33 78.6	10 23.8	3 7.1	2 4.8	6 14.3
300～1,000億円未満	35 100.0	31 88.6	7 20.0	3 8.6	1 2.9	2 5.7
1,000～3,000億円未満	40 100.0	37 92.5	16 40.0	3 7.5	1 2.5	2 5.0
3,000億円以上	29 100.0	24 82.8	7 24.1	1 3.4	4 13.8	1 3.4
問1(5)2017年度の経常利益						
～0億円	7 100.0	5 71.4	2 28.6	1 14.3	－ 	1 14.3
1～10億円未満	28 100.0	26 92.9	8 28.6	3 10.7	1 3.6	1 3.6
10～30億円未満	42 100.0	36 85.7	5 11.9	2 4.8	－ 	6 14.3
30～100億円未満	37 100.0	31 83.8	13 35.1	2 5.4	2 5.4	3 8.1
100億円以上	50 100.0	43 86.0	15 30.0	3 6.0	5 10.0	2 4.0
問1(6)5年前と比較した現在の売上高						
50%以上の増加	25 100.0	19 76.0	6 24.0	3 12.0	2 8.0	4 16.0
20～50%以上の増加	43 100.0	35 81.4	11 25.6	2 4.7	3 7.0	4 9.3
5～20%の増加	47 100.0	43 91.5	13 27.7	3 6.4	1 2.1	3 6.4
－5～5%の間で、あまり変動はない	32 100.0	29 90.6	8 25.0	2 6.3	2 6.3	1 3.1
減少傾向にある	17 100.0	15 88.2	6 35.3	2 11.8	－ 	1 5.9
問1(7)外国籍社員						
いる	75 100.0	69 92.0	20 26.7	5 6.7	3 4.0	3 4.0
いない	39 100.0	29 74.4	11 28.2	3 7.7	2 5.1	7 17.9
問7B.今後3年間の現地法人の事業展開意向						
拡大する	59 100.0	49 83.1	9 15.3	4 6.8	5 8.5	5 8.5
現状維持	34 100.0	30 88.2	13 38.2	1 2.9	2 5.9	2 5.9
縮小・撤退する	5 100.0	5 100.0	2 40.0	1 20.0	－ 	－
問8(1)現地法人の経営方針						
きわめて重要な案件を除けば、基本的には現地法人側がすべてを決定する	35 100.0	31 88.6	6 17.1	－ 	－ 	4 11.4
基本的には本社が決定しているが、現地側の裁量の余地が大きい	61 100.0	53 86.9	17 27.9	5 8.2	5 8.2	3 4.9
基本的には、ほぼすべてを日本本社が決定している	41 100.0	37 90.2	14 34.1	3 7.3	2 4.9	－
問8(3)現地法人との意志疎通状況						
うまくいっている	41 100.0	37 90.2	10 24.4	3 7.3	1 2.4	2 4.9
ほぼうまくいっている	78 100.0	68 87.2	21 26.9	3 3.8	6 7.7	4 5.1
あまりうまくいっていない	17 100.0	14 82.4	6 35.3	2 11.8	－ 	2 11.8
うまくいっていない	1 100.0	1 100.0	－ 	－ 	－ 	－

日本企業本社のグローバル化対応に関する調査
問3（1）適用している制度・システム
6.職務を限定しない採用

	調査数	正社員	限定正社員	非正規社員	こうした制度はない	無回答
全体	171 100.0	111 64.9	28 16.4	12 7.0	17 9.9	37 21.6
問1（1）創業開始年						
1981年〜	28 100.0	11 39.3	3 10.7	2 7.1	7 25.0	10 35.7
1951年〜1980年	45 100.0	28 62.2	7 15.6	1 2.2	1 2.2	15 33.3
1921年〜1950年	61 100.0	42 68.9	9 14.8	7 11.5	5 8.2	10 16.4
〜1920年	36 100.0	30 83.3	9 25.0	2 5.6	4 11.1	1 2.8
問1（2）主たる業種						
食料品、繊維品、木材・家具、パルプ・紙	13 100.0	9 69.2	1 7.7	– 	3 23.1	1 7.7
化学工業	14 100.0	8 57.1	3 21.4	2 14.3	2 14.3	3 21.4
鉄鋼業、金属製品	7 100.0	5 71.4	– 	– 	1 14.3	1 14.3
機器製造（一般、電気、輸送、精密）	27 100.0	19 70.4	1 3.7	2 7.4	2 7.4	4 14.8
プラスチック製品、ゴム・皮革、窯業・土石、非鉄金属	8 100.0	6 75.0	1 12.5	– 	– 	2 25.0
その他の製造業	9 100.0	7 77.8	2 22.2	1 11.1	– 	2 22.2
卸売・小売り	24 100.0	13 54.2	5 20.8	3 12.5	3 12.5	6 25.0
運輸業	10 100.0	10 100.0	1 10.0	1 10.0	– 	–
建設業	16 100.0	13 81.3	6 37.5	– 	1 6.3	2 12.5
不動産業	3 100.0	1 33.3	1 33.3	1 33.3	1 33.3	1 33.3
飲食店・宿泊業	3 100.0	1 33.3	1 33.3	– 	– 	2 66.7
金融・保険業	7 100.0	5 71.4	1 14.3	1 14.3	– 	2 28.6
情報通信業	6 100.0	2 33.3	– 	– 	2 33.3	2 33.3
教育、学習支援業	1 100.0	1 100.0	– 	– 	– 	–
サービス業	13 100.0	3 23.1	3 23.1	1 7.7	2 15.4	7 53.8
その他の非製造業	5 100.0	3 60.0	1 20.0	– 	– 	2 40.0
問1（2）主たる業種						
製造業	78 100.0	54 69.2	8 10.3	5 6.4	8 10.3	13 16.7
非製造業	88 100.0	52 59.1	19 21.6	7 8.0	9 10.2	24 27.3
問1（3）日本本社の従業員数						
300人未満	34 100.0	17 50.0	7 20.6	3 8.8	5 14.7	10 29.4
300〜1,000人未満	65 100.0	39 60.0	7 10.8	4 6.2	9 13.8	15 23.1
1,000〜3,000人未満	36 100.0	25 69.4	8 22.2	3 8.3	1 2.8	8 22.2
3,000人以上	32 100.0	27 84.4	5 15.6	2 6.3	2 6.3	3 9.4

日本企業本社のグローバル化対応に関する調査
問3(1)適用している制度・システム
6.職務を限定しない採用

	調査数	正社員	限定正社員	非正規社員	こうした制度はない	無回答
全体	171 100.0	111 64.9	28 16.4	12 7.0	17 9.9	37 21.6
問1（4）2017年度の売上高						
100億円未満	21 100.0	8 38.1	3 14.3	2 9.5	3 14.3	8 38.1
100〜300億円未満	42 100.0	19 45.2	7 16.7	3 7.1	10 23.8	11 26.2
300〜1,000億円未満	35 100.0	24 68.6	2 5.7	1 2.9	2 5.7	9 25.7
1,000〜3,000億円未満	40 100.0	32 80.0	9 22.5	4 10.0	− −	6 15.0
3,000億円以上	29 100.0	26 89.7	6 20.7	2 6.9	2 6.9	1 3.4
問1（5）2017年度の経常利益						
〜0億円	7 100.0	4 57.1	2 28.6	1 14.3	1 14.3	1 14.3
1〜10億円未満	28 100.0	11 39.3	6 21.4	1 3.6	7 25.0	9 32.1
10〜30億円未満	42 100.0	22 52.4	2 4.8	4 9.5	4 9.5	14 33.3
30〜100億円未満	37 100.0	27 73.0	5 13.5	2 5.4	2 5.4	6 16.2
100億円以上	50 100.0	43 86.0	12 24.0	4 8.0	2 4.0	5 10.0
問1（6）5年前と比較した現在の売上高						
50%以上の増加	25 100.0	15 60.0	2 8.0	1 4.0	3 12.0	7 28.0
20〜50%以上の増加	43 100.0	26 60.5	7 16.3	2 4.7	10 23.3	6 14.0
5〜20%の増加	47 100.0	34 72.3	9 19.1	2 4.3	2 4.3	10 21.3
−5〜5%の間で、あまり変動はない	32 100.0	19 59.4	5 15.6	4 12.5	1 3.1	10 31.3
減少傾向にある	17 100.0	11 64.7	4 23.5	2 11.8	1 5.9	3 17.6
問1（7）外国籍社員						
いる	75 100.0	52 69.3	12 16.0	5 6.7	6 8.0	15 20.0
いない	39 100.0	21 53.8	6 15.4	3 7.7	8 20.5	8 20.5
問7B.今後3年間の現地法人の事業展開意向						
拡大する	59 100.0	42 71.2	6 10.2	5 8.5	5 8.5	11 18.6
現状維持	34 100.0	24 70.6	8 23.5	3 8.8	2 5.9	5 14.7
縮小・撤退する	5 100.0	− −	1 20.0	1 20.0	3 60.0	1 20.0
問8（1）現地法人の経営方針						
きわめて重要な案件を除けば、基本的には現地法人側がすべてを決定する	35 100.0	25 71.4	4 11.4	2 5.7	1 2.9	9 25.7
基本的には本社が決定しているが、現地側の裁量の余地が大きい	61 100.0	40 65.6	8 13.1	6 9.8	6 9.8	12 19.7
基本的には、ほぼすべてを日本本社が決定している	41 100.0	28 68.3	12 29.3	3 7.3	6 14.6	4 9.8
問8（3）現地法人との意志疎通状況						
うまくいっている	41 100.0	29 70.7	7 17.1	1 2.4	6 14.6	6 14.6
ほぼうまくいっている	78 100.0	57 73.1	12 15.4	6 7.7	4 5.1	13 16.7
あまりうまくいっていない	17 100.0	7 41.2	5 29.4	3 17.6	2 11.8	6 35.3
うまくいっていない	1 100.0	1 100.0	− −	1 100.0	− −	− −

—191—

日本企業本社のグローバル化対応に関する調査
問3(1)適用している制度・システム
7.新卒採用を中心とした人材調達

	調査数	正社員	限定正社員	非正規社員	こうした制度はない	無回答
全 体	171 100.0	153 89.5	24 14.0	2 1.2	7 4.1	11 6.4
問1（1）創業開始年						
1981年～	28 100.0	19 67.9	4 14.3	－ －	5 17.9	4 14.3
1951年～1980年	45 100.0	40 88.9	6 13.3	－ －	1 2.2	4 8.9
1921年～1950年	61 100.0	59 96.7	7 11.5	2 3.3	1 1.6	1 1.6
～1920年	36 100.0	34 94.4	7 19.4	－ －	－ －	2 5.6
問1（2）主たる業種						
食料品、繊維品、木材・家具、パルプ・紙	13 100.0	13 100.0	1 7.7	－ －	－ －	－ －
化学工業	14 100.0	12 85.7	2 14.3	－ －	－ －	2 14.3
鉄鋼業、金属製品	7 100.0	7 100.0	－ －	－ －	－ －	－ －
機器製造(一般、電気、輸送、精密)	27 100.0	27 100.0	－ －	－ －	－ －	－ －
プラスチック製品、ゴム・皮革、窯業・土石、非鉄金属	8 100.0	8 100.0	2 25.0	－ －	－ －	－ －
その他の製造業	9 100.0	9 100.0	－ －	1 11.1	－ －	－ －
卸売・小売り	24 100.0	17 70.8	1 4.2	－ －	4 16.7	3 12.5
運輸業	10 100.0	8 80.0	2 20.0	1 10.0	－ －	2 20.0
建設業	16 100.0	16 100.0	7 43.8	－ －	－ －	－ －
不動産業	3 100.0	2 66.7	－ －	－ －	1 33.3	－ －
飲食店・宿泊業	3 100.0	2 66.7	－ －	－ －	－ －	1 33.3
金融・保険業	7 100.0	7 100.0	3 42.9	－ －	－ －	－ －
情報通信業	6 100.0	6 100.0	－ －	－ －	－ －	－ －
教育、学習支援業	1 100.0	1 100.0	－ －	－ －	－ －	－ －
サービス業	13 100.0	9 69.2	3 23.1	－ －	1 7.7	3 23.1
その他の非製造業	5 100.0	4 80.0	1 20.0	－ －	1 20.0	－ －
問1（2）主たる業種						
製造業	78 100.0	76 97.4	5 6.4	1 1.3	－ －	2 2.6
非製造業	88 100.0	72 81.8	17 19.3	1 1.1	7 8.0	9 10.2
問1（3）日本本社の従業員数						
300人未満	34 100.0	25 73.5	3 8.8	1 2.9	5 14.7	4 11.8
300～1,000人未満	65 100.0	61 93.8	8 12.3	1 1.5	－ －	4 6.2
1,000～3,000人未満	36 100.0	33 91.7	7 19.4	－ －	2 5.6	1 2.8
3,000人以上	32 100.0	31 96.9	5 15.6	－ －	－ －	1 3.1

日本企業本社のグローバル化対応に関する調査
問3(1)適用している制度・システム
7.新卒採用を中心とした人材調達

	調査数	正社員	限定正社員	非正規社員	こうした制度はない	無回答
全 体	171 100.0	153 89.5	24 14.0	2 1.2	7 4.1	11 6.4
問1(4)2017年度の売上高						
100億円未満	21 100.0	15 71.4	1 4.8	－ －	3 14.3	3 14.3
100～300億円未満	42 100.0	36 85.7	5 11.9	－ －	3 7.1	3 7.1
300～1,000億円未満	35 100.0	34 97.1	6 17.1	1 2.9	1 2.9	－ －
1,000～3,000億円未満	40 100.0	37 92.5	6 15.0	1 2.5	－ －	3 7.5
3,000億円以上	29 100.0	28 96.6	5 17.2	－ －	－ －	1 3.4
問1(5)2017年度の経常利益						
～0億円	7 100.0	6 85.7	－ －	－ －	1 14.3	－ －
1～10億円未満	28 100.0	23 82.1	5 17.9	－ －	3 10.7	2 7.1
10～30億円未満	42 100.0	35 83.3	2 4.8	1 2.4	2 4.8	5 11.9
30～100億円未満	37 100.0	35 94.6	7 18.9	－ －	1 2.7	1 2.7
100億円以上	50 100.0	48 96.0	9 18.0	1 2.0	－ －	2 4.0
問1(6)5年前と比較した現在の売上高						
50%以上の増加	25 100.0	18 72.0	5 20.0	－ －	3 12.0	4 16.0
20～50%以上の増加	43 100.0	41 95.3	6 14.0	1 2.3	1 2.3	1 2.3
5～20%の増加	47 100.0	44 93.6	8 17.0	－ －	－ －	3 6.4
－5～5%の間で、あまり変動はない	32 100.0	28 87.5	1 3.1	1 3.1	2 6.3	2 6.3
減少傾向にある	17 100.0	16 94.1	2 11.8	－ －	1 5.9	－ －
問1(7)外国籍社員						
いる	75 100.0	71 94.7	12 16.0	－ －	1 1.3	3 4.0
いない	39 100.0	33 84.6	4 10.3	1 2.6	3 7.7	3 7.7
問7B. 今後3年間の現地法人の事業展開意向						
拡大する	59 100.0	55 93.2	6 10.2	2 3.4	－ －	4 6.8
現状維持	34 100.0	32 94.1	6 17.6	－ －	1 2.9	1 2.9
縮小・撤退する	5 100.0	4 80.0	－ －	－ －	1 20.0	－ －
問8(1)現地法人の経営方針						
きわめて重要な案件を除けば、基本的には現地法人側がすべてを決定する	35 100.0	32 91.4	5 14.3	－ －	1 2.9	2 5.7
基本的には本社が決定しているが、現地側の裁量の余地が大きい	61 100.0	57 93.4	8 13.1	2 3.3	1 1.6	3 4.9
基本的には、ほぼすべてを日本本社が決定している	41 100.0	38 92.7	7 17.1	－ －	2 4.9	1 2.4
問8(3)現地法人との意志疎通状況						
うまくいっている	41 100.0	39 95.1	5 12.2	－ －	－ －	2 4.9
ほぼうまくいっている	78 100.0	72 92.3	14 17.9	1 1.3	4 5.1	2 2.6
あまりうまくいっていない	17 100.0	15 88.2	1 5.9	－ －	－ －	2 11.8
うまくいっていない	1 100.0	1 100.0	－ －	1 100.0	－ －	－ －

日本企業本社のグローバル化対応に関する調査
問3(1)適用している制度・システム
8.ローテーションを核とする人材育成制度

	調査数	正社員	限定正社員	非正規社員	こうした制度はない	無回答
全体	171	109	16	3	15	47
	100.0	63.7	9.4	1.8	8.8	27.5
問1（1）創業開始年						
1981年～	28	6	2	1	5	17
	100.0	21.4	7.1	3.6	17.9	60.7
1951年～1980年	45	28	5	1	5	12
	100.0	62.2	11.1	2.2	11.1	26.7
1921年～1950年	61	44	5	1	4	13
	100.0	72.1	8.2	1.6	6.6	21.3
～1920年	36	31	4	–	1	4
	100.0	86.1	11.1	–	2.8	11.1
問1（2）主たる業種						
食料品、繊維品、木材・家具、パルプ・紙	13	9	1	–	2	2
	100.0	69.2	7.7	–	15.4	15.4
化学工業	14	11	1	–	–	3
	100.0	78.6	7.1	–	–	21.4
鉄鋼業、金属製品	7	5	–	–	1	1
	100.0	71.4	–	–	14.3	14.3
機器製造（一般、電気、輸送、精密）	27	17	–	–	4	6
	100.0	63.0	–	–	14.8	22.2
プラスチック製品、ゴム・皮革、窯業・土石、非鉄金属	8	7	1	–	–	1
	100.0	87.5	12.5	–	–	12.5
その他の製造業	9	7	–	–	–	2
	100.0	77.8	–	–	–	22.2
卸売・小売り	24	11	1	1	1	12
	100.0	45.8	4.2	4.2	4.2	50.0
運輸業	10	8	1	1	–	2
	100.0	80.0	10.0	10.0	–	20.0
建設業	16	14	7	–	1	1
	100.0	87.5	43.8	–	6.3	6.3
不動産業	3	1	–	–	1	1
	100.0	33.3	–	–	33.3	33.3
飲食店・宿泊業	3	–	–	–	–	3
	100.0	–	–	–	–	100.0
金融・保険業	7	5	1	–	–	2
	100.0	71.4	14.3	–	–	28.6
情報通信業	6	3	–	–	1	2
	100.0	50.0	–	–	16.7	33.3
教育、学習支援業	1	–	–	–	–	1
	100.0	–	–	–	–	100.0
サービス業	13	4	1	1	3	6
	100.0	30.8	7.7	7.7	23.1	46.2
その他の非製造業	5	3	1	–	–	2
	100.0	60.0	20.0	–	–	40.0
問1（2）主たる業種						
製造業	78	56	3	–	7	15
	100.0	71.8	3.8	–	9.0	19.2
非製造業	88	49	12	3	7	32
	100.0	55.7	13.6	3.4	8.0	36.4
問1（3）日本本社の従業員数						
300人未満	34	16	3	1	3	15
	100.0	47.1	8.8	2.9	8.8	44.1
300～1,000人未満	65	39	4	1	7	19
	100.0	60.0	6.2	1.5	10.8	29.2
1,000～3,000人未満	36	26	7	1	3	7
	100.0	72.2	19.4	2.8	8.3	19.4
3,000人以上	32	25	1	–	2	5
	100.0	78.1	3.1	–	6.3	15.6

日本企業本社のグローバル化対応に関する調査
問3(1)適用している制度・システム
8.ローテーションを核とする人材育成制度

	調査数	正社員	限定正社員	非正規社員	こうした制度はない	無回答
全 体	171 100.0	109 63.7	16 9.4	3 1.8	15 8.8	47 27.5
問1（4）2017年度の売上高						
100億円未満	21 100.0	9 42.9	－ －	－ －	2 9.5	10 47.6
100～300億円未満	42 100.0	20 47.6	4 9.5	2 4.8	5 11.9	17 40.5
300～1,000億円未満	35 100.0	22 62.9	4 11.4	1 2.9	5 14.3	8 22.9
1,000～3,000億円未満	40 100.0	29 72.5	5 12.5	－ －	2 5.0	9 22.5
3,000億円以上	29 100.0	26 89.7	2 6.9	－ －	1 3.4	2 6.9
問1（5）2017年度の経常利益						
～0億円	7 100.0	3 42.9	－ －	－ －	－ －	4 57.1
1～10億円未満	28 100.0	13 46.4	4 14.3	2 7.1	3 10.7	12 42.9
10～30億円未満	42 100.0	21 50.0	1 2.4	1 2.4	4 9.5	17 40.5
30～100億円未満	37 100.0	27 73.0	5 13.5	－ －	5 13.5	5 13.5
100億円以上	50 100.0	40 80.0	5 10.0	－ －	2 4.0	8 16.0
問1（6）5年前と比較した現在の売上高						
50%以上の増加	25 100.0	12 48.0	2 8.0	－ －	3 12.0	10 40.0
20～50%以上の増加	43 100.0	29 67.4	3 7.0	1 2.3	7 16.3	7 16.3
5～20%の増加	47 100.0	33 70.2	5 10.6	－ －	3 6.4	11 23.4
－5～5%の間で、あまり変動はない	32 100.0	17 53.1	1 3.1	2 6.3	2 6.3	13 40.6
減少傾向にある	17 100.0	12 70.6	3 17.6	－ －	－ －	5 29.4
問1（7）外国籍社員						
いる	75 100.0	54 72.0	9 12.0	1 1.3	5 6.7	16 21.3
いない	39 100.0	23 59.0	3 7.7	2 5.1	5 12.8	11 28.2
問7B. 今後3年間の現地法人の事業展開意向						
拡大する	59 100.0	44 74.6	3 5.1	1 1.7	2 3.4	13 22.0
現状維持	34 100.0	22 64.7	5 14.7	1 2.9	7 20.6	5 14.7
縮小・撤退する	5 100.0	1 20.0	－ －	－ －	1 20.0	3 60.0
問8（1）現地法人の経営方針						
きわめて重要な案件を除けば、基本的には現地法人側がすべてを決定する	35 100.0	23 65.7	3 8.6	－ －	1 2.9	11 31.4
基本的には本社が決定しているが、現地側の裁量の余地が大きい	61 100.0	46 75.4	5 8.2	2 3.3	4 6.6	11 18.0
基本的には、ほぼすべてを日本本社が決定している	41 100.0	23 56.1	6 14.6	－ －	7 17.1	11 26.8
問8（3）現地法人との意志疎通状況						
うまくいっている	41 100.0	27 65.9	3 7.3	－ －	3 7.3	11 26.8
ほぼうまくいっている	78 100.0	56 71.8	11 14.1	1 1.3	8 10.3	14 17.9
あまりうまくいっていない	17 100.0	9 52.9	－ －	－ －	1 5.9	7 41.2
うまくいっていない	1 100.0	1 100.0	－ －	1 100.0	－ －	－ －

日本企業本社のグローバル化対応に関する調査
問3(1)適用している制度・システム
9.学生に対するインターンシップ制度

	調査数	正社員	限定正社員	非正規社員	こうした制度はない	無回答
全 体	171 100.0	109 63.7	13 7.6	2 1.2	27 15.8	32 18.7
問1（1）創業開始年						
1981年〜	28 100.0	13 46.4	2 7.1	1 3.6	7 25.0	7 25.0
1951年〜1980年	45 100.0	28 62.2	5 11.1	− −	8 17.8	9 20.0
1921年〜1950年	61 100.0	40 65.6	2 3.3	1 1.6	7 11.5	12 19.7
〜1920年	36 100.0	27 75.0	4 11.1	− −	5 13.9	4 11.1
問1（2）主たる業種						
食料品、繊維品、木材・家具、パルプ・紙	13 100.0	7 53.8	1 7.7	1 7.7	2 15.4	3 23.1
化学工業	14 100.0	9 64.3	1 7.1	− −	− −	5 35.7
鉄鋼業、金属製品	7 100.0	5 71.4	− −	− −	− −	2 28.6
機器製造(一般、電気、輸送、精密)	27 100.0	20 74.1	− −	− −	5 18.5	2 7.4
プラスチック製品、ゴム・皮革、窯業・土石、非鉄金属	8 100.0	5 62.5	− −	− −	1 12.5	2 25.0
その他の製造業	9 100.0	5 55.6	− −	− −	3 33.3	1 11.1
卸売・小売り	24 100.0	11 45.8	2 8.3	− −	5 20.8	7 29.2
運輸業	10 100.0	6 60.0	− −	− −	3 30.0	1 10.0
建設業	16 100.0	15 93.8	4 25.0	− −	− −	1 6.3
不動産業	3 100.0	1 33.3	− −	− −	1 33.3	1 33.3
飲食店・宿泊業	3 100.0	− −	− −	− −	1 33.3	2 66.7
金融・保険業	7 100.0	5 71.4	2 28.6	− −	− −	2 28.6
情報通信業	6 100.0	5 83.3	− −	− −	1 16.7	− −
教育、学習支援業	1 100.0	1 100.0	− −	− −	− −	− −
サービス業	13 100.0	6 46.2	2 15.4	1 7.7	4 30.8	2 15.4
その他の非製造業	5 100.0	4 80.0	1 20.0	− −	− −	1 20.0
問1（2）主たる業種						
製造業	78 100.0	51 65.4	2 2.6	1 1.3	11 14.1	15 19.2
非製造業	88 100.0	54 61.4	11 12.5	1 1.1	15 17.0	17 19.3
問1（3）日本本社の従業員数						
300人未満	34 100.0	8 23.5	1 2.9	1 2.9	10 29.4	15 44.1
300〜1,000人未満	65 100.0	45 69.2	6 9.2	− −	11 16.9	9 13.8
1,000〜3,000人未満	36 100.0	25 69.4	4 11.1	− −	3 8.3	7 19.4
3,000人以上	32 100.0	28 87.5	1 3.1	1 3.1	2 6.3	1 3.1

日本企業本社のグローバル化対応に関する調査
問3(1)適用している制度・システム
9.学生に対するインターンシップ制度

	調査数	正社員	限定正社員	非正規社員	こうした制度はない	無回答
全 体	171 100.0	109 63.7	13 7.6	2 1.2	27 15.8	32 18.7
問1（4）2017年度の売上高						
100億円未満	21 100.0	10 47.6	− −	1 4.8	4 19.0	6 28.6
100～300億円未満	42 100.0	21 50.0	4 9.5	1 2.4	10 23.8	10 23.8
300～1,000億円未満	35 100.0	20 57.1	3 8.6	− −	5 14.3	9 25.7
1,000～3,000億円未満	40 100.0	27 67.5	3 7.5	− −	8 20.0	5 12.5
3,000億円以上	29 100.0	27 93.1	2 6.9	− −	− −	6 6.9
問1（5）2017年度の経常利益						
～0億円	7 100.0	2 28.6	1 14.3	− −	2 28.6	2 28.6
1～10億円未満	28 100.0	15 53.6	3 10.7	− −	6 21.4	7 25.0
10～30億円未満	42 100.0	21 50.0	1 2.4	1 2.4	9 21.4	11 26.2
30～100億円未満	37 100.0	23 62.2	2 5.4	− −	8 21.6	6 16.2
100億円以上	50 100.0	42 84.0	5 10.0	− −	2 4.0	6 12.0
問1（6）5年前と比較した現在の売上高						
50%以上の増加	25 100.0	17 68.0	− −	− −	4 16.0	4 16.0
20～50%以上の増加	43 100.0	26 60.5	4 9.3	2 4.7	10 23.3	5 11.6
5～20%の増加	47 100.0	33 70.2	6 12.8	− −	6 12.8	8 17.0
−5～5%の間で、あまり変動はない	32 100.0	19 59.4	− −	− −	4 12.5	9 28.1
減少傾向にある	17 100.0	9 52.9	1 5.9	− −	3 17.6	4 23.5
問1（7）外国籍社員						
いる	75 100.0	52 69.3	6 8.0	1 1.3	11 14.7	11 14.7
いない	39 100.0	25 64.1	2 5.1	− −	9 23.1	5 12.8
問7B. 今後3年間の現地法人の事業展開意向						
拡大する	59 100.0	39 66.1	2 3.4	1 1.7	9 15.3	10 16.9
現状維持	34 100.0	22 64.7	2 5.9	− −	7 20.6	5 14.7
縮小・撤退する	5 100.0	2 40.0	− −	1 20.0	− −	2 40.0
問8（1）現地法人の経営方針						
きわめて重要な案件を除けば、基本的には現地法人側がすべてを決定する	35 100.0	21 60.0	4 11.4	1 2.9	5 14.3	7 20.0
基本的には本社が決定しているが、現地側の裁量の余地が大きい	61 100.0	41 67.2	4 6.6	1 1.6	12 19.7	7 11.5
基本的には、ほぼすべてを日本本社が決定している	41 100.0	26 63.4	3 7.3	− −	4 9.8	11 26.8
問8（3）現地法人との意志疎通状況						
うまくいっている	41 100.0	26 63.4	4 9.8	− −	4 9.8	10 24.4
ほぼうまくいっている	78 100.0	54 69.2	7 9.0	2 2.6	12 15.4	10 12.8
あまりうまくいっていない	17 100.0	8 47.1	− −	− −	4 23.5	5 29.4
うまくいっていない	1 100.0	− −	− −	− −	1 100.0	− −

日本企業本社のグローバル化対応に関する調査
問3（1）適用している制度・システム
10.法定期間を超えた手厚い産休・育休制度

	調査数	正社員	限定正社員	非正規社員	こうした制度はない	無回答
全 体	171	89	27	16	21	60
	100.0	52.0	15.8	9.4	12.3	35.1
問1（1）創業開始年						
1981年〜	28	7	4	4	7	13
	100.0	25.0	14.3	14.3	25.0	46.4
1951年〜1980年	45	28	7	4	6	11
	100.0	62.2	15.6	8.9	13.3	24.4
1921年〜1950年	61	30	8	2	6	25
	100.0	49.2	13.1	3.3	9.8	41.0
〜1920年	36	24	8	6	2	10
	100.0	66.7	22.2	16.7	5.6	27.8
問1（2）主たる業種						
食料品、繊維品、木材・家具、パルプ・紙	13	8	2	1	2	3
	100.0	61.5	15.4	7.7	15.4	23.1
化学工業	14	8	2	−	1	5
	100.0	57.1	14.3	−	7.1	35.7
鉄鋼業、金属製品	7	3	−	1	1	3
	100.0	42.9	−	14.3	14.3	42.9
機器製造（一般、電気、輸送、精密）	27	13	3	1	4	10
	100.0	48.1	11.1	3.7	14.8	37.0
プラスチック製品、ゴム・皮革、窯業・土石、非鉄金属	8	4	2	1	−	4
	100.0	50.0	25.0	12.5	−	50.0
その他の製造業	9	6	−	2	−	3
	100.0	66.7	−	22.2	−	33.3
卸売・小売り	24	13	3	2	2	9
	100.0	54.2	12.5	8.3	8.3	37.5
運輸業	10	6	2	1	−	4
	100.0	60.0	20.0	10.0	−	40.0
建設業	16	10	6	2	1	5
	100.0	62.5	37.5	12.5	6.3	31.3
不動産業	3	1	2	1	1	−
	100.0	33.3	66.7	33.3	33.3	−
飲食店・宿泊業	3	−	−	−	−	3
	100.0	−	−	−	−	100.0
金融・保険業	7	3	1	1	2	2
	100.0	42.9	14.3	14.3	28.6	28.6
情報通信業	6	4	−	−	−	2
	100.0	66.7	−	−	−	33.3
教育、学習支援業	1	−	−	−	−	1
	100.0	−	−	−	−	100.0
サービス業	13	5	4	3	5	3
	100.0	38.5	30.8	23.1	38.5	23.1
その他の非製造業	5	2	−	−	−	3
	100.0	40.0	−	−	−	60.0
問1（2）主たる業種						
製造業	78	42	9	6	8	28
	100.0	53.8	11.5	7.7	10.3	35.9
非製造業	88	44	18	10	11	32
	100.0	50.0	20.5	11.4	12.5	36.4
問1（3）日本本社の従業員数						
300人未満	34	12	4	4	4	17
	100.0	35.3	11.8	11.8	11.8	50.0
300〜1,000人未満	65	33	8	5	9	23
	100.0	50.8	12.3	7.7	13.8	35.4
1,000〜3,000人未満	36	17	7	1	6	13
	100.0	47.2	19.4	2.8	16.7	36.1
3,000人以上	32	26	7	6	1	5
	100.0	81.3	21.9	18.8	3.1	15.6

日本企業本社のグローバル化対応に関する調査
問3(1)適用している制度・システム
10.法定期間を超えた手厚い産休・育休制度

	調査数	正社員	限定正社員	非正規社員	こうした制度はない	無回答
全 体	171 100.0	89 52.0	27 15.8	16 9.4	21 12.3	60 35.1
問1（4）2017年度の売上高						
100億円未満	21 100.0	8 38.1	1 4.8	2 9.5	3 14.3	10 47.6
100〜300億円未満	42 100.0	14 33.3	4 9.5	1 2.4	8 19.0	20 47.6
300〜1,000億円未満	35 100.0	19 54.3	7 20.0	5 14.3	5 14.3	10 28.6
1,000〜3,000億円未満	40 100.0	24 60.0	7 17.5	4 10.0	5 12.5	11 27.5
3,000億円以上	29 100.0	23 79.3	8 27.6	4 13.8	− 	6 20.7
問1（5）2017年度の経常利益						
〜0億円	7 100.0	2 28.6	− 	− 	− 	5 71.4
1〜10億円未満	28 100.0	12 42.9	2 7.1	− 	5 17.9	11 39.3
10〜30億円未満	42 100.0	16 38.1	5 11.9	4 9.5	7 16.7	19 45.2
30〜100億円未満	37 100.0	19 51.4	6 16.2	4 10.8	7 18.9	10 27.0
100億円以上	50 100.0	37 74.0	13 26.0	6 12.0	2 4.0	11 22.0
問1（6）5年前と比較した現在の売上高						
50%以上の増加	25 100.0	11 44.0	4 16.0	4 16.0	3 12.0	11 44.0
20〜50%以上の増加	43 100.0	22 51.2	7 16.3	1 2.3	8 18.6	12 27.9
5〜20%の増加	47 100.0	33 70.2	12 25.5	8 17.0	5 10.6	9 19.1
ー5〜5%の間で、あまり変動はない	32 100.0	13 40.6	1 3.1	2 6.3	4 12.5	15 46.9
減少傾向にある	17 100.0	7 41.2	2 11.8	− 	1 5.9	9 52.9
問1（7）外国籍社員						
いる	75 100.0	44 58.7	17 22.7	12 16.0	7 9.3	24 32.0
いない	39 100.0	21 53.8	5 12.8	3 7.7	5 12.8	12 30.8
問7B. 今後3年間の現地法人の事業展開意向						
拡大する	59 100.0	36 61.0	12 20.3	9 15.3	5 8.5	18 30.5
現状維持	34 100.0	17 50.0	6 17.6	3 8.8	6 17.6	11 32.4
縮小・撤退する	5 100.0	2 40.0	1 20.0	1 20.0	− 	3 60.0
問8（1）現地法人の経営方針						
きわめて重要な案件を除けば、基本的には現地法人側がすべてを決定する	35 100.0	20 57.1	6 17.1	3 8.6	5 14.3	10 28.6
基本的には本社が決定しているが、現地側の裁量の余地が大きい	61 100.0	37 60.7	13 21.3	10 16.4	4 6.6	20 32.8
基本的には、ほぼすべてを日本本社が決定している	41 100.0	17 41.5	6 14.6	2 4.9	7 17.1	16 39.0
問8（3）現地法人との意志疎通状況						
うまくいっている	41 100.0	22 53.7	7 17.1	4 9.8	4 9.8	14 34.1
ほぼうまくいっている	78 100.0	46 59.0	18 23.1	9 11.5	9 11.5	23 29.5
あまりうまくいっていない	17 100.0	6 35.3	− 	1 5.9	3 17.6	8 47.1
うまくいっていない	1 100.0	1 100.0	− 	1 100.0	− 	−

日本企業本社のグローバル化対応に関する調査
問3(1)適用している制度・システム
11.フレックスタイム制度

11.フレックスタイム制度	調査数	正社員	限定正社員	非正規社員	こうした制度はない	無回答
全 体	171 100.0	77 45.0	30 17.5	21 12.3	52 30.4	40 23.4
問1(1)創業開始年						
1981年～	28 100.0	9 32.1	3 10.7	2 7.1	10 35.7	9 32.1
1951年～1980年	45 100.0	14 31.1	9 20.0	7 15.6	18 40.0	13 28.9
1921年～1950年	61 100.0	29 47.5	8 13.1	6 9.8	16 26.2	14 23.0
～1920年	36 100.0	24 66.7	10 27.8	6 16.7	8 22.2	4 11.1
問1(2)主たる業種						
食料品、繊維品、木材・家具、パルプ・紙	13 100.0	6 46.2	3 23.1	1 7.7	3 23.1	4 30.8
化学工業	14 100.0	7 50.0	4 28.6	2 14.3	3 21.4	3 21.4
鉄鋼業、金属製品	7 100.0	4 57.1	－ －	1 14.3	1 14.3	2 28.6
機器製造(一般、電気、輸送、精密)	27 100.0	17 63.0	5 18.5	4 14.8	9 33.3	－ －
プラスチック製品、ゴム・皮革、窯業・土石、非鉄金属	8 100.0	7 87.5	2 25.0	2 25.0	－ －	1 12.5
その他の製造業	9 100.0	2 22.2	－ －	1 11.1	5 55.6	2 22.2
卸売・小売り	24 100.0	5 20.8	1 4.2	2 8.3	8 33.3	11 45.8
運輸業	10 100.0	5 50.0	1 10.0	1 10.0	3 30.0	2 20.0
建設業	16 100.0	6 37.5	5 31.3	2 12.5	6 37.5	4 25.0
不動産業	3 100.0	1 33.3	1 33.3	－ －	1 33.3	1 33.3
飲食店・宿泊業	3 100.0	1 33.3	1 33.3	1 33.3	1 33.3	1 33.3
金融・保険業	7 100.0	4 57.1	2 28.6	1 14.3	2 28.6	1 14.3
情報通信業	6 100.0	1 16.7	1 16.7	1 16.7	2 33.3	3 50.0
教育、学習支援業	1 100.0	－ －	－ －	－ －	－ －	1 100.0
サービス業	13 100.0	4 30.8	1 7.7	1 7.7	6 46.2	3 23.1
その他の非製造業	5 100.0	3 60.0	2 40.0	1 20.0	1 20.0	1 20.0
問1(2)主たる業種						
製造業	78 100.0	43 55.1	14 17.9	11 14.1	21 26.9	12 15.4
非製造業	88 100.0	30 34.1	15 17.0	10 11.4	30 34.1	28 31.8
問1(3)日本本社の従業員数						
300人未満	34 100.0	8 23.5	2 5.9	4 11.8	11 32.4	15 44.1
300～1,000人未満	65 100.0	23 35.4	11 16.9	6 9.2	27 41.5	13 20.0
1,000～3,000人未満	36 100.0	19 52.8	9 25.0	4 11.1	9 25.0	8 22.2
3,000人以上	32 100.0	25 78.1	7 21.9	7 21.9	4 12.5	3 9.4

日本企業本社のグローバル化対応に関する調査
問3(1)適用している制度・システム
11.フレックスタイム制度

	調査数	正社員	限定正社員	非正規社員	こうした制度はない	無回答
全 体	171 100.0	77 45.0	30 17.5	21 12.3	52 30.4	40 23.4
問1（4）2017年度の売上高						
100億円未満	21 100.0	4 19.0	2 9.5	2 9.5	6 28.6	11 52.4
100～300億円未満	42 100.0	11 26.2	4 9.5	3 7.1	22 52.4	7 16.7
300～1,000億円未満	35 100.0	12 34.3	4 11.4	2 5.7	12 34.3	11 31.4
1,000～3,000億円未満	40 100.0	22 55.0	9 22.5	6 15.0	9 22.5	9 22.5
3,000億円以上	29 100.0	26 89.7	10 34.5	8 27.6	2 6.9	1 3.4
問1（5）2017年度の経常利益						
～0億円	7 100.0	3 42.9	1 14.3	1 14.3	2 28.6	2 28.6
1～10億円未満	28 100.0	3 10.7	2 7.1	2 7.1	14 50.0	11 39.3
10～30億円未満	42 100.0	14 33.3	4 9.5	3 7.1	17 40.5	9 21.4
30～100億円未満	37 100.0	14 37.8	6 16.2	5 13.5	13 35.1	10 27.0
100億円以上	50 100.0	40 80.0	16 32.0	10 20.0	4 8.0	6 12.0
問1（6）5年前と比較した現在の売上高						
50%以上の増加	25 100.0	11 44.0	3 12.0	2 8.0	9 36.0	5 20.0
20～50%以上の増加	43 100.0	19 44.2	5 11.6	4 9.3	16 37.2	8 18.6
5～20%の増加	47 100.0	22 46.8	12 25.5	9 19.1	14 29.8	10 21.3
−5～5%の間で、あまり変動はない	32 100.0	16 50.0	6 18.8	4 12.5	7 21.9	8 25.0
減少傾向にある	17 100.0	5 29.4	2 11.8	2 11.8	6 35.3	6 35.3
問1（7）外国籍社員						
いる	75 100.0	40 53.3	16 21.3	13 17.3	21 28.0	13 17.3
いない	39 100.0	10 25.6	2 5.1	4 10.3	17 43.6	12 30.8
問7B. 今後3年間の現地法人の事業展開意向						
拡大する	59 100.0	35 59.3	11 18.6	9 15.3	14 23.7	9 15.3
現状維持	34 100.0	20 58.8	9 26.5	7 20.6	8 23.5	5 14.7
縮小・撤退する	5 100.0	1 20.0	− −	− −	2 40.0	2 40.0
問8（1）現地法人の経営方針						
きわめて重要な案件を除けば、基本的には現地法人側がすべてを決定する	35 100.0	18 51.4	10 28.6	6 17.1	8 22.9	9 25.7
基本的には本社が決定しているが、現地側の裁量の余地が大きい	61 100.0	36 59.0	11 18.0	11 18.0	12 19.7	12 19.7
基本的には、ほぼすべてを日本本社が決定している	41 100.0	17 41.5	8 19.5	3 7.3	19 46.3	4 9.8
問8（3）現地法人との意志疎通状況						
うまくいっている	41 100.0	21 51.2	9 22.0	7 17.1	12 29.3	8 19.5
ほぼうまくいっている	78 100.0	45 57.7	16 20.5	10 12.8	21 26.9	10 12.8
あまりうまくいっていない	17 100.0	5 29.4	4 23.5	2 11.8	5 29.4	7 41.2
うまくいっていない	1 100.0	1 100.0	− −	1 100.0	− −	− −

日本企業本社のグローバル化対応に関する調査
問3(2)制度・システムの今後の維持・変更意向
1.中長期的な雇用保障

	調査数	拡大したい	現状維持	修正したい	廃止したい	こうした制度はない	無回答
全 体	171	25	114	4	–	14	14
	100.0	14.6	66.7	2.3	–	8.2	8.2
問1(1)創業開始年							
1981年～	28	5	13	1	–	5	4
	100.0	17.9	46.4	3.6	–	17.9	14.3
1951年～1980年	45	8	29	1	–	2	5
	100.0	17.8	64.4	2.2	–	4.4	11.1
1921年～1950年	61	10	42	2	–	5	2
	100.0	16.4	68.9	3.3	–	8.2	3.3
～1920年	36	2	30	–	–	2	2
	100.0	5.6	83.3	–	–	5.6	5.6
問1(2)主たる業種							
食料品、繊維品、木材・家具、パルプ・紙	13	3	7	2	–	–	1
	100.0	23.1	53.8	15.4	–	–	7.7
化学工業	14	2	11	–	–	–	1
	100.0	14.3	78.6	–	–	–	7.1
鉄鋼業、金属製品	7	–	7	–	–	–	–
	100.0	–	100.0	–	–	–	–
機器製造(一般、電気、輸送、精密)	27	2	16	1	–	6	2
	100.0	7.4	59.3	3.7	–	22.2	7.4
プラスチック製品、ゴム・皮革、窯業・土石、非鉄金属	8	1	6	–	–	–	1
	100.0	12.5	75.0	–	–	–	12.5
その他の製造業	9	1	8	–	–	–	–
	100.0	11.1	88.9	–	–	–	–
卸売・小売り	24	5	16	–	–	1	2
	100.0	20.8	66.7	–	–	4.2	8.3
運輸業	10	3	6	–	–	–	1
	100.0	30.0	60.0	–	–	–	10.0
建設業	16	2	12	1	–	1	–
	100.0	12.5	75.0	6.3	–	6.3	–
不動産業	3	–	2	–	–	–	1
	100.0	–	66.7	–	–	–	33.3
飲食店・宿泊業	3	1	–	–	–	–	2
	100.0	33.3	–	–	–	–	66.7
金融・保険業	7	1	5	–	–	1	–
	100.0	14.3	71.4	–	–	14.3	–
情報通信業	6	1	3	–	–	1	1
	100.0	16.7	50.0	–	–	16.7	16.7
教育、学習支援業	1	–	1	–	–	–	–
	100.0	–	100.0	–	–	–	–
サービス業	13	2	8	–	–	3	–
	100.0	15.4	61.5	–	–	23.1	–
その他の非製造業	5	1	3	–	–	–	1
	100.0	20.0	60.0	–	–	–	20.0
問1(2)主たる業種							
製造業	78	9	55	3	–	6	5
	100.0	11.5	70.5	3.8	–	7.7	6.4
非製造業	88	16	56	1	–	7	8
	100.0	18.2	63.6	1.1	–	8.0	9.1
問1(3)日本本社の従業員数							
300人未満	34	5	22	1	–	3	3
	100.0	14.7	64.7	2.9	–	8.8	8.8
300～1,000人未満	65	8	45	2	–	7	3
	100.0	12.3	69.2	3.1	–	10.8	4.6
1,000～3,000人未満	36	3	27	1	–	2	3
	100.0	8.3	75.0	2.8	–	5.6	8.3
3,000人以上	32	7	18	–	–	2	5
	100.0	21.9	56.3	–	–	6.3	15.6

日本企業本社のグローバル化対応に関する調査
問3(2)制度・システムの今後の維持・変更意向
1.中長期的な雇用保障

	調査数	拡大したい	現状維持	修正したい	廃止したい	こうした制度はない	無回答
全体	171 100.0	25 14.6	114 66.7	4 2.3	– –	14 8.2	14 8.2
問1（4）2017年度の売上高							
100億円未満	21 100.0	3 14.3	14 66.7	1 4.8	– –	2 9.5	1 4.8
100～300億円未満	42 100.0	8 19.0	26 61.9	– –	– –	5 11.9	3 7.1
300～1,000億円未満	35 100.0	6 17.1	23 65.7	2 5.7	– –	3 8.6	1 2.9
1,000～3,000億円未満	40 100.0	4 10.0	28 70.0	1 2.5	– –	1 2.5	6 15.0
3,000億円以上	29 100.0	3 10.3	21 72.4	– –	– –	2 6.9	3 10.3
問1（5）2017年度の経常利益							
～0億円	7 100.0	– –	3 42.9	1 14.3	– –	1 14.3	2 28.6
1～10億円未満	28 100.0	8 28.6	19 67.9	– –	– –	1 3.6	– –
10～30億円未満	42 100.0	7 16.7	26 61.9	1 2.4	– –	6 14.3	2 4.8
30～100億円未満	37 100.0	3 8.1	27 73.0	2 5.4	– –	3 8.1	2 5.4
100億円以上	50 100.0	5 10.0	35 70.0	– –	– –	2 4.0	8 16.0
問1（6）5年前と比較した現在の売上高							
50％以上の増加	25 100.0	6 24.0	13 52.0	– –	– –	3 12.0	3 12.0
20～50％以上の増加	43 100.0	9 20.9	26 60.5	1 2.3	– –	3 7.0	4 9.3
5～20％の増加	47 100.0	5 10.6	34 72.3	2 4.3	– –	3 6.4	3 6.4
－5～5％の間で、あまり変動はない	32 100.0	3 9.4	25 78.1	– –	– –	2 6.3	2 6.3
減少傾向にある	17 100.0	1 5.9	10 58.8	1 5.9	– –	3 17.6	2 11.8
問1（7）外国籍社員							
いる	75 100.0	10 13.3	56 74.7	2 2.7	– –	4 5.3	3 4.0
いない	39 100.0	6 15.4	25 64.1	1 2.6	– –	5 12.8	2 5.1
問7B.今後3年間の現地法人の事業展開意向							
拡大する	59 100.0	8 13.6	41 69.5	1 1.7	– –	5 8.5	4 6.8
現状維持	34 100.0	4 11.8	26 76.5	– –	– –	3 8.8	1 2.9
縮小・撤退する	5 100.0	1 20.0	3 60.0	– –	– –	1 20.0	– –
問8（1）現地法人の経営方針							
きわめて重要な案件を除けば、基本的には現地法人側がすべてを決定する	35 100.0	7 20.0	25 71.4	1 2.9	– –	2 5.7	– –
基本的には本社が決定しているが、現地側の裁量の余地が大きい	61 100.0	7 11.5	46 75.4	1 1.6	– –	4 6.6	3 4.9
基本的には、ほぼすべてを日本本社が決定している	41 100.0	6 14.6	25 61.0	– –	– –	5 12.2	5 12.2
問8（3）現地法人との意志疎通状況							
うまくいっている	41 100.0	5 12.2	26 63.4	1 2.4	– –	4 9.8	5 12.2
ほぼうまくいっている	78 100.0	12 15.4	58 74.4	1 1.3	– –	5 6.4	2 2.6
あまりうまくいっていない	17 100.0	1 5.9	13 76.5	– –	– –	2 11.8	1 5.9
うまくいっていない	1 100.0	1 100.0	– –	– –	– –	– –	– –

日本企業本社のグローバル化対応に関する調査
問3（2）制度・システムの今後の維持・変更意向
2.年功序列的な賃金制度

	調査数	拡大したい	現状維持	修正したい	廃止したい	こうした制度はない	無回答
全体	171 100.0	1 0.6	59 34.5	50 29.2	2 1.2	40 23.4	19 11.1
問1（1）創業開始年							
1981年～	28 100.0	－ －	4 14.3	5 17.9	1 3.6	12 42.9	6 21.4
1951年～1980年	45 100.0	1 2.2	16 35.6	11 24.4	1 2.2	9 20.0	7 15.6
1921年～1950年	61 100.0	－ －	23 37.7	24 39.3	－ －	12 19.7	2 3.3
～1920年	36 100.0	－ －	16 44.4	10 27.8	－ －	7 19.4	3 8.3
問1（2）主たる業種							
食料品、繊維品、木材・家具、パルプ・紙	13 100.0	－ －	3 23.1	7 53.8	－ －	2 15.4	1 7.7
化学工業	14 100.0	－ －	8 57.1	4 28.6	－ －	1 7.1	1 7.1
鉄鋼業、金属製品	7 100.0	－ －	1 14.3	6 85.7	－ －	－ －	－ －
機器製造（一般、電気、輸送、精密）	27 100.0	－ －	11 40.7	7 25.9	－ －	7 25.9	2 7.4
プラスチック製品、ゴム・皮革、窯業・土石、非鉄金属	8 100.0	－ －	4 50.0	2 25.0	－ －	1 12.5	1 12.5
その他の製造業	9 100.0	－ －	5 55.6	2 22.2	－ －	1 11.1	1 11.1
卸売・小売り	24 100.0	1 4.2	7 29.2	5 20.8	－ －	8 33.3	3 12.5
運輸業	10 100.0	－ －	3 30.0	3 30.0	1 10.0	2 20.0	1 10.0
建設業	16 100.0	－ －	8 50.0	4 25.0	－ －	4 25.0	－ －
不動産業	3 100.0	－ －	－ －	－ －	－ －	1 33.3	2 66.7
飲食店・宿泊業	3 100.0	－ －	－ －	－ －	－ －	1 33.3	2 66.7
金融・保険業	7 100.0	－ －	3 42.9	2 28.6	－ －	2 28.6	－ －
情報通信業	6 100.0	－ －	1 16.7	1 16.7	1 16.7	1 16.7	2 33.3
教育、学習支援業	1 100.0	－ －	－ －	1 100.0	－ －	－ －	－ －
サービス業	13 100.0	－ －	2 15.4	4 30.8	－ －	7 53.8	－ －
その他の非製造業	5 100.0	－ －	2 40.0	1 20.0	－ －	1 20.0	1 20.0
問1（2）主たる業種							
製造業	78 100.0	－ －	32 41.0	28 35.9	－ －	12 15.4	6 7.7
非製造業	88 100.0	1 1.1	26 29.5	21 23.9	2 2.3	27 30.7	11 12.5
問1（3）日本本社の従業員数							
300人未満	34 100.0	－ －	10 29.4	10 29.4	－ －	9 26.5	5 14.7
300～1,000人未満	65 100.0	－ －	22 33.8	23 35.4	2 3.1	13 20.0	5 7.7
1,000～3,000人未満	36 100.0	－ －	15 41.7	9 25.0	－ －	9 25.0	3 8.3
3,000人以上	32 100.0	1 3.1	9 28.1	8 25.0	－ －	8 25.0	6 18.8

日本企業本社のグローバル化対応に関する調査
問3(2)制度・システムの今後の維持・変更意向
2.年功序列的な賃金制度

	調査数	拡大したい	現状維持	修正したい	廃止したい	こうした制度はない	無回答
全 体	171	1	59	50	2	40	19
	100.0	0.6	34.5	29.2	1.2	23.4	11.1
問1（4）2017年度の売上高							
100億円未満	21	−	5	8	1	5	2
	100.0	−	23.8	38.1	4.8	23.8	9.5
100〜300億円未満	42	−	16	11	−	12	3
	100.0	−	38.1	26.2	−	28.6	7.1
300〜1,000億円未満	35	−	14	12	−	6	3
	100.0	−	40.0	34.3	−	17.1	8.6
1,000〜3,000億円未満	40	1	15	10	1	6	7
	100.0	2.5	37.5	25.0	2.5	15.0	17.5
3,000億円以上	29	−	8	8	−	9	4
	100.0	−	27.6	27.6	−	31.0	13.8
問1（5）2017年度の経常利益							
〜0億円	7	−	−	4	−	1	2
	100.0	−	−	57.1	−	14.3	28.6
1〜10億円未満	28	−	11	7	1	7	2
	100.0	−	39.3	25.0	3.6	25.0	7.1
10〜30億円未満	42	−	15	13	1	10	3
	100.0	−	35.7	31.0	2.4	23.8	7.1
30〜100億円未満	37	−	15	12	−	8	2
	100.0	−	40.5	32.4	−	21.6	5.4
100億円以上	50	−	17	12	−	11	10
	100.0	−	34.0	24.0	−	22.0	20.0
問1（6）5年前と比較した現在の売上高							
50%以上の増加	25	1	5	5	1	9	4
	100.0	4.0	20.0	20.0	4.0	36.0	16.0
20〜50%以上の増加	43	−	14	14	1	9	5
	100.0	−	32.6	32.6	2.3	20.9	11.6
5〜20%の増加	47	−	22	12	−	8	5
	100.0	−	46.8	25.5	−	17.0	10.6
−5〜5%の間で、あまり変動はない	32	−	12	9	−	8	3
	100.0	−	37.5	28.1	−	25.0	9.4
減少傾向にある	17	−	3	8	−	4	2
	100.0	−	17.6	47.1	−	23.5	11.8
問1（7）外国籍社員							
いる	75	−	27	24	−	18	6
	100.0	−	36.0	32.0	−	24.0	8.0
いない	39	1	9	16	1	9	3
	100.0	2.6	23.1	41.0	2.6	23.1	7.7
問7B. 今後3年間の現地法人の事業展開意向							
拡大する	59	−	20	22	−	11	6
	100.0	−	33.9	37.3	−	18.6	10.2
現状維持	34	−	16	8	1	8	1
	100.0	−	47.1	23.5	2.9	23.5	2.9
縮小・撤退する	5	−	−	2	−	3	−
	100.0	−	−	40.0	−	60.0	−
問8（1）現地法人の経営方針							
きわめて重要な案件を除けば、基本的には現地法人側がすべてを決定する	35	−	11	16	−	6	2
	100.0	−	31.4	45.7	−	17.1	5.7
基本的には本社が決定しているが、現地側の裁量の余地が大きい	61	−	21	21	1	14	4
	100.0	−	34.4	34.4	1.6	23.0	6.6
基本的には、ほぼすべてを日本本社が決定している	41	1	15	8	−	12	5
	100.0	2.4	36.6	19.5	−	29.3	12.2
問8（3）現地法人との意志疎通状況							
うまくいっている	41	−	14	13	−	7	7
	100.0	−	34.1	31.7	−	17.1	17.1
ほぼうまくいっている	78	−	32	23	1	19	3
	100.0	−	41.0	29.5	1.3	24.4	3.8
あまりうまくいっていない	17	−	2	8	−	5	2
	100.0	−	11.8	47.1	−	29.4	11.8
うまくいっていない	1	−	−	1	−	−	−
	100.0	−	−	100.0	−	−	−

日本企業本社のグローバル化対応に関する調査
問3（2）制度・システムの今後の維持・変更意向
3.企業内の労働組合

	調査数	拡大したい	現状維持	修正したい	廃止したい	こうした制度はない	無回答
全体	171	3	107	1	－	43	17
	100.0	1.8	62.6	0.6	－	25.1	9.9
問1（1）創業開始年							
1981年～	28	2	3	1	－	17	5
	100.0	7.1	10.7	3.6	－	60.7	17.9
1951年～1980年	45	1	21	－	－	17	6
	100.0	2.2	46.7	－	－	37.8	13.3
1921年～1950年	61	－	51	－	－	7	3
	100.0	－	83.6	－	－	11.5	4.9
～1920年	36	－	32	－	－	2	2
	100.0	－	88.9	－	－	5.6	5.6
問1（2）主たる業種							
食料品、繊維品、木材・家具、パルプ・紙	13	－	8	－	－	5	－
	100.0	－	61.5	－	－	38.5	－
化学工業	14	－	12	－	－	1	1
	100.0	－	85.7	－	－	7.1	7.1
鉄鋼業、金属製品	7	－	7	－	－	－	－
	100.0	－	100.0	－	－	－	－
機器製造（一般、電気、輸送、精密）	27	－	22	－	－	3	2
	100.0	－	81.5	－	－	11.1	7.4
プラスチック製品、ゴム・皮革、窯業・土石、非鉄金属	8	－	7	－	－	－	1
	100.0	－	87.5	－	－	－	12.5
その他の製造業	9	－	6	－	－	3	－
	100.0	－	66.7	－	－	33.3	－
卸売・小売り	24	－	11	－	－	9	4
	100.0	－	45.8	－	－	37.5	16.7
運輸業	10	－	7	－	－	2	1
	100.0	－	70.0	－	－	20.0	10.0
建設業	16	－	12	－	－	3	1
	100.0	－	75.0	－	－	18.8	6.3
不動産業	3	1	－	－	－	1	1
	100.0	33.3	－	－	－	33.3	33.3
飲食店・宿泊業	3	－	－	－	－	1	2
	100.0	－	－	－	－	33.3	66.7
金融・保険業	7	－	5	－	－	1	1
	100.0	－	71.4	－	－	14.3	14.3
情報通信業	6	－	2	－	－	3	1
	100.0	－	33.3	－	－	50.0	16.7
教育、学習支援業	1	－	－	－	－	1	－
	100.0	－	－	－	－	100.0	－
サービス業	13	2	3	－	－	8	－
	100.0	15.4	23.1	－	－	61.5	－
その他の非製造業	5	－	1	1	－	2	1
	100.0	－	20.0	20.0	－	40.0	20.0
問1（2）主たる業種							
製造業	78	－	62	－	－	12	4
	100.0	－	79.5	－	－	15.4	5.1
非製造業	88	3	41	1	－	31	12
	100.0	3.4	46.6	1.1	－	35.2	13.6
問1（3）日本本社の従業員数							
300人未満	34	－	14	1	－	13	6
	100.0	－	41.2	2.9	－	38.2	17.6
300～1,000人未満	65	2	40	－	－	19	4
	100.0	3.1	61.5	－	－	29.2	6.2
1,000～3,000人未満	36	－	26	－	－	6	4
	100.0	－	72.2	－	－	16.7	11.1
3,000人以上	32	1	24	－	－	4	3
	100.0	3.1	75.0	－	－	12.5	9.4

日本企業本社のグローバル化対応に関する調査
問3(2)制度・システムの今後の維持・変更意向
3.企業内の労働組合

	調査数	拡大したい	現状維持	修正したい	廃止したい	こうした制度はない	無回答
全体	171	3	107	1	－	43	17
	100.0	1.8	62.6	0.6	－	25.1	9.9
問1（4）2017年度の売上高							
100億円未満	21	－	8	1	－	9	3
	100.0	－	38.1	4.8	－	42.9	14.3
100～300億円未満	42	1	22	－	－	16	3
	100.0	2.4	52.4	－	－	38.1	7.1
300～1,000億円未満	35	1	22	－	－	9	3
	100.0	2.9	62.9	－	－	25.7	8.6
1,000～3,000億円未満	40	1	27	－	－	7	5
	100.0	2.5	67.5	－	－	17.5	12.5
3,000億円以上	29	－	25	－	－	1	3
	100.0	－	86.2	－	－	3.4	10.3
問1（5）2017年度の経常利益							
～0億円	7	－	3	－	－	1	3
	100.0	－	42.9	－	－	14.3	42.9
1～10億円未満	28	－	13	1	－	12	2
	100.0	－	46.4	3.6	－	42.9	7.1
10～30億円未満	42	2	23	－	－	15	2
	100.0	4.8	54.8	－	－	35.7	4.8
30～100億円未満	37	－	26	－	－	9	2
	100.0	－	70.3	－	－	24.3	5.4
100億円以上	50	1	38	－	－	3	8
	100.0	2.0	76.0	－	－	6.0	16.0
問1（6）5年前と比較した現在の売上高							
50%以上の増加	25	2	9	1	－	11	2
	100.0	8.0	36.0	4.0	－	44.0	8.0
20～50%以上の増加	43	－	23	－	－	15	5
	100.0	－	53.5	－	－	34.9	11.6
5～20%の増加	47	－	36	－	－	6	5
	100.0	－	76.6	－	－	12.8	10.6
－5～5%の間で、あまり変動はない	32	1	23	－	－	6	2
	100.0	3.1	71.9	－	－	18.8	6.3
減少傾向にある	17	－	11	－	－	3	3
	100.0	－	64.7	－	－	17.6	17.6
問1（7）外国籍社員							
いる	75	1	52	－	－	19	3
	100.0	1.3	69.3	－	－	25.3	4.0
いない	39	1	20	－	－	14	4
	100.0	2.6	51.3	－	－	35.9	10.3
問7B.今後3年間の現地法人の事業展開意向							
拡大する	59	2	41	－	－	14	2
	100.0	3.4	69.5	－	－	23.7	3.4
現状維持	34	－	31	－	－	3	－
	100.0	－	91.2	－	－	8.8	－
縮小・撤退する	5	－	3	－	－	2	－
	100.0	－	60.0	－	－	40.0	－
問8（1）現地法人の経営方針							
きわめて重要な案件を除けば、基本的には現地法人側がすべてを決定する	35	－	25	－	－	7	3
	100.0	－	71.4	－	－	20.0	8.6
基本的には本社が決定しているが、現地側の裁量の余地が大きい	61	2	41	－	－	17	1
	100.0	3.3	67.2	－	－	27.9	1.6
基本的には、ほぼすべてを日本本社が決定している	41	－	29	－	－	8	4
	100.0	－	70.7	－	－	19.5	9.8
問8（3）現地法人との意志疎通状況							
うまくいっている	41	1	24	－	－	12	4
	100.0	2.4	58.5	－	－	29.3	9.8
ほぼうまくいっている	78	1	60	－	－	14	3
	100.0	1.3	76.9	－	－	17.9	3.8
あまりうまくいっていない	17	－	12	－	－	4	1
	100.0	－	70.6	－	－	23.5	5.9
うまくいっていない	1	－	1	－	－	－	－
	100.0	－	100.0	－	－	－	－

日本企業本社のグローバル化対応に関する調査
問3(2)制度・システムの今後の維持・変更意向
4.寮・社宅や家賃補助などの福利厚生

	調査数	拡大したい	現状維持	修正したい	廃止したい	こうした制度はない	無回答
全 体	171	18	116	19	－	7	11
	100.0	10.5	67.8	11.1	－	4.1	6.4
問1（1）創業開始年							
1981年～	28	4	12	3	－	5	4
	100.0	14.3	42.9	10.7	－	17.9	14.3
1951年～1980年	45	5	28	8	－	1	3
	100.0	11.1	62.2	17.8	－	2.2	6.7
1921年～1950年	61	6	48	5	－	1	1
	100.0	9.8	78.7	8.2	－	1.6	1.6
～1920年	36	3	28	3	－	－	2
	100.0	8.3	77.8	8.3	－	－	5.6
問1（2）主たる業種							
食料品、繊維品、木材・家具、パルプ・紙	13	－	10	3	－	－	－
	100.0	－	76.9	23.1	－	－	－
化学工業	14	2	10	1	－	－	1
	100.0	14.3	71.4	7.1	－	－	7.1
鉄鋼業、金属製品	7	1	3	3	－	－	－
	100.0	14.3	42.9	42.9	－	－	－
機器製造（一般、電気、輸送、精密）	27	1	23	1	－	1	1
	100.0	3.7	85.2	3.7	－	3.7	3.7
プラスチック製品、ゴム・皮革、窯業・土石、非鉄金属	8	2	5	－	－	－	1
	100.0	25.0	62.5	－	－	－	12.5
その他の製造業	9	2	7	－	－	－	－
	100.0	22.2	77.8	－	－	－	－
卸売・小売り	24	3	14	3	－	1	3
	100.0	12.5	58.3	12.5	－	4.2	12.5
運輸業	10	1	7	1	－	－	1
	100.0	10.0	70.0	10.0	－	－	10.0
建設業	16	－	16	－	－	－	－
	100.0	－	100.0	－	－	－	－
不動産業	3	－	2	－	－	1	－
	100.0	－	66.7	－	－	33.3	－
飲食店・宿泊業	3	－	－	1	－	－	2
	100.0	－	－	33.3	－	－	66.7
金融・保険業	7	1	5	1	－	－	－
	100.0	14.3	71.4	14.3	－	－	－
情報通信業	6	－	4	1	－	1	－
	100.0	－	66.7	16.7	－	16.7	－
教育、学習支援業	1	－	－	－	－	1	－
	100.0	－	－	－	－	100.0	－
サービス業	13	4	4	3	－	2	－
	100.0	30.8	30.8	23.1	－	15.4	－
その他の非製造業	5	1	2	1	－	－	1
	100.0	20.0	40.0	20.0	－	－	20.0
問1（2）主たる業種							
製造業	78	8	58	8	－	1	3
	100.0	10.3	74.4	10.3	－	1.3	3.8
非製造業	88	10	54	11	－	6	7
	100.0	11.4	61.4	12.5	－	6.8	8.0
問1（3）日本本社の従業員数							
300人未満	34	6	19	1	－	5	3
	100.0	17.6	55.9	2.9	－	14.7	8.8
300～1,000人未満	65	3	48	10	－	2	2
	100.0	4.6	73.8	15.4	－	3.1	3.1
1,000～3,000人未満	36	2	27	4	－	－	3
	100.0	5.6	75.0	11.1	－	－	8.3
3,000人以上	32	6	19	4	－	－	3
	100.0	18.8	59.4	12.5	－	－	9.4

日本企業本社のグローバル化対応に関する調査
問3(2)制度・システムの今後の維持・変更意向
4.寮・社宅や家賃補助などの福利厚生

	調査数	拡大したい	現状維持	修正したい	廃止したい	こうした制度はない	無回答
全体	171	18	116	19	－	7	11
	100.0	10.5	67.8	11.1	－	4.1	6.4
問1（4）2017年度の売上高							
100億円未満	21	3	12	3	－	2	1
	100.0	14.3	57.1	14.3	－	9.5	4.8
100～300億円未満	42	5	26	4	－	4	3
	100.0	11.9	61.9	9.5	－	9.5	7.1
300～1,000億円未満	35	3	26	4	－	1	1
	100.0	8.6	74.3	11.4	－	2.9	2.9
1,000～3,000億円未満	40	3	31	3	－	－	3
	100.0	7.5	77.5	7.5	－	－	7.5
3,000億円以上	29	3	19	4	－	－	3
	100.0	10.3	65.5	13.8	－	－	10.3
問1（5）2017年度の経常利益							
～0億円	7	－	4	－	－	1	2
	100.0	－	57.1	－	－	14.3	28.6
1～10億円未満	28	4	18	3	－	2	1
	100.0	14.3	64.3	10.7	－	7.1	3.6
10～30億円未満	42	3	28	7	－	2	2
	100.0	7.1	66.7	16.7	－	4.8	4.8
30～100億円未満	37	3	30	3	－	1	－
	100.0	8.1	81.1	8.1	－	2.7	－
100億円以上	50	5	34	5	－	－	6
	100.0	10.0	68.0	10.0	－	－	12.0
問1（6）5年前と比較した現在の売上高							
50%以上の増加	25	5	15	2	－	1	2
	100.0	20.0	60.0	8.0	－	4.0	8.0
20～50%以上の増加	43	4	29	5	－	3	2
	100.0	9.3	67.4	11.6	－	7.0	4.7
5～20%の増加	47	5	35	3	－	－	4
	100.0	10.6	74.5	6.4	－	－	8.5
－5～5%の間で、あまり変動はない	32	3	20	6	－	2	1
	100.0	9.4	62.5	18.8	－	6.3	3.1
減少傾向にある	17	－	12	2	－	1	2
	100.0	－	70.6	11.8	－	5.9	11.8
問1（7）外国籍社員							
いる	75	5	54	11	－	3	2
	100.0	6.7	72.0	14.7	－	4.0	2.7
いない	39	5	27	3	－	3	1
	100.0	12.8	69.2	7.7	－	7.7	2.6
問7B.今後3年間の現地法人の事業展開意向							
拡大する	59	7	41	8	－	1	2
	100.0	11.9	69.5	13.6	－	1.7	3.4
現状維持	34	4	27	3	－	－	－
	100.0	11.8	79.4	8.8	－	－	－
縮小・撤退する	5	－	2	1	－	2	－
	100.0	－	40.0	20.0	－	40.0	－
問8（1）現地法人の経営方針							
きわめて重要な案件を除けば、基本的には現地法人側がすべてを決定する	35	1	23	7	－	3	1
	100.0	2.9	65.7	20.0	－	8.6	2.9
基本的には本社が決定しているが、現地側の裁量の余地が大きい	61	9	45	5	－	1	1
	100.0	14.8	73.8	8.2	－	1.6	1.6
基本的には、ほぼすべてを日本本社が決定している	41	4	28	5	－	1	3
	100.0	9.8	68.3	12.2	－	2.4	7.3
問8（3）現地法人との意志疎通状況							
うまくいっている	41	5	28	5	－	1	2
	100.0	12.2	68.3	12.2	－	2.4	4.9
ほぼうまくいっている	78	8	57	9	－	2	2
	100.0	10.3	73.1	11.5	－	2.6	2.6
あまりうまくいっていない	17	－	12	2	－	2	1
	100.0	－	70.6	11.8	－	11.8	5.9
うまくいっていない	1	－	－	1	－	－	－
	100.0	－	－	100.0	－	－	－

－209－

日本企業本社のグローバル化対応に関する調査
問3(2)制度・システムの今後の維持・変更意向
5.職能資格に基づく昇進・評価の人事制度

	調査数	拡大したい	現状維持	修正したい	廃止したい	こうした制度はない	無回答
全 体	171 100.0	38 22.2	80 46.8	30 17.5	2 1.2	8 4.7	13 7.6
問1(1)創業開始年							
1981年～	28 100.0	11 39.3	8 28.6	4 14.3	－ －	2 7.1	3 10.7
1951年～1980年	45 100.0	11 24.4	20 44.4	8 17.8	1 2.2	2 4.4	3 6.7
1921年～1950年	61 100.0	10 16.4	30 49.2	15 24.6	1 1.6	2 3.3	3 4.9
～1920年	36 100.0	6 16.7	22 61.1	3 8.3	－ －	2 5.6	3 8.3
問1(2)主たる業種							
食料品、繊維品、木材・家具、パルプ・紙	13 100.0	－ －	6 46.2	6 46.2	－ －	1 7.7	－ －
化学工業	14 100.0	2 14.3	7 50.0	2 14.3	1 7.1	1 7.1	1 7.1
鉄鋼業、金属製品	7 100.0	2 28.6	5 71.4	－ －	－ －	－ －	－ －
機器製造(一般、電気、輸送、精密)	27 100.0	5 18.5	12 44.4	6 22.2	－ －	2 7.4	2 7.4
プラスチック製品、ゴム・皮革、窯業・土石、非鉄金属	8 100.0	2 25.0	2 25.0	2 25.0	－ －	1 12.5	1 12.5
その他の製造業	9 100.0	3 33.3	5 55.6	1 11.1	－ －	－ －	－ －
卸売・小売り	24 100.0	8 33.3	10 41.7	4 16.7	－ －	－ －	2 8.3
運輸業	10 100.0	4 40.0	5 50.0	－ －	－ －	－ －	1 10.0
建設業	16 100.0	1 6.3	10 62.5	3 18.8	1 6.3	－ －	1 6.3
不動産業	3 100.0	－ －	2 66.7	－ －	－ －	1 33.3	－ －
飲食店・宿泊業	3 100.0	－ －	－ －	1 33.3	－ －	－ －	2 66.7
金融・保険業	7 100.0	1 14.3	5 71.4	1 14.3	－ －	－ －	－ －
情報通信業	6 100.0	1 16.7	3 50.0	1 16.7	－ －	1 16.7	－ －
教育、学習支援業	1 100.0	1 100.0	－ －	－ －	－ －	－ －	－ －
サービス業	13 100.0	6 46.2	4 30.8	2 15.4	－ －	1 7.7	－ －
その他の非製造業	5 100.0	2 40.0	2 40.0	－ －	－ －	－ －	1 20.0
問1(2)主たる業種							
製造業	78 100.0	14 17.9	37 47.4	17 21.8	1 1.3	5 6.4	4 5.1
非製造業	88 100.0	24 27.3	41 46.6	12 13.6	1 1.1	3 3.4	7 8.0
問1(3)日本本社の従業員数							
300人未満	34 100.0	10 29.4	14 41.2	7 20.6	－ －	1 2.9	2 5.9
300～1,000人未満	65 100.0	14 21.5	33 50.8	14 21.5	1 1.5	1 1.5	2 3.1
1,000～3,000人未満	36 100.0	6 16.7	18 50.0	6 16.7	1 2.8	1 2.8	4 11.1
3,000人以上	32 100.0	6 18.8	13 40.6	3 9.4	－ －	5 15.6	5 15.6

－210－

日本企業本社のグローバル化対応に関する調査
問3(2)制度・システムの今後の維持・変更意向
5.職能資格に基づく昇進・評価の人事制度

	調査数	拡大したい	現状維持	修正したい	廃止したい	こうした制度はない	無回答
全 体	171	38	80	30	2	8	13
	100.0	22.2	46.8	17.5	1.2	4.7	7.6
問1(4)2017年度の売上高							
100億円未満	21	7	6	7	-	-	1
	100.0	33.3	28.6	33.3	-	-	4.8
100～300億円未満	42	8	20	9	-	2	3
	100.0	19.0	47.6	21.4	-	4.8	7.1
300～1,000億円未満	35	11	16	5	2	1	-
	100.0	31.4	45.7	14.3	5.7	2.9	-
1,000～3,000億円未満	40	8	20	6	-	1	5
	100.0	20.0	50.0	15.0	-	2.5	12.5
3,000億円以上	29	2	16	3	-	4	4
	100.0	6.9	55.2	10.3	-	13.8	13.8
問1(5)2017年度の経常利益							
～0億円	7	1	-	4	-	-	2
	100.0	14.3	-	57.1	-	-	28.6
1～10億円未満	28	8	13	6	-	1	-
	100.0	28.6	46.4	21.4	-	3.6	-
10～30億円未満	42	11	19	10	-	-	2
	100.0	26.2	45.2	23.8	-	-	4.8
30～100億円未満	37	8	21	3	2	2	1
	100.0	21.6	56.8	8.1	5.4	5.4	2.7
100億円以上	50	5	25	7	-	5	8
	100.0	10.0	50.0	14.0	-	10.0	16.0
問1(6)5年前と比較した現在の売上高							
50%以上の増加	25	8	8	4	-	2	3
	100.0	32.0	32.0	16.0	-	8.0	12.0
20～50%以上の増加	43	11	17	9	-	3	3
	100.0	25.6	39.5	20.9	-	7.0	7.0
5～20%の増加	47	8	27	7	1	1	3
	100.0	17.0	57.4	14.9	2.1	2.1	6.4
ー5～5%の間で、あまり変動はない	32	6	20	2	-	2	2
	100.0	18.8	62.5	6.3	-	6.3	6.3
減少傾向にある	17	3	4	8	-	-	2
	100.0	17.6	23.5	47.1	-	-	11.8
問1(7)外国籍社員							
いる	75	12	37	17	2	3	4
	100.0	16.0	49.3	22.7	2.7	4.0	5.3
いない	39	13	15	8	-	2	1
	100.0	33.3	38.5	20.5	-	5.1	2.6
問7B.今後3年間の現地法人の事業展開意向							
拡大する	59	14	24	13	1	5	2
	100.0	23.7	40.7	22.0	1.7	8.5	3.4
現状維持	34	3	25	2	-	2	2
	100.0	8.8	73.5	5.9	-	5.9	5.9
縮小・撤退する	5	3	-	2	-	-	-
	100.0	60.0	-	40.0	-	-	-
問8(1)現地法人の経営方針							
きわめて重要な案件を除けば、基本的には現地法人側がすべてを決定する	35	8	15	11	-	-	1
	100.0	22.9	42.9	31.4	-	-	2.9
基本的には本社が決定しているが、現地側の裁量の余地が大きい	61	12	33	8	2	5	1
	100.0	19.7	54.1	13.1	3.3	8.2	1.6
基本的には、ほぼすべてを日本本社が決定している	41	10	19	6	-	2	4
	100.0	24.4	46.3	14.6	-	4.9	9.8
問8(3)現地法人との意志疎通状況							
うまくいっている	41	4	25	7	1	1	3
	100.0	9.8	61.0	17.1	2.4	2.4	7.3
ほぼうまくいっている	78	16	37	15	1	6	3
	100.0	20.5	47.4	19.2	1.3	7.7	3.8
あまりうまくいっていない	17	8	5	3	-	-	1
	100.0	47.1	29.4	17.6	-	-	5.9
うまくいっていない	1	1	-	-	-	-	-
	100.0	100.0	-	-	-	-	-

日本企業本社のグローバル化対応に関する調査
問3(2)制度・システムの今後の維持・変更意向
6.職務を限定しない採用

	調査数	拡大したい	現状維持	修正したい	廃止したい	こうした制度はない	無回答
全 体	171	20	103	12	–	18	18
	100.0	11.7	60.2	7.0	–	10.5	10.5
問1（1）創業開始年							
1981年～	28	4	9	2	–	7	6
	100.0	14.3	32.1	7.1	–	25.0	21.4
1951年～1980年	45	7	28	3	–	1	6
	100.0	15.6	62.2	6.7	–	2.2	13.3
1921年～1950年	61	7	40	5	–	6	3
	100.0	11.5	65.6	8.2	–	9.8	4.9
～1920年	36	2	26	2	–	4	2
	100.0	5.6	72.2	5.6	–	11.1	5.6
問1（2）主たる業種							
食料品、繊維品、木材・家具、パルプ・紙	13	–	9	1	–	3	–
	100.0	–	69.2	7.7	–	23.1	–
化学工業	14	–	9	2	–	2	1
	100.0	–	64.3	14.3	–	14.3	7.1
鉄鋼業、金属製品	7	1	4	–	–	1	1
	100.0	14.3	57.1	–	–	14.3	14.3
機器製造（一般、電気、輸送、精密）	27	3	19	1	–	3	1
	100.0	11.1	70.4	3.7	–	11.1	3.7
プラスチック製品、ゴム・皮革、窯業・土石、非鉄金属	8	1	6	–	–	–	1
	100.0	12.5	75.0	–	–	–	12.5
その他の製造業	9	1	7	–	–	–	1
	100.0	11.1	77.8	–	–	–	11.1
卸売・小売り	24	3	13	1	–	3	4
	100.0	12.5	54.2	4.2	–	12.5	16.7
運輸業	10	3	6	–	–	–	1
	100.0	30.0	60.0	–	–	–	10.0
建設業	16	–	11	3	–	1	1
	100.0	–	68.8	18.8	–	6.3	6.3
不動産業	3	–	1	–	–	1	1
	100.0	–	33.3	–	–	33.3	33.3
飲食店・宿泊業	3	–	–	1	–	–	2
	100.0	–	–	33.3	–	–	66.7
金融・保険業	7	2	4	1	–	–	–
	100.0	28.6	57.1	14.3	–	–	–
情報通信業	6	–	3	–	–	2	1
	100.0	–	50.0	–	–	33.3	16.7
教育、学習支援業	1	–	1	–	–	–	–
	100.0	–	100.0	–	–	–	–
サービス業	13	4	5	1	–	2	1
	100.0	30.8	38.5	7.7	–	15.4	7.7
その他の非製造業	5	2	2	–	–	–	1
	100.0	40.0	40.0	–	–	–	20.0
問1（2）主たる業種							
製造業	78	6	54	4	–	9	5
	100.0	7.7	69.2	5.1	–	11.5	6.4
非製造業	88	14	46	7	–	9	12
	100.0	15.9	52.3	8.0	–	10.2	13.6
問1（3）日本本社の従業員数							
300人未満	34	3	20	1	–	5	5
	100.0	8.8	58.8	2.9	–	14.7	14.7
300～1,000人未満	65	9	37	6	–	9	4
	100.0	13.8	56.9	9.2	–	13.8	6.2
1,000～3,000人未満	36	2	21	5	–	2	6
	100.0	5.6	58.3	13.9	–	5.6	16.7
3,000人以上	32	4	23	–	–	2	3
	100.0	12.5	71.9	–	–	6.3	9.4

－212－

日本企業本社のグローバル化対応に関する調査
問3（2）制度・システムの今後の維持・変更意向
6.職務を限定しない採用

	調査数	拡大したい	現状維持	修正したい	廃止したい	こうした制度はない	無回答
全 体	171 100.0	20 11.7	103 60.2	12 7.0	－ －	18 10.5	18 10.5
問1（4）2017年度の売上高							
100億円未満	21 100.0	3 14.3	12 57.1	1 4.8	－ －	3 14.3	2 9.5
100～300億円未満	42 100.0	5 11.9	20 47.6	2 4.8	－ －	10 23.8	5 11.9
300～1,000億円未満	35 100.0	5 14.3	21 60.0	4 11.4	－ －	2 5.7	3 8.6
1,000～3,000億円未満	40 100.0	5 12.5	25 62.5	4 10.0	－ －	1 2.5	5 12.5
3,000億円以上	29 100.0	1 3.4	22 75.9	1 3.4	－ －	2 6.9	3 10.3
問1（5）2017年度の経常利益							
～0億円	7 100.0	1 14.3	2 28.6	1 14.3	－ －	1 14.3	2 28.6
1～10億円未満	28 100.0	5 17.9	12 42.9	1 3.6	－ －	7 25.0	3 10.7
10～30億円未満	42 100.0	4 9.5	28 66.7	2 4.8	－ －	4 9.5	4 9.5
30～100億円未満	37 100.0	4 10.8	23 62.2	5 13.5	－ －	3 8.1	2 5.4
100億円以上	50 100.0	3 6.0	35 70.0	3 6.0	－ －	2 4.0	7 14.0
問1（6）5年前と比較した現在の売上高							
50%以上の増加	25 100.0	4 16.0	15 60.0	1 4.0	－ －	3 12.0	2 8.0
20～50%以上の増加	43 100.0	7 16.3	21 48.8	2 4.7	－ －	10 23.3	3 7.0
5～20%の増加	47 100.0	4 8.5	30 63.8	4 8.5	－ －	2 4.3	7 14.9
－5～5%の間で、あまり変動はない	32 100.0	3 9.4	23 71.9	－ －	－ －	2 6.3	4 12.5
減少傾向にある	17 100.0	1 5.9	9 52.9	4 23.5	－ －	1 5.9	2 11.8
問1（7）外国籍社員							
いる	75 100.0	5 6.7	51 68.0	9 12.0	－ －	6 8.0	4 5.3
いない	39 100.0	8 20.5	20 51.3	－ －	－ －	8 20.5	3 7.7
問7B.今後3年間の現地法人の事業展開意向							
拡大する	59 100.0	7 11.9	41 69.5	3 5.1	－ －	5 8.5	3 5.1
現状維持	34 100.0	1 2.9	26 76.5	1 2.9	－ －	3 8.8	3 8.8
縮小・撤退する	5 100.0	－ －	2 40.0	－ －	－ －	3 60.0	－ －
問8（1）現地法人の経営方針							
きわめて重要な案件を除けば、基本的には現地法人側がすべてを決定する	35 100.0	2 5.7	27 77.1	3 8.6	－ －	1 2.9	2 5.7
基本的には本社が決定しているが、現地側の裁量の余地が大きい	61 100.0	8 13.1	38 62.3	4 6.6	－ －	7 11.5	4 6.6
基本的には、ほぼすべてを日本本社が決定している	41 100.0	2 4.9	25 61.0	3 7.3	－ －	6 14.6	5 12.2
問8（3）現地法人との意志疎通状況							
うまくいっている	41 100.0	2 4.9	26 63.4	3 7.3	－ －	6 14.6	4 9.8
ほぼうまくいっている	78 100.0	6 7.7	57 73.1	6 7.7	－ －	4 5.1	5 6.4
あまりうまくいっていない	17 100.0	2 11.8	9 52.9	1 5.9	－ －	3 17.6	2 11.8
うまくいっていない	1 100.0	1 100.0	－ －	－ －	－ －	－ －	－ －

日本企業本社のグローバル化対応に関する調査
問3(2)制度・システムの今後の維持・変更意向
7.新卒採用を中心とした人材調達

	調査数	拡大したい	現状維持	修正したい	廃止したい	こうした制度はない	無回答
全 体	171	44	84	26	–	7	10
	100.0	25.7	49.1	15.2	–	4.1	5.8
問1（1）創業開始年							
1981年～	28	9	9	2	–	5	3
	100.0	32.1	32.1	7.1	–	17.9	10.7
1951年～1980年	45	17	19	6	–	1	2
	100.0	37.8	42.2	13.3	–	2.2	4.4
1921年～1950年	61	13	33	12	–	1	2
	100.0	21.3	54.1	19.7	–	1.6	3.3
～1920年	36	5	23	6	–	–	2
	100.0	13.9	63.9	16.7	–	–	5.6
問1（2）主たる業種							
食料品、繊維品、木材・家具、パルプ・紙	13	2	8	3	–	–	–
	100.0	15.4	61.5	23.1	–	–	–
化学工業	14	2	8	3	–	–	1
	100.0	14.3	57.1	21.4	–	–	7.1
鉄鋼業、金属製品	7	3	3	–	–	–	1
	100.0	42.9	42.9	–	–	–	14.3
機器製造（一般、電気、輸送、精密）	27	7	15	4	–	–	1
	100.0	25.9	55.6	14.8	–	–	3.7
プラスチック製品、ゴム・皮革、窯業・土石、非鉄金属	8	1	3	3	–	–	1
	100.0	12.5	37.5	37.5	–	–	12.5
その他の製造業	9	5	3	1	–	–	–
	100.0	55.6	33.3	11.1	–	–	–
卸売・小売り	24	6	12	1	–	4	1
	100.0	25.0	50.0	4.2	–	16.7	4.2
運輸業	10	3	5	1	–	–	1
	100.0	30.0	50.0	10.0	–	–	10.0
建設業	16	4	9	3	–	–	–
	100.0	25.0	56.3	18.8	–	–	–
不動産業	3	–	2	–	–	1	–
	100.0	–	66.7	–	–	33.3	–
飲食店・宿泊業	3	1	–	–	–	–	2
	100.0	33.3	–	–	–	–	66.7
金融・保険業	7	1	4	2	–	–	–
	100.0	14.3	57.1	28.6	–	–	–
情報通信業	6	2	4	–	–	–	–
	100.0	33.3	66.7	–	–	–	–
教育、学習支援業	1	–	1	–	–	–	–
	100.0	–	100.0	–	–	–	–
サービス業	13	5	4	3	–	1	–
	100.0	38.5	30.8	23.1	–	7.7	–
その他の非製造業	5	2	–	1	–	1	1
	100.0	40.0	–	20.0	–	20.0	20.0
問1（2）主たる業種							
製造業	78	20	40	14	–	–	4
	100.0	25.6	51.3	17.9	–	–	5.1
非製造業	88	24	41	11	–	7	5
	100.0	27.3	46.6	12.5	–	8.0	5.7
問1（3）日本本社の従業員数							
300人未満	34	11	15	1	–	5	2
	100.0	32.4	44.1	2.9	–	14.7	5.9
300～1,000人未満	65	21	31	11	–	–	2
	100.0	32.3	47.7	16.9	–	–	3.1
1,000～3,000人未満	36	3	21	6	–	2	4
	100.0	8.3	58.3	16.7	–	5.6	11.1
3,000人以上	32	8	14	8	–	–	2
	100.0	25.0	43.8	25.0	–	–	6.3

日本企業本社のグローバル化対応に関する調査
問3(2)制度・システムの今後の維持・変更意向
7.新卒採用を中心とした人材調達

	調査数	拡大したい	現状維持	修正したい	廃止したい	こうした制度はない	無回答
全 体	171 100.0	44 25.7	84 49.1	26 15.2	－ －	7 4.1	10 5.8
問1（4）2017年度の売上高							
100億円未満	21 100.0	7 33.3	9 42.9	1 4.8	－ －	3 14.3	1 4.8
100～300億円未満	42 100.0	15 35.7	19 45.2	2 4.8	－ －	3 7.1	3 7.1
300～1,000億円未満	35 100.0	13 37.1	16 45.7	5 14.3	－ －	1 2.9	－ －
1,000～3,000億円未満	40 100.0	3 7.5	25 62.5	9 22.5	－ －	－ －	3 7.5
3,000億円以上	29 100.0	4 13.8	14 48.3	8 27.6	－ －	－ －	3 10.3
問1（5）2017年度の経常利益							
～0億円	7 100.0	2 28.6	1 14.3	1 14.3	－ －	1 14.3	2 28.6
1～10億円未満	28 100.0	13 46.4	12 42.9	－ －	－ －	3 10.7	－ －
10～30億円未満	42 100.0	12 28.6	22 52.4	4 9.5	－ －	2 4.8	2 4.8
30～100億円未満	37 100.0	8 21.6	20 54.1	8 21.6	－ －	1 2.7	－ －
100億円以上	50 100.0	5 10.0	27 54.0	12 24.0	－ －	－ －	6 12.0
問1（6）5 年前と比較した現在の売上高							
50%以上の増加	25 100.0	9 36.0	12 48.0	－ －	－ －	3 12.0	1 4.0
20～50%以上の増加	43 100.0	12 27.9	23 53.5	5 11.6	－ －	1 2.3	2 4.7
5～20%の増加	47 100.0	12 25.5	22 46.8	9 19.1	－ －	－ －	4 8.5
－5～5%の間で、あまり変動はない	32 100.0	6 18.8	17 53.1	6 18.8	－ －	2 6.3	1 3.1
減少傾向にある	17 100.0	3 17.6	6 35.3	5 29.4	－ －	1 5.9	2 11.8
問1（7）外国籍社員							
いる	75 100.0	18 24.0	39 52.0	16 21.3	－ －	1 1.3	1 1.3
いない	39 100.0	15 38.5	18 46.2	2 5.1	－ －	3 7.7	1 2.6
問7B. 今後3 年間の現地法人の事業展開意向							
拡大する	59 100.0	13 22.0	32 54.2	12 20.3	－ －	－ －	2 3.4
現状維持	34 100.0	5 14.7	23 67.6	4 11.8	－ －	1 2.9	1 2.9
縮小・撤退する	5 100.0	1 20.0	3 60.0	－ －	－ －	1 20.0	－ －
問8（1）現地法人の経営方針							
きわめて重要な案件を除けば、基本的には現地法人側がすべてを決定する	35 100.0	11 31.4	19 54.3	4 11.4	－ －	1 2.9	－ －
基本的には本社が決定しているが、現地側の裁量の余地が大きい	61 100.0	9 14.8	35 57.4	14 23.0	－ －	1 1.6	2 3.3
基本的には、ほぼすべてを日本本社が決定している	41 100.0	8 19.5	22 53.7	6 14.6	－ －	2 4.9	3 7.3
問8（3）現地法人との意志疎通状況							
うまくいっている	41 100.0	9 22.0	24 58.5	5 12.2	－ －	－ －	3 7.3
ほぼうまくいっている	78 100.0	13 16.7	45 57.7	15 19.2	－ －	4 5.1	1 1.3
あまりうまくいっていない	17 100.0	5 29.4	7 41.2	4 23.5	－ －	－ －	1 5.9
うまくいっていない	1 100.0	1 100.0	－ －	－ －	－ －	－ －	－ －

－215－

日本企業本社のグローバル化対応に関する調査
問3(2)制度・システムの今後の維持・変更意向
8.ローテーションを核とする人材育成制度

	調査数	拡大したい	現状維持	修正したい	廃止したい	こうした制度はない	無回答
全体	171 100.0	60 35.1	68 39.8	12 7.0	– –	15 8.8	16 9.4
問1(1)創業開始年							
1981年～	28 100.0	11 39.3	6 21.4	– –	– –	5 17.9	6 21.4
1951年～1980年	45 100.0	18 40.0	15 33.3	2 4.4	– –	5 11.1	5 11.1
1921年～1950年	61 100.0	21 34.4	27 44.3	5 8.2	– –	4 6.6	4 6.6
～1920年	36 100.0	10 27.8	20 55.6	4 11.1	– –	1 2.8	1 2.8
問1(2)主たる業種							
食料品、繊維品、木材・家具、パルプ・紙	13 100.0	4 30.8	7 53.8	– –	– –	2 15.4	– –
化学工業	14 100.0	3 21.4	9 64.3	1 7.1	– –	– –	1 7.1
鉄鋼業、金属製品	7 100.0	4 57.1	1 14.3	– –	– –	1 14.3	1 14.3
機器製造(一般、電気、輸送、精密)	27 100.0	11 40.7	9 33.3	2 7.4	– –	4 14.8	1 3.7
プラスチック製品、ゴム・皮革、窯業・土石、非鉄金属	8 100.0	3 37.5	4 50.0	– –	– –	– –	1 12.5
その他の製造業	9 100.0	5 55.6	3 33.3	– –	– –	– –	1 11.1
卸売・小売り	24 100.0	10 41.7	7 29.2	2 8.3	– –	1 4.2	4 16.7
運輸業	10 100.0	2 20.0	6 60.0	1 10.0	– –	– –	1 10.0
建設業	16 100.0	4 25.0	7 43.8	3 18.8	– –	1 6.3	1 6.3
不動産業	3 100.0	– –	1 33.3	– –	– –	1 33.3	1 33.3
飲食店・宿泊業	3 100.0	– –	1 33.3	– –	– –	– –	2 66.7
金融・保険業	7 100.0	2 28.6	4 57.1	1 14.3	– –	– –	– –
情報通信業	6 100.0	1 16.7	3 50.0	– –	– –	1 16.7	1 16.7
教育、学習支援業	1 100.0	1 100.0	– –	– –	– –	– –	– –
サービス業	13 100.0	6 46.2	3 23.1	– –	– –	3 23.1	1 7.7
その他の非製造業	5 100.0	3 60.0	1 20.0	1 20.0	– –	– –	– –
問1(2)主たる業種							
製造業	78 100.0	30 38.5	33 42.3	3 3.8	– –	7 9.0	5 6.4
非製造業	88 100.0	29 33.0	33 37.5	8 9.1	– –	7 8.0	11 12.5
問1(3)日本本社の従業員数							
300人未満	34 100.0	17 50.0	7 20.6	2 5.9	– –	3 8.8	5 14.7
300～1,000人未満	65 100.0	20 30.8	29 44.6	6 9.2	– –	7 10.8	3 4.6
1,000～3,000人未満	36 100.0	11 30.6	14 38.9	4 11.1	– –	3 8.3	4 11.1
3,000人以上	32 100.0	10 31.3	16 50.0	– –	– –	2 6.3	4 12.5

日本企業本社のグローバル化対応に関する調査
問3(2)制度・システムの今後の維持・変更意向
8.ローテーションを核とする人材育成制度

	調査数	拡大したい	現状維持	修正したい	廃止したい	こうした制度はない	無回答
全 体	171 100.0	60 35.1	68 39.8	12 7.0	− −	15 8.8	16 9.4
問1(4)2017年度の売上高							
100億円未満	21 100.0	10 47.6	7 33.3	1 4.8	− −	2 9.5	1 4.8
100〜300億円未満	42 100.0	14 33.3	15 35.7	4 9.5	− −	5 11.9	4 9.5
300〜1,000億円未満	35 100.0	14 40.0	11 31.4	2 5.7	− −	5 14.3	3 8.6
1,000〜3,000億円未満	40 100.0	12 30.0	16 40.0	3 7.5	− −	2 5.0	7 17.5
3,000億円以上	29 100.0	8 27.6	17 58.6	2 6.9	− −	1 3.4	1 3.4
問1(5)2017年度の経常利益							
〜0億円	7 100.0	4 57.1	− −	1 14.3	− −	− −	2 28.6
1〜10億円未満	28 100.0	10 35.7	11 39.3	3 10.7	− −	3 10.7	1 3.6
10〜30億円未満	42 100.0	16 38.1	16 38.1	2 4.8	− −	4 9.5	4 9.5
30〜100億円未満	37 100.0	14 37.8	14 37.8	2 5.4	− −	5 13.5	2 5.4
100億円以上	50 100.0	12 24.0	25 50.0	4 8.0	− −	2 4.0	7 14.0
問1(6)5年前と比較した現在の売上高							
50%以上の増加	25 100.0	10 40.0	9 36.0	− −	− −	3 12.0	3 12.0
20〜50%以上の増加	43 100.0	15 34.9	16 37.2	3 7.0	− −	7 16.3	2 4.7
5〜20%の増加	47 100.0	18 38.3	16 34.0	4 8.5	− −	3 6.4	6 12.8
−5〜5%の間で、あまり変動はない	32 100.0	9 28.1	17 53.1	1 3.1	− −	2 6.3	3 9.4
減少傾向にある	17 100.0	6 35.3	5 29.4	4 23.5	− −	− −	2 11.8
問1(7)外国籍社員							
いる	75 100.0	27 36.0	31 41.3	6 8.0	− −	5 6.7	6 8.0
いない	39 100.0	17 43.6	13 33.3	2 5.1	− −	5 12.8	2 5.1
問7B.今後3年間の現地法人の事業展開意向							
拡大する	59 100.0	24 40.7	27 45.8	3 5.1	− −	2 3.4	3 5.1
現状維持	34 100.0	7 20.6	16 47.1	1 2.9	− −	7 20.6	3 8.8
縮小・撤退する	5 100.0	3 60.0	1 20.0	− −	− −	1 20.0	− −
問8(1)現地法人の経営方針							
きわめて重要な案件を除けば、基本的には現地法人側がすべてを決定する	35 100.0	13 37.1	17 48.6	2 5.7	− −	1 2.9	2 5.7
基本的には本社が決定しているが、現地側の裁量の余地が大きい	61 100.0	21 34.4	29 47.5	3 4.9	− −	4 6.6	4 6.6
基本的には、ほぼすべてを日本本社が決定している	41 100.0	14 34.1	12 29.3	3 7.3	− −	7 17.1	5 12.2
問8(3)現地法人との意志疎通状況							
うまくいっている	41 100.0	12 29.3	20 48.8	2 4.9	− −	3 7.3	4 9.8
ほぼうまくいっている	78 100.0	28 35.9	32 41.0	5 6.4	− −	8 10.3	5 6.4
あまりうまくいっていない	17 100.0	8 47.1	5 29.4	1 5.9	− −	1 5.9	2 11.8
うまくいっていない	1 100.0	− −	1 100.0	− −	− −	− −	− −

日本企業本社のグローバル化対応に関する調査
問3(2)制度・システムの今後の維持・変更意向
9.学生に対するインターンシップ制度

	調査数	拡大したい	現状維持	修正したい	廃止したい	こうした制度はない	無回答
全体	171	57	67	7	–	27	13
	100.0	33.3	39.2	4.1	–	15.8	7.6
問1(1)創業開始年							
1981年～	28	9	7	–	–	7	5
	100.0	32.1	25.0	–	–	25.0	17.9
1951年～1980年	45	19	15	–	–	8	3
	100.0	42.2	33.3	–	–	17.8	6.7
1921年～1950年	61	17	29	5	–	7	3
	100.0	27.9	47.5	8.2	–	11.5	4.9
～1920年	36	12	16	2	–	5	1
	100.0	33.3	44.4	5.6	–	13.9	2.8
問1(2)主たる業種							
食料品、繊維品、木材・家具、パルプ・紙	13	2	5	2	–	2	2
	100.0	15.4	38.5	15.4	–	15.4	15.4
化学工業	14	6	7	–	–	–	1
	100.0	42.9	50.0	–	–	–	7.1
鉄鋼業、金属製品	7	3	3	–	–	–	1
	100.0	42.9	42.9	–	–	–	14.3
機器製造（一般、電気、輸送、精密）	27	12	9	1	–	5	–
	100.0	44.4	33.3	3.7	–	18.5	–
プラスチック製品、ゴム・皮革、窯業・土石、非鉄金属	8	4	2	1	–	1	–
	100.0	50.0	25.0	12.5	–	12.5	–
その他の製造業	9	3	–	2	–	3	1
	100.0	33.3	–	22.2	–	33.3	11.1
卸売・小売り	24	8	8	–	–	5	3
	100.0	33.3	33.3	–	–	20.8	12.5
運輸業	10	2	4	–	–	3	1
	100.0	20.0	40.0	–	–	30.0	10.0
建設業	16	3	12	1	–	–	–
	100.0	18.8	75.0	6.3	–	–	–
不動産業	3	1	–	–	–	1	1
	100.0	33.3	–	–	–	33.3	33.3
飲食店・宿泊業	3	–	–	–	–	1	2
	100.0	–	–	–	–	33.3	66.7
金融・保険業	7	1	6	–	–	–	–
	100.0	14.3	85.7	–	–	–	–
情報通信業	6	1	4	–	–	1	–
	100.0	16.7	66.7	–	–	16.7	–
教育、学習支援業	1	–	1	–	–	–	–
	100.0	–	100.0	–	–	–	–
サービス業	13	5	4	–	–	4	–
	100.0	38.5	30.8	–	–	30.8	–
その他の非製造業	5	4	–	–	–	–	1
	100.0	80.0	–	–	–	–	20.0
問1(2)主たる業種							
製造業	78	30	26	6	–	11	5
	100.0	38.5	33.3	7.7	–	14.1	6.4
非製造業	88	25	39	1	–	15	8
	100.0	28.4	44.3	1.1	–	17.0	9.1
問1(3)日本本社の従業員数							
300人未満	34	10	7	2	–	10	5
	100.0	29.4	20.6	5.9	–	29.4	14.7
300～1,000人未満	65	21	28	1	–	11	4
	100.0	32.3	43.1	1.5	–	16.9	6.2
1,000～3,000人未満	36	13	16	1	–	3	3
	100.0	36.1	44.4	2.8	–	8.3	8.3
3,000人以上	32	11	15	3	–	2	1
	100.0	34.4	46.9	9.4	–	6.3	3.1

日本企業本社のグローバル化対応に関する調査
問3(2)制度・システムの今後の維持・変更意向
9.学生に対するインターンシップ制度

	調査数	拡大したい	現状維持	修正したい	廃止したい	こうした制度はない	無回答
全体	171 100.0	57 33.3	67 39.2	7 4.1	– –	27 15.8	13 7.6
問1（4）2017年度の売上高							
100億円未満	21 100.0	6 28.6	7 33.3	2 9.5	– –	4 19.0	2 9.5
100～300億円未満	42 100.0	16 38.1	12 28.6	– –	– –	10 23.8	4 9.5
300～1,000億円未満	35 100.0	12 34.3	14 40.0	1 2.9	– –	5 14.3	3 8.6
1,000～3,000億円未満	40 100.0	10 25.0	18 45.0	1 2.5	– –	8 20.0	3 7.5
3,000億円以上	29 100.0	10 34.5	15 51.7	3 10.3	– –	– –	1 3.4
問1（5）2017年度の経常利益							
～0億円	7 100.0	1 14.3	1 14.3	1 14.3	– –	2 28.6	2 28.6
1～10億円未満	28 100.0	12 42.9	7 25.0	1 3.6	– –	6 21.4	2 7.1
10～30億円未満	42 100.0	11 26.2	17 40.5	1 2.4	– –	9 21.4	4 9.5
30～100億円未満	37 100.0	15 40.5	12 32.4	– –	– –	8 21.6	2 5.4
100億円以上	50 100.0	14 28.0	27 54.0	4 8.0	– –	2 4.0	3 6.0
問1（6）5年前と比較した現在の売上高							
50%以上の増加	25 100.0	10 40.0	10 40.0	– –	– –	4 16.0	1 4.0
20～50%以上の増加	43 100.0	13 30.2	16 37.2	2 4.7	– –	10 23.3	2 4.7
5～20%の増加	47 100.0	15 31.9	20 42.6	1 2.1	– –	6 12.8	5 10.6
－5～5%の間で、あまり変動はない	32 100.0	11 34.4	12 37.5	2 6.3	– –	4 12.5	3 9.4
減少傾向にある	17 100.0	4 23.5	7 41.2	1 5.9	– –	3 17.6	2 11.8
問1（7）外国籍社員							
いる	75 100.0	25 33.3	32 42.7	4 5.3	– –	11 14.7	3 4.0
いない	39 100.0	12 30.8	14 35.9	2 5.1	– –	9 23.1	2 5.1
問7B. 今後3年間の現地法人の事業展開意向							
拡大する	59 100.0	23 39.0	22 37.3	3 5.1	– –	9 15.3	2 3.4
現状維持	34 100.0	9 26.5	16 47.1	– –	– –	7 20.6	2 5.9
縮小・撤退する	5 100.0	2 40.0	3 60.0	– –	– –	– –	– –
問8（1）現地法人の経営方針							
きわめて重要な案件を除けば、基本的には現地法人側がすべてを決定する	35 100.0	9 25.7	18 51.4	1 2.9	– –	5 14.3	2 5.7
基本的には本社が決定しているが、現地側の裁量の余地が大きい	61 100.0	18 29.5	25 41.0	3 4.9	– –	12 19.7	3 4.9
基本的には、ほぼすべてを日本本社が決定している	41 100.0	19 46.3	15 36.6	1 2.4	– –	4 9.8	2 4.9
問8（3）現地法人との意志疎通状況							
うまくいっている	41 100.0	14 34.1	18 43.9	2 4.9	– –	4 9.8	3 7.3
ほぼうまくいっている	78 100.0	29 37.2	33 42.3	2 2.6	– –	12 15.4	2 2.6
あまりうまくいっていない	17 100.0	3 17.6	7 41.2	1 5.9	– –	4 23.5	2 11.8
うまくいっていない	1 100.0	– –	– –	– –	– –	1 100.0	– –

日本企業本社のグローバル化対応に関する調査
問3(2)制度・システムの今後の維持・変更意向
10.法定期間を超えた手厚い産休・育休制度

	調査数	拡大したい	現状維持	修正したい	廃止したい	こうした制度はない	無回答
全 体	171 100.0	39 22.8	92 53.8	5 2.9	－ －	21 12.3	14 8.2
問1(1)創業開始年							
1981年～	28 100.0	7 25.0	8 28.6	2 7.1	－ －	7 25.0	4 14.3
1951年～1980年	45 100.0	13 28.9	21 46.7	1 2.2	－ －	6 13.3	4 8.9
1921年～1950年	61 100.0	10 16.4	39 63.9	2 3.3	－ －	6 9.8	4 6.6
～1920年	36 100.0	9 25.0	24 66.7	－ －	－ －	2 5.6	1 2.8
問1(2)主たる業種							
食料品、繊維品、木材・家具、パルプ・紙	13 100.0	3 23.1	6 46.2	1 7.7	－ －	2 15.4	1 7.7
化学工業	14 100.0	1 7.1	10 71.4	1 7.1	－ －	1 7.1	1 7.1
鉄鋼業、金属製品	7 100.0	－ －	5 71.4	－ －	－ －	1 14.3	1 14.3
機器製造(一般、電気、輸送、精密)	27 100.0	4 14.8	17 63.0	1 3.7	－ －	4 14.8	1 3.7
プラスチック製品、ゴム・皮革、窯業・土石、非鉄金属	8 100.0	2 25.0	5 62.5	－ －	－ －	－ －	1 12.5
その他の製造業	9 100.0	3 33.3	5 55.6	1 11.1	－ －	－ －	－ －
卸売・小売り	24 100.0	8 33.3	10 41.7	－ －	－ －	2 8.3	4 16.7
運輸業	10 100.0	3 30.0	6 60.0	－ －	－ －	－ －	1 10.0
建設業	16 100.0	2 12.5	12 75.0	－ －	－ －	1 6.3	1 6.3
不動産業	3 100.0	1 33.3	1 33.3	－ －	－ －	1 33.3	－ －
飲食店・宿泊業	3 100.0	－ －	－ －	1 33.3	－ －	－ －	2 66.7
金融・保険業	7 100.0	－ －	5 71.4	－ －	－ －	2 28.6	－ －
情報通信業	6 100.0	3 50.0	3 50.0	－ －	－ －	－ －	－ －
教育、学習支援業	1 100.0	－ －	1 100.0	－ －	－ －	－ －	－ －
サービス業	13 100.0	4 30.8	4 30.8	－ －	－ －	5 38.5	－ －
その他の非製造業	5 100.0	4 80.0	－ －	－ －	－ －	－ －	1 20.0
問1(2)主たる業種							
製造業	78 100.0	13 16.7	48 61.5	4 5.1	－ －	8 10.3	5 6.4
非製造業	88 100.0	25 28.4	42 47.7	1 1.1	－ －	11 12.5	9 10.2
問1(3)日本本社の従業員数							
300人未満	34 100.0	11 32.4	16 47.1	－ －	－ －	4 11.8	3 8.8
300～1,000人未満	65 100.0	12 18.5	36 55.4	4 6.2	－ －	9 13.8	4 6.2
1,000～3,000人未満	36 100.0	4 11.1	20 55.6	1 2.8	－ －	6 16.7	5 13.9
3,000人以上	32 100.0	10 31.3	19 59.4	－ －	－ －	1 3.1	2 6.3

日本企業本社のグローバル化対応に関する調査
問3(2)制度・システムの今後の維持・変更意向
10.法定期間を超えた手厚い産休・育休制度

	調査数	拡大したい	現状維持	修正したい	廃止したい	こうした制度はない	無回答
全 体	171	39	92	5	–	21	14
	100.0	22.8	53.8	2.9	–	12.3	8.2
問1（4）2017年度の売上高							
100億円未満	21	6	11	–	–	3	1
	100.0	28.6	52.4	–	–	14.3	4.8
100～300億円未満	42	8	19	3	–	8	4
	100.0	19.0	45.2	7.1	–	19.0	9.5
300～1,000億円未満	35	10	18	–	–	5	2
	100.0	28.6	51.4	–	–	14.3	5.7
1,000～3,000億円未満	40	8	20	2	–	5	5
	100.0	20.0	50.0	5.0	–	12.5	12.5
3,000億円以上	29	5	22	–	–	–	2
	100.0	17.2	75.9	–	–	–	6.9
問1（5）2017年度の経常利益							
～0億円	7	3	1	1	–	–	2
	100.0	42.9	14.3	14.3	–	–	28.6
1～10億円未満	28	8	13	–	–	5	2
	100.0	28.6	46.4	–	–	17.9	7.1
10～30億円未満	42	9	22	2	–	7	2
	100.0	21.4	52.4	4.8	–	16.7	4.8
30～100億円未満	37	8	19	1	–	7	2
	100.0	21.6	51.4	2.7	–	18.9	5.4
100億円以上	50	8	33	1	–	2	6
	100.0	16.0	66.0	2.0	–	4.0	12.0
問1（6）5年前と比較した現在の売上高							
50%以上の増加	25	7	12	1	–	3	2
	100.0	28.0	48.0	4.0	–	12.0	8.0
20～50%以上の増加	43	9	23	1	–	8	2
	100.0	20.9	53.5	2.3	–	18.6	4.7
5～20%の増加	47	8	26	2	–	5	6
	100.0	17.0	55.3	4.3	–	10.6	12.8
－5～5%の間で、あまり変動はない	32	7	19	–	–	4	2
	100.0	21.9	59.4	–	–	12.5	6.3
減少傾向にある	17	6	7	1	–	1	2
	100.0	35.3	41.2	5.9	–	5.9	11.8
問1（7）外国籍社員							
いる	75	18	44	3	–	7	3
	100.0	24.0	58.7	4.0	–	9.3	4.0
いない	39	9	23	1	–	5	1
	100.0	23.1	59.0	2.6	–	12.8	2.6
問7B. 今後3年間の現地法人の事業展開意向							
拡大する	59	14	36	1	–	5	3
	100.0	23.7	61.0	1.7	–	8.5	5.1
現状維持	34	5	20	1	–	6	2
	100.0	14.7	58.8	2.9	–	17.6	5.9
縮小・撤退する	5	2	2	1	–	–	–
	100.0	40.0	40.0	20.0	–	–	–
問8（1）現地法人の経営方針							
きわめて重要な案件を除けば、基本的には現地法人側がすべてを決定する	35	4	24	1	–	5	1
	100.0	11.4	68.6	2.9	–	14.3	2.9
基本的には本社が決定しているが、現地側の裁量の余地が大きい	61	12	39	2	–	4	4
	100.0	19.7	63.9	3.3	–	6.6	6.6
基本的には、ほぼすべてを日本本社が決定している	41	15	16	1	–	7	2
	100.0	36.6	39.0	2.4	–	17.1	4.9
問8（3）現地法人との意志疎通状況							
うまくいっている	41	13	19	1	–	4	4
	100.0	31.7	46.3	2.4	–	9.8	9.8
ほぼうまくいっている	78	12	53	2	–	9	2
	100.0	15.4	67.9	2.6	–	11.5	2.6
あまりうまくいっていない	17	5	7	1	–	3	1
	100.0	29.4	41.2	5.9	–	17.6	5.9
うまくいっていない	1	–	1	–	–	–	–
	100.0	–	100.0	–	–	–	–

日本企業本社のグローバル化対応に関する調査
問3（2）制度・システムの今後の維持・変更意向
11.フレックスタイム制度

	調査数	拡大したい	現状維持	修正したい	廃止したい	こうした制度はない	無回答
全体	171	38	56	6	－	52	19
	100.0	22.2	32.7	3.5	－	30.4	11.1
問1（1）創業開始年							
1981年～	28	7	5	1	－	10	5
	100.0	25.0	17.9	3.6	－	35.7	17.9
1951年～1980年	45	8	13	－	－	18	6
	100.0	17.8	28.9	－	－	40.0	13.3
1921年～1950年	61	14	21	5	－	16	5
	100.0	23.0	34.4	8.2	－	26.2	8.2
～1920年	36	9	17	－	－	8	2
	100.0	25.0	47.2	－	－	22.2	5.6
問1（2）主たる業種							
食料品、繊維品、木材・家具、パルプ・紙	13	3	4	1	－	3	2
	100.0	23.1	30.8	7.7	－	23.1	15.4
化学工業	14	1	8	1	－	3	1
	100.0	7.1	57.1	7.1	－	21.4	7.1
鉄鋼業、金属製品	7	2	3	－	－	1	1
	100.0	28.6	42.9	－	－	14.3	14.3
機器製造（一般、電気、輸送、精密）	27	7	9	2	－	9	－
	100.0	25.9	33.3	7.4	－	33.3	－
プラスチック製品、ゴム・皮革、窯業・土石、非鉄金属	8	4	3	－	－	－	1
	100.0	50.0	37.5	－	－	－	12.5
その他の製造業	9	1	－	2	－	5	1
	100.0	11.1	－	22.2	－	55.6	11.1
卸売・小売り	24	3	8	－	－	8	5
	100.0	12.5	33.3	－	－	33.3	20.8
運輸業	10	2	4	－	－	3	1
	100.0	20.0	40.0	－	－	30.0	10.0
建設業	16	4	4	－	－	6	2
	100.0	25.0	25.0	－	－	37.5	12.5
不動産業	3	－	1	－	－	1	1
	100.0	－	33.3	－	－	33.3	33.3
飲食店・宿泊業	3	－	－	－	－	1	2
	100.0	－	－	－	－	33.3	66.7
金融・保険業	7	2	3	－	－	2	－
	100.0	28.6	42.9	－	－	28.6	－
情報通信業	6	2	1	－	－	2	1
	100.0	33.3	16.7	－	－	33.3	16.7
教育、学習支援業	1	1	－	－	－	－	－
	100.0	100.0	－	－	－	－	－
サービス業	13	3	4	－	－	6	－
	100.0	23.1	30.8	－	－	46.2	－
その他の非製造業	5	2	1	－	－	1	1
	100.0	40.0	20.0	－	－	20.0	20.0
問1（2）主たる業種							
製造業	78	18	27	6	－	21	6
	100.0	23.1	34.6	7.7	－	26.9	7.7
非製造業	88	19	26	－	－	30	13
	100.0	21.6	29.5	－	－	34.1	14.8
問1（3）日本本社の従業員数							
300人未満	34	11	6	－	－	11	6
	100.0	32.4	17.6	－	－	32.4	17.6
300～1,000人未満	65	11	19	3	－	27	5
	100.0	16.9	29.2	4.6	－	41.5	7.7
1,000～3,000人未満	36	7	13	1	－	9	6
	100.0	19.4	36.1	2.8	－	25.0	16.7
3,000人以上	32	7	17	2	－	4	2
	100.0	21.9	53.1	6.3	－	12.5	6.3

日本企業本社のグローバル化対応に関する調査
問3(2)制度・システムの今後の維持・変更意向
11.フレックスタイム制度

	調査数	拡大したい	現状維持	修正したい	廃止したい	こうした制度はない	無回答
全 体	171	38	56	6	−	52	19
	100.0	22.2	32.7	3.5	−	30.4	11.1
問1(4)2017年度の売上高							
100億円未満	21	6	5	1	−	6	3
	100.0	28.6	23.8	4.8	−	28.6	14.3
100～300億円未満	42	6	9	1	−	22	4
	100.0	14.3	21.4	2.4	−	52.4	9.5
300～1,000億円未満	35	8	11	−	−	12	4
	100.0	22.9	31.4	−	−	34.3	11.4
1,000～3,000億円未満	40	7	14	3	−	9	7
	100.0	17.5	35.0	7.5	−	22.5	17.5
3,000億円以上	29	8	17	1	−	2	1
	100.0	27.6	58.6	3.4	−	6.9	3.4
問1(5)2017年度の経常利益							
～0億円	7	1	2	−	−	2	2
	100.0	14.3	28.6	−	−	28.6	28.6
1～10億円未満	28	4	6	1	−	14	3
	100.0	14.3	21.4	3.6	−	50.0	10.7
10～30億円未満	42	8	12	1	−	17	4
	100.0	19.0	28.6	2.4	−	40.5	9.5
30～100億円未満	37	9	10	1	−	13	4
	100.0	24.3	27.0	2.7	−	35.1	10.8
100億円以上	50	11	26	3	−	4	6
	100.0	22.0	52.0	6.0	−	8.0	12.0
問1(6)5年前と比較した現在の売上高							
50%以上の増加	25	2	12	−	−	9	2
	100.0	8.0	48.0	−	−	36.0	8.0
20～50%以上の増加	43	11	11	1	−	16	4
	100.0	25.6	25.6	2.3	−	37.2	9.3
5～20%の増加	47	8	15	3	−	14	7
	100.0	17.0	31.9	6.4	−	29.8	14.9
−5～5%の間で、あまり変動はない	32	7	12	2	−	7	4
	100.0	21.9	37.5	6.3	−	21.9	12.5
減少傾向にある	17	4	5	−	−	6	2
	100.0	23.5	29.4	−	−	35.3	11.8
問1(7)外国籍社員							
いる	75	17	29	4	−	21	4
	100.0	22.7	38.7	5.3	−	28.0	5.3
いない	39	8	9	1	−	17	4
	100.0	20.5	23.1	2.6	−	43.6	10.3
問7B.今後3年間の現地法人の事業展開意向							
拡大する	59	16	25	1	−	14	3
	100.0	27.1	42.4	1.7	−	23.7	5.1
現状維持	34	5	15	3	−	8	3
	100.0	14.7	44.1	8.8	−	23.5	8.8
縮小・撤退する	5	3	−	−	−	2	−
	100.0	60.0	−	−	−	40.0	−
問8(1)現地法人の経営方針							
きわめて重要な案件を除けば、基本的には現地法人側がすべてを決定する	35	5	17	2	−	8	3
	100.0	14.3	48.6	5.7	−	22.9	8.6
基本的には本社が決定しているが、現地側の裁量の余地が大きい	61	20	22	2	−	12	5
	100.0	32.8	36.1	3.3	−	19.7	8.2
基本的には、ほぼすべてを日本本社が決定している	41	6	12	2	−	19	2
	100.0	14.6	29.3	4.9	−	46.3	4.9
問8(3)現地法人との意志疎通状況							
うまくいっている	41	8	16	1	−	12	4
	100.0	19.5	39.0	2.4	−	29.3	9.8
ほぼうまくいっている	78	19	30	4	−	21	4
	100.0	24.4	38.5	5.1	−	26.9	5.1
あまりうまくいっていない	17	4	5	1	−	5	2
	100.0	23.5	29.4	5.9	−	29.4	11.8
うまくいっていない	1	−	1	−	−	−	−
	100.0	−	100.0	−	−	−	−

日本企業本社のグローバル化対応に関する調査
問4.中国現地法人における経営上の利点・課題について
問4(1)中国における現地法人の経営上のメリット

	調査数	低廉な労働力が確保できる	生産体制・雇用の調整が容易	優秀な人材が確保できる	現地市場の市場規模が大きい	今後、さらに現地市場の発展が見込める	顧客のニーズやマーケットの変化などに対応しやすい	部品・原材料並びに商品が調達しやすい	現地政府の優遇策を得られる	その他	無回答
全 体	106	18	7	14	82	69	25	30	4	-	6
	100.0	17.0	6.6	13.2	77.4	65.1	23.6	28.3	3.8	-	5.7
問1(1)創業開始年											
1981年～	8	-	-	1	6	4	4	1	1	-	-
	100.0	-	-	12.5	75.0	50.0	50.0	12.5	12.5	-	-
1951年～1980年	26	3	2	4	20	18	5	10	2	-	1
	100.0	11.5	7.7	15.4	76.9	69.2	19.2	38.5	7.7	-	3.8
1921年～1950年	43	8	4	2	30	28	11	13	-	-	4
	100.0	18.6	9.3	4.7	69.8	65.1	25.6	30.2	-	-	9.3
～1920年	29	7	1	7	26	19	5	6	1	-	1
	100.0	24.1	3.4	24.1	89.7	65.5	17.2	20.7	3.4	-	3.4
問1(2)主たる業種											
食料品、繊維品、木材・家具、パルプ・紙	10	1	-	2	10	10	-	6	1	-	-
	100.0	10.0	-	20.0	100.0	100.0	-	60.0	10.0	-	-
化学工業	13	3	1	2	10	9	2	-	-	-	1
	100.0	23.1	7.7	15.4	76.9	69.2	15.4	-	-	-	7.7
鉄鋼業、金属製品	6	-	-	1	4	5	2	2	-	-	-
	100.0	-	-	16.7	66.7	83.3	33.3	33.3	-	-	-
機器製造(一般、電気、輸送、精密)	22	7	4	4	17	14	7	13	-	-	-
	100.0	31.8	18.2	18.2	77.3	63.6	31.8	59.1	-	-	-
プラスチック製品、ゴム・皮革、窯業・土石、非鉄金属	8	4	-	1	8	6	2	2	1	-	-
	100.0	50.0	-	12.5	100.0	75.0	25.0	25.0	12.5	-	-
その他の製造業	7	2	-	-	5	5	2	1	-	-	1
	100.0	28.6	-	-	71.4	71.4	28.6	14.3	-	-	14.3
卸売·小売り	11	-	1	-	8	7	3	2	-	-	1
	100.0	-	9.1	-	72.7	63.6	27.3	18.2	-	-	9.1
運輸業	7	-	-	1	7	3	4	1	-	-	-
	100.0	-	-	14.3	100.0	42.9	57.1	14.3	-	-	-
建設業	5	-	-	-	3	2	-	1	-	-	1
	100.0	-	-	-	60.0	40.0	-	20.0	-	-	20.0
不動産業	1	-	-	1	-	1	1	-	1	-	-
	100.0	-	-	100.0	-	100.0	100.0	-	100.0	-	-
飲食店·宿泊業	-	-	-	-	-	-	-	-	-	-	-
	-	-	-	-	-	-	-	-	-	-	-
金融·保険業	2	-	-	-	1	1	-	-	-	-	1
	100.0	-	-	-	50.0	50.0	-	-	-	-	50.0
情報通信業	1	-	-	1	-	1	1	-	-	-	-
	100.0	-	-	100.0	-	100.0	100.0	-	-	-	-
教育、学習支援業	-	-	-	-	-	-	-	-	-	-	-
	-	-	-	-	-	-	-	-	-	-	-
サービス業	9	-	-	-	5	4	1	2	1	-	1
	100.0	-	-	-	55.6	44.4	11.1	22.2	11.1	-	11.1
その他の非製造業	-	-	-	-	-	-	-	-	-	-	-
	-	-	-	-	-	-	-	-	-	-	-
問1(2)主たる業種											
製造業	66	17	5	10	54	49	15	24	2	-	2
	100.0	25.8	7.6	15.2	81.8	74.2	22.7	36.4	3.0	-	3.0
非製造業	36	-	1	3	24	19	10	6	2	-	4
	100.0	-	2.8	8.3	66.7	52.8	27.8	16.7	5.6	-	11.1
問1(3)日本本社の従業員数											
300人未満	17	2	-	1	11	11	6	4	-	-	2
	100.0	11.8	-	5.9	64.7	64.7	35.3	23.5	-	-	11.8
300～1,000人未満	36	10	2	5	28	24	8	11	3	-	1
	100.0	27.8	5.6	13.9	77.8	66.7	22.2	30.6	8.3	-	2.8
1,000～3,000人未満	27	4	4	3	21	16	6	8	-	-	1
	100.0	14.8	14.8	11.1	77.8	59.3	22.2	29.6	-	-	3.7
3,000人以上	24	2	-	5	20	16	4	6	1	-	2
	100.0	8.3	-	20.8	83.3	66.7	16.7	25.0	4.2	-	8.3

日本企業本社のグローバル化対応に関する調査
問4.中国現地法人における経営上の利点・課題について
問4(1)中国における現地法人の経営上のメリット

	調査数	低廉な労働力が確保できる	生産体制・雇用の調整が容易	優秀な人材が確保でき	大きい現地市場の市場規模が	今後、さらに現地市場の発展が見込める	顧客のニーズやマーケットの変化などに対応しやすい	部品・原材料並びに商品が調達しやすい	現地政府の優遇策を得られる	その他	無回答
全 体	106	18	7	14	82	69	25	30	4	–	6
	100.0	17.0	6.6	13.2	77.4	65.1	23.6	28.3	3.8	–	5.7
問1（4）2017年度の売上高											
100億円未満	6	–	–	1	2	3	1	1	1	–	2
	100.0	–	–	16.7	33.3	50.0	16.7	16.7	16.7	–	33.3
100～300億円未満	22	6	1	1	17	13	4	7	–	–	1
	100.0	27.3	4.5	4.5	77.3	59.1	18.2	31.8	–	–	4.5
300～1,000億円未満	25	7	3	2	20	16	5	5	1	–	–
	100.0	28.0	12.0	8.0	80.0	64.0	20.0	20.0	4.0	–	–
1,000～3,000億円未満	29	3	2	5	21	19	8	11	2	–	2
	100.0	10.3	6.9	17.2	72.4	65.5	27.6	37.9	6.9	–	6.9
3,000億円以上	23	2	1	5	21	17	6	6	–	–	1
	100.0	8.7	4.3	21.7	91.3	73.9	26.1	26.1	–	–	4.3
問1（5）2017年度の経常利益											
～0億円	1	–	–	–	–	–	–	1	–	–	–
	100.0	–	–	–	–	–	–	100.0	–	–	–
1～10億円未満	9	2	–	1	6	4	–	4	–	–	2
	100.0	22.2	–	11.1	66.7	44.4	–	44.4	–	–	22.2
10～30億円未満	28	5	2	2	22	18	8	6	2	–	1
	100.0	17.9	7.1	7.1	78.6	64.3	28.6	21.4	7.1	–	3.6
30～100億円未満	27	9	3	3	23	17	4	9	1	–	–
	100.0	33.3	11.1	11.1	85.2	63.0	14.8	33.3	3.7	–	–
100億円以上	39	2	2	8	30	29	11	10	1	–	3
	100.0	5.1	5.1	20.5	76.9	74.4	28.2	25.6	2.6	–	7.7
問1（6）5年前と比較した現在の売上高											
50%以上の増加	13	1	1	2	10	8	5	4	1	–	–
	100.0	7.7	7.7	15.4	76.9	61.5	38.5	30.8	7.7	–	–
20～50%以上の増加	28	3	2	4	22	20	7	8	1	–	1
	100.0	10.7	7.1	14.3	78.6	71.4	25.0	28.6	3.6	–	3.6
5～20%の増加	35	10	2	4	31	24	7	5	2	–	1
	100.0	28.6	5.7	11.4	88.6	68.6	20.0	14.3	5.7	–	2.9
－5～5%の間で、あまり変動はない	20	3	1	4	14	12	4	9	–	–	2
	100.0	15.0	5.0	20.0	70.0	60.0	20.0	45.0	–	–	10.0
減少傾向にある	6	1	1	–	3	4	1	4	–	–	–
	100.0	16.7	16.7	–	50.0	66.7	16.7	66.7	–	–	–
問1（7）外国籍社員											
いる	59	11	1	8	46	40	11	16	2	–	3
	100.0	18.6	1.7	13.6	78.0	67.8	18.6	27.1	3.4	–	5.1
いない	15	4	2	2	11	9	4	5	–	–	1
	100.0	26.7	13.3	13.3	73.3	60.0	26.7	33.3	–	–	6.7
問7B. 今後3年間の現地法人の事業展開意向											
拡大する	59	8	4	10	51	50	15	13	4	–	1
	100.0	13.6	6.8	16.9	86.4	84.7	25.4	22.0	6.8	–	1.7
現状維持	34	8	3	3	25	16	9	15	–	–	–
	100.0	23.5	8.8	8.8	73.5	47.1	26.5	44.1	–	–	–
縮小・撤退する	4	1	–	–	2	2	1	2	–	–	–
	100.0	25.0	–	–	50.0	50.0	25.0	50.0	–	–	–
問8（1）現地法人の経営方針											
きわめて重要な案件を除けば、基本的には現地法人側がすべてを決定する	20	2	–	3	15	12	1	6	1	–	1
	100.0	10.0	–	15.0	75.0	60.0	5.0	30.0	5.0	–	5.0
基本的には本社が決定しているが、現地側の裁量の余地が大きい	56	10	2	5	48	37	16	16	2	–	1
	100.0	17.9	3.6	8.9	85.7	66.1	28.6	28.6	3.6	–	1.8
基本的には、ほぼすべてを日本本社が決定している	26	5	5	6	17	19	8	8	1	–	2
	100.0	19.2	19.2	23.1	65.4	73.1	30.8	30.8	3.8	–	7.7
問8（3）現地法人との意志疎通状況											
うまくいっている	27	2	–	5	21	19	7	8	2	–	1
	100.0	7.4	–	18.5	77.8	70.4	25.9	29.6	7.4	–	3.7
ほぼうまくいっている	64	14	7	9	52	45	16	19	1	–	2
	100.0	21.9	10.9	14.1	81.3	70.3	25.0	29.7	1.6	–	3.1
あまりうまくいっていない	12	2	–	–	8	5	1	3	1	–	1
	100.0	16.7	–	–	66.7	41.7	8.3	25.0	8.3	–	8.3
うまくいっていない	1	–	–	–	1	–	1	–	–	–	–
	100.0	–	–	–	100.0	–	100.0	–	–	–	–

日本企業本社のグローバル化対応に関する調査
問4.中国現地法人における経営上の利点・課題について
問4(2)中国の現地法人での経営上の課題

	調査数	商品・サービスの品質を改善する必要がある	これ以上のコスト削減が難しい	人件費の高騰が負担である	従業員の教育・訓練が不十分である	優秀な現地の人材が採用できない	優秀な従業員が定着しない	企業内でのマネジメントがうまくいかない	新規顧客の開拓が行き詰っている	顧客のニーズへの対応が難しい	取引先企業との関係性の維持が難しい
全体	106	20	13	58	25	26	30	12	18	16	4
	100.0	18.9	12.3	54.7	23.6	24.5	28.3	11.3	17.0	15.1	3.8
問1（1）創業開始年											
1981年～	8	–	1	3	2	3	2	1	2	–	–
	100.0	–	12.5	37.5	25.0	37.5	25.0	12.5	25.0	–	–
1951年～1980年	26	7	4	15	7	8	10	5	4	7	1
	100.0	26.9	15.4	57.7	26.9	30.8	38.5	19.2	15.4	26.9	3.8
1921年～1950年	43	8	5	24	11	7	11	4	8	6	3
	100.0	18.6	11.6	55.8	25.6	16.3	25.6	9.3	18.6	14.0	7.0
～1920年	29	5	3	16	5	8	7	2	4	3	–
	100.0	17.2	10.3	55.2	17.2	27.6	24.1	6.9	13.8	10.3	–
問1（2）主たる業種											
食料品、繊維品、木材・家具、パルプ・紙	10	2	–	9	3	1	1	–	1	2	–
	100.0	20.0	–	90.0	30.0	10.0	10.0	–	10.0	20.0	–
化学工業	13	2	1	5	2	5	1	1	1	2	–
	100.0	15.4	7.7	38.5	15.4	38.5	7.7	7.7	7.7	15.4	–
鉄鋼業、金属製品	6	–	–	2	–	–	1	–	3	–	–
	100.0	–	–	33.3	–	–	16.7	–	50.0	–	–
機器製造（一般、電気、輸送、精密）	22	6	5	15	5	4	10	1	2	3	1
	100.0	27.3	22.7	68.2	22.7	18.2	45.5	4.5	9.1	13.6	4.5
プラスチック製品、ゴム・皮革、窯業・土石、非鉄金属	8	3	1	5	4	2	3	1	1	2	–
	100.0	37.5	12.5	62.5	50.0	25.0	37.5	12.5	12.5	25.0	–
その他の製造業	7	2	1	3	2	2	4	1	1	2	–
	100.0	28.6	14.3	42.9	28.6	28.6	57.1	14.3	14.3	28.6	–
卸売・小売り	11	2	2	5	2	2	3	2	3	3	1
	100.0	18.2	18.2	45.5	18.2	18.2	27.3	18.2	27.3	27.3	9.1
運輸業	7	2	–	5	1	1	3	2	3	–	1
	100.0	28.6	–	71.4	14.3	14.3	42.9	28.6	42.9	–	14.3
建設業	5	–	1	1	1	3	–	–	1	–	–
	100.0	–	20.0	20.0	20.0	60.0	–	–	20.0	–	–
不動産業	1	–	–	–	1	–	–	–	–	–	–
	100.0	–	–	–	100.0	–	–	–	–	–	–
飲食店・宿泊業	–	–	–	–	–	–	–	–	–	–	–
金融・保険業	2	–	–	–	–	1	–	–	–	–	–
	100.0	–	–	–	–	50.0	–	–	–	–	–
情報通信業	1	–	–	1	–	–	–	–	–	–	–
	100.0	–	–	100.0	–	–	–	–	–	–	–
教育、学習支援業	–	–	–	–	–	–	–	–	–	–	–
サービス業	9	1	2	5	3	4	3	3	2	2	–
	100.0	11.1	22.2	55.6	33.3	44.4	33.3	33.3	22.2	22.2	–
その他の非製造業	–	–	–	–	–	–	–	–	–	–	–
問1（2）主たる業種											
製造業	66	15	8	39	16	14	20	4	9	11	1
	100.0	22.7	12.1	59.1	24.2	21.2	30.3	6.1	13.6	16.7	1.5
非製造業	36	5	5	17	8	11	9	7	9	5	2
	100.0	13.9	13.9	47.2	22.2	30.6	25.0	19.4	25.0	13.9	5.6
問1（3）日本本社の従業員数											
300人未満	17	1	3	10	1	2	2	3	3	1	1
	100.0	5.9	17.6	58.8	5.9	11.8	11.8	17.6	17.6	5.9	5.9
300～1,000人未満	36	8	–	18	9	9	10	3	5	5	–
	100.0	22.2	–	50.0	25.0	25.0	27.8	8.3	13.9	13.9	–
1,000～3,000人未満	27	7	6	13	8	11	12	3	6	6	3
	100.0	25.9	22.2	48.1	29.6	40.7	44.4	11.1	22.2	22.2	11.1
3,000人以上	24	4	3	15	7	4	6	3	4	4	–
	100.0	16.7	12.5	62.5	29.2	16.7	25.0	12.5	16.7	16.7	–

日本企業本社のグローバル化対応に関する調査
問4.中国現地法人における経営上の利点・課題について
問4(2)中国の現地法人での経営上の課題

	調査数	競合企業の台頭が著しい	特許・商標が尊重されない	変動する法や政策への対応が滞っている	為替変動のリスクが大きい	通関等の手続きが煩雑である	その他	無回答
全 体	106	40	14	23	12	16	5	8
	100.0	37.7	13.2	21.7	11.3	15.1	4.7	7.5
問1(1)創業開始年								
1981年～	8	3	1	1	–	1	1	–
	100.0	37.5	12.5	12.5	–	12.5	12.5	–
1951年～1980年	26	9	–	5	4	5	2	1
	100.0	34.6	–	19.2	15.4	19.2	7.7	3.8
1921年～1950年	43	15	10	6	6	6	2	5
	100.0	34.9	23.3	14.0	14.0	14.0	4.7	11.6
～1920年	29	13	3	11	2	4	–	2
	100.0	44.8	10.3	37.9	6.9	13.8	–	6.9
問1(2)主たる業種								
食料品、繊維品、木材・家具、パルプ・紙	10	2	–	1	3	–	–	–
	100.0	20.0	–	10.0	30.0	–	–	–
化学工業	13	6	4	4	1	–	1	2
	100.0	46.2	30.8	30.8	7.7	–	7.7	15.4
鉄鋼業、金属製品	6	3	1	1	2	1	–	–
	100.0	50.0	16.7	16.7	33.3	16.7	–	–
機器製造（一般、電気、輸送、精密）	22	10	3	4	3	6	2	–
	100.0	45.5	13.6	18.2	13.6	27.3	9.1	–
プラスチック製品、ゴム・皮革、窯業・土石、非鉄金属	8	5	2	1	–	1	–	–
	100.0	62.5	25.0	12.5	–	12.5	–	–
その他の製造業	7	3	1	1	–	1	–	1
	100.0	42.9	14.3	14.3	–	14.3	–	14.3
卸売・小売り	11	5	2	1	1	2	–	1
	100.0	45.5	18.2	9.1	9.1	18.2	–	9.1
運輸業	7	3	1	2	2	3	–	–
	100.0	42.9	14.3	28.6	28.6	42.9	–	–
建設業	5	–	–	2	–	–	–	2
	100.0	–	–	40.0	–	–	–	40.0
不動産業	1	1	–	–	–	–	–	–
	100.0	100.0	–	–	–	–	–	–
飲食店・宿泊業	–	–	–	–	–	–	–	–
	–	–	–	–	–	–	–	–
金融・保険業	2	–	–	–	–	–	–	1
	100.0	–	–	–	–	–	–	50.0
情報通信業	1	–	–	–	–	–	1	–
	100.0	–	–	–	–	–	100.0	–
教育、学習支援業	–	–	–	–	–	–	–	–
	–	–	–	–	–	–	–	–
サービス業	9	1	–	4	–	1	1	–
	100.0	11.1	–	44.4	–	11.1	11.1	–
その他の非製造業	–	–	–	–	–	–	–	–
	–	–	–	–	–	–	–	–
問1(2)主たる業種								
製造業	66	29	11	12	9	9	3	3
	100.0	43.9	16.7	18.2	13.6	13.6	4.5	4.5
非製造業	36	10	3	9	3	6	2	4
	100.0	27.8	8.3	25.0	8.3	16.7	5.6	11.1
問1(3)日本本社の従業員数								
300人未満	17	6	4	2	1	3	1	3
	100.0	35.3	23.5	11.8	5.9	17.6	5.9	17.6
300～1,000人未満	36	13	5	8	7	7	1	–
	100.0	36.1	13.9	22.2	19.4	19.4	2.8	–
1,000～3,000人未満	27	16	3	5	3	4	1	2
	100.0	59.3	11.1	18.5	11.1	14.8	3.7	7.4
3,000人以上	24	5	2	8	1	1	2	3
	100.0	20.8	8.3	33.3	4.2	4.2	8.3	12.5

日本企業本社のグローバル化対応に関する調査
問4.中国現地法人における経営上の利点・課題について
問4(2)中国の現地法人での経営上の課題

	調査数	商品サービスの品質管理を改善する必要があ	これ以上のコスト削減が難しい	人件費の高騰で負担である	従業員の教育・訓練が不十分である	優秀な現地の人材が採用できない	優秀な従業員が定着しない	企業内でのマネジメントがうまくいかない	新規顧客の開拓が行き詰っている	顧客のニーズへの対応が難しい	取引先企業との関係性の維持が難しい
全 体	106	20	13	58	25	26	30	12	18	16	4
	100.0	18.9	12.3	54.7	23.6	24.5	28.3	11.3	17.0	15.1	3.8
問1（4）2017年度の売上高											
100億円未満	6	-	2	3	-	2	1	-	-	-	-
	100.0	-	33.3	50.0	-	33.3	16.7	-	-	-	-
100～300億円未満	22	5	2	10	3	4	5	1	3	3	-
	100.0	22.7	9.1	45.5	13.6	18.2	22.7	4.5	13.6	13.6	-
300～1,000億円未満	25	7	3	16	8	10	13	6	5	6	2
	100.0	28.0	12.0	64.0	32.0	40.0	52.0	24.0	20.0	24.0	8.0
1,000～3,000億円未満	29	4	5	16	7	4	6	1	6	4	2
	100.0	13.8	17.2	55.2	24.1	13.8	20.7	3.4	20.7	13.8	6.9
3,000億円以上	23	4	1	13	7	6	5	4	4	3	-
	100.0	17.4	4.3	56.5	30.4	26.1	21.7	17.4	17.4	13.0	-
問1（5）2017年度の経常利益											
～0億円	1	-	-	1	-	-	1	-	-	-	-
	100.0	-	-	100.0	-	-	100.0	-	-	-	-
1～10億円未満	9	1	1	6	-	2	2	-	1	1	-
	100.0	11.1	11.1	66.7	-	22.2	22.2	-	11.1	11.1	-
10～30億円未満	28	7	3	15	8	7	10	5	7	5	1
	100.0	25.0	10.7	53.6	28.6	25.0	35.7	17.9	25.0	17.9	3.6
30～100億円未満	27	5	5	12	5	7	7	2	4	4	3
	100.0	18.5	18.5	44.4	18.5	25.9	25.9	7.4	14.8	14.8	11.1
100億円以上	39	7	3	23	12	9	10	5	6	6	-
	100.0	17.9	7.7	59.0	30.8	23.1	25.6	12.8	15.4	15.4	-
問1（6）5年前と比較した現在の売上高											
50%以上の増加	13	1	1	7	4	2	5	1	2	1	-
	100.0	7.7	7.7	53.8	30.8	15.4	38.5	7.7	15.4	7.7	-
20～50%以上の増加	28	3	3	17	5	8	7	5	6	4	-
	100.0	10.7	10.7	60.7	17.9	28.6	25.0	17.9	21.4	14.3	-
5～20%の増加	35	8	6	16	9	8	8	2	7	6	1
	100.0	22.9	17.1	45.7	25.7	22.9	22.9	5.7	20.0	17.1	2.9
－5～5%の間で、あまり変動はない	20	8	2	13	5	7	8	2	3	5	2
	100.0	40.0	10.0	65.0	25.0	35.0	40.0	10.0	15.0	25.0	10.0
減少傾向にある	6	-	1	5	2	1	2	2	-	-	1
	100.0	-	16.7	83.3	33.3	16.7	33.3	33.3	-	-	16.7
問1（7）外国籍社員											
いる	59	14	7	37	17	19	19	6	10	10	-
	100.0	23.7	11.9	62.7	28.8	32.2	32.2	10.2	16.9	16.9	-
いない	15	3	2	10	-	-	4	1	3	-	1
	100.0	20.0	13.3	66.7	-	-	26.7	6.7	20.0	-	6.7
問7B. 今後3年間の現地法人の事業展開意向											
拡大する	59	12	6	34	21	19	20	10	8	9	1
	100.0	20.3	10.2	57.6	35.6	32.2	33.9	16.9	13.6	15.3	1.7
現状維持	34	7	6	19	3	5	8	1	9	6	2
	100.0	20.6	17.6	55.9	8.8	14.7	23.5	2.9	26.5	17.6	5.9
縮小・撤退する	4	1	1	4	1	2	2	1	1	1	1
	100.0	25.0	25.0	100.0	25.0	50.0	50.0	25.0	25.0	25.0	25.0
問8（1）現地法人の経営方針											
きわめて重要な案件を除けば、基本的には現地法人側がすべてを決定する	20	2	2	9	3	5	5	2	4	1	-
	100.0	10.0	10.0	45.0	15.0	25.0	25.0	10.0	20.0	5.0	-
基本的には本社が決定しているが、現地側の裁量の余地が大きい	56	11	9	35	15	15	17	7	11	8	2
	100.0	19.6	16.1	62.5	26.8	26.8	30.4	12.5	19.6	14.3	3.6
基本的には、ほぼすべてを日本本社が決定している	26	7	2	14	7	6	7	3	3	7	2
	100.0	26.9	7.7	53.8	26.9	23.1	26.9	11.5	11.5	26.9	7.7
問8（3）現地法人との意志疎通状況											
うまくいっている	27	3	1	15	3	3	3	-	3	3	-
	100.0	11.1	3.7	55.6	11.1	11.1	11.1	-	11.1	11.1	-
ほぼうまくいっている	64	12	10	34	17	19	18	8	14	11	3
	100.0	18.8	15.6	53.1	26.6	29.7	28.1	12.5	21.9	17.2	4.7
あまりうまくいっていない	12	4	2	8	5	4	8	3	1	2	1
	100.0	33.3	16.7	66.7	41.7	33.3	66.7	25.0	8.3	16.7	8.3
うまくいっていない	1	1	-	1	-	-	1	1	-	-	-
	100.0	100.0	-	100.0	-	-	100.0	100.0	-	-	-

日本企業本社のグローバル化対応に関する調査
問4.中国現地法人における経営上の利点・課題について
問4(2)中国の現地法人での経営上の課題

	調査数	競合企業の台頭が著しい	特許・商標が尊重されない	変動する法や政策への対応が滞っている	為替変動のリスクが大きい	通関等の手続きが煩雑である	その他	無回答
全 体	106 100.0	40 37.7	14 13.2	23 21.7	12 11.3	16 15.1	5 4.7	8 7.5
問1（4）2017年度の売上高								
100億円未満	6 100.0	－ －	1 16.7	1 16.7	1 16.7	1 16.7	－ －	1 16.7
100～300億円未満	22 100.0	9 40.9	4 18.2	1 4.5	2 9.1	3 13.6	2 9.1	2 9.1
300～1,000億円未満	25 100.0	9 36.0	1 4.0	8 32.0	3 12.0	5 20.0	1 4.0	－ －
1,000～3,000億円未満	29 100.0	11 37.9	4 13.8	7 24.1	2 6.9	4 13.8	2 6.9	3 10.3
3,000億円以上	23 100.0	10 43.5	3 13.0	6 26.1	3 13.0	2 8.7	－ －	2 8.7
問1（5）2017年度の経常利益								
～0億円	1 100.0	－ －	－ －	－ －	－ －	1 100.0	－ －	－ －
1～10億円未満	9 100.0	4 44.4	2 22.2	－ －	1 11.1	－ －	2 22.2	1 11.1
10～30億円未満	28 100.0	8 28.6	3 10.7	4 14.3	3 10.7	6 21.4	1 3.6	2 7.1
30～100億円未満	27 100.0	10 37.0	2 7.4	6 22.2	3 11.1	3 11.1	－ －	1 3.7
100億円以上	39 100.0	17 43.6	6 15.4	12 30.8	4 10.3	5 12.8	2 5.1	4 10.3
問1（6）5 年前と比較した現在の売上高								
50%以上の増加	13 100.0	8 61.5	2 15.4	2 15.4	1 7.7	3 23.1	2 15.4	1 7.7
20～50%以上の増加	28 100.0	10 35.7	3 10.7	4 14.3	5 17.9	4 14.3	2 7.1	2 7.1
5～20%の増加	35 100.0	11 31.4	5 14.3	10 28.6	2 5.7	4 11.4	－ －	1 2.9
－5～5%の間で、あまり変動はない	20 100.0	7 35.0	3 15.0	5 25.0	2 10.0	1 5.0	1 5.0	2 10.0
減少傾向にある	6 100.0	3 50.0	－ －	2 33.3	－ －	3 50.0	－ －	－ －
問1（7）外国籍社員								
いる	59 100.0	25 42.4	8 13.6	16 27.1	7 11.9	10 16.9	5 8.5	4 6.8
いない	15 100.0	2 13.3	2 13.3	3 20.0	3 20.0	3 20.0	－ －	1 6.7
問7B. 今後3 年間の現地法人の事業展開意向								
拡大する	59 100.0	24 40.7	11 18.6	14 23.7	5 8.5	13 22.0	3 5.1	1 1.7
現状維持	34 100.0	15 44.1	3 8.8	7 20.6	5 14.7	2 5.9	1 2.9	1 2.9
縮小・撤退する	4 100.0	1 25.0	－ －	1 25.0	1 25.0	1 25.0	－ －	－ －
問8（1）現地法人の経営方針								
きわめて重要な案件を除けば、基本的には現地法人側がすべてを決定する	20 100.0	9 45.0	2 10.0	1 5.0	3 15.0	2 10.0	2 10.0	1 5.0
基本的には本社が決定しているが、現地側の裁量の余地が大きい	56 100.0	24 42.9	10 17.9	16 28.6	6 10.7	9 16.1	2 3.6	1 1.8
基本的には、ほぼすべてを日本本社が決定している	26 100.0	7 26.9	2 7.7	6 23.1	3 11.5	4 15.4	1 3.8	3 11.5
問8（3）現地法人との意志疎通状況								
うまくいっている	27 100.0	12 44.4	2 7.4	5 18.5	4 14.8	1 3.7	3 11.1	2 7.4
ほぼうまくいっている	64 100.0	23 35.9	9 14.1	14 21.9	6 9.4	10 15.6	2 3.1	4 6.3
あまりうまくいっていない	12 100.0	5 41.7	3 25.0	3 25.0	2 16.7	4 33.3	－ －	－ －
うまくいっていない	1 100.0	－ －	－ －	1 100.0	－ －	1 100.0	－ －	－ －

日本企業本社のグローバル化対応に関する調査
問4(3)中国における従業員採用での問題
1.優秀な人材が応募してくれない

	調査数	ホワイトカラー	ブルーカラー	無回答
全 体	106 100.0	25 23.6	15 14.2	77 72.6
問1(1)創業開始年				
1981年〜	8 100.0	2 25.0	− −	6 75.0
1951年〜1980年	26 100.0	5 19.2	4 15.4	20 76.9
1921年〜1950年	43 100.0	11 25.6	7 16.3	30 69.8
〜1920年	29 100.0	7 24.1	4 13.8	21 72.4
問1(2)主たる業種				
食料品、繊維品、木材・家具、パルプ・紙	10 100.0	1 10.0	3 30.0	7 70.0
化学工業	13 100.0	4 30.8	2 15.4	9 69.2
鉄鋼業、金属製品	6 100.0	1 16.7	− −	5 83.3
機器製造(一般、電気、輸送、精密)	22 100.0	3 13.6	3 13.6	17 77.3
プラスチック製品、ゴム・皮革、窯業・土石、非鉄金属	8 100.0	3 37.5	2 25.0	5 62.5
その他の製造業	7 100.0	2 28.6	− −	5 71.4
卸売・小売り	11 100.0	2 18.2	1 9.1	9 81.8
運輸業	7 100.0	3 42.9	1 14.3	4 57.1
建設業	5 100.0	1 20.0	− −	4 80.0
不動産業	1 100.0	− −	− −	1 100.0
飲食店・宿泊業	− −	− −	− −	− −
金融・保険業	2 100.0	− −	− −	2 100.0
情報通信業	1 100.0	− −	− −	1 100.0
教育、学習支援業	− −	− −	− −	− −
サービス業	9 100.0	4 44.4	2 22.2	5 55.6
その他の非製造業	− −	− −	− −	− −
問1(2)主たる業種				
製造業	66 100.0	14 21.2	10 15.2	48 72.7
非製造業	36 100.0	10 27.8	4 11.1	26 72.2
問1(3)日本本社の従業員数				
300人未満	17 100.0	5 29.4	2 11.8	12 70.6
300〜1,000人未満	36 100.0	8 22.2	2 5.6	28 77.8
1,000〜3,000人未満	27 100.0	5 18.5	6 22.2	20 74.1
3,000人以上	24 100.0	7 29.2	5 20.8	15 62.5

日本企業本社のグローバル化対応に関する調査
問4(3)中国における従業員採用での問題
1.優秀な人材が応募してくれない

	調査数	ホワイトカラー	ブルーカラー	無回答
全 体	106 100.0	25 23.6	15 14.2	77 72.6
問1（4）2017年度の売上高				
100億円未満	6 100.0	2 33.3	1 16.7	4 66.7
100～300億円未満	22 100.0	6 27.3	1 4.5	16 72.7
300～1,000億円未満	25 100.0	6 24.0	5 20.0	18 72.0
1,000～3,000億円未満	29 100.0	7 24.1	6 20.7	21 72.4
3,000億円以上	23 100.0	4 17.4	2 8.7	17 73.9
問1（5）2017年度の経常利益				
～0億円	1 100.0	1 100.0	－ －	－ －
1～10億円未満	9 100.0	3 33.3	2 22.2	6 66.7
10～30億円未満	28 100.0	6 21.4	1 3.6	22 78.6
30～100億円未満	27 100.0	7 25.9	7 25.9	19 70.4
100億円以上	39 100.0	7 17.9	5 12.8	29 74.4
問1（6）5 年前と比較した現在の売上高				
50%以上の増加	13 100.0	2 15.4	2 15.4	10 76.9
20～50%以上の増加	28 100.0	6 21.4	3 10.7	22 78.6
5～20%の増加	35 100.0	7 20.0	4 11.4	27 77.1
－5～5%の間で、あまり変動はない	20 100.0	6 30.0	5 25.0	12 60.0
減少傾向にある	6 100.0	4 66.7	1 16.7	2 33.3
問1（7）外国籍社員				
いる	59 100.0	18 30.5	9 15.3	39 66.1
いない	15 100.0	2 13.3	－ －	13 86.7
問7B. 今後3 年間の現地法人の事業展開意向				
拡大する	59 100.0	16 27.1	11 18.6	39 66.1
現状維持	34 100.0	6 17.6	3 8.8	28 82.4
縮小・撤退する	4 100.0	3 75.0	1 25.0	1 25.0
問8（1）現地法人の経営方針				
きわめて重要な案件を除けば、基本的には現地法人 側がすべてを決定する	20 100.0	2 10.0	3 15.0	17 85.0
基本的には本社が決定しているが、現地側の裁量の 余地が大きい	56 100.0	15 26.8	6 10.7	40 71.4
基本的には、ほぼすべてを日本本社が決定している	26 100.0	8 30.8	6 23.1	16 61.5
問8（3）現地法人との意志疎通状況				
うまくいっている	27 100.0	4 14.8	2 7.4	23 85.2
ほぼうまくいっている	64 100.0	13 20.3	10 15.6	47 73.4
あまりうまくいっていない	12 100.0	7 58.3	3 25.0	5 41.7
うまくいっていない	1 100.0	1 100.0	－ －	－ －

日本企業本社のグローバル化対応に関する調査
問4(3)中国における従業員採用での問題
2.応募者の数が少ない

	調査数	ホワイトカラー	ブルーカラー	無回答
全 体	106 100.0	16 15.1	15 14.2	84 79.2
問1（1）創業開始年				
1981年～	8 100.0	1 12.5	－ －	7 87.5
1951年～1980年	26 100.0	5 19.2	6 23.1	19 73.1
1921年～1950年	43 100.0	6 14.0	6 14.0	33 76.7
～1920年	29 100.0	4 13.8	3 10.3	25 86.2
問1（2）主たる業種				
食料品、繊維品、木材・家具、パルプ・紙	10 100.0	－ －	3 30.0	7 70.0
化学工業	13 100.0	4 30.8	3 23.1	8 61.5
鉄鋼業、金属製品	6 100.0	－ －	－ －	6 100.0
機器製造（一般、電気、輸送、精密）	22 100.0	4 18.2	3 13.6	17 77.3
プラスチック製品、ゴム・皮革、窯業・土石、非鉄金属	8 100.0	－ －	1 12.5	7 87.5
その他の製造業	7 100.0	－ －	－ －	7 100.0
卸売・小売り	11 100.0	2 18.2	1 9.1	9 81.8
運輸業	7 100.0	2 28.6	1 14.3	5 71.4
建設業	5 100.0	－ －	－ －	5 100.0
不動産業	1 100.0	－ －	－ －	1 100.0
飲食店・宿泊業	－ －	－ －	－ －	－ －
金融・保険業	2 100.0	－ －	－ －	2 100.0
情報通信業	1 100.0	－ －	－ －	1 100.0
教育、学習支援業	－ －	－ －	－ －	－ －
サービス業	9 100.0	3 33.3	2 22.2	6 66.7
その他の非製造業	－ －	－ －	－ －	－ －
問1（2）主たる業種				
製造業	66 100.0	8 12.1	10 15.2	52 78.8
非製造業	36 100.0	7 19.4	4 11.1	29 80.6
問1（3）日本本社の従業員数				
300人未満	17 100.0	1 5.9	2 11.8	14 82.4
300～1,000人未満	36 100.0	6 16.7	4 11.1	28 77.8
1,000～3,000人未満	27 100.0	6 22.2	5 18.5	21 77.8
3,000人以上	24 100.0	3 12.5	4 16.7	19 79.2

日本企業本社のグローバル化対応に関する調査
問4(3)中国における従業員採用での問題
2.応募者の数が少ない

	調査数	ホワイトカラー	ブルーカラー	無回答
全 体	106 100.0	16 15.1	15 14.2	84 79.2
問1（4）2017年度の売上高				
100億円未満	6 100.0	2 33.3	2 33.3	3 50.0
100～300億円未満	22 100.0	2 9.1	3 13.6	17 77.3
300～1,000億円未満	25 100.0	5 20.0	3 12.0	20 80.0
1,000～3,000億円未満	29 100.0	4 13.8	4 13.8	24 82.8
3,000億円以上	23 100.0	3 13.0	3 13.0	19 82.6
問1（5）2017年度の経常利益				
～0億円	1 100.0	– –	– –	1 100.0
1～10億円未満	9 100.0	1 11.1	4 44.4	5 55.6
10～30億円未満	28 100.0	5 17.9	2 7.1	22 78.6
30～100億円未満	27 100.0	3 11.1	3 11.1	24 88.9
100億円以上	39 100.0	6 15.4	6 15.4	31 79.5
問1（6）5 年前と比較した現在の売上高				
50%以上の増加	13 100.0	1 7.7	1 7.7	11 84.6
20～50%以上の増加	28 100.0	5 17.9	6 21.4	20 71.4
5～20%の増加	35 100.0	3 8.6	2 5.7	32 91.4
－5～5%の間で、あまり変動はない	20 100.0	5 25.0	4 20.0	14 70.0
減少傾向にある	6 100.0	2 33.3	2 33.3	3 50.0
問1（7）外国籍社員				
いる	59 100.0	11 18.6	10 16.9	44 74.6
いない	15 100.0	1 6.7	1 6.7	13 86.7
問7B. 今後3 年間の現地法人の事業展開意向				
拡大する	59 100.0	11 18.6	11 18.6	44 74.6
現状維持	34 100.0	3 8.8	2 5.9	30 88.2
縮小・撤退する	4 100.0	2 50.0	2 50.0	1 25.0
問8（1）現地法人の経営方針				
きわめて重要な案件を除けば、基本的には現地法人側がすべてを決定する	20 100.0	3 15.0	5 25.0	14 70.0
基本的には本社が決定しているが、現地側の裁量の余地が大きい	56 100.0	7 12.5	5 8.9	47 83.9
基本的には、ほぼすべてを日本本社が決定している	26 100.0	6 23.1	5 19.2	19 73.1
問8（3）現地法人との意志疎通状況				
うまくいっている	27 100.0	2 7.4	3 11.1	22 81.5
ほぼうまくいっている	64 100.0	9 14.1	9 14.1	52 81.3
あまりうまくいっていない	12 100.0	4 33.3	3 25.0	8 66.7
うまくいっていない	1 100.0	1 100.0	– –	– –

日本企業本社のグローバル化対応に関する調査
問4（3）中国における従業員採用での問題
3.人材確保競争が激しく、欲しい人材が採れない

	調査数	ホワイトカラー	ブルーカラー	無回答
全 体	106	33	21	68
	100.0	31.1	19.8	64.2
問1（1）創業開始年				
1981年～	8	2	－	6
	100.0	25.0	－	75.0
1951年～1980年	26	8	6	17
	100.0	30.8	23.1	65.4
1921年～1950年	43	13	9	27
	100.0	30.2	20.9	62.8
～1920年	29	10	6	18
	100.0	34.5	20.7	62.1
問1（2）主たる業種				
食料品、繊維品、木材・家具、パルプ・紙	10	－	1	9
	100.0	－	10.0	90.0
化学工業	13	7	4	6
	100.0	53.8	30.8	46.2
鉄鋼業、金属製品	6	1	－	5
	100.0	16.7	－	83.3
機器製造（一般、電気、輸送、精密）	22	10	6	11
	100.0	45.5	27.3	50.0
プラスチック製品、ゴム・皮革、窯業・土石、非鉄金属	8	5	2	2
	100.0	62.5	25.0	25.0
その他の製造業	7	1	1	5
	100.0	14.3	14.3	71.4
卸売・小売り	11	2	2	8
	100.0	18.2	18.2	72.7
運輸業	7	2	2	5
	100.0	28.6	28.6	71.4
建設業	5	－	－	5
	100.0	－	－	100.0
不動産業	1	－	－	1
	100.0	－	－	100.0
飲食店・宿泊業	－	－	－	－
	－	－	－	－
金融・保険業	2	－	－	2
	100.0	－	－	100.0
情報通信業	1	－	－	1
	100.0	－	－	100.0
教育、学習支援業	－	－	－	－
	－	－	－	－
サービス業	9	4	2	5
	100.0	44.4	22.2	55.6
その他の非製造業	－	－	－	－
	－	－	－	－
問1（2）主たる業種				
製造業	66	24	14	38
	100.0	36.4	21.2	57.6
非製造業	36	8	6	27
	100.0	22.2	16.7	75.0
問1（3）日本本社の従業員数				
300人未満	17	3	2	13
	100.0	17.6	11.8	76.5
300～1,000人未満	36	6	4	28
	100.0	16.7	11.1	77.8
1,000～3,000人未満	27	14	9	13
	100.0	51.9	33.3	48.1
3,000人以上	24	10	6	12
	100.0	41.7	25.0	50.0

日本企業本社のグローバル化対応に関する調査
問4(3)中国における従業員採用での問題
3.人材確保競争が激しく、欲しい人材が採れない

	調査数	ホワイトカラー	ブルーカラー	無回答
全体	106 100.0	33 31.1	21 19.8	68 64.2
問1（4）2017年度の売上高				
100億円未満	6 100.0	2 33.3	1 16.7	4 66.7
100〜300億円未満	22 100.0	4 18.2	4 18.2	15 68.2
300〜1,000億円未満	25 100.0	7 28.0	3 12.0	18 72.0
1,000〜3,000億円未満	29 100.0	13 44.8	7 24.1	16 55.2
3,000億円以上	23 100.0	7 30.4	6 26.1	14 60.9
問1（5）2017年度の経常利益				
〜0億円	1 100.0	− −	1 100.0	− −
1〜10億円未満	9 100.0	3 33.3	3 33.3	5 55.6
10〜30億円未満	28 100.0	6 21.4	2 7.1	21 75.0
30〜100億円未満	27 100.0	8 29.6	5 18.5	19 70.4
100億円以上	39 100.0	15 38.5	10 25.6	22 56.4
問1（6）5年前と比較した現在の売上高				
50%以上の増加	13 100.0	4 30.8	1 7.7	9 69.2
20〜50%以上の増加	28 100.0	11 39.3	7 25.0	16 57.1
5〜20%の増加	35 100.0	7 20.0	5 14.3	28 80.0
−5〜5%の間で、あまり変動はない	20 100.0	10 50.0	4 20.0	9 45.0
減少傾向にある	6 100.0	1 16.7	4 66.7	2 33.3
問1（7）外国籍社員				
いる	59 100.0	25 42.4	14 23.7	31 52.5
いない	15 100.0	− −	1 6.7	14 93.3
問7B.今後3年間の現地法人の事業展開意向				
拡大する	59 100.0	21 35.6	12 20.3	35 59.3
現状維持	34 100.0	10 29.4	7 20.6	23 67.6
縮小・撤退する	4 100.0	2 50.0	2 50.0	1 25.0
問8（1）現地法人の経営方針				
きわめて重要な案件を除けば、基本的には現地法人側がすべてを決定する	20 100.0	5 25.0	5 25.0	14 70.0
基本的には本社が決定しているが、現地側の裁量の余地が大きい	56 100.0	21 37.5	10 17.9	33 58.9
基本的には、ほぼすべてを日本本社が決定している	26 100.0	7 26.9	6 23.1	17 65.4
問8（3）現地法人との意志疎通状況				
うまくいっている	27 100.0	4 14.8	2 7.4	22 81.5
ほぼうまくいっている	64 100.0	23 35.9	13 20.3	38 59.4
あまりうまくいっていない	12 100.0	6 50.0	6 50.0	5 41.7
うまくいっていない	1 100.0	− −	− −	1 100.0

—235—

日本企業本社のグローバル化対応に関する調査
問4(3)中国における従業員採用での問題
4.募集のコスト・時間がかかりすぎる

	調査数	ホワイトカラー	ブルーカラー	無回答
全体	106 100.0	9 8.5	2 1.9	97 91.5
問1（1）創業開始年				
1981年～	8 100.0	1 12.5	－ －	7 87.5
1951年～1980年	26 100.0	2 7.7	－ －	24 92.3
1921年～1950年	43 100.0	5 11.6	2 4.7	38 88.4
～1920年	29 100.0	1 3.4	－ －	28 96.6
問1（2）主たる業種				
食料品、繊維品、木材・家具、パルプ・紙	10 100.0	－ －	－ －	10 100.0
化学工業	13 100.0	1 7.7	－ －	12 92.3
鉄鋼業、金属製品	6 100.0	1 16.7	－ －	5 83.3
機器製造（一般、電気、輸送、精密）	22 100.0	3 13.6	1 4.5	19 86.4
プラスチック製品、ゴム・皮革、窯業・土石、非鉄金属	8 100.0	－ －	－ －	8 100.0
その他の製造業	7 100.0	1 14.3	－ －	6 85.7
卸売・小売り	11 100.0	－ －	－ －	11 100.0
運輸業	7 100.0	－ －	－ －	7 100.0
建設業	5 100.0	－ －	－ －	5 100.0
不動産業	1 100.0	－ －	－ －	1 100.0
飲食店・宿泊業	－ －	－ －	－ －	－ －
金融・保険業	2 100.0	－ －	－ －	2 100.0
情報通信業	1 100.0	1 100.0	－ －	－ －
教育、学習支援業	－ －	－ －	－ －	－ －
サービス業	9 100.0	1 11.1	－ －	8 88.9
その他の非製造業	－ －	－ －	－ －	－ －
問1（2）主たる業種				
製造業	66 100.0	6 9.1	1 1.5	60 90.9
非製造業	36 100.0	2 5.6	－ －	34 94.4
問1（3）日本本社の従業員数				
300人未満	17 100.0	2 11.8	－ －	15 88.2
300～1,000人未満	36 100.0	1 2.8	－ －	35 97.2
1,000～3,000人未満	27 100.0	3 11.1	2 7.4	24 88.9
3,000人以上	24 100.0	3 12.5	－ －	21 87.5

日本企業本社のグローバル化対応に関する調査
問4(3)中国における従業員採用での問題
4.募集のコスト・時間がかかりすぎる

	調査数	ホワイトカラー	ブルーカラー	無回答
全 体	106 100.0	9 8.5	2 1.9	97 91.5
問1（4）2017年度の売上高				
100億円未満	6 100.0	1 16.7	－ －	5 83.3
100～300億円未満	22 100.0	1 4.5	－ －	21 95.5
300～1,000億円未満	25 100.0	1 4.0	1 4.0	24 96.0
1,000～3,000億円未満	29 100.0	5 17.2	1 3.4	24 82.8
3,000億円以上	23 100.0	1 4.3	－ －	22 95.7
問1（5）2017年度の経常利益				
～0億円	1 100.0	－ －	－ －	1 100.0
1～10億円未満	9 100.0	－ －	－ －	9 100.0
10～30億円未満	28 100.0	1 3.6	－ －	27 96.4
30～100億円未満	27 100.0	3 11.1	2 7.4	24 88.9
100億円以上	39 100.0	4 10.3	－ －	35 89.7
問1（6）5年前と比較した現在の売上高				
50%以上の増加	13 100.0	2 15.4	－ －	11 84.6
20～50%以上の増加	28 100.0	1 3.6	－ －	27 96.4
5～20%の増加	35 100.0	1 2.9	－ －	34 97.1
－5～5%の間で、あまり変動はない	20 100.0	4 20.0	1 5.0	16 80.0
減少傾向にある	6 100.0	1 16.7	1 16.7	5 83.3
問1（7）外国籍社員				
いる	59 100.0	6 10.2	－ －	53 89.8
いない	15 100.0	－ －	－ －	15 100.0
問7B. 今後3年間の現地法人の事業展開意向				
拡大する	59 100.0	4 6.8	1 1.7	55 93.2
現状維持	34 100.0	4 11.8	1 2.9	30 88.2
縮小・撤退する	4 100.0	1 25.0	－ －	3 75.0
問8（1）現地法人の経営方針				
きわめて重要な案件を除けば、基本的には現地法人側がすべてを決定する	20 100.0	－ －	－ －	20 100.0
基本的には本社が決定しているが、現地側の裁量の余地が大きい	56 100.0	6 10.7	1 1.8	50 89.3
基本的には、ほぼすべてを日本本社が決定している	26 100.0	3 11.5	1 3.8	23 88.5
問8（3）現地法人との意志疎通状況				
うまくいっている	27 100.0	1 3.7	－ －	26 96.3
ほぼうまくいっている	64 100.0	6 9.4	1 1.6	58 90.6
あまりうまくいっていない	12 100.0	2 16.7	1 8.3	10 83.3
うまくいっていない	1 100.0	－ －	－ －	1 100.0

日本企業本社のグローバル化対応に関する調査
問4(3)中国における従業員採用での問題
5.効果的な募集ルートが確保できていない

	調査数	ホワイトカラー	ブルーカラー	無回答
全体	106 100.0	15 14.2	7 6.6	90 84.9
問1(1)創業開始年				
1981年～	8 100.0	2 25.0	1 12.5	6 75.0
1951年～1980年	26 100.0	4 15.4	3 11.5	21 80.8
1921年～1950年	43 100.0	5 11.6	2 4.7	38 88.4
～1920年	29 100.0	4 13.8	1 3.4	25 86.2
問1(2)主たる業種				
食料品、繊維品、木材・家具、パルプ・紙	10 100.0	－ －	1 10.0	9 90.0
化学工業	13 100.0	2 15.4	－ －	11 84.6
鉄鋼業、金属製品	6 100.0	－ －	－ －	6 100.0
機器製造(一般、電気、輸送、精密)	22 100.0	2 9.1	1 4.5	20 90.9
プラスチック製品、ゴム・皮革、窯業・土石、非鉄金属	8 100.0	3 37.5	2 25.0	5 62.5
その他の製造業	7 100.0	1 14.3	－ －	6 85.7
卸売・小売り	11 100.0	2 18.2	1 9.1	9 81.8
運輸業	7 100.0	1 14.3	－ －	6 85.7
建設業	5 100.0	－ －	－ －	5 100.0
不動産業	1 100.0	1 100.0	1 100.0	－ －
飲食店・宿泊業	－ －	－ －	－ －	－ －
金融・保険業	2 100.0	－ －	－ －	2 100.0
情報通信業	1 100.0	－ －	－ －	1 100.0
教育、学習支援業	－ －	－ －	－ －	－ －
サービス業	9 100.0	2 22.2	1 11.1	7 77.8
その他の非製造業	－ －	－ －	－ －	－ －
問1(2)主たる業種				
製造業	66 100.0	8 12.1	4 6.1	57 86.4
非製造業	36 100.0	6 16.7	3 8.3	30 83.3
問1(3)日本本社の従業員数				
300人未満	17 100.0	1 5.9	－ －	16 94.1
300～1,000人未満	36 100.0	6 16.7	3 8.3	30 83.3
1,000～3,000人未満	27 100.0	8 29.6	4 14.8	18 66.7
3,000人以上	24 100.0	－ －	－ －	24 100.0

日本企業本社のグローバル化対応に関する調査
問4(3)中国における従業員採用での問題
5.効果的な募集ルートが確保できていない

	調査数	ホワイトカラー	ブルーカラー	無回答
全体	106 100.0	15 14.2	7 6.6	90 84.9
問1（4）2017年度の売上高				
100億円未満	6 100.0	2 33.3	1 16.7	4 66.7
100〜300億円未満	22 100.0	2 9.1	− −	20 90.9
300〜1,000億円未満	25 100.0	4 16.0	3 12.0	20 80.0
1,000〜3,000億円未満	29 100.0	4 13.8	2 6.9	25 86.2
3,000億円以上	23 100.0	3 13.0	1 4.3	20 87.0
問1（5）2017年度の経常利益				
〜0億円	1 100.0	− −	− −	1 100.0
1〜10億円未満	9 100.0	1 11.1	1 11.1	8 88.9
10〜30億円未満	28 100.0	3 10.7	1 3.6	25 89.3
30〜100億円未満	27 100.0	4 14.8	3 11.1	22 81.5
100億円以上	39 100.0	6 15.4	2 5.1	33 84.6
問1（6）5年前と比較した現在の売上高				
50%以上の増加	13 100.0	2 15.4	1 7.7	11 84.6
20〜50%以上の増加	28 100.0	5 17.9	1 3.6	23 82.1
5〜20%の増加	35 100.0	3 8.6	3 8.6	31 88.6
−5〜5%の間で、あまり変動はない	20 100.0	4 20.0	2 10.0	16 80.0
減少傾向にある	6 100.0	1 16.7	− −	5 83.3
問1（7）外国籍社員				
いる	59 100.0	9 15.3	4 6.8	49 83.1
いない	15 100.0	− −	− −	15 100.0
問7B.今後3年間の現地法人の事業展開意向				
拡大する	59 100.0	8 13.6	3 5.1	50 84.7
現状維持	34 100.0	5 14.7	3 8.8	29 85.3
縮小・撤退する	4 100.0	2 50.0	1 25.0	2 50.0
問8（1）現地法人の経営方針				
きわめて重要な案件を除けば、基本的には現地法人側がすべてを決定する	20 100.0	1 5.0	1 5.0	19 95.0
基本的には本社が決定しているが、現地側の裁量の余地が大きい	56 100.0	10 17.9	4 7.1	46 82.1
基本的には、ほぼすべてを日本本社が決定している	26 100.0	4 15.4	2 7.7	21 80.8
問8（3）現地法人との意志疎通状況				
うまくいっている	27 100.0	2 7.4	1 3.7	25 92.6
ほぼうまくいっている	64 100.0	10 15.6	4 6.3	53 82.8
あまりうまくいっていない	12 100.0	3 25.0	2 16.7	9 75.0
うまくいっていない	1 100.0	− −	− −	1 100.0

日本企業本社のグローバル化対応に関する調査
問4(3)中国における従業員採用での問題
6.特に問題はない

	調査数	ホワイトカラー	ブルーカラー	無回答
全 体	106 100.0	24 22.6	15 14.2	79 74.5
問1(1)創業開始年				
1981年～	8 100.0	1 12.5	1 12.5	6 75.0
1951年～1980年	26 100.0	8 30.8	4 15.4	18 69.2
1921年～1950年	43 100.0	8 18.6	5 11.6	34 79.1
～1920年	29 100.0	7 24.1	5 17.2	21 72.4
問1(2)主たる業種				
食料品、繊維品、木材・家具、パルプ・紙	10 100.0	3 30.0	－ －	7 70.0
化学工業	13 100.0	5 38.5	3 23.1	8 61.5
鉄鋼業、金属製品	6 100.0	2 33.3	1 16.7	4 66.7
機器製造(一般、電気、輸送、精密)	22 100.0	5 22.7	3 13.6	17 77.3
プラスチック製品、ゴム・皮革、窯業・土石、非鉄金属	8 100.0	1 12.5	1 12.5	7 87.5
その他の製造業	7 100.0	－ －	1 14.3	6 85.7
卸売・小売り	11 100.0	2 18.2	－ －	9 81.8
運輸業	7 100.0	1 14.3	－ －	6 85.7
建設業	5 100.0	1 20.0	1 20.0	3 60.0
不動産業	1 100.0	－ －	－ －	1 100.0
飲食店・宿泊業	－ －	－ －	－ －	－ －
金融・保険業	2 100.0	－ －	－ －	2 100.0
情報通信業	1 100.0	－ －	－ －	1 100.0
教育、学習支援業	－ －	－ －	－ －	－ －
サービス業	9 100.0	3 33.3	4 44.4	5 55.6
その他の非製造業	－ －	－ －	－ －	－ －
問1(2)主たる業種				
製造業	66 100.0	16 24.2	9 13.6	49 74.2
非製造業	36 100.0	7 19.4	5 13.9	27 75.0
問1(3)日本本社の従業員数				
300人未満	17 100.0	5 29.4	1 5.9	12 70.6
300～1,000人未満	36 100.0	11 30.6	8 22.2	25 69.4
1,000～3,000人未満	27 100.0	4 14.8	1 3.7	23 85.2
3,000人以上	24 100.0	4 16.7	5 20.8	17 70.8

日本企業本社のグローバル化対応に関する調査
問4(3)中国における従業員採用での問題
6.特に問題はない

	調査数	ホワイトカラー	ブルーカラー	無回答
全 体	106 100.0	24 22.6	15 14.2	79 74.5
問1(4)2017年度の売上高				
100億円未満	6 100.0	1 16.7	– –	5 83.3
100～300億円未満	22 100.0	8 36.4	4 18.2	14 63.6
300～1,000億円未満	25 100.0	6 24.0	5 20.0	18 72.0
1,000～3,000億円未満	29 100.0	5 17.2	3 10.3	24 82.8
3,000億円以上	23 100.0	3 13.0	3 13.0	18 78.3
問1(5)2017年度の経常利益				
～0億円	1 100.0	– –	– –	1 100.0
1～10億円未満	9 100.0	2 22.2	1 11.1	7 77.8
10～30億円未満	28 100.0	9 32.1	5 17.9	18 64.3
30～100億円未満	27 100.0	6 22.2	3 11.1	21 77.8
100億円以上	39 100.0	6 15.4	6 15.4	31 79.5
問1(6)5年前と比較した現在の売上高				
50%以上の増加	13 100.0	1 7.7	1 7.7	11 84.6
20～50%以上の増加	28 100.0	3 10.7	– –	25 89.3
5～20%の増加	35 100.0	12 34.3	11 31.4	21 60.0
ー5～5%の間で、あまり変動はない	20 100.0	5 25.0	1 5.0	15 75.0
減少傾向にある	6 100.0	1 16.7	1 16.7	5 83.3
問1(7)外国籍社員				
いる	59 100.0	12 20.3	11 18.6	44 74.6
いない	15 100.0	6 40.0	2 13.3	9 60.0
問7B. 今後3年間の現地法人の事業展開意向				
拡大する	59 100.0	13 22.0	7 11.9	43 72.9
現状維持	34 100.0	10 29.4	7 20.6	24 70.6
縮小・撤退する	4 100.0	– –	– –	4 100.0
問8(1)現地法人の経営方針				
きわめて重要な案件を除けば、基本的には現地法人側がすべてを決定する	20 100.0	6 30.0	3 15.0	14 70.0
基本的には本社が決定しているが、現地側の裁量の余地が大きい	56 100.0	14 25.0	11 19.6	39 69.6
基本的には、ほぼすべてを日本本社が決定している	26 100.0	4 15.4	1 3.8	22 84.6
問8(3)現地法人との意志疎通状況				
うまくいっている	27 100.0	9 33.3	6 22.2	17 63.0
ほぼうまくいっている	64 100.0	14 21.9	7 10.9	49 76.6
あまりうまくいっていない	12 100.0	1 8.3	2 16.7	10 83.3
うまくいっていない	1 100.0	– –	– –	1 100.0

日本企業本社のグローバル化対応に関する調査
問4（3）中国における従業員採用での問題
7.採用は現地に一任しているため、わからない

	調査数	ホワイトカラー	ブルーカラー	無回答
全 体	106	26	29	71
	100.0	24.5	27.4	67.0
問1（1）創業開始年				
1981年～	8	4	2	4
	100.0	50.0	25.0	50.0
1951年～1980年	26	6	9	17
	100.0	23.1	34.6	65.4
1921年～1950年	43	11	14	27
	100.0	25.6	32.6	62.8
～1920年	29	5	4	23
	100.0	17.2	13.8	79.3
問1（2）主たる業種				
食料品、繊維品、木材・家具、パルプ・紙	10	5	5	5
	100.0	50.0	50.0	50.0
化学工業	13	2	3	9
	100.0	15.4	23.1	69.2
鉄鋼業、金属製品	6	1	1	5
	100.0	16.7	16.7	83.3
機器製造（一般、電気、輸送、精密）	22	6	9	13
	100.0	27.3	40.9	59.1
プラスチック製品、ゴム・皮革、窯業・土石、非鉄金属	8	-	2	6
	100.0	-	25.0	75.0
その他の製造業	7	4	3	3
	100.0	57.1	42.9	42.9
卸売・小売り	11	1	2	9
	100.0	9.1	18.2	81.8
運輸業	7	2	1	5
	100.0	28.6	14.3	71.4
建設業	5	1	-	4
	100.0	20.0	-	80.0
不動産業	1	-	-	1
	100.0	-	-	100.0
飲食店・宿泊業	-	-	-	-
	-	-	-	-
金融・保険業	2	1	-	1
	100.0	50.0	-	50.0
情報通信業	1	-	1	-
	100.0	-	100.0	-
教育、学習支援業	-	-	-	-
	-	-	-	-
サービス業	9	2	2	7
	100.0	22.2	22.2	77.8
その他の非製造業	-	-	-	-
	-	-	-	-
問1（2）主たる業種				
製造業	66	18	23	41
	100.0	27.3	34.8	62.1
非製造業	36	7	6	27
	100.0	19.4	16.7	75.0
問1（3）日本本社の従業員数				
300人未満	17	3	3	14
	100.0	17.6	17.6	82.4
300～1,000人未満	36	14	14	18
	100.0	38.9	38.9	50.0
1,000～3,000人未満	27	5	7	19
	100.0	18.5	25.9	70.4
3,000人以上	24	2	3	20
	100.0	8.3	12.5	83.3

日本企業本社のグローバル化対応に関する調査
問4(3)中国における従業員採用での問題
7.採用は現地に一任しているため、わからない

	調査数	ホワイトカラー	ブルーカラー	無回答
全 体	106 100.0	26 24.5	29 27.4	71 67.0
問1（4）2017年度の売上高				
100億円未満	6 100.0	2 33.3	2 33.3	4 66.7
100〜300億円未満	22 100.0	6 27.3	8 36.4	13 59.1
300〜1,000億円未満	25 100.0	10 40.0	10 40.0	14 56.0
1,000〜3,000億円未満	29 100.0	5 17.2	6 20.7	21 72.4
3,000億円以上	23 100.0	3 13.0	3 13.0	18 78.3
問1（5）2017年度の経常利益				
〜0億円	1 100.0	− −	1 100.0	− −
1〜10億円未満	9 100.0	1 11.1	1 11.1	8 88.9
10〜30億円未満	28 100.0	11 39.3	12 42.9	14 50.0
30〜100億円未満	27 100.0	9 33.3	8 29.6	17 63.0
100億円以上	39 100.0	5 12.8	7 17.9	30 76.9
問1（6）5 年前と比較した現在の売上高				
50%以上の増加	13 100.0	3 23.1	2 15.4	10 76.9
20〜50%以上の増加	28 100.0	10 35.7	13 46.4	13 46.4
5〜20%の増加	35 100.0	8 22.9	7 20.0	26 74.3
−5〜5%の間で、あまり変動はない	20 100.0	5 25.0	6 30.0	13 65.0
減少傾向にある	6 100.0	− −	1 16.7	5 83.3
問1（7）外国籍社員				
いる	59 100.0	9 15.3	15 25.4	43 72.9
いない	15 100.0	4 26.7	5 33.3	10 66.7
問7B. 今後3 年間の現地法人の事業展開意向				
拡大する	59 100.0	16 27.1	19 32.2	38 64.4
現状維持	34 100.0	8 23.5	8 23.5	23 67.6
縮小・撤退する	4 100.0	− −	1 25.0	3 75.0
問8（1）現地法人の経営方針				
きわめて重要な案件を除けば、基本的には現地法人側がすべてを決定する	20 100.0	7 35.0	7 35.0	12 60.0
基本的には本社が決定しているが、現地側の裁量の余地が大きい	56 100.0	10 17.9	11 19.6	42 75.0
基本的には、ほぼすべてを日本本社が決定している	26 100.0	8 30.8	10 38.5	14 53.8
問8（3）現地法人との意志疎通状況				
うまくいっている	27 100.0	4 14.8	7 25.9	20 74.1
ほぼうまくいっている	64 100.0	18 28.1	16 25.0	42 65.6
あまりうまくいっていない	12 100.0	3 25.0	5 41.7	7 58.3
うまくいっていない	1 100.0	1 100.0	1 100.0	− −

日本企業本社のグローバル化対応に関する調査
問4.中国現地法人における経営上の利点・課題について
問4(4)中国における人材の退職・流出状況

	調査数	ベテランの部長層	ベテランの課長層	中堅層の大卒・大学院卒（35歳前後）	若手の大卒・大学院卒	現場の主任・監督層・ベテランの技能者	特に人材の流出による問題はない	わからない	無回答
全 体	106 100.0	5 4.7	7 6.6	8 7.5	12 11.3	13 12.3	31 29.2	28 26.4	18 17.0
問1（1）創業開始年									
1981年～	8 100.0	1 12.5	1 12.5	2 25.0	1 12.5	1 12.5	2 25.0	2 25.0	1 12.5
1951年～1980年	26 100.0	3 11.5	2 7.7	2 7.7	4 15.4	3 11.5	8 30.8	8 30.8	2 7.7
1921年～1950年	43 100.0	1 2.3	2 4.7	3 7.0	4 9.3	5 11.6	12 27.9	12 27.9	9 20.9
～1920年	29 100.0	－ －	2 6.9	1 3.4	3 10.3	4 13.8	9 31.0	6 20.7	6 20.7
問1（2）主たる業種									
食料品、繊維品、木材・家具、パルプ・紙	10 100.0	－ －	－ －	－ －	－ －	1 10.0	2 20.0	5 50.0	2 20.0
化学工業	13 100.0	－ －	1 7.7	1 7.7	－ －	1 7.7	6 46.2	3 23.1	2 15.4
鉄鋼業、金属製品	6 100.0	－ －	－ －	－ －	－ －	－ －	3 50.0	3 50.0	－ －
機器製造（一般、電気、輸送、精密）	22 100.0	2 9.1	4 18.2	4 18.2	7 31.8	5 22.7	2 9.1	7 31.8	1 4.5
プラスチック製品、ゴム・皮革、窯業・土石、非鉄金属	8 100.0	－ －	－ －	－ －	2 25.0	1 12.5	4 50.0	1 12.5	－ －
その他の製造業	7 100.0	1 14.3	－ －	1 14.3	－ －	－ －	2 28.6	2 28.6	1 14.3
卸売・小売り	11 100.0	1 9.1	－ －	－ －	1 9.1	1 9.1	3 27.3	2 18.2	4 36.4
運輸業	7 100.0	－ －	1 14.3	－ －	－ －	1 14.3	3 42.9	2 28.6	1 14.3
建設業	5 100.0	－ －	－ －	－ －	－ －	1 20.0	1 20.0	－ －	3 60.0
不動産業	1 100.0	－ －	－ －	－ －	－ －	－ －	－ －	－ －	1 100.0
飲食店・宿泊業	－ －	－ －	－ －	－ －	－ －	－ －	－ －	－ －	－ －
金融・保険業	2 100.0	－ －	－ －	－ －	－ －	－ －	1 50.0	－ －	1 50.0
情報通信業	1 100.0	－ －	－ －	－ －	1 100.0	－ －	－ －	－ －	－ －
教育、学習支援業	－ －	－ －	－ －	－ －	－ －	－ －	－ －	－ －	－ －
サービス業	9 100.0	1 11.1	1 11.1	1 11.1	－ －	2 22.2	3 33.3	3 33.3	－ －
その他の非製造業	－ －	－ －	－ －	－ －	－ －	－ －	－ －	－ －	－ －
問1（2）主たる業種									
製造業	66 100.0	3 4.5	5 7.6	6 9.1	9 13.6	8 12.1	19 28.8	21 31.8	6 9.1
非製造業	36 100.0	2 5.6	2 5.6	1 2.8	2 5.6	5 13.9	11 30.6	7 19.4	10 27.8
問1（3）日本本社の従業員数									
300人未満	17 100.0	－ －	1 5.9	2 11.8	1 5.9	1 5.9	7 41.2	4 23.5	3 17.6
300～1,000人未満	36 100.0	1 2.8	2 5.6	－ －	1 2.8	3 8.3	17 47.2	10 27.8	3 8.3
1,000～3,000人未満	27 100.0	2 7.4	3 11.1	4 14.8	7 25.9	4 14.8	4 14.8	8 29.6	5 18.5
3,000人以上	24 100.0	2 8.3	1 4.2	2 8.3	3 12.5	5 20.8	3 12.5	4 16.7	7 29.2

日本企業本社のグローバル化対応に関する調査
問4.中国現地法人における経営上の利点・課題について
問4(4)中国における人材の退職・流出状況

	調査数	ベテランの部長層	ベテランの課長層	中堅層の大卒・大学院卒（35歳前後）	若手の大卒・大学院卒	現場の技能者・ベテランの主任・監督層・	特に人材の流出による問題はない	わからない	無回答
全 体	106 100.0	5 4.7	7 6.6	8 7.5	12 11.3	13 12.3	31 29.2	28 26.4	18 17.0
問1（4）2017年度の売上高									
100億円未満	6 100.0	− −	1 16.7	1 16.7	− −	− −	2 33.3	1 16.7	2 33.3
100〜300億円未満	22 100.0	− −	1 4.5	1 4.5	1 4.5	2 9.1	9 40.9	8 36.4	1 4.5
300〜1,000億円未満	25 100.0	3 12.0	1 4.0	2 8.0	4 16.0	3 12.0	6 24.0	8 32.0	2 8.0
1,000〜3,000億円未満	29 100.0	2 6.9	3 10.3	3 10.3	5 17.2	5 17.2	9 31.0	6 20.7	5 17.2
3,000億円以上	23 100.0	− −	1 4.3	1 4.3	2 8.7	3 13.0	4 17.4	5 21.7	8 34.8
問1（5）2017年度の経常利益									
〜0億円	1 100.0	− −	− −	− −	− −	1 100.0	− −	− −	− −
1〜10億円未満	9 100.0	− −	− −	− −	− −	1 11.1	3 33.3	4 44.4	1 11.1
10〜30億円未満	28 100.0	3 10.7	1 3.6	1 3.6	3 10.7	3 10.7	11 39.3	7 25.0	2 7.1
30〜100億円未満	27 100.0	− −	1 3.7	2 7.4	3 11.1	2 7.4	7 25.9	9 33.3	5 18.5
100億円以上	39 100.0	2 5.1	4 10.3	4 10.3	6 15.4	6 15.4	9 23.1	8 20.5	10 25.6
問1（6）5 年前と比較した現在の売上高									
50%以上の増加	13 100.0	3 23.1	2 15.4	3 23.1	3 23.1	2 15.4	2 15.4	2 15.4	4 30.8
20〜50%以上の増加	28 100.0	− −	2 7.1	2 7.1	3 10.7	3 10.7	8 28.6	10 35.7	4 14.3
5〜20%の増加	35 100.0	1 2.9	2 5.7	1 2.9	2 5.7	3 8.6	14 40.0	8 22.9	5 14.3
−5〜5%の間で、あまり変動はない	20 100.0	1 5.0	1 5.0	1 5.0	3 15.0	4 20.0	4 20.0	6 30.0	2 10.0
減少傾向にある	6 100.0	− −	− −	1 16.7	1 16.7	1 16.7	1 16.7	2 33.3	1 16.7
問1（7）外国籍社員									
いる	59 100.0	4 6.8	7 11.9	6 10.2	8 13.6	9 15.3	18 30.5	11 18.6	9 15.3
いない	15 100.0	− −	− −	1 6.7	1 6.7	1 6.7	6 40.0	5 33.3	2 13.3
問7B. 今後3 年間の現地法人の事業展開意向									
拡大する	59 100.0	4 6.8	6 10.2	7 11.9	8 13.6	10 16.9	16 27.1	14 23.7	8 13.6
現状維持	34 100.0	− −	− −	− −	4 11.8	1 2.9	13 38.2	13 38.2	3 8.8
縮小・撤退する	4 100.0	1 25.0	1 25.0	1 25.0	− −	2 50.0	1 25.0	− −	− −
問8（1）現地法人の経営方針									
きわめて重要な案件を除けば、基本的には現地法人側がすべてを決定する	20 100.0	1 5.0	− −	− −	2 10.0	1 5.0	6 30.0	8 40.0	2 10.0
基本的には本社が決定しているが、現地側の裁量の余地が大きい	56 100.0	3 5.4	7 12.5	7 12.5	7 12.5	6 10.7	20 35.7	12 21.4	8 14.3
基本的には、ほぼすべてを日本本社が決定している	26 100.0	1 3.8	− −	1 3.8	3 11.5	6 23.1	5 19.2	7 26.9	5 19.2
問8（3）現地法人との意志疎通状況									
うまくいっている	27 100.0	− −	− −	1 3.7	4 14.8	3 11.1	9 33.3	5 18.5	6 22.2
ほぼうまくいっている	64 100.0	4 6.3	6 9.4	6 9.4	8 12.5	7 10.9	18 28.1	19 29.7	10 15.6
あまりうまくいっていない	12 100.0	1 8.3	1 8.3	1 8.3	− −	3 25.0	3 25.0	4 33.3	− −
うまくいっていない	1 100.0	− −	− −	− −	− −	− −	1 100.0	− −	− −

−245−

日本企業本社のグローバル化対応に関する調査
問5.現在、中国の現地法人に日本人が派遣されている理由
1.日本本社の経理理念・経営手法を浸透させる必要があるから

	調査数	取締役以上の日本人派遣者	ラインマネージャー（部課長層）の日本人派遣者	アドバイザー・コーディネーターの日本人派遣者	無回答
全 体	106 100.0	51 48.1	40 37.7	10 9.4	40 37.7
問1（1）創業開始年					
1981年～	8 100.0	4 50.0	1 12.5	－ －	4 50.0
1951年～1980年	26 100.0	9 34.6	10 38.5	2 7.7	11 42.3
1921年～1950年	43 100.0	19 44.2	13 30.2	2 4.7	18 41.9
～1920年	29 100.0	19 65.5	16 55.2	6 20.7	7 24.1
問1（2）主たる業種					
食料品、繊維品、木材・家具、パルプ・紙	10 100.0	7 70.0	3 30.0	1 10.0	3 30.0
化学工業	13 100.0	7 53.8	7 53.8	1 7.7	5 38.5
鉄鋼業、金属製品	6 100.0	2 33.3	－ －	－ －	4 66.7
機器製造（一般、電気、輸送、精密）	22 100.0	12 54.5	10 45.5	3 13.6	5 22.7
プラスチック製品、ゴム・皮革、窯業・土石、非鉄金属	8 100.0	2 25.0	5 62.5	－ －	2 25.0
その他の製造業	7 100.0	3 42.9	2 28.6	－ －	3 42.9
卸売・小売り	11 100.0	4 36.4	3 27.3	2 18.2	6 54.5
運輸業	7 100.0	3 42.9	2 28.6	2 28.6	3 42.9
建設業	5 100.0	3 60.0	3 60.0	－ －	2 40.0
不動産業	1 100.0	1 100.0	－ －	－ －	－ －
飲食店・宿泊業	－ －	－ －	－ －	－ －	－ －
金融・保険業	2 100.0	1 50.0	1 50.0	－ －	1 50.0
情報通信業	1 100.0	－ －	1 100.0	－ －	－ －
教育、学習支援業	－ －	－ －	－ －	－ －	－ －
サービス業	9 100.0	3 33.3	2 22.2	1 11.1	5 55.6
その他の非製造業	－ －	－ －	－ －	－ －	－ －
問1（2）主たる業種					
製造業	66 100.0	33 50.0	27 40.9	5 7.6	22 33.3
非製造業	36 100.0	15 41.7	12 33.3	5 13.9	17 47.2
問1（3）日本本社の従業員数					
300人未満	17 100.0	5 29.4	1 5.9	1 5.9	12 70.6
300～1,000人未満	36 100.0	14 38.9	13 36.1	3 8.3	15 41.7
1,000～3,000人未満	27 100.0	15 55.6	11 40.7	1 3.7	9 33.3
3,000人以上	24 100.0	16 66.7	13 54.2	4 16.7	4 16.7

日本企業本社のグローバル化対応に関する調査
問5.現在、中国の現地法人に日本人が派遣されている理由
1.日本本社の経理理念・経営手法を浸透させる必要があるから

	調査数	取締役以上の日本人派遣者	ラインマネージャー（部課長層）の日本人派遣者	アドバイザー・コーディネーターの日本人派遣者	無回答
全 体	106 100.0	51 48.1	40 37.7	10 9.4	40 37.7
問1（4）2017年度の売上高					
100億円未満	6 100.0	– –	1 16.7	– –	5 83.3
100～300億円未満	22 100.0	8 36.4	5 22.7	3 13.6	11 50.0
300～1,000億円未満	25 100.0	10 40.0	10 40.0	1 4.0	11 44.0
1,000～3,000億円未満	29 100.0	16 55.2	10 34.5	3 10.3	9 31.0
3,000億円以上	23 100.0	17 73.9	14 60.9	3 13.0	3 13.0
問1（5）2017年度の経常利益					
～0億円	1 100.0	1 100.0	1 100.0	1 100.0	– –
1～10億円未満	9 100.0	2 22.2	2 22.2	1 11.1	5 55.6
10～30億円未満	28 100.0	5 17.9	6 21.4	1 3.6	18 64.3
30～100億円未満	27 100.0	17 63.0	11 40.7	3 11.1	8 29.6
100億円以上	39 100.0	26 66.7	20 51.3	4 10.3	7 17.9
問1（6）5 年前と比較した現在の売上高					
50%以上の増加	13 100.0	6 46.2	4 30.8	1 7.7	4 30.8
20～50%以上の増加	28 100.0	12 42.9	10 35.7	2 7.1	11 39.3
5～20%の増加	35 100.0	20 57.1	17 48.6	4 11.4	11 31.4
ー5～5%の間で、あまり変動はない	20 100.0	9 45.0	6 30.0	2 10.0	8 40.0
減少傾向にある	6 100.0	3 50.0	3 50.0	1 16.7	3 50.0
問1（7）外国籍社員					
いる	59 100.0	26 44.1	26 44.1	4 6.8	20 33.9
いない	15 100.0	7 46.7	2 13.3	2 13.3	8 53.3
問7B. 今後3 年間の現地法人の事業展開意向					
拡大する	59 100.0	32 54.2	27 45.8	5 8.5	19 32.2
現状維持	34 100.0	15 44.1	12 35.3	4 11.8	12 35.3
縮小・撤退する	4 100.0	2 50.0	1 25.0	1 25.0	2 50.0
問8（1）現地法人の経営方針					
きわめて重要な案件を除けば、基本的には現地法人側がすべてを決定する	20 100.0	8 40.0	6 30.0	1 5.0	9 45.0
基本的には本社が決定しているが、現地側の裁量の余地が大きい	56 100.0	28 50.0	19 33.9	3 5.4	20 35.7
基本的には、ほぼすべてを日本本社が決定している	26 100.0	14 53.8	14 53.8	6 23.1	8 30.8
問8（3）現地法人との意志疎通状況					
うまくいっている	27 100.0	15 55.6	8 29.6	1 3.7	9 33.3
ほぼうまくいっている	64 100.0	29 45.3	26 40.6	5 7.8	26 40.6
あまりうまくいっていない	12 100.0	7 58.3	6 50.0	4 33.3	2 16.7
うまくいっていない	1 100.0	– –	– –	– –	1 100.0

日本企業本社のグローバル化対応に関する調査
問5.現在、中国の現地法人に日本人が派遣されている理由
2.日本人従業員にキャリアを積ませる必要があるから

	調査数	取締役以上の日本人派遣者	ラインマネージャー（部課長層）の日本人派遣者	アドバイザー・コーディネーターの日本人派遣者	無回答
全 体	106 100.0	11 10.4	35 33.0	17 16.0	63 59.4
問1（1）創業開始年					
1981年～	8 100.0	1 12.5	1 12.5	－ －	7 87.5
1951年～1980年	26 100.0	1 3.8	6 23.1	2 7.7	19 73.1
1921年～1950年	43 100.0	4 9.3	17 39.5	7 16.3	22 51.2
～1920年	29 100.0	5 17.2	11 37.9	8 27.6	15 51.7
問1（2）主たる業種					
食料品、繊維品、木材・家具、パルプ・紙	10 100.0	1 10.0	3 30.0	1 10.0	7 70.0
化学工業	13 100.0	4 30.8	6 46.2	5 38.5	5 38.5
鉄鋼業、金属製品	6 100.0	－ －	2 33.3	－ －	4 66.7
機器製造（一般、電気、輸送、精密）	22 100.0	1 4.5	9 40.9	2 9.1	11 50.0
プラスチック製品、ゴム・皮革、窯業・土石、非鉄金属	8 100.0	2 25.0	4 50.0	1 12.5	4 50.0
その他の製造業	7 100.0	－ －	1 14.3	1 14.3	5 71.4
卸売・小売り	11 100.0	－ －	4 36.4	4 36.4	6 54.5
運輸業	7 100.0	1 14.3	1 14.3	2 28.6	5 71.4
建設業	5 100.0	－ －	－ －	1 20.0	4 80.0
不動産業	1 100.0	－ －	－ －	－ －	1 100.0
飲食店・宿泊業	－ －	－ －	－ －	－ －	－ －
金融・保険業	2 100.0	1 50.0	1 50.0	－ －	1 50.0
情報通信業	1 100.0	－ －	－ －	－ －	1 100.0
教育、学習支援業	－ －	－ －	－ －	－ －	－ －
サービス業	9 100.0	－ －	2 22.2	－ －	7 77.8
その他の非製造業	－ －	－ －	－ －	－ －	－ －
問1（2）主たる業種					
製造業	66 100.0	8 12.1	25 37.9	10 15.2	36 54.5
非製造業	36 100.0	2 5.6	8 22.2	7 19.4	25 69.4
問1（3）日本本社の従業員数					
300人未満	17 100.0	1 5.9	3 17.6	2 11.8	13 76.5
300～1,000人未満	36 100.0	3 8.3	12 33.3	4 11.1	23 63.9
1,000～3,000人未満	27 100.0	4 14.8	12 44.4	4 14.8	14 51.9
3,000人以上	24 100.0	2 8.3	6 25.0	6 25.0	13 54.2

－248－

日本企業本社のグローバル化対応に関する調査
問5.現在、中国の現地法人に日本人が派遣されている理由
2.日本人従業員にキャリアを積ませる必要があるから

	調査数	取締役以上の日本人派遣者	ライン（部課長層）マネージャーの日本人派遣者	アドバイザー・コーディネーターの日本人派遣者	無回答
全 体	106 100.0	11 10.4	35 33.0	17 16.0	63 59.4
問1（4）2017年度の売上高					
100億円未満	6 100.0	－ －	－ －	－ －	6 100.0
100～300億円未満	22 100.0	－ －	8 36.4	4 18.2	13 59.1
300～1,000億円未満	25 100.0	3 12.0	7 28.0	2 8.0	17 68.0
1,000～3,000億円未満	29 100.0	5 17.2	11 37.9	4 13.8	16 55.2
3,000億円以上	23 100.0	3 13.0	8 34.8	7 30.4	11 47.8
問1（5）2017年度の経常利益					
～0億円	1 100.0	－ －	－ －	－ －	1 100.0
1～10億円未満	9 100.0	－ －	3 33.3	2 22.2	5 55.6
10～30億円未満	28 100.0	－ －	6 21.4	2 7.1	22 78.6
30～100億円未満	27 100.0	5 18.5	11 40.7	3 11.1	14 51.9
100億円以上	39 100.0	6 15.4	14 35.9	10 25.6	20 51.3
問1（6）5年前と比較した現在の売上高					
50%以上の増加	13 100.0	1 7.7	4 30.8	1 7.7	9 69.2
20～50%以上の増加	28 100.0	5 17.9	13 46.4	4 14.3	13 46.4
5～20%の増加	35 100.0	3 8.6	10 28.6	7 20.0	22 62.9
－5～5%の間で、あまり変動はない	20 100.0	－ －	6 30.0	4 20.0	13 65.0
減少傾向にある	6 100.0	1 16.7	1 16.7	1 16.7	4 66.7
問1（7）外国籍社員					
いる	59 100.0	6 10.2	19 32.2	13 22.0	33 55.9
いない	15 100.0	1 6.7	5 33.3	1 6.7	10 66.7
問7B.今後3年間の現地法人の事業展開意向					
拡大する	59 100.0	6 10.2	23 39.0	9 15.3	32 54.2
現状維持	34 100.0	4 11.8	11 32.4	8 23.5	20 58.8
縮小・撤退する	4 100.0	－ －	1 25.0	－ －	3 75.0
問8（1）現地法人の経営方針					
きわめて重要な案件を除けば、基本的には現地法人側がすべてを決定する	20 100.0	1 5.0	4 20.0	2 10.0	14 70.0
基本的には本社が決定しているが、現地側の裁量の余地が大きい	56 100.0	7 12.5	20 35.7	10 17.9	31 55.4
基本的には、ほぼすべてを日本本社が決定している	26 100.0	3 11.5	11 42.3	5 19.2	14 53.8
問8（3）現地法人との意志疎通状況					
うまくいっている	27 100.0	2 7.4	5 18.5	4 14.8	18 66.7
ほぼうまくいっている	64 100.0	8 12.5	26 40.6	10 15.6	36 56.3
あまりうまくいっていない	12 100.0	1 8.3	4 33.3	3 25.0	6 50.0
うまくいっていない	1 100.0	－ －	－ －	－ －	1 100.0

日本企業本社のグローバル化対応に関する調査
問5.現在、中国の現地法人に日本人が派遣されている理由
3.日本からの技術移転が必要だから

	調査数	取締役以上の日本人派遣者	ライン（部課長層）マネージャーの日本人派遣者	アドバイザー・コーディネーターの日本人派遣者	無回答
全　体	106	7	30	19	65
	100.0	6.6	28.3	17.9	61.3
問1（1）創業開始年					
1981年～	8	－	－	－	8
	100.0	－	－	－	100.0
1951年～1980年	26	2	10	3	14
	100.0	7.7	38.5	11.5	53.8
1921年～1950年	43	5	14	10	22
	100.0	11.6	32.6	23.3	51.2
～1920年	29	－	6	6	21
	100.0	－	20.7	20.7	72.4
問1（2）主たる業種					
食料品、繊維品、木材・家具、パルプ・紙	10	1	2	1	6
	100.0	10.0	20.0	10.0	60.0
化学工業	13	1	2	3	8
	100.0	7.7	15.4	23.1	61.5
鉄鋼業、金属製品	6	－	1	－	5
	100.0	－	16.7	－	83.3
機器製造（一般、電気、輸送、精密）	22	－	9	7	10
	100.0	－	40.9	31.8	45.5
プラスチック製品、ゴム・皮革、窯業・土石、非鉄金属	8	1	5	4	2
	100.0	12.5	62.5	50.0	25.0
その他の製造業	7	1	2	－	4
	100.0	14.3	28.6	－	57.1
卸売・小売り	11	2	2	－	9
	100.0	18.2	18.2	－	81.8
運輸業	7	－	1	－	6
	100.0	－	14.3	－	85.7
建設業	5	1	2	1	3
	100.0	20.0	40.0	20.0	60.0
不動産業	1	－	－	－	1
	100.0	－	－	－	100.0
飲食店・宿泊業	－	－	－	－	－
金融・保険業	2	－	－	－	2
	100.0	－	－	－	100.0
情報通信業	1	－	1	－	－
	100.0	－	100.0	－	－
教育、学習支援業	－	－	－	－	－
サービス業	9	－	1	1	7
	100.0	－	11.1	11.1	77.8
その他の非製造業	－	－	－	－	－
問1（2）主たる業種					
製造業	66	4	21	15	35
	100.0	6.1	31.8	22.7	53.0
非製造業	36	3	7	2	28
	100.0	8.3	19.4	5.6	77.8
問1（3）日本本社の従業員数					
300人未満	17	－	2	1	14
	100.0	－	11.8	5.9	82.4
300～1,000人未満	36	3	7	5	24
	100.0	8.3	19.4	13.9	66.7
1,000～3,000人未満	27	2	11	6	15
	100.0	7.4	40.7	22.2	55.6
3,000人以上	24	2	10	7	10
	100.0	8.3	41.7	29.2	41.7

－250－

日本企業本社のグローバル化対応に関する調査
問5.現在、中国の現地法人に日本人が派遣されている理由
3.日本からの技術移転が必要だから

	調査数	取締役以上の日本人派遣者	ラインマネージャー（部課長層）の日本人派遣者	アドバイザー・コーディネーターの日本人派遣者	無回答
全体	106	7	30	19	65
	100.0	6.6	28.3	17.9	61.3
問1（4）2017年度の売上高					
100億円未満	6	−	1	−	5
	100.0	−	16.7	−	83.3
100～300億円未満	22	−	5	4	14
	100.0	−	22.7	18.2	63.6
300～1,000億円未満	25	4	6	3	16
	100.0	16.0	24.0	12.0	64.0
1,000～3,000億円未満	29	1	9	7	17
	100.0	3.4	31.0	24.1	58.6
3,000億円以上	23	2	9	5	12
	100.0	8.7	39.1	21.7	52.2
問1（5）2017年度の経常利益					
～0億円	1	−	−	−	1
	100.0	−	−	−	100.0
1～10億円未満	9	−	2	1	6
	100.0	−	22.2	11.1	66.7
10～30億円未満	28	3	6	4	18
	100.0	10.7	21.4	14.3	64.3
30～100億円未満	27	2	8	5	17
	100.0	7.4	29.6	18.5	63.0
100億円以上	39	2	14	9	21
	100.0	5.1	35.9	23.1	53.8
問1（6）5年前と比較した現在の売上高					
50%以上の増加	13	1	3	1	9
	100.0	7.7	23.1	7.7	69.2
20～50%以上の増加	28	1	10	3	17
	100.0	3.6	35.7	10.7	60.7
5～20%の増加	35	2	10	9	20
	100.0	5.7	28.6	25.7	57.1
−5～5%の間で、あまり変動はない	20	2	5	5	12
	100.0	10.0	25.0	25.0	60.0
減少傾向にある	6	−	2	1	4
	100.0	−	33.3	16.7	66.7
問1（7）外国籍社員					
いる	59	4	18	13	32
	100.0	6.8	30.5	22.0	54.2
いない	15	−	3	−	12
	100.0	−	20.0	−	80.0
問7B. 今後3年間の現地法人の事業展開意向					
拡大する	59	4	17	13	32
	100.0	6.8	28.8	22.0	54.2
現状維持	34	1	11	5	23
	100.0	2.9	32.4	14.7	67.6
縮小・撤退する	4	1	1	−	3
	100.0	25.0	25.0	−	75.0
問8（1）現地法人の経営方針					
きわめて重要な案件を除けば、基本的には現地法人側がすべてを決定する	20	1	5	1	13
	100.0	5.0	25.0	5.0	65.0
基本的には本社が決定しているが、現地側の裁量の余地が大きい	56	5	18	11	33
	100.0	8.9	32.1	19.6	58.9
基本的には、ほぼすべてを日本本社が決定している	26	1	7	7	15
	100.0	3.8	26.9	26.9	57.7
問8（3）現地法人との意志疎通状況					
うまくいっている	27	3	4	2	20
	100.0	11.1	14.8	7.4	74.1
ほぼうまくいっている	64	3	22	14	37
	100.0	4.7	34.4	21.9	57.8
あまりうまくいっていない	12	1	4	3	5
	100.0	8.3	33.3	25.0	41.7
うまくいっていない	1	−	−	−	1
	100.0	−	−	−	100.0

日本企業本社のグローバル化対応に関する調査
問5.現在、中国の現地法人に日本人が派遣されている理由
4.日本本社との調整に必要だから

	調査数	取締役以上の日本人派遣者	ラインマネージャー（部課長層）の日本人派遣者	アドバイザー・コーディネーターの日本人派遣者	無回答
全 体	106 100.0	38 35.8	59 55.7	16 15.1	30 28.3
問1（1）創業開始年					
1981年～	8 100.0	2 25.0	3 37.5	－ －	4 50.0
1951年～1980年	26 100.0	8 30.8	12 46.2	4 15.4	7 26.9
1921年～1950年	43 100.0	12 27.9	24 55.8	5 11.6	13 30.2
～1920年	29 100.0	16 55.2	20 69.0	7 24.1	6 20.7
問1（2）主たる業種					
食料品、繊維品、木材・家具、パルプ・紙	10 100.0	4 40.0	4 40.0	1 10.0	5 50.0
化学工業	13 100.0	6 46.2	8 61.5	3 23.1	4 30.8
鉄鋼業、金属製品	6 100.0	2 33.3	3 50.0	－ －	1 16.7
機器製造（一般、電気、輸送、精密）	22 100.0	7 31.8	17 77.3	3 13.6	2 9.1
プラスチック製品、ゴム・皮革、窯業・土石、非鉄金属	8 100.0	2 25.0	5 62.5	2 25.0	1 12.5
その他の製造業	7 100.0	2 28.6	5 71.4	2 28.6	1 14.3
卸売・小売り	11 100.0	4 36.4	6 54.5	2 18.2	4 36.4
運輸業	7 100.0	3 42.9	4 57.1	2 28.6	2 28.6
建設業	5 100.0	2 40.0	2 40.0	－ －	3 60.0
不動産業	1 100.0	－ －	－ －	－ －	1 100.0
飲食店・宿泊業	－ －	－ －	－ －	－ －	－ －
金融・保険業	2 100.0	1 50.0	1 50.0	－ －	1 50.0
情報通信業	1 100.0	－ －	1 100.0	－ －	－ －
教育、学習支援業	－ －	－ －	－ －	－ －	－ －
サービス業	9 100.0	2 22.2	2 22.2	1 11.1	4 44.4
その他の非製造業	－ －	－ －	－ －	－ －	－ －
問1（2）主たる業種					
製造業	66 100.0	23 34.8	42 63.6	11 16.7	14 21.2
非製造業	36 100.0	12 33.3	16 44.4	5 13.9	15 41.7
問1（3）日本本社の従業員数					
300人未満	17 100.0	5 29.4	6 35.3	3 17.6	5 29.4
300～1,000人未満	36 100.0	11 30.6	20 55.6	5 13.9	11 30.6
1,000～3,000人未満	27 100.0	11 40.7	15 55.6	3 11.1	8 29.6
3,000人以上	24 100.0	10 41.7	16 66.7	4 16.7	6 25.0

日本企業本社のグローバル化対応に関する調査
問5.現在、中国の現地法人に日本人が派遣されている理由
4.日本本社との調整に必要だから

	調査数	取締役以上の日本人派遣者	ラインマネージャー（部課長層）の派遣者の日本人	アドバイザー・コーディネーターの日本人派遣者	無回答
全　体	106	38	59	16	30
	100.0	35.8	55.7	15.1	28.3
問1（4）2017年度の売上高					
100億円未満	6	1	1	－	4
	100.0	16.7	16.7	－	66.7
100～300億円未満	22	5	12	4	6
	100.0	22.7	54.5	18.2	27.3
300～1,000億円未満	25	8	11	4	8
	100.0	32.0	44.0	16.0	32.0
1,000～3,000億円未満	29	12	17	4	7
	100.0	41.4	58.6	13.8	24.1
3,000億円以上	23	12	17	4	5
	100.0	52.2	73.9	17.4	21.7
問1（5）2017年度の経常利益					
～0億円	1	1	1	1	－
	100.0	100.0	100.0	100.0	－
1～10億円未満	9	2	5	1	2
	100.0	22.2	55.6	11.1	22.2
10～30億円未満	28	4	12	2	12
	100.0	14.3	42.9	7.1	42.9
30～100億円未満	27	14	14	6	5
	100.0	51.9	51.9	22.2	18.5
100億円以上	39	17	26	6	10
	100.0	43.6	66.7	15.4	25.6
問1（6）5年前と比較した現在の売上高					
50%以上の増加	13	2	7	1	5
	100.0	15.4	53.8	7.7	38.5
20～50%以上の増加	28	7	18	3	9
	100.0	25.0	64.3	10.7	32.1
5～20%の増加	35	17	20	8	6
	100.0	48.6	57.1	22.9	17.1
－5～5%の間で、あまり変動はない	20	7	11	3	6
	100.0	35.0	55.0	15.0	30.0
減少傾向にある	6	4	2	1	2
	100.0	66.7	33.3	16.7	33.3
問1（7）外国籍社員					
いる	59	24	35	10	13
	100.0	40.7	59.3	16.9	22.0
いない	15	4	9	2	4
	100.0	26.7	60.0	13.3	26.7
問7B.今後3年間の現地法人の事業展開意向					
拡大する	59	21	37	9	14
	100.0	35.6	62.7	15.3	23.7
現状維持	34	14	18	6	8
	100.0	41.2	52.9	17.6	23.5
縮小・撤退する	4	1	3	1	1
	100.0	25.0	75.0	25.0	25.0
問8（1）現地法人の経営方針					
きわめて重要な案件を除けば、基本的には現地法人側がすべてを決定する	20	6	8	3	7
	100.0	30.0	40.0	15.0	35.0
基本的には本社が決定しているが、現地側の裁量の余地が大きい	56	19	34	8	15
	100.0	33.9	60.7	14.3	26.8
基本的には、ほぼすべてを日本本社が決定している	26	12	16	4	5
	100.0	46.2	61.5	15.4	19.2
問8（3）現地法人との意志疎通状況					
うまくいっている	27	8	11	1	11
	100.0	29.6	40.7	3.7	40.7
ほぼうまくいっている	64	25	40	10	15
	100.0	39.1	62.5	15.6	23.4
あまりうまくいっていない	12	5	8	5	1
	100.0	41.7	66.7	41.7	8.3
うまくいっていない	1	－	－	－	1
	100.0	－	－	－	100.0

日本企業本社のグローバル化対応に関する調査
問5.現在、中国の現地法人に日本人が派遣されている理由
5.現地法人の経理管理に必要だから

	調査数	取締役以上の日本人派遣者	ラインマネージャー（部課長層）の日本人派遣者	アドバイザー・コーディネーターの日本人派遣者	無回答
全体	106	35	45	9	38
	100.0	33.0	42.5	8.5	35.8
問1（1）創業開始年					
1981年～	8	3	2	－	4
	100.0	37.5	25.0	－	50.0
1951年～1980年	26	5	11	2	10
	100.0	19.2	42.3	7.7	38.5
1921年～1950年	43	12	17	3	17
	100.0	27.9	39.5	7.0	39.5
～1920年	29	15	15	4	7
	100.0	51.7	51.7	13.8	24.1
問1（2）主たる業種					
食料品、繊維品、木材・家具、パルプ・紙	10	3	3	1	5
	100.0	30.0	30.0	10.0	50.0
化学工業	13	6	8	2	5
	100.0	46.2	61.5	15.4	38.5
鉄鋼業、金属製品	6	2	1	－	3
	100.0	33.3	16.7	－	50.0
機器製造（一般、電気、輸送、精密）	22	6	13	2	2
	100.0	27.3	59.1	9.1	9.1
プラスチック製品、ゴム・皮革、窯業・土石、非鉄金属	8	4	5	1	－
	100.0	50.0	62.5	12.5	－
その他の製造業	7	2	3	－	3
	100.0	28.6	42.9	－	42.9
卸売・小売り	11	3	4	1	5
	100.0	27.3	36.4	9.1	45.5
運輸業	7	2	1	1	4
	100.0	28.6	14.3	14.3	57.1
建設業	5	2	1	－	3
	100.0	40.0	20.0	－	60.0
不動産業	1	－	1	－	－
	100.0	－	100.0	－	－
飲食店・宿泊業	－	－	－	－	－
	－	－	－	－	－
金融・保険業	2	1	1	－	1
	100.0	50.0	50.0	－	50.0
情報通信業	1	－	1	－	－
	100.0	－	100.0	－	－
教育、学習支援業	－	－	－	－	－
	－	－	－	－	－
サービス業	9	3	1	－	6
	100.0	33.3	11.1	－	66.7
その他の非製造業	－	－	－	－	－
	－	－	－	－	－
問1（2）主たる業種					
製造業	66	23	33	6	18
	100.0	34.8	50.0	9.1	27.3
非製造業	36	11	10	2	19
	100.0	30.6	27.8	5.6	52.8
問1（3）日本本社の従業員数					
300人未満	17	5	3	1	8
	100.0	29.4	17.6	5.9	47.1
300～1,000人未満	36	11	14	3	16
	100.0	30.6	38.9	8.3	44.4
1,000～3,000人未満	27	9	14	3	8
	100.0	33.3	51.9	11.1	29.6
3,000人以上	24	10	12	1	6
	100.0	41.7	50.0	4.2	25.0

日本企業本社のグローバル化対応に関する調査
問5.現在、中国の現地法人に日本人が派遣されている理由
5.現地法人の経理管理に必要だから

	調査数	取締役以上の日本人派遣者	ラインマネージャー（部課長層）派遣者の日本人	アドバイザー・コーディネーターの日本人派遣者	無回答
全 体	106 100.0	35 33.0	45 42.5	9 8.5	38 35.8
問1（4）2017年度の売上高					
100億円未満	6 100.0	1 16.7	– –	– –	5 83.3
100～300億円未満	22 100.0	6 27.3	6 27.3	3 13.6	9 40.9
300～1,000億円未満	25 100.0	6 24.0	12 48.0	3 12.0	11 44.0
1,000～3,000億円未満	29 100.0	10 34.5	15 51.7	1 3.4	8 27.6
3,000億円以上	23 100.0	12 52.2	12 52.2	2 8.7	4 17.4
問1（5）2017年度の経常利益					
～0億円	1 100.0	– –	– –	1 100.0	– –
1～10億円未満	9 100.0	3 33.3	2 22.2	1 11.1	4 44.4
10～30億円未満	28 100.0	5 17.9	8 28.6	1 3.6	16 57.1
30～100億円未満	27 100.0	10 37.0	13 48.1	3 11.1	9 33.3
100億円以上	39 100.0	17 43.6	22 56.4	3 7.7	7 17.9
問1（6）5年前と比較した現在の売上高					
50%以上の増加	13 100.0	5 38.5	4 30.8	– –	4 30.8
20～50%以上の増加	28 100.0	6 21.4	14 50.0	2 7.1	11 39.3
5～20%の増加	35 100.0	17 48.6	14 40.0	3 8.6	11 31.4
－5～5%の間で、あまり変動はない	20 100.0	5 25.0	10 50.0	2 10.0	7 35.0
減少傾向にある	6 100.0	2 33.3	2 33.3	2 33.3	2 33.3
問1（7）外国籍社員					
いる	59 100.0	22 37.3	26 44.1	5 8.5	18 30.5
いない	15 100.0	4 26.7	3 20.0	2 13.3	8 53.3
問7B. 今後3年間の現地法人の事業展開意向					
拡大する	59 100.0	23 39.0	27 45.8	4 6.8	21 35.6
現状維持	34 100.0	11 32.4	15 44.1	4 11.8	9 26.5
縮小・撤退する	4 100.0	1 25.0	1 25.0	1 25.0	1 25.0
問8（1）現地法人の経営方針					
きわめて重要な案件を除けば、基本的には現地法人側がすべてを決定する	20 100.0	6 30.0	7 35.0	2 10.0	9 45.0
基本的には本社が決定しているが、現地側の裁量の余地が大きい	56 100.0	22 39.3	22 39.3	3 5.4	20 35.7
基本的には、ほぼすべてを日本本社が決定している	26 100.0	6 23.1	15 57.7	4 15.4	6 23.1
問8（3）現地法人との意志疎通状況					
うまくいっている	27 100.0	11 40.7	8 29.6	– –	10 37.0
ほぼうまくいっている	64 100.0	19 29.7	35 54.7	7 10.9	20 31.3
あまりうまくいっていない	12 100.0	5 41.7	2 16.7	2 16.7	5 41.7
うまくいっていない	1 100.0	– –	– –	– –	1 100.0

日本企業本社のグローバル化対応に関する調査
問5.現在、中国の現地法人に日本人が派遣されている理由
6.現地の取引先の交渉相手が日本人だから

	調査数	取締役以上の日本人派遣者	ライン（部課長層）マネージャーの日本人派遣者	アドバイザー・コーディネーターの日本人派遣者	無回答
全 体	106 100.0	8 7.5	21 19.8	8 7.5	81 76.4
問1（1）創業開始年					
1981年～	8 100.0	2 25.0	4 50.0	2 25.0	3 37.5
1951年～1980年	26 100.0	2 7.7	2 7.7	– –	22 84.6
1921年～1950年	43 100.0	1 2.3	8 18.6	1 2.3	35 81.4
～1920年	29 100.0	3 10.3	7 24.1	5 17.2	21 72.4
問1（2）主たる業種					
食料品、繊維品、木材・家具、パルプ・紙	10 100.0	– –	1 10.0	– –	9 90.0
化学工業	13 100.0	– –	2 15.4	– –	11 84.6
鉄鋼業、金属製品	6 100.0	– –	1 16.7	– –	5 83.3
機器製造（一般、電気、輸送、精密）	22 100.0	1 4.5	4 18.2	1 4.5	16 72.7
プラスチック製品、ゴム・皮革、窯業・土石、非鉄金属	8 100.0	– –	– –	– –	8 100.0
その他の製造業	7 100.0	– –	1 14.3	– –	6 85.7
卸売・小売り	11 100.0	2 18.2	3 27.3	1 9.1	8 72.7
運輸業	7 100.0	1 14.3	4 57.1	2 28.6	3 42.9
建設業	5 100.0	– –	1 20.0	1 20.0	4 80.0
不動産業	1 100.0	– –	– –	– –	1 100.0
飲食店・宿泊業	– –	– –	– –	– –	– –
金融・保険業	2 100.0	1 50.0	1 50.0	– –	1 50.0
情報通信業	1 100.0	– –	1 100.0	– –	– –
教育、学習支援業	– –	– –	– –	– –	– –
サービス業	9 100.0	2 22.2	1 11.1	2 22.2	6 66.7
その他の非製造業	– –	– –	– –	– –	– –
問1（2）主たる業種					
製造業	66 100.0	1 1.5	9 13.6	1 1.5	55 83.3
非製造業	36 100.0	6 16.7	11 30.6	6 16.7	23 63.9
問1（3）日本本社の従業員数					
300人未満	17 100.0	2 11.8	4 23.5	1 5.9	12 70.6
300～1,000人未満	36 100.0	1 2.8	7 19.4	– –	29 80.6
1,000～3,000人未満	27 100.0	2 7.4	4 14.8	2 7.4	23 85.2
3,000人以上	24 100.0	3 12.5	6 25.0	5 20.8	15 62.5

日本企業本社のグローバル化対応に関する調査
問5.現在、中国の現地法人に日本人が派遣されている理由
6.現地の取引先の交渉相手が日本人だから

	調査数	取締役以上の日本人派遣者	ラインマネージャー（部課長層）の日本人派遣者	アドバイザー・コーディネーターの日本人派遣者	無回答
全 体	106	8	21	8	81
	100.0	7.5	19.8	7.5	76.4
問1（4）2017年度の売上高					
100億円未満	6	-	-	-	6
	100.0	-	-	-	100.0
100～300億円未満	22	2	4	1	17
	100.0	9.1	18.2	4.5	77.3
300～1,000億円未満	25	1	3	2	21
	100.0	4.0	12.0	8.0	84.0
1,000～3,000億円未満	29	2	5	1	23
	100.0	6.9	17.2	3.4	79.3
3,000億円以上	23	3	8	4	14
	100.0	13.0	34.8	17.4	60.9
問1（5）2017年度の経常利益					
～0億円	1	-	-	-	1
	100.0	-	-	-	100.0
1～10億円未満	9	-	1	-	8
	100.0	-	11.1	-	88.9
10～30億円未満	28	-	4	1	23
	100.0	-	14.3	3.6	82.1
30～100億円未満	27	4	6	3	20
	100.0	14.8	22.2	11.1	74.1
100億円以上	39	4	9	4	28
	100.0	10.3	23.1	10.3	71.8
問1（6）5年前と比較した現在の売上高					
50%以上の増加	13	2	5	3	7
	100.0	15.4	38.5	23.1	53.8
20～50%以上の増加	28	1	5	1	23
	100.0	3.6	17.9	3.6	82.1
5～20%の増加	35	3	4	2	29
	100.0	8.6	11.4	5.7	82.9
－5～5%の間で、あまり変動はない	20	-	3	1	16
	100.0	-	15.0	5.0	80.0
減少傾向にある	6	2	2	1	4
	100.0	33.3	33.3	16.7	66.7
問1（7）外国籍社員					
いる	59	3	10	4	47
	100.0	5.1	16.9	6.8	79.7
いない	15	1	4	-	10
	100.0	6.7	26.7	-	66.7
問7B. 今後3年間の現地法人の事業展開意向					
拡大する	59	4	14	5	43
	100.0	6.8	23.7	8.5	72.9
現状維持	34	4	6	3	26
	100.0	11.8	17.6	8.8	76.5
縮小・撤退する	4	-	-	-	4
	100.0	-	-	-	100.0
問8（1）現地法人の経営方針					
きわめて重要な案件を除けば、基本的には現地法人側がすべてを決定する	20	2	2	1	17
	100.0	10.0	10.0	5.0	85.0
基本的には本社が決定しているが、現地側の裁量の余地が大きい	56	4	13	4	41
	100.0	7.1	23.2	7.1	73.2
基本的には、ほぼすべてを日本本社が決定している	26	2	6	3	19
	100.0	7.7	23.1	11.5	73.1
問8（3）現地法人との意志疎通状況					
うまくいっている	27	3	8	2	18
	100.0	11.1	29.6	7.4	66.7
ほぼうまくいっている	64	4	9	4	52
	100.0	6.3	14.1	6.3	81.3
あまりうまくいっていない	12	1	3	2	9
	100.0	8.3	25.0	16.7	75.0
うまくいっていない	1	-	1	-	-
	100.0	-	100.0	-	-

日本企業本社のグローバル化対応に関する調査
問5.現在、中国の現地法人に日本人が派遣されている理由
7.現地従業員が十分育成されていないから

	調査数	取締役以上の日本人派遣者	ラインマネージャー（部課長層）の日本人派遣者	アドバイザー・コーディネーターの日本人派遣者	無回答
全体	106	6	29	14	71
	100.0	5.7	27.4	13.2	67.0
問1（1）創業開始年					
1981年～	8	－	－	－	8
	100.0	－	－	－	100.0
1951年～1980年	26	1	6	3	19
	100.0	3.8	23.1	11.5	73.1
1921年～1950年	43	3	16	6	25
	100.0	7.0	37.2	14.0	58.1
～1920年	29	2	7	5	19
	100.0	6.9	24.1	17.2	65.5
問1（2）主たる業種					
食料品、繊維品、木材・家具、パルプ・紙	10	1	1	－	9
	100.0	10.0	10.0	－	90.0
化学工業	13	1	2	－	11
	100.0	7.7	15.4	－	84.6
鉄鋼業、金属製品	6	1	1	－	4
	100.0	16.7	16.7	－	66.7
機器製造（一般、電気、輸送、精密）	22	1	7	7	11
	100.0	4.5	31.8	31.8	50.0
プラスチック製品、ゴム・皮革、窯業・土石、非鉄金属	8	1	6	2	2
	100.0	12.5	75.0	25.0	25.0
その他の製造業	7	－	4	1	3
	100.0	－	57.1	14.3	42.9
卸売・小売り	11	－	3	－	8
	100.0	－	27.3	－	72.7
運輸業	7	－	－	1	6
	100.0	－	－	14.3	85.7
建設業	5	1	2	1	3
	100.0	20.0	40.0	20.0	60.0
不動産業	1	－	－	－	1
	100.0	－	－	－	100.0
飲食店・宿泊業	－	－	－	－	－
金融・保険業	2	－	－	－	2
	100.0	－	－	－	100.0
情報通信業	1	－	1	－	－
	100.0	－	100.0	－	－
教育、学習支援業	－	－	－	－	－
サービス業	9	－	1	1	8
	100.0	－	11.1	11.1	88.9
その他の非製造業	－	－	－	－	－
問1（2）主たる業種					
製造業	66	5	21	10	40
	100.0	7.6	31.8	15.2	60.6
非製造業	36	1	7	3	28
	100.0	2.8	19.4	8.3	77.8
問1（3）日本本社の従業員数					
300人未満	17	1	4	1	11
	100.0	5.9	23.5	5.9	64.7
300～1,000人未満	36	1	10	4	26
	100.0	2.8	27.8	11.1	72.2
1,000～3,000人未満	27	2	11	4	15
	100.0	7.4	40.7	14.8	55.6
3,000人以上	24	2	4	5	17
	100.0	8.3	16.7	20.8	70.8

日本企業本社のグローバル化対応に関する調査
問5.現在、中国の現地法人に日本人が派遣されている理由
7.現地従業員が十分育成されていないから

	調査数	取締役以上の日本人派遣者	ライン マネージャー（部課長層）の日本人派遣者	アドバイザー・コーディネーターの日本人派遣者	無回答
全 体	106	6	29	14	71
	100.0	5.7	27.4	13.2	67.0
問1（4）2017年度の売上高					
100億円未満	6	–	–	–	6
	100.0	–	–	–	100.0
100〜300億円未満	22	–	7	2	14
	100.0	–	31.8	9.1	63.6
300〜1,000億円未満	25	–	6	3	19
	100.0	–	24.0	12.0	76.0
1,000〜3,000億円未満	29	4	12	5	14
	100.0	13.8	41.4	17.2	48.3
3,000億円以上	23	2	3	4	18
	100.0	8.7	13.0	17.4	78.3
問1（5）2017年度の経常利益					
〜0億円	1	–	1	–	–
	100.0	–	100.0	–	–
1〜10億円未満	9	–	3	–	6
	100.0	–	33.3	–	66.7
10〜30億円未満	28	–	5	2	23
	100.0	–	17.9	7.1	82.1
30〜100億円未満	27	2	10	5	15
	100.0	7.4	37.0	18.5	55.6
100億円以上	39	4	9	7	26
	100.0	10.3	23.1	17.9	66.7
問1（6）5年前と比較した現在の売上高					
50%以上の増加	13	–	1	1	11
	100.0	–	7.7	7.7	84.6
20〜50%以上の増加	28	3	9	2	18
	100.0	10.7	32.1	7.1	64.3
5〜20%の増加	35	2	11	7	23
	100.0	5.7	31.4	20.0	65.7
−5〜5%の間で、あまり変動はない	20	1	4	3	13
	100.0	5.0	20.0	15.0	65.0
減少傾向にある	6	–	3	1	3
	100.0	–	50.0	16.7	50.0
問1（7）外国籍社員					
いる	59	5	18	9	37
	100.0	8.5	30.5	15.3	62.7
いない	15	–	4	1	10
	100.0	–	26.7	6.7	66.7
問7B.今後3年間の現地法人の事業展開意向					
拡大する	59	4	19	9	38
	100.0	6.8	32.2	15.3	64.4
現状維持	34	2	8	5	22
	100.0	5.9	23.5	14.7	64.7
縮小・撤退する	4	–	2	–	2
	100.0	–	50.0	–	50.0
問8（1）現地法人の経営方針					
きわめて重要な案件を除けば、基本的には現地法人側がすべてを決定する	20	–	1	2	17
	100.0	–	5.0	10.0	85.0
基本的には本社が決定しているが、現地側の裁量の余地が大きい	56	6	20	7	34
	100.0	10.7	35.7	12.5	60.7
基本的には、ほぼすべてを日本本社が決定している	26	–	7	4	17
	100.0	–	26.9	15.4	65.4
問8（3）現地法人との意志疎通状況					
うまくいっている	27	2	6	1	21
	100.0	7.4	22.2	3.7	77.8
ほぼうまくいっている	64	4	20	10	39
	100.0	6.3	31.3	15.6	60.9
あまりうまくいっていない	12	–	3	3	8
	100.0	–	25.0	25.0	66.7
うまくいっていない	1	–	–	–	1
	100.0	–	–	–	100.0

日本企業本社のグローバル化対応に関する調査
問5.現在、中国の現地法人に日本人が派遣されている理由
8.このポジションの日本人派遣者はいない

	調査数	取締役以上の日本人派遣者	ライン(部課長層)マネージャーの日本人派遣者	アドバイザー・コーディネーターの日本人派遣者	無回答
全 体	106 100.0	24 22.6	14 13.2	39 36.8	58 54.7
問1(1)創業開始年					
1981年〜	8 100.0	2 25.0	3 37.5	5 62.5	2 25.0
1951年〜1980年	26 100.0	8 30.8	5 19.2	9 34.6	15 57.7
1921年〜1950年	43 100.0	10 23.3	4 9.3	16 37.2	23 53.5
〜1920年	29 100.0	4 13.8	2 6.9	9 31.0	18 62.1
問1(2)主たる業種					
食料品、繊維品、木材・家具、パルプ・紙	10 100.0	2 20.0	2 20.0	5 50.0	5 50.0
化学工業	13 100.0	3 23.1	2 15.4	4 30.8	8 61.5
鉄鋼業、金属製品	6 100.0	2 33.3	1 16.7	4 66.7	2 33.3
機器製造(一般、電気、輸送、精密)	22 100.0	4 18.2	2 9.1	6 27.3	13 59.1
プラスチック製品、ゴム・皮革、窯業・土石、非鉄金属	8 100.0	2 25.0	− −	2 25.0	4 50.0
その他の製造業	7 100.0	3 42.9	− −	3 42.9	4 57.1
卸売・小売り	11 100.0	1 9.1	2 18.2	4 36.4	7 63.6
運輸業	7 100.0	2 28.6	1 14.3	4 57.1	2 28.6
建設業	5 100.0	− −	− −	1 20.0	4 80.0
不動産業	1 100.0	− −	− −	1 100.0	− −
飲食店・宿泊業	− −	− −	− −	− −	− −
金融・保険業	2 100.0	− −	− −	− −	2 100.0
情報通信業	1 100.0	1 100.0	− −	1 100.0	− −
教育、学習支援業	− −	− −	− −	− −	− −
サービス業	9 100.0	4 44.4	4 44.4	3 33.3	4 44.4
その他の非製造業	− −	− −	− −	− −	− −
問1(2)主たる業種					
製造業	66 100.0	16 24.2	7 10.6	24 36.4	36 54.5
非製造業	36 100.0	8 22.2	7 19.4	14 38.9	19 52.8
問1(3)日本本社の従業員数					
300人未満	17 100.0	7 41.2	7 41.2	9 52.9	5 29.4
300〜1,000人未満	36 100.0	10 27.8	5 13.9	18 50.0	17 47.2
1,000〜3,000人未満	27 100.0	3 11.1	1 3.7	7 25.9	18 66.7
3,000人以上	24 100.0	4 16.7	1 4.2	5 20.8	16 66.7

日本企業本社のグローバル化対応に関する調査
問5.現在、中国の現地法人に日本人が派遣されている理由
8.このポジションの日本人派遣者はいない

	調査数	取締役以上の日本人派遣者	ラインマネージャー（部課長層）の日本人派遣者	アドバイザー・コーディネーターの日本人派遣者	無回答
全 体	106 100.0	24 22.6	14 13.2	39 36.8	58 54.7
問1（4）2017年度の売上高					
100億円未満	6 100.0	3 50.0	4 66.7	4 66.7	2 33.3
100～300億円未満	22 100.0	6 27.3	4 18.2	8 36.4	11 50.0
300～1,000億円未満	25 100.0	8 32.0	3 12.0	7 28.0	15 60.0
1,000～3,000億円未満	29 100.0	4 13.8	3 10.3	12 41.4	15 51.7
3,000億円以上	23 100.0	2 8.7	－ －	7 30.4	15 65.2
問1（5）2017年度の経常利益					
～0億円	1 100.0	－ －	－ －	－ －	1 100.0
1～10億円未満	9 100.0	1 11.1	－ －	2 22.2	6 66.7
10～30億円未満	28 100.0	10 35.7	10 35.7	12 42.9	13 46.4
30～100億円未満	27 100.0	6 22.2	3 11.1	12 44.4	13 48.1
100億円以上	39 100.0	5 12.8	－ －	11 28.2	25 64.1
問1（6）5年前と比較した現在の売上高					
50%以上の増加	13 100.0	3 23.1	2 15.4	6 46.2	5 38.5
20～50%以上の増加	28 100.0	9 32.1	3 10.7	11 39.3	14 50.0
5～20%の増加	35 100.0	5 14.3	3 8.6	11 31.4	21 60.0
－5～5%の間で、あまり変動はない	20 100.0	4 20.0	4 20.0	8 40.0	11 55.0
減少傾向にある	6 100.0	2 33.3	2 33.3	2 33.3	4 66.7
問1（7）外国籍社員					
いる	59 100.0	15 25.4	9 15.3	19 32.2	33 55.9
いない	15 100.0	5 33.3	2 13.3	9 60.0	5 33.3
問7B.今後3年間の現地法人の事業展開意向					
拡大する	59 100.0	16 27.1	8 13.6	23 39.0	30 50.8
現状維持	34 100.0	7 20.6	5 14.7	14 41.2	17 50.0
縮小・撤退する	4 100.0	1 25.0	1 25.0	2 50.0	2 50.0
問8（1）現地法人の経営方針					
きわめて重要な案件を除けば、基本的には現地法人側がすべてを決定する	20 100.0	5 25.0	3 15.0	7 35.0	9 45.0
基本的には本社が決定しているが、現地側の裁量の余地が大きい	56 100.0	14 25.0	9 16.1	27 48.2	25 44.6
基本的には、ほぼすべてを日本本社が決定している	26 100.0	5 19.2	2 7.7	5 19.2	20 76.9
問8（3）現地法人との意志疎通状況					
うまくいっている	27 100.0	3 11.1	2 7.4	11 40.7	15 55.6
ほぼうまくいっている	64 100.0	17 26.6	10 15.6	24 37.5	34 53.1
あまりうまくいっていない	12 100.0	3 25.0	2 16.7	3 25.0	7 58.3
うまくいっていない	1 100.0	1 100.0	－ －	1 100.0	－ －

日本企業本社のグローバル化対応に関する調査
問6(1)中国の現地法人の「経営の現地化」の進み具合
1.現地人材の採用・育成

1.現地人材の採用・育成	調査数	進んでいる	やや進んでいる	あまり進んでいない	進んでいない	無回答
全 体	106	39	41	9	7	10
	100.0	36.8	38.7	8.5	6.6	9.4
問1（1）創業開始年						
1981年～	8	4	3	－	1	－
	100.0	50.0	37.5	－	12.5	－
1951年～1980年	26	12	6	4	3	1
	100.0	46.2	23.1	15.4	11.5	3.8
1921年～1950年	43	15	17	3	1	7
	100.0	34.9	39.5	7.0	2.3	16.3
～1920年	29	8	15	2	2	2
	100.0	27.6	51.7	6.9	6.9	6.9
問1（2）主たる業種						
食料品、繊維品、木材・家具、パルプ・紙	10	5	4	－	1	－
	100.0	50.0	40.0	－	10.0	－
化学工業	13	6	5	－	1	1
	100.0	46.2	38.5	－	7.7	7.7
鉄鋼業、金属製品	6	1	3	1	－	1
	100.0	16.7	50.0	16.7	－	16.7
機器製造(一般、電気、輸送、精密)	22	12	7	1	1	1
	100.0	54.5	31.8	4.5	4.5	4.5
プラスチック製品、ゴム・皮革、窯業・土石、非鉄金属	8	－	6	2	－	－
	100.0	－	75.0	25.0	－	－
その他の製造業	7	1	3	2	－	1
	100.0	14.3	42.9	28.6	－	14.3
卸売・小売り	11	6	2	1	1	1
	100.0	54.5	18.2	9.1	9.1	9.1
運輸業	7	2	3	－	1	1
	100.0	28.6	42.9	－	14.3	14.3
建設業	5	1	2	－	－	2
	100.0	20.0	40.0	－	－	40.0
不動産業	1	1	－	－	－	－
	100.0	100.0	－	－	－	－
飲食店・宿泊業	－	－	－	－	－	－
	－	－	－	－	－	－
金融・保険業	2	－	1	－	－	1
	100.0	－	50.0	－	－	50.0
情報通信業	1	1	－	－	－	－
	100.0	100.0	－	－	－	－
教育、学習支援業	－	－	－	－	－	－
	－	－	－	－	－	－
サービス業	9	3	2	2	2	－
	100.0	33.3	22.2	22.2	22.2	－
その他の非製造業	－	－	－	－	－	－
	－	－	－	－	－	－
問1（2）主たる業種						
製造業	66	25	28	6	3	4
	100.0	37.9	42.4	9.1	4.5	6.1
非製造業	36	14	10	3	4	5
	100.0	38.9	27.8	8.3	11.1	13.9
問1（3）日本本社の従業員数						
300人未満	17	3	9	1	2	2
	100.0	17.6	52.9	5.9	11.8	11.8
300～1,000人未満	36	15	13	3	4	1
	100.0	41.7	36.1	8.3	11.1	2.8
1,000～3,000人未満	27	12	8	3	－	4
	100.0	44.4	29.6	11.1	－	14.8
3,000人以上	24	7	11	2	1	3
	100.0	29.2	45.8	8.3	4.2	12.5

日本企業本社のグローバル化対応に関する調査
問6(1)中国の現地法人の「経営の現地化」の進み具合
1.現地人材の採用・育成

	調査数	進んでいる	やや進んでいる	あまり進んでいない	進んでいない	無回答
全 体	106 100.0	39 36.8	41 38.7	9 8.5	7 6.6	10 9.4
問1（4）2017年度の売上高						
100億円未満	6 100.0	2 33.3	1 16.7	－ －	2 33.3	1 16.7
100～300億円未満	22 100.0	9 40.9	7 31.8	1 4.5	3 13.6	2 9.1
300～1,000億円未満	25 100.0	8 32.0	12 48.0	5 20.0	－ －	－ －
1,000～3,000億円未満	29 100.0	11 37.9	11 37.9	2 6.9	1 3.4	4 13.8
3,000億円以上	23 100.0	9 39.1	9 39.1	1 4.3	1 4.3	3 13.0
問1（5）2017年度の経常利益						
～0億円	1 100.0	－ －	－ －	1 100.0		
1～10億円未満	9 100.0	3 33.3	3 33.3	－ －	1 11.1	2 22.2
10～30億円未満	28 100.0	13 46.4	7 25.0	2 7.1	5 17.9	1 3.6
30～100億円未満	27 100.0	9 33.3	14 51.9	3 11.1	－ －	1 3.7
100億円以上	39 100.0	14 35.9	15 38.5	3 7.7	1 2.6	6 15.4
問1（6）5年前と比較した現在の売上高						
50%以上の増加	13 100.0	6 46.2	5 38.5	－ －	1 7.7	1 7.7
20～50%以上の増加	28 100.0	12 42.9	10 35.7	3 10.7	1 3.6	2 7.1
5～20%の増加	35 100.0	12 34.3	14 40.0	4 11.4	2 5.7	3 8.6
－5～5%の間で、あまり変動はない	20 100.0	8 40.0	7 35.0	1 5.0	2 10.0	2 10.0
減少傾向にある	6 100.0	1 16.7	3 50.0	1 16.7	1 16.7	－ －
問1（7）外国籍社員						
いる	59 100.0	20 33.9	23 39.0	6 10.2	4 6.8	6 10.2
いない	15 100.0	5 33.3	7 46.7	1 6.7	1 6.7	1 6.7
問7B. 今後3年間の現地法人の事業展開意向						
拡大する	59 100.0	26 44.1	24 40.7	5 8.5	4 6.8	－ －
現状維持	34 100.0	12 35.3	14 41.2	2 5.9	3 8.8	3 8.8
縮小・撤退する	4 100.0	1 25.0	1 25.0	2 50.0	－ －	－ －
問8（1）現地法人の経営方針						
きわめて重要な案件を除けば、基本的には現地法人側がすべてを決定する	20 100.0	6 30.0	7 35.0	2 10.0	2 10.0	3 15.0
基本的には本社が決定しているが、現地側の裁量の余地が大きい	56 100.0	23 41.1	24 42.9	4 7.1	3 5.4	2 3.6
基本的には、ほぼすべてを日本本社が決定している	26 100.0	10 38.5	9 34.6	3 11.5	2 7.7	2 7.7
問8（3）現地法人との意志疎通状況						
うまくいっている	27 100.0	13 48.1	8 29.6	2 7.4	－ －	4 14.8
ほぼうまくいっている	64 100.0	21 32.8	29 45.3	4 6.3	6 9.4	4 6.3
あまりうまくいっていない	12 100.0	4 33.3	4 33.3	3 25.0	1 8.3	－ －
うまくいっていない	1 100.0	1 100.0	－ －	－ －	－ －	－ －

日本企業本社のグローバル化対応に関する調査
問6(1)中国の現地法人の「経営の現地化」の進み具合
2.現地従業員への権限譲渡・管理職化

	調査数	進んでいる	やや進んでいる	あまり進んでいない	進んでいない	無回答
全 体	106 100.0	19 17.9	49 46.2	18 17.0	10 9.4	10 9.4
問1（1）創業開始年						
1981年～	8 100.0	1 12.5	4 50.0	2 25.0	1 12.5	－ －
1951年～1980年	26 100.0	7 26.9	12 46.2	4 15.4	2 7.7	1 3.8
1921年～1950年	43 100.0	6 14.0	22 51.2	3 7.0	5 11.6	7 16.3
～1920年	29 100.0	5 17.2	11 37.9	9 31.0	2 6.9	2 6.9
問1（2）主たる業種						
食料品、繊維品、木材・家具、パルプ・紙	10 100.0	3 30.0	4 40.0	2 20.0	1 10.0	－ －
化学工業	13 100.0	4 30.8	5 38.5	1 7.7	2 15.4	1 7.7
鉄鋼業、金属製品	6 100.0	2 33.3	2 33.3	－ －	1 16.7	1 16.7
機器製造(一般、電気、輸送、精密)	22 100.0	4 18.2	15 68.2	1 4.5	1 4.5	1 4.5
プラスチック製品、ゴム・皮革、窯業・土石、非鉄金属	8 100.0	－ －	4 50.0	4 50.0	－ －	－ －
その他の製造業	7 100.0	－ －	3 42.9	2 28.6	1 14.3	1 14.3
卸売・小売り	11 100.0	2 18.2	4 36.4	3 27.3	1 9.1	1 9.1
運輸業	7 100.0	1 14.3	2 28.6	3 42.9	－ －	1 14.3
建設業	5 100.0	1 20.0	2 40.0	－ －	－ －	2 40.0
不動産業	1 100.0	－ －	1 100.0	－ －	－ －	－ －
飲食店・宿泊業	－ －	－ －	－ －	－ －	－ －	－ －
金融・保険業	2 100.0	－ －	1 50.0	－ －	－ －	1 50.0
情報通信業	1 100.0	－ －	－ －	1 100.0	－ －	－ －
教育、学習支援業	－ －	－ －	－ －	－ －	－ －	－ －
サービス業	9 100.0	2 22.2	3 33.3	1 11.1	3 33.3	－ －
その他の非製造業	－ －	－ －	－ －	－ －	－ －	－ －
問1（2）主たる業種						
製造業	66 100.0	13 19.7	33 50.0	10 15.2	6 9.1	4 6.1
非製造業	36 100.0	6 16.7	13 36.1	8 22.2	4 11.1	5 13.9
問1（3）日本本社の従業員数						
300人未満	17 100.0	2 11.8	6 35.3	4 23.5	3 17.6	2 11.8
300～1,000人未満	36 100.0	10 27.8	13 36.1	7 19.4	5 13.9	1 2.8
1,000～3,000人未満	27 100.0	6 22.2	13 48.1	3 11.1	1 3.7	4 14.8
3,000人以上	24 100.0	1 4.2	16 66.7	4 16.7	－ －	3 12.5

日本企業本社のグローバル化対応に関する調査
問6(1)中国の現地法人の「経営の現地化」の進み具合
2.現地従業員への権限譲渡・管理職化

	調査数	進んでいる	やや進んでいる	あまり進んでいない	進んでいない	無回答
全 体	106 100.0	19 17.9	49 46.2	18 17.0	10 9.4	10 9.4
問1（4）2017年度の売上高						
100億円未満	6 100.0	1 16.7	1 16.7	－ 	3 50.0	1 16.7
100～300億円未満	22 100.0	6 27.3	6 27.3	4 18.2	4 18.2	2 9.1
300～1,000億円未満	25 100.0	7 28.0	12 48.0	5 20.0	1 4.0	－
1,000～3,000億円未満	29 100.0	2 6.9	15 51.7	6 20.7	2 6.9	4 13.8
3,000億円以上	23 100.0	3 13.0	14 60.9	3 13.0	－ 	3 13.0
問1（5）2017年度の経常利益						
～0億円	1 100.0	－ 	－ 	－ 	1 100.0	－
1～10億円未満	9 100.0	3 33.3	－ 	3 33.3	1 11.1	2 22.2
10～30億円未満	28 100.0	9 32.1	10 35.7	4 14.3	4 14.3	1 3.6
30～100億円未満	27 100.0	3 11.1	17 63.0	5 18.5	1 3.7	1 3.7
100億円以上	39 100.0	4 10.3	21 53.8	6 15.4	2 5.1	6 15.4
問1（6）5 年前と比較した現在の売上高						
50%以上の増加	13 100.0	1 7.7	8 61.5	3 23.1	－ 	1 7.7
20～50%以上の増加	28 100.0	6 21.4	12 42.9	4 14.3	4 14.3	2 7.1
5～20%の増加	35 100.0	6 17.1	17 48.6	6 17.1	3 8.6	3 8.6
－5～5%の間で、あまり変動はない	20 100.0	5 25.0	8 40.0	4 20.0	1 5.0	2 10.0
減少傾向にある	6 100.0	1 16.7	2 33.3	1 16.7	2 33.3	－
問1（7）外国籍社員						
いる	59 100.0	10 16.9	27 45.8	11 18.6	5 8.5	6 10.2
いない	15 100.0	2 13.3	6 40.0	4 26.7	2 13.3	1 6.7
問7B. 今後3 年間の現地法人の事業展開意向						
拡大する	59 100.0	12 20.3	32 54.2	11 18.6	4 6.8	－
現状維持	34 100.0	7 20.6	15 44.1	5 14.7	4 11.8	3 8.8
縮小・撤退する	4 100.0	－ 	－ 	2 50.0	2 50.0	－
問8（1）現地法人の経営方針						
きわめて重要な案件を除けば、基本的には現地法人側がすべてを決定する	20 100.0	7 35.0	9 45.0	－ 	1 5.0	3 15.0
基本的には本社が決定しているが、現地側の裁量の余地が大きい	56 100.0	9 16.1	30 53.6	11 19.6	4 7.1	2 3.6
基本的には、ほぼすべてを日本本社が決定している	26 100.0	3 11.5	10 38.5	6 23.1	5 19.2	2 7.7
問8（3）現地法人との意志疎通状況						
うまくいっている	27 100.0	10 37.0	6 22.2	7 25.9	－ 	4 14.8
ほぼうまくいっている	64 100.0	7 10.9	37 57.8	9 14.1	7 10.9	4 6.3
あまりうまくいっていない	12 100.0	1 8.3	6 50.0	2 16.7	3 25.0	－
うまくいっていない	1 100.0	1 100.0	－ 	－ 	－ 	－

日本企業本社のグローバル化対応に関する調査
問6(1)中国の現地法人の「経営の現地化」の進み具合
3.現地にあわせた組織内の制度変革

	調査数	進んでいる	やや進んでいる	あまり進んでいない	進んでいない	無回答
全 体	106 100.0	15 14.2	45 42.5	24 22.6	10 9.4	12 11.3
問1（1）創業開始年						
1981年～	8 100.0	1 12.5	3 37.5	2 25.0	2 25.0	－ －
1951年～1980年	26 100.0	5 19.2	12 46.2	7 26.9	1 3.8	1 3.8
1921年～1950年	43 100.0	5 11.6	19 44.2	6 14.0	4 9.3	9 20.9
～1920年	29 100.0	4 13.8	11 37.9	9 31.0	3 10.3	2 6.9
問1（2）主たる業種						
食料品、繊維品、木材・家具、パルプ・紙	10 100.0	3 30.0	4 40.0	1 10.0	1 10.0	1 10.0
化学工業	13 100.0	2 15.4	5 38.5	3 23.1	2 15.4	1 7.7
鉄鋼業、金属製品	6 100.0	1 16.7	2 33.3	1 16.7	1 16.7	1 16.7
機器製造(一般、電気、輸送、精密)	22 100.0	3 13.6	14 63.6	3 13.6	1 4.5	1 4.5
プラスチック製品、ゴム・皮革、窯業・土石、非鉄金属	8 100.0	－ －	5 62.5	3 37.5	－ －	－ －
その他の製造業	7 100.0	－ －	4 57.1	2 28.6	－ －	1 14.3
卸売・小売り	11 100.0	－ －	3 27.3	5 45.5	1 9.1	2 18.2
運輸業	7 100.0	2 28.6	2 28.6	2 28.6	－ －	1 14.3
建設業	5 100.0	2 40.0	1 20.0	－ －	－ －	2 40.0
不動産業	1 100.0	－ －	1 100.0			
飲食店・宿泊業	－ －	－ －	－ －	－ －	－ －	－ －
金融・保険業	2 100.0	－ －	1 50.0	－ －	－ －	1 50.0
情報通信業	1 100.0	－ －	1 100.0			
教育、学習支援業	－ －	－ －	－ －	－ －	－ －	－ －
サービス業	9 100.0	2 22.2	－ －	4 44.4	3 33.3	
その他の非製造業	－ －	－ －	－ －	－ －	－ －	－ －
問1（2）主たる業種						
製造業	66 100.0	9 13.6	34 51.5	13 19.7	5 7.6	5 7.6
非製造業	36 100.0	6 16.7	9 25.0	11 30.6	4 11.1	6 16.7
問1（3）日本本社の従業員数						
300人未満	17 100.0	－ －	8 47.1	5 29.4	2 11.8	2 11.8
300～1,000人未満	36 100.0	10 27.8	13 36.1	7 19.4	5 13.9	1 2.8
1,000～3,000人未満	27 100.0	4 14.8	13 48.1	5 18.5	1 3.7	4 14.8
3,000人以上	24 100.0	1 4.2	10 41.7	7 29.2	1 4.2	5 20.8

日本企業本社のグローバル化対応に関する調査
問6(1)中国の現地法人の「経営の現地化」の進み具合
3.現地にあわせた組織内の制度変革

	調査数	進んでいる	やや進んでいる	あまり進んでいない	進んでいない	無回答
全 体	106 100.0	15 14.2	45 42.5	24 22.6	10 9.4	12 11.3
問1（4）2017年度の売上高						
100億円未満	6 100.0	1 16.7	－ －	1 16.7	3 50.0	1 16.7
100～300億円未満	22 100.0	2 9.1	11 50.0	3 13.6	3 13.6	3 13.6
300～1,000億円未満	25 100.0	6 24.0	10 40.0	6 24.0	3 12.0	－ －
1,000～3,000億円未満	29 100.0	2 6.9	15 51.7	7 24.1	1 3.4	4 13.8
3,000億円以上	23 100.0	4 17.4	9 39.1	6 26.1	－ －	4 17.4
問1（5）2017年度の経常利益						
～0億円	1 100.0	－ －	－ －	－ －	1 100.0	－ －
1～10億円未満	9 100.0	－ －	5 55.6	1 11.1	1 11.1	2 22.2
10～30億円未満	28 100.0	7 25.0	8 28.6	7 25.0	4 14.3	2 7.1
30～100億円未満	27 100.0	3 11.1	14 51.9	7 25.9	2 7.4	1 3.7
100億円以上	39 100.0	5 12.8	18 46.2	8 20.5	1 2.6	7 17.9
問1（6）5 年前と比較した現在の売上高						
50%以上の増加	13 100.0	1 7.7	6 46.2	3 23.1	1 7.7	2 15.4
20～50%以上の増加	28 100.0	4 14.3	12 42.9	6 21.4	3 10.7	3 10.7
5～20%の増加	35 100.0	7 20.0	13 37.1	9 25.7	3 8.6	3 8.6
－5～5%の間で、あまり変動はない	20 100.0	2 10.0	11 55.0	4 20.0	1 5.0	2 10.0
減少傾向にある	6 100.0	1 16.7	2 33.3	1 16.7	2 33.3	－ －
問1（7）外国籍社員						
いる	59 100.0	9 15.3	27 45.8	12 20.3	5 8.5	6 10.2
いない	15 100.0	2 13.3	6 40.0	3 20.0	3 20.0	1 6.7
問7B. 今後3 年間の現地法人の事業展開意向						
拡大する	59 100.0	11 18.6	25 42.4	17 28.8	4 6.8	2 3.4
現状維持	34 100.0	4 11.8	17 50.0	6 17.6	4 11.8	3 8.8
縮小・撤退する	4 100.0	－ －	1 25.0	1 25.0	2 50.0	－ －
問8（1）現地法人の経営方針						
きわめて重要な案件を除けば、基本的には現地法人側がすべてを決定する	20 100.0	4 20.0	7 35.0	4 20.0	1 5.0	4 20.0
基本的には本社が決定しているが、現地側の裁量の余地が大きい	56 100.0	10 17.9	25 44.6	15 26.8	3 5.4	3 5.4
基本的には、ほぼすべてを日本本社が決定している	26 100.0	1 3.8	12 46.2	5 19.2	6 23.1	2 7.7
問8（3）現地法人との意志疎通状況						
うまくいっている	27 100.0	7 25.9	8 29.6	6 22.2	1 3.7	5 18.5
ほぼうまくいっている	64 100.0	5 7.8	34 53.1	14 21.9	6 9.4	5 7.8
あまりうまくいっていない	12 100.0	2 16.7	3 25.0	4 33.3	3 25.0	－ －
うまくいっていない	1 100.0	1 100.0	－ －	－ －	－ －	－ －

日本企業本社のグローバル化対応に関する調査
問6(1)中国の現地法人の「経営の現地化」の進み具合
4.現地従業員との円滑な関係の構築

	調査数	進んでいる	やや進んでいる	あまり進んでいない	進んでいない	無回答
全 体	106 100.0	35 33.0	45 42.5	7 6.6	6 5.7	13 12.3
問1(1)創業開始年						
1981年～	8 100.0	3 37.5	3 37.5	1 12.5	1 12.5	－ －
1951年～1980年	26 100.0	12 46.2	9 34.6	－ －	3 11.5	2 7.7
1921年～1950年	43 100.0	12 27.9	17 39.5	4 9.3	1 2.3	9 20.9
～1920年	29 100.0	8 27.6	16 55.2	2 6.9	1 3.4	2 6.9
問1(2)主たる業種						
食料品、繊維品、木材・家具、パルプ・紙	10 100.0	6 60.0	3 30.0	－ －	－ －	1 10.0
化学工業	13 100.0	4 30.8	7 53.8	－ －	1 7.7	1 7.7
鉄鋼業、金属製品	6 100.0	2 33.3	3 50.0	－ －	－ －	1 16.7
機器製造(一般、電気、輸送、精密)	22 100.0	9 40.9	11 50.0	1 4.5	－ －	1 4.5
プラスチック製品、ゴム・皮革、窯業・土石、非鉄金属	8 100.0	1 12.5	5 62.5	2 25.0	－ －	－ －
その他の製造業	7 100.0	1 14.3	2 28.6	2 28.6	－ －	2 28.6
卸売・小売り	11 100.0	5 45.5	2 18.2	－ －	2 18.2	2 18.2
運輸業	7 100.0	2 28.6	2 28.6	2 28.6	－ －	1 14.3
建設業	5 100.0	1 20.0	2 40.0	－ －	－ －	2 40.0
不動産業	1 100.0	－ －	1 100.0	－ －	－ －	－ －
飲食店・宿泊業	－ －	－ －	－ －	－ －	－ －	－ －
金融・保険業	2 100.0	－ －	1 50.0	－ －	－ －	1 50.0
情報通信業	1 100.0	1 100.0	－ －	－ －	－ －	－ －
教育、学習支援業	－ －	－ －	－ －	－ －	－ －	－ －
サービス業	9 100.0	3 33.3	3 33.3	－ －	3 33.3	－ －
その他の非製造業	－ －	－ －	－ －	－ －	－ －	－ －
問1(2)主たる業種						
製造業	66 100.0	23 34.8	31 47.0	5 7.6	1 1.5	6 9.1
非製造業	36 100.0	12 33.3	11 30.6	2 5.6	5 13.9	6 16.7
問1(3)日本本社の従業員数						
300人未満	17 100.0	3 17.6	7 41.2	3 17.6	2 11.8	2 11.8
300～1,000人未満	36 100.0	16 44.4	12 33.3	3 8.3	3 8.3	2 5.6
1,000～3,000人未満	27 100.0	11 40.7	11 40.7	－ －	1 3.7	4 14.8
3,000人以上	24 100.0	5 20.8	13 54.2	1 4.2	－ －	5 20.8

日本企業本社のグローバル化対応に関する調査
問6(1)中国の現地法人の「経営の現地化」の進み具合
4.現地従業員との円滑な関係の構築

	調査数	進んでいる	やや進んでいる	あまり進んでいない	進んでいない	無回答
全 体	106 100.0	35 33.0	45 42.5	7 6.6	6 5.7	13 12.3
問1（4）2017年度の売上高						
100億円未満	6 100.0	2 33.3	– –	– –	3 50.0	1 16.7
100〜300億円未満	22 100.0	10 45.5	5 22.7	2 9.1	2 9.1	3 13.6
300〜1,000億円未満	25 100.0	9 36.0	13 52.0	1 4.0	1 4.0	1 4.0
1,000〜3,000億円未満	29 100.0	6 20.7	16 55.2	3 10.3	– –	4 13.8
3,000億円以上	23 100.0	7 30.4	11 47.8	1 4.3	– –	4 17.4
問1（5）2017年度の経常利益						
〜0億円	1 100.0	– –	– –	1 100.0	– –	– –
1〜10億円未満	9 100.0	5 55.6	– –	1 11.1	1 11.1	2 22.2
10〜30億円未満	28 100.0	13 46.4	7 25.0	1 3.6	4 14.3	3 10.7
30〜100億円未満	27 100.0	6 22.2	18 66.7	2 7.4	– –	1 3.7
100億円以上	39 100.0	10 25.6	20 51.3	2 5.1	– –	7 17.9
問1（6）5年前と比較した現在の売上高						
50%以上の増加	13 100.0	3 23.1	6 46.2	2 15.4	– –	2 15.4
20〜50%以上の増加	28 100.0	11 39.3	10 35.7	2 7.1	2 7.1	3 10.7
5〜20%の増加	35 100.0	11 31.4	18 51.4	1 2.9	1 2.9	4 11.4
－5〜5%の間で、あまり変動はない	20 100.0	8 40.0	8 40.0	– –	2 10.0	2 10.0
減少傾向にある	6 100.0	1 16.7	2 33.3	2 33.3	1 16.7	– –
問1（7）外国籍社員						
いる	59 100.0	20 33.9	25 42.4	4 6.8	3 5.1	7 11.9
いない	15 100.0	5 33.3	7 46.7	1 6.7	1 6.7	1 6.7
問7B. 今後3年間の現地法人の事業展開意向						
拡大する	59 100.0	24 40.7	27 45.8	3 5.1	2 3.4	3 5.1
現状維持	34 100.0	10 29.4	16 47.1	3 8.8	2 5.9	3 8.8
縮小・撤退する	4 100.0	1 25.0	– –	1 25.0	2 50.0	– –
問8（1）現地法人の経営方針						
きわめて重要な案件を除けば、基本的には現地法人側がすべてを決定する	20 100.0	9 45.0	5 25.0	– –	1 5.0	5 25.0
基本的には本社が決定しているが、現地側の裁量の余地が大きい	56 100.0	19 33.9	26 46.4	5 8.9	3 5.4	3 5.4
基本的には、ほぼすべてを日本本社が決定している	26 100.0	7 26.9	13 50.0	2 7.7	2 7.7	2 7.7
問8（3）現地法人との意志疎通状況						
うまくいっている	27 100.0	13 48.1	9 33.3	– –	– –	5 18.5
ほぼうまくいっている	64 100.0	18 28.1	31 48.4	5 7.8	5 7.8	5 7.8
あまりうまくいっていない	12 100.0	3 25.0	5 41.7	2 16.7	1 8.3	1 8.3
うまくいっていない	1 100.0	1 100.0	– –	– –	– –	– –

日本企業本社のグローバル化対応に関する調査
問6(1)中国の現地法人の「経営の現地化」の進み具合
5.海外展開のノウハウやマニュアルの蓄積

	調査数	進んでいる	やや進んでいる	あまり進んでいない	進んでいない	無回答
全 体	106 100.0	9 8.5	44 41.5	30 28.3	9 8.5	14 13.2
問1(1)創業開始年						
1981年～	8 100.0	1 12.5	2 25.0	5 62.5	－ －	－ －
1951年～1980年	26 100.0	3 11.5	10 38.5	7 26.9	4 15.4	2 7.7
1921年～1950年	43 100.0	2 4.7	21 48.8	9 20.9	1 2.3	10 23.3
～1920年	29 100.0	3 10.3	11 37.9	9 31.0	4 13.8	2 6.9
問1(2)主たる業種						
食料品、繊維品、木材・家具、パルプ・紙	10 100.0	1 10.0	3 30.0	2 20.0	2 20.0	2 20.0
化学工業	13 100.0	1 7.7	6 46.2	4 30.8	1 7.7	1 7.7
鉄鋼業、金属製品	6 100.0	－ －	3 50.0	2 33.3	－ －	1 16.7
機器製造(一般、電気、輸送、精密)	22 100.0	2 9.1	12 54.5	5 22.7	1 4.5	2 9.1
プラスチック製品、ゴム・皮革、窯業・土石、非鉄金属	8 100.0	－ －	4 50.0	3 37.5	1 12.5	－ －
その他の製造業	7 100.0	－ －	3 42.9	3 42.9	－ －	1 14.3
卸売・小売り	11 100.0	1 9.1	4 36.4	3 27.3	1 9.1	2 18.2
運輸業	7 100.0	2 28.6	1 14.3	3 42.9	－ －	1 14.3
建設業	5 100.0	－ －	2 40.0	－ －	1 20.0	2 40.0
不動産業	1 100.0	－ －	1 100.0	－ －	－ －	－ －
飲食店・宿泊業	－ －	－ －	－ －	－ －	－ －	－ －
金融・保険業	2 100.0	－ －	－ －	1 50.0	－ －	1 50.0
情報通信業	1 100.0	－ －	－ －	1 100.0	－ －	－ －
教育、学習支援業	－ －	－ －	－ －	－ －	－ －	－ －
サービス業	9 100.0	2 22.2	3 33.3	2 22.2	2 22.2	－ －
その他の非製造業	－ －	－ －	－ －	－ －	－ －	－ －
問1(2)主たる業種						
製造業	66 100.0	4 6.1	31 47.0	19 28.8	5 7.6	7 10.6
非製造業	36 100.0	5 13.9	11 30.6	10 27.8	4 11.1	6 16.7
問1(3)日本本社の従業員数						
300人未満	17 100.0	1 5.9	7 41.2	6 35.3	1 5.9	2 11.8
300～1,000人未満	36 100.0	4 11.1	14 38.9	11 30.6	5 13.9	2 5.6
1,000～3,000人未満	27 100.0	2 7.4	8 29.6	10 37.0	2 7.4	5 18.5
3,000人以上	24 100.0	2 8.3	13 54.2	3 12.5	1 4.2	5 20.8

－270－

日本企業本社のグローバル化対応に関する調査
問6(1)中国の現地法人の「経営の現地化」の進み具合
5.海外展開のノウハウやマニュアルの蓄積

	調査数	進んでいる	やや進んでいる	あまり進んでいない	進んでいない	無回答
全 体	106 100.0	9 8.5	44 41.5	30 28.3	9 8.5	14 13.2
問1（4）2017年度の売上高						
100億円未満	6 100.0	1 16.7	– –	2 33.3	2 33.3	1 16.7
100～300億円未満	22 100.0	2 9.1	10 45.5	6 27.3	1 4.5	3 13.6
300～1,000億円未満	25 100.0	2 8.0	8 32.0	10 40.0	5 20.0	– –
1,000～3,000億円未満	29 100.0	2 6.9	16 55.2	6 20.7	– –	5 17.2
3,000億円以上	23 100.0	2 8.7	10 43.5	5 21.7	1 4.3	5 21.7
問1（5）2017年度の経常利益						
～0億円	1 100.0	– –	– –	1 100.0	– –	– –
1～10億円未満	9 100.0	– –	5 55.6	1 11.1	1 11.1	2 22.2
10～30億円未満	28 100.0	3 10.7	9 32.1	9 32.1	5 17.9	2 7.1
30～100億円未満	27 100.0	2 7.4	13 48.1	8 29.6	2 7.4	2 7.4
100億円以上	39 100.0	4 10.3	17 43.6	9 23.1	1 2.6	8 20.5
問1（6）5年前と比較した現在の売上高						
50%以上の増加	13 100.0	1 7.7	5 38.5	5 38.5	– –	2 15.4
20～50%以上の増加	28 100.0	4 14.3	10 35.7	8 28.6	2 7.1	4 14.3
5～20%の増加	35 100.0	2 5.7	19 54.3	9 25.7	1 2.9	4 11.4
−5～5%の間で、あまり変動はない	20 100.0	2 10.0	7 35.0	5 25.0	4 20.0	2 10.0
減少傾向にある	6 100.0	– –	2 33.3	2 33.3	2 33.3	– –
問1（7）外国籍社員						
いる	59 100.0	3 5.1	24 40.7	22 37.3	4 6.8	6 10.2
いない	15 100.0	2 13.3	7 46.7	3 20.0	2 13.3	1 6.7
問7B. 今後3年間の現地法人の事業展開意向						
拡大する	59 100.0	5 8.5	24 40.7	19 32.2	7 11.9	4 6.8
現状維持	34 100.0	4 11.8	17 50.0	8 23.5	2 5.9	3 8.8
縮小・撤退する	4 100.0	– –	1 25.0	3 75.0	– –	– –
問8（1）現地法人の経営方針						
きわめて重要な案件を除けば、基本的には現地法人側がすべてを決定する	20 100.0	4 20.0	5 25.0	5 25.0	2 10.0	4 20.0
基本的には本社が決定しているが、現地側の裁量の余地が大きい	56 100.0	3 5.4	28 50.0	17 30.4	4 7.1	4 7.1
基本的には、ほぼすべてを日本本社が決定している	26 100.0	2 7.7	11 42.3	7 26.9	3 11.5	3 11.5
問8（3）現地法人との意志疎通状況						
うまくいっている	27 100.0	3 11.1	10 37.0	5 18.5	2 7.4	7 25.9
ほぼうまくいっている	64 100.0	3 4.7	30 46.9	21 32.8	5 7.8	5 7.8
あまりうまくいっていない	12 100.0	2 16.7	4 33.3	4 33.3	2 16.7	– –
うまくいっていない	1 100.0	1 100.0	– –	– –	– –	– –

日本企業本社のグローバル化対応に関する調査
問6(1)中国の現地法人の「経営の現地化」の進み具合
6.本社の指示を待たない自律的な意思決定

	調査数	進んでいる	やや進んでいる	あまり進んでいない	進んでいない	無回答
全体	106 100.0	9 8.5	40 37.7	28 26.4	16 15.1	13 12.3
問1（1）創業開始年						
1981年～	8 100.0	－ －	2 25.0	3 37.5	3 37.5	－ －
1951年～1980年	26 100.0	3 11.5	10 38.5	7 26.9	4 15.4	2 7.7
1921年～1950年	43 100.0	5 11.6	13 30.2	11 25.6	5 11.6	9 20.9
～1920年	29 100.0	1 3.4	15 51.7	7 24.1	4 13.8	2 6.9
問1（2）主たる業種						
食料品、繊維品、木材・家具、パルプ・紙	10 100.0	2 20.0	3 30.0	2 20.0	2 20.0	1 10.0
化学工業	13 100.0	2 15.4	7 53.8	1 7.7	2 15.4	1 7.7
鉄鋼業、金属製品	6 100.0	－ －	3 50.0	1 16.7	1 16.7	1 16.7
機器製造（一般、電気、輸送、精密）	22 100.0	3 13.6	12 54.5	5 22.7	1 4.5	1 4.5
プラスチック製品、ゴム・皮革、窯業・土石、非鉄金属	8 100.0	－ －	2 25.0	5 62.5	1 12.5	－ －
その他の製造業	7 100.0	－ －	1 14.3	3 42.9	1 14.3	2 28.6
卸売・小売り	11 100.0	－ －	4 36.4	3 27.3	2 18.2	2 18.2
運輸業	7 100.0	1 14.3	2 28.6	3 42.9	－ －	1 14.3
建設業	5 100.0	－ －	3 60.0	－ －	－ －	2 40.0
不動産業	1 100.0	－ －	－ －	1 100.0	－ －	－ －
飲食店・宿泊業	－ －	－ －	－ －	－ －	－ －	－ －
金融・保険業	2 100.0	－ －	1 50.0	－ －	－ －	1 50.0
情報通信業	1 100.0	－ －	－ －	1 100.0	－ －	－ －
教育、学習支援業	－ －	－ －	－ －	－ －	－ －	－ －
サービス業	9 100.0	1 11.1	1 11.1	2 22.2	5 55.6	－ －
その他の非製造業	－ －	－ －	－ －	－ －	－ －	－ －
問1（2）主たる業種						
製造業	66 100.0	7 10.6	28 42.4	17 25.8	8 12.1	6 9.1
非製造業	36 100.0	2 5.6	11 30.6	10 27.8	7 19.4	6 16.7
問1（3）日本本社の従業員数						
300人未満	17 100.0	2 11.8	7 41.2	4 23.5	2 11.8	2 11.8
300～1,000人未満	36 100.0	5 13.9	11 30.6	12 33.3	6 16.7	2 5.6
1,000～3,000人未満	27 100.0	2 7.4	11 40.7	5 18.5	5 18.5	4 14.8
3,000人以上	24 100.0	－ －	10 41.7	7 29.2	2 8.3	5 20.8

日本企業本社のグローバル化対応に関する調査
問6(1)中国の現地法人の「経営の現地化」の進み具合
6.本社の指示を待たない自律的な意思決定

	調査数	進んでいる	やや進んでいる	あまり進んでいない	進んでいない	無回答
全 体	106 100.0	9 8.5	40 37.7	28 26.4	16 15.1	13 12.3
問1（4）2017年度の売上高						
100億円未満	6 100.0	1 16.7	1 16.7	− −	3 50.0	1 16.7
100～300億円未満	22 100.0	2 9.1	7 31.8	5 22.7	5 22.7	3 13.6
300～1,000億円未満	25 100.0	2 8.0	10 40.0	6 24.0	6 24.0	1 4.0
1,000～3,000億円未満	29 100.0	4 13.8	9 31.0	11 37.9	1 3.4	4 13.8
3,000億円以上	23 100.0	− −	12 52.2	6 26.1	1 4.3	4 17.4
問1（5）2017年度の経常利益						
～0億円	1 100.0	− −	− −	− −	1 100.0	− −
1～10億円未満	9 100.0	1 11.1	2 22.2	3 33.3	1 11.1	2 22.2
10～30億円未満	28 100.0	3 10.7	10 35.7	6 21.4	6 21.4	3 10.7
30～100億円未満	27 100.0	3 11.1	13 48.1	5 18.5	5 18.5	1 3.7
100億円以上	39 100.0	2 5.1	14 35.9	14 35.9	2 5.1	7 17.9
問1（6）5 年前と比較した現在の売上高						
50％以上の増加	13 100.0	− −	3 23.1	6 46.2	2 15.4	2 15.4
20～50％以上の増加	28 100.0	5 17.9	11 39.3	6 21.4	3 10.7	3 10.7
5～20％の増加	35 100.0	1 2.9	12 34.3	11 31.4	7 20.0	4 11.4
−5～5％の間で、あまり変動はない	20 100.0	3 15.0	10 50.0	3 15.0	2 10.0	2 10.0
減少傾向にある	6 100.0	− −	2 33.3	2 33.3	2 33.3	− −
問1（7）外国籍社員						
いる	59 100.0	3 5.1	22 37.3	18 30.5	9 15.3	7 11.9
いない	15 100.0	2 13.3	5 33.3	4 26.7	3 20.0	1 6.7
問7B. 今後3 年間の現地法人の事業展開意向						
拡大する	59 100.0	6 10.2	27 45.8	17 28.8	6 10.2	3 5.1
現状維持	34 100.0	3 8.8	12 35.3	9 26.5	7 20.6	3 8.8
縮小・撤退する	4 100.0	− −	− −	1 25.0	3 75.0	− −
問8（1）現地法人の経営方針						
きわめて重要な案件を除けば、基本的には現地法人側がすべてを決定する	20 100.0	4 20.0	10 50.0	− −	1 5.0	5 25.0
基本的には本社が決定しているが、現地側の裁量の余地が大きい	56 100.0	4 7.1	20 35.7	22 39.3	7 12.5	3 5.4
基本的には、ほぼすべてを日本本社が決定している	26 100.0	1 3.8	10 38.5	5 19.2	8 30.8	2 7.7
問8（3）現地法人との意志疎通状況						
うまくいっている	27 100.0	4 14.8	10 37.0	7 25.9	1 3.7	5 18.5
ほぼうまくいっている	64 100.0	2 3.1	28 43.8	18 28.1	11 17.2	5 7.8
あまりうまくいっていない	12 100.0	2 16.7	2 16.7	3 25.0	4 33.3	1 8.3
うまくいっていない	1 100.0	1 100.0	− −	− −	− −	− −

日本企業本社のグローバル化対応に関する調査
問6(1)中国の現地法人の「経営の現地化」の進み具合
7.企業外の規制・制約への対応

	調査数	進んでいる	やや進んでいる	あまり進んでいない	進んでいない	無回答
全体	106 100.0	12 11.3	48 45.3	27 25.5	7 6.6	12 11.3
問1(1)創業開始年						
1981年～	8 100.0	1 12.5	2 25.0	3 37.5	2 25.0	－ －
1951年～1980年	26 100.0	4 15.4	13 50.0	6 23.1	1 3.8	2 7.7
1921年～1950年	43 100.0	5 11.6	19 44.2	9 20.9	2 4.7	8 18.6
～1920年	29 100.0	2 6.9	14 48.3	9 31.0	2 6.9	2 6.9
問1(2)主たる業種						
食料品、繊維品、木材・家具、パルプ・紙	10 100.0	3 30.0	4 40.0	3 30.0	－ －	－ －
化学工業	13 100.0	2 15.4	7 53.8	2 15.4	1 7.7	1 7.7
鉄鋼業、金属製品	6 100.0	－ －	3 50.0	2 33.3	－ －	1 16.7
機器製造(一般、電気、輸送、精密)	22 100.0	3 13.6	11 50.0	5 22.7	2 9.1	1 4.5
プラスチック製品、ゴム・皮革、窯業・土石、非鉄金属	8 100.0	－ －	3 37.5	5 62.5	－ －	－ －
その他の製造業	7 100.0	－ －	3 42.9	1 14.3	1 14.3	2 28.6
卸売・小売り	11 100.0	1 9.1	5 45.5	2 18.2	1 9.1	2 18.2
運輸業	7 100.0	1 14.3	3 42.9	2 28.6	－ －	1 14.3
建設業	5 100.0	1 20.0	1 20.0	1 20.0	－ －	2 40.0
不動産業	1 100.0	－ －	－ －	1 100.0	－ －	－ －
飲食店・宿泊業	－ －	－ －	－ －	－ －	－ －	－ －
金融・保険業	2 100.0	1 50.0	－ －	－ －	－ －	1 50.0
情報通信業	1 100.0	－ －	1 100.0	－ －	－ －	－ －
教育、学習支援業	－ －	－ －	－ －	－ －	－ －	－ －
サービス業	9 100.0	－ －	4 44.4	3 33.3	2 22.2	－ －
その他の非製造業	－ －	－ －	－ －	－ －	－ －	－ －
問1(2)主たる業種						
製造業	66 100.0	8 12.1	31 47.0	18 27.3	4 6.1	5 7.6
非製造業	36 100.0	4 11.1	14 38.9	9 25.0	3 8.3	6 16.7
問1(3)日本本社の従業員数						
300人未満	17 100.0	1 5.9	10 58.8	2 11.8	2 11.8	2 11.8
300～1,000人未満	36 100.0	5 13.9	16 44.4	11 30.6	2 5.6	2 5.6
1,000～3,000人未満	27 100.0	3 11.1	11 40.7	7 25.9	2 7.4	4 14.8
3,000人以上	24 100.0	3 12.5	10 41.7	6 25.0	1 4.2	4 16.7

－274－

日本企業本社のグローバル化対応に関する調査
問6(1)中国の現地法人の「経営の現地化」の進み具合
7.企業外の規制・制約への対応

	調査数	進んでいる	やや進んでいる	あまり進んでいない	進んでいない	無回答
全 体	106 100.0	12 11.3	48 45.3	27 25.5	7 6.6	12 11.3
問1（4）2017年度の売上高						
100億円未満	6 100.0	1 16.7	1 16.7	1 16.7	2 33.3	1 16.7
100～300億円未満	22 100.0	2 9.1	11 50.0	4 18.2	3 13.6	2 9.1
300～1,000億円未満	25 100.0	2 8.0	14 56.0	7 28.0	1 4.0	1 4.0
1,000～3,000億円未満	29 100.0	4 13.8	11 37.9	10 34.5	－ －	4 13.8
3,000億円以上	23 100.0	3 13.0	10 43.5	5 21.7	1 4.3	4 17.4
問1（5）2017年度の経常利益						
～0億円	1 100.0	－ －	－ －	1 100.0	－ －	－ －
1～10億円未満	9 100.0	1 11.1	4 44.4	1 11.1	1 11.1	2 22.2
10～30億円未満	28 100.0	3 10.7	12 42.9	7 25.0	4 14.3	2 7.1
30～100億円未満	27 100.0	2 7.4	17 63.0	6 22.2	1 3.7	1 3.7
100億円以上	39 100.0	6 15.4	14 35.9	11 28.2	1 2.6	7 17.9
問1（6）5年前と比較した現在の売上高						
50%以上の増加	13 100.0	－ －	6 46.2	3 23.1	2 15.4	2 15.4
20～50%以上の増加	28 100.0	6 21.4	13 46.4	6 21.4	1 3.6	2 7.1
5～20%の増加	35 100.0	4 11.4	13 37.1	13 37.1	1 2.9	4 11.4
－5～5%の間で、あまり変動はない	20 100.0	2 10.0	11 55.0	3 15.0	2 10.0	2 10.0
減少傾向にある	6 100.0	－ －	3 50.0	2 33.3	1 16.7	－ －
問1（7）外国籍社員						
いる	59 100.0	5 8.5	26 44.1	19 32.2	2 3.4	7 11.9
いない	15 100.0	1 6.7	8 53.3	3 20.0	2 13.3	1 6.7
問7B.今後3年間の現地法人の事業展開意向						
拡大する	59 100.0	10 16.9	28 47.5	15 25.4	4 6.8	2 3.4
現状維持	34 100.0	2 5.9	18 52.9	8 23.5	3 8.8	3 8.8
縮小・撤退する	4 100.0	－ －	－ －	4 100.0	－ －	－ －
問8（1）現地法人の経営方針						
きわめて重要な案件を除けば、基本的には現地法人側がすべてを決定する	20 100.0	5 25.0	8 40.0	1 5.0	2 10.0	4 20.0
基本的には本社が決定しているが、現地側の裁量の余地が大きい	56 100.0	4 7.1	25 44.6	20 35.7	4 7.1	3 5.4
基本的には、ほぼすべてを日本本社が決定している	26 100.0	3 11.5	14 53.8	6 23.1	1 3.8	2 7.7
問8（3）現地法人との意志疎通状況						
うまくいっている	27 100.0	6 22.2	9 33.3	5 18.5	2 7.4	5 18.5
ほぼうまくいっている	64 100.0	5 7.8	35 54.7	17 26.6	3 4.7	4 6.3
あまりうまくいっていない	12 100.0	－ －	4 33.3	5 41.7	2 16.7	1 8.3
うまくいっていない	1 100.0	1 100.0	－ －	－ －	－ －	－ －

日本企業本社のグローバル化対応に関する調査
問6(1)中国の現地法人の「経営の現地化」の進み具合
8.モノ・カネの現地調達

	調査数	進んでいる	やや進んでいる	あまり進んでいない	進んでいない	無回答
全体	106 100.0	15 14.2	40 37.7	22 20.8	19 17.9	10 9.4
問1(1)創業開始年						
1981年～	8 100.0	－ －	2 25.0	2 25.0	4 50.0	－ －
1951年～1980年	26 100.0	6 23.1	7 26.9	7 26.9	5 19.2	1 3.8
1921年～1950年	43 100.0	4 9.3	21 48.8	7 16.3	4 9.3	7 16.3
～1920年	29 100.0	5 17.2	10 34.5	6 20.7	6 20.7	2 6.9
問1(2)主たる業種						
食料品、繊維品、木材・家具、パルプ・紙	10 100.0	3 30.0	3 30.0	1 10.0	3 30.0	－ －
化学工業	13 100.0	4 30.8	4 30.8	2 15.4	2 15.4	1 7.7
鉄鋼業、金属製品	6 100.0	－ －	3 50.0	2 33.3	－ －	1 16.7
機器製造(一般、電気、輸送、精密)	22 100.0	3 13.6	13 59.1	3 13.6	2 9.1	1 4.5
プラスチック製品、ゴム・皮革、窯業・土石、非鉄金属	8 100.0	1 12.5	5 62.5	1 12.5	1 12.5	－ －
その他の製造業	7 100.0	－ －	2 28.6	3 42.9	1 14.3	1 14.3
卸売・小売り	11 100.0	1 9.1	3 27.3	3 27.3	3 27.3	1 9.1
運輸業	7 100.0	1 14.3	2 28.6	3 42.9	－ －	1 14.3
建設業	5 100.0	1 20.0	－ －	1 20.0	1 20.0	2 40.0
不動産業	1 100.0	－ －	1 100.0	－ －	－ －	－ －
飲食店・宿泊業	－ －	－ －	－ －	－ －	－ －	－ －
金融・保険業	2 100.0	－ －	－ －	1 50.0	－ －	1 50.0
情報通信業	1 100.0	1 100.0	－ －	－ －	－ －	－ －
教育、学習支援業	－ －	－ －	－ －	－ －	－ －	－ －
サービス業	9 100.0	－ －	1 11.1	2 22.2	6 66.7	－ －
その他の非製造業	－ －	－ －	－ －	－ －	－ －	－ －
問1(2)主たる業種						
製造業	66 100.0	11 16.7	30 45.5	12 18.2	9 13.6	4 6.1
非製造業	36 100.0	4 11.1	7 19.4	10 27.8	10 27.8	5 13.9
問1(3)日本本社の従業員数						
300人未満	17 100.0	1 5.9	5 29.4	6 35.3	3 17.6	2 11.8
300～1,000人未満	36 100.0	6 16.7	14 38.9	9 25.0	6 16.7	1 2.8
1,000～3,000人未満	27 100.0	4 14.8	9 33.3	6 22.2	4 14.8	4 14.8
3,000人以上	24 100.0	4 16.7	11 45.8	1 4.2	5 20.8	3 12.5

日本企業本社のグローバル化対応に関する調査
問6(1)中国の現地法人の「経営の現地化」の進み具合
8.モノ・カネの現地調達

	調査数	進んでいる	やや進んでいる	あまり進んでいない	進んでいない	無回答
全 体	106 100.0	15 14.2	40 37.7	22 20.8	19 17.9	10 9.4
問1（4）2017年度の売上高						
100億円未満	6 100.0	1 16.7	– –	1 16.7	3 50.0	1 16.7
100～300億円未満	22 100.0	1 4.5	9 40.9	4 18.2	6 27.3	2 9.1
300～1,000億円未満	25 100.0	5 20.0	6 24.0	9 36.0	5 20.0	– –
1,000～3,000億円未満	29 100.0	5 17.2	13 44.8	5 17.2	2 6.9	4 13.8
3,000億円以上	23 100.0	3 13.0	11 47.8	3 13.0	3 13.0	3 13.0
問1（5）2017年度の経常利益						
～0億円	1 100.0	– –	– –	1 100.0	– –	– –
1～10億円未満	9 100.0	1 11.1	4 44.4	1 11.1	1 11.1	2 22.2
10～30億円未満	28 100.0	3 10.7	6 21.4	7 25.0	11 39.3	1 3.6
30～100億円未満	27 100.0	4 14.8	11 40.7	9 33.3	2 7.4	1 3.7
100億円以上	39 100.0	7 17.9	18 46.2	4 10.3	4 10.3	6 15.4
問1（6）5年前と比較した現在の売上高						
50%以上の増加	13 100.0	– –	6 46.2	3 23.1	3 23.1	1 7.7
20～50%以上の増加	28 100.0	8 28.6	10 35.7	4 14.3	4 14.3	2 7.1
5～20%の増加	35 100.0	4 11.4	12 34.3	11 31.4	5 14.3	3 8.6
－5～5%の間で、あまり変動はない	20 100.0	3 15.0	7 35.0	3 15.0	5 25.0	2 10.0
減少傾向にある	6 100.0	– –	3 50.0	1 16.7	2 33.3	– –
問1（7）外国籍社員						
いる	59 100.0	10 16.9	20 33.9	13 22.0	10 16.9	6 10.2
いない	15 100.0	2 13.3	7 46.7	3 20.0	2 13.3	1 6.7
問7B. 今後3年間の現地法人の事業展開意向						
拡大する	59 100.0	10 16.9	23 39.0	14 23.7	12 20.3	– –
現状維持	34 100.0	5 14.7	14 41.2	7 20.6	5 14.7	3 8.8
縮小・撤退する	4 100.0	– –	1 25.0	1 25.0	2 50.0	– –
問8（1）現地法人の経営方針						
きわめて重要な案件を除けば、基本的には現地法人側がすべてを決定する	20 100.0	5 25.0	4 20.0	5 25.0	3 15.0	3 15.0
基本的には本社が決定しているが、現地側の裁量の余地が大きい	56 100.0	7 12.5	26 46.4	11 19.6	10 17.9	2 3.6
基本的には、ほぼすべてを日本本社が決定している	26 100.0	3 11.5	10 38.5	5 19.2	6 23.1	2 7.7
問8（3）現地法人との意志疎通状況						
うまくいっている	27 100.0	7 25.9	11 40.7	1 3.7	4 14.8	4 14.8
ほぼうまくいっている	64 100.0	7 10.9	27 42.2	15 23.4	11 17.2	4 6.3
あまりうまくいっていない	12 100.0	– –	2 16.7	6 50.0	4 33.3	– –
うまくいっていない	1 100.0	1 100.0	– –	– –	– –	– –

日本企業本社のグローバル化対応に関する調査
問6.中国の現地法人における「経営の現地化」について
問6(2)中国の現地法人が今後発展していくにあたっての重要要素

	調査数	現地人材の採用・育成	現地従業員への権限委譲・管理職化	現地制度にあわせた組織内の制度変革	現地の従業員との円滑な関係構築	海外展開のノウハウやマニュアルの蓄積	自律的な意思を決定本社の指示を待たない	企業外の規制・制約への対応	モノ・カネの現地調達	その他	無回答
全体	106	66	55	30	33	32	26	31	22	2	12
	100.0	62.3	51.9	28.3	31.1	30.2	24.5	29.2	20.8	1.9	11.3
問1(1)創業開始年											
1981年～	8	3	3	2	3	2	3	–	2	–	1
	100.0	37.5	37.5	25.0	37.5	25.0	37.5	–	25.0	–	12.5
1951年～1980年	26	18	12	8	7	10	6	8	5	2	2
	100.0	69.2	46.2	30.8	26.9	38.5	23.1	30.8	19.2	7.7	7.7
1921年～1950年	43	25	23	10	12	11	11	12	7	–	7
	100.0	58.1	53.5	23.3	27.9	25.6	25.6	27.9	16.3	–	16.3
～1920年	29	20	17	10	11	9	6	11	8	–	2
	100.0	69.0	58.6	34.5	37.9	31.0	20.7	37.9	27.6	–	6.9
問1(2)主たる業種											
食料品、繊維品、木材・家具、パルプ・紙	10	7	4	3	2	4	1	2	1	1	–
	100.0	70.0	40.0	30.0	20.0	40.0	10.0	20.0	10.0	10.0	–
化学工業	13	8	7	5	5	4	4	4	–	–	1
	100.0	61.5	53.8	38.5	38.5	30.8	30.8	30.8	–	–	7.7
鉄鋼業、金属製品	6	4	3	2	1	2	2	3	2	–	1
	100.0	66.7	50.0	33.3	16.7	33.3	33.3	50.0	33.3	–	16.7
機器製造(一般、電気、輸送、精密)	22	13	13	6	6	6	7	9	7	–	2
	100.0	59.1	59.1	27.3	27.3	27.3	31.8	40.9	31.8	–	9.1
プラスチック製品、ゴム・皮革、窯業・土石、非鉄金属	8	6	6	3	4	2	–	1	2	–	–
	100.0	75.0	75.0	37.5	50.0	25.0	–	12.5	25.0	–	–
その他の製造業	7	6	3	2	4	2	2	2	2	–	1
	100.0	85.7	42.9	28.6	57.1	28.6	28.6	28.6	28.6	–	14.3
卸売・小売り	11	8	6	2	6	4	3	3	3	–	1
	100.0	72.7	54.5	18.2	54.5	36.4	27.3	27.3	27.3	–	9.1
運輸業	7	5	5	2	1	2	3	2	1	–	2
	100.0	71.4	71.4	28.6	14.3	28.6	42.9	28.6	14.3	–	28.6
建設業	5	3	1	–	–	1	–	–	1	–	1
	100.0	60.0	20.0	–	–	20.0	–	–	20.0	–	20.0
不動産業	1	–	–	–	–	–	–	–	–	–	1
	100.0	–	–	–	–	–	–	–	–	–	100.0
飲食店・宿泊業	–	–	–	–	–	–	–	–	–	–	–
金融・保険業	2	–	–	1	1	–	–	–	–	–	1
	100.0	–	–	50.0	50.0	–	–	–	–	–	50.0
情報通信業	1	1	1	–	–	–	–	–	–	1	–
	100.0	100.0	100.0	–	–	–	–	–	–	100.0	–
教育、学習支援業	–	–	–	–	–	–	–	–	–	–	–
サービス業	9	3	3	2	2	4	4	4	2	–	–
	100.0	33.3	33.3	22.2	22.2	44.4	44.4	44.4	22.2	–	–
その他の非製造業	–	–	–	–	–	–	–	–	–	–	–
問1(2)主たる業種											
製造業	66	44	36	21	22	20	16	21	14	1	5
	100.0	66.7	54.5	31.8	33.3	30.3	24.2	31.8	21.2	1.5	7.6
非製造業	36	20	16	7	10	11	10	9	7	1	6
	100.0	55.6	44.4	19.4	27.8	30.6	27.8	25.0	19.4	2.8	16.7
問1(3)日本本社の従業員数											
300人未満	17	12	8	4	9	5	3	5	1	–	2
	100.0	70.6	47.1	23.5	52.9	29.4	17.6	29.4	5.9	–	11.8
300～1,000人未満	36	21	14	9	9	9	8	10	8	1	3
	100.0	58.3	38.9	25.0	25.0	25.0	22.2	27.8	22.2	2.8	8.3
1,000～3,000人未満	27	16	17	8	5	9	9	8	5	–	4
	100.0	59.3	63.0	29.6	18.5	33.3	33.3	29.6	18.5	–	14.8
3,000人以上	24	16	15	9	9	7	5	8	8	1	3
	100.0	66.7	62.5	37.5	37.5	29.2	20.8	33.3	33.3	4.2	12.5

日本企業本社のグローバル化対応に関する調査
問6.中国の現地法人における「経営の現地化」について
問6(2)中国の現地法人が今後発展していくにあたっての重要要素

	調査数	現地人材の採用・育成	渡・管理職員化への権限委譲	の現地制度にあわせた組織内変革	関係の構築員との円滑な	海外展開のノウハウやマニュアルの蓄積	自律的な意思決定本社的な指示を待たない	の企業対応へ外の規制・制約へ	モノ・カネの現地調達	その他	無回答
全 体	106	66	55	30	33	32	26	31	22	2	12
	100.0	62.3	51.9	28.3	31.1	30.2	24.5	29.2	20.8	1.9	11.3
問1(4)2017年度の売上高											
100億円未満	6	3	2	–	1	–	–	1	1	1	1
	100.0	50.0	33.3	–	16.7	–	–	16.7	16.7	16.7	16.7
100～300億円未満	22	13	8	7	7	7	4	5	3	–	2
	100.0	59.1	36.4	31.8	31.8	31.8	18.2	22.7	13.6	–	9.1
300～1,000億円未満	25	18	14	7	8	11	6	8	6	–	1
	100.0	72.0	56.0	28.0	32.0	44.0	24.0	32.0	24.0	–	4.0
1,000～3,000億円未満	29	18	19	8	9	7	10	11	7	1	4
	100.0	62.1	65.5	27.6	31.0	24.1	34.5	37.9	24.1	3.4	13.8
3,000億円以上	23	13	11	8	8	7	6	5	5	–	4
	100.0	56.5	47.8	34.8	34.8	30.4	26.1	21.7	21.7	–	17.4
問1(5)2017年度の経常利益											
～0億円	1	–	1	–	–	–	–	–	1	–	–
	100.0	–	100.0	–	–	–	–	–	100.0	–	–
1～10億円未満	9	7	4	–	4	–	1	–	2	–	2
	100.0	77.8	44.4	–	44.4	–	11.1	–	22.2	–	22.2
10～30億円未満	28	17	9	10	7	12	7	8	6	1	2
	100.0	60.7	32.1	35.7	25.0	42.9	25.0	28.6	21.4	3.6	7.1
30～100億円未満	27	18	18	7	9	11	7	14	5	–	–
	100.0	66.7	66.7	25.9	33.3	40.7	25.9	51.9	18.5	–	–
100億円以上	39	22	21	13	13	9	11	8	8	1	8
	100.0	56.4	53.8	33.3	33.3	23.1	28.2	20.5	20.5	2.6	20.5
問1(6)5年前と比較した現在の売上高											
50%以上の増加	13	7	7	2	2	4	6	3	6	–	1
	100.0	53.8	53.8	15.4	15.4	30.8	46.2	23.1	46.2	–	7.7
20～50%以上の増加	28	18	12	10	9	9	5	7	4	1	2
	100.0	64.3	42.9	35.7	32.1	32.1	17.9	25.0	14.3	3.6	7.1
5～20%の増加	35	21	19	10	11	11	11	10	4	–	4
	100.0	60.0	54.3	28.6	31.4	31.4	31.4	28.6	11.4	–	11.4
－5～5%の間で、あまり変動はない	20	14	11	7	7	5	3	7	6	1	3
	100.0	70.0	55.0	35.0	35.0	25.0	15.0	35.0	30.0	5.0	15.0
減少傾向にある	6	4	4	1	4	3	1	3	2	–	–
	100.0	66.7	66.7	16.7	66.7	50.0	16.7	50.0	33.3	–	–
問1(7)外国籍社員											
いる	59	40	34	15	18	18	15	20	14	2	5
	100.0	67.8	57.6	25.4	30.5	30.5	25.4	33.9	23.7	3.4	8.5
いない	15	9	6	5	4	3	2	5	3	–	2
	100.0	60.0	40.0	33.3	26.7	20.0	13.3	33.3	20.0	–	13.3
問7B. 今後3年間の現地法人の事業展開意向											
拡大する	59	42	32	21	24	21	17	20	11	1	3
	100.0	71.2	54.2	35.6	40.7	35.6	28.8	33.9	18.6	1.7	5.1
現状維持	34	19	18	7	8	10	8	11	8	1	2
	100.0	55.9	52.9	20.6	23.5	29.4	23.5	32.4	23.5	2.9	5.9
縮小・撤退する	4	3	3	1	1	1	1	–	2	–	–
	100.0	75.0	75.0	25.0	25.0	25.0	25.0	–	50.0	–	–
問8(1)現地法人の経営方針											
きわめて重要な案件を除けば、基本的には現地法人側がすべてを決定する	20	9	8	6	5	5	4	2	3	1	2
	100.0	45.0	40.0	30.0	25.0	25.0	20.0	10.0	15.0	5.0	10.0
基本的には本社が決定しているが、現地側の裁量の余地が大きい	56	41	31	13	17	16	16	22	11	–	4
	100.0	73.2	55.4	23.2	30.4	28.6	28.6	39.3	19.6	–	7.1
基本的には、ほぼすべてを日本本社が決定している	26	15	16	11	10	11	6	6	7	1	3
	100.0	57.7	61.5	42.3	38.5	42.3	23.1	23.1	26.9	3.8	11.5
問8(3)現地法人との意志疎通状況											
うまくいっている	27	15	12	4	6	5	3	4	3	2	6
	100.0	55.6	44.4	14.8	22.2	18.5	11.1	14.8	11.1	7.4	22.2
ほぼうまくいっている	64	43	36	23	24	22	18	23	17	–	3
	100.0	67.2	56.3	35.9	37.5	34.4	28.1	35.9	26.6	–	4.7
あまりうまくいっていない	12	8	7	3	3	5	5	4	2	–	–
	100.0	66.7	58.3	25.0	25.0	41.7	41.7	33.3	16.7	–	–
うまくいっていない	1	–	–	–	–	–	–	–	–	–	1
	100.0	–	–	–	–	–	–	–	–	–	100.0

日本企業本社のグローバル化対応に関する調査
問7.中国における今後3年間の事業展開と従業員数計画について
問7A.今後3年間の中国市場の展開意向

	調査数	拡大基調となる	現状維持	縮小基調となる	無回答
全 体	106 100.0	68 64.2	25 23.6	6 5.7	7 6.6
問1（1）創業開始年					
1981年～	8 100.0	5 62.5	2 25.0	1 12.5	– –
1951年～1980年	26 100.0	19 73.1	7 26.9	– –	– –
1921年～1950年	43 100.0	26 60.5	9 20.9	3 7.0	5 11.6
～1920年	29 100.0	18 62.1	7 24.1	2 6.9	2 6.9
問1（2）主たる業種					
食料品、繊維品、木材・家具、パルプ・紙	10 100.0	10 100.0	– –	– –	– –
化学工業	13 100.0	10 76.9	1 7.7	– –	2 15.4
鉄鋼業、金属製品	6 100.0	2 33.3	4 66.7	– –	– –
機器製造（一般、電気、輸送、精密）	22 100.0	15 68.2	5 22.7	2 9.1	– –
プラスチック製品、ゴム・皮革、窯業・土石、非鉄金属	8 100.0	5 62.5	3 37.5	– –	– –
その他の製造業	7 100.0	5 71.4	1 14.3	– –	1 14.3
卸売・小売り	11 100.0	8 72.7	2 18.2	– –	1 9.1
運輸業	7 100.0	1 14.3	4 57.1	2 28.6	– –
建設業	5 100.0	3 60.0	1 20.0	– –	1 20.0
不動産業	1 100.0	1 100.0	– –	– –	– –
飲食店・宿泊業	– –	– –	– –	– –	– –
金融・保険業	2 100.0	1 50.0	– –	– –	1 50.0
情報通信業	1 100.0	– –	1 100.0	– –	– –
教育、学習支援業	– –	– –	– –	– –	– –
サービス業	9 100.0	5 55.6	3 33.3	1 11.1	– –
その他の非製造業	– –	– –	– –	– –	– –
問1（2）主たる業種					
製造業	66 100.0	47 71.2	14 21.2	2 3.0	3 4.5
非製造業	36 100.0	19 52.8	11 30.6	3 8.3	3 8.3
問1（3）日本本社の従業員数					
300人未満	17 100.0	9 52.9	5 29.4	1 5.9	2 11.8
300～1,000人未満	36 100.0	24 66.7	9 25.0	2 5.6	1 2.8
1,000～3,000人未満	27 100.0	15 55.6	9 33.3	2 7.4	1 3.7
3,000人以上	24 100.0	18 75.0	2 8.3	1 4.2	3 12.5

日本企業本社のグローバル化対応に関する調査
問7.中国における今後3年間の事業展開と従業員数計画について
問7A.今後3年間の中国市場の展開意向

	調査数	拡大基調となる	現状維持	縮小基調となる	無回答
全 体	106 100.0	68 64.2	25 23.6	6 5.7	7 6.6
問1（4）2017年度の売上高					
100億円未満	6 100.0	3 50.0	1 16.7	1 16.7	1 16.7
100～300億円未満	22 100.0	13 59.1	7 31.8	1 4.5	1 4.5
300～1,000億円未満	25 100.0	18 72.0	5 20.0	1 4.0	1 4.0
1,000～3,000億円未満	29 100.0	16 55.2	10 34.5	1 3.4	2 6.9
3,000億円以上	23 100.0	17 73.9	2 8.7	2 8.7	2 8.7
問1（5）2017年度の経常利益					
～0億円	1 100.0	－ －	－ －	1 100.0	－ －
1～10億円未満	9 100.0	4 44.4	4 44.4	－ －	1 11.1
10～30億円未満	28 100.0	22 78.6	5 17.9	－ －	1 3.6
30～100億円未満	27 100.0	14 51.9	10 37.0	2 7.4	1 3.7
100億円以上	39 100.0	27 69.2	6 15.4	2 5.1	4 10.3
問1（6）5 年前と比較した現在の売上高					
50%以上の増加	13 100.0	9 69.2	4 30.8	－ －	－ －
20～50%以上の増加	28 100.0	23 82.1	2 7.1	2 7.1	1 3.6
5～20%の増加	35 100.0	22 62.9	10 28.6	2 5.7	1 2.9
－5～5%の間で、あまり変動はない	20 100.0	9 45.0	8 40.0	1 5.0	2 10.0
減少傾向にある	6 100.0	4 66.7	1 16.7	1 16.7	－ －
問1（7）外国籍社員					
いる	59 100.0	39 66.1	14 23.7	3 5.1	3 5.1
いない	15 100.0	8 53.3	4 26.7	2 13.3	1 6.7
問7B. 今後3 年間の現地法人の事業展開意向					
拡大する	59 100.0	56 94.9	3 5.1	－ －	－ －
現状維持	34 100.0	8 23.5	22 64.7	4 11.8	
縮小・撤退する	4 100.0	2 50.0	－ －	2 50.0	
問8（1）現地法人の経営方針					
きわめて重要な案件を除けば、基本的には現地法人側がすべてを決定する	20 100.0	12 60.0	6 30.0	2 10.0	
基本的には本社が決定しているが、現地側の裁量の余地が大きい	56 100.0	40 71.4	12 21.4	2 3.6	2 3.6
基本的には、ほぼすべてを日本本社が決定している	26 100.0	15 57.7	6 23.1	2 7.7	3 11.5
問8（3）現地法人との意志疎通状況					
うまくいっている	27 100.0	19 70.4	5 18.5	1 3.7	2 7.4
ほぼうまくいっている	64 100.0	42 65.6	17 26.6	2 3.1	3 4.7
あまりうまくいっていない	12 100.0	7 58.3	2 16.7	3 25.0	
うまくいっていない	1 100.0	－ －	1 100.0	－ －	

日本企業本社のグローバル化対応に関する調査
問7.中国における今後3年間の事業展開と従業員数計画について
問7B.今後3年間の現地法人の事業展開意向

	調査数	拡大する	現状維持	縮小・撤退する	無回答
全 体	106 100.0	59 55.7	34 32.1	4 3.8	9 8.5
問1（1）創業開始年					
1981年～	8 100.0	5 62.5	2 25.0	1 12.5	－ －
1951年～1980年	26 100.0	16 61.5	8 30.8	1 3.8	1 3.8
1921年～1950年	43 100.0	21 48.8	15 34.9	2 4.7	5 11.6
～1920年	29 100.0	17 58.6	9 31.0	－ －	3 10.3
問1（2）主たる業種					
食料品、繊維品、木材・家具、パルプ・紙	10 100.0	8 80.0	1 10.0	1 10.0	－ －
化学工業	13 100.0	8 61.5	3 23.1	－ －	2 15.4
鉄鋼業、金属製品	6 100.0	1 16.7	5 83.3	－ －	－ －
機器製造（一般、電気、輸送、精密）	22 100.0	12 54.5	8 36.4	1 4.5	1 4.5
プラスチック製品、ゴム・皮革、窯業・土石、非鉄金属	8 100.0	5 62.5	3 37.5	－ －	－ －
その他の製造業	7 100.0	6 85.7	－ －	－ －	1 14.3
卸売・小売り	11 100.0	7 63.6	2 18.2	1 9.1	1 9.1
運輸業	7 100.0	2 28.6	5 71.4	－ －	－ －
建設業	5 100.0	2 40.0	2 40.0	－ －	1 20.0
不動産業	1 100.0	1 100.0	－ －	－ －	－ －
飲食店・宿泊業	－ －	－ －	－ －	－ －	－ －
金融・保険業	2 100.0	1 50.0	－ －	－ －	1 50.0
情報通信業	1 100.0	－ －	1 100.0	－ －	－ －
教育、学習支援業	－ －	－ －	－ －	－ －	－ －
サービス業	9 100.0	5 55.6	3 33.3	1 11.1	－ －
その他の非製造業	－ －	－ －	－ －	－ －	－ －
問1（2）主たる業種					
製造業	66 100.0	40 60.6	20 30.3	2 3.0	4 6.1
非製造業	36 100.0	18 50.0	13 36.1	2 5.6	3 8.3
問1（3）日本本社の従業員数					
300人未満	17 100.0	9 52.9	5 29.4	1 5.9	2 11.8
300～1,000人未満	36 100.0	21 58.3	11 30.6	2 5.6	2 5.6
1,000～3,000人未満	27 100.0	12 44.4	13 48.1	1 3.7	1 3.7
3,000人以上	24 100.0	16 66.7	4 16.7	－ －	4 16.7

日本企業本社のグローバル化対応に関する調査
問7.中国における今後3年間の事業展開と従業員数計画について
問7B.今後3年間の現地法人の事業展開意向

	調査数	拡大する	現状維持	縮小・撤退する	無回答
全 体	106 100.0	59 55.7	34 32.1	4 3.8	9 8.5
問1（4）2017年度の売上高					
100億円未満	6 100.0	4 66.7	－ －	1 16.7	1 16.7
100～300億円未満	22 100.0	10 45.5	8 36.4	2 9.1	2 9.1
300～1,000億円未満	25 100.0	17 68.0	6 24.0	1 4.0	1 4.0
1,000～3,000億円未満	29 100.0	12 41.4	15 51.7	－ －	2 6.9
3,000億円以上	23 100.0	15 65.2	5 21.7	－ －	3 13.0
問1（5）2017年度の経常利益					
～0億円	1 100.0	－ －	－ －	1 100.0	－ －
1～10億円未満	9 100.0	3 33.3	3 33.3	1 11.1	2 22.2
10～30億円未満	28 100.0	19 67.9	7 25.0	1 3.6	1 3.6
30～100億円未満	27 100.0	13 48.1	13 48.1	－ －	1 3.7
100億円以上	39 100.0	23 59.0	11 28.2	－ －	5 12.8
問1（6）5 年前と比較した現在の売上高					
50%以上の増加	13 100.0	8 61.5	5 38.5	－ －	－ －
20～50%以上の増加	28 100.0	19 67.9	4 14.3	2 7.1	3 10.7
5～20%の増加	35 100.0	19 54.3	15 42.9	－ －	1 2.9
－5～5%の間で、あまり変動はない	20 100.0	8 40.0	9 45.0	1 5.0	2 10.0
減少傾向にある	6 100.0	4 66.7	1 16.7	1 16.7	－ －
問1（7）外国籍社員					
いる	59 100.0	35 59.3	18 30.5	1 1.7	5 8.5
いない	15 100.0	7 46.7	5 33.3	2 13.3	1 6.7
問7B. 今後3 年間の現地法人の事業展開意向					
拡大する	59 100.0	59 100.0	－ －	－ －	－ －
現状維持	34 100.0	－ －	34 100.0	－ －	－ －
縮小・撤退する	4 100.0	－ －	－ －	4 100.0	－ －
問8（1）現地法人の経営方針					
きわめて重要な案件を除けば、基本的には現地法人側がすべてを決定する	20 100.0	11 55.0	8 40.0	－ －	1 5.0
基本的には本社が決定しているが、現地側の裁量の余地が大きい	56 100.0	35 62.5	17 30.4	2 3.6	2 3.6
基本的には、ほぼすべてを日本本社が決定している	26 100.0	12 46.2	9 34.6	2 7.7	3 11.5
問8（3）現地法人との意志疎通状況					
うまくいっている	27 100.0	14 51.9	8 29.6	1 3.7	4 14.8
ほぼうまくいっている	64 100.0	36 56.3	23 35.9	2 3.1	3 4.7
あまりうまくいっていない	12 100.0	8 66.7	3 25.0	1 8.3	－ －
うまくいっていない	1 100.0	1 100.0	－ －	－ －	－ －

日本企業本社のグローバル化対応に関する調査
問7.中国における今後3年間の事業展開と従業員数計画について
問7C.今後3年間の現地法人の現地従業員数の増減意向

	調査数	増員する	現状維持	削減する	無回答
全 体	106 100.0	41 38.7	47 44.3	8 7.5	10 9.4
問1（1）創業開始年					
1981年～	8 100.0	5 62.5	2 25.0	1 12.5	– –
1951年～1980年	26 100.0	13 50.0	9 34.6	3 11.5	1 3.8
1921年～1950年	43 100.0	14 32.6	20 46.5	3 7.0	6 14.0
～1920年	29 100.0	9 31.0	16 55.2	1 3.4	3 10.3
問1（2）主たる業種					
食料品、繊維品、木材・家具、パルプ・紙	10 100.0	7 70.0	2 20.0	1 10.0	– –
化学工業	13 100.0	3 23.1	8 61.5	– –	2 15.4
鉄鋼業、金属製品	6 100.0	– –	6 100.0	– –	– –
機器製造（一般、電気、輸送、精密）	22 100.0	7 31.8	12 54.5	2 9.1	1 4.5
プラスチック製品、ゴム・皮革、窯業・土石、非鉄金属	8 100.0	5 62.5	2 25.0	1 12.5	– –
その他の製造業	7 100.0	3 42.9	3 42.9	– –	1 14.3
卸売・小売り	11 100.0	5 45.5	4 36.4	1 9.1	1 9.1
運輸業	7 100.0	1 14.3	4 57.1	1 14.3	1 14.3
建設業	5 100.0	2 40.0	2 40.0	– –	1 20.0
不動産業	1 100.0	1 100.0	– –	– –	– –
飲食店・宿泊業	– –	– –	– –	– –	– –
金融・保険業	2 100.0	1 50.0	– –	– –	1 50.0
情報通信業	1 100.0	– –	1 100.0	– –	– –
教育、学習支援業	– –	– –	– –	– –	– –
サービス業	9 100.0	5 55.6	2 22.2	2 22.2	– –
その他の非製造業	– –	– –	– –	– –	– –
問1（2）主たる業種					
製造業	66 100.0	25 37.9	33 50.0	4 6.1	4 6.1
非製造業	36 100.0	15 41.7	13 36.1	4 11.1	4 11.1
問1（3）日本本社の従業員数					
300人未満	17 100.0	5 29.4	8 47.1	2 11.8	2 11.8
300～1,000人未満	36 100.0	13 36.1	17 47.2	4 11.1	2 5.6
1,000～3,000人未満	27 100.0	10 37.0	13 48.1	2 7.4	2 7.4
3,000人以上	24 100.0	13 54.2	7 29.2	– –	4 16.7

日本企業本社のグローバル化対応に関する調査
問7.中国における今後3年間の事業展開と従業員数計画について
問7C.今後3年間の現地法人の現地従業員数の増減意向

	調査数	増員する	現状維持	削減する	無回答
全　体	106 100.0	41 38.7	47 44.3	8 7.5	10 9.4
問1（4）2017年度の売上高					
100億円未満	6 100.0	3 50.0	1 16.7	1 16.7	1 16.7
100～300億円未満	22 100.0	6 27.3	10 45.5	4 18.2	2 9.1
300～1,000億円未満	25 100.0	12 48.0	11 44.0	1 4.0	1 4.0
1,000～3,000億円未満	29 100.0	11 37.9	16 55.2	－ 	2 6.9
3,000億円以上	23 100.0	9 39.1	8 34.8	2 8.7	4 17.4
問1（5）2017年度の経常利益					
～0億円	1 100.0	－ 	－ 	1 100.0	－
1～10億円未満	9 100.0	3 33.3	2 22.2	2 22.2	2 22.2
10～30億円未満	28 100.0	11 39.3	14 50.0	2 7.1	1 3.6
30～100億円未満	27 100.0	11 40.7	15 55.6	－ 	1 3.7
100億円以上	39 100.0	16 41.0	15 38.5	2 5.1	6 15.4
問1（6）5年前と比較した現在の売上高					
50%以上の増加	13 100.0	8 61.5	5 38.5	－ 	－
20～50%以上の増加	28 100.0	13 46.4	10 35.7	2 7.1	3 10.7
5～20%の増加	35 100.0	13 37.1	17 48.6	3 8.6	2 5.7
－5～5%の間で、あまり変動はない	20 100.0	5 25.0	12 60.0	1 5.0	2 10.0
減少傾向にある	6 100.0	2 33.3	2 33.3	2 33.3	－
問1（7）外国籍社員					
いる	59 100.0	24 40.7	25 42.4	4 6.8	6 10.2
いない	15 100.0	4 26.7	8 53.3	2 13.3	1 6.7
問7B.今後3年間の現地法人の事業展開意向					
拡大する	59 100.0	40 67.8	17 28.8	2 3.4	－
現状維持	34 100.0	1 2.9	30 88.2	2 5.9	1 2.9
縮小・撤退する	4 100.0	－ 	－ 	4 100.0	－
問8（1）現地法人の経営方針					
きわめて重要な案件を除けば、基本的には現地法人側がすべてを決定する	20 100.0	8 40.0	10 50.0	－ 	2 10.0
基本的には本社が決定しているが、現地側の裁量の余地が大きい	56 100.0	25 44.6	25 44.6	4 7.1	2 3.6
基本的には、ほぼすべてを日本本社が決定している	26 100.0	7 26.9	12 46.2	4 15.4	3 11.5
問8（3）現地法人との意志疎通状況					
うまくいっている	27 100.0	11 40.7	10 37.0	2 7.4	4 14.8
ほぼうまくいっている	64 100.0	23 35.9	33 51.6	4 6.3	4 6.3
あまりうまくいっていない	12 100.0	6 50.0	4 33.3	2 16.7	－
うまくいっていない	1 100.0	1 100.0	－ 	－ 	－

日本企業本社のグローバル化対応に関する調査
問7.中国における今後3年間の事業展開と従業員数計画について
問7D.今後3年間の現地法人の日本人派遣者数の増減意向

	調査数	増員する	現状維持	削減する	無回答
全 体	106 100.0	11 10.4	68 64.2	16 15.1	11 10.4
問1（1）創業開始年					
1981年～	8 100.0	1 12.5	6 75.0	1 12.5	－ －
1951年～1980年	26 100.0	5 19.2	16 61.5	4 15.4	1 3.8
1921年～1950年	43 100.0	2 4.7	29 67.4	6 14.0	6 14.0
～1920年	29 100.0	3 10.3	17 58.6	5 17.2	4 13.8
問1（2）主たる業種					
食料品、繊維品、木材・家具、パルプ・紙	10 100.0	2 20.0	6 60.0	2 20.0	－ －
化学工業	13 100.0	2 15.4	7 53.8	2 15.4	2 15.4
鉄鋼業、金属製品	6 100.0	－ －	6 100.0	－ －	－ －
機器製造（一般、電気、輸送、精密）	22 100.0	1 4.5	18 81.8	1 4.5	2 9.1
プラスチック製品、ゴム・皮革、窯業・土石、非鉄金属	8 100.0	1 12.5	5 62.5	2 25.0	－ －
その他の製造業	7 100.0	－ －	4 57.1	2 28.6	1 14.3
卸売・小売り	11 100.0	1 9.1	8 72.7	1 9.1	1 9.1
運輸業	7 100.0	－ －	4 57.1	2 28.6	1 14.3
建設業	5 100.0	1 20.0	3 60.0	－ －	1 20.0
不動産業	1 100.0	－ －	1 100.0	－ －	－ －
飲食店・宿泊業	－ －	－ －	－ －	－ －	－ －
金融・保険業	2 100.0	－ －	1 50.0	－ －	1 50.0
情報通信業	1 100.0	－ －	－ －	1 100.0	－ －
教育、学習支援業	－ －	－ －	－ －	－ －	－ －
サービス業	9 100.0	3 33.3	4 44.4	2 22.2	－ －
その他の非製造業	－ －	－ －	－ －	－ －	－ －
問1（2）主たる業種					
製造業	66 100.0	6 9.1	46 69.7	9 13.6	5 7.6
非製造業	36 100.0	5 13.9	21 58.3	6 16.7	4 11.1
問1（3）日本本社の従業員数					
300人未満	17 100.0	1 5.9	11 64.7	3 17.6	2 11.8
300～1,000人未満	36 100.0	3 8.3	24 66.7	7 19.4	2 5.6
1,000～3,000人未満	27 100.0	3 11.1	17 63.0	4 14.8	3 11.1
3,000人以上	24 100.0	4 16.7	14 58.3	2 8.3	4 16.7

日本企業本社のグローバル化対応に関する調査
問7.中国における今後3年間の事業展開と従業員数計画について
問7D.今後3年間の現地法人の日本人派遣者数の増減意向

	調査数	増員する	現状維持	削減する	無回答
全 体	106 100.0	11 10.4	68 64.2	16 15.1	11 10.4
問1（4）2017年度の売上高					
100億円未満	6 100.0	− −	4 66.7	1 16.7	1 16.7
100〜300億円未満	22 100.0	2 9.1	13 59.1	5 22.7	2 9.1
300〜1,000億円未満	25 100.0	7 28.0	12 48.0	4 16.0	2 8.0
1,000〜3,000億円未満	29 100.0	1 3.4	23 79.3	3 10.3	2 6.9
3,000億円以上	23 100.0	1 4.3	15 65.2	3 13.0	4 17.4
問1（5）2017年度の経常利益					
〜0億円	1 100.0	− −	− −	1 100.0	
1〜10億円未満	9 100.0	− −	5 55.6	2 22.2	2 22.2
10〜30億円未満	28 100.0	5 17.9	17 60.7	4 14.3	2 7.1
30〜100億円未満	27 100.0	4 14.8	20 74.1	2 7.4	1 3.7
100億円以上	39 100.0	2 5.1	25 64.1	6 15.4	6 15.4
問1（6）5年前と比較した現在の売上高					
50%以上の増加	13 100.0	2 15.4	11 84.6	− −	− −
20〜50%以上の増加	28 100.0	2 7.1	18 64.3	5 17.9	3 10.7
5〜20%の増加	35 100.0	5 14.3	23 65.7	5 14.3	2 5.7
−5〜5%の間で、あまり変動はない	20 100.0	1 5.0	12 60.0	4 20.0	3 15.0
減少傾向にある	6 100.0	1 16.7	3 50.0	2 33.3	− −
問1（7）外国籍社員					
いる	59 100.0	8 13.6	35 59.3	10 16.9	6 10.2
いない	15 100.0	− −	10 66.7	4 26.7	1 6.7
問7B.今後3年間の現地法人の事業展開意向					
拡大する	59 100.0	11 18.6	42 71.2	6 10.2	− −
現状維持	34 100.0	− −	26 76.5	6 17.6	2 5.9
縮小・撤退する	4 100.0	− −	− −	4 100.0	− −
問8（1）現地法人の経営方針					
きわめて重要な案件を除けば、基本的には現地法人側がすべてを決定する	20 100.0	2 10.0	14 70.0	1 5.0	3 15.0
基本的には本社が決定しているが、現地側の裁量の余地が大きい	56 100.0	6 10.7	39 69.6	9 16.1	2 3.6
基本的には、ほぼすべてを日本本社が決定している	26 100.0	3 11.5	14 53.8	6 23.1	3 11.5
問8（3）現地法人との意志疎通状況					
うまくいっている	27 100.0	1 3.7	18 66.7	3 11.1	5 18.5
ほぼうまくいっている	64 100.0	7 10.9	43 67.2	10 15.6	4 6.3
あまりうまくいっていない	12 100.0	3 25.0	7 58.3	2 16.7	− −
うまくいっていない	1 100.0	− −	− −	1 100.0	− −

−287−

日本企業本社のグローバル化対応に関する調査
問8.日本本社と現地法人との関係性について
問8(1)現地法人の経営方針

	調査数	わずかな例外を除き、重要な案件はすべて現地法人側が基本的に決定する	基本的には本社が決定するが、現地側の裁量の余地が大きい	基本的には、日本本社がほぼすべて決定している	無回答
全 体	171 100.0	35 20.5	61 35.7	41 24.0	34 19.9
問1(1)創業開始年					
1981年～	28 100.0	6 21.4	7 25.0	6 21.4	9 32.1
1951年～1980年	45 100.0	12 26.7	13 28.9	10 22.2	10 22.2
1921年～1950年	61 100.0	10 16.4	26 42.6	14 23.0	11 18.0
～1920年	36 100.0	7 19.4	15 41.7	11 30.6	3 8.3
問1(2)主たる業種					
食料品、繊維品、木材・家具、パルプ・紙	13 100.0	4 30.8	4 30.8	3 23.1	2 15.4
化学工業	14 100.0	4 28.6	5 35.7	4 28.6	1 7.1
鉄鋼業、金属製品	7 100.0	1 14.3	4 57.1	1 14.3	1 14.3
機器製造(一般、電気、輸送、精密)	27 100.0	6 22.2	12 44.4	7 25.9	2 7.4
プラスチック製品、ゴム・皮革、窯業・土石、非鉄金属	8 100.0	- -	6 75.0	2 25.0	- -
その他の製造業	9 100.0	2 22.2	4 44.4	1 11.1	2 22.2
卸売・小売り	24 100.0	6 25.0	6 25.0	7 29.2	5 20.8
運輸業	10 100.0	2 20.0	5 50.0	1 10.0	2 20.0
建設業	16 100.0	3 18.8	6 37.5	4 25.0	3 18.8
不動産業	3 100.0	- -	1 33.3	1 33.3	1 33.3
飲食店・宿泊業	3 100.0	- -	- -	1 33.3	2 66.7
金融・保険業	7 100.0	3 42.9	- -	- -	4 57.1
情報通信業	6 100.0	1 16.7	- -	2 33.3	3 50.0
教育、学習支援業	1 100.0	1 100.0	- -	- -	- -
サービス業	13 100.0	2 15.4	6 46.2	2 15.4	3 23.1
その他の非製造業	5 100.0	- -	2 40.0	1 20.0	2 40.0
問1(2)主たる業種					
製造業	78 100.0	17 21.8	35 44.9	18 23.1	8 10.3
非製造業	88 100.0	18 20.5	26 29.5	19 21.6	25 28.4
問1(3)日本本社の従業員数					
300人未満	34 100.0	8 23.5	8 23.5	7 20.6	11 32.4
300～1,000人未満	65 100.0	16 24.6	22 33.8	14 21.5	13 20.0
1,000～3,000人未満	36 100.0	8 22.2	17 47.2	8 22.2	3 8.3
3,000人以上	32 100.0	3 9.4	13 40.6	10 31.3	6 18.8

日本企業本社のグローバル化対応に関する調査
問8.日本本社と現地法人との関係性について
問8(1)現地法人の経営方針

	調査数	きわめて重要な案件を除けば、基本的には現地法人側がすべてを決定する	基本的には本社が決定しているが、現地側の裁量の余地が大きい	基本的には、ほぼすべてを日本本社が決定する	無回答
全 体	171 100.0	35 20.5	61 35.7	41 24.0	34 19.9
問1（4）2017年度の売上高					
100億円未満	21 100.0	6 28.6	2 9.5	3 14.3	10 47.6
100～300億円未満	42 100.0	8 19.0	10 23.8	13 31.0	11 26.2
300～1,000億円未満	35 100.0	8 22.9	12 34.3	10 28.6	5 14.3
1,000～3,000億円未満	40 100.0	7 17.5	22 55.0	7 17.5	4 10.0
3,000億円以上	29 100.0	6 20.7	13 44.8	8 27.6	2 6.9
問1（5）2017年度の経常利益					
～0億円	7 100.0	1 14.3	－ －	3 42.9	3 42.9
1～10億円未満	28 100.0	8 28.6	4 14.3	5 17.9	11 39.3
10～30億円未満	42 100.0	10 23.8	13 31.0	12 28.6	7 16.7
30～100億円未満	37 100.0	7 18.9	18 48.6	7 18.9	5 13.5
100億円以上	50 100.0	9 18.0	23 46.0	13 26.0	5 10.0
問1（6）5 年前と比較した現在の売上高					
50%以上の増加	25 100.0	3 12.0	11 44.0	4 16.0	7 28.0
20～50%以上の増加	43 100.0	13 30.2	14 32.6	10 23.3	6 14.0
5～20%の増加	47 100.0	10 21.3	21 44.7	8 17.0	8 17.0
－5～5%の間で、あまり変動はない	32 100.0	6 18.8	8 25.0	12 37.5	6 18.8
減少傾向にある	17 100.0	3 17.6	3 17.6	6 35.3	5 29.4
問1（7）外国籍社員					
いる	75 100.0	19 25.3	37 49.3	13 17.3	6 8.0
いない	39 100.0	6 15.4	10 25.6	10 25.6	13 33.3
問7B. 今後3 年間の現地法人の事業展開意向					
拡大する	59 100.0	11 18.6	35 59.3	12 20.3	1 1.7
現状維持	34 100.0	8 23.5	17 50.0	9 26.5	－ －
縮小・撤退する	5 100.0	－ －	2 40.0	3 60.0	－ －
問8（1）現地法人の経営方針					
きわめて重要な案件を除けば、基本的には現地法人側がすべてを決定する	35 100.0	35 100.0	－ －	－ －	－ －
基本的には本社が決定しているが、現地側の裁量の余地が大きい	61 100.0	－ －	61 100.0	－ －	－ －
基本的には、ほぼすべてを日本本社が決定している	41 100.0	－ －	－ －	41 100.0	－ －
問8（3）現地法人との意志疎通状況					
うまくいっている	41 100.0	14 34.1	14 34.1	12 29.3	1 2.4
ほぼうまくいっている	78 100.0	16 20.5	39 50.0	22 28.2	1 1.3
あまりうまくいっていない	17 100.0	5 29.4	7 41.2	5 29.4	－ －
うまくいっていない	1 100.0	－ －	1 100.0	－ －	－ －

日本企業本社のグローバル化対応に関する調査
問8.日本本社と現地法人との関係性について
問8(2)現地法人が独自判断で決定できる項目の有無

	調査数	新規事業への進出	現在の事業への追加的な投資	大規模な現地従業員の解雇	現地従業員の役員への昇進	部材・サービスの主な購入先の変更	製品・サービス・商品の主な販売先の変更	無回答
全 体	171	5	14	10	14	89	81	70
	100.0	2.9	8.2	5.8	8.2	52.0	47.4	40.9
問1(1)創業開始年								
1981年～	28	1	1	1	1	8	9	19
	100.0	3.6	3.6	3.6	3.6	28.6	32.1	67.9
1951年～1980年	45	－	3	1	5	23	17	19
	100.0	－	6.7	2.2	11.1	51.1	37.8	42.2
1921年～1950年	61	3	5	5	3	35	30	22
	100.0	4.9	8.2	8.2	4.9	57.4	49.2	36.1
～1920年	36	1	5	3	5	23	25	9
	100.0	2.8	13.9	8.3	13.9	63.9	69.4	25.0
問1(2)主たる業種								
食料品、繊維品、木材・家具、パルプ・紙	13	1	2	1	2	6	6	5
	100.0	7.7	15.4	7.7	15.4	46.2	46.2	38.5
化学工業	14	1	3	1	1	11	9	2
	100.0	7.1	21.4	7.1	7.1	78.6	64.3	14.3
鉄鋼業、金属製品	7	－	1	2	－	5	4	2
	100.0	－	14.3	28.6	－	71.4	57.1	28.6
機器製造(一般、電気、輸送、精密)	27	－	2	1	5	14	15	8
	100.0	－	7.4	3.7	18.5	51.9	55.6	29.6
プラスチック製品、ゴム・皮革、窯業・土石、非鉄金属	8	－	－	1	1	4	3	3
	100.0	－	－	12.5	12.5	50.0	37.5	37.5
その他の製造業	9	－	－	－	－	5	6	3
	100.0	－	－	－	－	55.6	66.7	33.3
卸売・小売り	24	1	1	－	2	9	10	13
	100.0	4.2	4.2	－	8.3	37.5	41.7	54.2
運輸業	10	－	1	1	2	6	5	4
	100.0	－	10.0	10.0	20.0	60.0	50.0	40.0
建設業	16	1	1	1	－	11	8	5
	100.0	6.3	6.3	6.3	－	68.8	50.0	31.3
不動産業	3							3
	100.0	－	－	－	－	－	－	100.0
飲食店・宿泊業	3	－	－	－	－	－	－	3
	100.0	－	－	－	－	－	－	100.0
金融・保険業	7	－	－	－	－	3	1	4
	100.0	－	－	－	－	42.9	14.3	57.1
情報通信業	6	－	1	－	－	2	1	4
	100.0	－	16.7	－	－	33.3	16.7	66.7
教育、学習支援業	1	－	1	1	－	1	1	－
	100.0	－	100.0	100.0	－	100.0	100.0	－
サービス業	13	－	－	1	－	8	8	5
	100.0	－	－	7.7	－	61.5	61.5	38.5
その他の非製造業	5	－	－	－	－	1	1	4
	100.0	－	－	－	－	20.0	20.0	80.0
問1(2)主たる業種								
製造業	78	2	8	6	9	45	43	23
	100.0	2.6	10.3	7.7	11.5	57.7	55.1	29.5
非製造業	88	2	5	4	4	41	35	45
	100.0	2.3	5.7	4.5	4.5	46.6	39.8	51.1
問1(3)日本本社の従業員数								
300人未満	34	1	2	1	3	14	18	16
	100.0	2.9	5.9	2.9	8.8	41.2	52.9	47.1
300～1,000人未満	65	1	7	4	5	34	30	27
	100.0	1.5	10.8	6.2	7.7	52.3	46.2	41.5
1,000～3,000人未満	36	1	2	3	1	26	19	8
	100.0	2.8	5.6	8.3	2.8	72.2	52.8	22.2
3,000人以上	32	2	3	2	5	15	14	15
	100.0	6.3	9.4	6.3	15.6	46.9	43.8	46.9

日本企業本社のグローバル化対応に関する調査
問8.日本本社と現地法人との関係性について
問8(2)現地法人が独自判断で決定できる項目の有無

	調査数	新規事業への進出	現在の事業への追加的な投資	大規模な現地従業員の解雇	現地従業員の役員への昇進	部材・購入先・サービスの主な変更	製品・サービス・商品の主な販売先の変更	無回答
全体	171 100.0	5 2.9	14 8.2	10 5.8	14 8.2	89 52.0	81 47.4	70 40.9
問1（4）2017年度の売上高								
100億円未満	21 100.0	– –	1 4.8	– –	– –	9 42.9	10 47.6	11 52.4
100～300億円未満	42 100.0	2 4.8	4 9.5	3 7.1	4 9.5	14 33.3	14 33.3	23 54.8
300～1,000億円未満	35 100.0	2 5.7	4 11.4	1 2.9	1 2.9	20 57.1	19 54.3	13 37.1
1,000～3,000億円未満	40 100.0	– –		3 7.5	4 10.0	28 70.0	23 57.5	10 25.0
3,000億円以上	29 100.0	1 3.4	5 17.2	2 6.9	5 17.2	17 58.6	14 48.3	10 34.5
問1（5）2017年度の経常利益								
～0億円	7 100.0	– –	– –	– –	– –	– –	– –	7 100.0
1～10億円未満	28 100.0	1 3.6	1 3.6	1 3.6	1 3.6	10 35.7	11 39.3	15 53.6
10～30億円未満	42 100.0	3 7.1	6 14.3	2 4.8	2 4.8	20 47.6	20 47.6	19 45.2
30～100億円未満	37 100.0	– –	3 8.1	1 2.7	2 5.4	26 70.3	24 64.9	9 24.3
100億円以上	50 100.0	1 2.0	4 8.0	5 10.0	9 18.0	31 62.0	24 48.0	15 30.0
問1（6）5年前と比較した現在の売上高								
50%以上の増加	25 100.0	– –	1 4.0	2 8.0	1 4.0	11 44.0	11 44.0	13 52.0
20～50%以上の増加	43 100.0	2 4.7	5 11.6	3 7.0	5 11.6	24 55.8	23 53.5	15 34.9
5～20%の増加	47 100.0	2 4.3	5 10.6	2 4.3	5 10.6	29 61.7	23 48.9	14 29.8
－5～5%の間で、あまり変動はない	32 100.0	1 3.1	1 3.1	2 6.3	2 6.3	16 50.0	15 46.9	14 43.8
減少傾向にある	17 100.0	– –	2 11.8	– –	1 5.9	6 35.3	7 41.2	10 58.8
問1（7）外国籍社員								
いる	75 100.0	2 2.7	8 10.7	6 8.0	9 12.0	55 73.3	45 60.0	16 21.3
いない	39 100.0	– –	4 10.3	2 5.1	3 7.7	15 38.5	19 48.7	19 48.7
問7B.今後3年間の現地法人の事業展開意向								
拡大する	59 100.0	1 1.7	8 13.6	7 11.9	6 10.2	40 67.8	41 69.5	11 18.6
現状維持	34 100.0	1 2.9	2 5.9	1 2.9	5 14.7	25 73.5	19 55.9	7 20.6
縮小・撤退する	5 100.0	– –	– –	– –	1 20.0	1 20.0	3 60.0	2 40.0
問8（1）現地法人の経営方針								
きわめて重要な案件を除けば、基本的には現地法人側がすべてを決定する	35 100.0	3 8.6	8 22.9	5 14.3	5 14.3	30 85.7	28 80.0	4 11.4
基本的には本社が決定しているが、現地側の裁量の余地が大きい	61 100.0	– –	4 6.6	4 6.6	7 11.5	49 80.3	43 70.5	6 9.8
基本的には、ほぼすべてを日本本社が決定している	41 100.0	2 4.9	2 4.9	1 2.4	2 4.9	10 24.4	9 22.0	27 65.9
問8（3）現地法人との意志疎通状況								
うまくいっている	41 100.0	– –	4 9.8	3 7.3	3 7.3	23 56.1	23 56.1	13 31.7
ほぼうまくいっている	78 100.0	5 6.4	8 10.3	5 6.4	9 11.5	54 69.2	46 59.0	18 23.1
あまりうまくいっていない	17 100.0	– –	2 11.8	2 11.8	2 11.8	11 64.7	11 64.7	5 29.4
うまくいっていない	1 100.0	– –	– –	– –	– –	1 100.0	1 100.0	– –

日本企業本社のグローバル化対応に関する調査
問8.日本本社と現地法人との関係性について
問8(3)現地法人との意志疎通状況

	調査数	うまくいっている	ほぼうまくいっている	あまりうまくいっていない	うまくいっていない	無回答
全 体	171 100.0	41 24.0	78 45.6	17 9.9	1 0.6	34 19.9
問1（1）創業開始年						
1981年～	28 100.0	7 25.0	10 35.7	1 3.6	－ －	10 35.7
1951年～1980年	45 100.0	10 22.2	18 40.0	6 13.3	－ －	11 24.4
1921年～1950年	61 100.0	11 18.0	33 54.1	5 8.2	1 1.6	11 18.0
～1920年	36 100.0	13 36.1	17 47.2	5 13.9	－ －	1 2.8
問1（2）主たる業種						
食料品、繊維品、木材・家具、パルプ・紙	13 100.0	5 38.5	6 46.2	－ －	－ －	2 15.4
化学工業	14 100.0	4 28.6	8 57.1	1 7.1	－ －	1 7.1
鉄鋼業、金属製品	7 100.0	2 28.6	4 57.1	－ －	－ －	1 14.3
機器製造（一般、電気、輸送、精密）	27 100.0	6 22.2	17 63.0	2 7.4	－ －	2 7.4
プラスチック製品、ゴム・皮革、窯業・土石、非鉄金属	8 100.0	2 25.0	6 75.0	－ －	－ －	－ －
その他の製造業	9 100.0	1 11.1	5 55.6	2 22.2	－ －	1 11.1
卸売・小売り	24 100.0	5 20.8	12 50.0	1 4.2	－ －	6 25.0
運輸業	10 100.0	1 10.0	3 30.0	3 30.0	1 10.0	2 20.0
建設業	16 100.0	4 25.0	7 43.8	2 12.5	－ －	3 18.8
不動産業	3 100.0	2 66.7	－ －	－ －	－ －	1 33.3
飲食店・宿泊業	3 100.0	－ －	－ －	1 33.3	－ －	2 66.7
金融・保険業	7 100.0	2 28.6	1 14.3	－ －	－ －	4 57.1
情報通信業	6 100.0	1 16.7	－ －	1 16.7	－ －	4 66.7
教育、学習支援業	1 100.0	1 100.0	－ －	－ －	－ －	－ －
サービス業	13 100.0	1 7.7	5 38.5	4 30.8	－ －	3 23.1
その他の非製造業	5 100.0	2 40.0	1 20.0	－ －	－ －	2 40.0
問1（2）主たる業種						
製造業	78 100.0	20 25.6	46 59.0	5 6.4	－ －	7 9.0
非製造業	88 100.0	19 21.6	29 33.0	12 13.6	1 1.1	27 30.7
問1（3）日本本社の従業員数						
300人未満	34 100.0	6 17.6	14 41.2	3 8.8	－ －	11 32.4
300～1,000人未満	65 100.0	21 32.3	22 33.8	8 12.3	1 1.5	13 20.0
1,000～3,000人未満	36 100.0	6 16.7	25 69.4	2 5.6	－ －	3 8.3
3,000人以上	32 100.0	8 25.0	14 43.8	4 12.5	－ －	6 18.8

日本企業本社のグローバル化対応に関する調査
問8.日本本社と現地法人との関係性について
問8(3)現地法人との意志疎通状況

	調査数	うまくいっている	ほぼうまくいっている	あまりうまくいっていない	うまくいっていない	無回答
全 体	171 100.0	41 24.0	78 45.6	17 9.9	1 0.6	34 19.9
問1(4)2017年度の売上高						
100億円未満	21 100.0	3 14.3	6 28.6	2 9.5	− −	10 47.6
100〜300億円未満	42 100.0	9 21.4	18 42.9	3 7.1	− −	12 28.6
300〜1,000億円未満	35 100.0	9 25.7	17 48.6	4 11.4	1 2.9	4 11.4
1,000〜3,000億円未満	40 100.0	12 30.0	20 50.0	3 7.5	− −	5 12.5
3,000億円以上	29 100.0	8 27.6	15 51.7	5 17.2	− −	1 3.4
問1(5)2017年度の経常利益						
〜0億円	7 100.0	1 14.3	1 14.3	2 28.6	− −	3 42.9
1〜10億円未満	28 100.0	7 25.0	7 25.0	2 7.1	− −	12 42.9
10〜30億円未満	42 100.0	10 23.8	21 50.0	3 7.1	1 2.4	7 16.7
30〜100億円未満	37 100.0	7 18.9	21 56.8	5 13.5	− −	4 10.8
100億円以上	50 100.0	16 32.0	25 50.0	5 10.0	− −	4 8.0
問1(6)5年前と比較した現在の売上高						
50%以上の増加	25 100.0	7 28.0	9 36.0	1 4.0	− −	8 32.0
20〜50%以上の増加	43 100.0	13 30.2	21 48.8	3 7.0	− −	6 14.0
5〜20%の増加	47 100.0	9 19.1	25 53.2	6 12.8	− −	7 14.9
−5〜5%の間で、あまり変動はない	32 100.0	9 28.1	14 43.8	2 6.3	1 3.1	6 18.8
減少傾向にある	17 100.0	2 11.8	5 29.4	5 29.4	− −	5 29.4
問1(7)外国籍社員						
いる	75 100.0	17 22.7	44 58.7	9 12.0	− −	5 6.7
いない	39 100.0	10 25.6	11 28.2	3 7.7	1 2.6	14 35.9
問7B.今後3年間の現地法人の事業展開意向						
拡大する	59 100.0	14 23.7	36 61.0	8 13.6	1 1.7	− −
現状維持	34 100.0	8 23.5	23 67.6	3 8.8	− −	− −
縮小・撤退する	5 100.0	1 20.0	2 40.0	2 40.0	− −	− −
問8(1)現地法人の経営方針						
きわめて重要な案件を除けば、基本的には現地法人側がすべてを決定する	35 100.0	14 40.0	16 45.7	5 14.3	− −	− −
基本的には本社が決定しているが、現地側の裁量の余地が大きい	61 100.0	14 23.0	39 63.9	7 11.5	1 1.6	− −
基本的には、ほぼすべてを日本本社が決定している	41 100.0	12 29.3	22 53.7	5 12.2	− −	2 4.9
問8(3)現地法人との意志疎通状況						
うまくいっている	41 100.0	41 100.0	− −	− −	− −	− −
ほぼうまくいっている	78 100.0	− −	78 100.0	− −	− −	− −
あまりうまくいっていない	17 100.0	− −	− −	17 100.0	− −	− −
うまくいっていない	1 100.0	− −	− −	− −	1 100.0	− −

日本企業本社のグローバル化対応に関する調査
問9.海外展開において想定している「経営の現地化」について
問9.今後新たに海外進出を図るうえで重要と思う要素

	調査数	現地人材の採用・育成	渡・現地従業員・管理職化への権限譲	の現制度にあわせた組織内	関係現地の従業員との円滑な	海外展開のノウハウやマニュアルの蓄積	自律的な意思決定を待たない本社の指示	の企業対応外への規制・制約	モノ・カネの現地調達	その他	無回答
全体	171	112	72	64	80	68	33	46	35	4	29
	100.0	65.5	42.1	37.4	46.8	39.8	19.3	26.9	20.5	2.3	17.0
問1（1）創業開始年											
1981年～	28	16	5	9	9	12	3	8	4	1	8
	100.0	57.1	17.9	32.1	32.1	42.9	10.7	28.6	14.3	3.6	28.6
1951年～1980年	45	27	18	13	23	15	8	12	9	2	9
	100.0	60.0	40.0	28.9	51.1	33.3	17.8	26.7	20.0	4.4	20.0
1921年～1950年	61	43	25	23	29	29	15	15	12	1	9
	100.0	70.5	41.0	37.7	47.5	47.5	24.6	24.6	19.7	1.6	14.8
～1920年	36	26	24	19	19	12	7	11	10	－	2
	100.0	72.2	66.7	52.8	52.8	33.3	19.4	30.6	27.8	－	5.6
問1（2）主たる業種											
食料品、繊維品、木材・家具、パルプ・紙	13	6	5	5	6	4	1	1	1	2	2
	100.0	46.2	38.5	38.5	46.2	30.8	7.7	7.7	7.7	15.4	15.4
化学工業	14	10	9	7	8	6	3	4	3	－	1
	100.0	71.4	64.3	50.0	57.1	42.9	21.4	28.6	21.4	－	7.1
鉄鋼業、金属製品	7	4	4	3	3	2	4	3	3	－	1
	100.0	57.1	57.1	42.9	42.9	28.6	57.1	42.9	42.9	－	14.3
機器製造（一般、電気、輸送、精密）	27	23	14	12	15	11	6	9	10	－	2
	100.0	85.2	51.9	44.4	55.6	40.7	22.2	33.3	37.0	－	7.4
プラスチック製品、ゴム・皮革、窯業・土石、非鉄金属	8	7	6	3	5	3	2	2	1	－	－
	100.0	87.5	75.0	37.5	62.5	37.5	25.0	25.0	12.5	－	－
その他の製造業	9	7	2	4	5	4	3	3	3	－	2
	100.0	77.8	22.2	44.4	55.6	44.4	33.3	33.3	33.3	－	22.2
卸売・小売り	24	13	9	9	11	10	5	5	5	1	4
	100.0	54.2	37.5	37.5	45.8	41.7	20.8	20.8	20.8	4.2	16.7
運輸業	10	7	5	5	4	5	2	3	1	－	1
	100.0	70.0	50.0	50.0	40.0	50.0	20.0	30.0	10.0	－	10.0
建設業	16	12	6	5	8	7	－	3	2	－	2
	100.0	75.0	37.5	31.3	50.0	43.8	－	18.8	12.5	－	12.5
不動産業	3	1	1	1	1	1	－	1	2	－	1
	100.0	33.3	33.3	33.3	33.3	33.3	－	33.3	66.7	－	33.3
飲食店・宿泊業	3	2	－	1	－	1	－	1	－	－	1
	100.0	66.7	－	33.3	－	33.3	－	33.3	－	－	33.3
金融・保険業	7	4	2	2	2	2	1	2	2	－	3
	100.0	57.1	28.6	28.6	28.6	28.6	14.3	28.6	28.6	－	42.9
情報通信業	6	4	1	1	3	2	1	1	－	－	2
	100.0	66.7	16.7	16.7	50.0	33.3	16.7	16.7	－	－	33.3
教育、学習支援業	1	－	－	－	－	－	－	－	－	1	－
	100.0	－	－	－	－	－	－	－	－	100.0	－
サービス業	13	6	4	4	5	6	3	6	1	－	4
	100.0	46.2	30.8	30.8	38.5	46.2	23.1	46.2	7.7	－	30.8
その他の非製造業	5	3	1	－	2	2	1	1	－	－	2
	100.0	60.0	20.0	－	40.0	40.0	20.0	20.0	－	－	40.0
問1（2）主たる業種											
製造業	78	57	40	34	42	30	19	22	21	2	8
	100.0	73.1	51.3	43.6	53.8	38.5	24.4	28.2	26.9	2.6	10.3
非製造業	88	52	29	28	36	36	13	23	13	2	20
	100.0	59.1	33.0	31.8	40.9	40.9	14.8	26.1	14.8	2.3	22.7
問1（3）日本本社の従業員数											
300人未満	34	18	9	14	17	11	5	7	4	－	10
	100.0	52.9	26.5	41.2	50.0	32.4	14.7	20.6	11.8	－	29.4
300～1,000人未満	65	40	23	21	25	21	12	17	15	3	13
	100.0	61.5	35.4	32.3	38.5	32.3	18.5	26.2	23.1	4.6	20.0
1,000～3,000人未満	36	27	20	15	18	18	9	11	7	－	3
	100.0	75.0	55.6	41.7	50.0	50.0	25.0	30.6	19.4	－	8.3
3,000人以上	32	25	19	14	18	15	7	10	9	1	2
	100.0	78.1	59.4	43.8	56.3	46.9	21.9	31.3	28.1	3.1	6.3

日本企業本社のグローバル化対応に関する調査
問9.海外展開において想定している「経営の現地化」について
問9.今後新たに海外進出を図るうえで重要と思う要素

	調査数	現地人材の採用・育成	渡・管理職化現地従業員への権限譲	の現制度にあわせた組織内変革	関係現地従業員との円滑な構築	海外展開のノウハウやマニュアルの蓄積	自本社の律的な指示を待たない意思決定	の企業対応外の規制・制約へ	モノ・カネの現地調達	その他	無回答
全 体	171	112	72	64	80	68	33	46	35	4	29
	100.0	65.5	42.1	37.4	46.8	39.8	19.3	26.9	20.5	2.3	17.0
問1（4）2017年度の売上高											
100億円未満	21	11	3	5	8	4	1	2	2	1	8
	100.0	52.4	14.3	23.8	38.1	19.0	4.8	9.5	9.5	4.8	38.1
100～300億円未満	42	23	12	14	17	14	4	7	7	1	12
	100.0	54.8	28.6	33.3	40.5	33.3	9.5	16.7	16.7	2.4	28.6
300～1,000億円未満	35	22	18	13	16	16	9	12	7	–	4
	100.0	62.9	51.4	37.1	45.7	45.7	25.7	34.3	20.0	–	11.4
1,000～3,000億円未満	40	30	21	16	23	21	11	14	10	2	1
	100.0	75.0	52.5	40.0	57.5	52.5	27.5	35.0	25.0	5.0	2.5
3,000億円以上	29	24	17	16	15	12	8	9	9	–	2
	100.0	82.8	58.6	55.2	51.7	41.4	27.6	31.0	31.0	–	6.9
問1（5）2017年度の経常利益											
～0億円	7	5	2	4	3	2	1	1	1	–	2
	100.0	71.4	28.6	57.1	42.9	28.6	14.3	14.3	14.3	–	28.6
1～10億円未満	28	15	7	5	13	4	3	2	4	–	11
	100.0	53.6	25.0	17.9	46.4	14.3	10.7	7.1	14.3	–	39.3
10～30億円未満	42	22	14	18	17	19	7	11	7	2	8
	100.0	52.4	33.3	42.9	40.5	45.2	16.7	26.2	16.7	4.8	19.0
30～100億円未満	37	28	18	12	20	20	9	14	10	1	2
	100.0	75.7	48.6	32.4	54.1	54.1	24.3	37.8	27.0	2.7	5.4
100億円以上	50	39	29	24	26	21	13	15	13	–	3
	100.0	78.0	58.0	48.0	52.0	42.0	26.0	30.0	26.0	–	6.0
問1（6）5 年前と比較した現在の売上高											
50%以上の増加	25	18	9	7	9	11	3	7	6	1	4
	100.0	72.0	36.0	28.0	36.0	44.0	12.0	28.0	24.0	4.0	16.0
20～50%以上の増加	43	27	16	17	22	15	6	8	11	2	6
	100.0	62.8	37.2	39.5	51.2	34.9	14.0	18.6	25.6	4.7	14.0
5～20%の増加	47	31	22	16	22	22	15	18	9	–	7
	100.0	66.0	46.8	34.0	46.8	46.8	31.9	38.3	19.1	–	14.9
－5～5%の間で、あまり変動はない	32	19	15	16	15	11	5	9	8	1	7
	100.0	59.4	46.9	50.0	46.9	34.4	15.6	28.1	25.0	3.1	21.9
減少傾向にある	17	11	6	7	9	6	3	2	1	–	4
	100.0	64.7	35.3	41.2	52.9	35.3	17.6	11.8	5.9	–	23.5
問1（7）外国籍社員											
いる	75	60	45	38	39	36	22	27	18	1	6
	100.0	80.0	60.0	50.7	52.0	48.0	29.3	36.0	24.0	1.3	8.0
いない	39	19	7	7	14	10	3	5	6	2	12
	100.0	48.7	17.9	17.9	35.9	25.6	7.7	12.8	15.4	5.1	30.8
問7B. 今後3 年間の現地法人の事業展開意向											
拡大する	59	47	35	28	34	28	16	21	15	2	1
	100.0	79.7	59.3	47.5	57.6	47.5	27.1	35.6	25.4	3.4	1.7
現状維持	34	24	19	16	17	14	8	13	10	–	1
	100.0	70.6	55.9	47.1	50.0	41.2	23.5	38.2	29.4	–	2.9
縮小・撤退する	5	3	3	2	3	1	1	2	1	–	–
	100.0	60.0	60.0	40.0	60.0	20.0	20.0	40.0	20.0	–	–
問8（1）現地法人の経営方針											
きわめて重要な案件を除けば、基本的には現地法人側がすべてを決定する	35	24	16	14	13	17	9	8	10	2	3
	100.0	68.6	45.7	40.0	37.1	48.6	25.7	22.9	28.6	5.7	8.6
基本的には本社が決定しているが、現地側の裁量の余地が大きい	61	51	36	30	38	28	16	27	16	1	–
	100.0	83.6	59.0	49.2	62.3	45.9	26.2	44.3	26.2	1.6	–
基本的には、ほぼすべてを日本本社が決定している	41	29	19	18	23	18	7	8	8	1	1
	100.0	70.7	46.3	43.9	56.1	43.9	17.1	19.5	19.5	2.4	2.4
問8（3）現地法人との意志疎通状況											
うまくいっている	41	29	16	14	24	15	5	10	10	3	2
	100.0	70.7	39.0	34.1	58.5	36.6	12.2	24.4	24.4	7.3	4.9
ほぼうまくいっている	78	63	47	41	45	40	22	29	22	–	2
	100.0	80.8	60.3	52.6	57.7	51.3	28.2	37.2	28.2	–	2.6
あまりうまくいっていない	17	12	8	7	5	7	6	4	3	–	1
	100.0	70.6	47.1	41.2	29.4	41.2	35.3	23.5	17.6	–	5.9
うまくいっていない	1	–	–	–	–	1	–	1	–	–	–
	100.0	–	–	–	–	100.0	–	100.0	–	–	–

日本企業本社のグローバル化対応に関する調査
問10.今後3年間の海外事業展開について
A.東アジア地域

	調査数	拡大・展開する	現状維持	縮小・撤退する	展開の予定はない	無回答
全　体	171	62	42	2	46	19
	100.0	36.3	24.6	1.2	26.9	11.1

問1（1）創業開始年

	調査数	拡大・展開する	現状維持	縮小・撤退する	展開の予定はない	無回答
1981年～	28	5	5	－	12	6
	100.0	17.9	17.9	－	42.9	21.4
1951年～1980年	45	21	5	－	15	4
	100.0	46.7	11.1	－	33.3	8.9
1921年～1950年	61	19	20	2	12	8
	100.0	31.1	32.8	3.3	19.7	13.1
～1920年	36	17	12	－	6	1
	100.0	47.2	33.3	－	16.7	2.8

問1（2）主たる業種

	調査数	拡大・展開する	現状維持	縮小・撤退する	展開の予定はない	無回答
食料品、繊維品、木材・家具、パルプ・紙	13	7	1	1	2	2
	100.0	53.8	7.7	7.7	15.4	15.4
化学工業	14	6	6	－	1	1
	100.0	42.9	42.9	－	7.1	7.1
鉄鋼業、金属製品	7	1	3	－	2	1
	100.0	14.3	42.9	－	28.6	14.3
機器製造（一般、電気、輸送、精密）	27	13	6	1	5	2
	100.0	48.1	22.2	3.7	18.5	7.4
プラスチック製品、ゴム・皮革、窯業・土石、非鉄金属	8	3	5	－	－	－
	100.0	37.5	62.5	－	－	－
その他の製造業	9	5	2	－	2	－
	100.0	55.6	22.2	－	22.2	－
卸売・小売り	24	9	2	－	10	3
	100.0	37.5	8.3	－	41.7	12.5
運輸業	10	4	6	－	－	－
	100.0	40.0	60.0	－	－	－
建設業	16	3	3	－	9	1
	100.0	18.8	18.8	－	56.3	6.3
不動産業	3	－	－	－	－	3
	100.0	－	－	－	－	100.0
飲食店・宿泊業	3	－	1	－	2	－
	100.0	－	33.3	－	66.7	－
金融・保険業	7	1	1	－	4	1
	100.0	14.3	14.3	－	57.1	14.3
情報通信業	6	2	－	－	4	－
	100.0	33.3	－	－	66.7	－
教育、学習支援業	1	－	1	－	－	－
	100.0	－	100.0	－	－	－
サービス業	13	6	2	－	2	3
	100.0	46.2	15.4	－	15.4	23.1
その他の非製造業	5	－	1	－	3	1
	100.0	－	20.0	－	60.0	20.0

問1（2）主たる業種

	調査数	拡大・展開する	現状維持	縮小・撤退する	展開の予定はない	無回答
製造業	78	35	23	2	12	6
	100.0	44.9	29.5	2.6	15.4	7.7
非製造業	88	25	17	－	34	12
	100.0	28.4	19.3	－	38.6	13.6

問1（3）日本本社の従業員数

	調査数	拡大・展開する	現状維持	縮小・撤退する	展開の予定はない	無回答
300人未満	34	10	5	－	14	5
	100.0	29.4	14.7	－	41.2	14.7
300～1,000人未満	65	16	18	2	20	9
	100.0	24.6	27.7	3.1	30.8	13.8
1,000～3,000人未満	36	15	11	－	7	3
	100.0	41.7	30.6	－	19.4	8.3
3,000人以上	32	20	6	－	5	1
	100.0	62.5	18.8	－	15.6	3.1

日本企業本社のグローバル化対応に関する調査
問10.今後3年間の海外事業展開について
A.東アジア地域

	調査数	拡大・展開する	現状維持	縮小・撤退する	展開の予定はない	無回答
全 体	171 100.0	62 36.3	42 24.6	2 1.2	46 26.9	19 11.1
問1（4）2017年度の売上高						
100億円未満	21 100.0	5 23.8	2 9.5	－ －	12 57.1	2 9.5
100～300億円未満	42 100.0	10 23.8	8 19.0	2 4.8	14 33.3	8 19.0
300～1,000億円未満	35 100.0	16 45.7	12 34.3	－ －	5 14.3	2 5.7
1,000～3,000億円未満	40 100.0	13 32.5	12 30.0	－ －	11 27.5	4 10.0
3,000億円以上	29 100.0	17 58.6	7 24.1	－ －	3 10.3	2 6.9
問1（5）2017年度の経常利益						
～0億円	7 100.0	－ －	2 28.6	1 14.3	4 57.1	－ －
1～10億円未満	28 100.0	4 14.3	4 14.3	1 3.6	14 50.0	5 17.9
10～30億円未満	42 100.0	18 42.9	9 21.4	－ －	10 23.8	5 11.9
30～100億円未満	37 100.0	14 37.8	13 35.1	－ －	6 16.2	4 10.8
100億円以上	50 100.0	25 50.0	13 26.0	－ －	8 16.0	4 8.0
問1（6）5年前と比較した現在の売上高						
50%以上の増加	25 100.0	8 32.0	5 20.0	－ －	7 28.0	5 20.0
20～50%以上の増加	43 100.0	18 41.9	7 16.3	1 2.3	11 25.6	6 14.0
5～20%の増加	47 100.0	17 36.2	15 31.9	－ －	12 25.5	3 6.4
－5～5%の間で、あまり変動はない	32 100.0	11 34.4	8 25.0	－ －	9 28.1	4 12.5
減少傾向にある	17 100.0	6 35.3	3 17.6	1 5.9	7 41.2	－ －
問1（7）外国籍社員						
いる	75 100.0	33 44.0	21 28.0	－ －	17 22.7	4 5.3
いない	39 100.0	7 17.9	8 20.5	2 5.1	16 41.0	6 15.4
問7B.今後3年間の現地法人の事業展開意向						
拡大する	59 100.0	45 76.3	10 16.9	－ －	2 3.4	2 3.4
現状維持	34 100.0	7 20.6	21 61.8	－ －	4 11.8	2 5.9
縮小・撤退する	5 100.0	1 20.0	－ －	2 40.0	2 40.0	－ －
問8（1）現地法人の経営方針						
きわめて重要な案件を除けば、基本的には現地法人側がすべてを決定する	35 100.0	12 34.3	10 28.6	－ －	12 34.3	1 2.9
基本的には本社が決定しているが、現地側の裁量の余地が大きい	61 100.0	31 50.8	19 31.1	1 1.6	6 9.8	4 6.6
基本的には、ほぼすべてを日本本社が決定している	41 100.0	16 39.0	11 26.8	1 2.4	9 22.0	4 9.8
問8（3）現地法人との意志疎通状況						
うまくいっている	41 100.0	15 36.6	7 17.1	1 2.4	12 29.3	6 14.6
ほぼうまくいっている	78 100.0	36 46.2	28 35.9	－ －	10 12.8	4 5.1
あまりうまくいっていない	17 100.0	8 47.1	5 29.4	1 5.9	3 17.6	－ －
うまくいっていない	1 100.0	－ －	1 100.0	－ －	－ －	－ －

日本企業本社のグローバル化対応に関する調査
問10.今後3年間の海外事業展開について
B.東南アジア地域

	調査数	拡大・展開する	現状維持	縮小・撤退する	展開の予定はない	無回答
全 体	171	94	28	–	35	14
	100.0	55.0	16.4	–	20.5	8.2
問1(1)創業開始年						
1981年〜	28	11	5	–	8	4
	100.0	39.3	17.9	–	28.6	14.3
1951年〜1980年	45	24	5	–	14	2
	100.0	53.3	11.1	–	31.1	4.4
1921年〜1950年	61	33	14	–	7	7
	100.0	54.1	23.0	–	11.5	11.5
〜1920年	36	26	4	–	5	1
	100.0	72.2	11.1	–	13.9	2.8
問1(2)主たる業種						
食料品、繊維品、木材・家具、パルプ・紙	13	6	1	–	4	2
	100.0	46.2	7.7	–	30.8	15.4
化学工業	14	10	2	–	1	1
	100.0	71.4	14.3	–	7.1	7.1
鉄鋼業、金属製品	7	3	2	–	2	–
	100.0	42.9	28.6	–	28.6	–
機器製造(一般、電気、輸送、精密)	27	18	6	–	2	1
	100.0	66.7	22.2	–	7.4	3.7
プラスチック製品、ゴム・皮革、窯業・土石、非鉄金属	8	7	1	–	–	–
	100.0	87.5	12.5	–	–	–
その他の製造業	9	5	3	–	1	–
	100.0	55.6	33.3	–	11.1	–
卸売・小売り	24	9	3	–	9	3
	100.0	37.5	12.5	–	37.5	12.5
運輸業	10	6	2	–	2	–
	100.0	60.0	20.0	–	20.0	–
建設業	16	9	4	–	3	–
	100.0	56.3	25.0	–	18.8	–
不動産業	3	2	–	–	–	1
	100.0	66.7	–	–	–	33.3
飲食店・宿泊業	3	1	–	–	2	–
	100.0	33.3	–	–	66.7	–
金融・保険業	7	3	1	–	2	1
	100.0	42.9	14.3	–	28.6	14.3
情報通信業	6	2	–	–	4	–
	100.0	33.3	–	–	66.7	–
教育、学習支援業	1	–	1	–	–	–
	100.0	–	100.0	–	–	–
サービス業	13	7	2	–	1	3
	100.0	53.8	15.4	–	7.7	23.1
その他の非製造業	5	2	–	–	2	1
	100.0	40.0	–	–	40.0	20.0
問1(2)主たる業種						
製造業	78	49	15	–	10	4
	100.0	62.8	19.2	–	12.8	5.1
非製造業	88	41	13	–	25	9
	100.0	46.6	14.8	–	28.4	10.2
問1(3)日本本社の従業員数						
300人未満	34	12	7	–	12	3
	100.0	35.3	20.6	–	35.3	8.8
300〜1,000人未満	65	35	10	–	14	6
	100.0	53.8	15.4	–	21.5	9.2
1,000〜3,000人未満	36	23	8	–	3	2
	100.0	63.9	22.2	–	8.3	5.6
3,000人以上	32	22	3	–	5	2
	100.0	68.8	9.4	–	15.6	6.3

日本企業本社のグローバル化対応に関する調査
問10.今後3年間の海外事業展開について
B.東南アジア地域

	調査数	拡大・展開する	現状維持	縮小・撤退する	展開の予定はない	無回答
全体	171 100.0	94 55.0	28 16.4	－ 	35 20.5	14 8.2
問1（4）2017年度の売上高						
100億円未満	21 100.0	5 23.8	1 4.8	－ 	13 61.9	2 9.5
100～300億円未満	42 100.0	19 45.2	8 19.0	－ 	10 23.8	5 11.9
300～1,000億円未満	35 100.0	21 60.0	7 20.0	－ 	6 17.1	1 2.9
1,000～3,000億円未満	40 100.0	24 60.0	10 25.0	－ 	4 10.0	2 5.0
3,000億円以上	29 100.0	23 79.3	2 6.9	－ 	1 3.4	3 10.3
問1（5）2017年度の経常利益						
～0億円	7 100.0	1 14.3	1 14.3	－ 	5 71.4	－
1～10億円未満	28 100.0	8 28.6	4 14.3	－ 	13 46.4	3 10.7
10～30億円未満	42 100.0	24 57.1	7 16.7	－ 	7 16.7	4 9.5
30～100億円未満	37 100.0	21 56.8	9 24.3	－ 	4 10.8	3 8.1
100億円以上	50 100.0	37 74.0	7 14.0	－ 	3 6.0	3 6.0
問1（6）5年前と比較した現在の売上高						
50%以上の増加	25 100.0	8 32.0	4 16.0	－ 	8 32.0	5 20.0
20～50%以上の増加	43 100.0	27 62.8	6 14.0	－ 	7 16.3	3 7.0
5～20%の増加	47 100.0	32 68.1	9 19.1	－ 	4 8.5	2 4.3
一5～5%の間で、あまり変動はない	32 100.0	15 46.9	6 18.8	－ 	8 25.0	3 9.4
減少傾向にある	17 100.0	7 41.2	2 11.8	－ 	8 47.1	
問1（7）外国籍社員						
いる	75 100.0	47 62.7	14 18.7	－ 	12 16.0	2 2.7
いない	39 100.0	15 38.5	7 17.9	－ 	12 30.8	5 12.8
問7B. 今後3年間の現地法人の事業展開意向						
拡大する	59 100.0	47 79.7	7 11.9	－ 	3 5.1	2 3.4
現状維持	34 100.0	20 58.8	10 29.4	－ 	3 8.8	1 2.9
縮小・撤退する	5 100.0	3 60.0	1 20.0	－ 	1 20.0	－
問8（1）現地法人の経営方針						
きわめて重要な案件を除けば、基本的には現地法人側がすべてを決定する	35 100.0	22 62.9	7 20.0	－ 	6 17.1	－
基本的には本社が決定しているが、現地側の裁量の余地が大きい	61 100.0	45 73.8	12 19.7	－ 	1 1.6	3 4.9
基本的には、ほぼすべてを日本本社が決定している	41 100.0	25 61.0	7 17.1	－ 	8 19.5	1 2.4
問8（3）現地法人との意志疎通状況						
うまくいっている	41 100.0	27 65.9	4 9.8	－ 	7 17.1	3 7.3
ほぼうまくいっている	78 100.0	53 67.9	18 23.1	－ 	5 6.4.	2 2.6
あまりうまくいっていない	17 100.0	11 64.7	5 29.4	－ 	1 5.9	－
うまくいっていない	1 100.0	1 100.0	－ 	－ 	－ 	－

日本企業本社のグローバル化対応に関する調査
問10.今後3年間の海外事業展開について
C.その他のアジア地域

	調査数	拡大・展開する	現状維持	縮小・撤退する	展開の予定はない	無回答
全 体	171	36	43	－	70	22
	100.0	21.1	25.1	－	40.9	12.9
問1（1）創業開始年						
1981年～	28	5	2	－	15	6
	100.0	17.9	7.1	－	53.6	21.4
1951年～1980年	45	11	7	－	23	4
	100.0	24.4	15.6	－	51.1	8.9
1921年～1950年	61	13	17	－	21	10
	100.0	21.3	27.9	－	34.4	16.4
～1920年	36	7	17	－	10	2
	100.0	19.4	47.2	－	27.8	5.6
問1（2）主たる業種						
食料品、繊維品、木材・家具、パルプ・紙	13	1	2	－	8	2
	100.0	7.7	15.4	－	61.5	15.4
化学工業	14	3	7	－	3	1
	100.0	21.4	50.0	－	21.4	7.1
鉄鋼業、金属製品	7	1	3	－	2	1
	100.0	14.3	42.9	－	28.6	14.3
機器製造（一般、電気、輸送、精密）	27	8	8	－	8	3
	100.0	29.6	29.6	－	29.6	11.1
プラスチック製品、ゴム・皮革、窯業・土石、非鉄金属	8	2	3	－	3	－
	100.0	25.0	37.5	－	37.5	－
その他の製造業	9	4	3	－	2	－
	100.0	44.4	33.3	－	22.2	－
卸売・小売り	24	5	3	－	12	4
	100.0	20.8	12.5	－	50.0	16.7
運輸業	10	3	4	－	3	－
	100.0	30.0	40.0	－	30.0	－
建設業	16	2	5	－	8	1
	100.0	12.5	31.3	－	50.0	6.3
不動産業	3	－	－	－	－	3
	100.0	－	－	－	－	100.0
飲食店・宿泊業	3	－	－	－	3	－
	100.0	－	－	－	100.0	－
金融・保険業	7	1	2	－	3	1
	100.0	14.3	28.6	－	42.9	14.3
情報通信業	6	1	－	－	5	－
	100.0	16.7	－	－	83.3	－
教育、学習支援業	1	－	－	－	1	－
	100.0	－	－	－	100.0	－
サービス業	13	4	1	－	5	3
	100.0	30.8	7.7	－	38.5	23.1
その他の非製造業	5	1	1	－	2	1
	100.0	20.0	20.0	－	40.0	20.0
問1（2）主たる業種						
製造業	78	19	26	－	26	7
	100.0	24.4	33.3	－	33.3	9.0
非製造業	88	17	16	－	42	13
	100.0	19.3	18.2	－	47.7	14.8
問1（3）日本本社の従業員数						
300人未満	34	3	9	－	17	5
	100.0	8.8	26.5	－	50.0	14.7
300～1,000人未満	65	11	15	－	30	9
	100.0	16.9	23.1	－	46.2	13.8
1,000～3,000人未満	36	13	9	－	11	3
	100.0	36.1	25.0	－	30.6	8.3
3,000人以上	32	9	8	－	11	4
	100.0	28.1	25.0	－	34.4	12.5

日本企業本社のグローバル化対応に関する調査
問10.今後3年間の海外事業展開について
C.その他のアジア地域

	調査数	拡大・展開する	現状維持	縮小・撤退する	展開の予定はない	無回答
全 体	171 100.0	36 21.1	43 25.1	－ －	70 40.9	22 12.9
問1（4）2017年度の売上高						
100億円未満	21 100.0	1 4.8	3 14.3	－ －	15 71.4	2 9.5
100～300億円未満	42 100.0	3 7.1	12 28.6	－ －	19 45.2	8 19.0
300～1,000億円未満	35 100.0	8 22.9	10 28.6	－ －	15 42.9	2 5.7
1,000～3,000億円未満	40 100.0	11 27.5	8 20.0	－ －	16 40.0	5 12.5
3,000億円以上	29 100.0	12 41.4	9 31.0	－ －	4 13.8	4 13.8
問1（5）2017年度の経常利益						
～0億円	7 100.0	－ －	－ －	－ －	7 100.0	－ －
1～10億円未満	28 100.0	－ －	6 21.4	－ －	17 60.7	5 17.9
10～30億円未満	42 100.0	7 16.7	13 31.0	－ －	17 40.5	5 11.9
30～100億円未満	37 100.0	9 24.3	11 29.7	－ －	13 35.1	4 10.8
100億円以上	50 100.0	19 38.0	12 24.0	－ －	12 24.0	7 14.0
問1（6）5年前と比較した現在の売上高						
50%以上の増加	25 100.0	7 28.0	3 12.0	－ －	9 36.0	6 24.0
20～50%以上の増加	43 100.0	6 14.0	14 32.6	－ －	16 37.2	7 16.3
5～20%の増加	47 100.0	14 29.8	13 27.7	－ －	17 36.2	3 6.4
－5～5%の間で、あまり変動はない	32 100.0	4 12.5	8 25.0	－ －	15 46.9	5 15.6
減少傾向にある	17 100.0	3 17.6	2 11.8	－ －	12 70.6	－ －
問1（7）外国籍社員						
いる	75 100.0	19 25.3	24 32.0	－ －	27 36.0	5 6.7
いない	39 100.0	4 10.3	7 17.9	－ －	22 56.4	6 15.4
問7B. 今後3年間の現地法人の事業展開意向						
拡大する	59 100.0	20 33.9	21 35.6	－ －	15 25.4	3 5.1
現状維持	34 100.0	10 29.4	12 35.3	－ －	9 26.5	3 8.8
縮小・撤退する	5 100.0	1 20.0	1 20.0	－ －	3 60.0	－ －
問8（1）現地法人の経営方針						
きわめて重要な案件を除けば、基本的には現地法人側がすべてを決定する	35 100.0	7 20.0	9 25.7	－ －	18 51.4	1 2.9
基本的には本社が決定しているが、現地側の裁量の余地が大きい	61 100.0	22 36.1	23 37.7	－ －	11 18.0	5 8.2
基本的には、ほぼすべてを日本本社が決定している	41 100.0	6 14.6	9 22.0	－ －	20 48.8	6 14.6
問8（3）現地法人との意志疎通状況						
うまくいっている	41 100.0	8 19.5	8 19.5	－ －	18 43.9	7 17.1
ほぼうまくいっている	78 100.0	23 29.5	27 34.6	－ －	22 28.2	6 7.7
あまりうまくいっていない	17 100.0	4 23.5	7 41.2	－ －	6 35.3	－ －
うまくいっていない	1 100.0	－ －	－ －	－ －	1 100.0	－ －

日本企業本社のグローバル化対応に関する調査
問10.今後3年間の海外事業展開について
D.中東・アフリカ

	調査数	拡大・展開する	現状維持	縮小・撤退する	展開の予定はない	無回答
全 体	171 100.0	24 14.0	27 15.8	2 1.2	96 56.1	22 12.9
問1（1）創業開始年						
1981年～	28 100.0	2 7.1	3 10.7	－ －	16 57.1	7 25.0
1951年～1980年	45 100.0	4 8.9	5 11.1	－ －	32 71.1	4 8.9
1921年～1950年	61 100.0	8 13.1	11 18.0	1 1.6	32 52.5	9 14.8
～1920年	36 100.0	10 27.8	8 22.2	1 2.8	15 41.7	2 5.6
問1（2）主たる業種						
食料品、繊維品、木材・家具、パルプ・紙	13 100.0	1 7.7	1 7.7	－ －	9 69.2	2 15.4
化学工業	14 100.0	5 35.7	1 7.1	－ －	7 50.0	1 7.1
鉄鋼業、金属製品	7 100.0	－ －	3 42.9	－ －	3 42.9	1 14.3
機器製造（一般、電気、輸送、精密）	27 100.0	4 14.8	7 25.9	－ －	14 51.9	2 7.4
プラスチック製品、ゴム・皮革、窯業・土石、非鉄金属	8 100.0	1 12.5	4 50.0	1 12.5	2 25.0	－ －
その他の製造業	9 100.0	2 22.2	2 22.2	1 11.1	4 44.4	－ －
卸売・小売り	24 100.0	2 8.3	3 12.5	－ －	15 62.5	4 16.7
運輸業	10 100.0	4 40.0	2 20.0	－ －	4 40.0	－ －
建設業	16 100.0	1 6.3	2 12.5	－ －	12 75.0	1 6.3
不動産業	3 100.0	－ －	－ －	－ －	－ －	3 100.0
飲食店・宿泊業	3 100.0	－ －	－ －	－ －	3 100.0	－ －
金融・保険業	7 100.0	1 14.3	1 14.3	－ －	4 57.1	1 14.3
情報通信業	6 100.0	－ －	－ －	－ －	6 100.0	－ －
教育、学習支援業	1 100.0	－ －	－ －	－ －	1 100.0	－ －
サービス業	13 100.0	3 23.1	－ －	－ －	6 46.2	4 30.8
その他の非製造業	5 100.0	－ －	1 20.0	－ －	3 60.0	1 20.0
問1（2）主たる業種						
製造業	78 100.0	13 16.7	18 23.1	2 2.6	39 50.0	6 7.7
非製造業	88 100.0	11 12.5	9 10.2	－ －	54 61.4	14 15.9
問1（3）日本本社の従業員数						
300人未満	34 100.0	－ －	7 20.6	1 2.9	21 61.8	5 14.7
300～1,000人未満	65 100.0	9 13.8	8 12.3	－ －	39 60.0	9 13.8
1,000～3,000人未満	36 100.0	5 13.9	6 16.7	1 2.8	21 58.3	3 8.3
3,000人以上	32 100.0	9 28.1	5 15.6	－ －	14 43.8	4 12.5

－302－

日本企業本社のグローバル化対応に関する調査
問10.今後3年間の海外事業展開について
D.中東・アフリカ

	調査数	拡大・展開する	現状維持	縮小・撤退する	展開の予定はない	無回答
全体	171 100.0	24 14.0	27 15.8	2 1.2	96 56.1	22 12.9
問1（4）2017年度の売上高						
100億円未満	21 100.0	－ －	2 9.5	－ －	17 81.0	2 9.5
100～300億円未満	42 100.0	3 7.1	6 14.3	－ －	25 59.5	8 19.0
300～1,000億円未満	35 100.0	6 17.1	4 11.4	－ －	22 62.9	3 8.6
1,000～3,000億円未満	40 100.0	2 5.0	9 22.5	2 5.0	23 57.5	4 10.0
3,000億円以上	29 100.0	13 44.8	4 13.8	－ －	8 27.6	4 13.8
問1（5）2017年度の経常利益						
～0億円	7 100.0	－ －	－ －	－ －	7 100.0	－ －
1～10億円未満	28 100.0	－ －	1 3.6	－ －	22 78.6	5 17.9
10～30億円未満	42 100.0	5 11.9	9 21.4	－ －	22 52.4	6 14.3
30～100億円未満	37 100.0	4 10.8	8 21.6	－ －	21 56.8	4 10.8
100億円以上	50 100.0	15 30.0	7 14.0	2 4.0	20 40.0	6 12.0
問1（6）5年前と比較した現在の売上高						
50%以上の増加	25 100.0	2 8.0	3 12.0	－ －	13 52.0	7 28.0
20～50%以上の増加	43 100.0	5 11.6	4 9.3	2 4.7	25 58.1	7 16.3
5～20%の増加	47 100.0	9 19.1	9 19.1	－ －	26 55.3	3 6.4
－5～5%の間で、あまり変動はない	32 100.0	4 12.5	7 21.9	－ －	17 53.1	4 12.5
減少傾向にある	17 100.0	2 11.8	1 5.9	－ －	14 82.4	－ －
問1（7）外国籍社員						
いる	75 100.0	15 20.0	11 14.7	1 1.3	43 57.3	5 6.7
いない	39 100.0	1 2.6	6 15.4	－ －	26 66.7	6 15.4
問7B.今後3年間の現地法人の事業展開意向						
拡大する	59 100.0	16 27.1	10 16.9	2 3.4	27 45.8	4 6.8
現状維持	34 100.0	6 17.6	12 35.3	－ －	14 41.2	2 5.9
縮小・撤退する	5 100.0	－ －	－ －	－ －	5 100.0	－ －
問8（1）現地法人の経営方針						
きわめて重要な案件を除けば、基本的には現地法人側がすべてを決定する	35 100.0	5 14.3	4 11.4	－ －	25 71.4	1 2.9
基本的には本社が決定しているが、現地側の裁量の余地が大きい	61 100.0	13 21.3	17 27.9	2 3.3	23 37.7	6 9.8
基本的には、ほぼすべてを日本本社が決定している	41 100.0	5 12.2	5 12.2	－ －	26 63.4	5 12.2
問8（3）現地法人との意志疎通状況						
うまくいっている	41 100.0	5 12.2	1 2.4	1 2.4	27 65.9	7 17.1
ほぼうまくいっている	78 100.0	14 17.9	22 28.2	1 1.3	35 44.9	6 7.7
あまりうまくいっていない	17 100.0	4 23.5	3 17.6	－ －	10 58.8	－ －
うまくいっていない	1 100.0	1 100.0	－ －	－ －	－ －	－ －

日本企業本社のグローバル化対応に関する調査
問10.今後3年間の海外事業展開について
E.ヨーロッパ

	調査数	拡大・展開する	現状維持	縮小・撤退する	展開の予定はない	無回答
全体	171 100.0	40 23.4	38 22.2	1 0.6	71 41.5	21 12.3
問1（1）創業開始年						
1981年～	28 100.0	4 14.3	4 14.3	－ －	14 50.0	6 21.4
1951年～1980年	45 100.0	7 15.6	8 17.8	－ －	26 57.8	4 8.9
1921年～1950年	61 100.0	17 27.9	16 26.2	1 1.6	17 27.9	10 16.4
～1920年	36 100.0	12 33.3	10 27.8	－ －	13 36.1	1 2.8
問1（2）主たる業種						
食料品、繊維品、木材・家具、パルプ・紙	13 100.0	3 23.1	2 15.4	－ －	6 46.2	2 15.4
化学工業	14 100.0	4 28.6	4 28.6	－ －	5 35.7	1 7.1
鉄鋼業、金属製品	7 100.0	1 14.3	3 42.9	－ －	2 28.6	1 14.3
機器製造（一般、電気、輸送、精密）	27 100.0	8 29.6	9 33.3	1 3.7	6 22.2	3 11.1
プラスチック製品、ゴム・皮革、窯業・土石、非鉄金属	8 100.0	4 50.0	3 37.5	－ －	1 12.5	－ －
その他の製造業	9 100.0	5 55.6	2 22.2	－ －	2 22.2	－ －
卸売・小売り	24 100.0	5 20.8	2 8.3	－ －	13 54.2	4 16.7
運輸業	10 100.0	3 30.0	5 50.0	－ －	2 20.0	－ －
建設業	16 100.0	1 6.3	3 18.8	－ －	11 68.8	1 6.3
不動産業	3 100.0	－ －	－ －	－ －	－ －	3 100.0
飲食店・宿泊業	3 100.0	－ －	－ －	－ －	3 100.0	－ －
金融・保険業	7 100.0	1 14.3	1 14.3	－ －	4 57.1	1 14.3
情報通信業	6 100.0	1 16.7	－ －	－ －	5 83.3	－ －
教育、学習支援業	1 100.0	－ －	－ －	－ －	1 100.0	－ －
サービス業	13 100.0	1 7.7	3 23.1	－ －	6 46.2	3 23.1
その他の非製造業	5 100.0	－ －	1 20.0	－ －	3 60.0	1 20.0
問1（2）主たる業種						
製造業	78 100.0	25 32.1	23 29.5	1 1.3	22 28.2	7 9.0
非製造業	88 100.0	12 13.6	15 17.0	－ －	48 54.5	13 14.8
問1（3）日本本社の従業員数						
300人未満	34 100.0	3 8.8	11 32.4	－ －	15 44.1	5 14.7
300～1,000人未満	65 100.0	11 16.9	11 16.9	1 1.5	33 50.8	9 13.8
1,000～3,000人未満	36 100.0	11 30.6	8 22.2	－ －	14 38.9	3 8.3
3,000人以上	32 100.0	14 43.8	6 18.8	－ －	9 28.1	3 9.4

－304－

日本企業本社のグローバル化対応に関する調査
問10.今後3年間の海外事業展開について
Ｅヨーロッパ

	調査数	拡大・展開する	現状維持	縮小・撤退する	展開の予定はない	無回答
全体	171 100.0	40 23.4	38 22.2	1 0.6	71 41.5	21 12.3
問1（4）2017年度の売上高						
100億円未満	21 100.0	2 9.5	2 9.5	－ 	15 71.4	2 9.5
100～300億円未満	42 100.0	6 14.3	8 19.0	1 2.4	19 45.2	8 19.0
300～1,000億円未満	35 100.0	10 28.6	6 17.1	－ 	17 48.6	2 5.7
1,000～3,000億円未満	40 100.0	8 20.0	13 32.5	－ 	14 35.0	5 12.5
3,000億円以上	29 100.0	13 44.8	8 27.6	－ 	5 17.2	3 10.3
問1（5）2017年度の経常利益						
～0億円	7 100.0	－ 	－ 	1 14.3	6 85.7	－
1～10億円未満	28 100.0	1 3.6	3 10.7	－ 	19 67.9	5 17.9
10～30億円未満	42 100.0	11 26.2	9 21.4	－ 	17 40.5	5 11.9
30～100億円未満	37 100.0	10 27.0	11 29.7	－ 	12 32.4	4 10.8
100億円以上	50 100.0	17 34.0	14 28.0	－ 	13 26.0	6 12.0
問1（6）5年前と比較した現在の売上高						
50%以上の増加	25 100.0	4 16.0	6 24.0	－ 	9 36.0	6 24.0
20～50%以上の増加	43 100.0	10 23.3	10 23.3	－ 	17 39.5	6 14.0
5～20%の増加	47 100.0	13 27.7	12 25.5	－ 	19 40.4	3 6.4
－5～5%の間で、あまり変動はない	32 100.0	7 21.9	5 15.6	－ 	15 46.9	5 15.6
減少傾向にある	17 100.0	4 23.5	3 17.6	1 5.9	9 52.9	－
問1（7）外国籍社員						
いる	75 100.0	23 30.7	17 22.7	－ 	30 40.0	5 6.7
いない	39 100.0	4 10.3	7 17.9	1 2.6	21 53.8	6 15.4
問7B. 今後3年間の現地法人の事業展開意向						
拡大する	59 100.0	30 50.8	15 25.4	－ 	11 18.6	3 5.1
現状維持	34 100.0	4 11.8	19 55.9	－ 	8 23.5	3 8.8
縮小・撤退する	5 100.0	－ 	－ 	1 20.0	4 80.0	－
問8（1）現地法人の経営方針						
きわめて重要な案件を除けば、基本的には現地法人側がすべてを決定する	35 100.0	7 20.0	9 25.7	－ 	18 51.4	1 2.9
基本的には本社が決定しているが、現地側の裁量の余地が大きい	61 100.0	22 36.1	20 32.8	－ 	14 23.0	5 8.2
基本的には、ほぼすべてを日本本社が決定している	41 100.0	9 22.0	8 19.5	1 2.4	18 43.9	5 12.2
問8（3）現地法人との意志疎通状況						
うまくいっている	41 100.0	5 12.2	5 12.2	－ 	24 58.5	7 17.1
ほぼうまくいっている	78 100.0	31 39.7	24 30.8	－ 	18 23.1	5 6.4
あまりうまくいっていない	17 100.0	2 11.8	8 47.1	1 5.9	6 35.3	－
うまくいっていない	1 100.0	1 100.0	－ 	－ 	－ 	－

日本企業本社のグローバル化対応に関する調査
問10.今後3年間の海外事業展開について
F.北米

	調査数	拡大・展開する	現状維持	縮小・撤退する	展開の予定はない	無回答
全体	171 100.0	47 27.5	42 24.6	2 1.2	63 36.8	17 9.9
問1（1）創業開始年						
1981年～	28 100.0	3 10.7	5 17.9	－ －	14 50.0	6 21.4
1951年～1980年	45 100.0	10 22.2	6 13.3	－ －	26 57.8	3 6.7
1921年～1950年	61 100.0	22 36.1	18 29.5	2 3.3	11 18.0	8 13.1
～1920年	36 100.0	12 33.3	13 36.1	－ －	11 30.6	－ －
問1（2）主たる業種						
食料品、繊維品、木材・家具、パルプ・紙	13 100.0	4 30.8	2 15.4	－ －	5 38.5	2 15.4
化学工業	14 100.0	5 35.7	5 35.7	1 7.1	2 14.3	1 7.1
鉄鋼業、金属製品	7 100.0	2 28.6	3 42.9	－ －	2 28.6	－ －
機器製造（一般、電気、輸送、精密）	27 100.0	14 51.9	7 25.9	1 3.7	3 11.1	2 7.4
プラスチック製品、ゴム・皮革、窯業・土石、非鉄金属	8 100.0	2 25.0	5 62.5	－ －	1 12.5	－ －
その他の製造業	9 100.0	4 44.4	3 33.3	－ －	2 22.2	－ －
卸売・小売り	24 100.0	5 20.8	3 12.5	－ －	12 50.0	4 16.7
運輸業	10 100.0	1 10.0	5 50.0	－ －	4 40.0	－ －
建設業	16 100.0	1 6.3	4 25.0	－ －	10 62.5	1 6.3
不動産業	3 100.0	－ －	－ －	－ －	－ －	3 100.0
飲食店・宿泊業	3 100.0	－ －	－ －	－ －	3 100.0	－ －
金融・保険業	7 100.0	1 14.3	2 28.6	－ －	3 42.9	1 14.3
情報通信業	6 100.0	1 16.7	－ －	－ －	5 83.3	－ －
教育、学習支援業	1 100.0	－ －	－ －	－ －	1 100.0	－ －
サービス業	13 100.0	3 23.1	2 15.4	－ －	6 46.2	2 15.4
その他の非製造業	5 100.0	－ －	1 20.0	－ －	3 60.0	1 20.0
問1（2）主たる業種						
製造業	78 100.0	31 39.7	25 32.1	2 2.6	15 19.2	5 6.4
非製造業	88 100.0	12 13.6	17 19.3	－ －	47 53.4	12 13.6
問1（3）日本本社の従業員数						
300人未満	34 100.0	7 20.6	7 20.6	－ －	15 44.1	5 14.7
300～1,000人未満	65 100.0	12 18.5	15 23.1	1 1.5	28 43.1	9 13.8
1,000～3,000人未満	36 100.0	10 27.8	13 36.1	1 2.8	10 27.8	2 5.6
3,000人以上	32 100.0	15 46.9	6 18.8	－ －	10 31.3	1 3.1

日本企業本社のグローバル化対応に関する調査
問10.今後3年間の海外事業展開について
F.北米

	調査数	拡大・展開する	現状維持	縮小・撤退する	展開の予定はない	無回答
全 体	171	47	42	2	63	17
	100.0	27.5	24.6	1.2	36.8	9.9
問1（4）2017年度の売上高						
100億円未満	21	3	1	−	15	2
	100.0	14.3	4.8	−	71.4	9.5
100〜300億円未満	42	9	6	1	18	8
	100.0	21.4	14.3	2.4	42.9	19.0
300〜1,000億円未満	35	8	13	−	12	2
	100.0	22.9	37.1	−	34.3	5.7
1,000〜3,000億円未満	40	11	13	1	12	3
	100.0	27.5	32.5	2.5	30.0	7.5
3,000億円以上	29	14	8	−	5	2
	100.0	48.3	27.6	−	17.2	6.9
問1（5）2017年度の経常利益						
〜0億円	7	−	1	1	5	−
	100.0	−	14.3	14.3	71.4	−
1〜10億円未満	28	3	3	−	17	5
	100.0	10.7	10.7	−	60.7	17.9
10〜30億円未満	42	12	9	−	16	5
	100.0	28.6	21.4	−	38.1	11.9
30〜100億円未満	37	9	15	−	9	4
	100.0	24.3	40.5	−	24.3	10.8
100億円以上	50	21	13	1	12	3
	100.0	42.0	26.0	2.0	24.0	6.0
問1（6）5年前と比較した現在の売上高						
50%以上の増加	25	5	5	−	9	6
	100.0	20.0	20.0	−	36.0	24.0
20〜50%以上の増加	43	14	8	−	16	5
	100.0	32.6	18.6	−	37.2	11.6
5〜20%の増加	47	12	18	1	14	2
	100.0	25.5	38.3	2.1	29.8	4.3
−5〜5%の間で、あまり変動はない	32	8	6	−	14	4
	100.0	25.0	18.8	−	43.8	12.5
減少傾向にある	17	4	3	1	9	−
	100.0	23.5	17.6	5.9	52.9	−
問1（7）外国籍社員						
いる	75	22	24	1	25	3
	100.0	29.3	32.0	1.3	33.3	4.0
いない	39	6	6	1	20	6
	100.0	15.4	15.4	2.6	51.3	15.4
問7B.今後3年間の現地法人の事業展開意向						
拡大する	59	31	14	−	11	3
	100.0	52.5	23.7	−	18.6	5.1
現状維持	34	7	19	1	6	1
	100.0	20.6	55.9	2.9	17.6	2.9
縮小・撤退する	5	−	−	1	4	−
	100.0	−	−	20.0	80.0	−
問8（1）現地法人の経営方針						
きわめて重要な案件を除けば、基本的には現地法人側がすべてを決定する	35	11	10	−	13	1
	100.0	31.4	28.6	−	37.1	2.9
基本的には本社が決定しているが、現地側の裁量の余地が大きい	61	22	21	1	13	4
	100.0	36.1	34.4	1.6	21.3	6.6
基本的には、ほぼすべてを日本本社が決定している	41	12	8	1	16	4
	100.0	29.3	19.5	2.4	39.0	9.8
問8（3）現地法人との意志疎通状況						
うまくいっている	41	9	9	−	18	5
	100.0	22.0	22.0	−	43.9	12.2
ほぼうまくいっている	78	33	25	1	15	4
	100.0	42.3	32.1	1.3	19.2	5.1
あまりうまくいっていない	17	4	6	1	6	−
	100.0	23.5	35.3	5.9	35.3	−
うまくいっていない	1	−	−	−	1	−
	100.0	−	−	−	100.0	−

−307−

日本企業本社のグローバル化対応に関する調査
問10.今後3年間の海外事業展開について
G.中南米・オセアニア

	調査数	拡大・展開する	現状維持	縮小・撤退する	展開の予定はない	無回答
全体	171 100.0	29 17.0	38 22.2	－ －	83 48.5	21 12.3
問1(1)創業開始年						
1981年～	28 100.0	5 17.9	3 10.7	－ －	14 50.0	6 21.4
1951年～1980年	45 100.0	3 6.7	8 17.8	－ －	30 66.7	4 8.9
1921年～1950年	61 100.0	13 21.3	16 26.2	－ －	23 37.7	9 14.8
～1920年	36 100.0	8 22.2	11 30.6	－ －	15 41.7	2 5.6
問1(2)主たる業種						
食料品、繊維品、木材・家具、パルプ・紙	13 100.0	2 15.4	1 7.7	－ －	8 61.5	2 15.4
化学工業	14 100.0	4 28.6	3 21.4	－ －	6 42.9	1 7.1
鉄鋼業、金属製品	7 100.0	1 14.3	2 28.6	－ －	3 42.9	1 14.3
機器製造(一般、電気、輸送、精密)	27 100.0	5 18.5	11 40.7	－ －	9 33.3	2 7.4
プラスチック製品、ゴム・皮革、窯業・土石、非鉄金属	8 100.0	2 25.0	5 62.5	－ －	1 12.5	－ －
その他の製造業	9 100.0	3 33.3	2 22.2	－ －	4 44.4	－ －
卸売・小売り	24 100.0	4 16.7	4 16.7	－ －	13 54.2	3 12.5
運輸業	10 100.0	3 30.0	3 30.0	－ －	3 30.0	1 10.0
建設業	16 100.0	1 6.3	2 12.5	－ －	12 75.0	1 6.3
不動産業	3 100.0	－ －	－ －	－ －	－ －	3 100.0
飲食店・宿泊業	3 100.0	－ －	－ －	－ －	3 100.0	－ －
金融・保険業	7 100.0	1 14.3	2 28.6	－ －	3 42.9	1 14.3
情報通信業	6 100.0	－ －	－ －	－ －	6 100.0	－ －
教育、学習支援業	1 100.0	－ －	－ －	－ －	1 100.0	－ －
サービス業	13 100.0	1 7.7	2 15.4	－ －	7 53.8	3 23.1
その他の非製造業	5 100.0	－ －	1 20.0	－ －	3 60.0	1 20.0
問1(2)主たる業種						
製造業	78 100.0	17 21.8	24 30.8	－ －	31 39.7	6 7.7
非製造業	88 100.0	10 11.4	14 15.9	－ －	51 58.0	13 14.8
問1(3)日本本社の従業員数						
300人未満	34 100.0	4 11.8	8 23.5	－ －	18 52.9	4 11.8
300～1,000人未満	65 100.0	10 15.4	10 15.4	－ －	36 55.4	9 13.8
1,000～3,000人未満	36 100.0	3 8.3	12 33.3	－ －	17 47.2	4 11.1
3,000人以上	32 100.0	12 37.5	7 21.9	－ －	10 31.3	3 9.4

日本企業本社のグローバル化対応に関する調査
問10.今後3年間の海外事業展開について
G.中南米・オセアニア

	調査数	拡大・展開する	現状維持	縮小・撤退する	展開の予定はない	無回答
全 体	171 100.0	29 17.0	38 22.2	－ 	83 48.5	21 12.3
問1（4）2017年度の売上高						
100億円未満	21 100.0	1 4.8	2 9.5	－ 	16 76.2	2 9.5
100〜300億円未満	42 100.0	6 14.3	7 16.7	－ 	22 52.4	7 16.7
300〜1,000億円未満	35 100.0	6 17.1	6 17.1	－ 	21 60.0	2 5.7
1,000〜3,000億円未満	40 100.0	3 7.5	15 37.5	－ 	18 45.0	4 10.0
3,000億円以上	29 100.0	12 41.4	7 24.1	－ 	5 17.2	5 17.2
問1（5）2017年度の経常利益						
〜0億円	7 100.0	－ 	－ 	－ 	7 100.0	－
1〜10億円未満	28 100.0	－ 	4 14.3	－ 	19 67.9	5 17.9
10〜30億円未満	42 100.0	10 23.8	7 16.7	－ 	21 50.0	4 9.5
30〜100億円未満	37 100.0	3 8.1	12 32.4	－ 	18 48.6	4 10.8
100億円以上	50 100.0	15 30.0	14 28.0	－ 	14 28.0	7 14.0
問1（6）5年前と比較した現在の売上高						
50%以上の増加	25 100.0	4 16.0	5 20.0	－ 	10 40.0	6 24.0
20〜50%以上の増加	43 100.0	5 11.6	6 14.0	－ 	25 58.1	7 16.3
5〜20%の増加	47 100.0	9 19.1	13 27.7	－ 	21 44.7	4 8.5
－5〜5%の間で、あまり変動はない	32 100.0	6 18.8	9 28.1	－ 	14 43.8	3 9.4
減少傾向にある	17 100.0	2 11.8	3 17.6	－ 	12 70.6	－
問1（7）外国籍社員						
いる	75 100.0	15 20.0	23 30.7	－ 	33 44.0	4 5.3
いない	39 100.0	3 7.7	4 10.3	－ 	26 66.7	6 15.4
問7B. 今後3年間の現地法人の事業展開意向						
拡大する	59 100.0	23 39.0	13 22.0	－ 	20 33.9	3 5.1
現状維持	34 100.0	2 5.9	17 50.0	－ 	12 35.3	3 8.8
縮小・撤退する	5 100.0	－ 	－ 	－ 	5 100.0	－
問8（1）現地法人の経営方針						
きわめて重要な案件を除けば、基本的には現地法人側がすべてを決定する	35 100.0	4 11.4	11 31.4	－ 	18 51.4	2 5.7
基本的には本社が決定しているが、現地側の裁量の余地が大きい	61 100.0	15 24.6	20 32.8	－ 	21 34.4	5 8.2
基本的には、ほぼすべてを日本本社が決定している	41 100.0	8 19.5	6 14.6	－ 	23 56.1	4 9.8
問8（3）現地法人との意志疎通状況						
うまくいっている	41 100.0	5 12.2	6 14.6	－ 	23 56.1	7 17.1
ほぼうまくいっている	78 100.0	20 25.6	26 33.3	－ 	27 34.6	5 6.4
あまりうまくいっていない	17 100.0	2 11.8	5 29.4	－ 	10 58.8	－
うまくいっていない	1 100.0	1 100.0	－ 	－ 	－ 	－

日本企業本社のグローバル化対応に関する調査
問11.今後の海外展開について
問11(1)今後、中心的に展開したい国・地域

	調査数	中国	台湾	タイ	フィリピン	ベトナム	カンボジア	マレーシア	シンガポール	インドネシア	ミャンマー
全 体	171 100.0	63 36.8	23 13.5	45 26.3	54 31.6	24 14.0	11 6.4	18 10.5	21 12.3	39 22.8	23 13.5
問1(1)創業開始年											
1981年～	28 100.0	6 21.4	4 14.3	7 25.0	8 28.6	5 17.9	2 7.1	4 14.3	4 14.3	10 35.7	3 10.7
1951年～1980年	45 100.0	17 37.8	6 13.3	11 24.4	17 37.8	9 20.0	5 11.1	5 11.1	5 11.1	9 20.0	7 15.6
1921年～1950年	61 100.0	22 36.1	5 8.2	17 27.9	15 24.6	6 9.8	2 3.3	4 6.6	4 6.6	9 14.8	5 8.2
～1920年	36 100.0	18 50.0	8 22.2	10 27.8	14 38.9	4 11.1	2 5.6	5 13.9	8 22.2	11 30.6	8 22.2
問1(2)主たる業種											
食料品、繊維品、木材・家具、パルプ・紙	13 100.0	7 53.8	1 7.7	3 23.1	5 38.5	－ －	－ －	2 15.4	－ －	3 23.1	1 7.7
化学工業	14 100.0	10 71.4	1 7.1	4 28.6	4 28.6	2 14.3	1 7.1	2 14.3	2 14.3	5 35.7	3 21.4
鉄鋼業、金属製品	7 100.0	3 42.9	－ －	2 28.6	1 14.3	2 28.6	－ －	1 14.3	－ －	1 14.3	－ －
機器製造(一般、電気、輸送、精密)	27 100.0	16 59.3	6 22.2	8 29.6	12 44.4	3 11.1	2 7.4	1 3.7	2 7.4	5 18.5	1 3.7
プラスチック製品、ゴム・皮革、窯業・土石、非鉄金属	8 100.0	2 25.0	2 25.0	1 12.5	1 12.5	1 12.5	－ －	－ －	1 12.5	－ －	－ －
その他の製造業	9 100.0	4 44.4	3 33.3	5 55.6	3 33.3	1 11.1	－ －	1 11.1	2 22.2	4 44.4	1 11.1
卸売・小売り	24 100.0	7 29.2	1 4.2	7 29.2	7 29.2	4 16.7	2 8.3	2 8.3	2 8.3	5 20.8	3 12.5
運輸業	10 100.0	4 40.0	2 20.0	3 30.0	3 30.0	1 10.0	－ －	1 10.0	1 10.0	4 40.0	3 30.0
建設業	16 100.0	1 6.3	3 18.8	3 18.8	7 43.8	3 18.8	1 6.3	3 18.8	5 31.3	4 25.0	6 37.5
不動産業	3 100.0	1 33.3	－ －	1 33.3	1 33.3	－ －	1 33.3	－ －	－ －	1 33.3	－ －
飲食店・宿泊業	3 100.0	－ －	－ －	1 33.3	1 33.3	1 33.3	－ －	－ －	－ －	1 33.3	－ －
金融・保険業	7 100.0	1 14.3	－ －	1 14.3	1 14.3	1 14.3	2 28.6	1 14.3	－ －	1 14.3	2 28.6
情報通信業	6 100.0	1 16.7	2 33.3	1 16.7	2 33.3	1 16.7	－ －	1 16.7	2 33.3	1 16.7	－ －
教育、学習支援業	1 100.0	－ －	－ －	1 100.0	1 100.0	1 100.0	－ －	1 100.0	－ －	1 100.0	－ －
サービス業	13 100.0	3 23.1	1 7.7	3 23.1	3 23.1	1 7.7	1 7.7	1 7.7	2 15.4	2 15.4	1 7.7
その他の非製造業	5 100.0	2 40.0	1 20.0	1 20.0	1 20.0	2 40.0	1 20.0	1 20.0	1 20.0	1 20.0	2 40.0
問1(2)主たる業種											
製造業	78 100.0	42 53.8	13 16.7	23 29.5	26 33.3	9 11.5	3 3.8	7 9.0	7 9.0	18 23.1	6 7.7
非製造業	88 100.0	20 22.7	10 11.4	22 25.0	27 30.7	15 17.0	8 9.1	11 12.5	13 14.8	21 23.9	17 19.3
問1(3)日本本社の従業員数											
300人未満	34 100.0	12 35.3	5 14.7	7 20.6	4 11.8	2 5.9	－ －	－ －	2 5.9	9 26.5	1 2.9
300～1,000人未満	65 100.0	22 33.8	9 13.8	18 27.7	25 38.5	10 15.4	6 9.2	9 13.8	7 10.8	15 23.1	10 15.4
1,000～3,000人未満	36 100.0	14 38.9	4 11.1	10 27.8	16 44.4	6 16.7	3 8.3	4 11.1	6 16.7	9 25.0	7 19.4
3,000人以上	32 100.0	13 40.6	5 15.6	9 28.1	8 25.0	5 15.6	1 3.1	4 12.5	4 12.5	5 15.6	4 12.5

－310－

日本企業本社のグローバル化対応に関する調査
問11.今後の海外展開について
問11(1)今後、中心的に展開したい国・地域

	調査数	インド	アメリカ	ドイツ	メキシコ	その他の国・地域	無回答
全体	171 100.0	39 22.8	45 26.3	14 8.2	10 5.8	28 16.4	40 23.4
問1(1)創業開始年							
1981年～	28 100.0	4 14.3	7 25.0	1 3.6	－ －	5 17.9	8 28.6
1951年～1980年	45 100.0	7 15.6	8 17.8	3 6.7	1 2.2	5 11.1	9 20.0
1921年～1950年	61 100.0	16 26.2	19 31.1	5 8.2	5 8.2	11 18.0	17 27.9
～1920年	36 100.0	12 33.3	11 30.6	5 13.9	4 11.1	7 19.4	5 13.9
問1(2)主たる業種							
食料品、繊維品、木材・家具、パルプ・紙	13 100.0	2 15.4	4 30.8	1 7.7	1 7.7	4 30.8	3 23.1
化学工業	14 100.0	5 35.7	6 42.9	1 7.1	－ －	2 14.3	2 14.3
鉄鋼業、金属製品	7 100.0	3 42.9	2 28.6	1 14.3	1 14.3	－ －	1 14.3
機器製造(一般、電気、輸送、精密)	27 100.0	11 40.7	14 51.9	6 22.2	3 11.1	4 14.8	4 14.8
プラスチック製品、ゴム・皮革、窯業・土石、非鉄金属	8 100.0	3 37.5	2 25.0	－ －	1 12.5	2 25.0	－ －
その他の製造業	9 100.0	5 55.6	5 55.6	4 44.4	2 22.2	2 22.2	2 22.2
卸売・小売り	24 100.0	1 4.2	3 12.5	－ －	1 4.2	2 8.3	8 33.3
運輸業	10 100.0	3 30.0	2 20.0	－ －	－ －	3 30.0	－ －
建設業	16 100.0	2 12.5	1 6.3	－ －	1 6.3	4 25.0	6 37.5
不動産業	3 100.0	－ －	－ －	－ －	－ －	－ －	1 33.3
飲食店・宿泊業	3 100.0	－ －	1 33.3	－ －	－ －	1 33.3	1 33.3
金融・保険業	7 100.0	1 14.3	－ －	－ －	－ －	－ －	4 57.1
情報通信業	6 100.0	－ －	－ －	－ －	－ －	－ －	3 50.0
教育、学習支援業	1 100.0	－ －	－ －	－ －	－ －	－ －	－ －
サービス業	13 100.0	3 23.1	2 15.4	1 7.7	－ －	2 15.4	3 23.1
その他の非製造業	5 100.0	－ －	－ －	－ －	－ －	1 20.0	1 20.0
問1(2)主たる業種							
製造業	78 100.0	29 37.2	33 42.3	13 16.7	8 10.3	14 17.9	12 15.4
非製造業	88 100.0	10 11.4	9 10.2	1 1.1	2 2.3	13 14.8	27 30.7
問1(3)日本本社の従業員数							
300人未満	34 100.0	6 17.6	10 29.4	2 5.9	1 2.9	2 5.9	12 35.3
300～1,000人未満	65 100.0	12 18.5	10 15.4	3 4.6	4 6.2	8 12.3	18 27.7
1,000～3,000人未満	36 100.0	11 30.6	10 27.8	5 13.9	2 5.6	5 13.9	5 13.9
3,000人以上	32 100.0	9 28.1	13 40.6	3 9.4	3 9.4	11 34.4	5 15.6

日本企業本社のグローバル化対応に関する調査
問11.今後の海外展開について
問11(1)今後、中心的に展開したい国・地域

	調査数	中国	台湾	タイ	フィリピン	ベトナム	カンボジア	マレーシア	シンガポール	インドネシア	ミャンマー
全 体	171	63	23	45	54	24	11	18	21	39	23
	100.0	36.8	13.5	26.3	31.6	14.0	6.4	10.5	12.3	22.8	13.5
問1（4）2017年度の売上高											
100億円未満	21	5	4	2	2	2	－	1	1	2	－
	100.0	23.8	19.0	9.5	9.5	9.5	－	4.8	4.8	9.5	－
100～300億円未満	42	17	5	11	14	5	2	3	3	10	1
	100.0	40.5	11.9	26.2	33.3	11.9	4.8	7.1	7.1	23.8	2.4
300～1,000億円未満	35	14	6	8	13	2	2	2	7	6	5
	100.0	40.0	17.1	22.9	37.1	5.7	5.7	5.7	20.0	17.1	14.3
1,000～3,000億円未満	40	14	4	14	13	8	4	6	4	12	6
	100.0	35.0	10.0	35.0	32.5	20.0	10.0	15.0	10.0	30.0	15.0
3,000億円以上	29	12	4	8	10	6	2	4	4	8	10
	100.0	41.4	13.8	27.6	34.5	20.7	6.9	13.8	13.8	27.6	34.5
問1（5）2017年度の経常利益											
～0億円	7	－	1	2	2	1	－	－	－	1	－
	100.0	－	14.3	28.6	28.6	14.3	－	－	－	14.3	－
1～10億円未満	28	8	5	7	6	3	1	2	1	3	1
	100.0	28.6	17.9	25.0	21.4	10.7	3.6	7.1	3.6	10.7	3.6
10～30億円未満	42	19	5	8	15	4	2	2	4	8	4
	100.0	45.2	11.9	19.0	35.7	9.5	4.8	4.8	9.5	19.0	9.5
30～100億円未満	37	15	4	9	11	5	2	4	7	10	3
	100.0	40.5	10.8	24.3	29.7	13.5	5.4	10.8	18.9	27.0	8.1
100億円以上	50	20	8	17	18	10	5	8	7	15	14
	100.0	40.0	16.0	34.0	36.0	20.0	10.0	16.0	14.0	30.0	28.0
問1（6）5年前と比較した現在の売上高											
50%以上の増加	25	10	6	3	7	1	1	2	3	5	1
	100.0	40.0	24.0	12.0	28.0	4.0	4.0	8.0	12.0	20.0	4.0
20～50%以上の増加	43	18	3	9	12	5	3	2	2	7	6
	100.0	41.9	7.0	20.9	27.9	11.6	7.0	4.7	4.7	16.3	14.0
5～20%の増加	47	16	7	16	15	9	4	7	7	15	10
	100.0	34.0	14.9	34.0	31.9	19.1	8.5	14.9	14.9	31.9	21.3
－5～5%の間で、あまり変動はない	32	14	4	10	11	5	2	4	4	9	2
	100.0	43.8	12.5	31.3	34.4	15.6	6.3	12.5	12.5	28.1	6.3
減少傾向にある	17	4	2	4	6	2	－	－	2	1	2
	100.0	23.5	11.8	23.5	35.3	11.8	－	－	11.8	5.9	11.8
問1（7）外国籍社員											
いる	75	36	14	25	29	7	2	10	12	22	10
	100.0	48.0	18.7	33.3	38.7	9.3	2.7	13.3	16.0	29.3	13.3
いない	39	7	6	9	11	6	2	3	3	7	3
	100.0	17.9	15.4	23.1	28.2	15.4	5.1	7.7	7.7	17.9	7.7
問7B.今後3年間の現地法人の事業展開意向											
拡大する	59	41	13	21	22	5	2	9	11	18	9
	100.0	69.5	22.0	35.6	37.3	8.5	3.4	15.3	18.6	30.5	15.3
現状維持	34	13	－	8	13	5	3	3	1	7	2
	100.0	38.2	－	23.5	38.2	14.7	8.8	8.8	2.9	20.6	5.9
縮小・撤退する	5	1	－	2	3	1	1	－	－	1	1
	100.0	20.0	－	40.0	60.0	20.0	20.0	－	－	20.0	20.0
問8（1）現地法人の経営方針											
きわめて重要な案件を除けば、基本的には現地法人側がすべてを決定する	35	16	4	9	14	5	2	5	2	7	6
	100.0	45.7	11.4	25.7	40.0	14.3	5.7	14.3	5.7	20.0	17.1
基本的には本社が決定しているが、現地側の裁量の余地が大きい	61	26	8	23	23	8	4	10	9	20	10
	100.0	42.6	13.1	37.7	37.7	13.1	6.6	16.4	14.8	32.8	16.4
基本的には、ほぼすべてを日本本社が決定している	41	18	6	11	16	10	4	3	7	10	6
	100.0	43.9	14.6	26.8	39.0	24.4	9.8	7.3	17.1	24.4	14.6
問8（3）現地法人との意志疎通状況											
うまくいっている	41	16	8	9	17	9	4	6	5	9	9
	100.0	39.0	19.5	22.0	41.5	22.0	9.8	14.6	12.2	22.0	22.0
ほぼうまくいっている	78	39	9	26	28	11	6	10	11	24	9
	100.0	50.0	11.5	33.3	35.9	14.1	7.7	12.8	14.1	30.8	11.5
あまりうまくいっていない	17	6	2	9	9	3	－	2	3	5	3
	100.0	35.3	11.8	52.9	52.9	17.6	－	11.8	17.6	29.4	17.6
うまくいっていない	1	－	－	－	－	－	－	－	－	－	1
	100.0	－	－	－	－	－	－	－	－	－	100.0

日本企業本社のグローバル化対応に関する調査
問11.今後の海外展開について
問11(1)今後、中心的に展開したい国・地域

	調査数	インド	アメリカ	ドイツ	メキシコ	その他の国・地域	無回答
全 体	171 100.0	39 22.8	45 26.3	14 8.2	10 5.8	28 16.4	40 23.4
問1(4)2017年度の売上高							
100億円未満	21 100.0	2 9.5	3 14.3	1 4.8	1 4.8	1 4.8	11 52.4
100～300億円未満	42 100.0	7 16.7	11 26.2	1 2.4	1 2.4	6 14.3	12 28.6
300～1,000億円未満	35 100.0	8 22.9	7 20.0	3 8.6	2 5.7	5 14.3	5 14.3
1,000～3,000億円未満	40 100.0	11 27.5	11 27.5	6 15.0	2 5.0	4 10.0	8 20.0
3,000億円以上	29 100.0	10 34.5	11 37.9	2 6.9	3 10.3	12 41.4	3 10.3
問1(5)2017年度の経常利益							
～0億円	7 100.0	－ －	－ －	－ －	－ －	－ －	4 57.1
1～10億円未満	28 100.0	3 10.7	3 10.7	1 3.6	1 3.6	2 7.1	12 42.9
10～30億円未満	42 100.0	7 16.7	13 31.0	1 2.4	2 4.8	9 21.4	9 21.4
30～100億円未満	37 100.0	11 29.7	9 24.3	6 16.2	2 5.4	1 2.7	7 18.9
100億円以上	50 100.0	17 34.0	17 34.0	5 10.0	4 8.0	16 32.0	5 10.0
問1(6)5年前と比較した現在の売上高							
50%以上の増加	25 100.0	6 24.0	6 24.0	2 8.0	－ －	3 12.0	8 32.0
20～50%以上の増加	43 100.0	10 23.3	12 27.9	3 7.0	1 2.3	5 11.6	9 20.9
5～20%の増加	47 100.0	14 29.8	12 25.5	4 8.5	3 6.4	9 19.1	7 14.9
－5～5%の間で、あまり変動はない	32 100.0	7 21.9	11 34.4	4 12.5	5 15.6	8 25.0	8 25.0
減少傾向にある	17 100.0	－ －	1 5.9	－ －	－ －	1 5.9	7 41.2
問1(7)外国籍社員							
いる	75 100.0	25 33.3	26 34.7	11 14.7	5 6.7	18 24.0	7 9.3
いない	39 100.0	5 12.8	5 12.8	1 2.6	3 7.7	3 7.7	16 41.0
問7B.今後3年間の現地法人の事業展開意向							
拡大する	59 100.0	24 40.7	28 47.5	9 15.3	5 8.5	13 22.0	2 3.4
現状維持	34 100.0	9 26.5	8 23.5	3 8.8	4 11.8	5 14.7	3 8.8
縮小・撤退する	5 100.0	－ －	1 20.0	－ －	－ －	1 20.0	1 20.0
問8(1)現地法人の経営方針							
きわめて重要な案件を除けば、基本的には現地法人側がすべてを決定する	35 100.0	6 17.1	9 25.7	1 2.9	－ －	2 5.7	5 14.3
基本的には本社が決定しているが、現地側の裁量の余地が大きい	61 100.0	23 37.7	21 34.4	9 14.8	5 8.2	15 24.6	4 6.6
基本的には、ほぼすべてを日本本社が決定している	41 100.0	8 19.5	10 24.4	2 4.9	5 12.2	9 22.0	7 17.1
問8(3)現地法人との意志疎通状況							
うまくいっている	41 100.0	7 17.1	7 17.1	1 2.4	2 4.9	8 19.5	5 12.2
ほぼうまくいっている	78 100.0	29 37.2	34 43.6	11 14.1	7 9.0	16 20.5	6 7.7
あまりうまくいっていない	17 100.0	2 11.8	1 5.9	1 5.9	1 5.9	1 5.9	3 17.6
うまくいっていない	1 100.0	－ －	－ －	－ －	－ －	1 100.0	－ －

日本企業本社のグローバル化対応に関する調査
問11.今後の海外展開について
問11(2)事業展開したいと考える経営上の利点

	調査数	低廉な労働力が確保できる	生産体制・雇用の調整が容易	優秀な人材が確保できる	現地市場の市場規模が大きい	今後、さらに現地市場の発展が見込める	顧客のニーズやマーケットの変化などに対応しやすい	部品調達・原材料並びに商品が	現地政府の優遇策を得られる	周辺地域でのビジネスを行なううえで重要な拠点となる	関連企業との連携が容易である
全体	171	17	6	9	91	106	19	16	7	48	12
	100.0	9.9	3.5	5.3	53.2	62.0	11.1	9.4	4.1	28.1	7.0
問1(1)創業開始年											
1981年～	28	4	-	-	14	16	-	1	-	4	2
	100.0	14.3	-	-	50.0	57.1	-	3.6	-	14.3	7.1
1951年～1980年	45	5	1	5	27	28	4	2	2	11	3
	100.0	11.1	2.2	11.1	60.0	62.2	8.9	4.4	4.4	24.4	6.7
1921年～1950年	61	4	4	-	26	37	8	9	5	15	5
	100.0	6.6	6.6	-	42.6	60.7	13.1	14.8	8.2	24.6	8.2
～1920年	36	4	1	4	24	25	7	4	-	18	2
	100.0	11.1	2.8	11.1	66.7	69.4	19.4	11.1	-	50.0	5.6
問1(2)主たる業種											
食料品、繊維品、木材・家具、パルプ・紙	13	2	-	1	7	8	2	3	1	4	2
	100.0	15.4	-	7.7	53.8	61.5	15.4	23.1	7.7	30.8	15.4
化学工業	14	1	-	-	6	11	1	2	1	5	-
	100.0	7.1	-	-	42.9	78.6	7.1	14.3	7.1	35.7	-
鉄鋼業、金属製品	7	-	-	1	5	5	2	2	-	2	2
	100.0	-	-	14.3	71.4	71.4	28.6	28.6	-	28.6	28.6
機器製造(一般、電気、輸送、精密)	27	4	4	3	19	18	5	4	1	12	3
	100.0	14.8	14.8	11.1	70.4	66.7	18.5	14.8	3.7	44.4	11.1
プラスチック製品、ゴム・皮革、窯業・土石、非鉄金属	8	1	-	-	7	3	2	1	1	5	-
	100.0	12.5	-	-	87.5	37.5	25.0	12.5	12.5	62.5	-
その他の製造業	9	-	-	-	6	7	1	2	2	3	1
	100.0	-	-	-	66.7	77.8	11.1	22.2	22.2	33.3	11.1
卸売・小売り	24	2	-	1	12	14	1	-	-	5	1
	100.0	8.3	-	4.2	50.0	58.3	4.2	-	-	20.8	4.2
運輸業	10	2	-	-	6	9	-	-	1	6	-
	100.0	20.0	-	-	60.0	90.0	-	-	10.0	60.0	-
建設業	16	1	1	1	4	9	1	1	-	2	1
	100.0	6.3	6.3	6.3	25.0	56.3	6.3	6.3	-	12.5	6.3
不動産業	3	-	-	-	-	2	-	-	-	-	-
	100.0	-	-	-	-	66.7	-	-	-	-	-
飲食店・宿泊業	3	1	-	-	1	1	-	-	-	-	-
	100.0	33.3	-	-	33.3	33.3	-	-	-	-	-
金融・保険業	7	-	-	-	1	3	-	-	-	-	1
	100.0	-	-	-	14.3	42.9	-	-	-	-	14.3
情報通信業	6	-	-	-	3	2	-	-	-	-	-
	100.0	-	-	-	50.0	33.3	-	-	-	-	-
教育、学習支援業	1	-	-	-	1	1	-	-	-	-	-
	100.0	-	-	-	100.0	100.0	-	-	-	-	-
サービス業	13	2	-	-	7	7	1	-	-	3	1
	100.0	15.4	-	-	53.8	53.8	7.7	-	-	23.1	7.7
その他の非製造業	5	-	-	1	2	3	1	-	-	1	-
	100.0	-	-	20.0	40.0	60.0	20.0	-	-	20.0	-
問1(2)主たる業種											
製造業	78	8	4	5	50	52	13	14	6	31	8
	100.0	10.3	5.1	6.4	64.1	66.7	16.7	17.9	7.7	39.7	10.3
非製造業	88	8	1	3	37	51	4	1	1	17	4
	100.0	9.1	1.1	3.4	42.0	58.0	4.5	1.1	1.1	19.3	4.5
問1(3)日本本社の従業員数											
300人未満	34	-	-	-	16	17	1	3	1	6	1
	100.0	-	-	-	47.1	50.0	2.9	8.8	2.9	17.6	2.9
300～1,000人未満	65	9	1	3	25	37	7	7	4	15	5
	100.0	13.8	1.5	4.6	38.5	56.9	10.8	10.8	6.2	23.1	7.7
1,000～3,000人未満	36	4	4	1	22	28	3	3	-	14	4
	100.0	11.1	11.1	2.8	61.1	77.8	8.3	8.3	-	38.9	11.1
3,000人以上	32	4	1	5	26	22	7	3	2	12	2
	100.0	12.5	3.1	15.6	81.3	68.8	21.9	9.4	6.3	37.5	6.3

日本企業本社のグローバル化対応に関する調査
問11.今後の海外展開について
問11(2)事業展開したいと考える経営上の利点

	調査数	すでに事業のノウハウが蓄積されている	その他	現在、積極的な海外展開は考えていない	無回答
全 体	171 100.0	31 18.1	3 1.8	5 2.9	36 21.1
問1（1）創業開始年					
1981年～	28 100.0	5 17.9	1 3.6	1 3.6	8 28.6
1951年～1980年	45 100.0	6 13.3	2 4.4	2 4.4	7 15.6
1921年～1950年	61 100.0	10 16.4	－ －	1 1.6	16 26.2
～1920年	36 100.0	10 27.8	－ －	－ －	5 13.9
問1（2）主たる業種					
食料品、繊維品、木材・家具、パルプ・紙	13 100.0	4 30.8	－ －	－ －	4 30.8
化学工業	14 100.0	5 35.7	－ －	－ －	2 14.3
鉄鋼業、金属製品	7 100.0	2 28.6	－ －	－ －	1 14.3
機器製造（一般、電気、輸送、精密）	27 100.0	5 18.5	1 3.7	－ －	4 14.8
プラスチック製品、ゴム・皮革、窯業・土石、非鉄金属	8 100.0	1 12.5			－ －
その他の製造業	9 100.0	1 11.1	－ －	－ －	2 22.2
卸売・小売り	24 100.0	3 12.5	－ －	2 8.3	6 25.0
運輸業	10 100.0	3 30.0	－ －	－ －	－ －
建設業	16 100.0	4 25.0	－ －	1 6.3	5 31.3
不動産業	3 100.0	1 33.3	－ －	－ －	1 33.3
飲食店・宿泊業	3 100.0	－ －	－ －	1 33.3	1 33.3
金融・保険業	7 100.0	1 14.3	－ －	－ －	4 57.1
情報通信業	6 100.0	－ －	－ －	－ －	3 50.0
教育、学習支援業	1 100.0	－ －	－ －	－ －	－ －
サービス業	13 100.0	－ －	2 15.4	－ －	3 23.1
その他の非製造業	5 100.0	－ －	－ －	1 20.0	－ －
問1（2）主たる業種					
製造業	78 100.0	18 23.1	1 1.3	－ －	13 16.7
非製造業	88 100.0	12 13.6	2 2.3	5 5.7	23 26.1
問1（3）日本本社の従業員数					
300人未満	34 100.0	5 14.7	－ －	1 2.9	11 32.4
300～1,000人未満	65 100.0	9 13.8	－ －	3 4.6	16 24.6
1,000～3,000人未満	36 100.0	6 16.7	1 2.8	－ －	5 13.9
3,000人以上	32 100.0	11 34.4	1 3.1	1 3.1	3 9.4

日本企業本社のグローバル化対応に関する調査
問11.今後の海外展開について
問11(2)事業展開したいと考える経営上の利点

	調査数	低廉な労働力が確保できる	生産体制・雇用の調整が容易	優秀な人材が確保できる	現地市場の市場規模が大きい	今後、さらに現地市場の発展が見込める	顧客のニーズやマーケットの変化などに対応しやすい	部品・原材料並びに商品が調達しやすい	現地政府の優遇策を得られる	周辺地域でのビジネス拠点を行なううえで重要な拠点となる	関連企業との連携が容易である
全 体	171	17	6	9	91	106	19	16	7	48	12
	100.0	9.9	3.5	5.3	53.2	62.0	11.1	9.4	4.1	28.1	7.0
問1(4)2017年度の売上高											
100億円未満	21	-	-	-	9	7	1	1	1	2	1
	100.0	-	-	-	42.9	33.3	4.8	4.8	4.8	9.5	4.8
100～300億円未満	42	4	1	4	20	21	3	3	2	6	1
	100.0	9.5	2.4	9.5	47.6	50.0	7.1	7.1	4.8	14.3	2.4
300～1,000億円未満	35	7	1	-	19	27	6	4	1	13	2
	100.0	20.0	2.9	-	54.3	77.1	17.1	11.4	2.9	37.1	5.7
1,000～3,000億円未満	40	3	3	1	21	26	1	5	1	13	5
	100.0	7.5	7.5	2.5	52.5	65.0	2.5	12.5	2.5	32.5	12.5
3,000億円以上	29	3	1	4	20	23	7	3	2	13	2
	100.0	10.3	3.4	13.8	69.0	79.3	24.1	10.3	6.9	44.8	6.9
問1(5)2017年度の経常利益											
～0億円	7	1	-	1	3	1	-	-	-	1	-
	100.0	14.3	-	14.3	42.9	14.3	-	-	-	14.3	-
1～10億円未満	28	2	1	3	10	11	3	3	1	2	2
	100.0	7.1	3.6	10.7	35.7	39.3	10.7	10.7	3.6	7.1	7.1
10～30億円未満	42	8	-	-	22	27	3	2	3	13	1
	100.0	19.0	-	-	52.4	64.3	7.1	4.8	7.1	31.0	2.4
30～100億円未満	37	1	2	-	21	26	4	6	-	13	4
	100.0	2.7	5.4	-	56.8	70.3	10.8	16.2	-	35.1	10.8
100億円以上	50	5	3	5	32	39	8	5	3	18	4
	100.0	10.0	6.0	10.0	64.0	78.0	16.0	10.0	6.0	36.0	8.0
問1(6)5年前と比較した現在の売上高											
50%以上の増加	25	4	2	-	12	15	-	-	-	3	2
	100.0	16.0	8.0	-	48.0	60.0	-	-	-	12.0	8.0
20～50%以上の増加	43	6	1	4	25	27	7	4	4	11	2
	100.0	14.0	2.3	9.3	58.1	62.8	16.3	9.3	9.3	25.6	4.7
5～20%の増加	47	2	-	-	24	36	5	3	2	19	4
	100.0	4.3	-	-	51.1	76.6	10.6	6.4	4.3	40.4	8.5
－5～5%の間で、あまり変動はない	32	3	1	4	17	16	4	7	1	11	3
	100.0	9.4	3.1	12.5	53.1	50.0	12.5	21.9	3.1	34.4	9.4
減少傾向にある	17	2	1	1	9	7	1	1	-	3	-
	100.0	11.8	5.9	5.9	52.9	41.2	5.9	5.9	-	17.6	-
問1(7)外国籍社員											
いる	75	7	3	4	48	54	11	8	4	28	6
	100.0	9.3	4.0	5.3	64.0	72.0	14.7	10.7	5.3	37.3	8.0
いない	39	2	-	1	14	19	3	3	1	8	3
	100.0	5.1	-	2.6	35.9	48.7	7.7	7.7	2.6	20.5	7.7
問7B.今後3年間の現地法人の事業展開意向											
拡大する	59	6	3	3	48	50	14	6	6	30	6
	100.0	10.2	5.1	5.1	81.4	84.7	23.7	10.2	10.2	50.8	10.2
現状維持	34	5	1	1	19	24	2	6	-	9	2
	100.0	14.7	2.9	2.9	55.9	70.6	5.9	17.6	-	26.5	5.9
縮小・撤退する	5	2	-	-	2	2	-	1	-	1	-
	100.0	40.0	-	-	40.0	40.0	-	20.0	-	20.0	-
問8(1)現地法人の経営方針											
きわめて重要な案件を除けば、基本的には現地法人側がすべてを決定する	35	3	-	1	21	26	3	3	1	9	3
	100.0	8.6	-	2.9	60.0	74.3	8.6	8.6	2.9	25.7	8.6
基本的には本社が決定しているが、現地側の裁量の余地が大きい	61	8	5	2	42	48	8	10	5	25	7
	100.0	13.1	8.2	3.3	68.9	78.7	13.1	16.4	8.2	41.0	11.5
基本的には、ほぼすべてを日本本社が決定している	41	6	1	5	21	27	7	3	1	12	2
	100.0	14.6	2.4	12.2	51.2	65.9	17.1	7.3	2.4	29.3	4.9
問8(3)現地法人との意志疎通状況											
うまくいっている	41	5	-	2	20	30	5	5	1	11	5
	100.0	12.2	-	4.9	48.8	73.2	12.2	12.2	2.4	26.8	12.2
ほぼうまくいっている	78	9	5	6	56	60	13	10	3	30	6
	100.0	11.5	6.4	7.7	71.8	76.9	16.7	12.8	3.8	38.5	7.7
あまりうまくいっていない	17	3	1	-	10	11	1	1	2	5	1
	100.0	17.6	5.9	-	58.8	64.7	5.9	5.9	11.8	29.4	5.9
うまくいっていない	1	-	-	-	-	1	-	-	1	1	-
	100.0	-	-	-	-	100.0	-	-	100.0	100.0	-

日本企業本社のグローバル化対応に関する調査
問11.今後の海外展開について
問11（2）事業展開したいと考える経営上の利点

	調査数	すでに事業のノウハウが蓄積されている	その他	現在、積極的な海外展開は考えていない	無回答
全 体	171 100.0	31 18.1	3 1.8	5 2.9	36 21.1
問1（4）2017年度の売上高					
100億円未満	21 100.0	1 4.8	－ －	1 4.8	10 47.6
100～300億円未満	42 100.0	6 14.3	－ －	2 4.8	11 26.2
300～1,000億円未満	35 100.0	5 14.3	1 2.9	1 2.9	4 11.4
1,000～3,000億円未満	40 100.0	8 20.0	－ －	1 2.5	8 20.0
3,000億円以上	29 100.0	11 37.9	1 3.4	－ －	2 6.9
問1（5）2017年度の経常利益					
～0億円	7 100.0	1 14.3	－ －	1 14.3	3 42.9
1～10億円未満	28 100.0	1 3.6	－ －	－ －	12 42.9
10～30億円未満	42 100.0	7 16.7	1 2.4	3 7.1	7 16.7
30～100億円未満	37 100.0	5 13.5	－ －	－ －	7 18.9
100億円以上	50 100.0	17 34.0	1 2.0	－ －	5 10.0
問1（6）5年前と比較した現在の売上高					
50%以上の増加	25 100.0	4 16.0	1 4.0	2 8.0	7 28.0
20～50%以上の増加	43 100.0	9 20.9	－ －	－ －	9 20.9
5～20%の増加	47 100.0	7 14.9	1 2.1	－ －	7 14.9
－5～5%の間で、あまり変動はない	32 100.0	9 28.1	－ －	1 3.1	7 21.9
減少傾向にある	17 100.0	1 5.9	－ －	2 11.8	5 29.4
問1（7）外国籍社員					
いる	75 100.0	21 28.0	1 1.3	1 1.3	7 9.3
いない	39 100.0	1 2.6	－ －	3 7.7	13 33.3
問7B．今後3年間の現地法人の事業展開意向					
拡大する	59 100.0	15 25.4	2 3.4	－ －	2 3.4
現状維持	34 100.0	6 17.6	－ －	－ －	4 11.8
縮小・撤退する	5 100.0	1 20.0	－ －	－ －	1 20.0
問8（1）現地法人の経営方針					
きわめて重要な案件を除けば、基本的には現地法人側がすべてを決定する	35 100.0	8 22.9	－ －	－ －	5 14.3
基本的には本社が決定しているが、現地側の裁量の余地が大きい	61 100.0	12 19.7	1 1.6	－ －	4 6.6
基本的には、ほぼすべてを日本本社が決定している	41 100.0	9 22.0	1 2.4	2 4.9	5 12.2
問8（3）現地法人との意志疎通状況					
うまくいっている	41 100.0	11 26.8	1 2.4	－ －	5 12.2
ほぼうまくいっている	78 100.0	17 21.8	1 1.3	1 1.3	5 6.4
あまりうまくいっていない	17 100.0	2 11.8	－ －	－ －	3 17.6
うまくいっていない	1 100.0	－ －	－ －	－ －	－ －

日本企業本社のグローバル化対応に関する調査
【自社の日本国内におけるグローバル化への対応について】
問12.新入社員に必要と思う要素

	調査数	英語の能力	英語以外の語学力	コミュニケーション能	主体性・積極性	協調性・柔軟性	責任感・使命感	チャレンジ精神	体力	異文化に対する理解	日本人としてのアイデンティティー
全 体	171	94	28	141	132	105	116	135	47	74	26
	100.0	55.0	16.4	82.5	77.2	61.4	67.8	78.9	27.5	43.3	15.2

問1（1）創業開始年

	調査数	英語の能力	英語以外の語学力	コミュニケーション能	主体性・積極性	協調性・柔軟性	責任感・使命感	チャレンジ精神	体力	異文化に対する理解	日本人としてのアイデンティティー
1981年～	28	13	2	22	22	16	13	21	4	8	4
	100.0	46.4	7.1	78.6	78.6	57.1	46.4	75.0	14.3	28.6	14.3
1951年～1980年	45	20	6	38	36	26	33	36	14	17	8
	100.0	44.4	13.3	84.4	80.0	57.8	73.3	80.0	31.1	37.8	17.8
1921年～1950年	61	39	11	47	44	37	43	49	15	28	11
	100.0	63.9	18.0	77.0	72.1	60.7	70.5	80.3	24.6	45.9	18.0
～1920年	36	21	8	33	29	25	26	28	13	21	3
	100.0	58.3	22.2	91.7	80.6	69.4	72.2	77.8	36.1	58.3	8.3

問1（2）主たる業種

	調査数	英語の能力	英語以外の語学力	コミュニケーション能	主体性・積極性	協調性・柔軟性	責任感・使命感	チャレンジ精神	体力	異文化に対する理解	日本人としてのアイデンティティー
食料品、繊維品、木材・家具、パルプ・紙	13	7	1	11	8	7	7	11	1	6	2
	100.0	53.8	7.7	84.6	61.5	53.8	53.8	84.6	7.7	46.2	15.4
化学工業	14	9	3	13	13	9	11	13	5	9	1
	100.0	64.3	21.4	92.9	92.9	64.3	78.6	92.9	35.7	64.3	7.1
鉄鋼業、金属製品	7	4	2	5	5	4	6	5	2	3	1
	100.0	57.1	28.6	71.4	71.4	57.1	85.7	71.4	28.6	42.9	14.3
機器製造（一般、電気、輸送、精密）	27	19	6	21	20	16	19	19	5	9	3
	100.0	70.4	22.2	77.8	74.1	59.3	70.4	70.4	18.5	33.3	11.1
プラスチック製品、ゴム・皮革、窯業・土石、非鉄金属	8	6	3	7	5	6	6	6	4	6	2
	100.0	75.0	37.5	87.5	62.5	75.0	75.0	75.0	50.0	75.0	25.0
その他の製造業	9	5	1	8	6	6	8	6	3	4	2
	100.0	55.6	11.1	88.9	66.7	66.7	88.9	66.7	33.3	44.4	22.2
卸売・小売り	24	19	4	18	16	14	13	15	8	11	5
	100.0	79.2	16.7	75.0	66.7	58.3	54.2	62.5	33.3	45.8	20.8
運輸業	10	4	2	7	9	6	6	9	2	6	1
	100.0	40.0	20.0	70.0	90.0	60.0	60.0	90.0	20.0	60.0	10.0
建設業	16	7	－	15	14	11	14	16	6	6	2
	100.0	43.8	－	93.8	87.5	68.8	87.5	100.0	37.5	37.5	12.5
不動産業	3	1	－	2	2	－	1	2	－	1	1
	100.0	33.3	－	66.7	66.7	－	33.3	66.7	－	33.3	33.3
飲食店・宿泊業	3	－	－	2	3	2	1	1	－	－	－
	100.0	－	－	66.7	100.0	66.7	33.3	33.3	－	－	－
金融・保険業	7	1	－	4	7	5	5	6	2	－	－
	100.0	14.3	－	57.1	100.0	71.4	71.4	85.7	28.6	－	－
情報通信業	6	3	2	5	5	4	5	4	2	3	2
	100.0	50.0	33.3	83.3	83.3	66.7	83.3	66.7	33.3	50.0	33.3
教育、学習支援業	1	－	－	1	1	－	－	1	－	－	－
	100.0	－	－	100.0	100.0	－	－	100.0	－	－	－
サービス業	13	5	2	12	11	8	8	12	5	9	3
	100.0	38.5	15.4	92.3	84.6	61.5	61.5	92.3	38.5	69.2	23.1
その他の非製造業	5	3	1	5	3	3	2	5	2	－	1
	100.0	60.0	20.0	100.0	60.0	60.0	40.0	100.0	40.0	－	20.0

問1（2）主たる業種

	調査数	英語の能力	英語以外の語学力	コミュニケーション能	主体性・積極性	協調性・柔軟性	責任感・使命感	チャレンジ精神	体力	異文化に対する理解	日本人としてのアイデンティティー
製造業	78	50	16	65	57	48	57	60	20	37	11
	100.0	64.1	20.5	83.3	73.1	61.5	73.1	76.9	25.6	47.4	14.1
非製造業	88	43	11	71	71	53	55	71	27	36	15
	100.0	48.9	12.5	80.7	80.7	60.2	62.5	80.7	30.7	40.9	17.0

問1（3）日本本社の従業員数

	調査数	英語の能力	英語以外の語学力	コミュニケーション能	主体性・積極性	協調性・柔軟性	責任感・使命感	チャレンジ精神	体力	異文化に対する理解	日本人としてのアイデンティティー
300人未満	34	20	3	26	23	23	19	24	9	11	5
	100.0	58.8	8.8	76.5	67.6	67.6	55.9	70.6	26.5	32.4	14.7
300～1,000人未満	65	30	8	52	49	34	42	50	14	22	6
	100.0	46.2	12.3	80.0	75.4	52.3	64.6	76.9	21.5	33.8	9.2
1,000～3,000人未満	36	26	9	29	30	22	27	30	13	20	9
	100.0	72.2	25.0	80.6	83.3	61.1	75.0	83.3	36.1	55.6	25.0
3,000人以上	32	15	6	30	27	23	26	28	9	18	5
	100.0	46.9	18.8	93.8	84.4	71.9	81.3	87.5	28.1	56.3	15.6

日本企業本社のグローバル化対応に関する調査
【自社の日本国内におけるグローバル化への対応について】
問12.新入社員に必要と思う要素

	調査数	無回答
全 体	171 100.0	3 1.8
問1（1）創業開始年		
1981年～	28 100.0	－ －
1951年～1980年	45 100.0	1 2.2
1921年～1950年	61 100.0	2 3.3
～1920年	36 100.0	－ －
問1（2）主たる業種		
食料品、繊維品、木材・家具、パルプ・紙	13 100.0	－ －
化学工業	14 100.0	－ －
鉄鋼業、金属製品	7 100.0	－ －
機器製造（一般、電気、輸送、精密）	27 100.0	1 3.7
プラスチック製品、ゴム・皮革、窯業・土石、非鉄金属	8 100.0	－ －
その他の製造業	9 100.0	－ －
卸売・小売り	24 100.0	1 4.2
運輸業	10 100.0	1 10.0
建設業	16 100.0	－ －
不動産業	3 100.0	－ －
飲食店・宿泊業	3 100.0	－ －
金融・保険業	7 100.0	－ －
情報通信業	6 100.0	－ －
教育、学習支援業	1 100.0	－ －
サービス業	13 100.0	－ －
その他の非製造業	5 100.0	－ －
問1（2）主たる業種		
製造業	78 100.0	1 1.3
非製造業	88 100.0	2 2.3
問1（3）日本本社の従業員数		
300人未満	34 100.0	－ －
300～1,000人未満	65 100.0	1 1.5
1,000～3,000人未満	36 100.0	1 2.8
3,000人以上	32 100.0	1 3.1

日本企業本社のグローバル化対応に関する調査
【自社の日本国内におけるグローバル化への対応について】
問12.新入社員に必要と思う要素

	調査数	英語の能力	英語以外の語学力	コミュニケーション能力	主体性・積極性	協調性・柔軟性	責任感・使命感	チャレンジ精神	体力	異文化に対する理解	日本人としてのアイデンティティー
全体	171	94	28	141	132	105	116	135	47	74	26
	100.0	55.0	16.4	82.5	77.2	61.4	67.8	78.9	27.5	43.3	15.2
問1（4）2017年度の売上高											
100億円未満	21	11	1	15	13	12	10	14	3	3	2
	100.0	52.4	4.8	71.4	61.9	57.1	47.6	66.7	14.3	14.3	9.5
100～300億円未満	42	25	3	33	29	25	25	26	12	13	5
	100.0	59.5	7.1	78.6	69.0	59.5	59.5	61.9	28.6	31.0	11.9
300～1,000億円未満	35	17	8	30	28	20	25	32	12	18	5
	100.0	48.6	22.9	85.7	80.0	57.1	71.4	91.4	34.3	51.4	14.3
1,000～3,000億円未満	40	20	6	34	34	27	32	34	12	22	7
	100.0	50.0	15.0	85.0	85.0	67.5	80.0	85.0	30.0	55.0	17.5
3,000億円以上	29	19	8	26	25	18	22	25	7	16	6
	100.0	65.5	27.6	89.7	86.2	62.1	75.9	86.2	24.1	55.2	20.7
問1（5）2017年度の経常利益											
～0億円	7	5	1	5	6	5	4	4	1	2	1
	100.0	71.4	14.3	71.4	85.7	71.4	57.1	57.1	14.3	28.6	14.3
1～10億円未満	28	13	3	19	18	16	16	17	9	7	4
	100.0	46.4	10.7	67.9	64.3	57.1	57.1	60.7	32.1	25.0	14.3
10～30億円未満	42	23	5	36	29	26	27	35	9	16	4
	100.0	54.8	11.9	85.7	69.0	61.9	64.3	83.3	21.4	38.1	9.5
30～100億円未満	37	22	8	32	33	21	26	32	11	19	7
	100.0	59.5	21.6	86.5	89.2	56.8	70.3	86.5	29.7	51.4	18.9
100億円以上	50	29	9	45	42	33	40	41	16	28	9
	100.0	58.0	18.0	90.0	84.0	66.0	80.0	82.0	32.0	56.0	18.0
問1（6）5年前と比較した現在の売上高											
50%以上の増加	25	10	2	21	20	16	16	20	3	10	2
	100.0	40.0	8.0	84.0	80.0	64.0	64.0	80.0	12.0	40.0	8.0
20～50%以上の増加	43	24	6	35	32	23	24	31	11	21	2
	100.0	55.8	14.0	81.4	74.4	53.5	55.8	72.1	25.6	48.8	4.7
5～20%の増加	47	28	9	38	38	27	36	37	16	23	9
	100.0	59.6	19.1	80.9	80.9	57.4	76.6	78.7	34.0	48.9	19.1
－5～5%の間で、あまり変動はない	32	19	7	26	20	23	23	28	11	14	8
	100.0	59.4	21.9	81.3	62.5	71.9	71.9	87.5	34.4	43.8	25.0
減少傾向にある	17	9	2	14	16	10	11	12	4	4	4
	100.0	52.9	11.8	82.4	94.1	58.8	64.7	70.6	23.5	23.5	23.5
問1（7）外国籍社員											
いる	75	46	14	66	62	46	56	65	22	41	17
	100.0	61.3	18.7	88.0	82.7	61.3	74.7	86.7	29.3	54.7	22.7
いない	39	22	3	26	27	18	22	25	10	9	3
	100.0	56.4	7.7	66.7	69.2	46.2	56.4	64.1	25.6	23.1	7.7
問7B.今後3年間の現地法人の事業展開意向											
拡大する	59	34	11	51	47	34	41	50	15	37	9
	100.0	57.6	18.6	86.4	79.7	57.6	69.5	84.7	25.4	62.7	15.3
現状維持	34	22	10	30	27	20	23	24	12	18	7
	100.0	64.7	29.4	88.2	79.4	58.8	67.6	70.6	35.3	52.9	20.6
縮小・撤退する	5	2	－	4	3	2	1	4	－	1	－
	100.0	40.0	－	80.0	60.0	40.0	20.0	80.0	－	20.0	－
問8（1）現地法人の経営方針											
きわめて重要な案件を除けば、基本的には現地法人側がすべてを決定する	35	16	5	29	29	13	21	30	6	13	4
	100.0	45.7	14.3	82.9	82.9	37.1	60.0	85.7	17.1	37.1	11.4
基本的には本社が決定しているが、現地側の裁量の余地が大きい	61	38	10	51	51	38	43	51	19	35	12
	100.0	62.3	16.4	83.6	83.6	62.3	70.5	83.6	31.1	57.4	19.7
基本的には、ほぼすべてを日本本社が決定している	41	25	10	37	25	27	28	29	10	16	6
	100.0	61.0	24.4	90.2	61.0	65.9	68.3	70.7	24.4	39.0	14.6
問8（3）現地法人との意志疎通状況											
うまくいっている	41	26	9	36	31	25	28	33	14	18	8
	100.0	63.4	22.0	87.8	75.6	61.0	68.3	80.5	34.1	43.9	19.5
ほぼうまくいっている	78	49	15	66	59	48	54	64	22	38	11
	100.0	62.8	19.2	84.6	75.6	61.5	69.2	82.1	28.2	48.7	14.1
あまりうまくいっていない	17	5	1	16	16	6	11	14	－	9	3
	100.0	29.4	5.9	94.1	94.1	35.3	64.7	82.4	－	52.9	17.6
うまくいっていない	1	－	－	1	1	－	1	1	－	－	－
	100.0	－	－	100.0	100.0	－	100.0	100.0	－	－	－

日本企業本社のグローバル化対応に関する調査
【自社の日本国内におけるグローバル化への対応について】
問12.新入社員に必要と思う要素

	調査数	無回答
全 体	171 100.0	3 1.8
問1（4）2017年度の売上高		
100億円未満	21 100.0	－ －
100〜300億円未満	42 100.0	1 2.4
300〜1,000億円未満	35 100.0	－ －
1,000〜3,000億円未満	40 100.0	1 2.5
3,000億円以上	29 100.0	1 3.4
問1（5）2017年度の経常利益		
〜0億円	7 100.0	－ －
1〜10億円未満	28 100.0	1 3.6
10〜30億円未満	42 100.0	－ －
30〜100億円未満	37 100.0	－ －
100億円以上	50 100.0	1 2.0
問1（6）5年前と比較した現在の売上高		
50%以上の増加	25 100.0	1 4.0
20〜50%以上の増加	43 100.0	－ －
5〜20%の増加	47 100.0	2 4.3
－5〜5%の間で、あまり変動はない	32 100.0	－ －
減少傾向にある	17 100.0	－ －
問1（7）外国籍社員		
いる	75 100.0	1 1.3
いない	39 100.0	1 2.6
問7B. 今後3年間の現地法人の事業展開意向		
拡大する	59 100.0	－ －
現状維持	34 100.0	1 2.9
縮小・撤退する	5 100.0	－ －
問8（1）現地法人の経営方針		
きわめて重要な案件を除けば、基本的には現地法人側がすべてを決定する	35 100.0	1 2.9
基本的には本社が決定しているが、現地側の裁量の余地が大きい	61 100.0	－ －
基本的には、ほぼすべてを日本本社が決定している	41 100.0	1 2.4
問8（3）現地法人との意志疎通状況		
うまくいっている	41 100.0	－ －
ほぼうまくいっている	78 100.0	1 1.3
あまりうまくいっていない	17 100.0	－ －
うまくいっていない	1 100.0	

日本企業本社のグローバル化対応に関する調査
【自社の日本国内におけるグローバル化への対応について】
問13(1)現在、感じているグローバル化の必要性

	調査数	(1) 全く必要性はない	(2) 全く必要性はない	↑(3)	↑(4)	(5) ある程度必要である	↓(6)	↓(7)	(8) 強く必要性を感じる	(9) 強く必要性を感じる	無回答
全 体	171	3	4	6	6	29	17	38	35	31	2
	100.0	1.8	2.3	3.5	3.5	17.0	9.9	22.2	20.5	18.1	1.2
問1(1)創業開始年											
1981年～	28	1	-	3	-	3	2	9	5	5	-
	100.0	3.6	-	10.7	-	10.7	7.1	32.1	17.9	17.9	-
1951年～1980年	45	1	-	2	3	11	4	10	9	5	-
	100.0	2.2	-	4.4	6.7	24.4	8.9	22.2	20.0	11.1	-
1921年～1950年	61	1	2	1	2	9	6	11	16	11	2
	100.0	1.6	3.3	1.6	3.3	14.8	9.8	18.0	26.2	18.0	3.3
～1920年	36	-	2	-	1	6	5	8	5	9	-
	100.0	-	5.6	-	2.8	16.7	13.9	22.2	13.9	25.0	-
問1(2)主たる業種											
食料品、繊維品、木材・家具、パルプ・紙	13	-	-	-	2	2	1	1	2	5	
	100.0	-	-	-	15.4	15.4	7.7	7.7	15.4	38.5	
化学工業	14	-	-	-	-	2	-	3	5	3	1
	100.0	-	-	-	-	14.3	-	21.4	35.7	21.4	7.1
鉄鋼業、金属製品	7	-	1	-	-	2	1	-	3	-	
	100.0	-	14.3	-	-	28.6	14.3	-	42.9	-	
機器製造(一般、電気、輸送、精密)	27	-	1	-	1	1	-	10	6	8	
	100.0	-	3.7	-	3.7	3.7	-	37.0	22.2	29.6	
プラスチック製品、ゴム・皮革、窯業・土石、非鉄金属	8	-	-	-	-	2	1	2	1	2	
	100.0	-	-	-	-	25.0	12.5	25.0	12.5	25.0	
その他の製造業	9	-	-	-	-	2	1	3	2	1	
	100.0	-	-	-	-	22.2	11.1	33.3	22.2	11.1	
卸売・小売り	24	-	1	3	1	4	3	5	2	5	
	100.0	-	4.2	12.5	4.2	16.7	12.5	20.8	8.3	20.8	
運輸業	10	-	-	-	-	-	2	1	4	2	1
	100.0	-	-	-	-	-	20.0	10.0	40.0	20.0	10.0
建設業	16	1	-	-	1	4	2	4	4	-	
	100.0	6.3	-	-	6.3	25.0	12.5	25.0	25.0	-	
不動産業	3	1	-	-	-	-	-	1	-	1	
	100.0	33.3	-	-	-	-	-	33.3	-	33.3	
飲食店・宿泊業	3	-	-	1	-	1	-	1	-	-	
	100.0	-	-	33.3	-	33.3	-	33.3	-	-	
金融・保険業	7	1	-	-	1	-	3	1	1	-	
	100.0	14.3	-	-	14.3	-	42.9	14.3	14.3	-	
情報通信業	6	-	-	-	-	3	-	1	2	-	
	100.0	-	-	-	-	50.0	-	16.7	33.3	-	
教育、学習支援業	1	-	-	-	-	-	1	-	-	-	
	100.0	-	-	-	-	-	100.0	-	-	-	
サービス業	13	-	-	1	-	3	2	3	2	2	
	100.0	-	-	7.7	-	23.1	15.4	23.1	15.4	15.4	
その他の非製造業	5	-	-	1	-	1	-	2	-	1	
	100.0	-	-	20.0	-	20.0	-	40.0	-	20.0	
問1(2)主たる業種											
製造業	78	-	2	-	3	11	4	19	19	19	1
	100.0	-	2.6	-	3.8	14.1	5.1	24.4	24.4	24.4	1.3
非製造業	88	3	1	6	3	16	13	19	15	11	1
	100.0	3.4	1.1	6.8	3.4	18.2	14.8	21.6	17.0	12.5	1.1
問1(3)日本本社の従業員数											
300人未満	34	1	2	3	-	9	3	7	4	5	
	100.0	2.9	5.9	8.8	-	26.5	8.8	20.6	11.8	14.7	
300～1,000人未満	65	2	2	2	3	12	7	15	12	10	
	100.0	3.1	3.1	3.1	4.6	18.5	10.8	23.1	18.5	15.4	
1,000～3,000人未満	36	-	-	-	1	4	5	8	11	5	2
	100.0	-	-	-	2.8	11.1	13.9	22.2	30.6	13.9	5.6
3,000人以上	32	-	-	1	2	4	2	7	7	9	
	100.0	-	-	3.1	6.3	12.5	6.3	21.9	21.9	28.1	

日本企業本社のグローバル化対応に関する調査
【自社の日本国内におけるグローバル化への対応について】
問13(1)現在、感じているグローバル化の必要性

	調査数	全く必要性はない(1)	全く必要性はない(2)	↑(3)	↑(4)	ある程度必要である(5)	↓(6)	↓(7)	強く必要性を感じる(8)	強く必要性を感じる(9)	無回答
全 体	171	3	4	6	6	29	17	38	35	31	2
	100.0	1.8	2.3	3.5	3.5	17.0	9.9	22.2	20.5	18.1	1.2
問1（4）2017年度の売上高											
100億円未満	21	–	2	2	–	8	1	3	4	1	–
	100.0	–	9.5	9.5	–	38.1	4.8	14.3	19.0	4.8	–
100～300億円未満	42	1	1	3	1	5	5	14	7	5	–
	100.0	2.4	2.4	7.1	2.4	11.9	11.9	33.3	16.7	11.9	–
300～1,000億円未満	35	1	1	–	2	7	4	9	8	3	–
	100.0	2.9	2.9	–	5.7	20.0	11.4	25.7	22.9	8.6	–
1,000～3,000億円未満	40	–	–	–	2	7	6	7	7	10	1
	100.0	–	–	–	5.0	17.5	15.0	17.5	17.5	25.0	2.5
3,000億円以上	29	–	–	1	1	2	1	4	8	11	1
	100.0	–	–	3.4	3.4	6.9	3.4	13.8	27.6	37.9	3.4
問1（5）2017年度の経常利益											
～0億円	7	–	–	–	–	2	2	2	1	–	–
	100.0	–	–	–	–	28.6	28.6	28.6	14.3	–	–
1～10億円未満	28	1	2	1	–	8	2	10	3	1	–
	100.0	3.6	7.1	3.6	–	28.6	7.1	35.7	10.7	3.6	–
10～30億円未満	42	1	–	4	2	5	5	8	10	7	–
	100.0	2.4	–	9.5	4.8	11.9	11.9	19.0	23.8	16.7	–
30～100億円未満	37	–	1	–	1	9	4	10	9	3	–
	100.0	–	2.7	–	2.7	24.3	10.8	27.0	24.3	8.1	–
100億円以上	50	–	–	1	3	3	4	7	11	19	2
	100.0	–	–	2.0	6.0	6.0	8.0	14.0	22.0	38.0	4.0
問1（6）5 年前と比較した現在の売上高											
50%以上の増加	25	1	–	2	1	2	3	7	5	4	–
	100.0	4.0	–	8.0	4.0	8.0	12.0	28.0	20.0	16.0	–
20～50%以上の増加	43	–	–	1	3	8	3	11	9	8	–
	100.0	–	–	2.3	7.0	18.6	7.0	25.6	20.9	18.6	–
5～20%の増加	47	–	2	–	1	8	3	8	12	11	2
	100.0	–	4.3	–	2.1	17.0	6.4	17.0	25.5	23.4	4.3
－5～5%の間で、あまり変動はない	32	–	1	3	–	6	5	6	6	5	–
	100.0	–	3.1	9.4	–	18.8	15.6	18.8	18.8	15.6	–
減少傾向にある	17	2	1	–	–	4	2	5	2	1	–
	100.0	11.8	5.9	–	–	23.5	11.8	29.4	11.8	5.9	–
問1（7）外国籍社員											
いる	75	–	–	3	2	7	7	18	20	17	1
	100.0	–	–	4.0	2.7	9.3	9.3	24.0	26.7	22.7	1.3
いない	39	3	3	3	2	10	5	7	5	1	–
	100.0	7.7	7.7	7.7	5.1	25.6	12.8	17.9	12.8	2.6	–
問7B. 今後3 年間の現地法人の事業展開意向											
拡大する	59	–	–	–	1	9	3	13	13	20	–
	100.0	–	–	–	1.7	15.3	5.1	22.0	22.0	33.9	–
現状維持	34	–	1	–	–	4	4	8	12	4	1
	100.0	–	2.9	–	–	11.8	11.8	23.5	35.3	11.8	2.9
縮小・撤退する	5	–	1	–	–	1	–	3	–	–	–
	100.0	–	20.0	–	–	20.0	–	60.0	–	–	–
問8（1）現地法人の経営方針											
きわめて重要な案件を除けば、基本的には現地法人側がすべてを決定する	35	–	–	–	1	3	8	7	7	8	1
	100.0	–	–	–	2.9	8.6	22.9	20.0	20.0	22.9	2.9
基本的には本社が決定しているが、現地側の裁量の余地が大きい	61	–	–	–	1	10	5	16	14	15	–
	100.0	–	–	–	1.6	16.4	8.2	26.2	23.0	24.6	–
基本的には、ほぼすべてを日本本社が決定している	41	–	2	2	2	8	1	10	11	5	–
	100.0	–	4.9	4.9	4.9	19.5	2.4	24.4	26.8	12.2	–
問8（3）現地法人との意志疎通状況											
うまくいっている	41	–	1	1	2	4	8	11	4	10	–
	100.0	–	2.4	2.4	4.9	9.8	19.5	26.8	9.8	24.4	–
ほぼうまくいっている	78	–	–	1	2	12	4	18	23	17	1
	100.0	–	–	1.3	2.6	15.4	5.1	23.1	29.5	21.8	1.3
あまりうまくいっていない	17	–	1	–	–	3	2	5	5	1	–
	100.0	–	5.9	–	–	17.6	11.8	29.4	29.4	5.9	–
うまくいっていない	1	–	–	–	–	–	–	–	–	1	–
	100.0	–	–	–	–	–	–	–	–	100.0	–

日本企業本社のグローバル化対応に関する調査
問13(2)今後のグローバル化の対応について
1.外国人の人材を多く採用する必要がある

	調査数	そう思う	ややそう思う	どちらともいえない	あまりそう思わない	そう思わない	無回答
全体	171	18	64	54	22	9	4
	100.0	10.5	37.4	31.6	12.9	5.3	2.3
問1(1)創業開始年							
1981年～	28	3	9	11	4	1	－
	100.0	10.7	32.1	39.3	14.3	3.6	－
1951年～1980年	45	5	16	14	6	4	－
	100.0	11.1	35.6	31.1	13.3	8.9	－
1921年～1950年	61	7	24	17	8	3	2
	100.0	11.5	39.3	27.9	13.1	4.9	3.3
～1920年	36	3	15	11	4	1	2
	100.0	8.3	41.7	30.6	11.1	2.8	5.6
問1(2)主たる業種							
食料品、繊維品、木材・家具、パルプ・紙	13	2	3	5	3	－	－
	100.0	15.4	23.1	38.5	23.1	－	－
化学工業	14	2	7	4	－	－	1
	100.0	14.3	50.0	28.6	－	－	7.1
鉄鋼業、金属製品	7	－	4	2	1	－	－
	100.0	－	57.1	28.6	14.3	－	－
機器製造(一般、電気、輸送、精密)	27	3	10	8	5	1	－
	100.0	11.1	37.0	29.6	18.5	3.7	－
プラスチック製品、ゴム・皮革、窯業・土石、非鉄金属	8	－	4	3	1	－	－
	100.0	－	50.0	37.5	12.5	－	－
その他の製造業	9	－	3	3	2	1	－
	100.0	－	33.3	33.3	22.2	11.1	－
卸売・小売り	24	2	10	8	2	2	－
	100.0	8.3	41.7	33.3	8.3	8.3	－
運輸業	10	2	3	3	1	－	1
	100.0	20.0	30.0	30.0	10.0	－	10.0
建設業	16	2	5	5	2	2	－
	100.0	12.5	31.3	31.3	12.5	12.5	－
不動産業	3	－	1	1	－	1	－
	100.0	－	33.3	33.3	－	33.3	－
飲食店・宿泊業	3	－	1	2	－	－	－
	100.0	－	33.3	66.7	－	－	－
金融・保険業	7	－	4	－	2	1	－
	100.0	－	57.1	－	28.6	14.3	－
情報通信業	6	－	4	2	－	－	－
	100.0	－	66.7	33.3	－	－	－
教育、学習支援業	1	－	－	－	1	－	－
	100.0	－	－	－	100.0	－	－
サービス業	13	5	3	5	－	－	－
	100.0	38.5	23.1	38.5	－	－	－
その他の非製造業	5	－	1	2	1	1	－
	100.0	－	20.0	40.0	20.0	20.0	－
問1(2)主たる業種							
製造業	78	7	31	25	12	2	1
	100.0	9.0	39.7	32.1	15.4	2.6	1.3
非製造業	88	11	32	28	9	7	1
	100.0	12.5	36.4	31.8	10.2	8.0	1.1
問1(3)日本本社の従業員数							
300人未満	34	－	12	14	5	3	－
	100.0	－	35.3	41.2	14.7	8.8	－
300～1,000人未満	65	5	26	18	11	5	－
	100.0	7.7	40.0	27.7	16.9	7.7	－
1,000～3,000人未満	36	7	14	9	4	－	2
	100.0	19.4	38.9	25.0	11.1	－	5.6
3,000人以上	32	5	10	12	2	1	2
	100.0	15.6	31.3	37.5	6.3	3.1	6.3

日本企業本社のグローバル化対応に関する調査
問13(2)今後のグローバル化の対応について
1.外国人の人材を多く採用する必要がある

	調査数	そう思う	ややそう思う	どちらともいえない	あまりそう思わない	そう思わない	無回答
全 体	171 100.0	18 10.5	64 37.4	54 31.6	22 12.9	9 5.3	4 2.3
問1(4)2017年度の売上高							
100億円未満	21 100.0	1 4.8	7 33.3	8 38.1	4 19.0	1 4.8	− −
100〜300億円未満	42 100.0	3 7.1	16 38.1	14 33.3	6 14.3	3 7.1	− −
300〜1,000億円未満	35 100.0	4 11.4	16 45.7	9 25.7	3 8.6	3 8.6	− −
1,000〜3,000億円未満	40 100.0	4 10.0	15 37.5	12 30.0	8 20.0	− −	1 2.5
3,000億円以上	29 100.0	5 17.2	9 31.0	10 34.5	1 3.4	1 3.4	3 10.3
問1(5)2017年度の経常利益							
〜0億円	7 100.0	− −	5 71.4	2 28.6	− −	− −	− −
1〜10億円未満	28 100.0	2 7.1	11 39.3	9 32.1	3 10.7	3 10.7	− −
10〜30億円未満	42 100.0	5 11.9	16 38.1	11 26.2	7 16.7	3 7.1	− −
30〜100億円未満	37 100.0	3 8.1	11 29.7	15 40.5	7 18.9	1 2.7	− −
100億円以上	50 100.0	7 14.0	20 40.0	14 28.0	4 8.0	1 2.0	4 8.0
問1(6)5年前と比較した現在の売上高							
50%以上の増加	25 100.0	1 4.0	10 40.0	9 36.0	4 16.0	1 4.0	− −
20〜50%以上の増加	43 100.0	6 14.0	14 32.6	14 32.6	6 14.0	1 2.3	2 4.7
5〜20%の増加	47 100.0	4 8.5	18 38.3	14 29.8	7 14.9	2 4.3	2 4.3
−5〜5%の間で、あまり変動はない	32 100.0	4 12.5	12 37.5	10 31.3	4 12.5	2 6.3	− −
減少傾向にある	17 100.0	1 5.9	8 47.1	5 29.4	− −	3 17.6	− −
問1(7)外国籍社員							
いる	75 100.0	9 12.0	30 40.0	25 33.3	5 6.7	4 5.3	2 2.7
いない	39 100.0	2 5.1	12 30.8	11 28.2	10 25.6	4 10.3	− −
問7B. 今後3年間の現地法人の事業展開意向							
拡大する	59 100.0	8 13.6	22 37.3	24 40.7	5 8.5	− −	− −
現状維持	34 100.0	1 2.9	17 50.0	9 26.5	5 14.7	1 2.9	1 2.9
縮小・撤退する	5 100.0	2 40.0	1 20.0	1 20.0	− −	1 20.0	− −
問8(1)現地法人の経営方針							
きわめて重要な案件を除けば、基本的には現地法人側がすべてを決定する	35 100.0	4 11.4	14 40.0	10 28.6	5 14.3	1 2.9	1 2.9
基本的には本社が決定しているが、現地側の裁量の余地が大きい	61 100.0	7 11.5	23 37.7	23 37.7	8 13.1	− −	− −
基本的には、ほぼすべてを日本本社が決定している	41 100.0	5 12.2	16 39.0	13 31.7	3 7.3	3 7.3	1 2.4
問8(3)現地法人との意志疎通状況							
うまくいっている	41 100.0	4 9.8	16 39.0	11 26.8	7 17.1	2 4.9	1 2.4
ほぼうまくいっている	78 100.0	9 11.5	30 38.5	28 35.9	8 10.3	1 1.3	2 2.6
あまりうまくいっていない	17 100.0	2 11.8	7 41.2	6 35.3	1 5.9	1 5.9	− −
うまくいっていない	1 100.0	1 100.0	− −	− −	− −	− −	− −

日本企業本社のグローバル化対応に関する調査
問13(2)今後のグローバル化の対応について
2.管理職に外国人を多く登用する必要がある

	調査数	そう思う	ややそう思う	どちらともいえない	あまりそう思わない	そう思わない	無回答
全 体	171 100.0	13 7.6	31 18.1	83 48.5	28 16.4	12 7.0	4 2.3
問1(1)創業開始年							
1981年～	28 100.0	1 3.6	5 17.9	16 57.1	5 17.9	1 3.6	－ －
1951年～1980年	45 100.0	4 8.9	4 8.9	23 51.1	9 20.0	5 11.1	－ －
1921年～1950年	61 100.0	3 4.9	16 26.2	28 45.9	8 13.1	4 6.6	2 3.3
～1920年	36 100.0	5 13.9	6 16.7	15 41.7	6 16.7	2 5.6	2 5.6
問1(2)主たる業種							
食料品、繊維品、木材・家具、パルプ・紙	13 100.0	3 23.1	1 7.7	6 46.2	2 15.4	1 7.7	－ －
化学工業	14 100.0	2 14.3	4 28.6	7 50.0	－ －	－ －	1 7.1
鉄鋼業、金属製品	7 100.0	－ －	2 28.6	3 42.9	2 28.6	－ －	－ －
機器製造(一般、電気、輸送、精密)	27 100.0	4 14.8	5 18.5	10 37.0	7 25.9	1 3.7	－ －
プラスチック製品、ゴム・皮革、窯業・土石、非鉄金属	8 100.0	－ －	2 25.0	5 62.5	－ －	1 12.5	－ －
その他の製造業	9 100.0	－ －	1 11.1	5 55.6	2 22.2	1 11.1	－ －
卸売・小売り	24 100.0	1 4.2	4 16.7	11 45.8	6 25.0	2 8.3	－ －
運輸業	10 100.0	1 10.0	4 40.0	3 30.0	1 10.0	－ －	1 10.0
建設業	16 100.0	－ －	2 12.5	10 62.5	2 12.5	2 12.5	－ －
不動産業	3 100.0	－ －	1 33.3	1 33.3	－ －	1 33.3	－ －
飲食店・宿泊業	3 100.0	－ －	－ －	3 100.0	－ －	－ －	－ －
金融・保険業	7 100.0	－ －	3 42.9	1 14.3	2 28.6	1 14.3	－ －
情報通信業	6 100.0	－ －	1 16.7	4 66.7	1 16.7	－ －	－ －
教育、学習支援業	1 100.0	－ －	－ －	－ －	1 100.0	－ －	－ －
サービス業	13 100.0	2 15.4	－ －	10 76.9	－ －	1 7.7	－ －
その他の非製造業	5 100.0	－ －	－ －	3 60.0	1 20.0	1 20.0	－ －
問1(2)主たる業種							
製造業	78 100.0	9 11.5	15 19.2	36 46.2	13 16.7	4 5.1	1 1.3
非製造業	88 100.0	4 4.5	15 17.0	46 52.3	14 15.9	8 9.1	1 1.1
問1(3)日本本社の従業員数							
300人未満	34 100.0	－ －	4 11.8	18 52.9	9 26.5	3 8.8	－ －
300～1,000人未満	65 100.0	3 4.6	11 16.9	31 47.7	13 20.0	7 10.8	－ －
1,000～3,000人未満	36 100.0	5 13.9	10 27.8	14 38.9	4 11.1	1 2.8	2 5.6
3,000人以上	32 100.0	3 9.4	5 15.6	19 59.4	2 6.3	1 3.1	2 6.3

日本企業本社のグローバル化対応に関する調査
問13(2)今後のグローバル化の対応について
2.管理職に外国人を多く登用する必要がある

	調査数	そう思う	ややそう思う	どちらともいえない	あまりそう思わない	そう思わない	無回答
全 体	171 100.0	13 7.6	31 18.1	83 48.5	28 16.4	12 7.0	4 2.3
問1（4）2017年度の売上高							
100億円未満	21 100.0	－ －	3 14.3	10 47.6	6 28.6	2 9.5	－ －
100～300億円未満	42 100.0	2 4.8	4 9.5	22 52.4	11 26.2	3 7.1	－ －
300～1,000億円未満	35 100.0	2 5.7	8 22.9	18 51.4	3 8.6	4 11.4	－ －
1,000～3,000億円未満	40 100.0	4 10.0	9 22.5	17 42.5	8 20.0	1 2.5	1 2.5
3,000億円以上	29 100.0	4 13.8	6 20.7	15 51.7	－ －	1 3.4	3 10.3
問1（5）2017年度の経常利益							
～0億円	7 100.0	－ －	4 57.1	2 28.6	－ －	1 14.3	－ －
1～10億円未満	28 100.0	1 3.6	3 10.7	15 53.6	6 21.4	3 10.7	－ －
10～30億円未満	42 100.0	3 7.1	3 7.1	22 52.4	10 23.8	4 9.5	－ －
30～100億円未満	37 100.0	1 2.7	9 24.3	18 48.6	8 21.6	1 2.7	－ －
100億円以上	50 100.0	7 14.0	11 22.0	23 46.0	3 6.0	2 4.0	4 8.0
問1（6）5年前と比較した現在の売上高							
50%以上の増加	25 100.0	1 4.0	4 16.0	14 56.0	5 20.0	1 4.0	－ －
20～50%以上の増加	43 100.0	6 14.0	7 16.3	19 44.2	6 14.0	3 7.0	2 4.7
5～20%の増加	47 100.0	3 6.4	8 17.0	24 51.1	8 17.0	2 4.3	2 4.3
－5～5%の間で、あまり変動はない	32 100.0	2 6.3	4 12.5	17 53.1	7 21.9	2 6.3	－ －
減少傾向にある	17 100.0	－ －	6 35.3	6 35.3	1 5.9	4 23.5	－ －
問1（7）外国籍社員							
いる	75 100.0	5 6.7	13 17.3	42 56.0	9 12.0	4 5.3	2 2.7
いない	39 100.0	1 2.6	5 12.8	15 38.5	11 28.2	7 17.9	－ －
問7B. 今後3年間の現地法人の事業展開意向							
拡大する	59 100.0	8 13.6	12 20.3	32 54.2	6 10.2	1 1.7	－ －
現状維持	34 100.0	2 5.9	5 14.7	18 52.9	7 20.6	1 2.9	1 2.9
縮小・撤退する	5 100.0	2 40.0	1 20.0	1 20.0	－ －	1 20.0	－ －
問8（1）現地法人の経営方針							
きわめて重要な案件を除けば、基本的には現地法人側がすべてを決定する	35 100.0	3 8.6	6 17.1	17 48.6	7 20.0	1 2.9	1 2.9
基本的には本社が決定しているが、現地側の裁量の余地が大きい	61 100.0	5 8.2	13 21.3	33 54.1	9 14.8	1 1.6	－ －
基本的には、ほぼすべてを日本本社が決定している	41 100.0	4 9.8	5 12.2	23 56.1	5 12.2	3 7.3	1 2.4
問8（3）現地法人との意志疎通状況							
うまくいっている	41 100.0	3 7.3	6 14.6	20 48.8	8 19.5	3 7.3	1 2.4
ほぼうまくいっている	78 100.0	8 10.3	14 17.9	40 51.3	13 16.7	1 1.3	2 2.6
あまりうまくいっていない	17 100.0	1 5.9	3 17.6	12 70.6	－ －	1 5.9	－ －
うまくいっていない	1 100.0	－ －	1 100.0	－ －	－ －	－ －	－ －

日本企業本社のグローバル化対応に関する調査
問13（2）今後のグローバル化の対応について
3.外国人は日本人と異なる存在として扱う必要がある

	調査数	そう思う	ややそう思う	どちらともいえない	あまりそう思わない	そう思わない	無回答
全体	171	9	28	53	52	25	4
	100.0	5.3	16.4	31.0	30.4	14.6	2.3
問1（1）創業開始年							
1981年～	28	1	3	8	9	6	1
	100.0	3.6	10.7	28.6	32.1	21.4	3.6
1951年～1980年	45	3	5	16	13	8	－
	100.0	6.7	11.1	35.6	28.9	17.8	－
1921年～1950年	61	3	14	18	17	7	2
	100.0	4.9	23.0	29.5	27.9	11.5	3.3
～1920年	36	2	6	10	13	4	1
	100.0	5.6	16.7	27.8	36.1	11.1	2.8
問1（2）主たる業種							
食料品、繊維品、木材・家具、パルプ・紙	13	1	1	3	3	5	－
	100.0	7.7	7.7	23.1	23.1	38.5	－
化学工業	14	－	4	3	6	－	1
	100.0	－	28.6	21.4	42.9	－	7.1
鉄鋼業、金属製品	7	－	1	3	3	－	－
	100.0	－	14.3	42.9	42.9	－	－
機器製造（一般、電気、輸送、精密）	27	2	3	12	5	5	－
	100.0	7.4	11.1	44.4	18.5	18.5	－
プラスチック製品、ゴム・皮革、窯業・土石、非鉄金属	8	1	－	3	2	2	－
	100.0	12.5	－	37.5	25.0	25.0	－
その他の製造業	9	2	2	3	2	－	－
	100.0	22.2	22.2	33.3	22.2	－	－
卸売・小売り	24	－	4	6	9	5	－
	100.0	－	16.7	25.0	37.5	20.8	－
運輸業	10	－	3	1	3	2	1
	100.0	－	30.0	10.0	30.0	20.0	10.0
建設業	16	－	5	4	5	2	－
	100.0	－	31.3	25.0	31.3	12.5	－
不動産業	3	－	1	1	－	1	－
	100.0	－	33.3	33.3	－	33.3	－
飲食店・宿泊業	3	－	－	2	1	－	－
	100.0	－	－	66.7	33.3	－	－
金融・保険業	7	－	3	1	3	－	－
	100.0	－	42.9	14.3	42.9	－	－
情報通信業	6	－	－	2	4	－	－
	100.0	－	－	33.3	66.7	－	－
教育、学習支援業	1	1	－	－	－	－	－
	100.0	100.0	－	－	－	－	－
サービス業	13	1	－	5	4	2	1
	100.0	7.7	－	38.5	30.8	15.4	7.7
その他の非製造業	5	1	－	3	1	－	－
	100.0	20.0	－	60.0	20.0	－	－
問1（2）主たる業種							
製造業	78	6	11	27	21	12	1
	100.0	7.7	14.1	34.6	26.9	15.4	1.3
非製造業	88	3	16	25	30	12	2
	100.0	3.4	18.2	28.4	34.1	13.6	2.3
問1（3）日本本社の従業員数							
300人未満	34	1	5	7	17	4	－
	100.0	2.9	14.7	20.6	50.0	11.8	－
300～1,000人未満	65	4	13	20	19	8	1
	100.0	6.2	20.0	30.8	29.2	12.3	1.5
1,000～3,000人未満	36	1	8	10	9	6	2
	100.0	2.8	22.2	27.8	25.0	16.7	5.6
3,000人以上	32	2	2	13	7	7	1
	100.0	6.3	6.3	40.6	21.9	21.9	3.1

日本企業本社のグローバル化対応に関する調査
問13(2)今後のグローバル化の対応について
3.外国人は日本人と異なる存在として扱う必要がある

	調査数	そう思う	ややそう思う	どちらともいえない	あまりそう思わない	そう思わない	無回答
全 体	171 100.0	9 5.3	28 16.4	53 31.0	52 30.4	25 14.6	4 2.3
問1（4）2017年度の売上高							
100億円未満	21 100.0	2 9.5	3 14.3	7 33.3	7 33.3	2 9.5	－ －
100～300億円未満	42 100.0	2 4.8	6 14.3	15 35.7	14 33.3	4 9.5	1 2.4
300～1,000億円未満	35 100.0	1 2.9	7 20.0	10 28.6	11 31.4	6 17.1	－ －
1,000～3,000億円未満	40 100.0	3 7.5	9 22.5	10 25.0	11 27.5	6 15.0	1 2.5
3,000億円以上	29 100.0	1 3.4	3 10.3	8 27.6	8 27.6	7 24.1	2 6.9
問1（5）2017年度の経常利益							
～0億円	7 100.0	－ －	2 28.6	4 57.1	1 14.3	－ －	－ －
1～10億円未満	28 100.0	3 10.7	4 14.3	11 39.3	9 32.1	1 3.6	－ －
10～30億円未満	42 100.0	2 4.8	6 14.3	10 23.8	15 35.7	8 19.0	1 2.4
30～100億円未満	37 100.0	1 2.7	7 18.9	8 21.6	14 37.8	7 18.9	－ －
100億円以上	50 100.0	3 6.0	9 18.0	15 30.0	11 22.0	9 18.0	3 6.0
問1（6）5 年前と比較した現在の売上高							
50%以上の増加	25 100.0	－ －	1 4.0	7 28.0	12 48.0	5 20.0	－ －
20～50%以上の増加	43 100.0	2 4.7	7 16.3	13 30.2	14 32.6	6 14.0	1 2.3
5～20%の増加	47 100.0	4 8.5	9 19.1	11 23.4	10 21.3	11 23.4	2 4.3
－5～5%の間で、あまり変動はない	32 100.0	3 9.4	6 18.8	10 31.3	10 31.3	2 6.3	1 3.1
減少傾向にある	17 100.0	－ －	4 23.5	9 52.9	3 17.6	1 5.9	－ －
問1（7）外国籍社員							
いる	75 100.0	5 6.7	10 13.3	19 25.3	26 34.7	13 17.3	2 2.7
いない	39 100.0	3 7.7	10 25.6	11 28.2	12 30.8	3 7.7	－ －
問7B. 今後3 年間の現地法人の事業展開意向							
拡大する	59 100.0	2 3.4	7 11.9	17 28.8	18 30.5	15 25.4	－ －
現状維持	34 100.0	2 5.9	7 20.6	10 29.4	10 29.4	4 11.8	1 2.9
縮小・撤退する	5 100.0	－ －	1 20.0	3 60.0	－ －	1 20.0	－ －
問8（1）現地法人の経営方針							
きわめて重要な案件を除けば、基本的には現地法人側がすべてを決定する	35 100.0	2 5.7	4 11.4	12 34.3	10 28.6	6 17.1	1 2.9
基本的には本社が決定しているが、現地側の裁量の余地が大きい	61 100.0	3 4.9	11 18.0	17 27.9	20 32.8	10 16.4	－ －
基本的には、ほぼすべてを日本本社が決定している	41 100.0	3 7.3	7 17.1	14 34.1	10 24.4	6 14.6	1 2.4
問8（3）現地法人との意志疎通状況							
うまくいっている	41 100.0	4 9.8	6 14.6	10 24.4	13 31.7	7 17.1	1 2.4
ほぼうまくいっている	78 100.0	4 5.1	13 16.7	24 30.8	23 29.5	12 15.4	2 2.6
あまりうまくいっていない	17 100.0	－ －	3 17.6	8 47.1	3 17.6	3 17.6	－ －
うまくいっていない	1 100.0	－ －	1 100.0	－ －	－ －	－ －	－ －

―329―

日本企業本社のグローバル化対応に関する調査
問13(2)今後のグローバル化の対応について
4.一般の社員だけでなく、特別なミッションをもった「グローバル人材」が必要になる

	調査数	そう思う	ややそう思う	どちらともいえない	あまりそう思わない	そう思わない	無回答
全 体	171 100.0	29 17.0	75 43.9	41 24.0	16 9.4	4 2.3	6 3.5
問1（1）創業開始年							
1981年～	28 100.0	6 21.4	12 42.9	6 21.4	1 3.6	1 3.6	2 7.1
1951年～1980年	45 100.0	6 13.3	21 46.7	12 26.7	5 11.1	1 2.2	–
1921年～1950年	61 100.0	10 16.4	28 45.9	15 24.6	5 8.2	1 1.6	2 3.3
～1920年	36 100.0	7 19.4	14 38.9	7 19.4	5 13.9	1 2.8	2 5.6
問1（2）主たる業種							
食料品、繊維品、木材・家具、パルプ・紙	13 100.0	3 23.1	5 38.5	4 30.8	1 7.7	– 	–
化学工業	14 100.0	2 14.3	7 50.0	4 28.6	– 	– 	1 7.1
鉄鋼業、金属製品	7 100.0	1 14.3	3 42.9	2 28.6	1 14.3	– 	–
機器製造(一般、電気、輸送、精密)	27 100.0	3 11.1	13 48.1	8 29.6	3 11.1	– 	–
プラスチック製品、ゴム・皮革、窯業・土石、非鉄金属	8 100.0	1 12.5	6 75.0	1 12.5	– 	– 	–
その他の製造業	9 100.0	– 	4 44.4	4 44.4	1 11.1	– 	–
卸売・小売り	24 100.0	4 16.7	11 45.8	6 25.0	3 12.5	– 	–
運輸業	10 100.0	4 40.0	3 30.0	1 10.0	1 10.0	– 	1 10.0
建設業	16 100.0	3 18.8	4 25.0	5 31.3	3 18.8	1 6.3	–
不動産業	3 100.0	– 	2 66.7	– 	– 	1 33.3	–
飲食店・宿泊業	3 100.0	– 	2 66.7	1 33.3	– 	– 	–
金融・保険業	7 100.0	1 14.3	5 71.4	– 	– 	1 14.3	–
情報通信業	6 100.0	2 33.3	2 33.3	2 33.3	– 	– 	–
教育、学習支援業	1 100.0	1 100.0	– 	– 	– 	– 	–
サービス業	13 100.0	4 30.8	5 38.5	1 7.7	2 15.4	– 	1 7.7
その他の非製造業	5 100.0	– 	2 40.0	1 20.0	1 20.0	・ 	1 20.0
問1（2）主たる業種							
製造業	78 100.0	10 12.8	38 48.7	23 29.5	6 7.7	– 	1 1.3
非製造業	88 100.0	19 21.6	36 40.9	17 19.3	10 11.4	3 3.4	3 3.4
問1（3）日本本社の従業員数							
300人未満	34 100.0	3 8.8	13 38.2	11 32.4	5 14.7	1 2.9	1 2.9
300～1,000人未満	65 100.0	10 15.4	30 46.2	15 23.1	6 9.2	3 4.6	1 1.5
1,000～3,000人未満	36 100.0	6 16.7	18 50.0	8 22.2	2 5.6	– 	2 5.6
3,000人以上	32 100.0	9 28.1	11 34.4	7 21.9	3 9.4	– 	2 6.3

日本企業本社のグローバル化対応に関する調査
問13（2）今後のグローバル化の対応について
4.一般の社員だけでなく、特別なミッションをもった「グローバル人材」が必要になる

	調査数	そう思う	ややそう思う	どちらともいえない	あまりそう思わない	そう思わない	無回答
全 体	171	29	75	41	16	4	6
	100.0	17.0	43.9	24.0	9.4	2.3	3.5
問1（4）2017年度の売上高							
100億円未満	21	2	10	8	−	−	1
	100.0	9.5	47.6	38.1	−	−	4.8
100～300億円未満	42	4	18	12	6	1	1
	100.0	9.5	42.9	28.6	14.3	2.4	2.4
300～1,000億円未満	35	11	14	6	2	2	−
	100.0	31.4	40.0	17.1	5.7	5.7	−
1,000～3,000億円未満	40	5	20	9	5	−	1
	100.0	12.5	50.0	22.5	12.5	−	2.5
3,000億円以上	29	7	10	6	3	−	3
	100.0	24.1	34.5	20.7	10.3	−	10.3
問1（5）2017年度の経常利益							
～0億円	7	1	5	1	−	−	−
	100.0	14.3	71.4	14.3	−	−	−
1～10億円未満	28	3	11	9	3	1	1
	100.0	10.7	39.3	32.1	10.7	3.6	3.6
10～30億円未満	42	10	17	11	2	1	1
	100.0	23.8	40.5	26.2	4.8	2.4	2.4
30～100億円未満	37	4	19	6	7	1	−
	100.0	10.8	51.4	16.2	18.9	2.7	−
100億円以上	50	11	20	11	4	−	4
	100.0	22.0	40.0	22.0	8.0	−	8.0
問1（6）5年前と比較した現在の売上高							
50%以上の増加	25	3	12	7	1	1	1
	100.0	12.0	48.0	28.0	4.0	4.0	4.0
20～50%以上の増加	43	5	21	11	4	−	2
	100.0	11.6	48.8	25.6	9.3	−	4.7
5～20%の増加	47	9	20	10	5	1	2
	100.0	19.1	42.6	21.3	10.6	2.1	4.3
−5～5%の間で、あまり変動はない	32	8	8	11	4	−	1
	100.0	25.0	25.0	34.4	12.5	−	3.1
減少傾向にある	17	3	10	1	1	2	−
	100.0	17.6	58.8	5.9	5.9	11.8	−
問1（7）外国籍社員							
いる	75	14	36	15	8	−	2
	100.0	18.7	48.0	20.0	10.7	−	2.7
いない	39	5	12	14	4	4	−
	100.0	12.8	30.8	35.9	10.3	10.3	−
問7B. 今後3年間の現地法人の事業展開意向							
拡大する	59	10	36	10	3	−	−
	100.0	16.9	61.0	16.9	5.1	−	−
現状維持	34	7	15	6	4	1	1
	100.0	20.6	44.1	17.6	11.8	2.9	2.9
縮小・撤退する	5	1	2	2	−	−	−
	100.0	20.0	40.0	40.0	−	−	−
問8（1）現地法人の経営方針							
きわめて重要な案件を除けば、基本的には現地法人側がすべてを決定する	35	11	15	5	3	−	1
	100.0	31.4	42.9	14.3	8.6	−	2.9
基本的には本社が決定しているが、現地側の裁量の余地が大きい	61	12	33	10	6	−	−
	100.0	19.7	54.1	16.4	9.8	−	−
基本的には、ほぼすべてを日本本社が決定している	41	5	17	14	2	1	2
	100.0	12.2	41.5	34.1	4.9	2.4	4.9
問8（3）現地法人との意志疎通状況							
うまくいっている	41	7	20	8	4	1	1
	100.0	17.1	48.8	19.5	9.8	2.4	2.4
ほぼうまくいっている	78	13	38	17	7	−	3
	100.0	16.7	48.7	21.8	9.0	−	3.8
あまりうまくいっていない	17	7	6	3	1	−	−
	100.0	41.2	35.3	17.6	5.9	−	−
うまくいっていない	1	1	−	−	−	−	−
	100.0	100.0	−	−	−	−	−

日本企業本社のグローバル化対応に関する調査
問13(2)今後のグローバル化の対応について
5.「グローバル人材」を自社で十分に確保できている

	調査数	そう思う	ややそう思う	どちらともいえない	あまりそう思わない	そう思わない	無回答
全 体	171	–	9	41	62	55	4
	100.0	–	5.3	24.0	36.3	32.2	2.3
問1(1)創業開始年							
1981年～	28	–	3	6	9	10	–
	100.0	–	10.7	21.4	32.1	35.7	–
1951年～1980年	45	–	2	13	13	17	–
	100.0	–	4.4	28.9	28.9	37.8	–
1921年～1950年	61	–	1	14	27	17	2
	100.0	–	1.6	23.0	44.3	27.9	3.3
～1920年	36	–	3	7	13	11	2
	100.0	–	8.3	19.4	36.1	30.6	5.6
問1(2)主たる業種							
食料品、繊維品、木材・家具、パルプ・紙	13	–	–	3	6	4	–
	100.0	–	–	23.1	46.2	30.8	–
化学工業	14	–	1	4	4	4	1
	100.0	–	7.1	28.6	28.6	28.6	7.1
鉄鋼業、金属製品	7	–	–	2	4	1	–
	100.0	–	–	28.6	57.1	14.3	–
機器製造(一般、電気、輸送、精密)	27	–	2	5	11	9	–
	100.0	–	7.4	18.5	40.7	33.3	–
プラスチック製品、ゴム・皮革、窯業・土石、非鉄金属	8	–	–	2	6	–	–
	100.0	–	–	25.0	75.0	–	–
その他の製造業	9	–	–	4	1	4	–
	100.0	–	–	44.4	11.1	44.4	–
卸売・小売り	24	–	3	5	8	8	–
	100.0	–	12.5	20.8	33.3	33.3	–
運輸業	10	–	–	3	3	3	1
	100.0	–	–	30.0	30.0	30.0	10.0
建設業	16	–	1	5	5	5	–
	100.0	–	6.3	31.3	31.3	31.3	–
不動産業	3	–	–	–	2	1	–
	100.0	–	–	–	66.7	33.3	–
飲食店・宿泊業	3	–	–	1	1	1	–
	100.0	–	–	33.3	33.3	33.3	–
金融・保険業	7	–	1	1	4	1	–
	100.0	–	14.3	14.3	57.1	14.3	–
情報通信業	6	–	–	1	2	3	–
	100.0	–	–	16.7	33.3	50.0	–
教育、学習支援業	1	–	–	–	–	1	–
	100.0	–	–	–	–	100.0	–
サービス業	13	–	1	3	3	6	–
	100.0	–	7.7	23.1	23.1	46.2	–
その他の非製造業	5	–	–	2	–	3	–
	100.0	–	–	40.0	–	60.0	–
問1(2)主たる業種							
製造業	78	–	3	20	32	22	1
	100.0	–	3.8	25.6	41.0	28.2	1.3
非製造業	88	–	6	21	28	32	1
	100.0	–	6.8	23.9	31.8	36.4	1.1
問1(3)日本本社の従業員数							
300人未満	34	–	1	12	9	12	–
	100.0	–	2.9	35.3	26.5	35.3	–
300～1,000人未満	65	–	3	14	25	23	–
	100.0	–	4.6	21.5	38.5	35.4	–
1,000～3,000人未満	36	–	2	7	14	11	2
	100.0	–	5.6	19.4	38.9	30.6	5.6
3,000人以上	32	–	3	6	13	8	2
	100.0	–	9.4	18.8	40.6	25.0	6.3

－332－

日本企業本社のグローバル化対応に関する調査
問13(2)今後のグローバル化の対応について
5.「グローバル人材」を自社で十分に確保できている

	調査数	そう思う	ややそう思う	どちらともいえない	あまりそう思わない	そう思わない	無回答
全 体	171 100.0	– –	9 5.3	41 24.0	62 36.3	55 32.2	4 2.3
問1（4）2017年度の売上高							
100億円未満	21 100.0	– –	– –	7 33.3	4 19.0	10 47.6	– –
100〜300億円未満	42 100.0	– –	1 2.4	10 23.8	18 42.9	13 31.0	– –
300〜1,000億円未満	35 100.0	– –	2 5.7	9 25.7	10 28.6	14 40.0	– –
1,000〜3,000億円未満	40 100.0	– –	2 5.0	10 25.0	20 50.0	7 17.5	1 2.5
3,000億円以上	29 100.0	– –	4 13.8	4 13.8	9 31.0	9 31.0	3 10.3
問1（5）2017年度の経常利益							
〜0億円	7 100.0	– –	– –	1 14.3	4 57.1	2 28.6	– –
1〜10億円未満	28 100.0	– –	– –	8 28.6	8 28.6	12 42.9	– –
10〜30億円未満	42 100.0	– –	2 4.8	12 28.6	10 23.8	18 42.9	– –
30〜100億円未満	37 100.0	– –	3 8.1	11 29.7	15 40.5	8 21.6	– –
100億円以上	50 100.0	– –	4 8.0	7 14.0	22 44.0	13 26.0	4 8.0
問1（6）5 年前と比較した現在の売上高							
50%以上の増加	25 100.0	– –	2 8.0	8 32.0	9 36.0	6 24.0	– –
20〜50%以上の増加	43 100.0	– –	1 2.3	8 18.6	20 46.5	12 27.9	2 4.7
5〜20%の増加	47 100.0	– –	4 8.5	11 23.4	14 29.8	16 34.0	2 4.3
−5〜5%の間で、あまり変動はない	32 100.0	– –	1 3.1	9 28.1	9 28.1	13 40.6	– –
減少傾向にある	17 100.0	– –	1 5.9	3 17.6	6 35.3	7 41.2	– –
問1（7）外国籍社員							
いる	75 100.0	– –	5 6.7	17 22.7	26 34.7	25 33.3	2 2.7
いない	39 100.0	– –	– –	10 25.6	13 33.3	16 41.0	– –
問7B. 今後3 年間の現地法人の事業展開意向							
拡大する	59 100.0	– –	5 8.5	14 23.7	24 40.7	16 27.1	– –
現状維持	34 100.0	– –	3 8.8	10 29.4	13 38.2	7 20.6	1 2.9
縮小・撤退する	5 100.0	– –	– –	1 20.0	2 40.0	2 40.0	– –
問8（1）現地法人の経営方針							
きわめて重要な案件を除けば、基本的には現地法人側がすべてを決定する	35 100.0	– –	3 8.6	7 20.0	12 34.3	12 34.3	1 2.9
基本的には本社が決定しているが、現地側の裁量の余地が大きい	61 100.0	– –	5 8.2	16 26.2	25 41.0	15 24.6	– –
基本的には、ほぼすべてを日本本社が決定している	41 100.0	– –	1 2.4	11 26.8	16 39.0	12 29.3	1 2.4
問8（3）現地法人との意志疎通状況							
うまくいっている	41 100.0	– –	3 7.3	13 31.7	16 39.0	8 19.5	1 2.4
ほぼうまくいっている	78 100.0	– –	6 7.7	18 23.1	29 37.2	23 29.5	2 2.6
あまりうまくいっていない	17 100.0	– –	– –	3 17.6	7 41.2	7 41.2	– –
うまくいっていない	1 100.0	– –	– –	– –	– –	1 100.0	– –

日本企業本社のグローバル化対応に関する調査
問13(2)今後のグローバル化の対応について
6.「グローバル人材」となりうる若い社員を、自社で十分に育成できている

	調査数	そう思う	ややそう思う	どちらともいえない	あまりそう思わない	そう思わない	無回答
全 体	171 100.0	1 0.6	10 5.8	43 25.1	59 34.5	54 31.6	4 2.3
問1(1)創業開始年							
1981年～	28 100.0	－ －	3 10.7	7 25.0	8 28.6	10 35.7	－ －
1951年～1980年	45 100.0	－ －	2 4.4	14 31.1	12 26.7	17 37.8	－ －
1921年～1950年	61 100.0	1 1.6	1 1.6	13 21.3	26 42.6	18 29.5	2 3.3
～1920年	36 100.0	－ －	4 11.1	8 22.2	13 36.1	9 25.0	2 5.6
問1(2)主たる業種							
食料品、繊維品、木材・家具、パルプ・紙	13 100.0	－ －	－ －	3 23.1	6 46.2	4 30.8	－ －
化学工業	14 100.0	1 7.1	1 7.1	5 35.7	2 14.3	4 28.6	1 7.1
鉄鋼業、金属製品	7 100.0	－ －	－ －	1 14.3	5 71.4	1 14.3	－ －
機器製造(一般、電気、輸送、精密)	27 100.0	－ －	2 7.4	5 18.5	12 44.4	8 29.6	－ －
プラスチック製品、ゴム・皮革、窯業・土石、非鉄金属	8 100.0	－ －	－ －	2 25.0	4 50.0	2 25.0	－ －
その他の製造業	9 100.0	－ －	2 22.2	3 33.3	1 11.1	3 33.3	－ －
卸売・小売り	24 100.0	－ －	2 8.3	7 29.2	9 37.5	6 25.0	－ －
運輸業	10 100.0	－ －	1 10.0	3 30.0	3 30.0	2 20.0	1 10.0
建設業	16 100.0	－ －	－ －	5 31.3	6 37.5	5 31.3	－ －
不動産業	3 100.0	－ －	1 33.3	－ －	1 33.3	1 33.3	－ －
飲食店・宿泊業	3 100.0	－ －	－ －	1 33.3	1 33.3	1 33.3	－ －
金融・保険業	7 100.0	－ －	1 14.3	2 28.6	2 28.6	2 28.6	－ －
情報通信業	6 100.0	－ －	－ －	1 16.7	－ －	5 83.3	－ －
教育、学習支援業	1 100.0	－ －	－ －	－ －	－ －	1 100.0	－ －
サービス業	13 100.0	－ －	－ －	3 23.1	4 30.8	6 46.2	－ －
その他の非製造業	5 100.0	－ －	－ －	2 40.0	－ －	3 60.0	－ －
問1(2)主たる業種							
製造業	78 100.0	1 1.3	5 6.4	19 24.4	30 38.5	22 28.2	1 1.3
非製造業	88 100.0	－ －	5 5.7	24 27.3	26 29.5	32 36.4	1 1.1
問1(3)日本本社の従業員数							
300人未満	34 100.0	－ －	1 2.9	9 26.5	12 35.3	12 35.3	－ －
300～1,000人未満	65 100.0	1 1.5	4 6.2	16 24.6	19 29.2	25 38.5	－ －
1,000～3,000人未満	36 100.0	－ －	2 5.6	5 13.9	18 50.0	9 25.0	2 5.6
3,000人以上	32 100.0	－ －	3 9.4	10 31.3	10 31.3	7 21.9	2 6.3

日本企業本社のグローバル化対応に関する調査
問13（2）今後のグローバル化の対応について
6.「グローバル人材」となりうる若い社員を、自社で十分に育成できている

	調査数	そう思う	ややそう思う	どちらともいえない	あまりそう思わない	そう思わない	無回答
全体	171	1	10	43	59	54	4
	100.0	0.6	5.8	25.1	34.5	31.6	2.3
問1（4）2017年度の売上高							
100億円未満	21	−	1	6	6	8	−
	100.0	−	4.8	28.6	28.6	38.1	−
100〜300億円未満	42	−	−	12	15	15	−
	100.0	−	−	28.6	35.7	35.7	−
300〜1,000億円未満	35	1	1	9	9	15	−
	100.0	2.9	2.9	25.7	25.7	42.9	−
1,000〜3,000億円未満	40	−	3	9	20	7	1
	100.0	−	7.5	22.5	50.0	17.5	2.5
3,000億円以上	29	−	5	6	8	7	3
	100.0	−	17.2	20.7	27.6	24.1	10.3
問1（5）2017年度の経常利益							
〜0億円	7	−	−	1	3	3	−
	100.0	−	−	14.3	42.9	42.9	−
1〜10億円未満	28	−	1	8	7	12	−
	100.0	−	3.6	28.6	25.0	42.9	−
10〜30億円未満	42	−	−	14	11	17	−
	100.0	−	−	33.3	26.2	40.5	−
30〜100億円未満	37	1	2	7	17	10	−
	100.0	2.7	5.4	18.9	45.9	27.0	−
100億円以上	50	−	7	11	18	10	4
	100.0	−	14.0	22.0	36.0	20.0	8.0
問1（6）5年前と比較した現在の売上高							
50%以上の増加	25	−	1	10	10	4	−
	100.0	−	4.0	40.0	40.0	16.0	−
20〜50%以上の増加	43	−	1	8	19	13	2
	100.0	−	2.3	18.6	44.2	30.2	4.7
5〜20%の増加	47	−	6	13	11	15	2
	100.0	−	12.8	27.7	23.4	31.9	4.3
−5〜5%の間で、あまり変動はない	32	−	1	7	12	12	−
	100.0	−	3.1	21.9	37.5	37.5	−
減少傾向にある	17	−	1	3	5	8	−
	100.0	−	5.9	17.6	29.4	47.1	−
問1（7）外国籍社員							
いる	75	1	2	20	27	23	2
	100.0	1.3	2.7	26.7	36.0	30.7	2.7
いない	39	−	1	10	13	15	−
	100.0	−	2.6	25.6	33.3	38.5	−
問7B. 今後3年間の現地法人の事業展開意向							
拡大する	59	−	6	18	20	15	−
	100.0	−	10.2	30.5	33.9	25.4	−
現状維持	34	−	2	9	16	6	1
	100.0	−	5.9	26.5	47.1	17.6	2.9
縮小・撤退する	5	−	−	−	2	3	−
	100.0	−	−	−	40.0	60.0	−
問8（1）現地法人の経営方針							
きわめて重要な案件を除けば、基本的には現地法人側がすべてを決定する	35	−	2	6	13	13	1
	100.0	−	5.7	17.1	37.1	37.1	2.9
基本的には本社が決定しているが、現地側の裁量の余地が大きい	61	1	3	22	21	14	−
	100.0	1.6	4.9	36.1	34.4	23.0	−
基本的には、ほぼすべてを日本本社が決定している	41	−	3	8	17	12	1
	100.0	−	7.3	19.5	41.5	29.3	2.4
問8（3）現地法人との意志疎通状況							
うまくいっている	41	1	6	13	11	9	1
	100.0	2.4	14.6	31.7	26.8	22.0	2.4
ほぼうまくいっている	78	−	3	20	34	19	2
	100.0	−	3.8	25.6	43.6	24.4	2.6
あまりうまくいっていない	17	−	−	2	6	9	−
	100.0	−	−	11.8	35.3	52.9	−
うまくいっていない	1	−	−	−	−	1	−
	100.0	−	−	−	−	100.0	−

日本企業本社のグローバル化対応に関する調査
問13(2)今後のグローバル化の対応について
7.グローバル化に対応するためには、伝統的な企業内のシステムの修正が必要不可欠である

	調査数	そう思う	ややそう思う	どちらともいえない	あまりそう思わない	そう思わない	無回答
全 体	171 100.0	35 20.5	59 34.5	48 28.1	18 10.5	6 3.5	5 2.9
問1（1）創業開始年							
1981年～	28 100.0	2 7.1	8 28.6	10 35.7	4 14.3	3 10.7	1 3.6
1951年～1980年	45 100.0	9 20.0	16 35.6	12 26.7	6 13.3	1 2.2	1 2.2
1921年～1950年	61 100.0	12 19.7	23 37.7	19 31.1	4 6.6	1 1.6	2 3.3
～1920年	36 100.0	12 33.3	12 33.3	6 16.7	4 11.1	1 2.8	1 2.8
問1（2）主たる業種							
食料品、繊維品、木材・家具、パルプ・紙	13 100.0	3 23.1	6 46.2	3 23.1	－ －	1 7.7	－ －
化学工業	14 100.0	5 35.7	5 35.7	3 21.4	－ －	－ －	1 7.1
鉄鋼業、金属製品	7 100.0	2 28.6	2 28.6	2 28.6	1 14.3	－ －	－ －
機器製造(一般、電気、輸送、精密)	27 100.0	7 25.9	7 25.9	11 40.7	2 7.4	－ －	－ －
プラスチック製品、ゴム・皮革、窯業・土石、非鉄金属	8 100.0	－ －	5 62.5	2 25.0	1 12.5	－ －	－ －
その他の製造業	9 100.0	2 22.2	3 33.3	4 44.4	－ －	－ －	－ －
卸売・小売り	24 100.0	3 12.5	7 29.2	6 25.0	7 29.2	1 4.2	－ －
運輸業	10 100.0	3 30.0	2 20.0	3 30.0	1 10.0	－ －	1 10.0
建設業	16 100.0	3 18.8	7 43.8	5 31.3	1 6.3	－ －	－ －
不動産業	3 100.0	1 33.3	－ －	－ －	1 33.3	1 33.3	－ －
飲食店・宿泊業	3 100.0	－ －	2 66.7	1 33.3	－ －	－ －	－ －
金融・保険業	7 100.0	1 14.3	2 28.6	2 28.6	2 28.6	－ －	－ －
情報通信業	6 100.0	2 33.3	2 33.3	－ －	1 16.7	1 16.7	－ －
教育、学習支援業	1 100.0	－ －	－ －	1 100.0	－ －	－ －	－ －
サービス業	13 100.0	1 7.7	6 46.2	3 23.1	1 7.7	－ －	2 15.4
その他の非製造業	5 100.0	2 40.0	－ －	2 40.0	－ －	1 20.0	－ －
問1（2）主たる業種							
製造業	78 100.0	19 24.4	28 35.9	25 32.1	4 5.1	1 1.3	1 1.3
非製造業	88 100.0	16 18.2	28 31.8	23 26.1	14 15.9	4 4.5	3 3.4
問1（3）日本本社の従業員数							
300人未満	34 100.0	5 14.7	8 23.5	13 38.2	5 14.7	3 8.8	－ －
300～1,000人未満	65 100.0	14 21.5	20 30.8	21 32.3	5 7.7	3 4.6	2 3.1
1,000～3,000人未満	36 100.0	9 25.0	12 33.3	9 25.0	4 11.1	－ －	2 5.6
3,000人以上	32 100.0	6 18.8	19 59.4	2 6.3	4 12.5	－ －	1 3.1

日本企業本社のグローバル化対応に関する調査
問13(2)今後のグローバル化の対応について
7.グローバル化に対応するためには、伝統的な企業内のシステムの修正が必要不可欠である

	調査数	そう思う	ややそう思う	どちらともいえない	あまりそう思わない	そう思わない	無回答
全 体	171	35	59	48	18	6	5
	100.0	20.5	34.5	28.1	10.5	3.5	2.9
問1(4)2017年度の売上高							
100億円未満	21	3	4	9	2	2	1
	100.0	14.3	19.0	42.9	9.5	9.5	4.8
100～300億円未満	42	3	18	15	4	1	1
	100.0	7.1	42.9	35.7	9.5	2.4	2.4
300～1,000億円未満	35	9	11	8	4	3	－
	100.0	25.7	31.4	22.9	11.4	8.6	－
1,000～3,000億円未満	40	11	11	12	5	－	1
	100.0	27.5	27.5	30.0	12.5	－	2.5
3,000億円以上	29	8	15	1	3	－	2
	100.0	27.6	51.7	3.4	10.3	－	6.9
問1(5)2017年度の経常利益							
～0億円	7	1	4	2	－	－	－
	100.0	14.3	57.1	28.6	－	－	－
1～10億円未満	28	4	6	8	5	4	1
	100.0	14.3	21.4	28.6	17.9	14.3	3.6
10～30億円未満	42	7	13	17	3	1	1
	100.0	16.7	31.0	40.5	7.1	2.4	2.4
30～100億円未満	37	5	16	12	3	1	－
	100.0	13.5	43.2	32.4	8.1	2.7	－
100億円以上	50	17	19	4	7	－	3
	100.0	34.0	38.0	8.0	14.0	－	6.0
問1(6)5年前と比較した現在の売上高							
50%以上の増加	25	4	7	9	3	2	－
	100.0	16.0	28.0	36.0	12.0	8.0	－
20～50%以上の増加	43	7	16	9	7	2	2
	100.0	16.3	37.2	20.9	16.3	4.7	4.7
5～20%の増加	47	11	14	13	5	2	2
	100.0	23.4	29.8	27.7	10.6	4.3	4.3
－5～5%の間で、あまり変動はない	32	7	11	10	3	－	1
	100.0	21.9	34.4	31.3	9.4	－	3.1
減少傾向にある	17	4	8	5	－	－	－
	100.0	23.5	47.1	29.4	－	－	－
問1(7)外国籍社員							
いる	75	19	32	17	3	1	3
	100.0	25.3	42.7	22.7	4.0	1.3	4.0
いない	39	8	6	14	7	4	－
	100.0	20.5	15.4	35.9	17.9	10.3	－
問7B. 今後3年間の現地法人の事業展開意向							
拡大する	59	14	28	11	5	－	1
	100.0	23.7	47.5	18.6	8.5	－	1.7
現状維持	34	9	10	10	3	1	1
	100.0	26.5	29.4	29.4	8.8	2.9	2.9
縮小・撤退する	5	1	3	－	1	－	－
	100.0	20.0	60.0	－	20.0	－	－
問8(1)現地法人の経営方針							
きわめて重要な案件を除けば、基本的には現地法人側がすべてを決定する	35	9	9	10	4	1	2
	100.0	25.7	25.7	28.6	11.4	2.9	5.7
基本的には本社が決定しているが、現地側の裁量の余地が大きい	61	16	28	14	3	－	－
	100.0	26.2	45.9	23.0	4.9	－	－
基本的には、ほぼすべてを日本本社が決定している	41	8	14	12	5	1	1
	100.0	19.5	34.1	29.3	12.2	2.4	2.4
問8(3)現地法人との意志疎通状況							
うまくいっている	41	10	12	12	5	1	1
	100.0	24.4	29.3	29.3	12.2	2.4	2.4
ほぼうまくいっている	78	15	31	23	6	1	2
	100.0	19.2	39.7	29.5	7.7	1.3	2.6
あまりうまくいっていない	17	7	7	1	1	－	1
	100.0	41.2	41.2	5.9	5.9	－	5.9
うまくいっていない	1	1	－	－	－	－	－
	100.0	100.0	－	－	－	－	－

日本企業本社のグローバル化対応に関する調査
問13（2）今後のグローバル化の対応について
8.本社で育てた外国人を現地法人で活躍させるべきである

	調査数	そう思う	ややそう思う	どちらともいえない	あまりそう思わない	そう思わない	無回答
全 体	171 100.0	19 11.1	50 29.2	67 39.2	15 8.8	12 7.0	8 4.7
問1（1）創業開始年							
1981年～	28 100.0	2 7.1	4 14.3	14 50.0	2 7.1	4 14.3	2 7.1
1951年～1980年	45 100.0	4 8.9	16 35.6	19 42.2	3 6.7	2 4.4	1 2.2
1921年～1950年	61 100.0	9 14.8	17 27.9	23 37.7	5 8.2	4 6.6	3 4.9
～1920年	36 100.0	4 11.1	13 36.1	10 27.8	5 13.9	2 5.6	2 5.6
問1（2）主たる業種							
食料品、繊維品、木材・家具、パルプ・紙	13 100.0	1 7.7	5 38.5	3 23.1	－ －	3 23.1	1 7.7
化学工業	14 100.0	1 7.1	6 42.9	5 35.7	－ －	1 7.1	1 7.1
鉄鋼業、金属製品	7 100.0	2 28.6	2 28.6	3 42.9	－ －	－ －	－ －
機器製造（一般、電気、輸送、精密）	27 100.0	2 7.4	10 37.0	11 40.7	4 14.8	－ －	－ －
プラスチック製品、ゴム・皮革、窯業・土石、非鉄金属	8 100.0	－ －	4 50.0	2 25.0	1 12.5	1 12.5	－ －
その他の製造業	9 100.0	3 33.3	2 22.2	4 44.4	－ －	－ －	－ －
卸売・小売り	24 100.0	4 16.7	4 16.7	11 45.8	4 16.7	－ －	1 4.2
運輸業	10 100.0	2 20.0	2 20.0	3 30.0	2 20.0	－ －	1 10.0
建設業	16 100.0	1 6.3	7 43.8	7 43.8	1 6.3	－ －	－ －
不動産業	3 100.0	－ －	1 33.3	－ －	1 33.3	1 33.3	－ －
飲食店・宿泊業	3 100.0	－ －	－ －	3 100.0	－ －	－ －	－ －
金融・保険業	7 100.0	－ －	2 28.6	4 57.1	－ －	1 14.3	－ －
情報通信業	6 100.0	－ －	2 33.3	2 33.3	1 16.7	1 16.7	－ －
教育、学習支援業	1 100.0	－ －	－ －	－ －	－ －	1 100.0	－ －
サービス業	13 100.0	2 15.4	1 7.7	7 53.8	－ －	1 7.7	2 15.4
その他の非製造業	5 100.0	1 20.0	－ －	2 40.0	1 20.0	1 20.0	－ －
問1（2）主たる業種							
製造業	78 100.0	9 11.5	29 37.2	28 35.9	5 6.4	5 6.4	2 2.6
非製造業	88 100.0	10 11.4	19 21.6	39 44.3	10 11.4	6 6.8	4 4.5
問1（3）日本本社の従業員数							
300人未満	34 100.0	6 17.6	2 5.9	16 47.1	7 20.6	2 5.9	1 2.9
300～1,000人未満	65 100.0	6 9.2	19 29.2	26 40.0	4 6.2	7 10.8	3 4.6
1,000～3,000人未満	36 100.0	4 11.1	17 47.2	12 33.3	－ －	1 2.8	2 5.6
3,000人以上	32 100.0	2 6.3	11 34.4	11 34.4	4 12.5	2 6.3	2 6.3

日本企業本社のグローバル化対応に関する調査
問13（2）今後のグローバル化の対応について
8.本社で育てた外国人を現地法人で活躍させるべきである

	調査数	そう思う	ややそう思う	どちらともいえない	あまりそう思わない	そう思わない	無回答
全 体	171	19	50	67	15	12	8
	100.0	11.1	29.2	39.2	8.8	7.0	4.7
問1（4）2017年度の売上高							
100億円未満	21	3	2	9	3	2	2
	100.0	14.3	9.5	42.9	14.3	9.5	9.5
100～300億円未満	42	–	10	22	5	4	1
	100.0	–	23.8	52.4	11.9	9.5	2.4
300～1,000億円未満	35	8	15	9	1	2	–
	100.0	22.9	42.9	25.7	2.9	5.7	–
1,000～3,000億円未満	40	6	12	15	2	3	2
	100.0	15.0	30.0	37.5	5.0	7.5	5.0
3,000億円以上	29	2	11	9	4	–	3
	100.0	6.9	37.9	31.0	13.8	–	10.3
問1（5）2017年度の経常利益							
～0億円	7	–	1	6	–	–	–
	100.0	–	14.3	85.7	–	–	–
1～10億円未満	28	3	5	11	5	3	1
	100.0	10.7	17.9	39.3	17.9	10.7	3.6
10～30億円未満	42	6	11	16	3	4	2
	100.0	14.3	26.2	38.1	7.1	9.5	4.8
30～100億円未満	37	6	12	13	3	2	1
	100.0	16.2	32.4	35.1	8.1	5.4	2.7
100億円以上	50	4	21	15	4	2	4
	100.0	8.0	42.0	30.0	8.0	4.0	8.0
問1（6）5年前と比較した現在の売上高							
50%以上の増加	25	1	7	12	2	2	1
	100.0	4.0	28.0	48.0	8.0	8.0	4.0
20～50%以上の増加	43	4	13	16	2	4	4
	100.0	9.3	30.2	37.2	4.7	9.3	9.3
5～20%の増加	47	7	16	12	6	4	2
	100.0	14.9	34.0	25.5	12.8	8.5	4.3
－5～5%の間で、あまり変動はない	32	5	8	15	2	1	1
	100.0	15.6	25.0	46.9	6.3	3.1	3.1
減少傾向にある	17	1	3	9	3	1	–
	100.0	5.9	17.6	52.9	17.6	5.9	–
問1（7）外国籍社員							
いる	75	8	30	27	4	3	3
	100.0	10.7	40.0	36.0	5.3	4.0	4.0
いない	39	5	5	15	7	6	1
	100.0	12.8	12.8	38.5	17.9	15.4	2.6
問7B. 今後3年間の現地法人の事業展開意向							
拡大する	59	7	25	18	4	3	2
	100.0	11.9	42.4	30.5	6.8	5.1	3.4
現状維持	34	4	10	13	4	2	1
	100.0	11.8	29.4	38.2	11.8	5.9	2.9
縮小・撤退する	5	1	1	2	1	–	–
	100.0	20.0	20.0	40.0	20.0	–	–
問8（1）現地法人の経営方針							
きわめて重要な案件を除けば、基本的には現地法人側がすべてを決定する	35	7	8	14	1	3	2
	100.0	20.0	22.9	40.0	2.9	8.6	5.7
基本的には本社が決定しているが、現地側の裁量の余地が大きい	61	8	24	21	5	2	1
	100.0	13.1	39.3	34.4	8.2	3.3	1.6
基本的には、ほぼすべてを日本本社が決定している	41	4	12	15	6	2	2
	100.0	9.8	29.3	36.6	14.6	4.9	4.9
問8（3）現地法人との意志疎通状況							
うまくいっている	41	4	10	15	5	5	2
	100.0	9.8	24.4	36.6	12.2	12.2	4.9
ほぼうまくいっている	78	10	31	28	5	1	3
	100.0	12.8	39.7	35.9	6.4	1.3	3.8
あまりうまくいっていない	17	4	3	6	2	1	1
	100.0	23.5	17.6	35.3	11.8	5.9	5.9
うまくいっていない	1	1	–	–	–	–	–
	100.0	100.0	–	–	–	–	–

日本企業本社のグローバル化対応に関する調査
問13(2)今後のグローバル化の対応について
9.同じ能力を持った人材を新たに採用するならば、外国人よりも日本人のほうが望ましい

	調査数	そう思う	ややそう思う	どちらともいえない	あまりそう思わない	そう思わない	無回答
全体	171 100.0	7 4.1	21 12.3	108 63.2	21 12.3	8 4.7	6 3.5
問1(1)創業開始年							
1981年～	28 100.0	1 3.6	3 10.7	16 57.1	6 21.4	2 7.1	－ －
1951年～1980年	45 100.0	2 4.4	5 11.1	29 64.4	7 15.6	1 2.2	1 2.2
1921年～1950年	61 100.0	1 1.6	10 16.4	40 65.6	4 6.6	3 4.9	3 4.9
～1920年	36 100.0	3 8.3	3 8.3	22 61.1	4 11.1	2 5.6	2 5.6
問1(2)主たる業種							
食料品、繊維品、木材・家具、パルプ・紙	13 100.0	－ －	2 15.4	8 61.5	－ －	2 15.4	1 7.7
化学工業	14 100.0	1 7.1	－ －	11 78.6	1 7.1	－ －	1 7.1
鉄鋼業、金属製品	7 100.0	－ －	－ －	7 100.0	－ －	－ －	－ －
機器製造(一般、電気、輸送、精密)	27 100.0	－ －	4 14.8	18 66.7	3 11.1	2 7.4	－ －
プラスチック製品、ゴム・皮革、窯業・土石、非鉄金属	8 100.0	1 12.5	2 25.0	3 37.5	1 12.5	1 12.5	－ －
その他の製造業	9 100.0	2 22.2	－ －	7 77.8	－ －	－ －	－ －
卸売・小売り	24 100.0	1 4.2	6 25.0	12 50.0	5 20.8	－ －	－ －
運輸業	10 100.0	－ －	1 10.0	5 50.0	2 20.0	1 10.0	1 10.0
建設業	16 100.0	－ －	1 6.3	15 93.8	－ －	－ －	－ －
不動産業	3 100.0	－ －	－ －	2 66.7	－ －	1 33.3	－ －
飲食店・宿泊業	3 100.0	－ －	1 33.3	1 33.3	1 33.3	－ －	－ －
金融・保険業	7 100.0	－ －	2 28.6	3 42.9	2 28.6	－ －	－ －
情報通信業	6 100.0	－ －	－ －	2 33.3	4 66.7	－ －	－ －
教育、学習支援業	1 100.0	1 100.0	－ －	－ －	－ －	－ －	－ －
サービス業	13 100.0	－ －	1 7.7	10 76.9	1 7.7	－ －	1 7.7
その他の非製造業	5 100.0	1 20.0	1 20.0	2 40.0	－ －	1 20.0	－ －
問1(2)主たる業種							
製造業	78 100.0	4 5.1	8 10.3	54 69.2	5 6.4	5 6.4	2 2.6
非製造業	88 100.0	3 3.4	13 14.8	52 59.1	15 17.0	3 3.4	2 2.3
問1(3)日本本社の従業員数							
300人未満	34 100.0	1 2.9	4 11.8	22 64.7	5 14.7	2 5.9	－ －
300～1,000人未満	65 100.0	3 4.6	11 16.9	40 61.5	6 9.2	3 4.6	2 3.1
1,000～3,000人未満	36 100.0	1 2.8	3 8.3	23 63.9	7 19.4	－ －	2 5.6
3,000人以上	32 100.0	2 6.3	3 9.4	19 59.4	3 9.4	3 9.4	2 6.3

－340－

日本企業本社のグローバル化対応に関する調査
問13(2)今後のグローバル化の対応について
9.同じ能力を持った人材を新たに採用するならば、外国人よりも日本人のほうが望ましい

	調査数	そう思う	ややそう思う	どちらともいえない	あまりそう思わない	そう思わない	無回答
全 体	171 100.0	7 4.1	21 12.3	108 63.2	21 12.3	8 4.7	6 3.5
問1（4）2017年度の売上高							
100億円未満	21 100.0	2 9.5	4 19.0	10 47.6	3 14.3	1 4.8	1 4.8
100～300億円未満	42 100.0	2 4.8	6 14.3	28 66.7	4 9.5	2 4.8	－ －
300～1,000億円未満	35 100.0	－ －	5 14.3	25 71.4	4 11.4	1 2.9	－ －
1,000～3,000億円未満	40 100.0	1 2.5	5 12.5	26 65.0	6 15.0	－ －	2 5.0
3,000億円以上	29 100.0	2 6.9	1 3.4	15 51.7	4 13.8	4 13.8	3 10.3
問1（5）2017年度の経常利益							
～0億円	7 100.0	－ －	1 14.3	5 71.4	1 14.3	－ －	－ －
1～10億円未満	28 100.0	2 7.1	5 17.9	16 57.1	2 7.1	2 7.1	1 3.6
10～30億円未満	42 100.0	2 4.8	7 16.7	28 66.7	3 7.1	2 4.8	－ －
30～100億円未満	37 100.0	－ －	3 8.1	24 64.9	8 21.6	1 2.7	1 2.7
100億円以上	50 100.0	3 6.0	5 10.0	29 58.0	6 12.0	3 6.0	4 8.0
問1（6）5年前と比較した現在の売上高							
50%以上の増加	25 100.0	－ －	4 16.0	16 64.0	2 8.0	3 12.0	－ －
20～50%以上の増加	43 100.0	3 7.0	4 9.3	24 55.8	5 11.6	3 7.0	4 9.3
5～20%の増加	47 100.0	1 2.1	6 12.8	30 63.8	7 14.9	1 2.1	2 4.3
－5～5%の間で、あまり変動はない	32 100.0	2 6.3	4 12.5	22 68.8	3 9.4	1 3.1	－ －
減少傾向にある	17 100.0	1 5.9	2 11.8	10 58.8	4 23.5	－ －	－ －
問1（7）外国籍社員							
いる	75 100.0	5 6.7	7 9.3	43 57.3	12 16.0	5 6.7	3 4.0
いない	39 100.0	2 5.1	10 25.6	23 59.0	3 7.7	1 2.6	－ －
問7B. 今後3年間の現地法人の事業展開意向							
拡大する	59 100.0	3 5.1	8 13.6	34 57.6	8 13.6	4 6.8	2 3.4
現状維持	34 100.0	－ －	1 2.9	26 76.5	4 11.8	2 5.9	1 2.9
縮小・撤退する	5 100.0	－ －	－ －	3 60.0	2 40.0	－ －	－ －
問8（1）現地法人の経営方針							
きわめて重要な案件を除けば、基本的には現地法人側がすべてを決定する	35 100.0	2 5.7	2 5.7	21 60.0	6 17.1	2 5.7	2 5.7
基本的には本社が決定しているが、現地側の裁量の余地が大きい	61 100.0	3 4.9	9 14.8	39 63.9	6 9.8	3 4.9	1 1.6
基本的には、ほぼすべてを日本本社が決定している	41 100.0	1 2.4	4 9.8	27 65.9	7 17.1	1 2.4	1 2.4
問8（3）現地法人との意志疎通状況							
うまくいっている	41 100.0	3 7.3	2 4.9	30 73.2	3 7.3	1 2.4	2 4.9
ほぼうまくいっている	78 100.0	3 3.8	10 12.8	48 61.5	11 14.1	4 5.1	2 2.6
あまりうまくいっていない	17 100.0	－ －	2 11.8	9 52.9	4 23.5	1 5.9	1 5.9
うまくいっていない	1 100.0	－ －	1 100.0	－ －	－ －	－ －	－ －

日本企業本社のグローバル化対応に関する調査
問13(2) 今後のグローバル化の対応について
10.企業内のグローバル化は、早急に取り組むべき課題である

	調査数	そう思う	ややそう思う	どちらともいえない	あまりそう思わない	そう思わない	無回答
全体	171	36	61	46	14	9	5
	100.0	21.1	35.7	26.9	8.2	5.3	2.9
問1(1)創業開始年							
1981年～	28	2	11	7	4	4	－
	100.0	7.1	39.3	25.0	14.3	14.3	－
1951年～1980年	45	6	16	18	2	2	1
	100.0	13.3	35.6	40.0	4.4	4.4	2.2
1921年～1950年	61	16	22	15	4	1	3
	100.0	26.2	36.1	24.6	6.6	1.6	4.9
～1920年	36	12	12	5	4	2	1
	100.0	33.3	33.3	13.9	11.1	5.6	2.8
問1(2)主たる業種							
食料品、繊維品、木材・家具、パルプ・紙	13	4	4	3	1	－	1
	100.0	30.8	30.8	23.1	7.7	－	7.7
化学工業	14	6	5	2	－	－	1
	100.0	42.9	35.7	14.3	－	－	7.1
鉄鋼業、金属製品	7	－	4	2	1	－	－
	100.0	－	57.1	28.6	14.3	－	－
機器製造(一般、電気、輸送、精密)	27	8	11	6	2	－	－
	100.0	29.6	40.7	22.2	7.4	－	－
プラスチック製品、ゴム・皮革、窯業・土石、非鉄金属	8	4	3	1	－	－	－
	100.0	50.0	37.5	12.5	－	－	－
その他の製造業	9	3	3	3	－	－	－
	100.0	33.3	33.3	33.3	－	－	－
卸売・小売り	24	2	8	7	6	1	－
	100.0	8.3	33.3	29.2	25.0	4.2	－
運輸業	10	2	5	－	2	－	1
	100.0	20.0	50.0	－	20.0	－	10.0
建設業	16	1	4	10	－	1	－
	100.0	6.3	25.0	62.5	－	6.3	－
不動産業	3	－	1	1	－	1	－
	100.0	－	33.3	33.3	－	33.3	－
飲食店・宿泊業	3	－	1	2	－	－	－
	100.0	－	33.3	66.7	－	－	－
金融・保険業	7	1	3	1	1	1	－
	100.0	14.3	42.9	14.3	14.3	14.3	－
情報通信業	6	1	2	2	1	－	－
	100.0	16.7	33.3	33.3	16.7	－	－
教育、学習支援業	1	－	－	－	－	1	－
	100.0	－	－	－	－	100.0	－
サービス業	13	2	5	2	－	3	1
	100.0	15.4	38.5	15.4	－	23.1	7.7
その他の非製造業	5	1	2	2	－	－	－
	100.0	20.0	40.0	40.0	－	－	－
問1(2)主たる業種							
製造業	78	25	30	17	4	－	2
	100.0	32.1	38.5	21.8	5.1	－	2.6
非製造業	88	10	31	27	10	8	2
	100.0	11.4	35.2	30.7	11.4	9.1	2.3
問1(3)日本本社の従業員数							
300人未満	34	3	11	8	10	2	－
	100.0	8.8	32.4	23.5	29.4	5.9	－
300～1,000人未満	65	11	23	20	3	6	2
	100.0	16.9	35.4	30.8	4.6	9.2	3.1
1,000～3,000人未満	36	8	14	10	1	1	2
	100.0	22.2	38.9	27.8	2.8	2.8	5.6
3,000人以上	32	12	11	8	－	－	1
	100.0	37.5	34.4	25.0	－	－	3.1

日本企業本社のグローバル化対応に関する調査
問13(2)今後のグローバル化の対応について
10.企業内のグローバル化は、早急に取り組むべき課題である

	調査数	そう思う	ややそう思う	どちらともいえない	あまりそう思わない	そう思わない	無回答
全 体	171 100.0	36 21.1	61 35.7	46 26.9	14 8.2	9 5.3	5 2.9
問1（4）2017年度の売上高							
100億円未満	21 100.0	1 4.8	7 33.3	5 23.8	6 28.6	1 4.8	1 4.8
100〜300億円未満	42 100.0	4 9.5	13 31.0	15 35.7	5 11.9	5 11.9	– –
300〜1,000億円未満	35 100.0	5 14.3	16 45.7	12 34.3	– –	2 5.7	– –
1,000〜3,000億円未満	40 100.0	11 27.5	13 32.5	11 27.5	3 7.5	– –	2 5.0
3,000億円以上	29 100.0	14 48.3	10 34.5	3 10.3	– –	– –	2 6.9
問1（5）2017年度の経常利益							
〜0億円	7 100.0	– –	3 42.9	3 42.9	1 14.3	– –	– –
1〜10億円未満	28 100.0	2 7.1	8 28.6	11 39.3	4 14.3	2 7.1	1 3.6
10〜30億円未満	42 100.0	6 14.3	18 42.9	8 19.0	6 14.3	4 9.5	– –
30〜100億円未満	37 100.0	5 13.5	12 32.4	16 43.2	1 2.7	2 5.4	1 2.7
100億円以上	50 100.0	22 44.0	17 34.0	7 14.0	1 2.0	– –	3 6.0
問1（6）5年前と比較した現在の売上高							
50%以上の増加	25 100.0	2 8.0	10 40.0	7 28.0	4 16.0	2 8.0	– –
20〜50%以上の増加	43 100.0	11 25.6	13 30.2	13 30.2	3 7.0	– –	3 7.0
5〜20%の増加	47 100.0	16 34.0	12 25.5	15 31.9	1 2.1	1 2.1	2 4.3
−5〜5%の間で、あまり変動はない	32 100.0	4 12.5	17 53.1	4 12.5	4 12.5	3 9.4	– –
減少傾向にある	17 100.0	1 5.9	7 41.2	4 23.5	2 11.8	3 17.6	– –
問1（7）外国籍社員							
いる	75 100.0	27 36.0	28 37.3	13 17.3	4 5.3	– –	3 4.0
いない	39 100.0	– –	12 30.8	14 35.9	6 15.4	7 17.9	– –
問7B. 今後3年間の現地法人の事業展開意向							
拡大する	59 100.0	17 28.8	28 47.5	9 15.3	3 5.1	– –	2 3.4
現状維持	34 100.0	9 26.5	12 35.3	7 20.6	3 8.8	2 5.9	1 2.9
縮小・撤退する	5 100.0	– –	4 80.0	– –	– –	1 20.0	– –
問8（1）現地法人の経営方針							
きわめて重要な案件を除けば、基本的には現地法人側がすべてを決定する	35 100.0	11 31.4	10 28.6	10 28.6	1 2.9	1 2.9	2 5.7
基本的には本社が決定しているが、現地側の裁量の余地が大きい	61 100.0	17 27.9	26 42.6	10 16.4	6 9.8	1 1.6	1 1.6
基本的には、ほぼすべてを日本本社が決定している	41 100.0	7 17.1	18 43.9	11 26.8	2 4.9	3 7.3	– –
問8（3）現地法人との意志疎通状況							
うまくいっている	41 100.0	8 19.5	17 41.5	9 22.0	3 7.3	2 4.9	2 4.9
ほぼうまくいっている	78 100.0	22 28.2	30 38.5	18 23.1	5 6.4	2 2.6	1 1.3
あまりうまくいっていない	17 100.0	5 29.4	6 35.3	3 17.6	1 5.9	1 5.9	1 5.9
うまくいっていない	1 100.0	– –	1 100.0	– –	– –	– –	– –

—343—

日本企業本社のグローバル化対応に関する調査
問14(1)日本社会の一般的な傾向について
1.外国人は日本人に比べて離職しやすいと思う

	調査数	そう思う	ややそう思う	どちらともいえない	あまりそう思わない	そう思わない	無回答
全 体	171 100.0	35 20.5	43 25.1	63 36.8	21 12.3	3 1.8	6 3.5
問1(1)創業開始年							
1981年～	28 100.0	3 10.7	5 17.9	13 46.4	6 21.4	－ －	1 3.6
1951年～1980年	45 100.0	11 24.4	12 26.7	17 37.8	4 8.9	1 2.2	－ －
1921年～1950年	61 100.0	13 21.3	18 29.5	20 32.8	5 8.2	1 1.6	4 6.6
～1920年	36 100.0	7 19.4	8 22.2	13 36.1	6 16.7	1 2.8	1 2.8
問1(2)主たる業種							
食料品、繊維品、木材・家具、パルプ・紙	13 100.0	3 23.1	2 15.4	5 38.5	2 15.4	－ －	1 7.7
化学工業	14 100.0	2 14.3	4 28.6	6 42.9	1 7.1	－ －	1 7.1
鉄鋼業、金属製品	7 100.0	－ －	3 42.9	3 42.9	1 14.3	－ －	－ －
機器製造(一般、電気、輸送、精密)	27 100.0	6 22.2	8 29.6	9 33.3	4 14.8	－ －	－ －
プラスチック製品、ゴム・皮革、窯業・土石、非鉄金属	8 100.0	1 12.5	3 37.5	1 12.5	3 37.5	－ －	－ －
その他の製造業	9 100.0	4 44.4	2 22.2	3 33.3	－ －	－ －	－ －
卸売・小売り	24 100.0	3 12.5	5 20.8	11 45.8	4 16.7	－ －	1 4.2
運輸業	10 100.0	1 10.0	2 20.0	5 50.0	1 10.0	－ －	1 10.0
建設業	16 100.0	5 31.3	3 18.8	6 37.5	2 12.5	－ －	－ －
不動産業	3 100.0	1 33.3	2 66.7	－ －	－ －	－ －	－ －
飲食店・宿泊業	3 100.0	－ －	－ －	3 100.0	－ －	－ －	－ －
金融・保険業	7 100.0	1 14.3	2 28.6	1 14.3	1 14.3	1 14.3	1 14.3
情報通信業	6 100.0	2 33.3	1 16.7	3 50.0	－ －	－ －	－ －
教育、学習支援業	1 100.0	1 100.0	－ －	－ －	－ －	－ －	－ －
サービス業	13 100.0	2 15.4	4 30.8	6 46.2	－ －	1 7.7	－ －
その他の非製造業	5 100.0	2 40.0	1 20.0	－ －	2 40.0	－ －	－ －
問1(2)主たる業種							
製造業	78 100.0	16 20.5	22 28.2	27 34.6	11 14.1	－ －	2 2.6
非製造業	88 100.0	18 20.5	20 22.7	35 39.8	10 11.4	2 2.3	3 3.4
問1(3)日本本社の従業員数							
300人未満	34 100.0	5 14.7	8 23.5	13 38.2	6 17.6	1 2.9	1 2.9
300～1,000人未満	65 100.0	10 15.4	18 27.7	26 40.0	8 12.3	2 3.1	1 1.5
1,000～3,000人未満	36 100.0	7 19.4	11 30.6	12 33.3	3 8.3	－ －	3 8.3
3,000人以上	32 100.0	13 40.6	5 15.6	10 31.3	3 9.4	－ －	1 3.1

日本企業本社のグローバル化対応に関する調査
問14（1）日本社会の一般的な傾向について
1.外国人は日本人に比べて離職しやすいと思う

	調査数	そう思う	ややそう思う	どちらともいえない	あまりそう思わない	そう思わない	無回答
全 体	171	35	43	63	21	3	6
	100.0	20.5	25.1	36.8	12.3	1.8	3.5
問1（4）2017年度の売上高							
100億円未満	21	6	2	7	5	－	1
	100.0	28.6	9.5	33.3	23.8	－	4.8
100〜300億円未満	42	7	10	19	5	－	1
	100.0	16.7	23.8	45.2	11.9	－	2.4
300〜1,000億円未満	35	3	16	12	2	2	－
	100.0	8.6	45.7	34.3	5.7	5.7	－
1,000〜3,000億円未満	40	8	10	15	5	－	2
	100.0	20.0	25.0	37.5	12.5	－	5.0
3,000億円以上	29	11	4	9	3	－	2
	100.0	37.9	13.8	31.0	10.3	－	6.9
問1（5）2017年度の経常利益							
〜0億円	7	－	1	5	1	－	－
	100.0	－	14.3	71.4	14.3	－	－
1〜10億円未満	28	7	6	10	4	－	1
	100.0	25.0	21.4	35.7	14.3	－	3.6
10〜30億円未満	42	8	12	15	7	－	－
	100.0	19.0	28.6	35.7	16.7	－	－
30〜100億円未満	37	1	14	15	3	2	2
	100.0	2.7	37.8	40.5	8.1	5.4	5.4
100億円以上	50	19	8	15	5	－	3
	100.0	38.0	16.0	30.0	10.0	－	6.0
問1（6）5年前と比較した現在の売上高							
50%以上の増加	25	3	4	12	6	－	－
	100.0	12.0	16.0	48.0	24.0	－	－
20〜50%以上の増加	43	10	12	10	7	1	3
	100.0	23.3	27.9	23.3	16.3	2.3	7.0
5〜20%の増加	47	9	10	21	4	1	2
	100.0	19.1	21.3	44.7	8.5	2.1	4.3
ー5〜5%の間で、あまり変動はない	32	10	9	11	1	－	1
	100.0	31.3	28.1	34.4	3.1	－	3.1
減少傾向にある	17	2	5	7	2	1	－
	100.0	11.8	29.4	41.2	11.8	5.9	－
問1（7）外国籍社員							
いる	75	15	15	33	10	－	2
	100.0	20.0	20.0	44.0	13.3	－	2.7
いない	39	11	12	9	4	2	1
	100.0	28.2	30.8	23.1	10.3	5.1	2.6
問7B. 今後3年間の現地法人の事業展開意向							
拡大する	59	12	18	15	12	1	1
	100.0	20.3	30.5	25.4	20.3	1.7	1.7
現状維持	34	4	9	17	2	1	1
	100.0	11.8	26.5	50.0	5.9	2.9	2.9
縮小・撤退する	5	2	－	1	2	－	－
	100.0	40.0	－	20.0	40.0	－	－
問8（1）現地法人の経営方針							
きわめて重要な案件を除けば、基本的には現地法人側がすべてを決定する	35	8	6	16	3	1	1
	100.0	22.9	17.1	45.7	8.6	2.9	2.9
基本的には本社が決定しているが、現地側の裁量の余地が大きい	61	13	21	16	10	－	1
	100.0	21.3	34.4	26.2	16.4	－	1.6
基本的には、ほぼすべてを日本本社が決定している	41	7	9	18	6	1	－
	100.0	17.1	22.0	43.9	14.6	2.4	－
問8（3）現地法人との意志疎通状況							
うまくいっている	41	6	10	17	5	1	2
	100.0	14.6	24.4	41.5	12.2	2.4	4.9
ほぼうまくいっている	78	18	22	26	11	－	1
	100.0	23.1	28.2	33.3	14.1	－	1.3
あまりうまくいっていない	17	4	3	6	3	1	－
	100.0	23.5	17.6	35.3	17.6	5.9	－
うまくいっていない	1	－	1	－	－	－	－
	100.0	－	100.0	－	－	－	－

－345－

日本企業本社のグローバル化対応に関する調査
問14(1)日本社会の一般的な傾向について
2.外国人を雇用することは難しいことである

	調査数	そう思う	ややそう思う	どちらともいえない	あまりそう思わない	そう思わない	無回答
全 体	171	13	69	58	22	3	6
	100.0	7.6	40.4	33.9	12.9	1.8	3.5
問1（1）創業開始年							
1981年〜	28	1	10	10	6	−	1
	100.0	3.6	35.7	35.7	21.4	−	3.6
1951年〜1980年	45	4	18	19	4	−	−
	100.0	8.9	40.0	42.2	8.9	−	−
1921年〜1950年	61	5	28	19	5	−	4
	100.0	8.2	45.9	31.1	8.2	−	6.6
〜1920年	36	3	13	10	7	2	1
	100.0	8.3	36.1	27.8	19.4	5.6	2.8
問1（2）主たる業種							
食料品、繊維品、木材・家具、パルプ・紙	13	1	5	4	1	1	1
	100.0	7.7	38.5	30.8	7.7	7.7	7.7
化学工業	14	2	5	6	−	−	1
	100.0	14.3	35.7	42.9	−	−	7.1
鉄鋼業、金属製品	7	−	7	−	−	−	−
	100.0	−	100.0	−	−	−	−
機器製造(一般、電気、輸送、精密)	27	1	11	11	4	−	−
	100.0	3.7	40.7	40.7	14.8	−	−
プラスチック製品、ゴム・皮革、窯業・土石、非鉄金属	8	−	2	4	2	−	−
	100.0	−	25.0	50.0	25.0	−	−
その他の製造業	9	1	5	2	1	−	−
	100.0	11.1	55.6	22.2	11.1	−	−
卸売・小売り	24	2	8	9	4	−	1
	100.0	8.3	33.3	37.5	16.7	−	4.2
運輸業	10	−	6	1	2	−	1
	100.0	−	60.0	10.0	20.0	−	10.0
建設業	16	−	9	4	3	−	−
	100.0	−	56.3	25.0	18.8	−	−
不動産業	3	1	1	1	−	−	−
	100.0	33.3	33.3	33.3	−	−	−
飲食店・宿泊業	3	−	1	2	−	−	−
	100.0	−	33.3	66.7	−	−	−
金融・保険業	7	2	2	1	1	−	1
	100.0	28.6	28.6	14.3	14.3	−	14.3
情報通信業	6	1	2	3	−	−	−
	100.0	16.7	33.3	50.0	−	−	−
教育、学習支援業	1	−	1	−	−	−	−
	100.0	−	100.0	−	−	−	−
サービス業	13	1	3	7	2	−	−
	100.0	7.7	23.1	53.8	15.4	−	−
その他の非製造業	5	1	1	1	1	1	−
	100.0	20.0	20.0	20.0	20.0	20.0	−
問1（2）主たる業種							
製造業	78	5	35	27	8	1	2
	100.0	6.4	44.9	34.6	10.3	1.3	2.6
非製造業	88	8	34	29	13	1	3
	100.0	9.1	38.6	33.0	14.8	1.1	3.4
問1（3）日本本社の従業員数							
300人未満	34	3	14	9	7	−	1
	100.0	8.8	41.2	26.5	20.6	−	2.9
300〜1,000人未満	65	5	26	23	8	2	1
	100.0	7.7	40.0	35.4	12.3	3.1	1.5
1,000〜3,000人未満	36	2	16	13	2	−	3
	100.0	5.6	44.4	36.1	5.6	−	8.3
3,000人以上	32	2	12	12	4	1	1
	100.0	6.3	37.5	37.5	12.5	3.1	3.1

−346−

日本企業本社のグローバル化対応に関する調査
問14(1)日本社会の一般的な傾向について
2.外国人を雇用することは難しいことである

	調査数	そう思う	ややそう思う	どちらともいえない	あまりそう思わない	そう思わない	無回答
全体	171 100.0	13 7.6	69 40.4	58 33.9	22 12.9	3 1.8	6 3.5
問1(4)2017年度の売上高							
100億円未満	21 100.0	2 9.5	6 28.6	7 33.3	5 23.8	– –	1 4.8
100〜300億円未満	42 100.0	2 4.8	16 38.1	16 38.1	6 14.3	1 2.4	1 2.4
300〜1,000億円未満	35 100.0	2 5.7	16 45.7	13 37.1	3 8.6	1 2.9	– –
1,000〜3,000億円未満	40 100.0	4 10.0	19 47.5	11 27.5	4 10.0	– –	2 5.0
3,000億円以上	29 100.0	2 6.9	10 34.5	11 37.9	3 10.3	1 3.4	2 6.9
問1(5)2017年度の経常利益							
〜0億円	7 100.0	– –	3 42.9	3 42.9	1 14.3	– –	– –
1〜10億円未満	28 100.0	2 7.1	12 42.9	6 21.4	7 25.0	– –	1 3.6
10〜30億円未満	42 100.0	3 7.1	15 35.7	18 42.9	5 11.9	1 2.4	– –
30〜100億円未満	37 100.0	1 2.7	16 43.2	13 35.1	4 10.8	1 2.7	2 5.4
100億円以上	50 100.0	6 12.0	20 40.0	16 32.0	4 8.0	1 2.0	3 6.0
問1(6)5年前と比較した現在の売上高							
50%以上の増加	25 100.0	1 4.0	9 36.0	9 36.0	6 24.0	– –	– –
20〜50%以上の増加	43 100.0	2 4.7	17 39.5	13 30.2	8 18.6	– –	3 7.0
5〜20%の増加	47 100.0	3 6.4	21 44.7	16 34.0	4 8.5	1 2.1	2 4.3
−5〜5%の間で、あまり変動はない	32 100.0	4 12.5	12 37.5	11 34.4	2 6.3	2 6.3	1 3.1
減少傾向にある	17 100.0	2 11.8	6 35.3	8 47.1	1 5.9	– –	– –
問1(7)外国籍社員							
いる	75 100.0	5 6.7	33 44.0	28 37.3	6 8.0	1 1.3	2 2.7
いない	39 100.0	5 12.8	19 48.7	7 17.9	6 15.4	1 2.6	1 2.6
問7B.今後3年間の現地法人の事業展開意向							
拡大する	59 100.0	2 3.4	20 33.9	26 44.1	9 15.3	1 1.7	1 1.7
現状維持	34 100.0	3 8.8	17 50.0	11 32.4	1 2.9	1 2.9	1 2.9
縮小・撤退する	5 100.0	1 20.0	2 40.0	2 40.0	– –	– –	– –
問8(1)現地法人の経営方針							
きわめて重要な案件を除けば、基本的には現地法人側がすべてを決定する	35 100.0	2 5.7	17 48.6	11 31.4	4 11.4	– –	1 2.9
基本的には本社が決定しているが、現地側の裁量の余地が大きい	61 100.0	4 6.6	26 42.6	22 36.1	8 13.1	– –	1 1.6
基本的には、ほぼすべてを日本本社が決定している	41 100.0	4 9.8	11 26.8	20 48.8	4 9.8	2 4.9	– –
問8(3)現地法人との意志疎通状況							
うまくいっている	41 100.0	4 9.8	12 29.3	15 36.6	7 17.1	1 2.4	2 4.9
ほぼうまくいっている	78 100.0	6 7.7	33 42.3	30 38.5	7 9.0	1 1.3	1 1.3
あまりうまくいっていない	17 100.0	– –	7 41.2	8 47.1	2 11.8	– –	– –
うまくいっていない	1 100.0	– –	1 100.0	– –	– –	– –	– –

−347−

日本企業本社のグローバル化対応に関する調査
問14(1)日本社会の一般的な傾向について
3.日本企業で働く外国人の数は今後も増えると思う

	調査数	そう思う	ややそう思う	どちらともいえない	あまりそう思わない	そう思わない	無回答
全 体	171	83	66	16	1	−	5
	100.0	48.5	38.6	9.4	0.6	−	2.9
問1（1）創業開始年							
1981年～	28	13	11	3	−	−	1
	100.0	46.4	39.3	10.7	−	−	3.6
1951年～1980年	45	23	18	4	−	−	−
	100.0	51.1	40.0	8.9	−	−	−
1921年～1950年	61	29	24	5	−	−	3
	100.0	47.5	39.3	8.2	−	−	4.9
～1920年	36	17	13	4	1	−	1
	100.0	47.2	36.1	11.1	2.8	−	2.8
問1（2）主たる業種							
食料品、繊維品、木材・家具、パルプ・紙	13	5	6	2	−	−	−
	100.0	38.5	46.2	15.4	−	−	−
化学工業	14	5	5	3	−	−	1
	100.0	35.7	35.7	21.4	−	−	7.1
鉄鋼業、金属製品	7	2	5	−	−	−	−
	100.0	28.6	71.4	−	−	−	−
機器製造（一般、電気、輸送、精密）	27	15	10	2	−	−	−
	100.0	55.6	37.0	7.4	−	−	−
プラスチック製品、ゴム・皮革、窯業・土石、非鉄金属	8	2	4	1	1	−	−
	100.0	25.0	50.0	12.5	12.5	−	−
その他の製造業	9	6	3	−	−	−	−
	100.0	66.7	33.3	−	−	−	−
卸売・小売り	24	12	9	2	−	−	1
	100.0	50.0	37.5	8.3	−	−	4.2
運輸業	10	6	3	−	−	−	1
	100.0	60.0	30.0	−	−	−	10.0
建設業	16	7	8	1	−	−	−
	100.0	43.8	50.0	6.3	−	−	−
不動産業	3	−	2	1	−	−	−
	100.0	−	66.7	33.3	−	−	−
飲食店・宿泊業	3	−	3	−	−	−	−
	100.0	−	100.0	−	−	−	−
金融・保険業	7	3	3	−	−	−	1
	100.0	42.9	42.9	−	−	−	14.3
情報通信業	6	5	1	−	−	−	−
	100.0	83.3	16.7	−	−	−	−
教育、学習支援業	1	1	−	−	−	−	−
	100.0	100.0	−	−	−	−	−
サービス業	13	8	3	2	−	−	−
	100.0	61.5	23.1	15.4	−	−	−
その他の非製造業	5	4	−	1	−	−	−
	100.0	80.0	−	20.0	−	−	−
問1（2）主たる業種							
製造業	78	35	33	8	1	−	1
	100.0	44.9	42.3	10.3	1.3	−	1.3
非製造業	88	46	32	7	−	−	3
	100.0	52.3	36.4	8.0	−	−	3.4
問1（3）日本本社の従業員数							
300人未満	34	13	15	5	−	−	1
	100.0	38.2	44.1	14.7	−	−	2.9
300～1,000人未満	65	31	28	6	−	−	−
	100.0	47.7	43.1	9.2	−	−	−
1,000～3,000人未満	36	17	15	−	1	−	3
	100.0	47.2	41.7	−	2.8	−	8.3
3,000人以上	32	20	8	3	−	−	1
	100.0	62.5	25.0	9.4	−	−	3.1

−348−

日本企業本社のグローバル化対応に関する調査
問14（1）日本社会の一般的な傾向について
3.日本企業で働く外国人の数は今後も増えると思う

	調査数	そう思う	ややそう思う	どちらともいえない	あまりそう思わない	そう思わない	無回答
全 体	171	83	66	16	1	−	5
	100.0	48.5	38.6	9.4	0.6	−	2.9
問1（4）2017年度の売上高							
100億円未満	21	12	4	4	−	−	1
	100.0	57.1	19.0	19.0	−	−	4.8
100～300億円未満	42	16	21	4	−	−	1
	100.0	38.1	50.0	9.5	−	−	2.4
300～1,000億円未満	35	18	17	−	−	−	−
	100.0	51.4	48.6	−	−	−	−
1,000～3,000億円未満	40	20	16	2	1	−	1
	100.0	50.0	40.0	5.0	2.5	−	2.5
3,000億円以上	29	15	8	4	−	−	2
	100.0	51.7	27.6	13.8	−	−	6.9
問1（5）2017年度の経常利益							
～0億円	7	4	3	−	−	−	−
	100.0	57.1	42.9	−	−	−	−
1～10億円未満	28	12	13	2	−	−	1
	100.0	42.9	46.4	7.1	−	−	3.6
10～30億円未満	42	22	15	5	−	−	−
	100.0	52.4	35.7	11.9	−	−	−
30～100億円未満	37	16	19	1	−	−	1
	100.0	43.2	51.4	2.7	−	−	2.7
100億円以上	50	26	16	4	1	−	3
	100.0	52.0	32.0	8.0	2.0	−	6.0
問1（6）5年前と比較した現在の売上高							
50%以上の増加	25	11	11	3	−	−	−
	100.0	44.0	44.0	12.0	−	−	−
20～50%以上の増加	43	16	21	3	1	−	2
	100.0	37.2	48.8	7.0	2.3	−	4.7
5～20%の増加	47	25	18	2	−	−	2
	100.0	53.2	38.3	4.3	−	−	4.3
−5～5%の間で、あまり変動はない	32	18	9	4	−	−	1
	100.0	56.3	28.1	12.5	−	−	3.1
減少傾向にある	17	10	7	−	−	−	−
	100.0	58.8	41.2	−	−	−	−
問1（7）外国籍社員							
いる	75	41	25	6	1	−	2
	100.0	54.7	33.3	8.0	1.3	−	2.7
いない	39	18	17	3	−	−	1
	100.0	46.2	43.6	7.7	−	−	2.6
問7B.今後3年間の現地法人の事業展開意向							
拡大する	59	33	24	1	1	−	−
	100.0	55.9	40.7	1.7	1.7	−	−
現状維持	34	11	18	4	−	−	1
	100.0	32.4	52.9	11.8	−	−	2.9
縮小・撤退する	5	1	3	1	−	−	−
	100.0	20.0	60.0	20.0	−	−	−
問8（1）現地法人の経営方針							
きわめて重要な案件を除けば、基本的には現地法人側がすべてを決定する	35	16	15	3	−	−	1
	100.0	45.7	42.9	8.6	−	−	2.9
基本的には本社が決定しているが、現地側の裁量の余地が大きい	61	29	26	5	1	−	−
	100.0	47.5	42.6	8.2	1.6	−	−
基本的には、ほぼすべてを日本本社が決定している	41	21	15	5	−	−	−
	100.0	51.2	36.6	12.2	−	−	−
問8（3）現地法人との意志疎通状況							
うまくいっている	41	18	17	4	1	−	1
	100.0	43.9	41.5	9.8	2.4	−	2.4
ほぼうまくいっている	78	36	33	8	−	−	1
	100.0	46.2	42.3	10.3	−	−	1.3
あまりうまくいっていない	17	10	7	−	−	−	−
	100.0	58.8	41.2	−	−	−	−
うまくいっていない	1	1	−	−	−	−	−
	100.0	100.0	−	−	−	−	−

日本企業本社のグローバル化対応に関する調査
問14(1)日本社会の一般的な傾向について
4.日本で働く外国人が増えるのは望ましいことである

	調査数	そう思う	ややそう思う	どちらともいえない	あまりそう思わない	そう思わない	無回答
全体	171	49	66	44	5	2	5
	100.0	28.7	38.6	25.7	2.9	1.2	2.9
問1(1)創業開始年							
1981年～	28	10	7	9	–	1	1
	100.0	35.7	25.0	32.1	–	3.6	3.6
1951年～1980年	45	16	16	12	1	–	–
	100.0	35.6	35.6	26.7	2.2	–	–
1921年～1950年	61	11	28	16	3	–	3
	100.0	18.0	45.9	26.2	4.9	–	4.9
～1920年	36	11	15	7	1	1	1
	100.0	30.6	41.7	19.4	2.8	2.8	2.8
問1(2)主たる業種							
食料品、繊維品、木材・家具、パルプ・紙	13	5	4	4	–	–	–
	100.0	38.5	30.8	30.8	–	–	–
化学工業	14	4	5	4	–	–	1
	100.0	28.6	35.7	28.6	–	–	7.1
鉄鋼業、金属製品	7	1	5	1	–	–	–
	100.0	14.3	71.4	14.3	–	–	–
機器製造(一般、電気、輸送、精密)	27	7	8	11	1	–	–
	100.0	25.9	29.6	40.7	3.7	–	–
プラスチック製品、ゴム・皮革、窯業・土石、非鉄金属	8	1	6	1	–	–	–
	100.0	12.5	75.0	12.5	–	–	–
その他の製造業	9	2	3	2	2	–	–
	100.0	22.2	33.3	22.2	22.2	–	–
卸売・小売り	24	8	10	3	2	–	1
	100.0	33.3	41.7	12.5	8.3	–	4.2
運輸業	10	4	2	3	–	–	1
	100.0	40.0	20.0	30.0	–	–	10.0
建設業	16	3	10	3	–	–	–
	100.0	18.8	62.5	18.8	–	–	–
不動産業	3	–	2	–	–	1	–
	100.0	–	66.7	–	–	33.3	–
飲食店・宿泊業	3	–	2	1	–	–	–
	100.0	–	66.7	33.3	–	–	–
金融・保険業	7	1	3	2	–	–	1
	100.0	14.3	42.9	28.6	–	–	14.3
情報通信業	6	2	1	3	–	–	–
	100.0	33.3	16.7	50.0	–	–	–
教育、学習支援業	1	–	1	–	–	–	–
	100.0	–	100.0	–	–	–	–
サービス業	13	6	2	5	–	–	–
	100.0	46.2	15.4	38.5	–	–	–
その他の非製造業	5	4	–	1	–	–	–
	100.0	80.0	–	20.0	–	–	–
問1(2)主たる業種							
製造業	78	20	31	23	3	–	1
	100.0	25.6	39.7	29.5	3.8	–	1.3
非製造業	88	28	33	21	2	1	3
	100.0	31.8	37.5	23.9	2.3	1.1	3.4
問1(3)日本本社の従業員数							
300人未満	34	8	9	13	2	1	1
	100.0	23.5	26.5	38.2	5.9	2.9	2.9
300～1,000人未満	65	14	28	19	3	1	–
	100.0	21.5	43.1	29.2	4.6	1.5	–
1,000～3,000人未満	36	10	16	7	–	–	3
	100.0	27.8	44.4	19.4	–	–	8.3
3,000人以上	32	15	12	4	–	–	1
	100.0	46.9	37.5	12.5	–	–	3.1

－350－

日本企業本社のグローバル化対応に関する調査
問14(1)日本社会の一般的な傾向について
4.日本で働く外国人が増えるのは望ましいことである

	調査数	そう思う	ややそう思う	どちらともいえない	あまりそう思わない	そう思わない	無回答
全体	171	49	66	44	5	2	5
	100.0	28.7	38.6	25.7	2.9	1.2	2.9
問1(4)2017年度の売上高							
100億円未満	21	5	2	11	2	−	1
	100.0	23.8	9.5	52.4	9.5	−	4.8
100～300億円未満	42	6	20	11	3	1	1
	100.0	14.3	47.6	26.2	7.1	2.4	2.4
300～1,000億円未満	35	9	17	8	−	1	−
	100.0	25.7	48.6	22.9	−	2.9	−
1,000～3,000億円未満	40	15	15	9	−	−	1
	100.0	37.5	37.5	22.5	−	−	2.5
3,000億円以上	29	13	11	3	−	−	2
	100.0	44.8	37.9	10.3	−	−	6.9
問1(5)2017年度の経常利益							
～0億円	7	−	5	2	−	−	−
	100.0	−	71.4	28.6	−	−	−
1～10億円未満	28	4	12	7	3	1	1
	100.0	14.3	42.9	25.0	10.7	3.6	3.6
10～30億円未満	42	12	13	15	2	−	−
	100.0	28.6	31.0	35.7	4.8	−	−
30～100億円未満	37	14	12	9	−	1	1
	100.0	37.8	32.4	24.3	−	2.7	2.7
100億円以上	50	18	23	6	−	−	3
	100.0	36.0	46.0	12.0	−	−	6.0
問1(6)5年前と比較した現在の売上高							
50%以上の増加	25	7	8	9	−	1	−
	100.0	28.0	32.0	36.0	−	4.0	−
20～50%以上の増加	43	11	15	14	1	−	2
	100.0	25.6	34.9	32.6	2.3	−	4.7
5～20%の増加	47	16	20	7	1	1	2
	100.0	34.0	42.6	14.9	2.1	2.1	4.3
−5～5%の間で、あまり変動はない	32	9	11	9	2	−	1
	100.0	28.1	34.4	28.1	6.3	−	3.1
減少傾向にある	17	4	9	3	1	−	−
	100.0	23.5	52.9	17.6	5.9	−	−
問1(7)外国籍社員							
いる	75	21	29	20	3	−	2
	100.0	28.0	38.7	26.7	4.0	−	2.7
いない	39	6	15	13	2	2	1
	100.0	15.4	38.5	33.3	5.1	5.1	2.6
問7B. 今後3年間の現地法人の事業展開意向							
拡大する	59	21	27	11	−	−	−
	100.0	35.6	45.8	18.6	−	−	−
現状維持	34	7	12	12	1	1	1
	100.0	20.6	35.3	35.3	2.9	2.9	2.9
縮小・撤退する	5	1	2	1	1	−	−
	100.0	20.0	40.0	20.0	20.0	−	−
問8(1)現地法人の経営方針							
きわめて重要な案件を除けば、基本的には現地法人側がすべてを決定する	35	10	14	9	1	−	1
	100.0	28.6	40.0	25.7	2.9	−	2.9
基本的には本社が決定しているが、現地側の裁量の余地が大きい	61	19	23	19	−	−	−
	100.0	31.1	37.7	31.1	−	−	−
基本的には、ほぼすべてを日本本社が決定している	41	12	20	5	3	1	−
	100.0	29.3	48.8	12.2	7.3	2.4	−
問8(3)現地法人との意志疎通状況							
うまくいっている	41	10	20	9	−	1	1
	100.0	24.4	48.8	22.0	−	2.4	2.4
ほぼうまくいっている	78	24	31	19	3	−	1
	100.0	30.8	39.7	24.4	3.8	−	1.3
あまりうまくいっていない	17	7	6	3	1	−	−
	100.0	41.2	35.3	17.6	5.9	−	−
うまくいっていない	1	−	−	1	−	−	−
	100.0	−	−	100.0	−	−	−

日本企業本社のグローバル化対応に関する調査
問14(1)日本社会の一般的な傾向について
5.根本的に企業経営を変えるとき、より重要なのは女性の雇用よりも外国人の雇用である

	調査数	そう思う	ややそう思う	どちらともいえない	あまりそう思わない	そう思わない	無回答
全 体	171 100.0	6 3.5	8 4.7	124 72.5	22 12.9	6 3.5	5 2.9
問1(1)創業開始年							
1981年～	28 100.0	－ －	1 3.6	24 85.7	1 3.6	1 3.6	1 3.6
1951年～1980年	45 100.0	2 4.4	2 4.4	32 71.1	7 15.6	2 4.4	－ －
1921年～1950年	61 100.0	－ －	4 6.6	40 65.6	13 21.3	1 1.6	3 4.9
～1920年	36 100.0	4 11.1	1 2.8	27 75.0	1 2.8	2 5.6	1 2.8
問1(2)主たる業種							
食料品、繊維品、木材・家具、パルプ・紙	13 100.0	－ －	1 7.7	10 76.9	2 15.4	－ －	－ －
化学工業	14 100.0	1 7.1	－ －	10 71.4	1 7.1	1 7.1	1 7.1
鉄鋼業、金属製品	7 100.0	－ －	－ －	5 71.4	2 28.6	－ －	－ －
機器製造(一般、電気、輸送、精密)	27 100.0	－ －	1 3.7	19 70.4	7 25.9	－ －	－ －
プラスチック製品、ゴム・皮革、窯業・土石、非鉄金属	8 100.0	1 12.5	1 12.5	5 62.5	－ －	1 12.5	－ －
その他の製造業	9 100.0	－ －	1 11.1	7 77.8	1 11.1	－ －	－ －
卸売・小売り	24 100.0	1 4.2	－ －	20 83.3	2 8.3	－ －	1 4.2
運輸業	10 100.0	2 20.0	－ －	5 50.0	2 20.0	－ －	1 10.0
建設業	16 100.0	－ －	1 6.3	11 68.8	3 18.8	1 6.3	－ －
不動産業	3 100.0	－ －	－ －	3 100.0	－ －	－ －	－ －
飲食店・宿泊業	3 100.0	－ －	－ －	3 100.0	－ －	－ －	－ －
金融・保険業	7 100.0	－ －	－ －	5 71.4	－ －	1 14.3	1 14.3
情報通信業	6 100.0	－ －	－ －	5 83.3	－ －	1 16.7	－ －
教育、学習支援業	1 100.0	－ －	1 100.0	－ －	－ －	－ －	－ －
サービス業	13 100.0	1 7.7	2 15.4	10 76.9	－ －	－ －	－ －
その他の非製造業	5 100.0	－ －	－ －	2 40.0	2 40.0	1 20.0	－ －
問1(2)主たる業種							
製造業	78 100.0	2 2.6	4 5.1	56 71.8	13 16.7	2 2.6	1 1.3
非製造業	88 100.0	4 4.5	4 4.5	64 72.7	9 10.2	4 4.5	3 3.4
問1(3)日本本社の従業員数							
300人未満	34 100.0	－ －	－ －	28 82.4	4 11.8	1 2.9	1 2.9
300～1,000人未満	65 100.0	3 4.6	4 6.2	47 72.3	8 12.3	3 4.6	－ －
1,000～3,000人未満	36 100.0	2 5.6	2 5.6	22 61.1	7 19.4	－ －	3 8.3
3,000人以上	32 100.0	1 3.1	1 3.1	24 75.0	3 9.4	2 6.3	1 3.1

—352—

日本企業本社のグローバル化対応に関する調査
問14(1)日本社会の一般的な傾向について
5.根本的に企業経営を変えるとき、より重要なのは女性の雇用よりも外国人の雇用である

	調査数	そう思う	ややそう思う	どちらともいえない	あまりそう思わない	そう思わない	無回答
全 体	171	6	8	124	22	6	5
	100.0	3.5	4.7	72.5	12.9	3.5	2.9
問1(4)2017年度の売上高							
100億円未満	21	–	1	14	3	2	1
	100.0	–	4.8	66.7	14.3	9.5	4.8
100～300億円未満	42	1	1	33	6	–	1
	100.0	2.4	2.4	78.6	14.3	–	2.4
300～1,000億円未満	35	2	2	26	4	1	–
	100.0	5.7	5.7	74.3	11.4	2.9	–
1,000～3,000億円未満	40	–	1	32	6	–	1
	100.0	–	2.5	80.0	15.0	–	2.5
3,000億円以上	29	3	2	16	3	3	2
	100.0	10.3	6.9	55.2	10.3	10.3	6.9
問1(5)2017年度の経常利益							
～0億円	7	–	–	6	1	–	–
	100.0	–	–	85.7	14.3	–	–
1～10億円未満	28	–	1	21	3	2	1
	100.0	–	3.6	75.0	10.7	7.1	3.6
10～30億円未満	42	3	3	29	6	1	–
	100.0	7.1	7.1	69.0	14.3	2.4	–
30～100億円未満	37	–	–	30	6	–	1
	100.0	–	–	81.1	16.2	–	2.7
100億円以上	50	3	3	33	5	3	3
	100.0	6.0	6.0	66.0	10.0	6.0	6.0
問1(6)5年前と比較した現在の売上高							
50%以上の増加	25	–	–	22	2	1	–
	100.0	–	–	88.0	8.0	4.0	–
20～50%以上の増加	43	2	1	31	4	3	2
	100.0	4.7	2.3	72.1	9.3	7.0	4.7
5～20%の増加	47	2	3	32	7	1	2
	100.0	4.3	6.4	68.1	14.9	2.1	4.3
−5～5%の間で、あまり変動はない	32	2	2	19	8	–	1
	100.0	6.3	6.3	59.4	25.0	–	3.1
減少傾向にある	17	–	1	14	1	1	–
	100.0	–	5.9	82.4	5.9	5.9	–
問1(7)外国籍社員							
いる	75	4	5	52	9	3	2
	100.0	5.3	6.7	69.3	12.0	4.0	2.7
いない	39	1	2	26	7	2	1
	100.0	2.6	5.1	66.7	17.9	5.1	2.6
問7B.今後3年間の現地法人の事業展開意向							
拡大する	59	3	4	41	9	2	–
	100.0	5.1	6.8	69.5	15.3	3.4	–
現状維持	34	1	–	26	6	–	1
	100.0	2.9	–	76.5	17.6	–	2.9
縮小・撤退する	5	1	–	3	1	–	–
	100.0	20.0	–	60.0	20.0	–	–
問8(1)現地法人の経営方針							
きわめて重要な案件を除けば、基本的には現地法人側がすべてを決定する	35	2	2	28	1	1	1
	100.0	5.7	5.7	80.0	2.9	2.9	2.9
基本的には本社が決定しているが、現地側の裁量の余地が大きい	61	2	5	43	9	2	–
	100.0	3.3	8.2	70.5	14.8	3.3	–
基本的には、ほぼすべてを日本本社が決定している	41	1	–	29	11	–	–
	100.0	2.4	–	70.7	26.8	–	–
問8(3)現地法人との意志疎通状況							
うまくいっている	41	–	3	30	6	1	1
	100.0	–	7.3	73.2	14.6	2.4	2.4
ほぼうまくいっている	78	3	1	60	11	2	1
	100.0	3.8	1.3	76.9	14.1	2.6	1.3
あまりうまくいっていない	17	2	3	9	3	–	–
	100.0	11.8	17.6	52.9	17.6	–	–
うまくいっていない	1	–	–	–	1	–	–
	100.0	–	–	–	100.0	–	–

—353—

日本企業本社のグローバル化対応に関する調査
問14(2)日本本社での外国人雇用について
1.このような外国人を雇用したいという明確なイメージをもっている

	調査数	そう思う	ややそう思う	どちらともいえない	あまりそう思わない	そう思わない	無回答
全体	171	8	49	51	35	20	8
	100.0	4.7	28.7	29.8	20.5	11.7	4.7
問1(1)創業開始年							
1981年～	28	－	9	9	4	5	1
	100.0	－	32.1	32.1	14.3	17.9	3.6
1951年～1980年	45	1	12	16	10	6	－
	100.0	2.2	26.7	35.6	22.2	13.3	－
1921年～1950年	61	4	18	15	16	3	5
	100.0	6.6	29.5	24.6	26.2	4.9	8.2
～1920年	36	3	10	10	5	6	2
	100.0	8.3	27.8	27.8	13.9	16.7	5.6
問1(2)主たる業種							
食料品、繊維品、木材・家具、パルプ・紙	13	3	2	6	2	－	－
	100.0	23.1	15.4	46.2	15.4	－	－
化学工業	14	1	4	6	2	－	1
	100.0	7.1	28.6	42.9	14.3	－	7.1
鉄鋼業、金属製品	7	－	3	1	2	1	－
	100.0	－	42.9	14.3	28.6	14.3	－
機器製造(一般、電気、輸送、精密)	27	1	13	4	8	1	－
	100.0	3.7	48.1	14.8	29.6	3.7	－
プラスチック製品、ゴム・皮革、窯業・土石、非鉄金属	8	－	2	4	－	2	－
	100.0	－	25.0	50.0	－	25.0	－
その他の製造業	9	1	3	2	1	2	－
	100.0	11.1	33.3	22.2	11.1	22.2	－
卸売・小売り	24	－	6	7	9	1	1
	100.0	－	25.0	29.2	37.5	4.2	4.2
運輸業	10	－	2	3	2	2	1
	100.0	－	20.0	30.0	20.0	20.0	10.0
建設業	16	1	4	5	2	3	1
	100.0	6.3	25.0	31.3	12.5	18.8	6.3
不動産業	3	－	1	1	－	1	－
	100.0	－	33.3	33.3	－	33.3	－
飲食店・宿泊業	3	－	－	2	－	1	－
	100.0	－	－	66.7	－	33.3	－
金融・保険業	7	－	2	1	2	－	2
	100.0	－	28.6	14.3	28.6	－	28.6
情報通信業	6	－	－	2	1	3	－
	100.0	－	－	33.3	16.7	50.0	－
教育、学習支援業	1	－	－	－	－	1	－
	100.0	－	－	－	－	100.0	－
サービス業	13	1	5	5	2	－	－
	100.0	7.7	38.5	38.5	15.4	－	－
その他の非製造業	5	－	1	2	1	1	－
	100.0	－	20.0	40.0	20.0	20.0	－
問1(2)主たる業種							
製造業	78	6	27	23	15	6	1
	100.0	7.7	34.6	29.5	19.2	7.7	1.3
非製造業	88	2	21	28	19	13	5
	100.0	2.3	23.9	31.8	21.6	14.8	5.7
問1(3)日本本社の従業員数							
300人未満	34	1	8	11	9	4	1
	100.0	2.9	23.5	32.4	26.5	11.8	2.9
300～1,000人未満	65	3	19	18	11	12	2
	100.0	4.6	29.2	27.7	16.9	18.5	3.1
1,000～3,000人未満	36	2	11	10	9	1	3
	100.0	5.6	30.6	27.8	25.0	2.8	8.3
3,000人以上	32	1	9	11	6	3	2
	100.0	3.1	28.1	34.4	18.8	9.4	6.3

－354－

日本企業本社のグローバル化対応に関する調査
問14(2)日本本社での外国人雇用について
1.このような外国人を雇用したいという明確なイメージをもっている

	調査数	そう思う	ややそう思う	どちらともいえない	あまりそう思わない	そう思わない	無回答
全 体	171 100.0	8 4.7	49 28.7	51 29.8	35 20.5	20 11.7	8 4.7
問1(4)2017年度の売上高							
100億円未満	21 100.0	1 4.8	5 23.8	6 28.6	4 19.0	4 19.0	1 4.8
100〜300億円未満	42 100.0	1 2.4	11 26.2	12 28.6	12 28.6	5 11.9	1 2.4
300〜1,000億円未満	35 100.0	2 5.7	10 28.6	12 34.3	6 17.1	4 11.4	1 2.9
1,000〜3,000億円未満	40 100.0	4 10.0	10 25.0	12 30.0	9 22.5	4 10.0	1 2.5
3,000億円以上	29 100.0	− −	11 37.9	8 27.6	4 13.8	3 10.3	3 10.3
問1(5)2017年度の経常利益							
〜0億円	7 100.0	− −	1 14.3	5 71.4	1 14.3	− −	− −
1〜10億円未満	28 100.0	2 7.1	9 32.1	4 14.3	6 21.4	6 21.4	1 3.6
10〜30億円未満	42 100.0	1 2.4	12 28.6	12 28.6	12 28.6	5 11.9	− −
30〜100億円未満	37 100.0	2 5.4	7 18.9	15 40.5	7 18.9	4 10.8	2 5.4
100億円以上	50 100.0	3 6.0	18 36.0	12 24.0	9 18.0	4 8.0	4 8.0
問1(6)5年前と比較した現在の売上高							
50%以上の増加	25 100.0	− −	10 40.0	8 32.0	2 8.0	5 20.0	− −
20〜50%以上の増加	43 100.0	4 9.3	9 20.9	10 23.3	11 25.6	6 14.0	3 7.0
5〜20%の増加	47 100.0	1 2.1	19 40.4	13 27.7	9 19.1	2 4.3	3 6.4
−5〜5%の間で、あまり変動はない	32 100.0	2 6.3	6 18.8	11 34.4	8 25.0	4 12.5	1 3.1
減少傾向にある	17 100.0	− −	2 11.8	7 41.2	4 23.5	3 17.6	1 5.9
問1(7)外国籍社員							
いる	75 100.0	3 4.0	24 32.0	21 28.0	16 21.3	9 12.0	2 2.7
いない	39 100.0	2 5.1	5 12.8	11 28.2	10 25.6	9 23.1	2 5.1
問7B.今後3年間の現地法人の事業展開意向							
拡大する	59 100.0	1 1.7	28 47.5	15 25.4	13 22.0	2 3.4	− −
現状維持	34 100.0	3 8.8	6 17.6	13 38.2	7 20.6	4 11.8	1 2.9
縮小・撤退する	5 100.0	1 20.0	− −	3 60.0	− −	1 20.0	− −
問8(1)現地法人の経営方針							
きわめて重要な案件を除けば、基本的には現地法人側がすべてを決定する	35 100.0	1 2.9	8 22.9	11 31.4	9 25.7	5 14.3	1 2.9
基本的には本社が決定しているが、現地側の裁量の余地が大きい	61 100.0	4 6.6	24 39.3	15 24.6	13 21.3	5 8.2	− −
基本的には、ほぼすべてを日本本社が決定している	41 100.0	3 7.3	10 24.4	16 39.0	7 17.1	4 9.8	1 2.4
問8(3)現地法人との意志疎通状況							
うまくいっている	41 100.0	6 14.6	12 29.3	9 22.0	7 17.1	6 14.6	1 2.4
ほぼうまくいっている	78 100.0	2 2.6	27 34.6	27 34.6	17 21.8	3 3.8	2 2.6
あまりうまくいっていない	17 100.0	− −	3 17.6	6 35.3	4 23.5	4 23.5	− −
うまくいっていない	1 100.0	− −	− −	− −	1 100.0	− −	− −

日本企業本社のグローバル化対応に関する調査
問14(2)日本本社での外国人雇用について
2.優秀な外国人を定着させることは企業にとって重要な要素だと思う

	調査数	そう思う	ややそう思う	どちらともいえない	あまりそう思わない	そう思わない	無回答
全 体	171 100.0	49 28.7	73 42.7	27 15.8	9 5.3	6 3.5	7 4.1
問1(1)創業開始年							
1981年〜	28 100.0	5 17.9	11 39.3	8 28.6	1 3.6	2 7.1	1 3.6
1951年〜1980年	45 100.0	11 24.4	25 55.6	6 13.3	1 2.2	2 4.4	− −
1921年〜1950年	61 100.0	19 31.1	25 41.0	6 9.8	5 8.2	1 1.6	5 8.2
〜1920年	36 100.0	13 36.1	12 33.3	7 19.4	2 5.6	1 2.8	1 2.8
問1(2)主たる業種							
食料品、繊維品、木材・家具、パルプ・紙	13 100.0	5 38.5	5 38.5	2 15.4	− −	1 7.7	− −
化学工業	14 100.0	7 50.0	4 28.6	2 14.3	− −	− −	1 7.1
鉄鋼業、金属製品	7 100.0	3 42.9	3 42.9	1 14.3	− −	− −	− −
機器製造(一般、電気、輸送、精密)	27 100.0	9 33.3	12 44.4	3 11.1	3 11.1	− −	− −
プラスチック製品、ゴム・皮革、窯業・土石、非鉄金属	8 100.0	2 25.0	5 62.5	− −	− −	1 12.5	− −
その他の製造業	9 100.0	1 11.1	6 66.7	1 11.1	1 11.1	− −	− −
卸売・小売り	24 100.0	6 25.0	9 37.5	6 25.0	2 8.3	− −	1 4.2
運輸業	10 100.0	3 30.0	3 30.0	2 20.0	1 10.0	− −	1 10.0
建設業	16 100.0	3 18.8	7 43.8	2 12.5	2 12.5	1 6.3	1 6.3
不動産業	3 100.0	1 33.3	− −	1 33.3	− −	1 33.3	− −
飲食店・宿泊業	3 100.0	− −	2 66.7	1 33.3	− −	− −	− −
金融・保険業	7 100.0	1 14.3	3 42.9	1 14.3	− −	− −	2 28.6
情報通信業	6 100.0	2 33.3	1 16.7	2 33.3	− −	1 16.7	− −
教育、学習支援業	1 100.0	− −	− −	− −	− −	1 100.0	− −
サービス業	13 100.0	4 30.8	7 53.8	2 15.4	− −	− −	− −
その他の非製造業	5 100.0	1 20.0	3 60.0	1 20.0	− −	− −	− −
問1(2)主たる業種							
製造業	78 100.0	27 34.6	35 44.9	9 11.5	4 5.1	2 2.6	1 1.3
非製造業	88 100.0	21 23.9	35 39.8	18 20.5	5 5.7	4 4.5	5 5.7
問1(3)日本本社の従業員数							
300人未満	34 100.0	7 20.6	12 35.3	10 29.4	3 8.8	1 2.9	1 2.9
300〜1,000人未満	65 100.0	18 27.7	30 46.2	7 10.8	4 6.2	4 6.2	2 3.1
1,000〜3,000人未満	36 100.0	11 30.6	16 44.4	4 11.1	1 2.8	1 2.8	3 8.3
3,000人以上	32 100.0	12 37.5	13 40.6	5 15.6	1 3.1	− −	1 3.1

日本企業本社のグローバル化対応に関する調査
問14(2)日本本社での外国人雇用について
2.優秀な外国人を定着させることは企業にとって重要な要素だと思う

	調査数	そう思う	ややそう思う	どちらともいえない	あまりそう思わない	そう思わない	無回答
全 体	171 100.0	49 28.7	73 42.7	27 15.8	9 5.3	6 3.5	7 4.1
問1（4）2017年度の売上高							
100億円未満	21 100.0	4 19.0	9 42.9	4 19.0	2 9.5	1 4.8	1 4.8
100～300億円未満	42 100.0	6 14.3	22 52.4	8 19.0	3 7.1	2 4.8	1 2.4
300～1,000億円未満	35 100.0	10 28.6	16 45.7	5 14.3	1 2.9	2 5.7	1 2.9
1,000～3,000億円未満	40 100.0	14 35.0	15 37.5	7 17.5	2 5.0	1 2.5	1 2.5
3,000億円以上	29 100.0	14 48.3	10 34.5	2 6.9	1 3.4	－ －	2 6.9
問1（5）2017年度の経常利益							
～0億円	7 100.0	1 14.3	4 57.1	2 28.6	－ －	－ －	－ －
1～10億円未満	28 100.0	5 17.9	13 46.4	5 17.9	2 7.1	2 7.1	1 3.6
10～30億円未満	42 100.0	10 23.8	19 45.2	5 11.9	5 11.9	3 7.1	－ －
30～100億円未満	37 100.0	10 27.0	16 43.2	8 21.6	1 2.7	－ －	2 5.4
100億円以上	50 100.0	22 44.0	18 36.0	5 10.0	1 2.0	1 2.0	3 6.0
問1（6）5 年前と比較した現在の売上高							
50%以上の増加	25 100.0	6 24.0	12 48.0	5 20.0	1 4.0	1 4.0	－ －
20～50%以上の増加	43 100.0	14 32.6	15 34.9	7 16.3	2 4.7	3 7.0	2 4.7
5～20%の増加	47 100.0	18 38.3	21 44.7	4 8.5	1 2.1	－ －	3 6.4
－5～5%の間で、あまり変動はない	32 100.0	6 18.8	14 43.8	6 18.8	4 12.5	1 3.1	1 3.1
減少傾向にある	17 100.0	3 17.6	8 47.1	3 17.6	1 5.9	1 5.9	1 5.9
問1（7）外国籍社員							
いる	75 100.0	26 34.7	34 45.3	10 13.3	2 2.7	1 1.3	2 2.7
いない	39 100.0	9 23.1	13 33.3	6 15.4	4 10.3	5 12.8	2 5.1
問7B. 今後3 年間の現地法人の事業展開意向							
拡大する	59 100.0	26 44.1	27 45.8	5 8.5	－ －	1 1.7	－ －
現状維持	34 100.0	11 32.4	12 35.3	6 17.6	4 11.8	－ －	1 2.9
縮小・撤退する	5 100.0	2 40.0	2 40.0	－ －	1 20.0	－ －	－ －
問8（1）現地法人の経営方針							
きわめて重要な案件を除けば、基本的には現地法人側がすべてを決定する	35 100.0	13 37.1	13 37.1	6 17.1	1 2.9	1 2.9	1 2.9
基本的には本社が決定しているが、現地側の裁量の余地が大きい	61 100.0	24 39.3	25 41.0	8 13.1	3 4.9	1 1.6	
基本的には、ほぼすべてを日本本社が決定している	41 100.0	10 24.4	18 43.9	8 19.5	5 12.2	－ －	
問8（3）現地法人との意志疎通状況							
うまくいっている	41 100.0	16 39.0	12 29.3	7 17.1	3 7.3	2 4.9	1 2.4
ほぼうまくいっている	78 100.0	25 32.1	36 46.2	12 15.4	4 5.1	－ －	1 1.3
あまりうまくいっていない	17 100.0	6 35.3	7 41.2	2 11.8	2 11.8	－ －	－ －
うまくいっていない	1 100.0	－ －	1 100.0	－ －	－ －	－ －	－ －

日本企業本社のグローバル化対応に関する調査
問14(2)日本本社での外国人雇用について
3.現在、日本本社のなかで中核的な役割を担うような外国人を雇っている

	調査数	そう思う	ややそう思う	どちらともいえない	あまりそう思わない	そう思わない	無回答
全 体	171	5	10	40	40	68	8
	100.0	2.9	5.8	23.4	23.4	39.8	4.7

問1（1）創業開始年

	調査数	そう思う	ややそう思う	どちらともいえない	あまりそう思わない	そう思わない	無回答
1981年～	28	1	2	6	5	13	1
	100.0	3.6	7.1	21.4	17.9	46.4	3.6
1951年～1980年	45	－	2	12	11	20	－
	100.0	－	4.4	26.7	24.4	44.4	－
1921年～1950年	61	2	5	14	14	21	5
	100.0	3.3	8.2	23.0	23.0	34.4	8.2
～1920年	36	2	1	7	10	14	2
	100.0	5.6	2.8	19.4	27.8	38.9	5.6

問1（2）主たる業種

	調査数	そう思う	ややそう思う	どちらともいえない	あまりそう思わない	そう思わない	無回答
食料品、繊維品、木材・家具、パルプ・紙	13	－	－	4	3	6	－
	100.0	－	－	30.8	23.1	46.2	－
化学工業	14	1	－	7	4	1	1
	100.0	7.1	－	50.0	28.6	7.1	7.1
鉄鋼業、金属製品	7	－	1	1	2	3	－
	100.0	－	14.3	14.3	28.6	42.9	－
機器製造(一般、電気、輸送、精密)	27	2	4	6	7	8	－
	100.0	7.4	14.8	22.2	25.9	29.6	－
プラスチック製品、ゴム・皮革、窯業・土石、非鉄金属	8	－	－	1	2	5	－
	100.0	－	－	12.5	25.0	62.5	－
その他の製造業	9	－	1	3	3	2	－
	100.0	－	11.1	33.3	33.3	22.2	－
卸売・小売り	24	－	1	6	6	10	1
	100.0	－	4.2	25.0	25.0	41.7	4.2
運輸業	10	－	－	2	3	4	1
	100.0	－	－	20.0	30.0	40.0	10.0
建設業	16	1	1	4	2	7	1
	100.0	6.3	6.3	25.0	12.5	43.8	6.3
不動産業	3	－	－	1	1	1	－
	100.0	－	－	33.3	33.3	33.3	－
飲食店・宿泊業	3	－	－	1	1	1	－
	100.0	－	－	33.3	33.3	33.3	－
金融・保険業	7	1	1	－	－	3	2
	100.0	14.3	14.3	－	－	42.9	28.6
情報通信業	6	－	－	－	－	6	－
	100.0	－	－	－	－	100.0	－
教育、学習支援業	1	－	－	－	－	1	－
	100.0	－	－	－	－	100.0	－
サービス業	13	－	－	2	5	6	－
	100.0	－	－	15.4	38.5	46.2	－
その他の非製造業	5	－	－	2	－	3	－
	100.0	－	－	40.0	－	60.0	－

問1（2）主たる業種

	調査数	そう思う	ややそう思う	どちらともいえない	あまりそう思わない	そう思わない	無回答
製造業	78	3	6	22	21	25	1
	100.0	3.8	7.7	28.2	26.9	32.1	1.3
非製造業	88	2	3	18	18	42	5
	100.0	2.3	3.4	20.5	20.5	47.7	5.7

問1（3）日本本社の従業員数

	調査数	そう思う	ややそう思う	どちらともいえない	あまりそう思わない	そう思わない	無回答
300人未満	34	－	3	8	8	14	1
	100.0	－	8.8	23.5	23.5	41.2	2.9
300～1,000人未満	65	1	3	13	16	30	2
	100.0	1.5	4.6	20.0	24.6	46.2	3.1
1,000～3,000人未満	36	2	3	8	8	12	3
	100.0	5.6	8.3	22.2	22.2	33.3	8.3
3,000人以上	32	2	1	8	8	11	2
	100.0	6.3	3.1	25.0	25.0	34.4	6.3

日本企業本社のグローバル化対応に関する調査
問14(2)日本本社での外国人雇用について
3.現在、日本本社のなかで中核的な役割を担うような外国人を雇っている

	調査数	そう思う	ややそう思う	どちらともいえない	あまりそう思わない	そう思わない	無回答
全体	171 100.0	5 2.9	10 5.8	40 23.4	40 23.4	68 39.8	8 4.7
問1（4）2017年度の売上高							
100億円未満	21 100.0	－ －	4 19.0	3 14.3	1 4.8	12 57.1	1 4.8
100～300億円未満	42 100.0	－ －	－ －	10 23.8	14 33.3	17 40.5	1 2.4
300～1,000億円未満	35 100.0	2 5.7	3 8.6	8 22.9	11 31.4	10 28.6	1 2.9
1,000～3,000億円未満	40 100.0	－ －	3 7.5	10 25.0	9 22.5	17 42.5	1 2.5
3,000億円以上	29 100.0	3 10.3	－ －	8 27.6	5 17.2	10 34.5	3 10.3
問1（5）2017年度の経常利益							
～0億円	7 100.0	－ －	1 14.3	1 14.3	2 28.6	3 42.9	－ －
1～10億円未満	28 100.0	－ －	2 7.1	7 25.0	5 17.9	13 46.4	1 3.6
10～30億円未満	42 100.0	2 4.8	2 4.8	8 19.0	11 26.2	19 45.2	－ －
30～100億円未満	37 100.0	－ －	3 8.1	9 24.3	11 29.7	12 32.4	2 5.4
100億円以上	50 100.0	3 6.0	2 4.0	13 26.0	10 20.0	18 36.0	4 8.0
問1（6）5年前と比較した現在の売上高							
50%以上の増加	25 100.0	－ －	3 12.0	9 36.0	3 12.0	10 40.0	－ －
20～50%以上の増加	43 100.0	2 4.7	2 4.7	9 20.9	11 25.6	16 37.2	3 7.0
5～20%の増加	47 100.0	2 4.3	1 2.1	10 21.3	13 27.7	18 38.3	3 6.4
－5～5%の間で、あまり変動はない	32 100.0	1 3.1	2 6.3	8 25.0	7 21.9	13 40.6	1 3.1
減少傾向にある	17 100.0	－ －	2 11.8	2 11.8	5 29.4	7 41.2	1 5.9
問1（7）外国籍社員							
いる	75 100.0	2 2.7	8 10.7	13 17.3	23 30.7	27 36.0	2 2.7
いない	39 100.0	－ －	－ －	4 10.3	9 23.1	24 61.5	2 5.1
問7B. 今後3年間の現地法人の事業展開意向							
拡大する	59 100.0	3 5.1	4 6.8	16 27.1	17 28.8	19 32.2	－ －
現状維持	34 100.0	1 2.9	3 8.8	9 26.5	9 26.5	11 32.4	1 2.9
縮小・撤退する	5 100.0	－ －	－ －	－ －	2 40.0	3 60.0	－ －
問8（1）現地法人の経営方針							
きわめて重要な案件を除けば、基本的には現地法人側がすべてを決定する	35 100.0	3 8.6	3 8.6	7 20.0	7 20.0	14 40.0	1 2.9
基本的には本社が決定しているが、現地側の裁量の余地が大きい	61 100.0	2 3.3	3 4.9	14 23.0	16 26.2	26 42.6	－ －
基本的には、ほぼすべてを日本本社が決定している	41 100.0	－ －	2 4.9	12 29.3	15 36.6	11 26.8	1 2.4
問8（3）現地法人との意志疎通状況							
うまくいっている	41 100.0	1 2.4	1 2.4	13 31.7	8 19.5	17 41.5	1 2.4
ほぼうまくいっている	78 100.0	4 5.1	7 9.0	19 24.4	23 29.5	23 29.5	2 2.6
あまりうまくいっていない	17 100.0	－ －	－ －	1 5.9	7 41.2	9 52.9	－ －
うまくいっていない	1 100.0	－ －	－ －	－ －	－ －	1 100.0	－ －

日本企業本社のグローバル化対応に関する調査
問14(2)日本本社での外国人雇用について
4.将来的には日本本社のなかで中核的な役割を担う外国人を雇用したい

	調査数	そう思う	ややそう思う	どちらともいえない	あまりそう思わない	そう思わない	無回答
全体	171	19	52	64	16	11	9
	100.0	11.1	30.4	37.4	9.4	6.4	5.3
問1(1)創業開始年							
1981年～	28	1	11	10	2	3	1
	100.0	3.6	39.3	35.7	7.1	10.7	3.6
1951年～1980年	45	4	15	21	4	1	－
	100.0	8.9	33.3	46.7	8.9	2.2	－
1921年～1950年	61	6	15	26	6	2	6
	100.0	9.8	24.6	42.6	9.8	3.3	9.8
～1920年	36	7	11	7	4	5	2
	100.0	19.4	30.6	19.4	11.1	13.9	5.6
問1(2)主たる業種							
食料品、繊維品、木材・家具、パルプ・紙	13	2	3	6	－	1	1
	100.0	15.4	23.1	46.2	－	7.7	7.7
化学工業	14	3	5	5	－	－	1
	100.0	21.4	35.7	35.7	－	－	7.1
鉄鋼業、金属製品	7	－	2	3	2	－	－
	100.0	－	28.6	42.9	28.6	－	－
機器製造(一般、電気、輸送、精密)	27	6	7	9	5	－	－
	100.0	22.2	25.9	33.3	18.5	－	－
プラスチック製品、ゴム・皮革、窯業・土石、非鉄金属	8	－	4	3	－	1	－
	100.0	－	50.0	37.5	－	12.5	－
その他の製造業	9	－	1	7	1	－	－
	100.0	－	11.1	77.8	11.1	－	－
卸売・小売り	24	1	7	10	5	－	1
	100.0	4.2	29.2	41.7	20.8	－	4.2
運輸業	10	2	3	3	－	1	1
	100.0	20.0	30.0	30.0	－	10.0	10.0
建設業	16	1	4	7	－	3	1
	100.0	6.3	25.0	43.8	－	18.8	6.3
不動産業	3	－	1	－	1	1	－
	100.0	－	33.3	－	33.3	33.3	－
飲食店・宿泊業	3	－	－	3	－	－	－
	100.0	－	－	100.0	－	－	－
金融・保険業	7	1	2	1	－	1	2
	100.0	14.3	28.6	14.3	－	14.3	28.6
情報通信業	6	－	2	2	1	1	－
	100.0	－	33.3	33.3	16.7	16.7	－
教育、学習支援業	1	－	－	1	－	－	－
	100.0	－	－	100.0	－	－	－
サービス業	13	2	7	3	－	1	－
	100.0	15.4	53.8	23.1	－	7.7	－
その他の非製造業	5	1	2	1	1	－	－
	100.0	20.0	40.0	20.0	20.0	－	－
問1(2)主たる業種							
製造業	78	11	22	33	8	2	2
	100.0	14.1	28.2	42.3	10.3	2.6	2.6
非製造業	88	8	28	31	8	8	5
	100.0	9.1	31.8	35.2	9.1	9.1	5.7
問1(3)日本本社の従業員数							
300人未満	34	－	12	9	9	3	1
	100.0	－	35.3	26.5	26.5	8.8	2.9
300～1,000人未満	65	5	19	28	6	4	3
	100.0	7.7	29.2	43.1	9.2	6.2	4.6
1,000～3,000人未満	36	6	8	17	－	2	3
	100.0	16.7	22.2	47.2	－	5.6	8.3
3,000人以上	32	6	13	8	1	2	2
	100.0	18.8	40.6	25.0	3.1	6.3	6.3

日本企業本社のグローバル化対応に関する調査
問14(2)日本本社での外国人雇用について
4.将来的には日本本社のなかで中核的な役割を担う外国人を雇用したい

	調査数	そう思う	ややそう思う	どちらともいえない	あまりそう思わない	そう思わない	無回答
全 体	171 100.0	19 11.1	52 30.4	64 37.4	16 9.4	11 6.4	9 5.3
問1（4）2017年度の売上高							
100億円未満	21 100.0	1 4.8	6 28.6	5 23.8	7 33.3	1 4.8	1 4.8
100～300億円未満	42 100.0	3 7.1	9 21.4	20 47.6	7 16.7	2 4.8	1 2.4
300～1,000億円未満	35 100.0	2 5.7	12 34.3	16 45.7	1 2.9	3 8.6	1 2.9
1,000～3,000億円未満	40 100.0	5 12.5	13 32.5	16 40.0	- -	4 10.0	2 5.0
3,000億円以上	29 100.0	7 24.1	11 37.9	6 20.7	1 3.4	1 3.4	3 10.3
問1（5）2017年度の経常利益							
～0億円	7 100.0	- -	3 42.9	4 57.1	- -	- -	- -
1～10億円未満	28 100.0	1 3.6	8 28.6	8 28.6	8 28.6	2 7.1	1 3.6
10～30億円未満	42 100.0	4 9.5	9 21.4	22 52.4	5 11.9	2 4.8	- -
30～100億円未満	37 100.0	3 8.1	13 35.1	13 35.1	1 2.7	4 10.8	3 8.1
100億円以上	50 100.0	10 20.0	17 34.0	15 30.0	1 2.0	3 6.0	4 8.0
問1（6）5年前と比較した現在の売上高							
50%以上の増加	25 100.0	2 8.0	9 36.0	9 36.0	1 4.0	4 16.0	- -
20～50%以上の増加	43 100.0	5 11.6	13 30.2	13 30.2	5 11.6	3 7.0	4 9.3
5～20%の増加	47 100.0	8 17.0	10 21.3	22 46.8	3 6.4	1 2.1	3 6.4
-5～5%の間で、あまり変動はない	32 100.0	3 9.4	9 28.1	13 40.6	5 15.6	1 3.1	1 3.1
減少傾向にある	17 100.0	- -	8 47.1	5 29.4	2 11.8	1 5.9	1 5.9
問1（7）外国籍社員							
いる	75 100.0	9 12.0	24 32.0	32 42.7	5 6.7	3 4.0	2 2.7
いない	39 100.0	1 2.6	7 17.9	14 35.9	10 25.6	5 12.8	2 5.1
問7B. 今後3年間の現地法人の事業展開意向							
拡大する	59 100.0	11 18.6	25 42.4	18 30.5	3 5.1	1 1.7	1 1.7
現状維持	34 100.0	4 11.8	9 26.5	16 47.1	1 2.9	3 8.8	1 2.9
縮小・撤退する	5 100.0	- -	3 60.0	1 20.0	1 20.0	- -	- -
問8（1）現地法人の経営方針							
きわめて重要な案件を除けば、基本的には現地法人側がすべてを決定する	35 100.0	3 8.6	9 25.7	17 48.6	4 11.4	1 2.9	1 2.9
基本的には本社が決定しているが、現地側の裁量の余地が大きい	61 100.0	8 13.1	23 37.7	23 37.7	2 3.3	4 6.6	1 1.6
基本的には、ほぼすべてを日本本社が決定している	41 100.0	5 12.2	15 36.6	13 31.7	6 14.6	1 2.4	1 2.4
問8（3）現地法人との意志疎通状況							
うまくいっている	41 100.0	3 7.3	13 31.7	13 31.7	7 17.1	3 7.3	2 4.9
ほぼうまくいっている	78 100.0	9 11.5	27 34.6	35 44.9	4 5.1	1 1.3	2 2.6
あまりうまくいっていない	17 100.0	4 23.5	7 41.2	3 17.6	1 5.9	2 11.8	- -
うまくいっていない	1 100.0	- -	- -	1 100.0	- -	- -	- -

日本企業本社のグローバル化対応に関する調査
問14(2)日本本社での外国人雇用について
5.外国人を雇用・定着させるには、今までの企業のシステムを変えていく必要がある

	調査数	そう思う	ややそう思う	どちらともいえない	あまりそう思わない	そう思わない	無回答
全 体	171	34	58	60	8	4	7
	100.0	19.9	33.9	35.1	4.7	2.3	4.1
問1(1)創業開始年							
1981年～	28	3	7	13	2	2	1
	100.0	10.7	25.0	46.4	7.1	7.1	3.6
1951年～1980年	45	7	17	18	2	1	－
	100.0	15.6	37.8	40.0	4.4	2.2	－
1921年～1950年	61	14	21	19	2	－	5
	100.0	23.0	34.4	31.1	3.3	－	8.2
～1920年	36	9	13	10	2	1	1
	100.0	25.0	36.1	27.8	5.6	2.8	2.8
問1(2)主たる業種							
食料品、繊維品、木材・家具、パルプ・紙	13	2	4	7	－	－	－
	100.0	15.4	30.8	53.8	－	－	－
化学工業	14	4	4	5	－	－	1
	100.0	28.6	28.6	35.7	－	－	7.1
鉄鋼業、金属製品	7	3	1	3	－	－	－
	100.0	42.9	14.3	42.9	－	－	－
機器製造(一般、電気、輸送、精密)	27	3	11	11	2	－	－
	100.0	11.1	40.7	40.7	7.4	－	－
プラスチック製品、ゴム・皮革、窯業・土石、非鉄金属	8	－	4	3	1	－	－
	100.0	－	50.0	37.5	12.5	－	－
その他の製造業	9	2	2	4	1	－	－
	100.0	22.2	22.2	44.4	11.1	－	－
卸売・小売り	24	3	11	7	2	－	1
	100.0	12.5	45.8	29.2	8.3	－	4.2
運輸業	10	3	3	3	－	－	1
	100.0	30.0	30.0	30.0	－	－	10.0
建設業	16	4	5	6	－	－	1
	100.0	25.0	31.3	37.5	－	－	6.3
不動産業	3	－	－	2	－	1	－
	100.0	－	－	66.7	－	33.3	－
飲食店・宿泊業	3	－	1	2	－	－	－
	100.0	－	33.3	66.7	－	－	－
金融・保険業	7	2	1	2	－	－	2
	100.0	28.6	14.3	28.6	－	－	28.6
情報通信業	6	2	2	－	1	1	－
	100.0	33.3	33.3	－	16.7	16.7	－
教育、学習支援業	1	－	－	1	－	－	－
	100.0	－	－	100.0	－	－	－
サービス業	13	2	7	2	1	1	－
	100.0	15.4	53.8	15.4	7.7	7.7	－
その他の非製造業	5	3	－	2	－	－	－
	100.0	60.0	－	40.0	－	－	－
問1(2)主たる業種							
製造業	78	14	26	33	4	－	1
	100.0	17.9	33.3	42.3	5.1	－	1.3
非製造業	88	19	30	27	4	3	5
	100.0	21.6	34.1	30.7	4.5	3.4	5.7
問1(3)日本本社の従業員数							
300人未満	34	6	10	11	5	1	1
	100.0	17.6	29.4	32.4	14.7	2.9	2.9
300～1,000人未満	65	12	18	30	1	2	2
	100.0	18.5	27.7	46.2	1.5	3.1	3.1
1,000～3,000人未満	36	6	14	11	1	1	3
	100.0	16.7	38.9	30.6	2.8	2.8	8.3
3,000人以上	32	8	16	6	1	－	1
	100.0	25.0	50.0	18.8	3.1	－	3.1

－362－

日本企業本社のグローバル化対応に関する調査
問14(2)日本本社での外国人雇用について
5.外国人を雇用・定着させるには、今までの企業のシステムを変えていく必要がある

	調査数	そう思う	ややそう思う	どちらともいえない	あまりそう思わない	そう思わない	無回答
全 体	171 100.0	34 19.9	58 33.9	60 35.1	8 4.7	4 2.3	7 4.1
問1（4）2017年度の売上高							
100億円未満	21 100.0	2 9.5	6 28.6	9 42.9	2 9.5	1 4.8	1 4.8
100～300億円未満	42 100.0	4 9.5	15 35.7	16 38.1	4 9.5	2 4.8	1 2.4
300～1,000億円未満	35 100.0	6 17.1	15 42.9	12 34.3	－ －	1 2.9	1 2.9
1,000～3,000億円未満	40 100.0	9 22.5	10 25.0	18 45.0	2 5.0	－ －	1 2.5
3,000億円以上	29 100.0	11 37.9	12 41.4	4 13.8	－ －	－ －	2 6.9
問1（5）2017年度の経常利益							
～0億円	7 100.0	－ －	6 85.7	1 14.3	－ －	－ －	－ －
1～10億円未満	28 100.0	4 14.3	7 25.0	9 32.1	5 17.9	2 7.1	1 3.6
10～30億円未満	42 100.0	7 16.7	13 31.0	21 50.0	1 2.4	－ －	－ －
30～100億円未満	37 100.0	5 13.5	13 35.1	15 40.5	－ －	2 5.4	2 5.4
100億円以上	50 100.0	16 32.0	18 36.0	11 22.0	2 4.0	－ －	3 6.0
問1（6）5年前と比較した現在の売上高							
50%以上の増加	25 100.0	2 8.0	7 28.0	12 48.0	2 8.0	2 8.0	－ －
20～50%以上の増加	43 100.0	9 20.9	13 30.2	15 34.9	3 7.0	1 2.3	2 4.7
5～20%の増加	47 100.0	12 25.5	13 27.7	17 36.2	1 2.1	1 2.1	3 6.4
－5～5%の間で、あまり変動はない	32 100.0	5 15.6	10 31.3	14 43.8	2 6.3	－ －	1 3.1
減少傾向にある	17 100.0	3 17.6	12 70.6	1 5.9	－ －	－ －	1 5.9
問1（7）外国籍社員							
いる	75 100.0	20 26.7	31 41.3	21 28.0	1 1.3	－ －	2 2.7
いない	39 100.0	6 15.4	10 25.6	13 33.3	5 12.8	3 7.7	2 5.1
問7B. 今後3年間の現地法人の事業展開意向							
拡大する	59 100.0	14 23.7	24 40.7	18 30.5	3 5.1	－ －	－ －
現状維持	34 100.0	6 17.6	11 32.4	14 41.2	－ －	2 5.9	1 2.9
縮小・撤退する	5 100.0	－ －	5 100.0	－ －	－ －	－ －	－ －
問8（1）現地法人の経営方針							
きわめて重要な案件を除けば、基本的には現地法人側がすべてを決定する	35 100.0	9 25.7	10 28.6	15 42.9	－ －	－ －	1 2.9
基本的には本社が決定しているが、現地側の裁量の余地が大きい	61 100.0	15 24.6	23 37.7	19 31.1	3 4.9	1 1.6	－ －
基本的には、ほぼすべてを日本本社が決定している	41 100.0	6 14.6	19 46.3	14 34.1	1 2.4	1 2.4	－ －
問8（3）現地法人との意志疎通状況							
うまくいっている	41 100.0	10 24.4	8 19.5	17 41.5	4 9.8	1 2.4	1 2.4
ほぼうまくいっている	78 100.0	14 17.9	34 43.6	28 35.9	－ －	1 1.3	1 1.3
あまりうまくいっていない	17 100.0	5 29.4	9 52.9	3 17.6	－ －	－ －	－ －
うまくいっていない	1 100.0	1 100.0	－ －	－ －	－ －	－ －	－ －

日本企業本社のグローバル化対応に関する調査
問14(2)日本本社での外国人雇用について
6.外国人を雇用する積極的な理由がある

	調査数	そう思う	ややそう思う	どちらともいえない	あまりそう思わない	そう思わない	無回答
全体	171 100.0	21 12.3	55 32.2	45 26.3	26 15.2	17 9.9	7 4.1
問1(1)創業開始年							
1981年～	28 100.0	3 10.7	10 35.7	3 10.7	7 25.0	4 14.3	1 3.6
1951年～1980年	45 100.0	3 6.7	14 31.1	15 33.3	7 15.6	6 13.3	－ －
1921年～1950年	61 100.0	11 18.0	15 24.6	20 32.8	8 13.1	2 3.3	5 8.2
～1920年	36 100.0	4 11.1	16 44.4	6 16.7	4 11.1	5 13.9	1 2.8
問1(2)主たる業種							
食料品、繊維品、木材・家具、パルプ・紙	13 100.0	3 23.1	3 23.1	4 30.8	2 15.4	1 7.7	－ －
化学工業	14 100.0	2 14.3	5 35.7	6 42.9	－ －	－ －	1 7.1
鉄鋼業、金属製品	7 100.0	－ －	2 28.6	3 42.9	1 14.3	1 14.3	－ －
機器製造(一般、電気、輸送、精密)	27 100.0	4 14.8	7 25.9	11 40.7	4 14.8	1 3.7	－ －
プラスチック製品、ゴム・皮革、窯業・土石、非鉄金属	8 100.0	1 12.5	5 62.5	1 12.5	－ －	1 12.5	－ －
その他の製造業	9 100.0	1 11.1	4 44.4	2 22.2	2 22.2	－ －	－ －
卸売・小売り	24 100.0	1 4.2	8 33.3	6 25.0	7 29.2	1 4.2	1 4.2
運輸業	10 100.0	1 10.0	4 40.0	2 20.0	1 10.0	1 10.0	1 10.0
建設業	16 100.0	2 12.5	6 37.5	2 12.5	2 12.5	3 18.8	1 6.3
不動産業	3 100.0	－ －	1 33.3	－ －	1 33.3	1 33.3	－ －
飲食店・宿泊業	3 100.0	－ －	2 66.7	1 33.3	－ －	－ －	－ －
金融・保険業	7 100.0	2 28.6	－ －	2 28.6	1 14.3	－ －	2 28.6
情報通信業	6 100.0	－ －	－ －	1 16.7	3 50.0	2 33.3	－ －
教育、学習支援業	1 100.0	－ －	－ －	－ －	－ －	1 100.0	－ －
サービス業	13 100.0	3 23.1	6 46.2	1 7.7	1 7.7	2 15.4	－ －
その他の非製造業	5 100.0	－ －	1 20.0	2 40.0	1 20.0	1 20.0	－ －
問1(2)主たる業種							
製造業	78 100.0	11 14.1	26 33.3	27 34.6	9 11.5	4 5.1	1 1.3
非製造業	88 100.0	9 10.2	28 31.8	17 19.3	17 19.3	12 13.6	5 5.7
問1(3)日本本社の従業員数							
300人未満	34 100.0	－ －	12 35.3	7 20.6	11 32.4	3 8.8	1 2.9
300～1,000人未満	65 100.0	7 10.8	18 27.7	19 29.2	9 13.8	10 15.4	2 3.1
1,000～3,000人未満	36 100.0	5 13.9	11 30.6	12 33.3	3 8.3	2 5.6	3 8.3
3,000人以上	32 100.0	7 21.9	14 43.8	5 15.6	3 9.4	2 6.3	1 3.1

日本企業本社のグローバル化対応に関する調査
問14(2)日本本社での外国人雇用について
6.外国人を雇用する積極的な理由がある

	調査数	そう思う	ややそう思う	どちらともいえない	あまりそう思わない	そう思わない	無回答
全 体	171 100.0	21 12.3	55 32.2	45 26.3	26 15.2	17 9.9	7 4.1
問1（4）2017年度の売上高							
100億円未満	21 100.0	2 9.5	6 28.6	3 14.3	8 38.1	1 4.8	1 4.8
100～300億円未満	42 100.0	2 4.8	12 28.6	14 33.3	8 19.0	5 11.9	1 2.4
300～1,000億円未満	35 100.0	3 8.6	12 34.3	11 31.4	2 5.7	6 17.1	1 2.9
1,000～3,000億円未満	40 100.0	7 17.5	11 27.5	11 27.5	7 17.5	3 7.5	1 2.5
3,000億円以上	29 100.0	6 20.7	14 48.3	4 13.8	1 3.4	2 6.9	2 6.9
問1（5）2017年度の経常利益							
～0億円	7 100.0	－ －	4 57.1	2 28.6	1 14.3	－ －	－ －
1～10億円未満	28 100.0	2 7.1	9 32.1	4 14.3	10 35.7	2 7.1	1 3.6
10～30億円未満	42 100.0	4 9.5	10 23.8	16 38.1	5 11.9	7 16.7	－ －
30～100億円未満	37 100.0	5 13.5	10 27.0	10 27.0	5 13.5	5 13.5	2 5.4
100億円以上	50 100.0	9 18.0	21 42.0	10 20.0	4 8.0	3 6.0	3 6.0
問1（6）5年前と比較した現在の売上高							
50%以上の増加	25 100.0	4 16.0	8 32.0	7 28.0	2 8.0	4 16.0	－ －
20～50%以上の増加	43 100.0	7 16.3	14 32.6	5 11.6	11 25.6	4 9.3	2 4.7
5～20%の増加	47 100.0	7 14.9	18 38.3	13 27.7	4 8.5	2 4.3	3 6.4
－5～5%の間で、あまり変動はない	32 100.0	1 3.1	8 25.0	13 40.6	4 12.5	5 15.6	1 3.1
減少傾向にある	17 100.0	－ －	6 35.3	5 29.4	3 17.6	2 11.8	1 5.9
問1（7）外国籍社員							
いる	75 100.0	12 16.0	28 37.3	19 25.3	9 12.0	5 6.7	2 2.7
いない	39 100.0	1 2.6	4 10.3	10 25.6	12 30.8	10 25.6	2 5.1
問7B.今後3年間の現地法人の事業展開意向							
拡大する	59 100.0	12 20.3	26 44.1	17 28.8	3 5.1	1 1.7	－ －
現状維持	34 100.0	3 8.8	8 23.5	14 41.2	3 8.8	5 14.7	1 2.9
縮小・撤退する	5 100.0	－ －	3 60.0	1 20.0	1 20.0	－ －	－ －
問8（1）現地法人の経営方針							
きわめて重要な案件を除けば、基本的には現地法人側がすべてを決定する	35 100.0	5 14.3	8 22.9	12 34.3	4 11.4	5 14.3	1 2.9
基本的には本社が決定しているが、現地側の裁量の余地が大きい	61 100.0	10 16.4	24 39.3	15 24.6	7 11.5	5 8.2	－ －
基本的には、ほぼすべてを日本本社が決定している	41 100.0	4 9.8	15 36.6	12 29.3	8 19.5	2 4.9	－ －
問8（3）現地法人との意志疎通状況							
うまくいっている	41 100.0	3 7.3	13 31.7	12 29.3	6 14.6	6 14.6	1 2.4
ほぼうまくいっている	78 100.0	13 16.7	26 33.3	24 30.8	11 14.1	3 3.8	1 1.3
あまりうまくいっていない	17 100.0	3 17.6	8 47.1	2 11.8	1 5.9	3 17.6	－ －
うまくいっていない	1 100.0	－ －	－ －	1 100.0	－ －	－ －	－ －

日本企業本社のグローバル化対応に関する調査
問14(2)日本本社での外国人雇用について
7.外国人には企業内での新たな役割を期待している

	調査数	そう思う	ややそう思う	どちらともいえない	あまりそう思わない	そう思わない	無回答
全 体	171	21	71	46	14	12	7
	100.0	12.3	41.5	26.9	8.2	7.0	4.1
問1（1）創業開始年							
1981年～	28	4	12	4	4	3	1
	100.0	14.3	42.9	14.3	14.3	10.7	3.6
1951年～1980年	45	5	19	12	6	3	–
	100.0	11.1	42.2	26.7	13.3	6.7	–
1921年～1950年	61	7	29	15	3	2	5
	100.0	11.5	47.5	24.6	4.9	3.3	8.2
～1920年	36	5	11	14	1	4	1
	100.0	13.9	30.6	38.9	2.8	11.1	2.8
問1（2）主たる業種							
食料品、繊維品、木材・家具、パルプ・紙	13	2	6	3	1	1	–
	100.0	15.4	46.2	23.1	7.7	7.7	–
化学工業	14	2	7	4	–	–	1
	100.0	14.3	50.0	28.6	–	–	7.1
鉄鋼業、金属製品	7	1	1	5	–	–	–
	100.0	14.3	14.3	71.4	–	–	–
機器製造（一般、電気、輸送、精密）	27	4	10	10	3	–	–
	100.0	14.8	37.0	37.0	11.1	–	–
プラスチック製品、ゴム・皮革、窯業・土石、非鉄金属	8	–	5	1	–	2	–
	100.0	–	62.5	12.5	–	25.0	–
その他の製造業	9	1	3	3	2	–	–
	100.0	11.1	33.3	33.3	22.2	–	–
卸売・小売り	24	1	12	7	2	1	1
	100.0	4.2	50.0	29.2	8.3	4.2	4.2
運輸業	10	–	5	2	1	1	1
	100.0	–	50.0	20.0	10.0	10.0	10.0
建設業	16	2	7	3	1	2	1
	100.0	12.5	43.8	18.8	6.3	12.5	6.3
不動産業	3	–	1	–	1	1	–
	100.0	–	33.3	–	33.3	33.3	–
飲食店・宿泊業	3	–	1	2	–	–	–
	100.0	–	33.3	66.7	–	–	–
金融・保険業	7	2	1	1	1	–	2
	100.0	28.6	14.3	14.3	14.3	–	28.6
情報通信業	6	–	1	2	2	1	–
	100.0	–	16.7	33.3	33.3	16.7	–
教育、学習支援業	1	–	1	–	–	–	–
	100.0	–	100.0	–	–	–	–
サービス業	13	4	8	–	–	1	–
	100.0	30.8	61.5	–	–	7.7	–
その他の非製造業	5	1	1	2	–	1	–
	100.0	20.0	20.0	40.0	–	20.0	–
問1（2）主たる業種							
製造業	78	10	32	26	6	3	1
	100.0	12.8	41.0	33.3	7.7	3.8	1.3
非製造業	88	10	38	19	8	8	5
	100.0	11.4	43.2	21.6	9.1	9.1	5.7
問1（3）日本本社の従業員数							
300人未満	34	4	13	8	5	3	1
	100.0	11.8	38.2	23.5	14.7	8.8	2.9
300～1,000人未満	65	6	26	20	7	4	2
	100.0	9.2	40.0	30.8	10.8	6.2	3.1
1,000～3,000人未満	36	4	18	7	2	2	3
	100.0	11.1	50.0	19.4	5.6	5.6	8.3
3,000人以上	32	5	13	10	–	3	1
	100.0	15.6	40.6	31.3	–	9.4	3.1

日本企業本社のグローバル化対応に関する調査
問14（2）日本本社での外国人雇用について
7.外国人には企業内での新たな役割を期待している

	調査数	そう思う	ややそう思う	どちらともいえない	あまりそう思わない	そう思わない	無回答
全 体	171 100.0	21 12.3	71 41.5	46 26.9	14 8.2	12 7.0	7 4.1
問1（4）2017年度の売上高							
100億円未満	21 100.0	2 9.5	8 38.1	5 23.8	4 19.0	1 4.8	1 4.8
100～300億円未満	42 100.0	4 9.5	18 42.9	12 28.6	4 9.5	3 7.1	1 2.4
300～1,000億円未満	35 100.0	3 8.6	16 45.7	11 31.4	1 2.9	3 8.6	1 2.9
1,000～3,000億円未満	40 100.0	7 17.5	13 32.5	12 30.0	5 12.5	2 5.0	1 2.5
3,000億円以上	29 100.0	4 13.8	15 51.7	5 17.2	－ －	3 10.3	2 6.9
問1（5）2017年度の経常利益							
～0億円	7 100.0	－ －	5 71.4	2 28.6	－ －	－ －	－ －
1～10億円未満	28 100.0	3 10.7	10 35.7	6 21.4	6 21.4	2 7.1	1 3.6
10～30億円未満	42 100.0	4 9.5	19 45.2	13 31.0	3 7.1	3 7.1	－ －
30～100億円未満	37 100.0	6 16.2	12 32.4	11 29.7	3 8.1	3 8.1	2 5.4
100億円以上	50 100.0	7 14.0	23 46.0	11 22.0	2 4.0	4 8.0	3 6.0
問1（6）5年前と比較した現在の売上高							
50%以上の増加	25 100.0	5 20.0	9 36.0	7 28.0	1 4.0	3 12.0	－ －
20～50%以上の増加	43 100.0	5 11.6	19 44.2	6 14.0	7 16.3	4 9.3	2 4.7
5～20%の増加	47 100.0	7 14.9	19 40.4	13 27.7	4 8.5	1 2.1	3 6.4
－5～5%の間で、あまり変動はない	32 100.0	2 6.3	12 37.5	13 40.6	1 3.1	3 9.4	1 3.1
減少傾向にある	17 100.0	－ －	11 64.7	3 17.6	1 5.9	1 5.9	1 5.9
問1（7）外国籍社員							
いる	75 100.0	12 16.0	35 46.7	17 22.7	4 5.3	5 6.7	2 2.7
いない	39 100.0	1 2.6	14 35.9	12 30.8	5 12.8	5 12.8	2 5.1
問7B. 今後3年間の現地法人の事業展開意向							
拡大する	59 100.0	8 13.6	38 64.4	10 16.9	1 1.7	2 3.4	－ －
現状維持	34 100.0	5 14.7	8 23.5	15 44.1	2 5.9	3 8.8	1 2.9
縮小・撤退する	5 100.0	－ －	4 80.0	－ －	1 20.0	－ －	－ －
問8（1）現地法人の経営方針							
きわめて重要な案件を除けば、基本的には現地法人側がすべてを決定する	35 100.0	4 11.4	13 37.1	11 31.4	5 14.3	1 2.9	1 2.9
基本的には本社が決定しているが、現地側の裁量の余地が大きい	61 100.0	10 16.4	30 49.2	13 21.3	3 4.9	5 8.2	－ －
基本的には、ほぼすべてを日本本社が決定している	41 100.0	4 9.8	21 51.2	11 26.8	3 7.3	2 4.9	－ －
問8（3）現地法人との意志疎通状況							
うまくいっている	41 100.0	6 14.6	16 39.0	11 26.8	4 9.8	3 7.3	1 2.4
ほぼうまくいっている	78 100.0	11 14.1	38 48.7	19 24.4	6 7.7	3 3.8	1 1.3
あまりうまくいっていない	17 100.0	1 5.9	10 58.8	3 17.6	1 5.9	2 11.8	－ －
うまくいっていない	1 100.0	－ －	－ －	1 100.0	－ －	－ －	－ －

日本企業本社のグローバル化対応に関する調査
問14（2）日本本社での外国人雇用について
8.日本にいる優秀な留学生を労働力として確保したい

	調査数	そう思う	ややそう思う	どちらともいえない	あまりそう思わない	そう思わない	無回答
全体	171	29	62	50	10	12	8
	100.0	17.0	36.3	29.2	5.8	7.0	4.7
問1（1）創業開始年							
1981年～	28	5	10	7	1	4	1
	100.0	17.9	35.7	25.0	3.6	14.3	3.6
1951年～1980年	45	6	15	18	4	2	－
	100.0	13.3	33.3	40.0	8.9	4.4	－
1921年～1950年	61	10	25	14	4	3	5
	100.0	16.4	41.0	23.0	6.6	4.9	8.2
～1920年	36	8	12	10	1	3	2
	100.0	22.2	33.3	27.8	2.8	8.3	5.6
問1（2）主たる業種							
食料品、繊維品、木材・家具、パルプ・紙	13	2	3	7	－	1	－
	100.0	15.4	23.1	53.8	－	7.7	－
化学工業	14	1	4	8	－	－	1
	100.0	7.1	28.6	57.1	－	－	7.1
鉄鋼業、金属製品	7	－	4	2	1	－	－
	100.0	－	57.1	28.6	14.3	－	－
機器製造（一般、電気、輸送、精密）	27	10	8	4	4	1	－
	100.0	37.0	29.6	14.8	14.8	3.7	－
プラスチック製品、ゴム・皮革、窯業・土石、非鉄金属	8	－	7	－	－	1	－
	100.0	－	87.5	－	－	12.5	－
その他の製造業	9	1	5	3	－	－	－
	100.0	11.1	55.6	33.3	－	－	－
卸売・小売り	24	1	11	6	3	2	1
	100.0	4.2	45.8	25.0	12.5	8.3	4.2
運輸業	10	2	4	2	－	1	1
	100.0	20.0	40.0	20.0	－	10.0	10.0
建設業	16	3	6	5	1	－	1
	100.0	18.8	37.5	31.3	6.3	－	6.3
不動産業	3	－	1	1	－	1	－
	100.0	－	33.3	33.3	－	33.3	－
飲食店・宿泊業	3	－	1	2	－	－	－
	100.0	－	33.3	66.7	－	－	－
金融・保険業	7	2	2	1	－	－	2
	100.0	28.6	28.6	14.3	－	－	28.6
情報通信業	6	－	2	2	1	1	－
	100.0	－	33.3	33.3	16.7	16.7	－
教育、学習支援業	1	－	－	－	－	1	－
	100.0	－	－	－	－	100.0	－
サービス業	13	6	2	4	－	1	－
	100.0	46.2	15.4	30.8	－	7.7	－
その他の非製造業	5	1	1	2	－	1	－
	100.0	20.0	20.0	40.0	－	20.0	－
問1（2）主たる業種							
製造業	78	14	31	24	5	3	1
	100.0	17.9	39.7	30.8	6.4	3.8	1.3
非製造業	88	15	30	25	5	8	5
	100.0	17.0	34.1	28.4	5.7	9.1	5.7
問1（3）日本本社の従業員数							
300人未満	34	2	10	14	3	4	1
	100.0	5.9	29.4	41.2	8.8	11.8	2.9
300～1,000人未満	65	9	20	24	5	5	2
	100.0	13.8	30.8	36.9	7.7	7.7	3.1
1,000～3,000人未満	36	9	15	5	2	2	3
	100.0	25.0	41.7	13.9	5.6	5.6	8.3
3,000人以上	32	7	16	6	－	1	2
	100.0	21.9	50.0	18.8	－	3.1	6.3

日本企業本社のグローバル化対応に関する調査
問14(2)日本本社での外国人雇用について
8.日本にいる優秀な留学生を労働力として確保したい

	調査数	そう思う	ややそう思う	どちらともいえない	あまりそう思わない	そう思わない	無回答
全 体	171 100.0	29 17.0	62 36.3	50 29.2	10 5.8	12 7.0	8 4.7
問1（4）2017年度の売上高							
100億円未満	21 100.0	5 23.8	4 19.0	7 33.3	2 9.5	2 9.5	1 4.8
100～300億円未満	42 100.0	3 7.1	12 28.6	16 38.1	5 11.9	5 11.9	1 2.4
300～1,000億円未満	35 100.0	3 8.6	12 34.3	14 40.0	2 5.7	3 8.6	1 2.9
1,000～3,000億円未満	40 100.0	8 20.0	21 52.5	8 20.0	1 2.5	1 2.5	1 2.5
3,000億円以上	29 100.0	9 31.0	12 41.4	4 13.8	– –	1 3.4	3 10.3
問1（5）2017年度の経常利益							
～0億円	7 100.0	– –	3 42.9	4 57.1	– –	– –	– –
1～10億円未満	28 100.0	5 17.9	8 28.6	7 25.0	4 14.3	3 10.7	1 3.6
10～30億円未満	42 100.0	6 14.3	11 26.2	15 35.7	5 11.9	5 11.9	
30～100億円未満	37 100.0	3 8.1	14 37.8	15 40.5	1 2.7	2 5.4	2 5.4
100億円以上	50 100.0	14 28.0	24 48.0	6 12.0	– –	2 4.0	4 8.0
問1（6）5年前と比較した現在の売上高							
50%以上の増加	25 100.0	6 24.0	9 36.0	7 28.0	– –	3 12.0	– –
20～50%以上の増加	43 100.0	7 16.3	14 32.6	13 30.2	3 7.0	3 7.0	3 7.0
5～20%の増加	47 100.0	10 21.3	20 42.6	10 21.3	3 6.4	1 2.1	3 6.4
－5～5%の間で、あまり変動はない	32 100.0	4 12.5	10 31.3	10 31.3	3 9.4	4 12.5	1 3.1
減少傾向にある	17 100.0	1 5.9	5 29.4	8 47.1	1 5.9	1 5.9	1 5.9
問1（7）外国籍社員							
いる	75 100.0	15 20.0	34 45.3	19 25.3	2 2.7	3 4.0	2 2.7
いない	39 100.0	2 5.1	8 20.5	15 38.5	4 10.3	8 20.5	2 5.1
問7B. 今後3年間の現地法人の事業展開意向							
拡大する	59 100.0	15 25.4	23 39.0	17 28.8	1 1.7	3 5.1	– –
現状維持	34 100.0	4 11.8	17 50.0	8 23.5	2 5.9	2 5.9	1 2.9
縮小・撤退する	5 100.0	– –	3 60.0	– –	1 20.0	1 20.0	– –
問8（1）現地法人の経営方針							
きわめて重要な案件を除けば、基本的には現地法人側がすべてを決定する	35 100.0	7 20.0	8 22.9	16 45.7	2 5.7	1 2.9	1 2.9
基本的には本社が決定しているが、現地側の裁量の余地が大きい	61 100.0	12 19.7	30 49.2	11 18.0	4 6.6	4 6.6	– –
基本的には、ほぼすべてを日本本社が決定している	41 100.0	7 17.1	15 36.6	12 29.3	2 4.9	4 9.8	1 2.4
問8（3）現地法人との意志疎通状況							
うまくいっている	41 100.0	8 19.5	12 29.3	13 31.7	2 4.9	5 12.2	1 2.4
ほぼうまくいっている	78 100.0	13 16.7	36 46.2	19 24.4	6 7.7	2 2.6	2 2.6
あまりうまくいっていない	17 100.0	5 29.4	5 29.4	6 35.3	– –	1 5.9	– –
うまくいっていない	1 100.0	– –	– –	– –	– –	1 100.0	– –

日本企業本社のグローバル化対応に関する調査
◆サマリーの送付・ヒアリング調査への協力
SQ1.調査結果送付希望

	調査数	希望する	希望しない	無回答
全 体	171 100.0	64 37.4	77 45.0	30 17.5
問1（1）創業開始年				
1981年～	28 100.0	7 25.0	17 60.7	4 14.3
1951年～1980年	45 100.0	17 37.8	20 44.4	8 17.8
1921年～1950年	61 100.0	25 41.0	23 37.7	13 21.3
～1920年	36 100.0	15 41.7	17 47.2	4 11.1
問1（2）主たる業種				
食料品、繊維品、木材・家具、パルプ・紙	13 100.0	3 23.1	6 46.2	4 30.8
化学工業	14 100.0	9 64.3	2 14.3	3 21.4
鉄鋼業、金属製品	7 100.0	3 42.9	3 42.9	1 14.3
機器製造（一般、電気、輸送、精密）	27 100.0	10 37.0	14 51.9	3 11.1
プラスチック製品、ゴム・皮革、窯業・土石、非鉄金属	8 100.0	3 37.5	2 25.0	3 37.5
その他の製造業	9 100.0	4 44.4	5 55.6	－ －
卸売・小売り	24 100.0	6 25.0	14 58.3	4 16.7
運輸業	10 100.0	3 30.0	6 60.0	1 10.0
建設業	16 100.0	6 37.5	8 50.0	2 12.5
不動産業	3 100.0	－ －	－ －	3 100.0
飲食店・宿泊業	3 100.0	1 33.3	1 33.3	1 33.3
金融・保険業	7 100.0	4 57.1	2 28.6	1 14.3
情報通信業	6 100.0	1 16.7	4 66.7	1 16.7
教育、学習支援業	1 100.0	－ －	1 100.0	－ －
サービス業	13 100.0	8 61.5	4 30.8	1 7.7
その他の非製造業	5 100.0	1 20.0	3 60.0	1 20.0
問1（2）主たる業種				
製造業	78 100.0	32 41.0	32 41.0	14 17.9
非製造業	88 100.0	30 34.1	43 48.9	15 17.0
問1（3）日本本社の従業員数				
300人未満	34 100.0	11 32.4	16 47.1	7 20.6
300～1,000人未満	65 100.0	24 36.9	31 47.7	10 15.4
1,000～3,000人未満	36 100.0	13 36.1	16 44.4	7 19.4
3,000人以上	32 100.0	15 46.9	12 37.5	5 15.6

日本企業本社のグローバル化対応に関する調査
◆サマリーの送付・ヒアリング調査への協力
SQ1.調査結果送付希望

	調査数	希望する	希望しない	無回答
全 体	171 100.0	64 37.4	77 45.0	30 17.5
問1（4）2017年度の売上高				
100億円未満	21 100.0	4 19.0	14 66.7	3 14.3
100～300億円未満	42 100.0	14 33.3	20 47.6	8 19.0
300～1,000億円未満	35 100.0	12 34.3	15 42.9	8 22.9
1,000～3,000億円未満	40 100.0	20 50.0	15 37.5	5 12.5
3,000億円以上	29 100.0	12 41.4	12 41.4	5 17.2
問1（5）2017年度の経常利益				
～0億円	7 100.0	1 14.3	4 57.1	2 28.6
1～10億円未満	28 100.0	7 25.0	15 53.6	6 21.4
10～30億円未満	42 100.0	16 38.1	21 50.0	5 11.9
30～100億円未満	37 100.0	14 37.8	16 43.2	7 18.9
100億円以上	50 100.0	24 48.0	18 36.0	8 16.0
問1（6）5年前と比較した現在の売上高				
50%以上の増加	25 100.0	11 44.0	11 44.0	3 12.0
20～50%以上の増加	43 100.0	10 23.3	23 53.5	10 23.3
5～20%の増加	47 100.0	24 51.1	17 36.2	6 12.8
ー5～5%の間で、あまり変動はない	32 100.0	11 34.4	16 50.0	5 15.6
減少傾向にある	17 100.0	4 23.5	9 52.9	4 23.5
問1（7）外国籍社員				
いる	75 100.0	40 53.3	23 30.7	12 16.0
いない	39 100.0	9 23.1	23 59.0	7 17.9
問7B. 今後3年間の現地法人の事業展開意向				
拡大する	59 100.0	27 45.8	21 35.6	11 18.6
現状維持	34 100.0	19 55.9	12 35.3	3 8.8
縮小・撤退する	5 100.0	− −	4 80.0	1 20.0
問8（1）現地法人の経営方針				
きわめて重要な案件を除けば、基本的には現地法人側がすべてを決定する	35 100.0	15 42.9	10 28.6	10 28.6
基本的には本社が決定しているが、現地側の裁量の余地が大きい	61 100.0	28 45.9	23 37.7	10 16.4
基本的には、ほぼすべてを日本本社が決定している	41 100.0	13 31.7	25 61.0	3 7.3
問8（3）現地法人との意志疎通状況				
うまくいっている	41 100.0	14 34.1	17 41.5	10 24.4
ほぼうまくいっている	78 100.0	36 46.2	30 38.5	12 15.4
あまりうまくいっていない	17 100.0	8 47.1	8 47.1	1 5.9
うまくいっていない	1 100.0	− −	1 100.0	− −

日本企業本社のグローバル化対応に関する調査
◆サマリーの送付・ヒアリング調査への協力
SQ2ヒアリング調査

	調査数	協力できる	協力できない	無回答
全体	171 100.0	8 4.7	136 79.5	27 15.8
問1（1）創業開始年				
1981年～	28 100.0	1 3.6	24 85.7	3 10.7
1951年～1980年	45 100.0	4 8.9	33 73.3	8 17.8
1921年～1950年	61 100.0	3 4.9	48 78.7	10 16.4
～1920年	36 100.0	- -	30 83.3	6 16.7
問1（2）主たる業種				
食料品、繊維品、木材・家具、パルプ・紙	13 100.0	- -	9 69.2	4 30.8
化学工業	14 100.0	2 14.3	10 71.4	2 14.3
鉄鋼業、金属製品	7 100.0	- -	5 71.4	2 28.6
機器製造（一般、電気、輸送、精密）	27 100.0	2 7.4	19 70.4	6 22.2
プラスチック製品、ゴム・皮革、窯業・土石、非鉄金属	8 100.0	- -	7 87.5	1 12.5
その他の製造業	9 100.0	- -	8 88.9	1 11.1
卸売・小売り	24 100.0	1 4.2	21 87.5	2 8.3
運輸業	10 100.0	- -	10 100.0	- -
建設業	16 100.0	- -	14 87.5	2 12.5
不動産業	3 100.0	- -	1 33.3	2 66.7
飲食店・宿泊業	3 100.0	- -	3 100.0	- -
金融・保険業	7 100.0	- -	6 85.7	1 14.3
情報通信業	6 100.0	- -	6 100.0	- -
教育、学習支援業	1 100.0	- -	1 100.0	- -
サービス業	13 100.0	3 23.1	8 61.5	2 15.4
その他の非製造業	5 100.0	- -	4 80.0	1 20.0
問1（2）主たる業種				
製造業	78 100.0	4 5.1	58 74.4	16 20.5
非製造業	88 100.0	4 4.5	74 84.1	10 11.4
問1（3）日本本社の従業員数				
300人未満	34 100.0	- -	29 85.3	5 14.7
300～1,000人未満	65 100.0	2 3.1	53 81.5	10 15.4
1,000～3,000人未満	36 100.0	3 8.3	29 80.6	4 11.1
3,000人以上	32 100.0	3 9.4	22 68.8	7 21.9

日本企業本社のグローバル化対応に関する調査
◆サマリーの送付・ヒアリング調査への協力
SQ2.ヒアリング調査

SQ2.ヒアリング調査	調査数	協力できる	協力できない	無回答
全 体	171 100.0	8 4.7	136 79.5	27 15.8
問1（4）2017年度の売上高				
100億円未満	21 100.0	− −	19 90.5	2 9.5
100〜300億円未満	42 100.0	1 2.4	34 81.0	7 16.7
300〜1,000億円未満	35 100.0	2 5.7	28 80.0	5 14.3
1,000〜3,000億円未満	40 100.0	5 12.5	29 72.5	6 15.0
3,000億円以上	29 100.0	− −	23 79.3	6 20.7
問1（5）2017年度の経常利益				
〜0億円	7 100.0	− −	6 85.7	1 14.3
1〜10億円未満	28 100.0	− −	22 78.6	6 21.4
10〜30億円未満	42 100.0	3 7.1	36 85.7	3 7.1
30〜100億円未満	37 100.0	2 5.4	30 81.1	5 13.5
100億円以上	50 100.0	3 6.0	37 74.0	10 20.0
問1（6）5年前と比較した現在の売上高				
50%以上の増加	25 100.0	2 8.0	21 84.0	2 8.0
20〜50%以上の増加	43 100.0	2 4.7	30 69.8	11 25.6
5〜20%の増加	47 100.0	2 4.3	40 85.1	5 10.6
−5〜5%の間で、あまり変動はない	32 100.0	1 3.1	26 81.3	5 15.6
減少傾向にある	17 100.0	1 5.9	15 88.2	1 5.9
問1（7）外国籍社員				
いる	75 100.0	5 6.7	58 77.3	12 16.0
いない	39 100.0	1 2.6	34 87.2	4 10.3
問7B. 今後3年間の現地法人の事業展開意向				
拡大する	59 100.0	5 8.5	42 71.2	12 20.3
現状維持	34 100.0	2 5.9	29 85.3	3 8.8
縮小・撤退する	5 100.0	− −	4 80.0	1 20.0
問8（1）現地法人の経営方針				
きわめて重要な案件を除けば、基本的には現地法人側がすべてを決定する	35 100.0	1 2.9	26 74.3	8 22.9
基本的には本社が決定しているが、現地側の裁量の余地が大きい	61 100.0	5 8.2	47 77.0	9 14.8
基本的には、ほぼすべてを日本本社が決定している	41 100.0	2 4.9	35 85.4	4 9.8
問8（3）現地法人との意志疎通状況				
うまくいっている	41 100.0	− −	31 75.6	10 24.4
ほぼうまくいっている	78 100.0	6 7.7	63 80.8	9 11.5
あまりうまくいっていない	17 100.0	2 11.8	13 76.5	2 11.8
うまくいっていない	1 100.0	− −	1 100.0	− −

JILPT　調査シリーズ　№190

日本企業のグローバル戦略に関する研究

定価（本体 1,800 円＋税）

発行年月日　　2019 年 3 月 29 日

編集・発行　　独立行政法人　労働政策研究・研修機構
　　　　　　　〒177-8502　東京都練馬区上石神井4-8-23

（照会先）　研究調整部研究調整課　TEL:03-5991-5104

（販　売）　研究調整部成果普及課　TEL:03-5903-6263
　　　　　　　　　　　　　　　　　　FAX:03-5903-6115

印刷・製本　　有限会社　正陽印刷

Ⓒ2019　JILPT　　　　　ISBN978-4-538-86193-7　　　　Printed in Japan

＊調査シリーズ全文はホームページで提供しております。（URL: https://www.jil.go.jp/）